# 머리글 preface
## gisakiller

전기공학을 전공했지만, 전기기사를 준비하면서 처음엔 정말 막막했습니다.
문제를 풀다 보면 알 듯 말 듯, 이해한 줄 알았는데 또 막히고…

하지만 시간이 지나며 알게 됐어요.
꼭 다 이해하고 시작할 필요는 없더라고요.
처음엔 이해보다 외우는 게 더 나을 때도 있었고,
풀리지 않던 문제들이 어느 순간 자연스럽게 풀리는 경험도 했습니다.

그래서 이 책을 만들었습니다.
저처럼 어려움을 느끼는 분들이 조금 더 빠르게, 덜 힘들게 공부할 수 있도록.
이론은 꼭 필요한 것만 담았고,
문제풀이에는 제가 직접 정리한 암기 팁과 쉬운 풀이법을 더했습니다.

혹시 이론이 잘 이해되지 않아도 괜찮습니다.
1회독은 해설과 함께 따라오세요.
그러다 보면 어느 순간, 혼자서도 술술 풀리는 자신을 만나게 될 거예요.

전기기사라는 도전에 함께 할 수 있어 감사드리며
여러분의 합격을 응원합니다.

KB213635

저자 강민지

# 목차 contents
## gisakiller

# GISAKILLER

# 전기기사
# 필기
# 한권합격

## 2025 최신판 / 이론서+문제집

강민지 편저

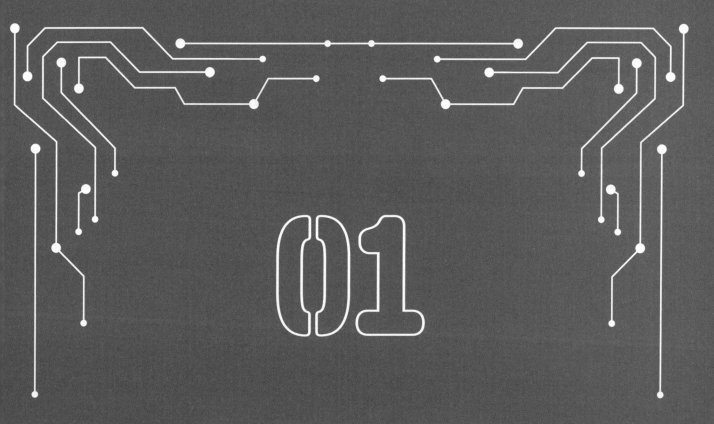

# 01

# 회로이론

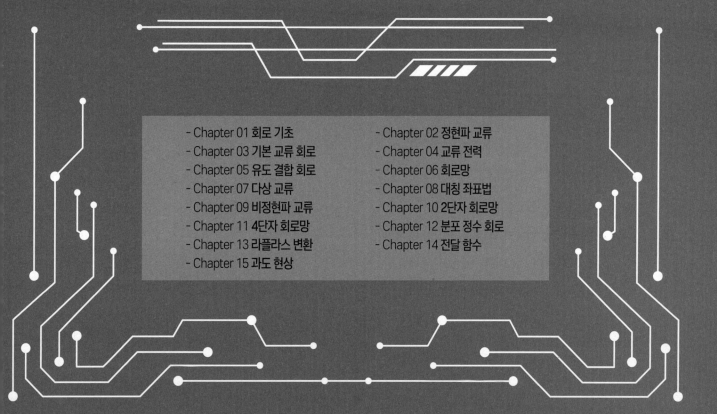

# 회로이론

## CHAPTER 1 | 회로 기초

### 1 전기량(전하량)

전하가 가지는 전기의 양 $Q[C] = [A \cdot s]$

- 직류

  $Q = It \, [A \cdot sec]$

- 교류

  $$q = \int_0^t i(t)dt \, [A \cdot \sec]$$

  (단, $I$: 직류 전류[$A$], $i$: 교류 전류[$A$], $t$: 전류 통전 시간[sec])

### 2 전기의 3요소

- 전압

  $$V = \frac{W}{Q}[V](= [J/C])$$

- 전류

  $$i = \frac{dQ}{dt}[A](= [C/s])$$

- 저항

  $$R = \rho\frac{l}{S} = \frac{l}{kS}[\Omega]$$

  (단, $\rho$ : 전선의 고유 저항[$\Omega \cdot m$], $k$ 또는 $\sigma$ : 도전율[℧/$m$](고유 저항의 역수), $l$: 전선의 길이[$m$], $S$: 전선의 단면적[$m^2$])

### 3 옴의 법칙

- 전압

  $V = IR \, [V]$

- 전류

  $$I = \frac{V}{R}[A]$$

- 저항

  $$R = \frac{V}{I}[\Omega]$$

### 4 합성 저항

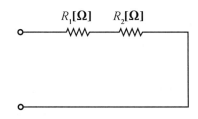

- 직렬 연결 시

  $R = R_1 + R_2 \, [\Omega]$

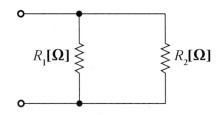

- 병렬 연결 시

  $$R = \frac{1}{\dfrac{1}{R_1} + \dfrac{1}{R_2}} = \frac{R_1 \times R_2}{R_1 + R_2}[\Omega]$$

  저항을 병렬로 연결하면 합성 저항값은 작아진다.

## 5 전압 분배 법칙

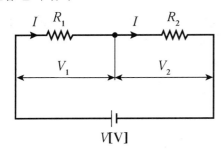

- $V_1 = \dfrac{R_1}{R_1 + R_2} V\,[V]$

- $V_2 = \dfrac{R_2}{R_1 + R_2} V\,[V]$

## 6 전류 분배 법칙

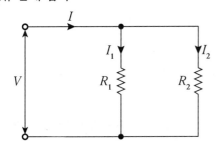

- $I_1 = \dfrac{R_2}{R_1 + R_2} I\,[A]$

- $I_2 = \dfrac{R_1}{R_1 + R_2} I\,[A]$

## 7 키르히호프의 전압 법칙(KVL)

폐회로망에서 회로에 인가한 전압과 각 소자에서 발생한 전압 강하의 합은 같다.

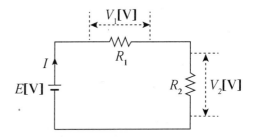

- $E = IR_1 + IR_2\,[V]$

☑ **참고** 전압 강하: 회로 소자에 전류가 흐르면서 발생하는 전압의 저하량

## 8 키르히호프의 전류 법칙(KCL)

회로의 어느 한 절점에서 유입하는 전류와 유출하는 전류의 합은 항상 같다. (에너지 보존 법칙 원리)

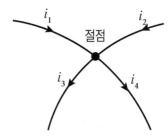

$i_1 + i_2 = i_3 + i_4$ 또는 $i_1 + i_2 - i_3 - i_4 = 0$

## 9 줄의 법칙

저항 $R[\Omega]$의 도체에 전류 $I[A]$를 $t$초간 흘릴 때 줄열이 발생한다.

- $W = I^2 R t\,[J]$

- $1[J] = 0.24[cal]$

- $1[kWh] = 860[kcal]$

## CHAPTER 2 | 정현파 교류

### 1 순시값

시간 경과에 따라 그 크기가 변하는 교류의 매 순간
값을 표현

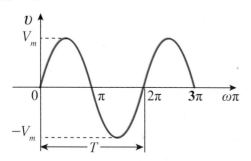

- $v(t) = V_m \sin(\omega t \pm \theta)[V]$
- $i(t) = I_m \sin(\omega t \pm \theta)[A]$

  (단, $V_m, I_m$ : 전압, 전류의 최대값,
   $\omega$ : 각주파수($=2\pi f[rad/\sec]$), $\theta$ : 위상[°])

- 주기와 주파수의 관계

  $$f = \frac{1}{T}[Hz], \ T = \frac{1}{f}[s]$$

- 각주파수

  $$\omega = \frac{\theta}{t} = \frac{2\pi}{T} = 2\pi f \ [rad/s]$$

### 2 평균값

$$V_a = \frac{1}{T}\int_0^T v(t)\,dt = \frac{2}{\pi}V_m = 0.637\,V_m$$

### 3 실효값

$$V = \sqrt{\frac{1}{T}\int_0^T v(t)^2 dt} = \frac{V_m}{\sqrt{2}} = 0.707\,V_m$$

### 4 대표적인 교류 파형

| 종류 | 파형 | 평균값 | 실효값 |
|---|---|---|---|
| 정현파<br>(전파 정류파) |  | $\frac{2}{\pi}V_m$ | $\frac{1}{\sqrt{2}}V_m$ |
| 정현 반파<br>(반파 정류파) |  | $\frac{1}{\pi}V_m$ | $\frac{1}{2}V_m$ |
| 구형파 |  | $V_m$ | $V_m$ |
| 구형 반파 |  | $\frac{1}{2}V_m$ | $\frac{1}{\sqrt{2}}V_m$ |
| 삼각파, 톱니파 |  | $\frac{1}{2}V_m$ | $\frac{1}{\sqrt{3}}V_m$ |

(단, $V_m$ : 교류 전압의 최댓값)

### 5 파고율 및 파형률

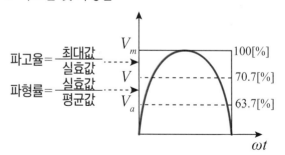

$$파고율 = \frac{최대값}{실효값}$$
$$파형률 = \frac{실효값}{평균값}$$

- 파고율

  $$\frac{최대값\,(V_m)}{실효값\,(V)}$$

- 파형률

  $$\frac{실효값\,(V)}{평균값\,(V_a)}$$

## 6 복소수

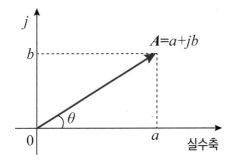

- 표시법
  - 직각좌표형: $A = a + jb$
  - 극좌표형: $A = |A| \angle \theta$
  - 지수함수형: $A = |A| e^{j\theta}$
  - 삼각함수형: $A = |A|(\cos\theta + j\sin\theta)$
- 복소수의 계산

  ($Z = 3 + j4$ 일 때)

$$Z = \sqrt{(실수)^2 + (허수)^2} \angle \tan^{-1}\frac{허수}{실수}$$

$$= \sqrt{3^2 + 4^2} \angle \tan^{-1}\frac{4}{3} = 5 \angle 53.13° \ (극좌표)$$

☑ **참고** $Z$의 크기인 $|Z|$는 5이다.

## CHAPTER 3 | 기본 교류 회로

### 1 저항($R$) 회로

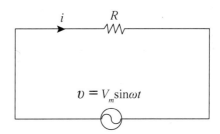

- 위상

  전압과 전류의 위상이 같다.(동상)
- 전류

$$I = \frac{V}{R}[A]$$

### 2 인덕턴스($L$) 회로(유도성)

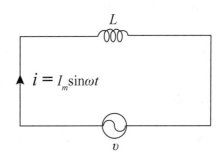

- 위상

  전류는 전압보다 위상이 90°뒤진다. (지상)
- 리액턴스

$$\dot{Z} = j\omega L = j X_L = X_L \angle 90° \ [\Omega]$$

  ($X_L$: 유도성 리액턴스)
- 전류

$$I = \frac{V}{jX_L} = -j\frac{V}{X_L}[A]$$

- 코일에 축적되는 에너지

$$W = \frac{1}{2}LI^2[J]$$

### 3 커패시턴스(C, 정전 용량) 회로(용량성)

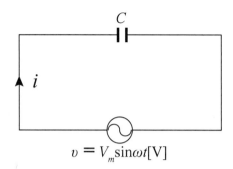

$$v = V_m \sin\omega t [V]$$

- 위상

  전류는 전압보다 위상이 90° 앞선다. (진상)

- 리액턴스

  $$\dot{Z} = \frac{1}{j\omega C} = -jX_C = X_C \angle -90°\,[\Omega]$$

  ($X_C$: 용량성 리액턴스)

- 전류

  $$I = \frac{V}{-jX_C} = j\omega CV\,[A]$$

- 콘덴서에 축적되는 에너지

  $$W = \frac{1}{2}CV^2 = \frac{Q^2}{2C}\,[J]$$

### 4 R-L 직렬 회로

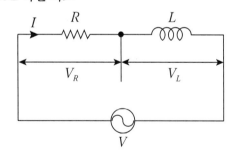

- 위상

  전압에 비해 전류의 위상이 $\theta$ 만큼 늦다. (지상)

- 임피던스

  $$\dot{Z} = R + jX_L = R + j\omega L = |Z| \angle \theta\,[\Omega]$$

  - 크기 $|Z| = \sqrt{R^2 + X_L^2}$

- 위상차

  $$\theta = \tan^{-1}\frac{V_L}{V_R} = \tan^{-1}\frac{X_L}{R}$$

- 역률

  $$\cos\theta = \frac{R}{Z} = \frac{R}{\sqrt{R^2 + X_L^2}}$$

### 5 R-C 직렬 회로

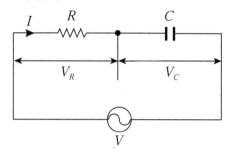

- 위상

  전압에 비해 전류의 위상이 $\theta$ 만큼 빠르다.
  (진상)

- 임피던스

  $$\dot{Z} = R - jX_C = R - j\frac{1}{\omega C} = |Z| \angle -\theta\,[\Omega]$$

  - 크기 $|Z| = \sqrt{R^2 + X_C^2}$

- 위상차

  $$\theta = \tan^{-1}\frac{V_C}{V_R} = \tan^{-1}\frac{X_C}{R}$$

- 역률

  $$\cos\theta = \frac{R}{Z} = \frac{R}{\sqrt{R^2 + X_C^2}}$$

## 6 $R-L-C$ 직렬 회로

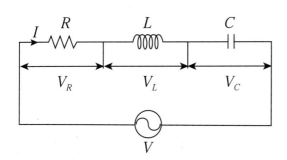

- 임피던스
  $$\dot{Z} = R + j(X_L - X_C) = |Z| \angle \pm \theta [\Omega]$$
  - 크기: $|Z| = \sqrt{R^2 + X^2}$, $X = X_L - X_C [\Omega]$
- 위상차

  - 유도성 회로: $X_L > X_C$, $\omega L > \dfrac{1}{\omega C}$ 인 경우

  전류는 전압보다 위상이 $\theta$ 만큼 뒤진다.

  - 용량성 회로: $X_L < X_C$, $\omega L < \dfrac{1}{\omega C}$ 인 경우

  전류는 전압보다 위상이 $\theta$ 만큼 앞선다.

- 역률

  $$\cos\theta = \frac{R}{Z} = \frac{R}{\sqrt{R^2 + (X_L - X_C)^2}}$$

## 7 직렬 공진 회로

- 공진 조건
  $$X_L = X_C$$
- 공진 주파수(공진이 되기 위한 주파수)

  $$f_0 = \frac{1}{2\pi\sqrt{LC}}[Hz]$$

- $R-L-C$ 직렬 회로의 임피던스

  $$Z = R + j\omega L + \frac{1}{j\omega C} = R + j\left(\omega L - \frac{1}{\omega C}\right)[\Omega]$$

## 8 $R-L$ 병렬 회로

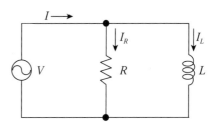

- 위상

  전압에 비해 전류의 위상이 $\theta$ 만큼 늦다. (지상)
- 전전류(전압 일정)

  $$I = I_R + I_L = \frac{V}{R} - j\frac{V}{X_L}$$

- 어드미턴스

  $$\dot{Y} = \frac{1}{R} + \frac{1}{j\omega L} = \frac{1}{R} - j\frac{1}{X_L} = |Y| \angle -\theta [\mho]$$

  - 크기: $|Y| = \sqrt{\left(\dfrac{1}{R}\right)^2 + \left(\dfrac{1}{X_L}\right)^2}$

- 위상차

  $$\theta = \tan^{-1}\frac{I_L}{I_R} = \tan^{-1}\frac{R}{X_L}$$

- 역률

  $$\cos\theta = \frac{I_R}{I} = \frac{X_L}{\sqrt{R^2 + X_L^2}}$$

## 9 $R-C$ 병렬 회로

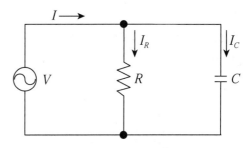

- 위상

  전압에 비해 전류의 위상이 $\theta$ 만큼 빠르다.(진상)

- 전전류(전압 일정)

$$I = I_R + I_C = \frac{V}{R} + j\frac{V}{X_C}$$

- 어드미턴스

$$\dot{Y} = \frac{1}{R} + j\omega C = \frac{1}{R} + j\frac{1}{X_C} = |Y| \angle \theta\,[\mho]$$

- 크기 : $|Y| = \sqrt{\left(\frac{1}{R}\right)^2 + \left(\frac{1}{X_C}\right)^2}$

- 위상차

$$\theta = \tan^{-1}\frac{I_C}{I_R} = \tan^{-1}\frac{R}{X_C}$$

- 역률

$$\cos\theta = \frac{I_R}{I} = \frac{X_C}{\sqrt{R^2 + X_C^2}}$$

## 10 $R-L-C$ 회로 정리

병렬일 때는 전류가 갈라지고, 직렬일 때는 전압이
갈라진다.

- 병렬 전체 전류

$$I = \sqrt{I_R^2 + (I_C - I_L)^2}$$

- 직렬 전체 전압

$$V = \sqrt{V_R^2 + (V_L - V_C)^2}$$

- 위상

  - 위상을 물어보는 문제에서는 아래 그래프를
    외우면 편리하다.

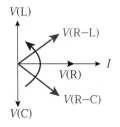

- 예를 들어, 아래와 같은 회로가 있을 때 $V_2$는
  $V_1$보다 위상이 어떻게 되겠는가?

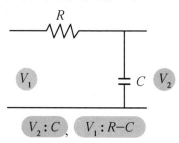

우선, $V_2$는 $C$에 걸려있고, $V_1$은 $R$과 $C$에 걸려있다.

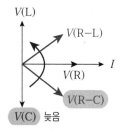

- 그래프에 표시해 보면, $V_2$가 $V_1$보다 늦다.

## 11 전압 확대비($Q$)=첨예도, 선택도($S$)

$$Q = S = \frac{1}{R}\sqrt{\frac{L}{C}}$$

## 12 전류 확대비($Q$)=첨예도, 선택도($S$)

$$Q = S = R\sqrt{\frac{C}{L}}$$

✓ **TIP** 전압 확대비와 전류 확대비는 서로 분자, 분모가
   역수이다.

# CHAPTER 4 | 교류 전력

## 1 전력 계산 공식

- 피상 전력

$$P_a = VI = I^2 Z = \frac{V^2}{Z}[VA]$$

- 유효 전력

$$P = VI\cos\theta = I^2 R = \frac{V^2}{R}[W]$$

- 무효 전력

$$P_r = VI\sin\theta = I^2 X = \frac{V^2}{X}[Var]$$

## 2 전력의 관계

- 피상 전력

$$P_a = \sqrt{P^2 + P_r^2}$$

- 유효 전력

$$P = \sqrt{P_a^2 - P_r^2}$$

- 무효 전력

$$P_r = \sqrt{P_a^2 - P^2}$$

## 3 복소 전력

유효 전력을 실수부로, 무효 전력을 허수부로
표현한다.

- $P_a = \overline{V}I = P \pm jP_r$

   (단, +: 용량성 부하, −: 유도성 부하)

## 4 전압계법

3개의 전압계 지시값, 외부저항 R 값으로 전력을
측정하는 방법

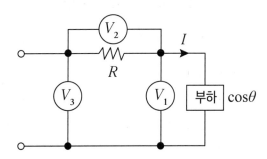

- 전력

$$P = \frac{1}{2R}(V_3^2 - V_1^2 - V_2^2)[W]$$

- 역률

$$\cos\theta = \frac{V_3^2 - V_1^2 - V_2^2}{2V_1 V_2}$$

## 5 전류계법

3개의 전류계 지시값, 외부저항 R 값으로 전력을
측정하는 방법

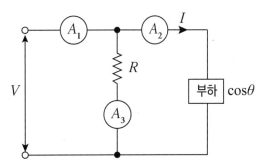

- 전력

$$P = \frac{R}{2}(A_1^2 - A_2^2 - A_3^2)[W]$$

- 역률

$$\cos\theta = \frac{A_1^2 - A_2^2 - A_3^2}{2A_2 A_3}$$

## 6 최대 전력 전달

- 저항 회로
  - 최대 전력 전달 조건: $R_L = R_0$

    (단, $R_L$: 부하 저항[Ω], $R_0$: 내부 저항[Ω])

  - 최대 전력: $P_{\max} = \dfrac{E^2}{4R_0}\,[W]$

- 임피던스 회로
  - 최대 전력 전달 조건: $Z_L = \overline{Z_0} = R_0 - jX_0\,[\Omega]$

    부하 임피던스가 내부 임피던스의 공액 복소수일

    경우이다.

  - 최대 전력: $P_{\max} = \dfrac{E^2}{4R_0}\,[W]$

## CHAPTER 5 | 유도 결합 회로

## 1 유도 전압

- 유도 기전력

  $$e = N\frac{d\phi}{dt} = L\frac{di}{dt}\,[V]$$

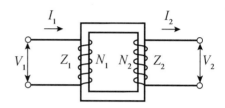

- 변압기의 권수비

  $$a = \frac{N_1}{N_2} = \frac{V_1}{V_2} = \frac{I_2}{I_1} = \sqrt{\frac{Z_1}{Z_2}}$$

  (단, $N_1$, $N_2$: 1, 2차 권선 횟수[회]

  　　$V_1$, $V_2$: 1, 2차 전압[$V$]

  　　$I_1$, $I_2$: 1, 2차 전류[$A$]

  　　$Z_1$, $Z_2$: 1, 2차 임피던스[Ω])

## 2 인덕턴스의 직렬 접속

- 가극성 결합(가동 결합)

  두 개의 코일을 같은 방향으로 직렬 접속하여

  자속이 합해지는 결합 방식

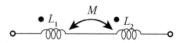

  - 합성 인덕턴스: $L = L_1 + L_2 + 2M\,[H]$

    (단, $L$: 자기 인덕턴스, $M$: 상호 인덕턴스)

- 감극성 결합(차동 결합)

  두 개의 코일을 반대 방향으로 직렬 접속하여

  자속이 서로 상쇄되는 결합 방식

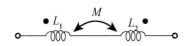

- 합성 인덕턴스: $L = L_1 + L_2 - 2M [H]$

## 3 인덕턴스의 병렬 접속

- 가극성 결합(가동 결합)

$$L = \frac{L_1 L_2 - M^2}{L_1 + L_2 - 2M} [H]$$

- 감극성 결합 (차동 결합)

$$L = \frac{L_1 L_2 - M^2}{L_1 + L_2 + 2M} [H]$$

## 4 결합 계수 관계식

$$k = \frac{M}{\sqrt{L_1 L_2}}$$

- $k = 0$: 무결합
- $k = 1$: 완전 결합
- 범위: $0 \leqq k \leqq 1$

## CHAPTER 6 | 회로망

## 1 전원

- 이상적인 전압원: 내부저항 $R = 0$
- 이상적인 전류원: 내부저항 $R = \infty$

## 2 테브난 정리

복잡한 회로를 1개의 전압원과 1개의 직렬 저항으로 간단하게 변환하는 것

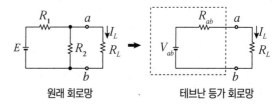

원래 회로망　　　　　테브난 등가 회로망

- $V_{ab}$: $a$, $b$단자를 개방시켰을 때, 단자에 걸리는 전압
- 테브난 등가 전압: $V_{ab} = \dfrac{R_2}{R_1 + R_2} E [V]$
- $R_{ab}$: $a$, $b$단자에서 전원 측을 바라봤을 때 합성저항
- 테브난 등가 저항: $R_{ab} = \dfrac{R_1 \times R_2}{R_1 + R_2} [\Omega]$

## 3 노튼 정리

테브난 회로의 전압원을 전류원으로, 직렬 저항을 병렬 저항으로 변환하는 것

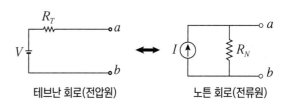

테브난 회로(전압원)　　　　노튼 회로(전류원)

- 테브난 저항 $R_T$ = 노튼 저항 $R_N$
- 테브난 회로와 노튼 회로는 자유로운 변환이 가능하며, 전압과 전류의 등가 변환은 옴의 법칙으로 구한다.

## 4 중첩의 원리

둘 이상의 전압원과 전류원이 혼합된 회로망을 각각 1개의 전원이 있는 회로로 나누어 해석한 후 각 결과를 합하여 회로를 해석하는 것

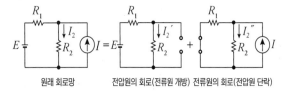

원래 회로망    전압원의 회로(전류원 개방) 전류원의 회로(전압원 단락)

- 전류원: 개방으로 제거
- 전압원: 단락으로 제거

## 5 밀만의 정리

여러 개의 전압원이 병렬로 접속된 회로에서 출력 $a, b$단자 의 전압을 구할 때 사용

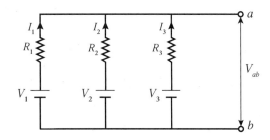

$$V_{ab} = IR = \frac{\sum I}{\sum \frac{1}{R}} = \frac{I_1 + I_2 + I_3}{\frac{1}{R_1} + \frac{1}{R_2} + \frac{1}{R_3}}$$

$$= \frac{\frac{V_1}{R_1} + \frac{V_2}{R_2} + \frac{V_3}{R_3}}{\frac{1}{R_1} + \frac{1}{R_2} + \frac{1}{R_3}} [V]$$

## 6 가역 정리

입력 측 에너지와 출력 측 에너지는 항상 같다.

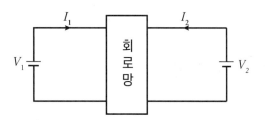

$$V_1 I_1 = V_2 I_2$$

## 7 브리지 평형 회로

브리지 평형 조건이 성립하면 두 절점 간의 전위 차가 같다. 따라서 저항 $R$에는 전류가 흐르지 않으므로 $R$을 개방시키더라도 회로망에 어떠한 영향도 미치지 않는다.

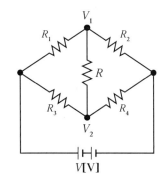

- 브리지 평형 조건 $R_2 R_3 = R_1 R_4$

## CHAPTER 7 | 다상 교류

### 1 $Y$결선(성형 결선)

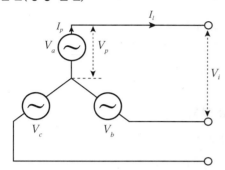

- $I_l = I_p\,[A]$
- $V_l = \sqrt{3}\,V_p \angle 30°\,[V]$
- 단상 전력 $P_1 = V_p I_p \cos\theta$
- 3상 전력 $P = 3\,V_p I_p \cos\theta = \sqrt{3}\,V_l I_l \cos\theta$

  (단, $V_p, I_p$: 상전압, 상전류

  $V_l, I_l$: 선간 전압, 선전류)

### 2 △결선(환상 결선)

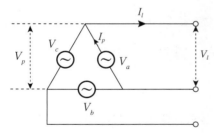

- $V_l = V_p\,[V]$
- $I_l = \sqrt{3}\,I_p \angle -30°\,[A]$
- 단상 전력 $P_1 = V_p I_p \cos\theta$
- 3상 전력 $P = 3\,V_p I_p \cos\theta = \sqrt{3}\,V_l I_l \cos\theta$

### 3 임피던스 등가 변환

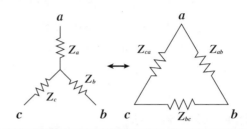

| $\Delta \to Y$ 변환 | $Y \to \Delta$ 변환 |
|---|---|
| $\bullet\ Z_a = \dfrac{Z_{ab}Z_{ca}}{Z_{ab}+Z_{bc}+Z_{ca}}$ | $\bullet\ Z_{ab} = \dfrac{Z_a Z_b + Z_b Z_c + Z_c Z_a}{Z_c}$ |
| $\bullet\ Z_b = \dfrac{Z_{ab}Z_{bc}}{Z_{ab}+Z_{bc}+Z_{ca}}$ | $\bullet\ Z_{bc} = \dfrac{Z_a Z_b + Z_b Z_c + Z_c Z_a}{Z_a}$ |
| $\bullet\ Z_c = \dfrac{Z_{bc}Z_{ca}}{Z_{ab}+Z_{bc}+Z_{ca}}$ | $\bullet\ Z_{ca} = \dfrac{Z_a Z_b + Z_b Z_c + Z_c Z_a}{Z_b}$ |
| $\bullet\ Z_{ab}=Z_{bc}=Z_{ca}$일 때: $Z_Y = \dfrac{1}{3}Z_\Delta$ | $\bullet\ Z_a=Z_b=Z_c$일 때: $Z_\Delta = 3Z_Y$ |

### 4 2전력 계법

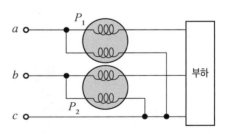

- 유효 전력

  $P = P_1 + P_2\,[W]$

- 무효 전력

  $P_r = \sqrt{3}\,(P_1 - P_2)\,[Var]$

- 피상 전력

  $P_a = 2\sqrt{P_1^{\,2} + P_2^{\,2} - P_1 P_2}\,[VA]$

- 역률

  $\cos\theta = \dfrac{P}{P_a} = \dfrac{P_1 + P_2}{2\sqrt{P_1^{\,2} + P_2^{\,2} - P_1 P_2}}$

## 5 $V$ 결선

3상 전원을 $\Delta$결선으로 운전하던 중 그 중에 한 상의
전원 측에 고장이 발생하였을 때 나머지 2상의
전원으로 운전하는 결선법이다.

- $V$결선 출력: $P_v = \sqrt{3}\,P_1$
- 출력비: 0.577(=57.7)[%]
- 이용률: 0.866(=86.6)[%]

## 6 대칭 $n$상 회로

- $n$상 전원의 전압 및 전류 관계식

$$V_l = V_p \times 2\sin\frac{\pi}{n}, \quad I_l = I_p \times 2\sin\frac{\pi}{n}$$

- $n$상 전원의 위상 관계식

$$\theta = \frac{\pi}{2}\left(1 - \frac{2}{n}\right) = 90\,^\circ\left(1 - \frac{2}{n}\right)$$

## CHAPTER 8 | 대칭 좌표법

### 1 3상 전원의 대칭분 표현

- $V_a = V_0 + V_1 + V_2$
- $V_b = V_0 + a^2 V_1 + a V_2$
- $V_c = V_0 + a V_1 + a^2 V_2$

### 2 대칭 성분

- 영상분 전압

$$V_0 = \frac{1}{3}(V_a + V_b + V_c)$$

- 정상분 전압

$$V_1 = \frac{1}{3}(V_a + a V_b + a^2 V_c)$$

- 역상분 전압

$$V_2 = \frac{1}{3}(V_a + a^2 V_b + a V_c)$$

> ☑ 참고
>
> $$a = 1\angle 120\,^\circ = -\frac{1}{2} + j\frac{\sqrt{3}}{2}$$
>
> $$a^2 = 1\angle -120\,^\circ = 1\angle 240\,^\circ = -\frac{1}{2} - j\frac{\sqrt{3}}{2}$$

### 3 대칭 3상 교류 발전기의 기본식

- 영상분 $V_0 = -Z_0 I_0$
- 정상분 $V_1 = E_a - Z_1 I_1$
- 역상분 $V_2 = -Z_2 I_2$

(단, $E_a$: a상의 유기기전력, $Z_0$: 영상 임피던스,
$Z_1$: 정상 임피던스, $Z_2$: 역상 임피던스)

### 4 불평형률

$$불평형률 = \frac{역상분}{정상분} \times 100 = \frac{V_2}{V_1} \times 100 = \frac{I_2}{I_1} \times 100\,[\%]$$

## 5 1선 지락 고장

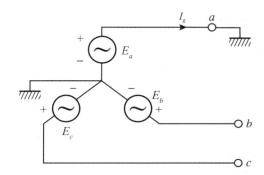

- 고장 조건

  $V_a = 0,\ I_b = I_c = 0$

- 대칭분 전류

  $$I_0 = I_1 = I_2 = \dfrac{E_a}{Z_0 + Z_1 + Z_2}$$

- 지락 전류

  $$I_g = I_a = I_0 + I_1 + I_2 = 3I_0 = \dfrac{3E_a}{Z_0 + Z_1 + Z_2}$$

## CHAPTER 9 | 비정현파 교류

### 1 비정현파 교류=직류분+기본파+고조파

$$v(t) = V_0 + \sqrt{2}\,V_1 \sin\omega t + \sqrt{2}\,V_2 \sin 2\omega t + \sqrt{2}\,V_3 \sin 3\omega t + \cdots\,[V]$$

- $V_0$: 직류 실효값(직류는 실효값, 평균값, 최대값이 모두 같음)
- $V_1$: 정현파(기본파) 실효값
- $V_2$: 제2고조파 실효값
- $V_3$: 제3고조파 실효값

### 2 비정현파의 종류 및 함수식

- 여현 대칭파: $f(t) = f(-t)$
- 정현 대칭파: $f(t) = -f(-t) \rightarrow f(-t) = -f(t)$
- 반파 대칭파: $f(t) = -f(t+\pi)$

### 3 푸리에 급수

| 종류 | 파형 | 성분 |
|---|---|---|
| 여현 대칭<br>(우함수파) | y축 대칭(좌우 대칭) | 직류 및 cos 함수의 홀수, 짝수 모두 존재 |
| 정현 대칭<br>(기함수파) | 원점 대칭 | sin 함수의 홀수, 짝수 모두 존재 |
| 반파 대칭 |  | sin 함수 및 cos 함수의 홀수항만 존재 |
| 반파 여현 대칭 |  | 홀수항의 cos 함수만 존재 |
| 반파 정현 대칭 |  | 홀수항의 sin 함수만 존재 |

**4 비정현파의 실효값 크기 계산**

$$V = \sqrt{V_0^2 + V_1^2 + V_2^2 + V_3^2 + \cdots}\,[V]$$

**5 왜형률(일그러짐율)**

$$\text{왜형률} = \frac{\text{고조파실효값의합}}{\text{기본파의실효값}} = \frac{\sqrt{V_2^2 + V_3^2 + \cdots V_n^2}}{V_1}$$

**6 고조파에서의 임피던스 변환**

- $R-L$ 직렬 회로
  - 기본파 임피던스 $Z_1 = R + j\omega L\,[\Omega]$
  - 제2고조파 임피던스 $Z_2 = R + j2\omega L\,[\Omega]$
  - 제3고조파 임피던스 $Z_3 = R + j3\omega L\,[\Omega]$
- $R-C$ 직렬 회로

  - 기본파 임피던스 $Z_1 = R - j\dfrac{1}{\omega C}\,[\Omega]$

  - 제2고조파 임피던스 $Z_2 = R - j\dfrac{1}{2\omega C}\,[\Omega]$

  - 제3고조파 임피던스 $Z_3 = R - j\dfrac{1}{3\omega C}\,[\Omega]$

# CHAPTER 10 | 2단자 회로망

**1 구동점 임피던스 표시($j\omega \to s$로 변환)**

- $R \to R$
- $X_L = j\omega L \to sL$
- $X_C = \dfrac{1}{j\omega C} \to \dfrac{1}{sC}$

**2 영점과 극점**

예시) $Z = \dfrac{s+1}{(s+2)(s+3)}\,[\Omega]$

- 영점
  - 임피던스 값이 $0[\Omega]$이 되기 위한 $S$의 값으로 회로 단락 상태
  - 위의 예시에서 영점은 -1지점이다.
- 극점
  - 임피던스 값이 $\infty[\Omega]$이 되기 위한 $S$의 값으로 회로 개방 상태
  - 위의 예시에서 극점은 -2와 -3지점이다.

**3 정저항 회로**

2단자 회로망의 구동점 임피던스가 주파수와 관계없이 일정한 저항값으로만 표시되는 회로

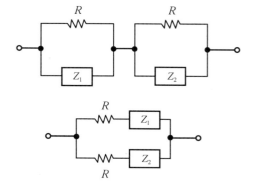

- 정저항 조건

  $$Z_1 Z_2 = R^2 = \frac{L}{C}$$

## 4 역회로

$L$과 $C$의 병렬 회로와 $L$과 $C$의 직렬 회로가 같은 특성을 나타내어 서로 등가 관계에 있는 회로

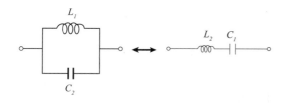

- 실정수

$$K^2 = \frac{L_1}{C_1} = \frac{L_2}{C_2}$$

## CHAPTER 11 | 4단자 회로망

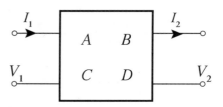

## 1 4단자 정수(전송 파라미터)

- 기초 방정식

$$V_1 = A V_2 + B I_2$$
$$I_1 = C V_2 + D I_2$$

- 4단자 정수 구하는 방법

$$A = \frac{V_1}{V_2}\bigg|_{I_2 = 0} \quad : \ 전압 \ 이득(전압비)$$

$$B = \frac{V_1}{I_2}\bigg|_{V_2 = 0} \quad : \ 임피던스$$

$$C = \frac{I_1}{V_2}\bigg|_{I_2 = 0} \quad : \ 어드미턴스$$

$$D = \frac{I_1}{I_2}\bigg|_{V_2 = 0} \quad : \ 전류 \ 이득(전류비)$$

(단, $V_2 = 0$: 2차 단락, $I_2 = 0$: 2차 개방)

- 4단자 정수의 성질

$$\begin{bmatrix} A & B \\ C & D \end{bmatrix} = AD - BC = 1$$

(단, 대칭 4단자망의 경우 $A = D$)

## 2 파라미터 산출 방법

- 직렬 임피던스 회로

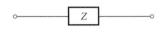

$$\begin{bmatrix} A & B \\ C & D \end{bmatrix} = \begin{bmatrix} 1 & Z \\ 0 & 1 \end{bmatrix}$$

- 병렬 임피던스 회로

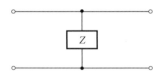

$$\begin{bmatrix} A & B \\ C & D \end{bmatrix} = \begin{bmatrix} 1 & 0 \\ \dfrac{1}{Z} & 1 \end{bmatrix}$$

- T형 회로의 4단자 정수

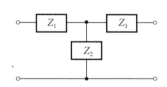

$$\begin{bmatrix} A & B \\ C & D \end{bmatrix} = \begin{bmatrix} 1+\dfrac{Z_1}{Z_2} & Z_1+Z_3+\dfrac{Z_1 Z_3}{Z_2} \\ \dfrac{1}{Z_2} & 1+\dfrac{Z_3}{Z_2} \end{bmatrix}$$

- π형 회로의 4단자 정수

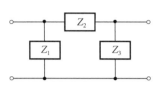

$$\begin{bmatrix} A & B \\ C & D \end{bmatrix} = \begin{bmatrix} 1+\dfrac{Z_2}{Z_3} & Z_2 \\ \dfrac{Z_1+Z_2+Z_3}{Z_1 Z_3} & 1+\dfrac{Z_2}{Z_1} \end{bmatrix}$$

- 변압기의 4단자 정수

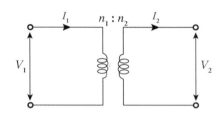

$$\begin{bmatrix} A & B \\ C & D \end{bmatrix} = \begin{bmatrix} a & 0 \\ 0 & \dfrac{1}{a} \end{bmatrix} \text{ (단, } a: \text{권수비)}$$

## 3 영상 파라미터

- 영상 임피던스
  - 1차 영상 임피던스

  $$Z_{01} = \sqrt{\dfrac{AB}{CD}}$$

  - 2차 영상 임피던스

  $$Z_{02} = \sqrt{\dfrac{BD}{AC}}$$

  - 대칭 회로망의 경우

  $$A = D, \ Z_{01} = Z_{02} = \sqrt{\dfrac{B}{C}}$$

  - 영상 임피던스 간의 관계

  $$Z_{01} Z_{02} = \dfrac{B}{C}, \ \dfrac{Z_{01}}{Z_{02}} = \dfrac{A}{D}$$

- 영상 전달 정수(전파정수)

$$\theta = \log_e(\sqrt{AD} + \sqrt{BC}) = \cosh^{-1}\sqrt{AD} = \sinh^{-1}\sqrt{BC}$$

- 영상 파라미터와 4단자 정수와의 관계

$$A = \sqrt{\frac{Z_{01}}{Z_{02}}} = \cosh\theta$$

$$B = \sqrt{Z_{01}Z_{02}}\,\sinh\theta$$

$$C = \frac{1}{\sqrt{Z_{01}Z_{02}}}\sinh\theta$$

$$D = \sqrt{\frac{Z_{02}}{Z_{01}}}\cosh\theta$$

## CHAPTER 12 | 분포 정수 회로

### 1 특성 임피던스와 전파 정수

- 특성(서지, 파동) 임피던스

$$Z_0 = \sqrt{\frac{Z}{Y}} = \sqrt{\frac{R + j\omega L}{G + j\omega C}} = \sqrt{\frac{L}{C}}\,[\Omega]$$

- 전파 정수

$$\gamma = \sqrt{ZY} = \sqrt{(R + j\omega L)(G + j\omega C)} = \alpha + j\beta$$
(단, $\alpha$: 감쇠 정수, $\beta$: 위상 정수)

### 2 무손실 선로의 특성

- 무손실의 조건

$$R = G = 0$$

- 특성 임피던스

$$Z_0 = \sqrt{\frac{Z}{Y}} = \sqrt{\frac{R + j\omega L}{G + j\omega C}} = \sqrt{\frac{L}{C}}\,[\Omega]$$

- 전파 정수

$$\gamma = \sqrt{ZY} = \sqrt{(R + j\omega L)(G + j\omega C)} = \alpha + j\beta = j\omega\sqrt{LC}$$
(단, 감쇠 정수 $\alpha = 0$, 위상 정수 $\beta = \omega\sqrt{LC}$)

- 전파 속도

$$v = \frac{\omega}{\beta} = \frac{\omega}{\omega\sqrt{LC}} = \frac{1}{\sqrt{LC}} = 3 \times 10^8\,[m/s]$$

- 파장

$$\lambda = \frac{2\pi}{\beta} = \frac{2\pi}{\omega\sqrt{LC}} = \frac{2\pi}{2\pi f\sqrt{LC}} = \frac{1}{f\sqrt{LC}} = \frac{v}{f} = \frac{3 \times 10^8}{f}\,[m]$$

### 3 무왜형 선로의 특성

- 무왜형 조건

$$\frac{R}{L} = \frac{G}{C}\ \ \text{또는}\ \ LG = RC$$

- 특성 임피던스

$$Z_0 = \sqrt{\frac{Z}{Y}} = \sqrt{\frac{R + j\omega L}{G + j\omega C}} = \sqrt{\frac{L}{C}}\,[\Omega]$$

- 전파 정수

$\gamma = \sqrt{ZY} = \sqrt{(R+j\omega L)(G+j\omega C)} = \alpha + j\beta = \sqrt{RG} + j\omega\sqrt{LC}$

(단, 감쇠 정수 $\alpha = \sqrt{RG}$, 위상 정수 $\beta = \omega\sqrt{LC}$)

- 전파 속도

$v = \dfrac{\omega}{\beta} = \dfrac{\omega}{\omega\sqrt{LC}} = \dfrac{1}{\sqrt{LC}} = 3 \times 10^8 \, [m/s]$

- 파장

$\lambda = \dfrac{2\pi}{\beta} = \dfrac{2\pi}{\omega\sqrt{LC}} = \dfrac{2\pi}{2\pi f\sqrt{LC}} = \dfrac{1}{f\sqrt{LC}} = \dfrac{v}{f} = \dfrac{3\times 10^8}{f} \, [m]$

## 4 반사 계수, 투과 계수 및 정재파 비

- 반사 계수

$\rho = \dfrac{Z_2 - Z_1}{Z_2 + Z_1}$

(단, $Z_1$: 특성 임피던스, $Z_2$: 부하 임피던스)

- 투과 계수

$\gamma = \dfrac{2Z_2}{Z_1 + Z_2}$

- 정재파 비

$s = \dfrac{1+\rho}{1-\rho}$

(단, $\rho$ : 반사 계수)

## CHAPTER 13 | 라플라스 변환

- 라플라스 변환 공식(시간 함수 → 주파수 함수)

$$F(s) = \mathcal{L}[f(t)] = \int_0^\infty f(t)e^{-st}dt$$

- 라플라스 변환

| 시간 함수 $f(t)$ | 주파수 함수 $F(s)$ |
|---|---|
| 임펄스 함수 $\delta(t)$ | $1$ |
| 단위 계단 함수 $u(t) = 1$ | $\dfrac{1}{s}$ |
| 속도 함수(램프 함수) $t$ | $\dfrac{1}{s^2}$ |
| 가속도 함수 $t^2$ | $\dfrac{2!}{s^{2+1}} = \dfrac{2}{s^3}$ |
| 지수 함수 $e^{at}$ | $\dfrac{1}{s-a}$ |
| 지수 함수 $e^{-at}$ | $\dfrac{1}{s+a}$ |
| 삼각 함수 $\sin \omega t$ | $\dfrac{\omega}{s^2 + \omega^2}$ |
| 삼각 함수 $\cos \omega t$ | $\dfrac{s}{s^2 + \omega^2}$ |

☑ **참고** 라플라스 역변환도 출제되기 때문에, $F(s) \rightarrow f(t)$의 경우도 숙지하고 있어야 해요!

- 라플라스 변환의 기본 정리
  - 시간 추이 정리: $\mathcal{L}[f(t-a)] = e^{-as}F(s)$
  - 복소 추이 정리: $\mathcal{L}[e^{\pm at}f(t)] = F(s \mp a)$
  - 미분식 정리:

  $$\mathcal{L}\left[\dfrac{d}{dt}f(t)\right] = sF(s), \; \mathcal{L}\left[\dfrac{d^2}{dt^2}f(t)\right] = s^2F(s)$$

  - 적분식 정리: $\mathcal{L}\left[\int f(t)dt\right] = \dfrac{1}{s}F(s)$

  - 초기 값 정리: $\lim_{t\to 0} f(t) = \lim_{s\to\infty} sF(s)$

  - 최종 값(정상 값) 정리: $\lim_{t\to\infty} f(t) = \lim_{s\to 0} sF(s)$

## CHAPTER 14 | 전달 함수

### 1 제어 시스템에서의 전달 함수 표현

$$G(s) = \frac{C(s)}{R(s)} = \frac{출력을\ 라플라스\ 변환한\ 값}{입력을\ 라플라스\ 변환한\ 값}$$

### 2 전달 함수의 종류

| 비례 요소 | $G(s) = K$ |
|---|---|
| 미분 요소 | $G(s) = Ks$ |
| 적분 요소 | $G(s) = \dfrac{K}{s}$ |
| 1차 지연요소 | $G(s) = \dfrac{K}{Ts+1}$ |
| 2차 지연요소 | $G(s) = \dfrac{K\omega_n{}^2}{s^2 + 2\delta\omega_n s + \omega_n{}^2}$ |
| 부동작 시간요소 | $G(s) = Ke^{-Ls}$ |

## CHAPTER 15 | 과도 현상

### 1 $R-L$ 직렬 회로의 과도 현상

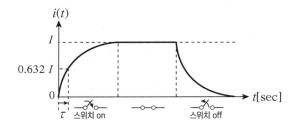

- 과도 전류식

$$i(t) = \frac{E}{R}\left(1 - e^{-\frac{R}{L}t}\right) [A]$$

- 특성근

$$s = -\frac{R}{L}$$

- 시정수

$$\tau = \frac{L}{R} [\text{sec}]$$

(시정수: 정상 전류(100[%])에서 63.2[%]에 도달하는 데 걸리는 시간)

- 스위치 동작 상태에 따른 $R-L$ 회로의 전류 변화
  - 스위치 투입 시 과도 전류

  $$i(t) = \frac{E}{R}\left(1 - e^{-\frac{R}{L}t}\right) [A]$$

  - 스위치 투입 후 정상 전류

  $$I_s = \frac{E}{R} [A]$$

  - 스위치 개방 시 감소 전류

  $$i(t) = \frac{E}{R}e^{-\frac{R}{L}t} [A]$$

## 2 $R-C$ 직렬 회로의 과도 현상

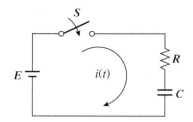

- 과도 전류식

$$i(t) = \frac{E}{R} e^{-\frac{1}{RC}t} \, [A]$$

- 특성근

$$s = -\frac{1}{RC}$$

- 시정수

$$\tau = RC \, [\text{sec}]$$

(시정수: 초기 전류(100[%])에서 36.8[%]로 감소하는 데 걸리는 시간)

## 3 $R-L-C$ 소자 값에 따른 과도 현상

- $R^2 > 4\dfrac{L}{C}$ 의 경우: 비진동

- $R^2 < 4\dfrac{L}{C}$ 의 경우: 진동

- $R^2 = 4\dfrac{L}{C}$ 의 경우: 임계 상태

# 02

# 제어공학

# 2 제어공학

## CHAPTER 1 | 라플라스 변환

### 1 라플라스 변환 공식(시간 함수 → 주파수 함수)

$$F(s) = \mathscr{L}\left[f(t)\right] = \int_0^\infty f(t)e^{-st}dt$$

### 2 라플라스 변환

| 시간 함수 $f(t)$ | 주파수 함수 $F(s)$ |
|---|---|
| 임펄스 함수 $\delta(t)$ | $1$ |
| 단위 계단 함수 $u(t) = 1$ | $\dfrac{1}{s}$ |
| 속도 함수(램프 함수) $t$ | $\dfrac{1}{s^2}$ |
| 가속도 함수 $t^2$ | $\dfrac{2!}{s^{2+1}} = \dfrac{2}{s^3}$ |
| 지수 함수 $e^{at}$ | $\dfrac{1}{s-a}$ |
| 지수 함수 $e^{-at}$ | $\dfrac{1}{s+a}$ |
| 삼각 함수 $\sin \omega t$ | $\dfrac{\omega}{s^2 + \omega^2}$ |
| 삼각 함수 $\cos \omega t$ | $\dfrac{s}{s^2 + \omega^2}$ |

☑ **참고** 라플라스 역변환도 출제되기 때문에, $F(s) \to f(t)$ 의 경우도 숙지하고 있어야 해요!

☑ **참고** 팩토리얼(!) 계산 방법 예시
$$3! = 3 \times 2 \times 1 = 6$$
$$4! = 4 \times 3 \times 2 \times 1 = 24$$

### 3 라플라스 변환의 기본 정리

- 시간 추이 정리
$$\mathscr{L}\left[f(t-a)\right] = e^{-as}F(s)$$

- 복소 추이 정리
$$\mathscr{L}\left[e^{\pm at}f(t)\right] = F(s \mp a)$$

- 미분식 정리
$$\mathscr{L}\left[\frac{d}{dt}f(t)\right] = sF(s),$$
$$\mathscr{L}\left[\frac{d^2}{dt^2}f(t)\right] = s^2 F(s)$$

- 적분식 정리
$$\mathscr{L}\left[\int f(t)dt\right] = \frac{1}{s}F(s)$$

- 초기 값 정리
$$\lim_{t \to 0} f(t) = \lim_{s \to \infty} sF(s)$$

- 최종 값(정상 값) 정리
$$\lim_{t \to \infty} f(t) = \lim_{s \to 0} sF(s)$$

## CHAPTER 2 | 자동 제어계

### 1 자동제어계의 종류

- 개루프 제어계
  - 구조가 간단하고 설치비가 저렴한 제어
    시스템이다.
  - 입력 신호가 바로 출력으로 변환되지만, 오차를
    교정할 수 없어 정확도가 떨어진다.
  - 이 때문에 간단한 제어에만 사용된다.
- 폐루프 제어계(궤환 제어계, 피드백 제어계)
  - 출력 신호를 다시 입력으로 피드백하여 오차를
    보정하는 제어 시스템이다.
  - 구조는 복잡하지만 오차가 작고 정확도가 높다.
  - 입력과 출력을 비교하는 장치와 출력을 검출하는
    센서가 필요하며, 정확하고 빠른 동작이
    요구되는 곳에 사용된다.

### 2 폐루프 제어계(궤환 제어계, 피드백 제어계) 구성

- 제어 요소: 조절부와 조작부
- 비교부: 입력과 출력을 비교하여 오차량을
  측정하는 부분
- 조작량: 제어 장치가 제어 대상에 가하는 제어
  신호로 제어 장치의 출력인 동시에 제어 대상의
  입력인 신호

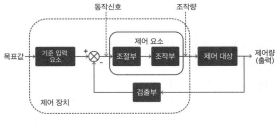

폐루프 제어계의 구성

> ☑ **참고** 동작 신호: 기준 입력과 주궤환량의 차로서 제어
> 요소에 주는 신호

### 3 자동 제어계의 분류

- 제어량의 종류에 의한 분류
  - 프로세스 제어: 공업 프로세서의 상태량인 온도,
    유량, 압력 등을 자동 제어
  - 서보 기구: 물체의 위치, 방위, 자세 등을
    제어량으로 하는 제어 기구
  - 자동 조정: 전압, 전류, 주파수 등을 제어량으로
    하는 것
- 목표값 설정에 의한 분류
  - 정치 제어: 목표값이 시간이 지나도 변하지 않고,
    항상 일정한 제어로 프로세스 제어, 자동 조정이
    해당된다.
  - 추치 제어: 목표값이 변하는 경우, 시간에 따라
    변하는 대상을 제어로 추종 제어, 프로그램 제어,
    비율 제어가 해당된다.
    - ✓ 추종 제어: 예 대공포 레이더
    - ✓ 프로그램 제어: 예 무인 열차, 무인 자판기,
      무인 엘리베이터
    - ✓ 비율 제어: 예 배터리

### 4 제어 동작에 따른 분류

- 비례 동작(P 동작)
  전달함수 $G(s)=K$ (단, $K$: 비례 감도)
  - 잔류 편차(오프셋, offset) 발생
  - 오차가 크고, 동작 속도가 느리다.
- 미분 동작(D 동작)
  전달함수 $G(s)=T_d s$(단, $T_d$: 미분 시간)
  - 오차가 커지는 것을 미연에 방지
- 적분 동작(I 동작)

  전달함수 $G(s) = \dfrac{1}{T_i s}$ (단, $T_i$: 적분 시간)

  - 잔류 편차(오프셋, offset) 제거

- 비례 미분 동작(PD 동작)

  전달함수 $G(s)=K(1+T_d s)$

  - 속응성(동작 속도) 개선

- 비례 적분 동작(PI 동작)

  전달함수 $G(s) = K\left(1+\dfrac{1}{T_i s}\right)$

  - 정상 상태의 오차(편차) 개선하여 잔류 편차(오프셋, offset) 제거

- 비례 적분 미분 동작(PID 동작)

  전달함수 $G(s) = K\left(1+ T_d s + \dfrac{1}{T_i s}\right)$

  - 잔류 편차(오프셋, offset) 제거 및 속응성(동작 속도) 개선 가능한 최적의 제어

## CHAPTER 3 | 전달 함수

### 1 전달 함수 정의

전달 함수는 시스템의 모든 초기값을 0으로 했을 때 입력 신호의 라플라스 변환에 대한 출력 신호의 라플라스 변환의 비율을 나타내는 함수이다.

$$G(s) = \frac{C(s)}{R(s)} = \frac{출력\ 신호의\ 라플라스\ 변환}{입력\ 신호의\ 라플라스\ 변환}$$

### 2 전달 함수 종류

- 비례 요소

  $G(s) = \dfrac{C(s)}{R(s)} = K$ (단, $K$: 이득 정수)

- 미분 요소

  $G(s) = \dfrac{C(s)}{R(s)} = Ks$

- 적분 요소

  $G(s) = \dfrac{C(s)}{R(s)} = \dfrac{K}{s}$

- 1차 지연 요소

  $G(s) = \dfrac{C(s)}{R(s)} = \dfrac{K}{Ts+1}$

- 2차 지연 요소

  $G(s) = \dfrac{C(s)}{R(s)} = \dfrac{K\omega_n^{\,2}}{s^2 + 2\delta\omega_n s + \omega_n^{\,2}}$

- 부동작 시간 요소

  $G(s) = \dfrac{C(s)}{R(s)} = Ke^{-Ls}$

  (단, $L$: 부동작 시간)

## 3 회로망에서 전달 함수

- 직렬 회로의 임피던스 표현
  - 저항 $R \rightarrow R[\Omega]$
  - 인덕턴스 $L \rightarrow sL[\Omega]$
  - 정전 용량 $C \rightarrow \dfrac{1}{sC}[\Omega]$

- 병렬 회로의 임피던스 표현
  - 저항 $R \rightarrow \dfrac{1}{R}[℧]$
  - 인덕턴스 $L \rightarrow \dfrac{1}{sL}[℧]$
  - 정전 용량 $C \rightarrow sC[℧]$

## CHAPTER 4 | 블록선도와 신호흐름선도

### 1 블록선도 기호

- 화살표: 신호의 진행 방향을 표시
- 전달요소: 블록으로 표시
- 가합점: 두 개 이상의 신호를 입력 받아 부호에 따라 더하거나 빼주는 것
- 인출점(분기점): 한 개의 신호를 두 계통으로 분기하는 지점

### 2 블록선도

- 전달 함수 계산 방법

$$G(s) = \frac{C(s)}{R(s)} = \frac{경로}{1 - 폐루프}$$

  - 경로: 입력 $R$에서 출력 $C$까지 일직선으로 가는 이득
  - 폐루프: 신호가 가합점을 기준으로 되돌아와서 형성되는 닫힌 회로

- 블록선도 전달 함수 계산 방법 예시

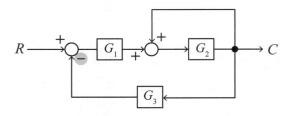

$$G(s) = \frac{C(s)}{R(s)} = \frac{경로}{1 - 폐루프}$$
$$= \frac{G_1 \times G_2}{1 - \{(-G_1 \times G_2 \times G_3) + (G_2)\}} = \frac{G_1 G_2}{1 + G_1 G_2 G_3 - G_2}$$

> ☑ **참고** 만일 입력이 2개인 블록선도라면?
> → 각 입력에 대해 계산을 한 후, 두 결과를 더하면 된다.

**3 신호흐름선도**

- 전달 함수 계산 방법

  블록선도와 신호흐름선도 계산 방법은 같다.

  $$G(s) = \frac{C(s)}{R(s)} = \frac{경로}{1 - 폐루프}$$

- 신호흐름선도 전달 함수 계산 방법 예시

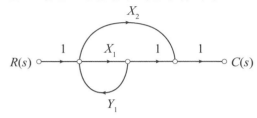

  $$G(s) = \frac{C(s)}{R(s)} = \frac{1 \times X_1 \times 1 \times 1 + 1 \times X_2 \times 1}{1 - (X_1 \times Y_1)} = \frac{X_1 + X_2}{1 - X_1 Y_1}$$

**4 경로에 접하지 않는 폐루프가 있는 경우의 신호흐름선도**

- 전달 함수 계산 방법

  $$G(s) = \frac{C(s)}{R(s)}$$

  $$= \frac{폐루프에\ 접하는\ 경로 + 폐루프에\ 접하지\ 않는\ 경로 \times (1 - 폐루프)}{1 - 폐루프}$$

- 신호흐름선도 전달 함수 계산 방법 예시

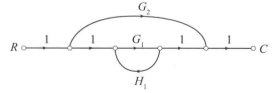

  $G_1 H_1$ 폐루프와 접하는 경로는

  $1 \times 1 \times G_1 \times 1 \times 1 (= G_1)$ 경로이고, $1 \times G_2 \times 1 (= G_2)$

  경로에는 접하지 않으므로

  $$G(s) = \frac{C(s)}{R(s)} = \frac{G_1 + G_2(1 - G_1 H_1)}{1 - G_1 H_1}$$

**5 연산 증폭기(OP Amp)**

- 이상적인 연산 증폭기 특성

  - 입력 임피던스가 크다.

  - 출력 임피던스가 작다.

  - 전압 이득과 전력 이득이 크다.

- 연산 증폭기 종류

  - 진상 증폭기(미분기)

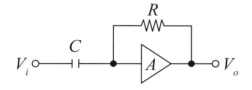

  $$V_o = -RC\frac{d}{dt}V_i$$

  - 지상 증폭기(적분기)

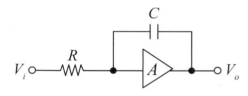

  $$V_o = -\frac{1}{RC}\int V_i dt$$

> ☑ **참고** $C$가 회로망 앞에 설치되면 진상기(미분기), 뒤에 설치되면 지상기(적분기)이다.

## CHAPTER 5 | 자동 제어계의 과도 응답

### 1 과도 응답

- 임펄스 응답
  입력이 임펄스 함수 $R(s) = 1$인 경우의 출력
- 인디셜 응답
  입력이 단위 계단 함수 $R(s) = \dfrac{1}{s}$인 경우의 출력
- 경사(램프) 응답
  입력이 단위 램프 함수 $R(s) = \dfrac{1}{s^2}$인 경우의 출력

### 2 시간 응답 특성

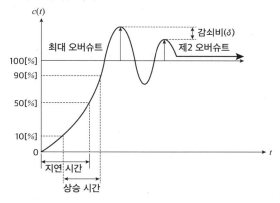

- 최대 오버슈트(Maximum Over-shoot)
  출력이 입력값을 최대로 초과하는 과도 상태 편차
- 제2 오버슈트(2$^{nd}$ Over-shoot)
  출력이 입력값을 2번째로 초과하는 과도 상태 편차
- 지연 시간(Delay Time)
  출력이 입력값의 50[%]까지 도달하는 데 걸리는 시간
- 상승 시간(Rise Time)
  출력이 입력값의 10[%]에서 90[%]까지의 시간
- 정정 시간(Settling Time)
  출력이 목표값의 ±5[%]이내에 도달하는 데 걸리는 시간

- 감쇠비(제동비)
  최대 오버슈트가 제2 오버슈트로 감소할 때의 비율로, 과도 응답이 소멸되는 속도

  감쇠비 $\delta = \dfrac{제2\ 오버슈트}{최대\ 오버슈트}$

### 3 특성 방정식의 근의 위치와 응답

- 특성 방정식의 근이 실수(제동비)축상에 존재

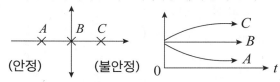

- 특성 방정식의 근이 허수축상에 존재(무한 진동)
  : 임계안정

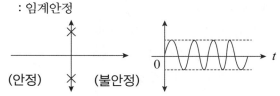

- 특성 방정식의 근이 좌반부에 존재(감쇠 진동)
  : 안정

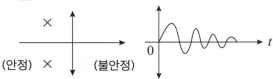

- 특성 방정식의 근이 우반부에 존재(진동폭 증가)
  : 불안정

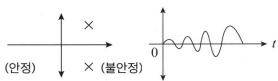

✓ **TIP** 좌안우불

## 4 영점 및 극점

- 영점($Z$)

  $Z(s) = 0$이 되는 $s$의 값(회로 단락 상태),

  $s$평면상 ○로 표시

- 극점($P$)

  $Z(s) = \infty$ 가 되는 $s$의 값(회로 개방 상태),

  $s$평면상 ×로 표시

## 5 2차계의 과도 응답

- 2차계의 전달 함수

  $$G(s) = \frac{C(s)}{R(s)} = \frac{\omega_n^{\ 2}}{s^2 + 2\delta\omega_n s + \omega_n^{\ 2}}$$

  (단, $\delta$ : 제동비(감쇠비), $\omega_n$: 고유 주파수)

- 제동비에 따른 과도응답 조건

  $0 < \delta < 1$ : 부족 제동(감쇠 제동)

  $\delta > 1$ : 과제동(비진동)

  $\delta = 1$ : 임계 제동(비진동)

  $\delta = 0$ : 무제동(무한 진동)

## 6 공진 주파수와 고유 주파수의 관계

- 제어계의 이득이 최대인 공진 주파수

  $\omega_p = \omega_n\sqrt{1 - 2\delta^2}$

  (단, $\omega_p$: 공진 주파수, $\omega_n$: 고유 주파수,

  $\delta$ : 감쇠비(제동비))

- 제어계의 공진 정점값

  $$M_p = \frac{1}{2\delta\sqrt{1 - \delta^2}}$$

- 최대 오버슈트 발생 시간

  $$t_p = \frac{\pi}{\omega_n\sqrt{1 - \delta^2}}$$

- 대역폭(BM: Band Width)

  공진 정점값의 70.7[%] 이상을 만족하는 주파수

  영역

> ☑ **참고** 과도(감쇠) 진동 주파수
>
> $$\omega = \omega_n\sqrt{1 - \delta^2}$$

## CHAPTER 6 | 자동 제어계의 정확도(편차 및 감도)

### 1 정상 편차의 종류

| 편차 종류 | 입력 | 편차 상수 | 편차 |
|---|---|---|---|
| 위치 편차 | $r(t)=1$ | $K_p = \lim_{s \to 0} G(s)H(s)$ | $e_p = \dfrac{1}{1+K_p}$ |
| 속도 편차 | $r(t)=t$ | $K_v = \lim_{s \to 0} sG(s)H(s)$ | $e_v = \dfrac{1}{K_v}$ |
| 가속도 편차 | $r(t)=\dfrac{1}{2}t^2$ | $K_a = \lim_{s \to 0} s^2 G(s)H(s)$ | $e_a = \dfrac{1}{K_a}$ |

### 2 제어계의 형 분류

제어계의 형은 피드백 요소인 $G(s)H(s)$함수에서
분모의 $s$에 대한 $n$차수로 결정된다.

- $G(s)H(s) = \dfrac{(s+1)}{(s+2)(s+3)}$

  분모의 괄호 밖의 차수가 $s^0$=1로 0형 제어계

- $G(s)H(s) = \dfrac{(s+1)}{s^1(s+2)(s+3)}$

  분모의 괄호 밖의 차수가 $s^1$로 1형 제어계

- $G(s)H(s) = \dfrac{(s+1)}{s^2(s+2)(s+3)}$

  분모의 괄호 밖의 차수가 $s^2$로 2형 제어계

### 3 감도

- 요소 $K$에 대한 계통의 폐루프 전달 함수 $T$의 미분 감도

$$S_K^T = \frac{K}{T} \times \frac{dT}{dK}$$

> ☑ **참고** 분수 함수의 미분 방법
> $$\frac{분자\,미분 \times 분모 - 분모\,미분 \times 분자}{분모^2}$$

## CHAPTER 7 | 자동 제어계의 주파수 응답

### 1 진폭비 및 위상차

- 진폭비
$$|G(j\omega)| = \sqrt{실수부^2 + 허수부^2}$$

- 위상차
$$\angle G(j\omega) = \tan^{-1}\frac{허수부}{실수부}$$

### 2 벡터 궤적

주파수 $\omega$가 0부터 $\infty$까지 변할 때, $G(j\omega)$의 크기와
위상각의 변화를 극좌표에 나타낸 것

| 비례 요소 | 미분 요소 |
|---|---|
| $G(s) = K$(주파수와 무관) | $G(s) = s$ |

| 적분 요소 | 비례 미분 요소 |
|---|---|
| $G(s) = \dfrac{1}{s}$ | $G(s) = 1 + Ts$ |

| 1차 지연 요소 | 부동작 시간 요소 |
|---|---|
| $G(s) = \dfrac{1}{1+Ts}$ | $G(s) = e^{-Ts}$ |
| 반원 모양 | 반지름이 1인 원 |

## 3 시험에 자주 출제되는 벡터 궤적

분모 괄호 항의 개수만큼 위치한다.

- $G(s) = \dfrac{K}{s(1 + Ts)}$ 의 벡터 궤적

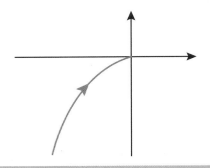

> ☑ **참고** 분모 괄호 항이 <u>1개</u>이므로 <u>1칸</u>(제3사분면)만 차지한다.

- $G(s) = \dfrac{K}{s(1 + T_1 s)(1 + T_2 s)}$ 의 벡터 궤적

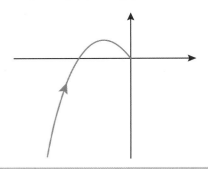

> ☑ **참고** 분모 괄호 항이 2개이므로 2칸(제2사분면, 제3사분면)을 차지한다.

## 4 보드 선도

- 보드 선도 정의

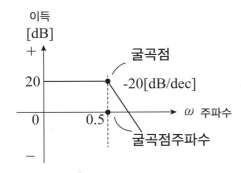

- 주파수에 따라 제어 장치의 이득이 어떻게 변화하는지 직관적으로 보여주는 그래프
- 가로축은 주파수 $\omega$, 세로축은 이득 $|G(j\omega)|$를 표시
- 이득 여유 $g_m > 0$, 위상 여유 $\phi_m > 0$의 조건에서 제어 장치가 안정적으로 동작
- 보드 선도 작성에 필요한 요소
  - 이득: $g = 20\log_{10}|G(s)|\,[dB]$
  - 이득 여유(GM: Gain Margin):

  $$GM = 20\log_{10}\frac{1}{|(G(s)|}\,[dB]$$

  - 절점 주파수: 실수부와 허수부가 같아지는 주파수
  - 경사: $g = K\log_{10}\omega\,[dB]$에서 $K$값

# CHAPTER 8 | 제어계의 안정도

## 1 루드(Routh)표에 의한 안정도 판별 방법

- 제어계의 안정 조건
  - 특성 방정식의 모든 계수의 부호가 같을 것
  - 특성 방정식의 모든 차수가 존재할 것
  - 루드표를 작성하여 제1열의 부호 변화가 없을 것
  만일 부호가 변화하면 변화하는 수만큼 불안정한
  근의 수(s평면 우반 평면에 존재하는 근의 수)를
  갖는다.

- 루드표 작성 방법
  특성 방정식이 $a_0 s^3 + a_1 s^2 + a_2 s + a_3 = 0$ 일 때

| 차수 | 제1열 계수 | 제2열 계수 | 제3열 계수 |
|---|---|---|---|
| $s^3$ | $a_0$ | $a_2$ | 0 |
| $s^2$ | $a_1$ | $a_3$ | 0 |
| $s^1$ | $A = \dfrac{a_1 \times a_2 - a_0 \times a_3}{a_1}$ | $B = \dfrac{a_1 \times 0 - a_0 \times 0}{a_1}$ | 0 |
| $s^0$ | $C = \dfrac{A \times a_3 - a_1 \times B}{A}$ | $D = \dfrac{A \times 0 - a_1 \times 0}{A}$ | 0 |

✓ **TIP** 루드표에서 제1열의 모든 값이 (+)로 유지되어야 제어계가 안정하다. 부호 변화가 한 번이라도 발생하면 제어계는 불안정하다.

## 2 나이퀴스트(Nyquist) 선도에 의한 안정도 판별 방법

- 경로가 **시계** 방향인 경우 임계점을 **포함**하면 **불**안정

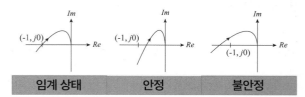

| 임계 상태 | 안정 | 불안정 |
|---|---|---|

- 경로가 **반**시계 방향인 경우 임계점을 **포함**하면 **안**정

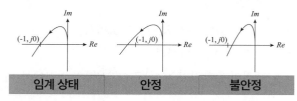

| 임계 상태 | 안정 | 불안정 |
|---|---|---|

✓ **TIP** 시포불, 반포안

## 3 나이퀴스트 선도의 이득 여유 및 위상 여유

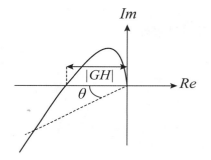

- 이득 여유($GM$)

$$GM = 20\log_{10}\left|\frac{1}{GH}\right|_{\omega=0} [dB]$$

- 위상 여유($PM$)
  나이퀴스트 선도에서 임계각을 기준으로 안정한
  영역의 위상 여유

- 제어계가 안정하기 위한 여유 범위
  - 이득 여유($GM$): 4 ~ 12[$dB$]
  - 위상 여유($PM$): 30 ~ 60°

## CHAPTER 9 | 제어계의 근궤적

### 1 근궤적의 성질

- 근궤적의 출발점은 ($K=0$)은 $G(s)H(s)$의 극점으로부터 출발한다.
- 근궤적의 종착점 ($K=\infty$)은 $G(s)H(s)$의 영점에서 끝난다.
- 근궤적의 개수는 영점($z$) 수와 극점($p$) 수 중에서 큰 것과 일치한다.
- 근궤적은 실수축에 대하여 대칭이다.

### 2 근궤적 관련 공식

- 점근선의 교차점

$$A = \frac{\sum P - \sum Z}{P - Z}$$

(단, $\Sigma P$: 극점의 합, $\Sigma Z$: ,영점의 합, $P$: 극점 수, $Z$: 영점 수)

- 점근선의 각도

$$\alpha = \frac{(2k+1)\pi}{P-Z} \ (k=0,1,2,3,\cdots)$$

- 근궤적의 이탈점(분지점)

$$\frac{dK}{ds}=0$$ 의 조건을 만족하는 근

## CHAPTER 10 | 제어계의 상태 해석 방법

### 1 제어 시스템의 미분 방정식 및 상태 방정식

- 제2차 제어 시스템

  상태 방정식이 2차 미분 방정식으로 표현되는 제어계

  - 상태 방정식: $\dfrac{d^2y(t)}{dt^2} + a\dfrac{dy(t)}{dt} + by(t) = cr(t)$

  - 벡터 행렬: $A = \begin{bmatrix} 0 & 1 \\ -b & -a \end{bmatrix}$, $B = \begin{bmatrix} 0 \\ c \end{bmatrix}$

- 제3차 제어 시스템

  상태 방정식이 3차 미분 방정식으로 표현되는 제어계

  - 상태 방정식:

  $$\frac{d^3y(t)}{dt^3} + a\frac{d^2y(t)}{dt^2} + b\frac{dy(t)}{dt} + cy(t) = dr(t)$$

  - 벡터 행렬: $A = \begin{bmatrix} 0 & 1 & 0 \\ 0 & 0 & 1 \\ -c & -b & -a \end{bmatrix}$, $B = \begin{bmatrix} 0 \\ 0 \\ d \end{bmatrix}$

### 2 천이 행렬

$$\varPhi(t) = \mathscr{L}^{-1}[(sI-A)^{-1}]$$

(단, $I$: 단위 행렬 $\begin{bmatrix} 1 & 0 \\ 0 & 1 \end{bmatrix}$, $A$: 벡터 행렬)

> ☑ **참고** 역행렬 계산 방법 ($A = \begin{bmatrix} a & b \\ c & d \end{bmatrix}$일 때)
>
> $$A^{-1} = \frac{1}{ad-bc}\begin{bmatrix} d & -b \\ -c & a \end{bmatrix}$$

### 3 특성 방정식

$$|sI-A| = 0$$

특성 방정식의 근을 고유값이라고 한다.

## 4 $z$ 변환표

| 시간 함수 $f(t)$ | 라플라스 변환 $F(s)$ | $z$ 변환 $F(z)$ |
|---|---|---|
| 임펄스 함수 $\delta(t)$ | $1$ | $1$ |
| 단위 계단 함수 $u(t)=1$ | $\dfrac{1}{s}$ | $\dfrac{z}{z-1}$ |
| 속도 함수 $t$ | $\dfrac{1}{s^2}$ | $\dfrac{Tz}{(z-1)^2}$ |
| 지수 함수 $e^{at}$ | $\dfrac{1}{s-a}$ | $\dfrac{z}{z-e^{aT}}$ |
| 지수 함수 $e^{-at}$ | $\dfrac{1}{s+a}$ | $\dfrac{z}{z-e^{-aT}}$ |
| 삼각 함수 $\sin\omega t$ | $\dfrac{\omega}{s^2+\omega^2}$ | $\dfrac{z\sin\omega T}{z^2-2z\cos\omega T+1}$ |
| 삼각 함수 $\cos\omega t$ | $\dfrac{s}{s^2+\omega^2}$ | $\dfrac{z^2-z\cos\omega T}{z^2-2z\cos\omega T+1}$ |

## 5 $z$ 변환의 정리

• 초기값 정리

$$\lim_{t\to0}f(t)=\lim_{s\to\infty}sF(s)=\lim_{z\to\infty}F(z)$$

• 최종값 정리

$$\lim_{t\to\infty}f(t)=\lim_{s\to0}sF(s)=\lim_{z\to1}(1-z^{-1})F(z)$$

## 6 $z$ 평면상에서 제어계의 안정도 판별 방법

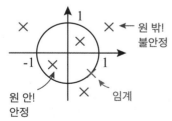

• 안정: 단위원 내부에 극점이 모두 존재

• 불안정: 단위원 외부에 극점이 하나라도 존재

• 임계 상태: 단위원에 접해서 극점이 존재

✓ **TIP** 원 안은 안정, 원 밖은 불안정

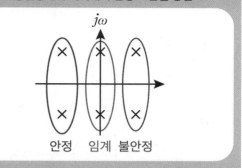

☑ **참고** $s$ 평면상에서 제어계의 안정도 판별 방법

- 안정: 특성 방정식의 근이 $s$ 평면 좌반부에 존재
- 불안정: 특성 방정식의 근이 $s$ 평면 우반부에 존재
- 임계 상태: 특성 방정식의 근이 $s$ 평면 허수축에 존재

✓ **TIP** 좌안우불

# CHAPTER 11 | 시퀀스 제어계

## 1 시퀀스 기본 회로

- AND 회로(직렬 연결, 곱셈)
  - 논리식: $X = A \cdot B$
  - 회로:

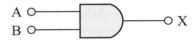

  - 진리표:

| $A$ | $B$ | $X$ |
|---|---|---|
| 0 | 0 | 0 |
| 0 | 1 | 0 |
| 1 | 0 | 0 |
| 1 | 1 | 1 |

- OR 회로(병렬 연결, 덧셈)
  - 논리식: $X = A + B$
  - 회로:

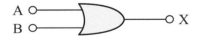

  - 진리표:

| $A$ | $B$ | $X$ |
|---|---|---|
| 0 | 0 | 0 |
| 0 | 1 | 1 |
| 1 | 0 | 1 |
| 1 | 1 | 1 |

- NOT 회로(부정)
  - 논리식: $X = \overline{A}$
  - 회로:

  - 진리표:

| $A$ | $X$ |
|---|---|
| 0 | 1 |
| 1 | 0 |

- NAND 회로(AND의 부정)
  - 논리식: $X = \overline{A \cdot B}$
  - 회로:

  - 진리표:

| $A$ | $B$ | $X$ |
|---|---|---|
| 0 | 0 | 1 |
| 0 | 1 | 1 |
| 1 | 0 | 1 |
| 1 | 1 | 0 |

- NOR 회로(OR의 부정)
  - 논리식: $X = \overline{A + B}$
  - 회로:

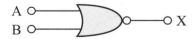

  - 진리표:

| $A$ | $B$ | $X$ |
|---|---|---|
| 0 | 0 | 1 |
| 0 | 1 | 0 |
| 1 | 0 | 0 |
| 1 | 1 | 0 |

## 2 불대수의 정리

- $A, B, C$가 논리변수일 때
  - 교환 법칙: $A + B = B + A, \ A \cdot B = B \cdot A$
  - 결합 법칙: $(A + B) + C = A + (B + C)$
    $$(A \cdot B) \cdot C = A \cdot (B \cdot C)$$
  - 분배 법칙: $A \cdot (B + C) = A \cdot B + A \cdot C,$
    $$A + (B \cdot C) = (A + B) \cdot (A + C)$$

- 2진수 $0, 1$ 및 논리변수 $A, B$일 때

  $A + 0 = A, \ A \cdot 1 = A$

  $A + A = A, \ A \cdot A = A$

  $A + 1 = 1, \ A + \overline{A} = 1$

  $A \cdot 0 = 0, \ A \cdot \overline{A} = 0$

## 3 드모르간의 정리

$$\overline{A + B} = \overline{A} \cdot \overline{B}$$

$$\overline{A \cdot B} = \overline{A} + \overline{B}$$

## 4 부정의 법칙

$$\overline{\overline{A}} = A$$

$$\overline{\overline{\overline{A \cdot B}}} = A \cdot B$$

$$\overline{\overline{\overline{A + B}}} = A + B$$

$$\overline{A} \cdot \overline{B} = \overline{\overline{\overline{A \cdot B}}}$$

# MEMO

# 03

# 전력공학

# 전력공학

## CHAPTER 1 | 전선로

### 1 전선의 구비 조건

- 내구성이 있을 것
- 신장율이 높을 것
- 경제성이 높을 것(가격 저렴)
- 기계적 강도가 클 것
- 도전율이 클 것
- 비중(중량)이 적을 것
- 가요성이 풍부할 것

✎ 암기
✓ **TIP** 내신경기도비가! 비중 빼고 다 커요!

### 2 전선의 굵기 선정

- 경제적인 전선의 굵기 선정: 켈빈의 법칙
- 전선의 굵기 선정 시 고려 사항
  - 허용 전류가 클 것
  - 전압 강하가 작을 것
  - 기계적 강도가 우수할 것

✎ 암기
✓ **TIP** 허… 전기 어렵다…

### 3 철탑의 용도에 따른 종류

- 직선 철탑(A형)

  수평 각도 3° 이하인 직선 선로에 채용되는 철탑
- 각도 철탑(B형, C형)
  - 수평 각도 3°를 초과하는 부분에 사용되는 철탑
  - B형(3° ~ 20°), C형(20° 초과)으로 구분
- 인류 철탑(D형)

  전선로가 끝나는 지점에 주로 적용

- 내장 철탑(E형)

  장경간이나 A형 철탑 10기마다 1기씩 기계적 강도를 보강하기 위해 사용되는 철탑

### 4 애자의 구비 조건

- 충분한 기계적 강도를 가질 것
- 충분한 절연 내력 및 절연 저항을 가질 것
- 누설 전류가 적을 것
- 온도 변화에 잘 견디고, 습기를 흡수하지 않을 것
- 내구성이 있고, 가격이 저렴할 것

### 5 애자의 종류

- 핀 애자

  전선을 지지하기 위한 애자
- 현수 애자

  철탑에서 여러 개의 애자를 연결하여 내려뜨려서 사용하는 애자(송전 선로용 애자로 주로 사용)
  - 연결하는 방식: 클레비스형과 볼 소켓형
  - 사용 전압별 현수 애자 개수

| 전압 [kV] | 22.9 | 66 | 154 | 345 | 765 |
|---|---|---|---|---|---|
| 애자 개수 | 2~3개 (약 2.5개 로 암기) | 4~6개 (약 5개로 암기) | 9~11개 (약 10개 로 암기) | 18~23개 (약 20개 로 암기) | 38~43개 (약 40개) |

✓ **TIP** 애자 개수가 2.5→5→10→20→40으로 2배씩 커지고 있어요!

- 장간 애자

  장경간이나 해안 지대에서 염진해 대책으로 개발된 애자

## 6 애자의 섬락 전압 종류(250[$mm$] 현수 애자 1개 기준)

- 건조 섬락 전압: 약 80[$kV$]
- 주수 섬락 전압: 약 50[$kV$]
- 충격 섬락 전압: 약 125[$kV$]
- 유중 섬락 전압: 약 140[$kV$]

## 7 애자련의 전압 분담

- 전압 분담이 **최대**인 애자
  - 전선에서 **첫 번째** 애자

✓ **TIP** 송전선 전체 전압을 처음으로 받기 때문에 전압 분담이 최대

- 전압 분담이 **최소**인 애자
  - **전**선에서 8번째 애자
  - **철**탑에서 3번째 애자

✓ **TIP** 전팔철삼

- 애자련 보호 대책
  - 소호각(초호각, 아킹혼)

## 8 애자련의 효율

$$\eta = \frac{V_n}{n\,V_1} \times 100\,[\%]$$

(단, $V_n$: 애자련의 섬락 전압[$kV$], $V_1$: 애자 1개의 섬락 전압[$kV$], $n$: 애자 1련의 개수)

## 9 지지물

- 지지물의 종류
  목주, 철주, 철탑, 철근 콘크리트주
- 지선의 설치 목적
  지지물의 강도를 보강하고 전선로의 평형 유지

## 10 전선의 이도 및 실제 길이

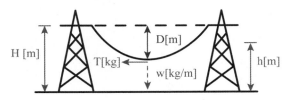

- 전선의 이도(Dip)

$$D = \frac{WS^2}{8\,T}\,[m]$$

  - 이도의 대소는 지지물의 높이를 좌우한다.
  - 이도가 클 때는 전선이 좌우로 진동해서 다른 상의 전선에 접촉하는 등의 위험이 있다.
  - 이도가 작을 때는 장력이 증가하여 단선 사고의 위험이 있다.

- 전선의 실제 길이

$$L = S + \frac{8D^2}{3S}\,[m]$$

- 지지점의 평균 높이

$$h = H - \frac{2}{3}D\,[m]$$

## 11 전선의 하중

- 수직 하중 $W_i$(빙설 하중)
  저온계에서만 적용하는 하중
- 수평 하중 $W_w$(풍압 하중)
  철탑을 설계 시 가장 큰 하중
- 합성 하중 $W$(총 하중)

$$W = \sqrt{(W_c + W_i)^2 + W_w^2}\,[kg/m]$$

($W_c$: 전선의 자중(무게))

☑ **참고** 고온계에서 $W_i = 0$

- 전선의 부하계수

$$부하계수 = \frac{합성하중}{전선자중} = \frac{\sqrt{(W_c + W_i)^2 + W_w^2}}{W_c}$$

## 12 전선의 진동 방지 장치

- 댐퍼
- 아머로드
- 클램프

## 13 전선의 도약에 따른 상간 단락 방지 대책

- 오프셋(Off-set)
  철탑의 암(arm) 길이를 다르게 설치하여 전선
  도약 시 선간 단락 사고 방지

## 14 지중 전선로의 특징

- 외부 기후의 영향을 받지 않아 전력 공급 신뢰도가
  높다.
- 다회선 설치가 가공 전선로에 비해 용이하다.
- 고장 발생 시 고장 위치 확인 및 고장 복구가
  어렵다.
- 가공 전선로 보다 인덕턴스($L$)는 작고,
  정전용량($C$)는 크다.

## 15 케이블 고장점 검출 방법

- 머레이 루프법
- 펄스 인가법
- 정전 용량법
- 브리지법
- 수색 코일법

✓ **TIP** "머펄정"이 시험에 잘 나와요! *암기*

---

## CHAPTER 2 | 선로 정수 및 코로나

## 1 송전 선로의 4가지 정수

- 저항 $R[\Omega]$

  $$R = \rho \frac{l}{S} [\Omega]$$

  - 도체의 고유 저항 $\rho = \dfrac{1}{58} \times \dfrac{100}{C} [\Omega \cdot mm^2/m]$

  - 연동선: $C = 100[\%]$, 경동선: $C = 97[\%]$,
    알루미늄선: $C = 61[\%]$)

- 인덕턴스 $L[H]$
  - 단도체의 작용 인덕턴스
    $$L = 0.05 + 0.4605\log_{10}\frac{D}{r}[mH/km]$$

- 컨덕턴스 $G[\mho]$
  - 값이 매우 작아 보통 무시한다.
- 정전 용량 $C[F]$

  $$C = \frac{0.02413}{\log_{10}\dfrac{D}{r}}[\mu F/km]$$

  (단, $D$: 전선 간의 이격 거리$[m]$,
  $r$: 전선의 반지름$[m]$)

## 2 등가 선간 거리

"등가 선간 거리"란 3상 선로에서 전선 간의 실제
이격 거리가 서로 다를 때, 이를 정삼각형 배열로
변환하여 동일한 선간 거리로 환산한 것이다.

$$D_e = \sqrt[3]{D_1 \times D_2 \times D_3}\,[m]$$

(단, 세제곱근은 전선 간 이격 거리가 3개임을
의미한다.)

## 3 복도체(다도체)

- 복도체(다도체) 정의
  - 단도체: 1상의 전선이 도체 1개로 이루어진 도체
  - 복도체: 단도체가 적당한 간격을 두고 2가닥으로 이루어진 전선
  - 다도체: 단도체의 개수가 3가닥 이상인 전선
- 복도체(다도체)의 등가 반지름 공식
  - 등가 반지름 $r_e = \sqrt[n]{r \times S^{n-1}}\,[m]$

    ($n$: 소도체 개수)
- 복도체(다도체) 특징
  - 송전 용량 증가 (∵인덕턴스 $L$와 리액턴스 $X(=2\pi f L)$ 감소 → 정전용량 $C$증가)

    송전 용량 $P = \dfrac{V_s V_r}{X}\sin\theta\,[MW]$
  - 코로나 손 감소(코로나 방지) (∵전선 표면의 전위 경도 저감 → 코로나 임계전압 상승)
  - 페란티 현상(수전단 전압이 송전단 전압보다 높아지는 현상) 발생 우려 (→ 방지책: 분로(병렬) 리액터 설치)
  - 전력 계통 안정도 증대
  - 공사비가 비싸고, 시공이 어려움
- 스페이서(Spacer) 역할
  - 복도체에서 발생하는 흡인력에 의한 소도체 간 충돌 방지

## 4 등가 선간 거리

- 수평 배열 등가 선간 거리

  $D_e = \sqrt[3]{2}\,D\,[m]$
- 삼각 배열 등가 선간 거리

  $D_e = \sqrt[3]{D_{ab} \times D_{bc} \times D_{ca}}\,[m]$

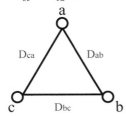

- 정사각 배열 등가 선간 거리

  $D_e = \sqrt[6]{2}\,D\,[m]$

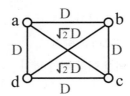

## 5 다도체의 인덕턴스 및 정전 용량

- 인덕턴스

  $L_n = 0.05 + 0.4605\log_{10}\dfrac{D}{r_e}\,[mH/km]$

- 정전 용량

  $C = \dfrac{0.02413}{\log_{10}\dfrac{D}{r_e}}\,[\mu F/km]$

> ✓ **TIP** 계산 문제 풀 때, $r_e = \sqrt[n]{r \times S^{n-1}}\,[m]$
> ($n$: 소도체 개수)를 계산 후 대입하세요.

## 6 작용 정전 용량

- 단상 2선식

  $C = C_s + 2C_m\,[F]$
- 단상 3선식

  $C = C_s + 3C_m\,[F]$

  ($C_s$: 대지 정전 용량, $C_m$: 상호 정전 용량)

## 7 충전 전류와 충전 용량 (3상 3선식인 경우)

- 충전 전류

  $I_c = \omega CE = \omega C\dfrac{V}{\sqrt{3}} = \omega(C_s + 3C_m)\dfrac{V}{\sqrt{3}}\,[A]$

- 충전 용량

  $Q_c = 3\omega CE^2 = 3\omega C\left(\dfrac{V}{\sqrt{3}}\right)^2 = \omega CV^2 = \omega(C_s + 3C_m)V^2\,[VA]$

  ($E$: 상전압$[V]$, $V$: 선간 전압$[V]$, $\omega = 2\pi f$)
- △결선과 $Y$결선의 충전 용량 비교

  $\dfrac{Q_\Delta}{Q_Y} = \dfrac{3\omega CV^2}{\omega CV^2} = 3$배

## 8 연가의 목적

- 선로 정수 평형 (주목적)
- 통신선 유도 장해 방지
- 전압 파형의 일그러짐 방지
- 직렬 공진에 의한 이상 전압 방지

## 9 코로나 현상

송전 선로에 일정 이상의 계통 전압이 가해졌을 때, 전선 주변의 공기 절연이 부분적으로 파괴되어 빛과 소리를 내며 방전하는 현상

- 코로나 영향
  - 코로나 전력 손실 발생
  - 코로나 잡음 발생
  - 전선의 부식
  - 통신선 유도 장해
  - 소호 리액터의 성능 저하
  - 송전 효율 저하
- 코로나 방지 대책
  - 복도체 사용
  - 굵은 전선(ACSR) 사용
  - 전선 표면을 매끄럽게 유지
  - 가선 금구의 개선
- 코로나 임계 전압

  코로나가 방전을 시작하는 개시 전압

  - 코로나 임계 전압
  $$E_0 = 24.3 m_0 m_1 \delta d \log_{10} \frac{D}{r} [kV]$$

  $m_0$: 전선의 표면 계수(매끈한 전선=1, 거친 전선=0.8)

  $m_1$: 날씨 계수(맑은 날=1, 악천우 시=0.8)

  $\delta$: 상대 공기 밀도

  (단, $\delta = \frac{0.386b}{273+t}$, $b$: 기압[$mmHg$], $t$: 기온[℃])

  $d$: 전선의 직경

$r$: 전선의 반지름

$D$: 선간 거리

전선 표면이 매끈할수록, 날씨가 맑을수록, 기압이 높고 온도가 낮을수록 임계 전압은 높아진다.

# CHAPTER 3 | 송전 선로

## 1 단거리 송전 선로

- 전압 강하($e$) 근사식
  - 단상:
  
  $e = V_s - V_r = I(Rcos\theta + Xsin\theta) = \dfrac{P}{V}(Rcos\theta + Xsin\theta)[V]$

  - 3상:
  
  $e = V_s - V_r = \sqrt{3}\,I(Rcos\theta + Xsin\theta) =$
  
  $\dfrac{P}{V}(Rcos\theta + Xsin\theta) = \dfrac{P}{V}(R + Xtan\theta)[V]$

  (단, $V_s$: 송전단 전압[$V$], $V_r$: 수전단 전압[$V$], $I$: 선로 전류[$A$], $\cos\theta$ : 역률, $R$: 선로 저항[$\Omega$], $X(=2\pi fL)$: 선로 리액턴스[$\Omega$])

  > ✓ **TIP** 결론은 단상과 3상의 공식이 같음

- 전압 강하율($\varepsilon$)

  $\varepsilon = \dfrac{e}{V_r} \times 100 = \dfrac{V_s - V_r}{V_r} \times 100 = \dfrac{\sqrt{3}\,I(Rcos\theta + Xsin\theta)}{V_r} \times 100$

  $= \dfrac{P}{V_r^{\,2}}(R + Xtan\theta) \times 100\,[\%]$

- 전압 변동률($\delta$)

  $\delta = \dfrac{V_{ro} - V_r}{V_r} \times 100\,[\%]$

  (단, $V_{ro}$: 무부하 시 수전단 전압, $V_r$: 전부하 시 수전단 전압)

- 전압과의 관계 정리
  - 전압 강하율($\varepsilon$), 전력 손실($P_l$), 전선 단면적($A$)
  
    $\propto \dfrac{1}{V^2}$
  - 전압 강하($e$) $\propto \dfrac{1}{V}$
  - 공급 전력($P$) $\propto V^2$

## 2 중거리 송전 선로

- 4단자 정수($A, B, C, D$)
  - 송전단 전압: $E_s = AE_r + BI_r$
  - 송전단 전류: $I_s = CE_r + DI_r$
  - 4단자 정류의 성질: $\begin{bmatrix} A & B \\ C & D \end{bmatrix} = AD - BC = 1$
  - 직렬 임피던스 회로의 4단자 정수:
  
  $\begin{bmatrix} A & B \\ C & D \end{bmatrix} = \begin{bmatrix} 1 & Z \\ 0 & 1 \end{bmatrix}$

  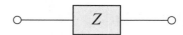

  - 병렬 어드미턴스 회로의 4단자 정수:
  
  $\begin{bmatrix} A & B \\ C & D \end{bmatrix} = \begin{bmatrix} 1 & 0 \\ Y & 1 \end{bmatrix}$

- $T$형 회로의 해석

  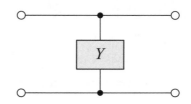

  - 송전단 전압:
  
  $E_s = AE_r + BI_r = \left(1 + \dfrac{ZY}{2}\right)E_r + Z\left(1 + \dfrac{ZY}{4}\right)I_r$

  - 송전단 전류:
  
  $I_s = CE_r + DI_r = YE_r + \left(1 + \dfrac{ZY}{2}\right)I_r$

- $\pi$형 회로의 해석

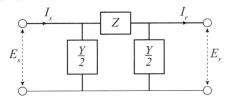

  - 송전단 전압:
  $$E_s = AE_r + BI_r = \left(1 + \frac{ZY}{2}\right)E_r + ZI_r$$

  - 송전단 전류:
  $$I_s = CE_r + DI_r = Y\left(1 + \frac{ZY}{4}\right)E_r + \left(1 + \frac{ZY}{2}\right)I_r$$

- 평행 2회선 송전선로의 4단자 정수
$$\begin{bmatrix} A & B \\ C & D \end{bmatrix} = \begin{bmatrix} A_1 & \dfrac{B_1}{2} \\ 2C_1 & D_1 \end{bmatrix}$$

- 송전선로 시험

  - $A = \dfrac{E_s}{E_r}$ : 수전단 개방 시$(I_r = 0)$의 송·수전단

    전압비를 의미

  - $B = \dfrac{E_s}{I_r}$ : 수전단 단락 시$(E_r = 0)$의 송·수전단

    임피던스를 의미

  - $C = \dfrac{I_s}{E_r}$ : 수전단 개방 시$(I_r = 0)$의 송·수전단

    어드미턴스를 의미

  - $D = \dfrac{I_s}{I_r}$ : 수전단 단락 시$(E_r = 0)$의 송·수전단

    전류비를 의미

☑ **참고** 개방 시험=무부하 시험, 충전 전류=무부하 전류

## 3 장거리 송전 선로(분포 정수 회로)

- 송전단 전압
$$E_s = AE_r + BI_r = \cosh\gamma l E_r + Z_0 \sinh\gamma l I_r$$

- 송전단 전류
$$I_s = CE_r + DI_r = \frac{1}{Z_0}\sinh\gamma l E_r + \cosh\gamma l I_r$$

- 직렬 임피던스
$$Z = R + j\omega L = R + jX[\Omega/km]$$

- 병렬 어드미턴스
$$Y = G + j\omega C = G + jB[\mho/km]$$

- 특성(서지, 파동) 임피던스
$$Z_0 = \sqrt{\frac{Z}{Y}} = \sqrt{\frac{R + j\omega L}{G + j\omega C}} \fallingdotseq \sqrt{\frac{L}{C}}\ [\Omega]$$

☑ **참고** 특성 임피던스 $Z_0$는 선로의 길이와 관계 없다.

- 전파 정수
$$\gamma = \sqrt{ZY} = \sqrt{(R + j\omega L)(G + j\omega C)} = \alpha + j\beta$$

  (단, $a$: 감쇄 정수, $\beta$: 위상 정수)

- 전파 속도
$$v = \frac{1}{\sqrt{LC}}$$

## 4 전력 원선도

- 가로축
  유효 전력
- 세로축
  무효 전력
- 전력 원선도 작성 시 필요한 것
  - 송·수전단 전압 및 전류
  - 선로의 일반 회로 정수(A, B, C, D)
- 전력 원선도의 반지름

$$\rho = \frac{V_s V_r}{B}$$

(단, $V_s$: 송전단 전압, $V_r$: 수전단 전압, $B$: 임피던스 정수)

☑ **참고** 전력 원선도에서 반지름은 전력의 최대치를 나타냄

- 전력 원선도에서 알 수 있는 것
  - 송·수전할 수 있는 <mark>최대</mark> 전력
  - 송·수전단 전압 간의 <mark>상차각</mark>
  - <mark>전력</mark> 손실 및 <mark>송전</mark> 효율
  - 수전단 <mark>역률</mark> 및 <mark>조상</mark> 설비 용량
  - 송·수전단의 <mark>유효</mark> 전력, <mark>무효</mark> 전력, <mark>피상</mark> 전력

✓ **TIP** 최상 전송 역조, 유효·무효·피상

- 전력 원선도에서 알 수 없는 것
  - 코로나 손실
  - 과도 안정 극한 전력

## 5 조상설비

전력 계통에서 부하 변동에 따라 전압을 일정하게 유지하기 위해 무효 전력을 공급하는 장치

- 조상설비 종류
  - 전력용 콘덴서(S.C: Static Capacitor)
  - 분로 리액터(Sh.R: Shunt Reactor)
  - 동기 조상기: 동기 전동기를 무부하 상태로 운전하여 계통의 전압과 역률을 조정하는 역할
- 조상설비 비교

| 구분 | 전력용 콘덴서 | 분로 리액터 | 동기 조상기 |
|---|---|---|---|
| 역할 | <mark>진상</mark> 무효 전력 공급 | 지상 무효 전력 공급 | 진상 및 지상 무효 전력 공급 |
| (전압) 조정 방법 | <mark>단계적</mark> 조정 | 단계적 조정 | 연속적 조정 |
| 전력 손실 | 적다. | 적다. | 크다. |
| 사고 시 전압 유지 능력 | 적다. | 적다. | 크다. |
| 시송전 여부 | 불가능 | 불가능 | 가능 |
| 가격 | 싸다. | 싸다. | 비싸다. |

✓ **TIP** 단계적으로 전진

## 6 페란티 현상(페란티 효과)

- 정의
  장거리 송전 선로에서 경부하 또는 무부하 시 수전단 전압이 송전단 전압보다 높아지는 현상 ($V_s < V_r$)
- 원인
  송전 선로의 대지 <mark>정전 용량 $C$</mark>에 의한 진상(충전)전류
- 방지 대책
  - 변전소에 <mark>분로 리액터</mark>(Shunt Reactor) 설치
  - 발전소에 <mark>동기 발전기를 부족여자 운전</mark>
  - <mark>동기 조상기를 지상(부족여자) 운전</mark>
  - 송전 선로는 <mark>가공 송전 방식</mark> 사용

## 7 송전 용량 계산

- 리액턴스법
  $$P_s = \frac{V_s V_r}{X} \sin\delta$$

- Alfred-Still 관계식
  <mark>가장 경제적인 송전 전압 결정식</mark>으로도 사용
  $$V = 5.5\sqrt{0.6l + \frac{P}{100}} \ [kV]$$
  (단, $l$: 송전 거리[$km$], $P$: 송전 용량[$kW$])

## 8 전력 계통 연계의 특징

- 전체 전력 계통의 규모가 커져 <mark>공급 신뢰도가 향상</mark>
- 공급 예비력이 절감되어 <mark>부하 증가 시 종합 첨두 부하가 감소</mark>
- 계통 간에 연락할 수 있어 <mark>경제 급전이 용이</mark>
- 계통이 병렬 연결되어 합성 임피던스가 작아지고, 이에 따라 <mark>단락 용량은 증가해 고장 시 파급 효과가 큼</mark>

## 9 직류 송전 방식 장점

- 무효분이 없어 역률이 항상 1이며 송전 효율이 좋다.
- 파고치가 없으므로 절연 계급을 낮출 수 있다.
- 지중 케이블 송전 시 유전체손이 없다.
- 전압 강하와 전력 손실이 적다.
- 주파수가 다른 계통 간의 비동기 연계가 가능하다.
- 주파수가 0이므로 리액턴스 영향이 없어 안정도가 우수하다.

## CHAPTER 4 | 안정도 및 고장 계산

### 1 안정도 종류

- 정태 안정도
  정상 운전 상태에서 완만한 부하 변화 시의 안정도
- 과도 안정도
  사고 시 또는 급격한 부하 변화 시의 안정도
- 동태 안정도
  자동 전압 조정 장치(AVR)와 전기식 고성능 조속기를 부착하여 발전기 성능을 향상시킨 안정도

### 2 안정도 향상 대책

- 리액턴스 감소
  - 선로의 병렬 회선 수 증가
  - 복도체 또는 다도체 사용
  - 직렬 콘덴서 설치

✓ **TIP** 휴직 후, 선복직, 후퇴사

- 전압 변동 억제
  - 속응 여자 방식
  - 중간 조상 방식
  - 고속도 계전기, 고속도 차단기 설치
  - 계통 연계
  - 소호 리액터 접지

✓ **TIP** 속도를 중간이 없이 고속으로 계(소)속 밟아

- 계통 충격 경감
  - 재폐로 방식
  - 제동 저항기 설치
  - 단락비 크게 함
  - 조속기 신속히 동작

✓ **TIP** 재제단조

## 3 3상 단락 고장 계산(1): 옴[Ω]법

- 단락 전류

$$I_s = \frac{E}{Z} = \frac{E}{\sqrt{R^2 + X^2}} [A]$$

- 3상 단락 용량

$$P_s = \sqrt{3} \, VI_s [kVA]$$

(단, $V$: 단락점의 선간 전압[kV], $Z$: 단락 지점에서 전원측을 본 계통 임피던스[Ω])

## 4 3상 단락 고장 계산(2): %임피던스(%Z)법

- %임피던스 환산 공식

$$\%Z = \frac{PZ}{10 V^2}$$

(단, $P[kVA]$, $V[kV]$, $Z[\Omega]$)

- 단락 전류

$$I_s = \frac{100}{\%Z} I_n = \frac{100}{\%Z} \times \frac{P_n}{\sqrt{3} \, V_n} [A]$$

- 3상 단락 용량

$$P_s = \frac{100}{\%Z} P_n [kVA]$$

(단, $P_n$: 기준 용량[kVA])

## 5 대칭 좌표법

- 3상 전원의 대칭분 전압

  - $V_a = V_0 + V_1 + V_2$

  - $V_b = V_0 + a^2 V_1 + a V_2$

  - $V_c = V_0 + a V_1 + a^2 V_2$

- 대칭분 표현

  - 영상 전압: $V_0 = \frac{1}{3}(V_a + V_b + V_c)$

    (평형일 때: 0)

  - 정상 전압: $V_1 = \frac{1}{3}(V_a + a V_b + a^2 V_c)$

  - 역상 전압: $V_2 = \frac{1}{3}(V_a + a^2 V_b + a V_c)$

### ☑ 참고

$$a = 1 \angle 120° = \cos 120° + j \sin 120° = -\frac{1}{2} + j\frac{\sqrt{3}}{2}$$

## 6 발전기 기본식(단자 전압의 대칭분)

불평형 고장 계산에 필요한 동기 발전기의 영상 전압, 정상 전압, 역상 전압 성분

- 영상 전압: $V_0 = -Z_0 I_0$
- 정상 전압: $V_1 = E_a - Z_1 I_1$
- 역상 전압: $V_2 = -Z_2 I_2$

## 7 각 사고별 대칭 좌표법 해석

- 1선 지락 사고: 정상분, 역상분, 영상분 필요
- 선간 단락 사고: 정상분, 역상분 필요
- 3상 단락 사고: 정상분 필요

암기
✓ **TIP** 1선은 모두 포함! 정상은 항상 포함, 3상은 정상만!

## CHAPTER 5 | 접지 및 유도 장해

### 1 접지의 목적

- 이상 전압 억제(건전상 전위 상승 억제)
- 절연 레벨 경감
- 보호계전기 동작 확실
- 과도 안정도 증진

### 2 직접 접지 방식(초고압 장거리)

- 1선 지락 시 건전상의 전압 상승이 가장 낮다.
- 1선 지락 시 지락 전류가 최대이므로, 통신선 유도장해가 가장 크다.
- 변압기 단절연이 가능하다.
- 선로 및 기기의 절연 레벨을 경감시킨다.
- 보호 계전기의 동작이 확실하다.
- 과도 안정도가 나쁘다.

### 3 유효 접지 방식

- 1선 지락 시 건전상의 전위 상승을 1.3배 이하가 되도록 접지 임피던스를 조정한 방식
- 유효 접지 조건

$$\frac{R_0}{X_1} \le 1, \ 0 \le \frac{X_0}{X_1} \le 3$$

(단, $R_0$: 영상 저항, $X_0$: 영상 리액턴스, $X_1$: 정상 리액턴스)

### 4 비접지 방식(저전압 단거리)

- 지락 전류 크기: $I_g = j3\omega CE = j\sqrt{3}\,\omega CV\,[A]$
- 지락 전류가 작아 순간적인 지락 사고 시에도 지속적 송전이 가능하다.
- 1선 지락 시 흐르는 전류는 충전 전류(진상 전류)이다.

- 1선 지락 시 건전상의 전위 상승이 $\sqrt{3}$ 배까지 상승한다.
- 변압기 1대 고장 시 나머지 2대로 V결선하여 송전 가능하다.
- 통신선에 대한 유도 장해가 적다.
- 선로에 제3고조파가 발생하지 않는다.

### 5 소호 리액터 접지 방식(66[kV], 중거리)

- 소호 리액터의 크기 $\omega L = \dfrac{1}{3\omega C}[\Omega]$
- $L$, $C$ 병렬 공진을 이용하여 지락 전류를 소멸시킨다.
- 대지 정전 용량과 공진을 일으키는 유도성 리액터를 사용하여 접지한다.
- 지락 전류가 최소가 되어 통신선에 대한 유도 장해가 줄어든다.
- 지락 사고 시 이상 전압이 최대가 된다. ($\sqrt{3}$ 배 이상)
- 과도 안정도가 우수하다.

### 6 중성점 접지방식별 특징 정리

| 중성점 접지 방식 | 전위 상승 | 지락 전류 | 유도 장해 | 과도 안정도 |
|---|---|---|---|---|
| 직접 접지 | 1.3배 | 최대 | 최대 | 최소 |
| 비접지 | $\sqrt{3}$ 배 | 작다 | 작다 | 크다 |
| 소호 리액터 접지 | $\sqrt{3}$ 배 이상 | 최소 | 최소 | 최대 |

### 7 중성점 잔류 전압

$$E_n = \frac{\sqrt{C_a(C_a - C_b) + C_b(C_b - C_c) + C_c(C_c - C_a)}}{C_a + C_b + C_c} \times \frac{V}{\sqrt{3}}$$

(단, $V$: 선간 전압으로 $V = \sqrt{3}E$ )

## 8 합조도($P$)

공진에서 벗어나는 정도

- $P > 0$, $I_L > I_C$, $\omega L < \dfrac{1}{3\omega C_s}$ → 과보상

- $P = 0$, $I_L = I_C$, $\omega L = \dfrac{1}{3\omega C_s}$ → 공진

- $P < 0$, $I_L < I_C$, $\omega L > \dfrac{1}{3\omega C_s}$ → 부족보상

## 9 정전 유도 장해(평상시)

- 송전선의 영상 전압과 통신선의 상호 정전 용량의 불평형에 의해 통신선에 유도되는 전압
- 정전 유도 장해가 발생하면 영상 전압($V_0$)이 통신선에 유도
- 정전 유도 전압의 크기

$$E_a = \frac{\sqrt{C_a(C_a - C_b) + C_b(C_b - C_c) + C_c(C_c - C_a)}}{C_a + C_b + C_c + C_s} \times \frac{V}{\sqrt{3}}$$

> ☑ **참고** 중성점 잔류 전압을 구할 때는 $C_s$만 빼면 된다.

- 정전 유도 장해 경감 대책: 송전 선로를 연가하여 선로 정수를 평형화

## 10 전자 유도 장해(고장시)

- 전력선과 통신선의 상호 인덕턴스에 의해 유도되는 현상 → 영상 전류($I_0$)를 유기
- 지락 사고 시 지락 전류($I_g = 3I_0$)에 발생하는 유도 장해 현상
- 전자 유도 전압
  $$E_m = -j\omega Ml(\dot{I_a} + \dot{I_b} + \dot{I_c}) = -j\omega Ml \times 3I_0\,[V]$$
  (단, $I_0$: 영상 전류)

## 11 전자 유도 장해 저감 대책

| 전력선 측 | 통신선 측 |
|---|---|
| - 통신선과 이격 거리 증대<br>- 연가를 충분히 한다.<br>- 전력 케이블 사용<br>- 소호 리액터 접지 방식 채용<br>- 고속도 재폐로 차단 방식 채용<br>- 차폐선 시설<br>- 전력선에 케이블 사용 | - 통신선 도중에 절연 변압기 설치<br>- 특성이 우수한 피뢰기 설치<br>- 연피 케이블 사용<br>- 전력선과 수직 교차<br>- 통신선 측의 절연 증대 |

## CHAPTER 6 | 이상 전압

### 1 이상 전압 종류

- 외부 이상 전압
  - 낙뢰
  - 유도뢰
- 내부 이상 전압
  - 선로 개폐시 개폐서지(→억제 방법: 개폐저항기 설치)
  - 1선 지락시 전위 상승(→억제 방법: 중성점 접지)
  - 무부하시 전위 상승(페란티)
  - 중성점 잔류전압

### 2 진행파의 반사 현상 & 투과 현상

- 반사 계수
  $$\beta = \frac{Z_2 - Z_1}{Z_2 + Z_1}$$

- 반사 전압
  $$e_2 = \beta e_1 = \frac{Z_2 - Z_1}{Z_2 + Z_1} e_1$$

- 투과 계수
  $$\alpha = \frac{2Z_2}{Z_2 + Z_1}$$

- 투과 전압
  $$e_3 = \alpha e_1 = \frac{2Z_2}{Z_2 + Z_1} e_1$$

- 무반사 조건
  $$Z_1 = Z_2$$
  (단, $Z_1$: 전원 측 임피던스[Ω],
  $Z_2$: 부하 측 임피던스[Ω])

### 3 이상 전압 방지 대책

- 가공 지선
  - 직격뢰 차폐, 유도뢰 차폐, 통신 유도 장해 경감
  - 차폐각(약 30~45°)은 작을수록 좋지만, 시설비 고가
- 매설 지선
  역섬락 방지 → 철탑 접지 저항 감소
- 소호 장치
  소호각(초호각, 아킹혼)
- 피뢰기

### 4 피뢰기

- 목적
  이상 전압을 대지로 방전시키고 속류 차단
- 구조
  직렬갭 + 특성 요소
- 구비 조건
  - 속류 차단 능력이 충분할 것
  - 상용 주파 방전 개시 전압이 높을 것
  - 충격 방전 개시 전압이 낮을 것
  - 방전 내량이 크고, 제한 전압이 낮을 것

> **암기**
> ✓ **TIP** 속상한 충제, 상(上)용 주파 방전 개시 전압 ↑(화살표 上 위로), "충격" 방전 개시 전압 ↓(충격은 적을수록 좋지)

- 헷갈리는 피뢰기 용어 정리
  - 피뢰기 정격 전압: 속류를 차단할 수 있는 최고 사용 주파수 교류 전압의 실효 값

> **암기**
> ✓ **TIP** 속류를 차단하는 데 정격(제격)이다~

$$E_R = \alpha\beta \, [Vm]$$

(단, $E_R$: 피뢰기 정격 전압, $\alpha$: 접지 계수, $\beta$: 여유도)

- 피뢰기 제한 전압: "피뢰기 동작 중 단자 전압의 파고값" 또는 "충격파 전류가 흐르고 있을 때 피뢰기 단자 전압"

✓ **TIP** 제단파

- 기준 충격 절연 강도(*BIL*) 순서
  - 애자 > 차단기 등 기기 > 변압기 > 피뢰기

✓ **TIP** 애차변피, 애차(앳취~!)했더니 변에 피가 나옴

## CHAPTER 7 | 계전기

### 1 계전기 동작 시간에 따른 분류

- 순한시 계전기: 즉시 동작
- 정한시 계전기: 정해진 일정 시간 후 동작
- 반한시 계전기: 전류가 클수록 빨리 동작하고, 전류가 적을수록 느리게 동작
- 반한시성 정한시 계전기: 전류가 적은 동안은 반한시 특성, 그 이상에서는 정한시 특성을 가짐

### 2 계전기 용도에 따른 분류

| | |
|---|---|
| 단락 보호 | • 과전류 계전기(OCR): 전원이 1단에만 있는 방사상 선로의 보호 (전원이 양단일 때는 방향 단락 계전기(DSR)+과전류 계전기(OCR) 조합)<br>• 과전압 계전기(OVR)<br>• 부족 전압 계전기(UVR)<br>• 거리 계전기(DR): 기억 작용(고장 후에도 고장 전 전압을 잠시 유지)<br>• 방향 단락 계전기(DSR): 전원이 1단에만 있는 환상 선로의 보호<br>• 방향 거리 계전기(DDR): 전원이 2개소 이상에 있는 환상 선로의 보호 |
| 지락 보호 | • 지락(접지) 계전기(GR): ZCT에 의해 검출된 영상 전류로 동작<br>• 선택 지락 계전기(SGR): 병행 2회선 선로에서 지락 사고 시 지락이 발생한 회선만 선택하여 차단 |
| 발전기 변압기 내부 고장 검출 | • 부흐홀츠 계전기: 주탱크와 콘서베이터 사이 설치<br>• 비율 차동 계전기: 양쪽 전류 차로 동작 |
| 계기용 변성기 | • CT(변류기): 대전류를 소전류(5[$A$])로 변성<br>• PT(계기용 변압기): 고전압을 저전압(110[$V$])로 변성<br>• MOF(전력 수급용 계기용 변성기): PT와 CT를 한 탱크 내에 설치<br>• ZCT(영상 변류기): 영상 전류 검출<br><br>✓ **TIP** Current: 전류<br><br>• GPT(접지형 계기용 변압기): 영상 전압 검출 |

## 3 차단기

- 고압 차단기 종류

| 종류 | 소호 매질 |
|------|-----------|
| ABB(공기 차단기) | 압축 공기 |
| OCB(유입 차단기) | 절연유 |
| VCB(진공 차단기) | 고진공 |
| GCB(가스 차단기) | $SF_6$ 가스 |
| MBB(자기 차단기) | 전자력(자기력) |

✓ **TIP** 공유라는 사람의 진가를 알아차리고 자기라고 부르고 싶다. "자기"의 "기"는 절.대. "기중 차단기"가 아님 주의. ACB(기중 차단기)는 저압용!

- 차단기의 정격 차단 용량

$$P_s = \sqrt{3}\, V_n I_s\,[MVA]$$

(단, $V_n$: 정격 전압[kV] $\left(= 공칭 전압 \times \dfrac{1.2}{1.1}\right)$,

$I_s$: 정격 차단 전류[kA])

- 차단 시간

개극 시간+아크 소호 시간, 약 3~8[Cycle])

- 차단기와 단로기 조작 순서(인터록 장치)
  - 투입 시(급전 시): 단로기 투입 → 차단기 투입
  - 차단 시(정전 시): 차단기 개방 → 단로기 개방

✓ **TIP** 차단할 때는 차단기 먼저!

☑ **참고** 인터록: 차단기가 열려 있어야만 단로기 개폐 가능

- 표준 동작 책무
  - 일반용(갑호): O - 1분 - CO - 3분 - CO

✓ **TIP** 오 분 코 분 코

  - 일반용(을호): CO-15초-CO
  - 고속도 재투입용: O-t(임의의 시간)-CO-1분-CO
    (단, O: Open(차단), CO: Close 후 Open(투입 후 차단))

## 4 $SF_6$ 가스 특징

- 불활성 기체이다.
- 절연 성능이 뛰어나다.
- 무색, 무취, 무독성 기체이다.
- 공기에 비하여 소호 능력이 우수하다. (약 100배 정도)

✓ **TIP** $SF_6$가스는 3無! 무색, 무취, 무독성!

## 5 개폐 장치 정리

| 단로기 | 무부하 전류 개폐 | 전류 차단 능력 X |
|--------|------------------|------------------|
| 개폐기 | 무부하 및 부하 전류 개폐 | 배전 선로 고장 또는 점검 시 정전 구간 축소 |
| 차단기 | 무부하 및 부하 전류 개폐 고장 전류 차단 | 정격 차단 전류(단락 전류) 제한 |

✓ **TIP** 단로기는 무단 개폐로 암기, 개폐기는 무부하/부하 전류 다 개폐, 고장 전류 차단이 가능한 것은 차단기뿐.

## 6 전력 퓨즈(PF)

- 단락 보호용
- 소형 경량으로 차단 용량이 크다.
- 정전 용량이 적고, 가격이 저렴하다.
- 변성기가 필요없고, 유지 보수가 간단하다.
- 재투입이 불가능하다.
- 전차단/용단/단시간 허용 특성

✓ **TIP** 전용단

## CHAPTER 8 | 배전 선로

### 1 배전 방식

- 가지식(수지식)
  - 주로 농·어촌 지역에 사용
  - 구조가 간단하고, 시설비가 저렴
  - 부하 증설이 용이
  - 전압 강하, 전력 손실이 큼
  - 정전 범위가 넓어 공급 신뢰도 저하
- 환상식(loop식)
  - 중소도시에 사용
  - 구조가 복잡하고, 시설비가 비쌈
  - 고장 구간 분리 조작이 용이
- 저압 뱅킹 방식
  - 부하가 밀집된 시가지에 사용
  - 부하 증가에 쉽게 대응 가능
  - 변압기 용량 저감
  - 플리커 현상 경감
  - 캐스케이딩 현상 발생 가능

  ☑ **참고** 캐스케이딩 현상: 변압기 2차 측(부하 측) 사고 시 건전한 변압기 일부 또는 전부가 소손되는 현상

- 저압 네트워크 방식(망상식)
  - 대형 빌딩에 사용
  - 구조가 복잡하고, 시설비가 비쌈
  - 인축 사고의 우려가 큼
  - 무정전 공급이 가능해 공급 신뢰도가 가장 우수
  - 정전 범위가 가장 적음

### 2 전기 방식

- 단상 3선식($1\phi 3W$)
  - 2종류의 전압을 얻을 수 있다.
  - 전선 소요량 경감
  - 전압 불평형 발생 → 저압 밸런서 설치
  - 중성선에 퓨즈 설치 ×
- 전기적 특성 비교($1\phi 2W$ 기준)

| 종류 | 총 공급 전력 | 1선당 전력 | 1선당 전력 비교 |
|---|---|---|---|
| $1\phi 2W$ | $P = VI_1$ | $P_1 = \frac{1}{2}VI_1$ | 1 |
| $1\phi 3W$ | $P = 2VI_2$ | $P_1 = \frac{2}{3}VI_2$ | 1.33 |
| $3\phi 3W$ | $P = \sqrt{3}VI_3$ | $P_1 = \frac{1}{\sqrt{3}}VI_3$ | 1.15 |
| $3\phi 4W$ | $P = 3VI_4$ | $P_1 = \frac{3}{4}VI_4$ | 1.5 |

| 종류 | 전력 손실 | 선전류 | 전선중량비 (전력 손실비) |
|---|---|---|---|
| $1\phi 2W$ |  | $I_1$ (100[%]기준) | $W_1$ (100[%]기준) |
| $1\phi 3W$ | $P_l = 2I^2R$ | $I_2 = \frac{1}{2}I_1$ (50[%]) | $\frac{W_2}{W_1} = \frac{3}{8}$ (37.5[%]) |
| $3\phi 3W$ | $P_l = 3I^2R$ | $I_3 = \frac{1}{\sqrt{3}}I_1$ (57.7[%]) | $\frac{W_3}{W_1} = \frac{3}{4}$ (75[%]) |
| $3\phi 4W$ |  | $I_4 = \frac{1}{3}I_1$ (33.3[%]) | $\frac{W_4}{W_1} = \frac{1}{3}$ (33.3[%]) |

## 3 부하별 전압 강하와 전력 손실(말단 집중 부하와 비교)

| 부하 형태 | 모양 | 전압 강하($e$) | 전력 손실($P_l$) |
|---|---|---|---|
| 평등 부하 | | $\dfrac{1}{2}e$ | $\dfrac{1}{3}P_l$ |
| 말단 일수록 큰 부하 | | $\dfrac{1}{3}e$ | $\dfrac{1}{5}P_l$ |

## 4 수요와 부하

- 부하율 $= \dfrac{\text{평균 부하 전력}[kW]}{\text{최대 수용 전력}[kW]} \times 100\,[\%]$

- 수용률 $= \dfrac{\text{최대 수용 전력}[kW]}{\text{총 부하 설비 용량}[kW]} \times 100\,[\%]$

✓ **TIP** 부수 평최총

- 부등률 $= \dfrac{\text{개별 수용가 최대 수용 전력의 합}[kW]}{\text{합성 최대 수용 전력}[kW]} \geq 1$

✓ **TIP** 개최합합최, 부등률은 항상 1보다 크거나 같음

- 손실 계수($H$)와 부하율($F$) 관계
  $1 \geq F \geq H \geq F^2 \geq 0$

## 5 역률 개선

- 역률 개선 효과
  - 전력 손실 감소
  - 전압 강하 감소
  - 전기 요금 절감
  - 설비 여유 증대(이용률 향상)
- 역률 개선용 콘덴서 용량 계산식

  $Q_c = P(\tan\theta_1 - \tan\theta_2) = P\left(\dfrac{\sin\theta_1}{\cos\theta_1} - \dfrac{\sin\theta_2}{\cos\theta_2}\right)[kVA]$

  (단, $P$: 유효 전력$[kW]$, $\cos\theta_1$: 개선 전 역률,
  $\cos\theta_2$: 개선 후 역률)

## 6 배전 선로

- 배전 선로 보호 장치
  - 리클로저: 차단기가 내장되어 고장 전류 차단 능력이 있는 자동 재폐로 차단기
  - 섹셔널라이저: 고장 전류 차단 능력이 없는 개폐 장치이므로 직렬로 리클로저와 함께 사용
- 배전 선로 보호 장치의 설치 순서
  리클로저(R/C) - 섹셔널라이저(S/E) - 라인 퓨즈(F)
- 전압 조정 장치
  - 승압기
  - 유도 전압 조정기(IR)
  - 주상 변압기 탭(Tap) 조정
- 승압기(단권 변압기)

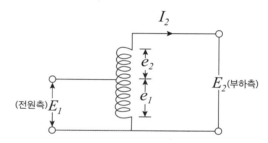

- 2차 승압 전압

  $E_2 = E_1\left(1 + \dfrac{e_2}{e_1}\right) = E_1\left(1 + \dfrac{1}{n}\right)[V]$

  ($n$: 권수비)
  - 승압기 용량 $W = e_2 I_2\,[VA]$
  - 부하 용량 $W_L = E_2 I_2\,[VA]$

## CHAPTER 9 | 수력 발전

### 1 낙차를 얻는 방법

- 취수 방법
  - 댐식
  - 수로식
  - 댐 수로식
  - 유역 변경식
- 유량 사용 방법
  - 유입식
  - 양수식(역조정지식): 첨두부하용으로 적합
  - 조정지식
  - 저수지식

### 2 수두

- 위치 수두
  $H[m]$
- 압력 수두
  $$H_p = \frac{P}{w} = \frac{P}{1,000}[m]$$
- 속도 수두
  $$H_v = \frac{v^2}{2g}$$

  (단, $H$: 높이$[m]$, $P$: 압력$[kg/m^2]$,
  $w$: 물의 체적당 중량(=1,000$[kg/m^3]$), $v$: 유속$[m/s]$,
  $g$: 중력 가속도(=9.8$[m/s^2]$))

### 3 수력 발전소 출력

$P = 9.8QH\eta\,[kW]$
(단, $Q$: 유량$[m^3/sec]$, $H$: 유효낙차$[m]$, $\eta$: 효율)

### 4 유량

- 유량도
  가로축에 1년(365일), 세로축에 매일의 하천
  유량을 기입한 것
- 유황 곡선
  유량도를 사용하여 가로축에 1년의 일수, 세로
  축에 유량을 취하여 매일의 유량 중에서 큰 것부터
  1년분을 배열한 곡선
  - 갈수량: 1년(365일) 중 355일은 이것보다
    내려가지 않는 유량
  - 저수량: 1년(365일) 중 275일은 이것보다
    내려가지 않는 유량
  - 평수량: 1년(365일) 중 185일은 이것보다
    내려가지 않는 유량
  - 풍수량: 1년(365일) 중 95일은 이것보다
    내려가지 않는 유량

> 암기
> ✓ **TIP** 갈-저-평-풍, 백의 자리: 3-2-1-0

### 5 수차 종류

- 펠턴 수차(**충동 수차**)
  - 고낙차용
  - 흡출관이 필요 없는 수차
  - 충동 수차는 전향 장치(디플렉터) 필요
- 프란시스 수차(반동 수차)
  - 중낙차용
  - 양수 발전소 펌프
- 튜블러 수차(반동 수차)
  - 저낙차용
  - 조력 발전에 이용

> 암기
> ✓ **TIP** 펠턴 수차 빼고는 반동 수차! 반동 수차는 낙차를
> 늘리기 위해 흡출관 설치!

## 6 수차의 특유 속도($N_s$, 비속도)

- 유수와 러너의 상대 속도

$$N_s = N \times \frac{P^{\frac{1}{2}}}{H^{\frac{5}{4}}} \, [rpm]$$

(단, $N$: 실제 수차 회전수[$rpm$], $P$: 출력[$kW$],
$H$: 유효 낙차[$m$])

## 7 수차의 낙차 변화 특성

- 유량

$$\frac{Q_2}{Q_1} = \left( \frac{H_2}{H_1} \right)^{\frac{1}{2}}$$

- 출력

$$\frac{P_2}{P_1} = \left( \frac{H_2}{H_1} \right)^{\frac{3}{2}}$$

- 회전 수

$$\frac{N_2}{N_1} = \left( \frac{H_2}{H_1} \right)^{\frac{1}{2}}$$

## 8 캐비테이션

공기의 흐름보다 유수의 흐름이 빨라서 발생한
기포가 압력이 높은 곳에서 터져 수차에 큰 충격을
주는 현상

- 캐비테이션 방지책
  - 흡출관의 높이(흡출 수두)를 너무 높게 하지
    않는다.
  - 과부하 운전을 피한다.
  - 수차의 특유 속도를 너무 크게 하지 않는다.
  - 러너의 표면을 매끄럽게 가공한다.
  - 수차 러너를 침식에 강한 스테인리스강,
    특수강으로 제작한다.

## 9 조속기

수차 속도를 일정하게 유지

- 동작 순서

  평속기 → 배압 밸브 → 서브 모터 → 복원 기구

  <sup>암기</sup>
  ✓ TIP 평배서복

# CHAPTER 10 | 화력 발전

## 1 기본적인 열 사이클 순서

- 급수 펌프
- (절탄기): 급수 미리 예열
- 보일러: 물→습증기 변환
- 과열기: 습증기→과열 증기 변환
- 터빈: 과열 증기→습증기 변환
- 복수기: 습증기→급수 변환, 열 손실 가장 큼
  (∵증기를 냉각)
- 급수 펌프

✓ **TIP** 급보과터복

## 2 화력 발전소의 열 사이클 종류

- 랭킨 사이클: 가장 기본적인 사이클
- 카르노 사이클: 가장 이상적인 사이클(열 효율 가장 우수)
- 재생 사이클: 터빈에서 증기를 일부 추기하여 그 열로 보일러에 공급되는 급수를 가열하여 열효율을 향상시킨 사이클
- 재열 사이클: 터빈에서 팽창된 증기를 재열기로 재가열시킨 후 다시 터빈에 공급하는 사이클
- 재생재열 사이클: 재열 사이클과 재생 사이클을 모두 채용한 사이클로, 화력 발전소에서 실현할 수 있는 가장 효율이 좋은 사이클

## 3 화력 발전소의 열효율

$\eta = \dfrac{860\,W}{BH} \times 100\,[\%]$

(단, $W$: 발전 전력량$[kWh]$, $B$: 연료량$[kg]$, $H$: 연료 발열량$[kcal/kg]$)

# CHAPTER 11 | 원자력 발전

## 1 열중성자 원자로 구성 요소

- 감속재: 고속 중성자를 열 중성자로 감속
  - 재료: 경수($H_2O$), 중수($D_2O$), 흑연, 베릴륨($Be$)
- 제어봉(제어재): 중성자 수 조절(중성자 흡수 단면적 클 것)
  - 재료: 카드뮴($Cd$), 붕소($B$), 하프늄($Hf$)
- 냉각재: 열 에너지를 외부로 인출
  - 재료: 경수($H_2O$), 중수($D_2O$), 헬륨($He$), 이산화탄소($CO_2$), 액체나트륨($Na$)

## 2 원자로의 종류

- 비등수형 원자로(BWR)
  - 물을 원자로 내에서 직접 비등시킨다.
  - 직접 열전달 방식이므로 증기 발생기가 필요 없다.
  - 연료는 저농축 우라늄을 사용한다.
  - 냉각재는 경수를 사용한다.
  - 노심의 출력 밀도가 낮기 때문에 같은 출력의 경우 노심 및 압력용기가 커진다.
- 가압수형 원자로(PWR)
  - 가압기와 증기 발생기가 필수적이다.

# MEMO

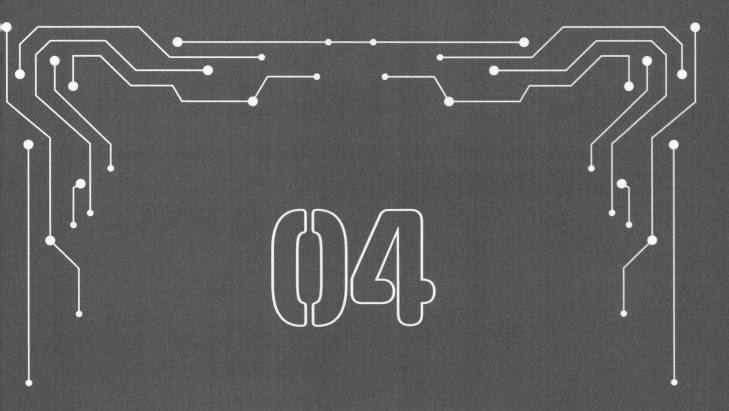

# 04

# 전기기기

# 4 전기기기

## CHAPTER 1 | 직류기

### 1 직류 발전기의 구성

- 직류기의 3대 요소

  계자, 전기자, 정류자

- 계자

  자속을 만드는 부분으로 계자 철심에 권선을 감은 구조

- 전기자

  도체가 회전하면서 자속을 끊어 기전력을 발생하는 부분

  - 전기자 철심: 철손을 줄이기 위해 규소 강판을 성층 철심으로 사용

- 정류자

  교류(AC)를 직류(DC)로 변환

### 2 전기자 권선법

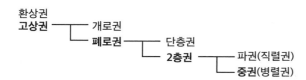

전기자 권선법 종류

- 많이 쓰이는 권선법

  고상권, 폐로권, 이층권, 중권

✓ **TIP** 고폐이중

- 파권과 중권 비교

| 구분 | 파권 | 중권 |
|---|---|---|
| 전기자 병렬 회로수($a$) | 2개 | 극수($p$) |
| 브러시 수($b$) | 2개 또는 극수($p$) | 극수($p$) |
| 용도 | 고전압, 소전류 | 저전압, 대전류 |
| 균압환 | 불필요 | 필요 |

☑ **참고** 다중 중권의 경우 병렬 회로수 $a = mp$
(단, $m$: 다중도)

- 균압환(균압 고리)

  공극 불균일로 인한 불꽃 방지

### 3 직류 발전기 특성

- 유기 기전력

$$E = \frac{pZ\phi N}{60a} = k\phi N = V + I_a R_a \ [V]$$

(단, $p$: 극수, $Z$: 총 도체수, $\phi$: 자속[$Wb$], $N$: 회전수[$rpm$], $a$: 병렬 회로수(파권: $a = 2$, 중권: $a = p$))

☑ **참고** $E \propto \phi$, $N$

- 정류자 편수

  정류자 편수 $K =$ 코일수 $= \dfrac{총\ 도체수}{2}$

  - 정류자 편간 평균 전압

$$e = \frac{pE}{K} \ [V]$$

(단, $p$: 극수, $E$: 유기 기전력)

- 리액턴스 전압

  정류를 방해하는 전압

  $$e_L = L\frac{di(t)}{dt} = L\frac{2I_c}{T_c}\,[V]$$

  (단, $L$: 인덕턴스[$H$], $T_c$: 정류 시간[sec], $I_c$: 정류된 전류[$A$])

## 4 전기자 반작용

- 원인

  전기자 전류가 주자속(계자)에 영향을 주어 자속이 일그러지면서 감소하는 현상

- 악영향

  - 계자 자속($\phi$) 감소 → 기전력($E$) 감소

    ($\because E \propto \phi$)→ 전동기 속도($N$) 증가 → 발전기 출력($P$) 감소

  - 정류자 편간 전압 상승으로 불꽃 섬락 발생
  - 전기적 중성축 이동

    ✓ 발전기: 회전 방향으로 이동

    ✓ 전동기: 회전 반대 방향으로 이동

- 방지책

  - 보상 권선 설치(가장 좋은 대책): 전기자 전류와 반대로 결선
  - 보극 설치: 중성축을 환원하여 정류 개선
  - 브러쉬를 중성축에 맞춰 이동

- 전기자 기자력

  - 감자 기자력

    $$AT_d = \frac{\alpha}{180} \times \frac{Z}{p} \times \frac{I_a}{a}\,[AT/pole]$$

  - 교차 기자력

    $$AT_c = \frac{\beta}{180} \times \frac{Z}{2p} \times \frac{I_a}{a}\,[AT/pole]$$

    (단, $\beta = 180° - 2a$)

## 5 정류

전기자 권선의 전류 방향을 반대로 전환하여 교류 기전력을 직류로 변환

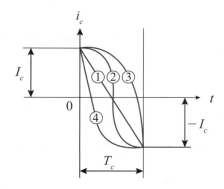

- 직선 정류: 가장 이상적인 정류 곡선
- 정현파 정류: 양호한 정류 곡선
- 부족 정류: 브러시 말단 부분에서 불꽃 발생
- 과정류: 브러시 앞단 부분에서 불꽃 발생

- 양호한 정류 대책

  - 리액턴스 전압을 작게 함
  - 브러시 접촉 저항을 크게 함
  - 보극 설치
  - 탄소 브러시 사용
  - 전기자 권선을 단절권 사용
  - 정류 주기를 길게 함

## 6 직류 발전기 종류

- 타여자 발전기

  여자 전류를 외부에서 공급받으므로 잔류 자기 불필요

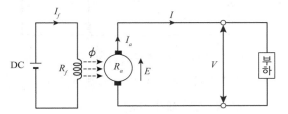

- 유기 기전력 $E = V + I_a R_a + e\,[V]$

 (단, $e$: 전압 강하)

- 전기자 전류 $I_a = I = \dfrac{P}{V}\,[A]$

 (단, $I$: 부하 전류, $V$: 단자 전압(정격 전압))

• 자여자 발전기

 잔류 자기 필요

- 분권 발전기: 계자와 전기자가 병렬 연결

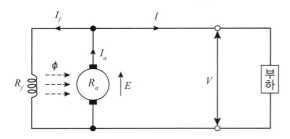

 ✓특징: 역방향 운전에서는 잔류 자기가
 소멸되어 발전 불가능
 ✓유기 기전력 $E = V + I_a R_a + e\,[V]$

 ✓전기자 전류 $I_a = I + I_f = \dfrac{P}{V} + \dfrac{V}{R_f}\,[A]$

 (단, $I_f$: 계자 전류, $R_f$: 계자 저항)
 ✓무부하 시: $I_a \fallingdotseq I_f$, 부하 시: $I_a \fallingdotseq I$

- 직권 발전기: 계자와 전기자가 직렬 연결

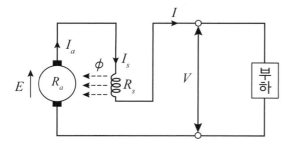

 ✓특징: 무부하 시 전압 확립 X → 발전 불가
 ✓유기 기전력 $E = V + I_a(R_a + R_s)\,[V]$

 (단, $R_s$: 직권 계자 저항)

 ✓전기자 전류 $I_a = I = I_s = \dfrac{P}{V}\,[A]$

- 복권 발전기: 계자와 전기자가 직·병렬 연결
 ✓특징
 수하 특성 : 부하 전류 증가 시 유기 기전력이
 감소하여 일정한 전류 공급

## 7 직류 발전기의 병렬 운전 조건

• 극성이 같을 것
• 단자 전압이 같을 것
• 수하 특성일 것
• 직권 및 과복권 발전기의 경우 병렬 운전이
 어려우므로 균압선을 반드시 설치해야 함

☑ **참고** 용량, 중량과 무관

## 8 직류 발전기의 특성 곡선

• 무부하 포화 곡선: 계자 전류($I_f$)와 유기 기전력($E$)
 의 관계를 나타냄
• 부하 포화 곡선: 계자 전류($I_f$)와 단자 전압($V$)의
 관계를 나타냄
• 외부 특성 곡선: 부하 전류($I$)와 단자 전압($V$)의
 관계를 나타냄

✓ **TIP** 무계유, 부계단, 외부단

## 9 전압 변동률

$$\varepsilon = \dfrac{V_0 - V_n}{V_n} \times 100\,[\%]$$

(단, $V_0$: 무부하 시 단자 전압[$V$], $V_n$: 정격 전압[$V$])
• $\varepsilon(-)$: 직권 · 과복권 ($V_n > V_0$)
• $\varepsilon(0)$: 평복권 ($V_n = V_0$)
• $\varepsilon(+)$: 분권 · 차동복권 ($V_n < V_0$)

✓ **TIP** 직과분차

## 10 직류 전동기의 출력

- 직류 전동기의 원리
  - 직류 전동기는 직류 전원을 공급받아 회전하는 기기로, 구조는 직류 발전기와 같다.
  - 전동기는 플레밍의 왼손 법칙, 발전기는 플레밍의 오른손 법칙을 따른다.

✓ **TIP** 왼전오발

- 전동기의 토크(회전력) ! 단위 조심

$$T = \frac{60EI_a}{2\pi N} [N \cdot m]$$

$$T = \frac{60EI_a}{2\pi N} [N \cdot m] \times \frac{1}{9.8}$$
$$= 0.975 \frac{P[W]}{N} [kg \cdot m] = 975 \frac{P[kW]}{N} [kg \cdot m]$$

(단, $N[rpm]$: 분당 회전수)

$$T = \frac{pZ\phi I_a}{2\pi a} [N \cdot m]$$

(단, $p$: 극수, $Z$: 도체수, $\phi$: 자속$[Wb]$, $N$: 회전수$[rpm]$, $a$: 병렬 회로수)

☑ **참고** 토크 단위 $1[kg \cdot m] = 9.8[N \cdot m]$

- 역기전력

$$E = \frac{pZ\phi N}{60a} = k\phi n = V - I_a R_a [V]$$

(단, $p$: 극수, $Z$: 도체수, $\phi$: 자속$[Wb]$, $n[rps]$: 초당 회전수, $N$: 분당 회전수$[rpm]$, $a$: 병렬 회로수)

☑ **참고** $k = \dfrac{pZ}{a}$

- 전동기의 입력
  $P_i = VI[W]$
- 전동기의 출력
  $P_o = EI_a[W]$

- 직류 전동기의 회전수(속도)

$$n = K \frac{V - I_a R_a}{\phi} [rps]$$

## 11 직류 전동기의 종류

- 타여자 전동기
  - 역기전력 $E = V - I_a R_a [V]$
  - 전기자 전류 $I_a = I[A]$
- 분권 전동기
  무여자 운전 금지
  - 역기전력 $E = V - I_a R_a [V]$
  - 전기자 전류 $I_a = I - I_f [A]$

  - 토크 관계식 $T \propto I_a \propto \dfrac{1}{N}$
- 직권 전동기
  무부하 운전 금지
  - 역기전력 $E = V - I_a(R_a + R_s)[V]$
  - 전기자 전류 $I_a = I = I_s[A]$

  - 토크 관계식 $T \propto I_a^2 \propto \dfrac{1}{N^2}$

✓ **TIP** 제곱이 포함되면 직권!

  - 특징
    ✓ 무부하 시 위험하므로 벨트 운전을 금지한다.
    ✓ 빠른 속도보다 큰 힘을 필요로 할 때 사용한다.
    🔲 전동차, 권상기, 크레인

## 12 직류 전동기의 운전법

- 기동법
  기동 전류를 감소시키기 위해 전기자에 직렬로 저항을 넣음
  - 기동 저항기: 최대 위치에 두어 기동 전류를 줄임

- 계자 저항기: 최소(0) 위치에 두어 기동 토크를 보상

- 속도 제어법

  회전 속도 $n = K\dfrac{V - I_a R_a}{\phi}\ [rps]$

  - 전압 제어법: 정토크 제어, 효율 좋음
    ✓ 워드 레오너드 방식(광범위한 속도 제어 가능)
    ✓ 일그너 방식: 부하 변동이 큰 경우 사용(플라이 휠 설치)
    ✓ 직·병렬 제어법은 직권 전동기에만 사용
  - 저항 제어법: 손실이 크고 효율이 나쁨
  - 계자 제어법: 정출력 제어

- 제동법
  - 발전 제동: 전기 에너지를 열로 소비하며 제동
  - 회생 제동: 역기전력을 공급 전압보다 높게 만들어 전류를 역류시키고, 이 전류를 전원 측에 되돌려 제동
  - 역상 제동(플러깅): 전동기의 결선을 반대로 바꾸어 역방향 토크를 발생시켜 제동하는 방법으로, 주로 급제동 시 사용

## 13  전기기기의 효율

- 실측 효율
  $$\eta = \dfrac{\text{출력}[W]}{\text{입력}[W]} \times 100\,[\%]$$

- 규약 효율
  - 발전기 규약 효율
    $$\eta = \dfrac{\text{출력}[W]}{\text{출력}[W] + \text{손실}[W]} \times 100\,[\%]$$

- 전동기 규약 효율
  $$\eta = \dfrac{\text{입력}[W] - \text{손실}[W]}{\text{입력}[W]} \times 100\,[\%]$$

- 최대 효율 조건

  무부하손(고정손) = 부하손(가변손)

  $P_i = a^2 P_c$

  (단, $P_i$: 철손, $P_c$: 전부하 시 동손, $a$: 부하율)

## 14  전기기기의 손실

- 무부하손(고정손)
  - 철손
    ✓ 히스테리시스손 $P_h = \eta f B_m^{1.6 \sim 2}\ [W/m^3]$
    ✓ 와전류손 $P_e = \eta f^2 t^2 B_m^2\ [W/m^3]$

    (단, $\eta$: 고유 상수, $f$: 주파수$[Hz]$, $t$: 철심의 두께$[m]$, $B_m$: 최대 자속 밀도$[Wb/m^2]$)

    ✓ 유전체 손
  - 기계손
    ✓ 풍손: 전기자 회전에 의한 손실
    ✓ 마찰손: 베어링 및 브러시의 마찰로 인한 손실

- 부하손(가변손)
  - 동손: 코일에 전류가 흘러 발생하는 저항 손실
    $P_c = I^2 R\ [W]$

  - 표류 부하손: 철손과 동손 등을 제외한 전기적 손실

## 15  직류기의 시험

- 온도 상승 시험법
  - 실부하법: 소형 기계
  - 반환 부하법: 중용량 이상 기계(카프법, 홉킨슨법, 블론델법)

- 토크 측정
  - 프로니 브레이크법: 중·소형 기계
  - 전기 동력계법: 대형 직류기

• 절연물의 최고 허용 온도

| 절연<br>재료 | Y | A | E | B | F | H | C |
|---|---|---|---|---|---|---|---|
| 허용<br>온도<br>$[°C]$ | 90 | 105 | 120 | 130 | 155 | 180 | 180<br>초과 |

# CHAPTER 2 | 동기기

## 1 동기 발전기의 구조

• 회전자 종류
  - 회전 계자형: 전기자 권선이 고정자, 계자
    권선이 회전자인 구조 (동기 발전기에서 사용)
  - 회전 전기자형: 계자 권선이 고정자, 전기자
    권선이 회전자인 구조 (직류 발전기에서 사용)
  - 유도자형: 계자와 전기자 권선이 고정자,
    유도자가 회전자인 구조 (고주파 발전기에서
    사용)

• 회전자의 구조
  - 동기 속도

$$N_s = \frac{120f}{p}[rpm]$$

(단, $f$: 주파수$[Hz]$, $p$: 극수)
  - 비돌극형(원통형) 발전기: 회전자의 자극이
    원통형으로 공극이 좁아 수소 냉각 방식을
    사용하며, 원심력에 강해 고속 발전기(터빈
    발전기)에 사용된다. 단락비가 작고, 고속이므로
    극수가 적다.

## 2 전기자 권선법

• 집중권
  매극 매상의 도체를 1개의 슬롯에 집중하여
  권선하는 방법
• 분포권
  매극 매상의 도체를 2개 이상의 슬롯에 분포하여
  권선하는 방법
  - 분포권 장점
    ✓ 고조파를 감소시켜 파형 개선
    ✓ 누설 리액턴스 감소
    ✓ 기전력 감소

- 분포권 계수

$$K_d = \frac{\sin \dfrac{\pi}{2m}}{q \sin \dfrac{\pi}{2mq}}$$

(단, $m$: 상수, $q$: 매극 매상당 슬롯수)

- 유기 기전력

$$E = 4.44 K_d K_p f \phi W [V]$$

(단, $K_d$: 분포권 계수, $K_p$: 단절권 계수, $\phi$ : 자속[$Wb$], $W$: 1상당 권수 [회])

• 전절권

코일 간격과 극 간격이 같은 경우의 권선법

• 단절권

코일 간격이 극 간격보다 짧은 경우의 권선법

- 단절권 장단점

✓ 고조파를 감소시켜 파형 개선

✓ 권선 양 절약

✓ 부피 감소, 동량 감소, 기전력 감소

- 단절권 계수

$$K_p = \sin \frac{\beta\pi}{2}$$

(단, $\beta = \dfrac{\text{코일 간격}}{\text{극 간격}} = \dfrac{\beta\pi}{\pi}$,

제5고조파 제거 시: $\beta = 0.8$)

> ☑ **참고** 계산기 사용 시, $\pi$ 에 180 넣어서 계산

• 전기자 권선의 $Y$결선 장점

- 중성점을 접지할 수 있으므로 이상 전압 방지
- 상전압이 낮아 코일 절연 용이 및 코로나 감소
- 불평형과 제3고조파로 인한 순환 전류가 흐르지 않음
- 고전압 송전에 유리

## 3 동기 발전기의 전기자 반작용

• 교차 자화 작용

전류와 전압이 동위상($R$부하)일 때($\cos \theta = 1$)

• 감자 작용

$I_a$가 $E$보다 90° 뒤진 지상 전류($L$ 부하)일 때

• 증자 작용

$I_a$가 $E$보다 90° 앞선 진상 전류($C$ 부하)일 때

• 동기 전동기에서 감자 작용 및 증자 작용

- 감자 작용: 진상 전류($C$ 부하)일 때 발생
- 증자 작용: 지상 전류($L$ 부하)일 때 발생

> ☑ **참고** 동기 전동기는 발전기의 반대이다.

## 4 동기 발전기의 출력

• 비돌극기(원통형) 동기 발전기의 출력

$$P = \frac{EV}{X} \sin\delta [W]$$

(단, $E$: 유기 기전력, $V$: 단자 전압, $\delta$ : 위상각)

> ✓ **TIP** 3상일 경우 3을 곱해준다.

• 원통기

부하각 90°에서 최대 출력

• 돌극기

부하각 60°에서 최대 출력

## 5 동기기의 무부하 포화 곡선

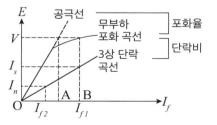

- 포화율

$$\delta = \frac{AB}{OA}$$

- 단락비

$$K_s = \frac{I_s}{I_n} = \frac{I_{f1}}{I_{f2}} = \frac{1}{\%Z}$$

- 퍼센트 동기 임피던스 $\%Z_s$

$$\%Z_s = \frac{I_n Z_s}{E} \times 100 \,[\%]$$

$$(1\phi) \quad \%Z_s = \frac{I_n}{I_s} \times 100 \,[\%]$$

$$(3\phi) \quad \%Z_s = \frac{P Z_s}{10 \, V^2} \,[\%]$$

(단, $P$: 정격 출력[$kVA$], $V$: 정격 전압[$kV$])

- 단락비 산출 시 필요한 시험
  - 무부하 포화 시험
  - 3상 단락 시험
- 단락비가 큰 발전기 특징
  - 공극이 넓어 튼튼하다.
  - 송전 선로의 충전 용량이 크다.
  - 전압 변동률 및 전기자 반작용이 작다.
  - 중량 증가로 고가이다.
  - 철손 증가로 효율이 감소한다.

## 6 동기 발전기의 3상 단락 전류

- 돌발 단락 전류

$$I_s = \frac{E}{X_l} \,[A]$$

(단, $E$: 상전압[$V$], $X_l$: 누설 리액턴스[$\Omega$])

- 지속 단락 전류(영구 단락 전류)

$$I_s = \frac{E}{X_l + X_a} = \frac{E}{X_s} \,[A]$$

(단, $E$: 상전압[$V$], $X_s$: 동기 리액턴스[$\Omega$], $X_a$: 전기자 반작용 리액턴스[$\Omega$])

## 7 동기 발전기의 병렬 운전 조건

- 기전력의 **위**상이 같을 것
  위상이 다르면 유효 순환 전류(동기화 전류)가 흐른다.
  - 대책: 원동기의 출력 또는 발전기의 입력을 조절한다.
- 기전력의 **크**기가 같을 것
  크기가 다르면 무효 순환 전류(무효 횡류)가 흐른다.
  - 대책: 여자 전류 조정(여자 전류 증가 → 역률 저하, 여자 전류 감소 → 역률 향상)
- 기전력의 **주**파수가 같을 것
  주파수가 다르면 고조파 순환 전류가 흐른다.
  - 대책: 제동 권선 설치
- 기전력의 **파**형이 같을 것
  파형이 다르면 고조파 무효 순환 전류가 흐른다.
- (3상의 경우) 기전력의 상회전 **방**향이 같을 것
  상회전 방향이 다르면 발전기의 파손을 초래한다.

암기
✓ **TIP** 위크주파방

## 8 동기 발전기의 운전

- 자기 여자 현상의 원인
  무부하 시 송전 선로의 대지 정전 용량으로 인해 페란티 현상(수전단 전압 > 송전단 전압)이 발생하면서 동기 발전기가 여자되어 전압이 상승하는 현상
- 자기 여자 현상의 방지책
  - 동기 조상기를 부족 여자(지상)로 운전할 것
  - 분로 리액터를 설치할 것
  - 단락비가 클 것(발전기 및 변압기를 병렬 운전)

- 동기 발전기의 안정도 향상 대책
  - 단락비를 크게 할 것
  - 동기 임피턴스를 작게 할 것(정상 리액턴스는 작고, 역상 리액턴스와 영상 리액턴스는 클 것)
  - 조속기 동작을 신속히 할 것
  - 속응 여자 방식을 채택할 것
  - 관성 모멘트를 크게 할 것(플라이휠 설치)

## 9 동기 전동기

- 동기 전동기의 장점
  - 속도가 일정하다. (동기 속도($N_s$)로 운전 가능)
  - 역률을 항상 1로 운전할 수 있다. (역률 조절 가능)
  - 공극이 넓고, 효율이 양호하다.
- 동기 전동기의 단점
  - 속도 제어가 어렵다.
  - 기동 토크가 작아 별도의 기동 장치(제동 권선, 유도 전동기)가 필요하다.
  - 직류 여자 장치가 필요하다.
  - 구조가 복잡하고 난조가 발생한다.
- 동기 전동기의 토크

  $$T = 0.975 \frac{P_o}{N_s} \, [kg \cdot m]$$

  (단, $P_o$: 출력[$W$], $N_s$: 동기 속도[$rpm$])

- 동기 와트

  $$P_o = 1.026 N_s T \, [W]$$

  (단, $T$: 토크[$kg \cdot m$], $N_s$: 동기 속도[$rpm$])

## 10 동기 조상기

동기 전동기를 무부하 상태로 운전하는 조상 설비로 여자 전류를 조정하여 송전 계통의 역률 개선 가능

- 위상 특성 곡선($V$ 곡선)

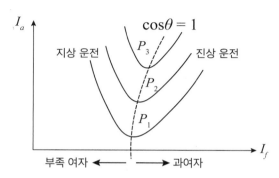

- 부족 여자 운전(계자 전류 $I_f$를 감소)
  - ✓ 지상 무효 전력 공급(뒤진 역률)
  - ✓ 리액터 작용
- 과여자 운전(계자 전류 $I_f$를 증가)
  - ✓ 진상 무효 전력 공급(앞선 역률)
  - ✓ 콘덴서 작용

# CHAPTER 3 | 변압기

## 1 변압기의 원리

- 패러데이의 전자 유도 법칙
  - 1차 유기 기전력 $E_1 = 4.44f\phi_m N_1 [V]$
  - 2차 유기 기전력 $E_2 = 4.44f\phi_m N_2 [V]$

> ☑ **참고** 자속 $\phi = \dfrac{E}{4.44fN} [Wb]$
> 자속과 전압은 비례 $(\phi \propto E)$
> 자속과 주파수는 반비례 $(\phi \propto \dfrac{1}{f})$

- 변압기의 권수비

$$a = \frac{N_1}{N_2} = \frac{E_1}{E_2} = \frac{I_2}{I_1} = \sqrt{\frac{Z_1}{Z_2}}$$

- 변압기의 누설 리액턴스

$$L = \frac{\mu S N^2}{l} [H] \quad (X = 2\pi f L \propto N^2)$$

## 2 변압기의 구조

- 변압기 철심의 구비 조건
  - 투자율과 저항률이 클 것
  - 히스테리시스손이 작을 것 (규소 함유량: 4[%])
  - 성층 철심 구조일 것 (강판 두께: 0.35[mm])
- 변압기 절연유의 구비 조건
  - 절연 내력이 클 것
  - 점도가 작을 것
  - 인화점이 높고, 응고점이 낮을 것
  - 화학 작용과 침전물이 없을 것

## 3 변압기의 특성

- 등가 회로 작성에 필요한 시험과 측정 가능 성분
  - 권선 저항 측정 시험
  - 무부하 시험: 철손, 여자(무부하) 전류, 여자 어드미턴스
  - 단락 시험: 동손, 임피던스 와트(전압), 단락 전류
- 여자 전류
  변압기의 무부하 전류로 1차 측에 흐르는 전류

  - 여자 전류 크기 $I_0 = \sqrt{I_i^2 + I_\phi^2} [A]$

  - 철손 전류 $I_i = \dfrac{P_i}{V_1} [A]$
  - 자화 전류 $I_\phi = \sqrt{I_0^2 - I_i^2} [A]$
- 임피던스 전압
  정격 전류에 대한 변압기 내부 전압 강하
- 임피던스 와트
  임피던스 전압을 걸 때의 입력[W]으로 동손과 같다.
- 철손
  - 히스테리시스손

  $$P_h = kfB_m^2 = kf\left(\frac{E}{4.44fN}\right)^2 [W/m^3]$$

  (단, $k$: 파형률)

> ☑ **참고** 히스테리시스손은
> 전압의 제곱에 비례 $(P_h \propto E^2)$
> 주파수에 반비례 $(P_h \propto \dfrac{1}{f})$

  - 와류손

  $$P_e = kt^2f^2B_m^2 = kf^2t^2\left(\frac{E}{4.44fN}\right)^2 [W/m^3]$$

  (단, $k$: 파형률, $t$: 강판의 두께, $B_m$: 최대 자속 밀도)

> ☑ **참고** 와류손은 전압의 제곱에 비례 $(P_e \propto E^2)$
> 와류손은 주파수와 무관

## 4 변압기의 전압 변동률

- % 저항 강하

$$\%R = p = \frac{IR}{V} \times 100[\%] = \frac{I^2 R}{VI} \times 100[\%] = \frac{P_c}{P} \times 100[\%]$$

- % 리액턴스 강하

$$\%X = q = \frac{IX}{V} \times 100[\%]$$

- % 임피던스 강하

$$\%Z = \frac{IZ}{V} \times 100[\%] = \frac{V_s}{V_n} \times 100[\%] = \sqrt{p^2 + q^2}\ [\%]$$

$$(1\phi)\ \ \%Z = \frac{I_n}{I_s} \times 100[\%]$$

$$(3\phi)\ \ \%Z = \frac{PZ}{10\,V^2}\ [\%]$$

(단, $P$: 정격 출력$[kVA]$, $V$: 정격 전압$[kV]$)

- 전압 변동률

$$\varepsilon = \frac{V_{20} - V_{2n}}{V_{2n}} \times 100[\%] = p\cos\theta \pm q\sin\theta\ [\%]$$

(단, +: 지상(뒤진) 역률, −: 진상(앞선) 역률)

- 최대 전압 변동률
$$\varepsilon = \sqrt{p^2 + q^2}$$

## 5 변압기의 병렬 운전

- 병렬 운전 조건
  - 극성이 같을 것
  - 1차, 2차 정격 전압이 같고 권수비가 같을 것
  - % 임피던스 강하가 같을 것
  - 저항과 리액턴스 비가 같을 것
  - (3상 변압기의 경우) 상회전 방향과 각 변위가
    같을 것

- 병렬 운전 결선 조합
  - 짝수 조합: 병렬 운전 가능
  - 홀수 조합: 병렬 운전 불가능

| 병렬 운전 가능 | 병렬 운전 불가능 |
|---|---|
| $Y-Y$와 $Y-Y$ | |
| $\varDelta-\varDelta$와 $\varDelta-\varDelta$ | $Y-Y$와 $Y-\varDelta$ |
| $Y-\varDelta$와 $Y-\varDelta$ | $Y-Y$와 $\varDelta-Y$ |
| $\varDelta-Y$와 $\varDelta-Y$ | $\varDelta-\varDelta$와 $\varDelta-Y$ |
| $\varDelta-Y$와 $Y-\varDelta$ | $\varDelta-\varDelta$와 $Y-\varDelta$ |
| $\varDelta-\varDelta$와 $Y-Y$ | |

- 병렬 운전 시 부하 분담

부하 분담비는 용량에 비례하고, %$Z$에 반비례

$$\text{부하 분담비}\ \ \frac{A\,\text{변압기}\,(P_a)}{B\,\text{변압기}\,(P_b)} = \frac{P_A}{P_B} \times \frac{\%Z_B}{\%Z_A}$$

## 6 변압기의 극성

- 감극성

차 전압

$$V = V_1 - V_2$$

- 가극성

합 전압

$$V = V_1 + V_2$$

## 7 3상 변압기의 결선

- $V$ 결선
  - 고장 전 출력(단상 변압기 3대 $\varDelta$결선)
    $$P_\varDelta = 3P_1\ [kVA]$$

    (단, $P_1$: 변압기 1대의 용량$[kVA]$)
  - 변압기 1대 고장 후 출력(단상 변압기 2대 $V$결선)
    (이론상) $P_V = 2P_1\ [kVA]$
    (실제) $P_V = \sqrt{3}\,P_1\ [kVA]$

- $V$결선 출력비

$$\frac{1}{\sqrt{3}} \times 100 = 57.7 [\%]$$

- 결선 이용률

$$\frac{\sqrt{3}}{2} \times 100 = 86.6 [\%]$$

• $\Delta - \Delta$ 결선
 - $V_l = V_p \angle 0°$ : 선간 전압과 상전압이 같다.
 - $I_l = \sqrt{3} I_p \angle -30°$ : 선전류는 상전류의 $\sqrt{3}$배이다.
 - 장점
   ✓ 변압기 1대 고장 시 나머지 2대로 V 결선 운전 가능
   ✓ $\Delta$ 결선 내 제3고조파 전류가 순환하므로 전력 파형 왜곡 방지
   ✓ 선전류가 상전류보다 $\sqrt{3}$배 커서 대전류에 적합
   ✓ 외부에 고조파 전압이 나오지 않아 통신선 유도 장해가 적음
 - 단점
   ✓ 중성점 접지가 불가능해 지락 사고 시 고장전류 검출 어려움
   ✓ 권수비가 다른 변압기 결선 시 순환전류 발생 가능
   ✓ 임피던스 차이로 3상 부하가 평형이어도 부하 전류 불평형 발생

• $Y - Y$결선
 - $V_l = \sqrt{3} V_p \angle 30°$ : 선간 전압은 상전압의 $\sqrt{3}$배이다.
 - $I_l = I_p \angle 0°$ : 선전류와 상전류가 같다.
 - 장점
   ✓ 1, 2차 모두 중성점 접지가 가능해 고압에서 이상전압 감소
   ✓ 상전압이 선간 전압의 $1/\sqrt{3}$배이므로 절연이 용이하며 고전압에 유리
   ✓ 1, 2차 전압 간 위상차가 없음
 - 단점
   ✓ 기전력의 파형이 제3고조파를 포함한 왜형파
   ✓ 부하 불평형으로 중성점 전위가 변동해 3상 전압 불평형 발생
   ✓ 중성점 접지 시 제3고조파 전류가 흘러 통신선에 유도 장해 발생

• $\Delta - Y$ 결선 또는 $Y - \Delta$ 결선
 - 장점
   ✓ 한쪽 $Y$결선 중성점 접지가 가능
   ✓ $Y$결선의 상전압이 선간 전압의 $1/\sqrt{3}$ 배 이므로 절연이 용이
   ✓ $\Delta$ 결선으로 제3고조파 장해가 적고 파형 왜곡 없음
   ✓ $Y - \Delta$ 는 강압용, $\Delta - Y$ 는 승압용으로 송전 계통에 유연하게 사용
 - 단점
   ✓ 1, 2차 간 30° 위상차 발생
   ✓ 1상 고장 시 전원 공급 불가
   ✓ 중성점 접지로 유도 장해 발생

## 8 상(phase) 수 변환

- 3상 입력에서 2상 출력을 내는 결선법
  - 우드 브리지 결선
  - 스코트 결선($T$) 결선
    - ✓스코트 결선의 변압비 $a_T = \dfrac{\sqrt{3}}{2} \times a$

    (단, $a$: 권수비)
  - 메이어 결선

✓ **TIP** 우스메

- 3상 입력에서 6상 출력을 내는 결선법
  - 포크 결선: 수은 정류기에 사용
  - 환상 결선
  - 대각 결선
  - 2중 성형 결선($Y$결선, Star 결선)
  - 2중 $\varDelta$결선

## 9 특수 변압기

- 단권 변압기
  - 단권 변압기 특징
    - ✓1차와 2차 권선을 공통으로 연결한 변압기
    - ✓동량이 적어 소형·경량, 효율이 높음
    - ✓누설 임피던스가 작고, 여자 임피던스는 큼
    - ✓한쪽 회로에서 단락 사고 시 다른 쪽에 큰 영향을 줌
    - ✓단상 3선식에서 전압 불평형 방지용 밸런서로 많이 사용
  - 단권 변압기의 3상 결선
    - ✓$Y$결선

    $$\frac{자기용량}{부하용량} = \frac{V_h - V_l}{V_h}$$

    (단, $V_h$: 고압 측 전압[$V$], $V_l$: 저압 측 전압[$V$])

    - ✓$\varDelta$결선

    $$\frac{자기용량}{부하용량} = \frac{V_h{}^2 - V_l{}^2}{\sqrt{3}\,V_h V_l}$$

    - ✓$V$결선

    $$\frac{자기용량}{부하용량} = \frac{2(V_h - V_l)}{\sqrt{3}\,V_h}$$

- 계기용 변성기
  - 계기용 변압기($PT$)
    - ✓고전압을 저전압으로 변성
    - ✓2차 정격전압: 110[$V$]
  - 계기용 변류기($CT$)
    - ✓대전류를 소전류로 변성
    - ✓2차 정격전류: 5[A]
    - ✓주의점: 2차 측의 절연 보호를 위해 $CT$점검 시 2차측을 단락시킨다.
    - ✓$CT$1차 전류 $I_1$ = 전류계 지시 값 × $CT$비
  - 탭절환 변압기
    수전단의 전압을 조정하기 위하여 변압기 1차측(고압측)에 몇 개의 탭을 설치

## 10 변압기의 보호

- 외부
  - COS: 1차 측 보호
  - 캐치홀더: 2차 측 보호
- 내부
  - 비율 차동 계전기: 전기적 보호(내부 고장 보호)
  - 브흐홀츠 계전기: 기계적 보호, 변압기 본체와 콘서베이터 사이에 설치

# CHAPTER 4 | Ch4 유도기

## 1 유도 전동기의 원리 및 구조

- 원리

  전자 유도 법칙, 플레밍의 왼손 법칙

- 회전 원리

  - 고정자(1차): 회전 자계에 의한 동기 속도 $N_s$ 발생

  - 회전자(2차): 유기 기전력에 의한 회전자 속도 $N$ 발생

    ✓권선형 유도 전동기: 대형에 적합, 기동 시 토크 특성 우수, 속도 제어 용이

    ✓농형 유도 전동기: 소형에 적합, 구조 간단, 조작 용이, 가격 저렴, 속도 제어 어려움

- 슬립

  - 동기 속도 $N_s = \dfrac{120f}{P} \, [rpm]$

  - 슬립 $s = \dfrac{N_s - N}{N_s} \quad (0 \leqq s \leqq 1)$

  $N = (1-s)N_s \, [rpm]$

  (단, $N_s$: 회전 자계의 회전수[$rpm$], $N$: 회전자의 회전수[$rpm$])

  ✓기동 시: $N = 0$, $s = 1$

  ✓무부하 시: $N = N_s$, $s = 0$

  ✓역회전 시 슬립의 범위: $1 < s < 2$ 또는 $2-s$

  ✓참고

| 유도 발전기 | | 유도 전동기 | | 제동기 |
|---|---|---|---|---|
| s<0 | s=0 | 0<s<1 | s=1 | s>1 |

## 2 권선형 유도 전동기의 회전 시 슬립 관계

- 회전 시 2차 주파수(슬립 주파수: $f_{2s}$)

  - 정지 시: $f_2 = f_1 \, [Hz]$

  - 회전 시: $f_{2s} = sf_1 \, [Hz]$

(단, $f_1$: 1차 주파수[$Hz$])

- 회전 시 2차 유기 기전력($E_{2s}$)

  - 정지 시 1차 유기 기전력:
    $E_1 = 4.44kf_1\phi N_1 \, [V]$

  - 정지 시 2차 유기 기전력:
    $E_2 = 4.44kf_1\phi N_2 \, [V]$

  - 회전 시 2차 유기 기전력:
    $E_{2s} = 4.44ksf_1\phi N_2 \, [V]$
    $E_{2s} = sE_2 \, [V]$

- 회전 시 2차 전류($I_{2s}$)

  $I_{2s} = \dfrac{sE_2}{\sqrt{r_2{}^2 + (sX_2)^2}} \, [A]$

- 등가 부하 저항

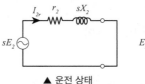
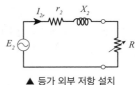

▲ 운전 상태      ▲ 등가 외부 저항 설치

$$R = \left(\frac{1-s}{s}\right)r_2 \, [\Omega]$$

- 슬립에 따른 각 요소의 환산

  - 2차 동손: $P_{c2} = sP_2 \, [W]$

    (단, $s$: 슬립, $P_2$: 2차 입력(동기 와트))

  - 2차 출력: $P_0 = P_2 - sP_2 = (1-s)P_2 \, [W]$

    (단, $P_2$: 2차 입력, $sP_2$: 2차 동손)

  - 2차 효율: $\eta = \dfrac{P_0}{P_2} = \dfrac{(1-s)P_2}{P_2} = 1-s = \dfrac{N}{N_s}$

    (단, $N$: 회전자 분당 회전수[$rpm$], $N_s$: 동기 회전수[$rpm$])

• 유도 전동기의 토크와 전압의 관계

$$T = 0.975 \frac{P_2}{N_s} \, [kg \cdot m]$$

$$T \propto V^2$$

## 3 권선형 유도 전동기의 최대 토크

• 최대 토크

$$T_m = 0.975 \frac{P_2}{N_s} \, [kg \cdot m] \, (단, P_2: 입력[W])$$

> ☑ **참고** 동기 전동기의 토크 ! 헷갈리지 말 것
>
> $$T = 0.975 \frac{P_o}{N_s} \, [kg \cdot m] \, (단, P_o: 출력[W])$$

• 최대 토크를 갖는 슬립

$$s_m = \frac{r_2}{\sqrt{r_1{}^2 + (X_1 + X_2)^2}} \fallingdotseq \frac{r_2}{X_2}$$

(단, $r_1$: 1차 저항[Ω], $r_2$: 2차 저항[Ω],
$X_1$: 1차 리액턴스[Ω], $X_2$: 2차 리액턴스[Ω])

## 4 권선형 유도 전동기의 비례 추이

• 비례 추이
권선형 유도 전동기는 회전자 권선에 저항을
연결하여 2차 합성 저항을 조정함으로써 속도 및
토크를 제어하는 것

$$\frac{r_2}{s} = \frac{r_2 + R}{s'}$$

(단, $R$: 2차에 삽입한 저항[Ω])

• 비례 추이 목적
  - 기동 토크 증대
  - 기동 전류 감소
  - 속도 제어
  - 최대 토크 불변

• 비례 추이할 수 있는 것
  - 토크($T$)
  - 1, 2차 전류($I_1, I_2$)
  - 1차 입력($P_1$)
  - 역률($\cos \theta$)
• 비례 추이할 수 없는 것
  - 동기 속도($N_s$)
  - 2차 동손($P_{c2}$)
  - 2차 효율($\eta$)
  - 출력($P_0$)

## 5 원선도

유도 전동기의 특성 그림

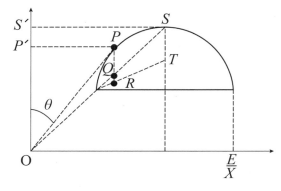

• 원선도 작성 시 필요한 시험
  - 권선 저항 측정 시험
  - 무부하 시험
  - 구속 시험
  - 단락 시험

> ✓ **TIP** 저… 무에타이 구(9)단이에요.

• 원선도의 특징

  - 원선도의 지름: $\frac{E}{X}$ 에 비례

  - 역률: $\cos\theta = \dfrac{\overline{OP'}}{\overline{OP}}$

- 2차 효율: $\eta_2 = \dfrac{\overline{PQ}}{\overline{PR}}$

## 6 농형 유도 전동기의 기동법

- 전전압 기동(직입 기동)

  정격 출력 5[$kW$]이하의 소용량 전동기에 적합

- $Y-\varDelta$ 기동

  - 5 ~ 15[$kW$]정도의 중용량 전동기에 적합

  - 기동 시 기동 전압이 $\dfrac{1}{\sqrt{3}}$ 로 감소, 기동 전류와

    기동 토크가 $\dfrac{1}{3}$ 로 감소

- 기동 보상기법

  3상 단권 변압기를 이용하여 기동 전압을
  감소시킴으로써 기동 전류를 감소시키는 방식

- 리액터 기동법

  고정자 권선에 리액터를 직렬로 삽입하여 전압을
  감소시켜 기동하고, 일정 시간이 지난 후 리액터를
  단락시키는 방식

- 콘드로퍼 기동법

## 7 농형 유도 전동기의 속도 제어법

- 분당 회전수(속도) 식

  $N = \dfrac{120f}{p} \ [rpm]$

- 주파수 변환법

  - 인버터(VVVF)를 사용하여 주파수를 변환시켜
    속도를 제어하는 방식
  - 방직 공장의 포트 모터, 선박 추진용 모터로 사용

- 극수 변환법

  연속적인 속도 제어가 아닌 승강기와 같은
  단계적인 속도 제어 방식

- 전압 제어법

## 8 권선형 유도 전동기의 기동법

- 2차 저항 기동법
- 2차 임피던스 기동법
- 게르게스법

  2차 회로 중 한 선이 단선 시 슬립
  $s = 50[\%]$ 근처에서 가속이 멈추는 현상을 이용한
  기동법

## 9 권선형 유도 전동기의 속도 제어법

- 2차 저항법

  비례 추이를 응용한 방법으로 구조가 간단하고
  조작이 용이하다.

- 2차 여자법

  회전자에 슬립 주파수 전압($E_s$)을 공급하여 속도를
  제어하는 방법으로 세르비우스 방식, 크레머
  방식이 있다.

- 종속법

  - 직렬 종속법: $N = \dfrac{120f}{p_1 + p_2} \ [rpm]$

  - 차동 종속법: $N = \dfrac{120f}{p_1 - p_2} \ [rpm]$

  - 병렬 종속법: $N = \dfrac{240f}{p_1 + p_2} \ [rpm]$

## 10 유도 전동기의 이상 현상

- 크로우링 현상

  - 농형 유도 전동기에서 발생
  - 원인: 공극 불균형, 고조파의 전동기 유입
  - 방지책: 공극을 균일하게 함, 사큐 슬롯(사구)을
    채용

- 게르게스 현상

  - 권선형 유도 전동기에서 발생
  - 원인: 3상 권선형 전동기의 단상 운전
  - 방지책: 결상 운전 방지

• 유도 전동기의 고조파 차수

| n차 고조파 | 1 | 3 | 5 |
|---|---|---|---|
| | 7 | 9 | 11 |
| | 13 | 15 | 17 |
| 기본파 방향 | ⤵ | ⤵ | ⤵ |
| 회전 자계 방향 | ⤵ | 회전 자계 발생 × | ⤴ |
| 속도 | $\frac{1}{n}$ 배 감소한다. (단, $n$ : 고조파 차수) | | |

## 11 단상 유도 전동기

• 원리

교번자계에 의해 회전

• 종류(기동 토크가 큰 순서)

- 반발 기동형: 기동 토크가 가장 큼
- 콘덴서 기동형: 역률과 효율이 우수
- 분상 기동형
- 셰이딩 코일형: 역회전 불가

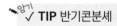
✓ **TIP** 반기콘분셰

## 12 유도 전압 조정기

| | 단상 | 3상 |
|---|---|---|
| 원리 | 교번자계 | 회전자계 |
| 전압 조정 범위 | $V_2 = V_1 \pm E_2\cos\alpha\,[V]$ ($\alpha = 0 \sim 180°$) | $V_2 = \sqrt{3}\,(V_1 \pm E_2)\,[V]$ |
| 정격 용량 | $P = E_2 I_2\,[VA]$ | $P = \sqrt{3}\,E_2 I_2\,[VA]$ |
| 위상차 | × | ○ |
| 단락 권선 | ○ | × |

## 13 정류자 전동기

• 단상 직권 정류자 전동기

- 원리: 직류 직권 전동기
- 직류, 교류 모두 사용 가능(만능 전동기)
- 역률 개선 방법

✓ 보상 권선 설치

✓ 고속도 운전

✓ 약계자, 강전기자형

- 용도: 가정용 재봉틀, 소형 공구, 치과 의료용 기기, 진공 청소기, 믹서, 엔진 등

• 단상 반발 전동기 종류

- 아트킨손형
- 톰슨형
- 데리형

✓ **TIP** 아톰 데려와!

• 3상 직권 정류자 전동기에서 중간 변압기 사용 이유

- 정류자 전압의 조정
- 회전자 상수의 증가
- 실효 권수비의 조정
- 경부하 시 속도의 이상 상승 방지

## CHAPTER 5 | 정류기 및 특수 회전기

### 1 전력 변환 기기의 종류

- 컨버터: 교류($AC$)를 직류($DC$)로 변환
- 인버터: 직류($DC$)를 교류($AC$)로 변환
- 초퍼: 직류($DC$)를 직류($DC$)로 직접 제어
- 사이클로 컨버터: 교류($AC$)를 교류($AC$)로 변환

### 2 회전 변류기

- 교류 전압($E_a$)과 직류 전압($E_d$)의 관계

  - 전압비: $\dfrac{E_a}{E_d} = \dfrac{1}{\sqrt{2}}\sin\dfrac{\pi}{m}$ (단, $m$: 상수)

  - 전류비: $\dfrac{I_a}{I_d} = \dfrac{2\sqrt{2}}{m\cos\theta}$ (단, $m$: 상수)

- 회전 변류기의 전압 조정법

  - 직렬 리액턴스에 의한 방법
  - 유도 전압 조정기에 의한 방법
  - 부하 시 전압 조정 변압기에 의한 방법
  - 동기 승압기에 의한 방법

- 수은 정류기

  - 교류 전압($E_a$)과 직류 전압($E_d$)의 관계

    ✓전압비

    3상: $E_d = 1.17E_a$

    6상: $E_d = 1.35E_a$

    ✓전류비 $\dfrac{I_a}{I_d} = \dfrac{1}{\sqrt{m}}$ (단, $m$: 상수)

  - 수은 정류기의 이상 현상

    ✓역호: 밸브 작용이 상실되는 현상

    ✓실호: 점호가 실패하는 현상 (ON but OFF)

    ✓통호: 필요 이상으로 수은 정류기가 지나치게
    방전되는 현상 (OFF but ON)

> ☑ **참고** "점호"는 이상 현상이 아니다.

- 다이오드(반도체 정류기)

| 종류 | 직류 전압[$V$] | $PIV[V]$ |
|---|---|---|
| 단상 반파 | $E_d = \dfrac{\sqrt{2}}{\pi}E = 0.45E$ | $PIV = \sqrt{2}\,E$ |
| 단상 전파 (중간탭) | $E_d = \dfrac{2\sqrt{2}}{\pi}E = 0.9E$ | $PIV = 2\sqrt{2}\,E$ |
| 단상 전파 (브리지) | $E_d = \dfrac{2\sqrt{2}}{\pi}E = 0.9E$ | $PIV = \sqrt{2}\,E$ |
| 3상 반파 | $E_d = \dfrac{3\sqrt{6}}{2\pi}E = 1.17E$ | $PIV = \sqrt{6}\,E$ |
| 3상 전파 (브리지) | $E_d = \dfrac{3\sqrt{6}}{\pi}E = 2.34E$ $E_d = 1.35E_l$(다상 정류) | $PIV = \sqrt{6}\,E$ |

| 종류 | 맥동 주파수 | 정류 효율 | 맥동률 |
|---|---|---|---|
| 단상 반파 | 60[$Hz$] | 40.5[%] | 121[%] |
| 단상 전파 (중간탭) | 120[$Hz$] | 57.5[%] | 48[%] |
| 단상 전파 (브리지) | 120[$Hz$] | 81.1[%] | 48[%] |
| 3상 반파 | 180[$Hz$] | 96.7[%] | 17[%] |
| 3상 전파 (브리지) | 360[$Hz$] | 99.8[%] | 4[%] |

(단, $E_d$: 직류 전압[V], $E$: 교류 전압[$V$]

$E_l$: 선간 전압[$V$])

  - 3상 전파(브리지) 회로가 가장 우수하다.
  - 맥동 주파수는 높을수록, 맥동률은 낮을수록
    좋다.

> ☑ **참고** 단상 반파 정류에서 직류 전압은
> $E_d = 0.45E[V]$ 로 나타내지만, 정류기에서 전
> 압 강하 $e$가 존재할 경우, 이를 반영하여 직류 전
> 압은 $E_d = 0.45E - e[V]$ 로 계산된다.

- 맥동률 $= \dfrac{\text{교류분}}{\text{직류분}} \times 100\,[\%]$

## 3 사이리스터 정류기(SCR)

- SCR 구조 및 동작 원리
  - PNPN 4층 구조
  - A(anode), K(cathode), G(gate) 3단자 소자로 구성
  - 전류는 $A \rightarrow K$ 단방향으로 흐름
  - 스위칭 On/Off 기능
  - 대전류 제어 정류용
  - 위상 제어 방식
- SCR 주요 특징
  - 작은 게이트 신호로 대전력을 제어 가능
  - 교류와 직류 모두 제어가 가능
  - 대전류용이며, 동작 시간이 짧음
  - 아크가 생기지 않아 열 발생이 적음
  - 역방향 내전압이 크고, 전류가 흐를 때 양극의 전압 강하가 작음
  - 과전압에 약하며, 열용량이 적어 고온에 취약
- SCR의 전류 특성
  - 래칭 전류: SCR을 턴온(Turn-on)시키기 위한 최소 순방향 전류
  - 유지 전류: SCR이 On 상태를 유지하는 데 필요한 최소 순방향 전류
    ✓ 래칭 전류 > 유지 전류
  - SCR의 턴오프(Turn-off) 조건
    ✓ 애노드 전류를 유지 전류 이하로 감소
    ✓ 애노드에 역전압을 인가
    ✓ 애노드 전압을 (0) 또는 (−)

- SCR의 직류 전압

| 종류 | 직류 전압[$V$] |
|---|---|
| 단상 반파 | $E_d = 0.45E\left(\dfrac{1+\cos\alpha}{2}\right)$ |
| 단상 전파 (중간탭) | (전류 연속) $E_d = 0.9E\cos\alpha$ |
| 단상 전파 (브리지) | (전류 단속) $E_d = 0.9E\left(\dfrac{1+\cos\alpha}{2}\right)$ |
| 3상 반파 | $E_d = 1.17E\cos\alpha$ |
| 3상 전파 (브리지) | $E_d = 2.34E\cos\alpha$ <br> $E_d = 1.35E_l\cos\alpha$ |

(단, $a$: 점호 제어각)

- 사이리스터의 종류

| 종류 | 단방향 |
|---|---|
| 2단자 | A ──▷── K <br> 사이리스터 없음 |
| 3단자 | A ──▷── K (G) <br> SCR, GTO, LASCR |
| 4단자 | A ──▷── K ($G_2$, $G_1$) <br> SCS |

| 종류 | 양방향 |
|---|---|
| 2단자 | A ──◆── K <br> SSS, DIAC |
| 3단자 | A ──◆── K (G) <br> TRIAC |

암기
✓ **TIP** 다리 개수 보면서 암기할 것

## 4 특수 회전기

- 서보 모터
  - 토크, 속도 및 위치 제어용 모터
  - 2상 서보모터 제어 방식
    ✓ 전압 제어
    ✓ 위상 제어
    ✓ 전압, 위상 혼합 제어
  - 서브모터 특성
    ✓ 기동 토크가 크다.
    ✓ 가속, 감속 및 정회전, 역회전이 가능하다.
    ✓ 관성 모멘트가 작다.
    ✓ 토크-속도 곡선이 수하 특성을 가진다.
- 스테핑 모터
  - 디지털 신호로 제어되는 전동기
  - 컴퓨터 등과 직접 연계하여 운전 제어가 용이
  - 속도 및 위치 제어가 간편
  - 회전각과 속도는 펄스 수에 비례
  - 여자 방식: 1상, 2상, 1~2상
- 리니어 모터(선형 전동기)
  - 회전 운동을 직선 운동으로 변환하는 모터
  - 기어, 벨트 등의 동력 전달 기구 불필요
  - 고속 구동 가능(원심력에 의한 가속 제한 없음)
  - 간단한 구조
  - 부하 관성의 영향을 많이 받음
  - 회전형보다 공극이 커 역률 및 효율 낮음
  - 전원 상 순서 변경으로 이동 방향 조정 가능

# MEMO

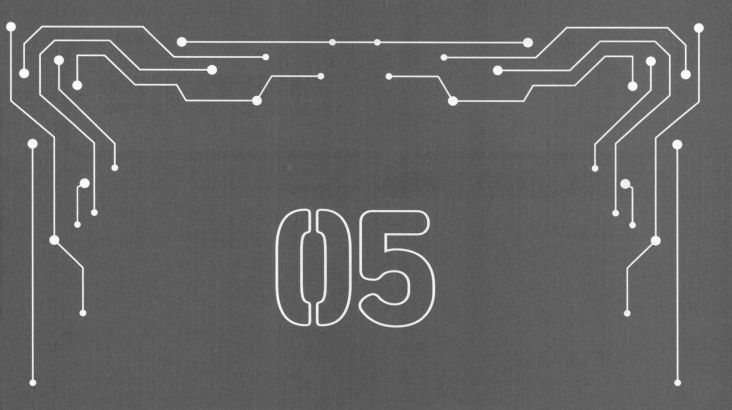

# 05

# 전기자기학

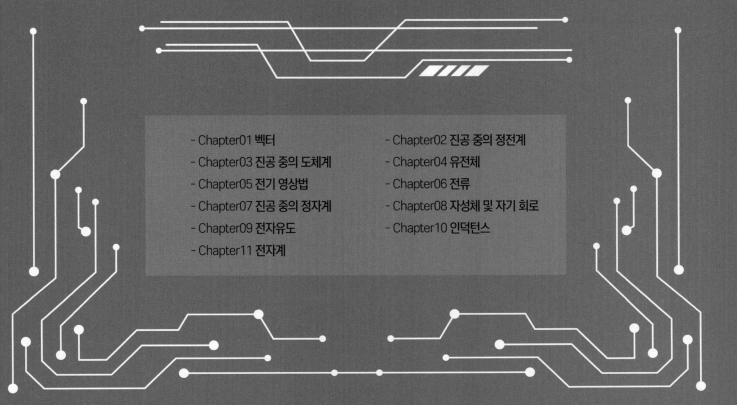

# 전기자기학

## CHAPTER 1 | 벡터

### 1 스칼라와 벡터

- 스칼라
  - 크기(양)만을 나타낸다.
  - 예 길이: 10[$m$], 질량: 5[$kg$], 온도: 25[°C] 등
- 벡터
  - 크기와 방향을 함께 나타낸다.
  - 예 속도: 시속 60[$km$] 북쪽, 힘: 10[$N$] 동쪽 등

### 2 직각 좌표계

- 단위벡터

  크기가 1인 벡터로, 어떤 양이나 값에 곱하더라도 원래의 크기에는 변화를 주지 않고 방향만을 나타내는 벡터이다.

- 직각 좌표계에서의 벡터 표현

  벡터 $\dot{A}$ 는 각 축에 대한 성분으로 표현할 수 있다.

  $$\dot{A}= A_x i + A_y j + A_z k$$

  여기서,

  | | |
  |---|---|
  | $x$축 방향 벡터: $i$(또는 $a_x$) | $x$축 성분: $A_x$ |
  | $y$축 방향 벡터: $j$(또는 $a_y$) | $y$축 성분: $A_y$ |
  | $z$축 방향 벡터: $k$(또는 $a_z$) | $z$축 성분: $A_z$ |

- 벡터의 크기 계산

  $$A = |\dot{A}| = \sqrt{A_x{}^2 + A_y{}^2 + A_z{}^2}$$

- 단위 벡터 계산

  $$a = \frac{\dot{A}}{|\dot{A}|} = \frac{A_x i + A_y j + A_z k}{\sqrt{A_x{}^2 + A_y{}^2 + A_z{}^2}}$$

### 3 벡터의 연산

- 벡터의 덧셈과 뺄셈

  두 벡터의 덧셈과 뺄셈은 각 성분끼리만 계산한다. 즉, 같은 축에 대한 성분을 더하거나 빼면 된다.

  예 $\dot{A}= A_x i + A_y j + A_z k$, $\dot{B}= B_x i + B_y j + B_z k$

  덧셈:
  $$\dot{A}+ \dot{B}= (A_x + B_x)i + (A_y + B_y)j + (A_z + B_z)k$$

  뺄셈:
  $$\dot{A}- \dot{B}= (A_x - B_x)i + (A_y - B_y)j + (A_z - B_z)k$$

- 벡터의 곱셈
  - 내적(Dot Product)

    $$\dot{A} \cdot \dot{B}= |\dot{A}||\dot{B}|\cos\theta$$

    (단, $\theta$ 는 두 벡터 사이의 각도)

    또한, 내적을 성분으로 계산할 수 있다.

    예 $\dot{A}= 2i + 3j + 4k$, $\dot{B}= i + 2k$

    $$A \cdot B = (2 \cdot 1) + (3 \cdot 0) + (4 \cdot 2) = 2 + 0 + 8 = 10$$

  - 외적(Cross Product)

    $$\dot{A}\times \dot{B}= |\dot{A}||\dot{B}|\sin\theta$$

    외적을 성분으로 계산할 때는 다음과 같은 행렬식을 사용한다.

    $$\dot{A}\times \dot{B}= \begin{vmatrix} i & j & k \\ A_x & A_y & A_z \\ B_x & B_y & B_z \end{vmatrix}$$

    예 $\dot{A}= 2i + 3j + 4k$, $\dot{B}= i + 2k$

    $$\dot{A}\times \dot{B}= \begin{vmatrix} i & j & k \\ 2 & 3 & 4 \\ 1 & 0 & 2 \end{vmatrix}$$

    $$= (3 \cdot 2 - 4 \cdot 0)i + (4 \cdot 1 - 2 \cdot 2)j + (2 \cdot 0 - 3 \cdot 1)k$$

    $$= 6i - 3k$$

## 4 벡터의 미분

- 벡터의 미분 연산자

  벡터의 미분 연산자(Nabla)는 $\nabla$ 로 표기하며, "델"
  또는 "나블라"라고 읽는다.

  $$\nabla = \frac{\partial}{\partial x}i + \frac{\partial}{\partial y}j + \frac{\partial}{\partial z}k$$

- 스칼라 $V$의 기울기(구배)

  스칼라 함수 $V$의 구배(Gradient)는 벡터로
  표현되며, 다음과 같이 표기한다.

  $$grad\, V = \nabla V = \left(\frac{\partial}{\partial x}i + \frac{\partial}{\partial y}j + \frac{\partial}{\partial z}k\right)V = \frac{\partial V}{\partial x}i + \frac{\partial V}{\partial y}j + \frac{\partial V}{\partial z}k$$

- 벡터의 발산

  벡터 $\dot{A}$ 의 발산(Divergence)은 스칼라로
  표현되며, 다음과 같이 표기한다.

  $$div\dot{A} = \nabla \cdot \dot{A}$$

- 벡터의 회전

  벡터 $\dot{A}$ 의 회전(Curl)은 벡터로 표현되며, 다음과
  같이 표기한다.

  $$rot\,\dot{A} = \nabla \times \dot{A}$$

## 5 벡터의 적분

- 스토크스(Stokes) 정리

  선 적분을 면적 적분으로 변환하는 공식

  $$\int \dot{A} \cdot d\dot{l} = \int rot\dot{A} \cdot d\dot{s}$$

  (단, $\int d\dot{l}$: 선 적분, $\int d\dot{s}$: 면적 적분)

- 가우스(Gauss)의 발산 정리

  면적 적분을 체적 적분으로 변환하는 공식

  $$\int_s \dot{A}d\dot{s} = \int_v div\dot{A}dv$$

  (단, $\int_s d\dot{s}$: 면적 적분, $\int_v dv$: 체적 적분)

## CHAPTER 2 | 진공 중의 정전계

## 1 정전계의 기본 개념

- 전하

  전기적 성질을 가진 입자로, 양전하와 음전하가
  있으며, 기호는 $Q$, 단위는 $[C]$(쿨롱)이다.

- 정전계

  전계 에너지가 최소로 되는 상태로, 가장 안정된
  상태를 의미한다.

- 정전력

  정전계를 해석할 때 전기적 에너지를 지닌 두 물체
  사이에 작용하는 힘으로, 기호는 $F$, 단위는
  $[N]$(뉴턴)이다.

## 2 쿨롱의 법칙

- 쿨롱의 힘

  두 전하 사이에 작용하는 힘을 구하는 공식

  $$F = k\frac{Q_1 Q_2}{r^2} = \frac{Q_1 Q_2}{4\pi\varepsilon_0 r^2} = 9 \times 10^9 \frac{Q_1 Q_2}{r^2}[N]$$

  (단, $Q_1$, $Q_2$: 두 전하의 크기$[C]$,
  $r$: 두 전하 사이의 거리$[m]$)

- 진공(공기)의 유전율
  $$\varepsilon_0 = 8.855 \times 10^{-12}[F/m]$$

## 3 전계의 세기

- 전계의 세기 공식

  $$E = \frac{F}{Q} = \frac{Q}{4\pi\varepsilon_0 r^2} = 9 \times 10^9 \frac{Q}{r^2}[V/m]$$

  ($\because F = QE[N]$)

- 구(점) 도체의 전계
  - 구 내부($r < a$)
    - ✓ 전하가 없는 경우: $E = 0$

✓ 전하가 고르게 분포된 경우:

$$E = \frac{Qr}{4\pi\varepsilon_0 a^3} [V/m]$$

(단, $r$: 중심에서부터의 거리, $a$: 구의 반지름)

- 구 표면($r = a$)

$$E = \frac{Q}{4\pi\varepsilon_0 a^2} [V/m]$$

- 구 외부($r > a$)

$$E = \frac{Q}{4\pi\varepsilon_0 r^2} [V/m]$$

• 원주(원통) 도체의 전계
- 원주 내부($r < a$)

✓ 전하가 없는 경우: $E = 0$

✓ 전하가 고르게 분포된 경우:

$$E = \frac{\rho r}{2\pi\varepsilon_0 a^2} [V/m]$$

(단, $r$: 원주 중심축에서의 거리.

$\rho$: 선 전하 밀도)

- 원주 표면($r = a$)

$$E = \frac{\rho}{2\pi\varepsilon_0 a} [V/m]$$

- 원주 외부($r > a$)

$$E = \frac{\rho}{2\pi\varepsilon_0 r} [V/m]$$

• 원형 도체 중심에서 직각으로 $r[m]$ 떨어진 지점의 전계

$$E = \frac{\rho a r}{2\varepsilon_0 (a^2 + r^2)^{\frac{3}{2}}} [V/m]$$

• 무한 직선 도체의 전계

$$E = \frac{\rho}{2\pi\varepsilon_0 r} [V/m]$$

(단, $\rho$: 선 전하 밀도)

• 무한 평면 도체의 전계

$$E = \frac{\rho}{2\varepsilon_0} [V/m]$$

(단, $\rho$: 면 전하 밀도)

• 무한 평면 도체 2개의 전계

$$E = \frac{\rho}{\varepsilon_0} [V/m]$$

☑ **참고** 무한 평면, 두 무한 평면의 전계는 거리와 관계가 없다.

## 4 전기장

• 전기력선의 성질
- 전기력선은 정(+)전하에서 나와 부(-)전하로 들어간다.
- 전기력선은 도체 표면에 수직으로 출입한다.
- 전기력선끼리는 서로 교차할 수 없다. (∵반발력)
- 전기력선은 등전위면과 수직이다.
- 전기력선의 방향은 전계의 방향과 일치한다.
- 전기력선의 밀도는 전계의 세기와 같다.
- 전기력선은 전위가 높은 곳에서 낮은 곳으로 향한다.
- 전기력선은 그 자신만으로 폐곡선을 만들지 못한다.
- 전기력선은 도체 내부에 존재하지 않고, 표면에만 분포한다.

- 전하 $Q$에서 나오는 전기력선의 개수는 $\dfrac{Q}{\varepsilon_0}$ 개다.

• 전기력선의 방정식

$$\frac{dx}{E_x} = \frac{dy}{E_y} = \frac{dz}{E_z}$$

여기서,

$E_x, E_y, E_z$: $x, y, z$ 방향의 전계 세기

$dx, dy, dz$: $x, y, z$ 방향의 미소 거리

- 가우스 법칙

  - 전기력선의 개수 $N = \int \dot{E} \cdot d\dot{s} = \dfrac{Q}{\varepsilon_0}$

  - 전속선의 개수 $\psi = \int \dot{D} \cdot d\dot{s} = Q$

- 전속

  - 전속

    ✓ 전기력선의 묶음

    ✓ 임의의 폐곡면 내 전하량 만큼 $Q[C]$존재

    ✓ 기호는 $\Psi$로 표현하며, 단위는 $[C]$(쿨롱)

  - 전속의 성질

    ✓ 전속은 항상 $\Psi = Q[C]$로 일정

    ✓ 매질 상수(유전율)와 관계없다.

  - 전속 밀도

    $D = \varepsilon_0 E [C/m^2]$

- 전위

  단위 전하를 한 점에서 다른 점으로 이동시키는데
  필요한 전기 에너지

  점(구) 전하의 전위 $V = E \cdot r [V]$

  $V = \dfrac{W}{Q} = -\displaystyle\int_\infty^r E \cdot dr = \int_r^\infty E \cdot dr [V]$

- 전위차

  두 지점 $A$와 $B$에서의 전위 차이로, $V_{AB}$로 표현

  $V_{AB} = V_A - V_B = -\displaystyle\int_B^A E \cdot dr = \int_A^B E \cdot dr [V]$

  $V = \displaystyle\int_A^B E \cdot dr = \dfrac{Q}{4\pi\varepsilon_0 r_1} - \dfrac{Q}{4\pi\varepsilon_0 r_2} = \dfrac{Q}{4\pi\varepsilon_0}\left(\dfrac{1}{r_1} - \dfrac{1}{r_2}\right) [V]$

## 5 전기 쌍극자 및 이중층

- 전기 쌍극자

  크기가 같은 양전하와 음전하가 가까운 거리에서
  쌍을 이루고 있는 상태의 전하

  - 쌍극자 모멘트 $M = Q\delta [C \cdot m]$

  - 전기 쌍극자의 전계

    $E = \dfrac{M}{4\pi\varepsilon_0 r^3}\sqrt{1 + 3\cos^2\theta}\,[V/m]$

  - 전기 쌍극자의 전위 $V = \dfrac{M}{4\pi\varepsilon_0 r^2}\cos\theta\,[V]$

    (단, $\delta$ : 두 점 전하 간의 거리$[m]$,

    $r$ : 쌍극자 중심에서 특정 지점까지의 거리$[m]$,

    $\theta$ : 쌍극자 평면과 특점 지점이 만드는 각$[°]$)

- 전기 이중층

  서로 반대 전하가 가까이 모여 층을 이루고 있는
  상태

  - 전기 이중층의 세기 $M = \rho\delta [C/m]$

  - 전기 이중층의 전위

    $V = \dfrac{M}{4\pi\varepsilon_0}\omega = \dfrac{M}{2\varepsilon_0}\left(1 - \dfrac{r}{\sqrt{a^2 + r^2}}\right)[V]$

    (단, $\omega$ : 입체각$[sr]$, $\rho$ : 면 전하 밀도$[C/m^2]$)

  ☑ **참고** $\omega = 2\pi(1 - \cos\theta)[sr]$

## CHAPTER 3 | 진공 중의 도체계

### 1 정전 용량(Capacitance)

- 전하

  $Q = CV[C]$

- 정전 용량

  $C = \dfrac{Q}{V}[F]$

- 엘라스턴스

  $l = \dfrac{1}{C} = \dfrac{V}{Q}[1/F]$

### 2 정전 용량의 종류

- 구 도체

  - 구 도체 표면의 전위 $V = \dfrac{Q}{4\pi\varepsilon_0 a}[V]$

  - 구 도체의 정전 용량

    $C = \dfrac{Q}{V} = \dfrac{Q}{\dfrac{Q}{4\pi\varepsilon_0 a}} = 4\pi\varepsilon_0 a[F]$

- 동심구 도체

  중심이 동일한 두 개의 구로 구성

  - a와 b 사이의 전위차 $V = \dfrac{Q}{4\pi\varepsilon_0}\left(\dfrac{1}{a} - \dfrac{1}{b}\right)[V]$

  - 동심구 도체의 정전 용량

    $C = \dfrac{4\pi\varepsilon_0}{\dfrac{1}{a} - \dfrac{1}{b}} = \dfrac{4\pi\varepsilon_0 ab}{b - a}[F]$

    (단, $a$: 내부 구체의 반지름,
    $b$: 외부 구체의 반지름)

- 평행판 콘덴서

  - 평행판 사이의 전계 $E = \dfrac{\rho}{\varepsilon_0}[V/m]$

  - 평행판 사이의 전위차 $V = Ed = \dfrac{\rho}{\varepsilon_0}d\,[V]$

  - 평행판 도체의 정전 용량 $C = \dfrac{\varepsilon_0 S}{d}[F]$

- 평행 도선

  - 평행 도선의 정전 용량 $C = \dfrac{\pi\varepsilon_0 l}{\ln\dfrac{D}{r}}[F]$

    (단, $l$: 도선의 길이, $D$: 두 도선의 중심 간 거리,
    $r$: 도선의 반지름)

- 동심 원통(동축 케이블) 도체

  - 동심 원통 특점 지점의 전계 $E = \dfrac{\rho}{2\pi\varepsilon_0 r}[V/m]$

  - 동심 원통 사이의 전위차 $V = \dfrac{\rho}{2\pi\varepsilon_0}\ln\dfrac{b}{a}[V]$

  - 동심 원통 도체의 정전 용량 $C = \dfrac{2\pi\varepsilon_0 l}{\ln\dfrac{b}{a}}[F]$

### 3 전위 계수, 용량 계수, 유도 계수

- 전위 계수($P$)

  두 개의 전하 $Q_1$과 $Q_2$가 생성하는 전위 $V_1$과 $V_2$를
  나타내는 계수

  $V_1 = P_{11}Q_1 + P_{12}Q_2[V]$

  $V_2 = P_{21}Q_1 + P_{22}Q_2[V]$

- 전위 계수의 성질

  - $P_{11}, P_{22} > 0$

  - $P_{12}, P_{21} \geqq 0$

  - $P_{12} = P_{21}$

  - $P_{11}, P_{22} \geqq P_{12}, P_{21}$

- 용량 계수 및 유도 계수

$$Q_1 = q_{11} V_1 + q_{12} V_2 [C]$$

$$Q_2 = q_{21} V_1 + q_{22} V_2 [C]$$

(단, $q_{11}, q_{22}$: 용량 계수, $q_{12}, q_{21}$: 유도 계수)

- 용량 계수 및 유도 계수의 성질

  - $q_{11}, q_{22} > 0$

  - $q_{12}, q_{21} \leqq 0$

  - $q_{12} = q_{21}$

  - $q_{11}, q_{22} \geqq -q_{12}, -q_{21}$

## 4 콘덴서의 연결

- 콘덴서의 직렬 연결

  - 합성 정전 용량 $C = \dfrac{C_1 \times C_2}{C_1 + C_2} [F]$

  - $n$개의 정전 용량 $C$값이 같은 경우 $C' = \dfrac{C}{n} [F]$

- 콘덴서의 병렬 연결

  합성 정전 용량 $C = C_1 + C_2 [F]$

  $n$개의 정전 용량 $C$값이 같은 경우 $C' = nC[F]$

- 전압 분배의 법칙(직렬 접속)

$$V_1 = \frac{C_2}{C_1 + C_2} V[V], \quad V_2 = \frac{C_1}{C_1 + C_2} V[V]$$

- 전하량 분배의 법칙(병렬 접속)

$$Q_1 = \frac{C_1}{C_1 + C_2} Q[C], \quad Q_2 = \frac{C_2}{C_1 + C_2} Q[C]$$

## 5 저장 에너지

- ① 전하가 한 지점에서 다른 지점으로 이동하는 데 필요한 에너지

$$W = QV[J]$$

- ② 콘덴서에 저장되는 에너지

$$W = \frac{1}{2} CV^2 = \frac{1}{2} QV = \frac{Q^2}{2C}[J]$$

- ③ 단위 체적당 축적되는 에너지 밀도

$$w = \frac{1}{2} ED = \frac{1}{2} \varepsilon_0 E^2 = \frac{D^2}{2\varepsilon_0} [J/m^3]$$

- ④ 정전 흡인력

$$f = \frac{D^2}{2\varepsilon_0} = \frac{1}{2} \varepsilon_0 E^2 = \frac{1}{2} ED[N/m^2]$$

☑ **참고** ③의 에너지 밀도와 같다.

# CHAPTER 4 | 유전체

## 1 유전율

- 유전율($\varepsilon$)
  - 진공 중의 유전율 $\varepsilon_0 = 8.855 \times 10^{-12}[F/m]$
  - 유전체의 유전율 $\varepsilon = \varepsilon_0 \varepsilon_s[F/m]$

- 비유전율($\varepsilon_s$)
  - 비유전율은 단위가 없다.
  - 비유전율은 1보다 크거나 같다. $\left(\varepsilon_s = \dfrac{\varepsilon}{\varepsilon_0} \geq 1\right)$
  - 비유전율은 물질의 매질에 따라 다르다.
  - 비유전율이 가장 큰 물질: 산화 티탄 자기

- 평행판 콘덴서의 정전 용량
  - 공기 중에서의 정전 용량
    $$C_0 = \frac{\varepsilon_0 S}{d}[F]$$
  - 유전체에서의 정전 용량
    $$C = \frac{\varepsilon_0 \varepsilon_s S}{d}[F]$$

## 2 복합 유전체 콘덴서의 용량 계산

- 서로 다른 유전체를 수직으로 채운 경우
  각 유전체의 면적이 $S_1, S_2$이고, 두께는 $d$일 때
  총 정전 용량
  $$C = C_1 + C_2 = \frac{\varepsilon_1 S_1}{d} + \frac{\varepsilon_2 S_2}{d} = \frac{\varepsilon_1 S_1 + \varepsilon_2 S_2}{d}[F]$$

- 서로 다른 유전체를 수평으로 채운 경우
  각 유전체의 두께가 $d_1, d_2$이고, 면적이 $S$일 때
  총 정전 용량
  $$C = \frac{1}{\dfrac{1}{C_1} + \dfrac{1}{C_2}} = \frac{1}{\dfrac{1}{\dfrac{\varepsilon_1 S}{d_1}} + \dfrac{1}{\dfrac{\varepsilon_2 S}{d_2}}} = \frac{\varepsilon_1 \varepsilon_2 S}{\varepsilon_2 d_1 + \varepsilon_1 d_2}[F]$$

- 공기 콘덴서에 유전체를 절반만 수평으로 채운 경우
  $$\text{총 정전용량 } C = \frac{2C_0}{1 + \dfrac{1}{\varepsilon_s}}[F]$$

## 3 분극의 세기

$$P = D - \varepsilon_0 E = \varepsilon_0 \varepsilon_s E - \varepsilon_0 E = \varepsilon_0(\varepsilon_s - 1)E = \left(1 - \frac{1}{\varepsilon_s}\right)D[C/m^2]$$

($\because$ 유전체 내의 전속밀도 $D = \varepsilon_0 E + P[C/m^2]$)

$$P = \varepsilon_0(\varepsilon_s - 1)E = \chi E[C/m^2]$$

(단, 분극률 $\chi = \varepsilon_0(\varepsilon_s - 1)$,

비분극률 $\dfrac{\chi}{\varepsilon_0} = \chi_e = \varepsilon_s - 1$)

## 4 유전체 경계면에서의 조건

- 유전체 경계면에서의 접선(수평) 성분은 같다.
  $E_1 \sin\theta_1 = E_2 \sin\theta_2$
- 유전체 경계면에서 법선(수직) 성분은 같다.
  $D_1 \cos\theta_1 = D_2 \cos\theta_2$
- 유전체 경계면에서 각도와 유전율의 관계
  - $\varepsilon_1 > \varepsilon_2$이면 $\theta_1 > \theta_2$이다.
  - $\varepsilon_1 > \varepsilon_2$이면 $D_1 > D_2$이다.
  - $\varepsilon_1 > \varepsilon_2$이면 $E_1 < E_2$이다.
  - $\dfrac{\varepsilon_1}{\varepsilon_2} = \dfrac{\tan\theta_1}{\tan\theta_2}$

## 5 유전체 경계면에 작용하는 힘

- 경계면에 작용하는 힘
  $$f = \frac{D^2}{2\varepsilon_0} = \frac{1}{2}\varepsilon_0 E^2 = \frac{1}{2}ED[N/m^2]$$

- 전계가 경계면에 수평으로 입사한 경우
  $$f = \frac{1}{2}(\varepsilon_1 - \varepsilon_2)E^2[N/m^2]$$

• 전계가 경계면에 **수직**으로 입사한 경우

$$f = \frac{1}{2}\left(\frac{1}{\varepsilon_2} - \frac{1}{\varepsilon_1}\right)D^2 [N/m^2]$$

## CHAPTER 5 | 전기 영상법

### 1 점 전하와 평면 도체

• 전기 영상법
  실제 전하와 극성이 반대인 가상 전하(영상 전하)를 도입하여 전기장을 해석하는 기법

• 영상 전하
  크기는 실제 전하와 같지만, 부호는 반대

  $$Q' = -Q [C]$$

• 전기 영상법에 의한 점 전하와 평면 도체 간 쿨롱의 힘

  $$F = -\frac{Q^2}{16\pi\varepsilon_0 a^2} [N]$$

• 무한 평면 도체의 최대 전하 밀도

  $$\sigma_{\max} = \frac{Q}{2\pi d^2} [C/m^2]$$

### 2 직선 전하와 평면 도체

• 전기 영상법에 의한 직선 전하와 평면 도체 간 쿨롱의 힘

  $$F = QE = -\rho \times \frac{\rho}{2\pi\varepsilon_0 r} = -\rho \times \frac{\rho}{2\pi\varepsilon_0 (2h)} = -\frac{\rho^2}{4\pi\varepsilon_0 h} [N/m]$$

  (단, $r$: 직선 전하와 영상 전하 사이의 거리[$m$]
  ($r = 2h$), $h$: 평면 도체와 전하 사이의 거리[$m$])

### 3 점 전하와 접지구 도체

• 영상 전하의 위치

  $$x = \frac{a^2}{d} [m]$$

• 영상 전하의 크기

  $$Q' = -\frac{a}{d} Q [C]$$

## CHAPTER 6 | 전류

### 1 전류

- 전하량

  $Q = It\,[A \cdot sec] = [C]$

- 전자 1개의 전하량

  $e = -1.602 \times 10^{-19}\,[C]$

- 전류

  $I = \dfrac{Q}{t} = \dfrac{ne}{t}\,[C/s] = [A]$

  (단, $n$: 이동한 전자 개수, $e$: 전자 1개의 전하량$[C]$)

- 전류 밀도

  $i = \dfrac{I}{S} = nev$

  (단, $v$: 전자의 이동 속도$[m/s]$)

### 2 전기 저항

- 도선의 전기 저항

  $R = \rho\dfrac{l}{S} = \dfrac{l}{kS}\,[\Omega]$

  (단, $\rho$: 고유 저항$[\Omega \cdot m]$, $k$: 도전율$[\mho/m]$)

- 컨덕턴스

  $G = \dfrac{1}{R}\,[\mho] = [S]$

- 옴의 법칙 미분형

  $i = \dfrac{1}{\rho}E = kE$

- 온도 변화에 따른 저항값

  $R_t = R_0\{1 + \alpha(t_2 - t_1)\}\,[\Omega]$

  (단, $R_t$: 새로운 저항값, $R_0$: 원래 저항값,

  $\alpha$: 온도 계수.

  $t_1$, $t_2$: 변화 전, 후의 전선의 온도)

- 합성 온도 계수

  $\alpha = \dfrac{\alpha_1 R_1 + \alpha_2 R_2}{R_1 + R_2}$

### 3 열량과 전력량

- 열량

  $H = 0.24Pt = 0.24VIt = 0.24I^2Rt = 0.24\dfrac{V^2}{R}t$

☑ **참고** $1\,[J] = 0.24\,[cal]$, $1\,[kWh] = 860\,[kcal]$

- 전력

  $P = VI = I^2R = \dfrac{V^2}{R}\,[W] = [J/sec]$

- 전력량

  $W = Pt = VIt = I^2Rt = \dfrac{V^2}{R}t\,[W \cdot sec]$

### 4 접지 저항과 정전 용량의 관계

- 접지저항과 접지극에 작용하는 정전 용량의 관계

  $RC = \varepsilon\rho$

- 접지극에 흐르는 누설전류

  $I = \dfrac{V}{R} = \dfrac{V}{\dfrac{\varepsilon\rho}{C}} = \dfrac{CV}{\varepsilon\rho}\,[A]$

### 5 열전 효과

- 제벡(Seebeck) 효과

  서로 다른 금속체를 접합하여 폐회로를 만들고, 두 접합점에 온도차를 주면 열기전력이 발생하는 현상이다.

- 펠티에(Peltier) 효과

  서로 다른 금속체를 접합하여 폐회로를 만들고, 이 폐회로에 전류를 흐르게 하면 접합점에서 열의 흡수 및 발생이 일어나는 현상이다. 제벡 효과와 반대 방향으로 작용한다.

- 톰슨(Thomson) 효과
  동일한 금속체를 접합하여 폐회로를 만들었을
  때도, 온도차가 있으면 열기전력이 발생하는
  현상이다. 제벡 효과와 유사하나, 동일한 금속
  내에서도 이러한 현상이 발생할 수 있다는 점이
  다르다.

## 6 특수 전기 및 자기 현상

- 초전(Pyro, 파이로) 전기
  특수한 물질을 가열시키거나 냉각시키면, 전기
  분극을 일으키는 현상이다.
- 압전 효과
  유전체 결정에 기계적 변형(응력)을 가하면, 결정
  표면에 양극과 음극의 전하가 발생하여 대전되는
  현상이다.
- 홀(Hall) 효과
  전류가 흐르는 도체에 자계를 가하면, 플레밍의
  왼손 법칙에 의해 도체 측면에 전위차가 발생하는
  현상이다.
- 핀치 효과
  액체 상태의 도체에 직류(DC) 전류를 가하면,
  로렌츠의 힘의 법칙에 따른 압축력으로 인해 액체
  도체가 압축력으로 수축되는 현상이다. 이로 인해
  전류는 도체의 중심 쪽으로 집중된다.
- 스트레치 효과
  자유롭게 구부릴 수 있는 도선으로 직사각형을
  만들고 전류를 흐르게 하면, 반발력이 작용하여
  직사각형 도선이 원형의 형태를 이루는 현상이다.

## CHAPTER 7 | 진공 중의 정자계

### 1 정자계의 쿨롱의 법칙

- 정자계의 쿨롱의 힘

$$F = \frac{m_1 m_2}{4\pi\mu_0 r^2} = 6.33 \times 10^4 \frac{m_1 m_2}{r^2} [N]$$

☑ 참고 진공(공기)의 투자율($\mu_0$) : $4\pi \times 10^{-7} [H/m]$

- 자계의 세기

$$H = \frac{F}{m} = \frac{m}{4\pi\mu_0 r^2} = 6.33 \times 10^4 \frac{m}{r^2} [A/m]$$

☑ 참고 $F = mH[N]$

### 2 자기력선의 성질

- 자기력선은 N극(정자하)에서 나와 S극(부자하)로
  들어간다.
- 자기력선은 자성체 표면에서 수직으로 출입한다.
- 자기력선끼리는 서로 반발력이 작용하여 교차할
  수 없다.
- 자기력선의 방향은 자계의 방향과 일치한다.
- 자기력선의 밀도는 자계의 세기를 나타낸다.
- 자기력선은 등자위면과 수직이다.
- 자하 $m[Wb]$에서 나오는 자기력선의 개수는 $\frac{m}{\mu_0}$
  개다.

### 3 자속과 자속 밀도

- 자속($\phi$)
  - 정의: 자기력선의 묶음을 자속이라고 하며,
    임의의 폐곡면 내에 존재하는 자하량 $m[Wb]$만큼
    존재한다.
  - 특성: 자속은 매질(공기 또는 자성체)에 관계
    없이 $\phi = m[Wb]$로 일정하다.

- 자속 밀도($B$)
  - 정의: 자속 밀도는 단위 면적당 자속의 수를 말한다.
  - 자속 밀도의 계산식
    자속 밀도 $B$는 반지름 $r[m]$을 갖는 구 표면에서
    $$B = \frac{\phi}{S} = \frac{m}{S} = \frac{m}{4\pi r^2}[Wb/m^2]$$
  - 자속 밀도와 자계의 세기의 관계
    $$B = \mu_0 H[Wb/m^2]$$
- 정자계에서의 가우스 법칙
  - 자기력선 수: $N = \displaystyle\int H \cdot ds = \frac{m}{\mu_0}$
  - 자속선 수: $\phi = \displaystyle\int B \cdot ds = m$

☑ **참고** 자기력선 수는 투자율과 반비례, 자속선 수는 투자율과 무관하다.

## 4 자위

- 정의
  자위는 단위 정자하(+1$[Wb]$)를 무한히 먼 곳에서 임의의 관측 지점까지 자계의 반대 방향으로 이동시키는데 필요한 자계 에너지이다.
- 단위
  자위의 단위는 $[A]$로, 결국 전류를 의미한다.
- 자위 기본식
  $$U = -\int_{\infty}^{r} H \cdot dr = \int_{r}^{\infty} H \cdot dr[A]$$
- 점(구) 자하의 자위
  $$U = \int_{r}^{\infty} H \cdot dr = \frac{m}{4\pi\mu_0 r} = H \cdot r[A]$$

## 5 자기 쌍극자 및 이중층

- 자기 쌍극자(소자석)
  - 자기 쌍극자 모멘트 $M = ml[Wb \cdot m]$
  - 자기 쌍극자의 자계
    $$H = \frac{M}{4\pi\mu_0 r^3}\sqrt{1 + 3\cos^2\theta}\,[A/m]$$
  - 자기 쌍극자의 자위
    $$U = \frac{M}{4\pi\mu_0 r^2}\cos\theta = \frac{ml}{4\pi\mu_0 r^2}\cos\theta = 6.33 \times 10^4 \frac{M\cos\theta}{r^2}[A]$$
    (단, $l$: 두 점자하 간의 미소 거리$[m]$,
    $r$: 쌍극자 중심에서 특정 지점 간의 거리$[m]$,
    $\theta$: 쌍극자 평행선과 임의의 지점이 이루는 각$[°]$)
- 자기 이중층
  - 자기 이중층의 세기 $M = \sigma\delta[Wb/m]$
  - 자기 이중층 자위
    $$U = \frac{M}{4\pi\mu_0}\omega = \frac{M}{2\mu_0}\left(1 - \frac{r}{\sqrt{a^2 + r^2}}\right)[A]$$
    (단, $\omega$: 입체각$[sr]$, $\sigma$: 면 자하 밀도$[Wb/m^2]$)

☑ **참고** $\omega = 2\pi(1 - \cos\theta)[sr]$

## 6 막대 자석

- 막대 자석의 회전력(토크)
  $$T = |\dot{M} \times \dot{H}| = MH\sin\theta = mlH\sin\theta[N \cdot m]$$
- 막대 자석을 회전시키는 데 필요한 에너지
  $$W = MH(1 - \cos\theta)[J]$$

## 7 암페어의 법칙

- 암페어의 주회 적분 법칙
  전류에 의한 자계의 크기를 구하는 법칙으로, 자계를 자계의 경로에 따라 일주 적분하면 폐회로 내에 흐르는 전류의 총합과 같다는 법칙이다.

$$\int_l H \cdot dl = \sum NI$$

(단, $H$: 자계의 세기$[A/m]$, $dl$: 자계의 미소 경로$[m]$,

$N$: 도체(코일)의 권수$[Turn]$,

$I$: 도체(코일)에 흐르는 전류$[A]$)

- 직선 도체에서의 자계 계산

  직선 도체에 흐르는 전류 $I[A]$에 의해 도체로부터 $r[m]$떨어진 지점에서의 자계의 세기는 암페어의 법칙으로 구할 수 있다.

$$\int H \cdot dl = Hl = H \times 2\pi r = NI$$

$$\therefore H = \frac{NI}{2\pi r}[AT/m]$$

## 8 전류 분포와 구조에 따른 자계 계산

- 유한장 직선 전류에 의한 자계

  $H = \frac{I}{4\pi r}(\sin\theta_1 + \sin\theta_2) = \frac{I}{4\pi r}(\cos a_1 + \cos a_2)[A/m]$

  (단, $\theta_1$, $\theta_2$: 도체와 측정 지점 간 각도

  $a_1$, $a_2$: 보각(90°에서 각도 $\theta$를 뺀 값))

- 무한장 직선 전류에 의한 자계

  $$H = \frac{I}{2\pi r}[A/m]$$

- 원형 코일 중심에서의 자계

  $$H = \frac{NI}{2a}[AT/m]$$

- 원형 코일 중심에서 직각으로 $r[m]$ 떨어진 지점의 자계

  $$H = \frac{a^2 NI}{2(a^2 + r^2)^{\frac{3}{2}}}[AT/m]$$

- 원주 도체(원통 도체)에서의 자계

  - 내부$(r_1 < a)$: $H = \dfrac{r_1 I}{2\pi a^2}[A/m]$

  - 표면$(r = a)$: $H = \dfrac{I}{2\pi a}[A/m]$

  - 외부$(r_2 > a)$: $H = \dfrac{I}{2\pi r^2}[A/m]$

- 환상 솔레노이드에 의한 자계
  - 철심 외부: $H = 0$

  ☑ **참고** 솔레노이드는 누설 자속이 없다.

  - 철심 내부: $H = \dfrac{NI}{l} = \dfrac{NI}{2\pi a}[AT/m]$

  (단, $l$: 철심의 평균 길이$[m]$,

  $a$: 철심의 평균 반지름$[m]$)

- 무한장 솔레노이드의 자계
  - 철심 외부: $H = 0$

  - 철심 내부: $H = \dfrac{NI}{l} = nI[AT/m]$

  (단, $N$: 코일 전체의 감은 횟수$[T]$,

  $n$: 단위 길이($1[m]$)당 감은 코일 횟수$[T/m]$)

- 정$n$각형 중심의 자계

  - 정삼각형: $H = \dfrac{9I}{2\pi l}[AT/m]$

  - 정사각형(정방형): $H = \dfrac{2\sqrt{2}I}{\pi l}[AT/m]$

  - 정육각형: $H = \dfrac{\sqrt{3}I}{\pi l}[AT/m]$

## 9 비오-사바르의 법칙

- 정의

    전류에 의한 자계의 세기를 일반적으로 구할 수
    있는 법칙이다. 암페어의 주회 적분 법칙이 무한장
    도선에 주로 적용되는 반면, 비오-사바르 법칙은
    모든 경우에 적용할 수 있다.

- 식

    도선에 전류 $I[A]$가 흐를 때, 도선의 미소 부분
    $dl$에서 $r[m]$ 떨어진 점 $P$에서의 자계의 세기 $dH$는
    다음의 식과 같다.

$$dH = \frac{Idl\sin\theta}{4\pi r^2}[AT/m]$$

    (단, $\theta$ : 전류의 방향과 $r$이 이루는 각)

## 10 전자기 힘의 종류

- 플레밍의 힘

    $F = BIl\sin\theta\,[N]$

    (단, $\theta$ : 도체와 자계가 이루는 각도[°],

    $l$ : 도체의 길이[$m$])

- 로렌츠의 힘

    $F = Q(\dot{E} + \dot{v} \times \dot{B})[N]$

    - 자계에서 작용하는 힘

        $F = BQv\sin\theta\,[N]$

    - 전계에서 작용하는 힘

        $F = QE[N]$

- 평행 도선 사이에 작용하는 힘

    $$F = \frac{\mu_0 I_1 I_2}{2\pi d}[N/m]$$

## CHAPTER 8 | 자성체 및 자기 회로

### 1 자성체의 종류

- 강자성체($\mu_s \gg 1$) : 철(Fe), 니켈(Ni), 코발트(Co)
- 상자성체($\mu_s > 1$) : 백금(Pt), 알루미늄(Al), 공기
- 반(역)자성체($\mu_s < 1$) : 은(Ag), 구리(Cu),
    비스무트(Bi), 물

### 2 자성체의 전자 배열과 자기 모멘트 특성

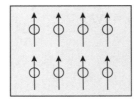

▌ 강자성체 ▌

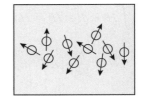

▌ 상자성체 ▌

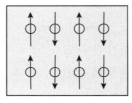

▌ 반강자성체 ▌

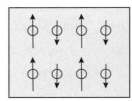

▌ 페리자성체 ▌

### 3 자계 에너지와 흡인력

- 영구 자석을 만드는 데 필요한 단위 체적당 에너지

$$W = \frac{1}{2}BH = \frac{1}{2}\mu_0 H^2 = \frac{B^2}{2\mu_0}[J/m^3]$$

- 전자석의 흡인력

$$f = \frac{1}{2}BH = \frac{1}{2}\mu_0 H^2 = \frac{B^2}{2\mu_0}[N/m^2]$$

## 4 히스테리시스 곡선

- 히스테리시스 곡선

  자계의 세기 $H$와 자속 밀도 $B$를 나타내는 평면
  상의 곡선으로 강자성체의 자속 밀도 분포를
  설명한다.

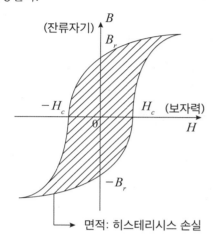

면적: 히스테리시스 손실

- 히스테리시스 곡선의 특징

  - 잔류 자기($B_r$): 자계를 제거해도 남아있는 자속
    밀도
  - 보자력($H_c$): 잔류 자기를 없애기 위해 필요한
    자계의 세기
  - 히스테리시스 손실($P_h$): 곡선 면적에 해당하는
    에너지가 열로 소비됨

    $$P_h = k_h f V B_m^{1.6} [W]$$

    (단, $k_h$: 히스테리시스 상수, $f$: 주파수, $V$: 자성체
    체적, $B_m$: 최대 자속 밀도)

  - 와류손($P_e$): 자성체 내부에서 발생하는 기전력에
    의해 발생하는 손실

    $$P_e = k_e f^2 B_m^2 t^2 [W/m^3]$$

    (단, $k_e$: 와류손 상수, $t$: 두께)

## 5 자화의 세기

- 자화의 세기

  단위 체적당 자기 모멘트

  $$J = \frac{m}{S} [Wb/m^2]$$

- 자화의 세기와 자계의 관계

  외부 자계와 자화의 합이 자속 밀도 $B$로 표현된다.

  $$B = \mu_0 H + J [Wb/m^2]$$

- 자화와 자계의 표현식

  $$J = B - \mu_0 H = \mu_0 \mu_s H - \mu_0 H = \mu_0 (\mu_s - 1) H = \chi H [Wb/m^2]$$

  (단, 자화율 $\chi = \mu_0 (\mu_s - 1)$)

  > ☑ **참고** 비자화율 $\chi_m = \mu_s - 1$

- 감자력

  자성체에 외부 자계 $H_0$를 가할 때, 자성체 내부에
  $H_0$와 반대 방향으로 유기된 자기 쌍극자 $+m$, $-m$에
  의해 생기는 자계를 감자력이라고 한다.

  - 감자력 표현식 $H' = H_0 - H = \dfrac{N}{\mu_0} J$

  - 자기 감자율 공식 $J = \dfrac{\mu_0 (\mu_s - 1) H_0}{1 + N(\mu_s - 1)}$

## 6 자성체의 경계면 조건

- 자계는 경계면에서 수평(접선) 성분이 같다.

  $$H_1 \sin\theta_1 = H_2 \sin\theta_2$$

- 자속밀도는 경계면에서 수직(법선) 성분이 같다.

  $$B_1 \cos\theta_1 = B_2 \cos\theta_2$$

- 자성체 경계면에서 각도와 투자율과의 관계

  ✓ $\mu_1 > \mu_2$이면 $\theta_1 > \theta_2$ 이다.

  ✓ $\mu_1 > \mu_2$이면 $B_1 > B_2$ 이다.

  ✓ $\mu_1 > \mu_2$이면 $H_1 < H_2$ 이다.

  ✓ $\dfrac{\tan\theta_1}{\tan\theta_2} = \dfrac{\mu_1}{\mu_2}$

## 7 자기 회로

- 자기 회로 구성 요소

  - 자속 $\phi = \dfrac{F}{R_m}[Wb]$

  - 기자력 $F = NI[AT]$

  - 자기 저항 $R_m = \dfrac{l}{\mu S}[AT/Wb]$

  (단, $l$: 철심 내 자속이 통과하는 평균 자로
  길이$[m]$, $\mu$: 철심의 투자율 ($\mu = \mu_0 \mu_s[H/m]$)

  $S$: 철심의 단면적$[m^2]$)

- 전기 회로와 자기 회로의 대응 관계

| 전기 회로 | | 자기 회로 | |
|---|---|---|---|
| 기전력 | $E = IR[V]$ | 기자력 | $F = NI[AT]$ |
| 전류 | $I = \dfrac{E}{R}[A]$ | 자속 | $\phi = \dfrac{F}{R_m}[Wb]$ |
| 전기저항 | $R = \rho\dfrac{l}{S} = \dfrac{l}{kS}[\Omega]$ | 자기저항 | $R = \dfrac{l}{\mu S}[AT/Wb]$ |
| 도전율 | $k[\mho/m]$ | 투자율 | $\mu[H/m]$ |

- 합성 자기 저항
  - 직렬 접속 $R_m = R_{m1} + R_{m2}[AT/Wb]$

  - 병렬 접속 $R_m = \dfrac{R_{m1} \times R_{m2}}{R_{m1} + R_{m2}}[AT/Wb]$

  - 공극 유무에 따른 자기 저항 비

  $\dfrac{R_m}{R} = 1 + \dfrac{\mu l_g}{\mu_0 l} = 1 + \dfrac{l_g}{l}\mu_s$

  (단, $l_g$: 공극의 길이, $l$: 자성체의 길이)

## CHAPTER 9 | 전자유도

### 1 유기 기전력의 법칙들

- 패러데이의 법칙(유도기전력의 크기 결정식)

  $e = -N\dfrac{d\phi}{dt}[V]$

- 렌츠의 법칙(유도기전력의 방향 결정식)
  전자 유도에 의해 발생하는 기전력은 자속의
  증감을 방해하는 방향으로 발생된다.

  $e = -N\dfrac{d\phi}{dt} = -L\dfrac{di}{dt} = -M\dfrac{di}{dt}[V]$

- 유기기전력

  $e = -N\dfrac{d\phi}{dt} = -N\dfrac{d}{dt}(\phi_m \sin\omega t) = \omega N\phi_m \sin\left(\omega t - \dfrac{\pi}{2}\right)$

- 유기기전력의 최댓값
  $E_m = \omega N\phi_m = 2\pi f N\phi_m = \omega NBS[V]$

### 2 플레밍의 오른손 법칙

- 플레밍의 오른손 법칙

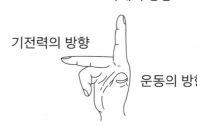

자계의 방향

기전력의 방향

운동의 방향

  - 엄지: 도체의 운동방향
  - 검지: 자계의 방향
  - 중지: 기전력의 방향
- 플레밍의 유기 기전력 공식

  $e = vBl\sin\theta[V]$

  (단, $l$: 도체의 길이$[m]$,

  $\theta$: 도체와 자계(자속 밀도)가 이루는 각도$[°]$)

## 3 표피 효과

- 표피 효과

  교류 전류가 흐를 때 전선 표면으로 갈수록 전류 밀도가 높아지는 현상

- 표피 두께(침투 깊이)

  $f$, $\mu$, $k$가 클수록 표피 두께는 얇아지고, 표피 현상은 심해진다.

  $$\delta = \frac{1}{\sqrt{f\mu k\pi}}$$

  (단, $f$: 주파수[$Hz$], $\mu$: 투자율[$H/m$],

  $k$: 도전율[$\mho/m$], $\rho$: 고유저항[$\Omega \cdot m$])

## 4 원판 회전 시 유기 기전력과 전류

- 원판 회전 시 유기 기전력

  $$e = \frac{\omega Ba^2}{2}[V]$$

  (단, $\omega$: 각속도[$rad/s$])

- 원판 회전 시 저항에 흐르는 전류

  $$I = \frac{e}{R} = \frac{\omega Ba^2}{2R}[A]$$

## CHAPTER 10 | 인덕턴스

## 1 인덕턴스

- 자기 인덕턴스

  $$L = \frac{\phi}{I}[H] \quad (\therefore \phi = LI[Wb])$$

- 상호 인덕턴스

  $$M = \frac{\phi}{I}[H] \quad (\therefore \phi = MI[Wb])$$

- 인덕턴스(코일)에 축적되는 에너지

  $$W = \frac{1}{2}LI^2 = \frac{1}{2}\phi I[J]$$

  (단, $\phi$: 자속[$Wb$], $L$: 자기 인덕턴스[$H$], $I$: 전류[$A$])

## 2 인덕턴스의 접속

- 인덕턴스의 직렬 접속

  - 가극성(가동 결합)

    $$L = L_1 + L_2 + 2M[H]$$

  - 감극성(차동) 결합

    $$L = L_1 + L_2 - 2M[H]$$

- 인덕턴스의 병렬 접속

  - 가극성(가동 결합)

    $$L = \frac{L_1L_2 - M^2}{L_1 + L_2 - 2M}[H]$$

  - 감극성(차동) 결합

    $$L = \frac{L_1L_2 - M^2}{L_1 + L_2 + 2M}[H]$$

- 결합 계수

  $$k = \frac{M}{\sqrt{L_1L_2}} \quad (0 \leq k \leq 1)$$

  - $k = 0$: 무결합(두 코일 간의 쇄교 자속이 전혀 없는 상태)

  - $k = 1$: 완전 결합(누설 자속이 전혀 없이 자속이 전부 쇄교되는 상태)

## 3 인덕턴스의 종류

- 원주(원통)도체 인덕턴스

  $L = \dfrac{\mu l}{8\pi}[H]$

  (단, $\mu$ : 원주 도체의 투자율$[H/m]$,

  $l$: 원주 도체의 길이$[m]$)

- 평행 도선 인덕턴스

  - 내부 인덕턴스 $L = \dfrac{\mu l}{4\pi}[H]$

  - 외부 인덕턴스 $L = \dfrac{\mu_0 l}{\pi}\ln\dfrac{d}{a}[H]$

    (단, $l$: 도선의 길이$[m]$, $d$: 두 도선 사이의 거리$[m]$,

    $a$: 도선의 반지름$[m]$)

- 동심 원통 도체(동축 케이블)

  - 내부 도체 인덕턴스 $L = \dfrac{\mu l}{8\pi}[H]$

  - 내부 도체와 외부 도체 사이의 인덕턴스

    $L = \dfrac{\mu_0 l}{2\pi}\ln\dfrac{b}{a}[H]$

    (단, $a$: 내부 도체의 반지름$[m]$,

    $b$: 외부 도체의 반지름$[m]$)

- 환상 솔레노이드

  - 철심 내부 자계의 세기

    $H = \dfrac{NI}{l} = \dfrac{NI}{2\pi a}[AT/m]$

    (단, $a$: 솔레노이드의 반지름$[m]$)

  - 철심 내부 자속

    $\phi = BS = \mu HS = \dfrac{\mu NIS}{l}[Wb]$

    (단, $N$: 솔레노이드 전체의 코일을 감은 횟수$[T]$)

  - 자기 인덕턴스

    $L = \dfrac{N\phi}{I} = \dfrac{\mu SN^2}{2\pi a} = \dfrac{\mu SN^2}{l}[H]$

- 무한장 솔레노이드

  - 철심 내부 자계의 세기

    $H = \dfrac{NI}{l} = nI[AT/m]$

    (단, $n$: 솔레노이드 단위 길이당 코일을 감은

    횟수$[T/m]$)

  - 철심 내부 자속

    $\phi = BS = \mu HS = \mu nIS[Wb]$

  - 자기 인덕턴스

    $L = \dfrac{n\phi}{I} = \mu Sn^2 = \mu\pi a^2 n^2[H/m]$

## CHAPTER 11 | 전자계

### 1 전도 전류

- 옴의 법칙에 의한 전도 전류

$$I_c = \frac{V}{R} = \frac{El}{\rho \frac{l}{S}} = \frac{ES}{\rho} = kES\,[A]$$

- 전도 전류 밀도

$$i_c = \frac{kES}{S} = kE\,[A/m^2]$$

(단, $V$: 전위$[V]$, $E$: 전계$[V/m]$)

### 2 변위 전류

- 변위 전류

$$I_d = C\frac{dV}{dt}\,[A]$$

- 변위 전류 밀도

$$i_d = \frac{I_d}{S} = \frac{\partial D}{\partial t} = \varepsilon\frac{\partial E}{\partial t} = \omega\varepsilon E\,[A/m^2]$$

(단, $D$: 전속 밀도$[C/m^2]$)

### 3 맥스웰 방정식

- 맥스웰의 제1 기본 방정식

$$rot\,E = -\frac{\partial B}{\partial t} = -\mu\frac{\partial H}{\partial t}$$

- 맥스웰의 제2 기본 방정식

$$rot\,E = -\frac{\partial B}{\partial t} = -\mu\frac{\partial H}{\partial t}$$

- 맥스웰의 제3 방정식(정전계의 가우스 미분형)

$$div\,D = \rho$$

(단, $\rho$: 체적 전하 밀도$[C/m^3]$)

- 맥스웰의 제4 방정식(정자계의 가우스 미분형)

$$div\,B = 0$$

### 4 전자파

- 전자파의 전파 속도

$$v = \frac{\omega}{\beta} = \frac{1}{\sqrt{\varepsilon\mu}} = \frac{1}{\sqrt{\varepsilon_0\mu_0 \times \varepsilon_s\mu_s}} = 3 \times 10^8 \frac{1}{\sqrt{\varepsilon_s\mu_s}}\,[m/s]$$

- 전자파의 파장(길이)

$$\lambda = \frac{v}{f} = \frac{1}{f\sqrt{\varepsilon_0\mu_0 \times \varepsilon_s\mu_s}} = 3 \times 10^8 \frac{1}{f\sqrt{\varepsilon_s\mu_s}}\,[m]$$

- 전자파의 고유(파동)임피던스

$$\eta = \frac{E}{H} = \sqrt{\frac{\mu}{\varepsilon}} = \sqrt{\frac{\mu_0\mu_s}{\varepsilon_0\varepsilon_s}} = 377\sqrt{\frac{\mu_s}{\varepsilon_s}}\,[\Omega]$$

- 포인팅 벡터

$$P = EH = \sqrt{\frac{\mu_0}{\varepsilon_0}}\,H^2 = \sqrt{\frac{\varepsilon_0}{\mu_0}}\,E^2 = 377H^2 = \frac{1}{377}E^2$$

- 전자파의 성질
  - 전자파는 $x$축 방향으로 진행된다.
  - 전계는 $y$축 방향, 자계는 $z$축 방향으로 존재한다.
  - 전자파와 자계파는 직각을 이룬다.
  - 전자파 진행 방향에는 전계 및 자계 성분이 없다.
  - 전계파와 전자파는 동위상(위상 차 0[°])이다.
  - 전계 에너지와 자계 에너지는 동일한 매질 내에서 같은 거리를 진행하며 에너지가 같다.

# MEMO

# 06

# 전기설비기술기준

# 6 전기설비기술기준

## CHAPTER 1 | 한국전기설비규정

### 1 공통사항

- 기술기준의 제정 목적

  전기설비기술기준은 발전, 송전, 변전, 배전 또는 전기사용을 위하여 시설하는 기계, 기구, 댐 수로, 저수지, 전선로, 보안 통신 선로, 기타 시설물을 규정한 것으로 인체에 위해, 물체에 손상을 주지 않아야 한다.

- 용어 정의

  - 전로: 통상의 사용 상태에서 전기가 통하고 있는 곳

  - 가공인입선: 가공전선로의 지지물로부터 다른 지지물을 거치지 아니하고 수용장소의 붙임점에 이르는 가공전선

  - 개폐소: 개폐소 안에 시설한 개폐기 및 기타 장치에 의하여 전로를 개폐하는 곳으로 발전소, 변전소 및 수용장소 이외의 곳

  - 급전소: 전력계통 운용에 관한 지시를 하는 곳

  - 리플프리직류: 교류를 직류로 변환할 때 리플 성분의 실효값이 10[%] 이하로 포함된 직류

  - 접근 상태

| 제1차<br>접근상태 | 가공전선로의 지지물의 지표상 높이에 상당하는 거리 안에 시설되는 상태 |
|---|---|
| 제 2차<br>접근상태 | 가공전선이 다른 시설물과 상방 또는 측방에서 수평거리로 3[m] 미만인 곳에 시설되는 상태 |

  - 지중관로: 지중전선로, 지중 약전류전선로, 지중 광섬유케이블선로, 지중에 시설하는 수관 및 가스관과 이와 유사한 것 및 이들에 부속하는 지중함 등

### 2 전선

- 전압의 구분

| 저압 | 직류 1500[V] 이하, 교류 1000[V] 이하 |
|---|---|
| 고압 | 직류 1500[V] 초과,<br>교류 1000[V] 초과하고 7[kV] 이하 |
| 특고압 | 7[kV] 초과 |

- 전선의 식별

| 상(문자) | 색상 |
|---|---|
| L1 | 갈색 |
| L2 | 흑색(검정색) |
| L3 | 회색 |
| N | 청색(파란색) |
| 보호도체 | 녹색 – 노란색 |

✓ **TIP** 갈흑회청녹노

- 전선의 접속방법

  - 전선의 전기적 저항을 증가시키지 않을 것

  - 전선의 세기를 20[%] 이상 감소시키지 말 것(80[%] 이상 유지할 것)

  - 접속 부분을 절연전선의 절연물과 동등 이상의 효력이 있는 것으로 충분히 피복할 것

  - 전기 화학적 성질이 다른 도체를 접속하는 경우에는 접속부분에 전기적 부식이 생기지 아니하도록 할 것

- 병렬 접속

| 구리선 | 50[mm²] |
|---|---|
| 알루미늄 | 70[mm²] |

## 3 전로의 절연

- 전로는 다음의 경우를 제외하고 대지로부터 절연
  - 저압전로에 접지공사를 하는 경우의 접지점
  - 전로의 중성점에 접지공사를 하는 경우의 접지점
  - 계기용변성기의 2차측 전로에 접지공사를 하는 경우의 접지점
  - 절연이 기술상 곤란한 경우
- 절연을 생략할 수 있는 경우
  - 접지점, 시험용변압기
  - 전기욕기, 전기로, 전기보일러, 전해조
- 최대누설전류 한도

$$누설전류\ I_g \leq 최대공급전류 \times \frac{1}{2000}[A]$$

이하를 넘지 않도록 유지하여야 한다. 정전이 어려워 절연저항 측정이 곤란한 경우에는 1[mA] 이하가 유지되도록 할 것

- 절연저항

| 전로의 사용전압[V] | DC시험전압[V] | 절연저항[MΩ] |
|---|---|---|
| SELV 및 PELV | 250 | 0.5 이상 |
| FELV 및 500[V] 이하 | 500 | 1.0 이상 |
| 500[V] 초과 | 1,000 | 1.0 이상 |

- 전로 및 기구의 절연내력시험전압
  고압 및 특고압의 전로, 변압기, 차단기, 기타 기구는 충전부분과 대지 사이에 연속 10분간
- 절연내력시험전압을 가하였을 때 다음 표와 같이 견뎌야 한다.(직류 인가시 2배 적용)

| 최대사용전압 | 접지방식 | 배수 | 최저시험전압 |
|---|---|---|---|
| 7[kV] 이하 | - | 1.5배 | 500[V] |
| 7[kV] 초과 25[kV] 이하 | 다중접지 | 0.92배 | - |
| 7[kV] 초과 60[kV] 이하 | 비접지 | 1.25배 | 10500[V] |
| 60[kV] 초과 | 비접지 | 1.25배 | - |
| 60[kV] 초과 | 접지 | 1.1배 | 75000[V] |
| 60[kV] 초과 170[kV] 이하 | 중성점 직접접지 | 0.72배 | - |
| 170[kV] 초과 | 중성점 직접접지 | 0.64배 | - |

## 4 회전기 및 정류기 절연내력

- 회전기 절연내력

| 종류 | 최대 사용전압 | 배수 | 최저 시험전압 | 시험방법 |
|---|---|---|---|---|
| 무효전력 보상장치 발전기 전동기 | 7[kV] 이하 | 1.5배 | 500[V] | 권선과 대지간 |
| | 7[kV] 초과 | 1.25배 | 10,500[V] | |
| 회전 변류기 | - | 1배 | 500[V] | |

- 정류기 절연내력

| 종류 | 최대 사용전압 | 배수 | 최저 시험전압 | 시험방법 |
|---|---|---|---|---|
| 수은 정류기 | 60[kV] 이하 | 1배 | - | 충전부분과 외함간 |
| 기타 정류기 | 60[kV] 초과 | 1.1배 | - | |

- 연료전지/태양전지 모듈의 절연내력시험

| 직류전압 | 1.5배 |
|---|---|
| 교류전압 | 1배 |

## 5 접지시스템

- 접지시스템의 구분
  - 구분: 계통접지, 보호접지, 피뢰시스템 접지
  - 종류: 단독접지, 공통접지, 통합접지

- 접지극의 시설
  접지극은 다음의 방법 중 하나 또는 복합하여
  시설한다.
  - 콘크리트에 매입된 기초 접지극
  - 토양에 매설된 기초 접지극
  - 토양에 수직 또는 수평으로 직접 매설된
    금속전극(봉, 전선, 테이프, 배관, 판 등)
  - 케이블의 금속외장 및 그 밖의 금속피복
  - 지중 금속구조물(배관 등)
  - 대지에 매설된 철근콘크리트의 용접된 금속
    보강재(강화콘크리트 제외)

- 사람이 접촉할 우려가 있는 접지공사 접지선 시설
  - 접지극은 지하 0.75[m] 이상으로 매설할 것
  - 접지선을 철주 등 금속체를 따라서 시설하는
    경우에는 접지극을 철주의 밑면으로부터 0.3[m]
    이상의 깊이에 매설하거나 접지극을 지중에서 그
    금속체로부터 1[m] 이상 떼어 매설하여야 한다.
  - 접지선에는 절연전선 또는 케이블을 사용할 것
  - 접지선의 지하 0.75[m]로부터 지표상 2[m]
    까지의 부분은 합성수지관(두께 2[mm]이상의
    합성수지제 전선관 및 난연성이 있는
    콤바인덕트관) 또는 몰드로 덮을 것
  - 접지선을 시설한 지지물에는 피뢰침용 지지선을
    시설하지 않을 것

- 접지도체 선정
  - 특고압/고압전기설비용 단면적: 6[mm²] 이상
  - 중성점 접지용 접지도체: 16[mm²] 이상(단,
    사용전압이 25[kV] 이하인 특고압 가공전선로
    중성선 다중접지식 전로에 지락이 생겼을 때 2초
    이내에 자동적으로 이를 전로로부터 차단하는
    장치가 되어있는 것은 6[mm²])
  - 큰 고장전류가 접지도체를 통하여 흐르지 않을
    경우 접지도체의 최소 단면적
    - ✓ 6[mm²] 이상의 구리
    - ✓ 50[mm²] 이상의 철제
  - 접지도체에 피뢰시스템이 접속되는 경우
    접지도체의 단면적
    - ✓ 16[mm²] 이상의 구리
    - ✓ 50[mm²] 이상의 철제

- 보호도체

| 상도체의 단면적 $S(mm^2, 구리)$ | 보호도체의 최소 단면적 | |
|---|---|---|
| | 보호도체의 재질 | |
| | 상도체와 같은 경우 | 상도체와 다른 경우 |
| $S \leq 16$ | $S$ | $(k_1/k_2) \times S$ |
| $16 < S \leq 35$ | 16 | $(k_1/k_2) \times 16$ |
| $S > 35$ | $S/2$ | $(k_1/k_2) \times S/2$ |

(단, $k_1$: 상도체에 대한 $k$값, $k_2$: 보호도체에 대한 $k$값)

- 보호도체의 단면적 계산
  차단시간이 5초 이하인 경우에만 다음 계산식 적용

$$S = \frac{\sqrt{I^2 t}}{k}$$

(단, $S$: 단면적[$mm^2$]

$I$: 보호장치를 통해 흐를 수 있는 예상 고장전류
    실효값[$A$]

$t$: 자동차단을 위한 보호장치의 동작시간[$s$]

$k$: 보호도체, 절연, 기타 부위의 재질 및 초기온도와
    최종온도에 따라 정해지는 계수)

- 수도관 및 철골을 접지극으로 사용하는 경우

| 저항값 | 굵기 |
|---|---|
| 3[Ω] 이하 | 6[$mm^2$] 이상 |

- 변압기의 중성점 접지

| 접지대상 | 접지저항값 |
|---|---|
| 일반사항 | $\dfrac{150[V]}{1선\ 지락전류(I_g)}[\Omega]$ 이하 |
| 고압/특고압측 전로 또는 사용전압이 35[$kV$] 이하의 특고압전로가 저압측 전로와 혼촉하고 저압전로의 대지전압이 150[$V$]를 초과하는 경우 | $\dfrac{300[V]}{1선\ 지락전류(I_g)}[\Omega]$ 이하 (단, 1초를 넘고 2초 이내에 자동차단장치 설치시) |
| | $\dfrac{600[V]}{1선\ 지락전류(I_g)}[\Omega]$ 이하 (단, 1초 이내에 자동차단장치 설치시) |

- 저압설비 허용 상용주파 과전압

| 고압계통에서 지락고장시간 [$s$] | 저압설비 허용 상용주파 과전압 [$V$] | 비고 |
|---|---|---|
| $t > 5$ | $U_0 + 250$ | 중성선 도체가 없는 계통에서 $U_0$는 선간전압 |
| $t \leq 5$ | $U_0 + 1200$ | |

- 접지공사를 생략할 수 있는 조건
  - 철대 또는 외함 주위에 적당한 절연대를 설치하는 경우
  - 물기 있는 장소 이외의 장소에 시설하는 저압용의 개별 기계기구에 전기를 공급하는 전로에 전기용품안전관리법의 적용을 받는 인체감전보호용 누전차단기(정격감도전류가 30[$mA$] 이하, 동작시간이 0.03초 이하의 전류동작형의 것에 한함)를 시설하는 경우

## 6 피뢰시스템

- 피뢰시스템의 적용범위
  - 전기전자설비가 설치된 건축물/구조물로서 낙뢰로부터 보호가 필요한 것 또는 지상으로부터 높이가 20[$m$] 이상인 것
  - 저압전기전자설비
  - 고압 및 특고압 전기설비
- 수뢰부시스템
  - 요소: 돌침, 수평도체, 그물망 도체
  - 배치: 보호각법, 회전구체법, 그물망법

# CHAPTER 2 | 저압 전기설비

## 1 계통접지의 방식

- 접지시스템의 종류

  단독접지, 공통접지, 통합접지

✓ **TIP** 단공통

- 계통접지 구성

  TN 계통, TT 계통, IT 계통

- 계통에서 사용하는 기호

| 기호 설명 | |
|---|---|
| ──── / ──── | 중성선(N), 중간도체(M) |
| ──── ₮ ──── | 보호도체(PE) |
| ──── ₮ ──── | 중성선과 보호도체겸용(PEN) |

- TN 계통

  전원 측의 한 점을 직접접지하고 설비의
  노출도전부를 보호도체로 접속시키는 방식

  예

  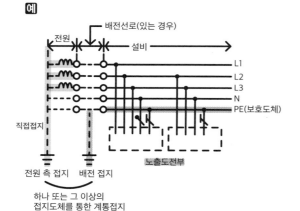

- TT 계통

  전원의 한 점을 직접접지하고 설비의
  노출도전부는 전원의 접지전극과 전기적으로
  독립적인 접지극에 접속시키는 방식

  예

  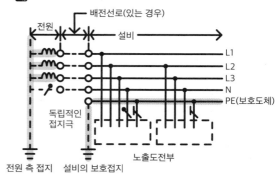

- IT 계통

  충전부 전체를 대지로부터 절연시키거나, 한 점을
  임피던스를 통해 대지에 접속시킨다. 전기설비의
  노출도전부를 단독 또는 일괄적으로 계통의 PE
  도체에 접속시키는 방식

  예

  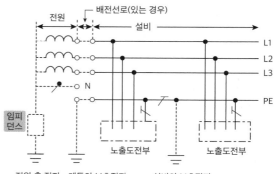

✓ **TIP** 그림에서 임피던스 보이면, 무조건 IT 계통

## 2 안전을 위한 보호

- 누전차단기의 시설
  금속제 외함을 가지는 사용전압이 50[V]를
  초과하는 저압의 기계 기구로서 사람이 쉽게
  접촉할 우려가 있는 곳에 시설하는 것에 전기를
  공급하는 전로

- 누전차단장치를 생략할 수 있는 예외 규정
  - 발·변전소 또는 개폐소나 이에 준하는 장소에
    시설하는 경우
  - 기계기구를 건조한 장소에 시설하는 경우
  - 대지전압이 150[V] 이하인 기계기구를 건조한
    곳에 시설하는 경우
  - 2중 절연구조의 기계기구를 시설할 경우
  - 전로의 전원측에 2차전압이 300[V] 이하인
    절연변압기를 시설하고 또한 절연 변압기의
    부하측 전로에 접지하지 않은 경우
  - 기계기구가 유도전동기의 2차측 전로에
    접속되는 경우

## 3 과전류에 대한 보호

- 분기회로의 시설
  단락 및 화재의 위험이 최소화 되도록 시설된 경우
  저압 옥내간선과의 분기점에서 전선의 길이가
  3[m] 이하인 곳에 개폐기 및 과전류차단기를
  시설하여야 한다.

- 저압전로 중의 개폐기 및 과전류 차단기의 시설
  사용전압이 400[V] 이하인 옥내전로(정격전류가
  16[A] 이하인 과전류 차단기 또는 정격전류가
  20[A]를 초과하고 이하인 배선용 차단기로
  보호되고 있는 것에 한한다)로서 다른 옥내전로에
  접속하는 길이 15[m] 이하의 전로에서 전기를
  공급받을 때 개폐기를 생략할 수 있다.

- 저압전로에 사용하는 퓨즈

| 정격전류의 구분 | 시간(분) | 정격전류의 배수 | |
|---|---|---|---|
| | | 불용단전류 | 용단전류 |
| 4[A] 이하 | 60 | 1.5배 | 2.1배 |
| 4[A] 초과 16[A] 미만 | 60 | 1.5배 | 1.9배 |
| 16[A] 이상 63[A] 이하 | 60 | 1.25배 | 1.6배 |
| 63[A] 초과 160[A] 이하 | 120 | 1.25배 | 1.6배 |
| 160[A] 초과 400[A] 이하 | 180 | 1.25배 | 1.6배 |
| 400[A] 초과 | 240 | 1.25배 | 1.6배 |

용단 특성 (table title)

- 저압전로에 사용하는 배선용 차단기

과전류트립 동작시간 및 특성(산업용)

| 정격전류의 구분 | 시간(분) | 정격전류의 배수 | |
|---|---|---|---|
| | | 불용단전류 | 용단전류 |
| 63[A] 이하 | 60 | 1.05배 | 1.3배 |
| 63[A] 초과 | 120 | 1.05배 | 1.3배 |

과전류트립 동작시간 및 특성(주택용)

| 정격전류의 구분 | 시간(분) | 정격전류의 배수 | |
|---|---|---|---|
| | | 불용단전류 | 용단전류 |
| 63[A] 이하 | 60 | 1.13배 | 1.45배 |
| 63[A] 초과 | 120 | 1.13배 | 1.45배 |

- 전동기 과부하 보호장치를 생략할 수 있는 경우
  - 0.2[kW] 이하의 전동기인 경우
  - 전동기가 단상의 것으로 그 전원측 전로에
    시설하는 배선용차단기의 정격전류가 20[A]
    이하인 경우
  - 전동기가 단상의 것으로 그 전원측 전로에
    시설하는 과전류차단기의 정격전류가 16[A]
    이하인 경우

## 4 인입/옥측/옥상 전선로

- 전선의 지름 및 인장강도

| 구분 \ 전압 | 지름 | 인장강도 |
|---|---|---|
| 저압 | 2.6[mm] 이상 경동선 | 2.30[kN] 이상 |
| 고압 | 5.0[mm] 이상 경동선 | 8.01[kN] 이상 |
| 특고압 | 22[mm²] 이상 경동선 | 8.71[kN] 이상 |

- 가공 인입선의 높이

| 설치장소 | 저압 | 고압 | 특고압 35[kN] 이하 | 특고압 35[kN] 초과 |
|---|---|---|---|---|
| 도로횡단 | 5[m] 이상 | 6[m] 이상 | 6[m] 이상 | |
| 철도 또는 궤도 횡단 | 6.5[m] 이상 | | | |
| 횡단보도교위 위험표시 | 3[m] 이상 | 3.5[m] 이상 | 4[m] 이상 | 5[m] 이상 |

- 이웃연결인입선의 시설
  - 옥내를 관통하지 않을 것
  - 인입선에서 분기하는 점으로부터 100[m]를 초과하는 지역에 미치지 않을 것
  - 도로폭이 5[m]를 넘는 도로를 횡단하지 않을 것
  - 고압, 특고압 이웃연결인입선은 시설하지 않을 것
  - 2.6[mm] 이상의 경동선 또는 인장강도 2.30[kN] 이상일 것
- 옥측전선로의 시설
  - 애자사용공사(전개된 장소에 한함)
    - ✓ 4[mm²] 이상 연동선
    - ✓ 2[mm] 이상 경동선
    - ✓ 지지점 간의 거리: 2[m] 이하
  - 금속관공사
  - 케이블공사
  - 합성수지관
  - 버스덕트공사

> ☑ **참고** 금속관 공사, 케이블 공사, 버스 덕트 공사는 목조 이외의 조영물에 시설하는 경우에 한한다.

- 옥상전선로의 시설
  - 전선은 절연전선일 것
  - 2.6[mm] 이상 경동선 또는 인장강도 2.30[kN] 이상
  - 지지점간의 거리: 15[m] 이하
  - 조영재와의 이격거리: 2[m](전선이 고압 절연전선, 특고압절연전선 또는 케이블인 경우에는 1[m]) 이상
  - 전선은 상시 부는 바람 등에 의하여 식물에 접촉하지 않도록 시설할 것

## 5 저압 가공전선로

- 가공전선의 굵기

| 전압 | 전선의 굵기 | | 인장강도 |
|---|---|---|---|
| 400[V] 이하 | 절연전선 | 지름 2.6[mm] 이상 경동선 | 2.30[kN] 이상 |
| | 기타 (나전선) | 지름 3.2[mm] 이상 경동선 | 3.43[kN] 이상 |
| 400[V] 초과 저압 또는 고압 | 시가지 외 | 지름 4.0[mm] 이상 경동선 | 5.26[kN] 이상 |
| | 시가지 | 지름 5.0[mm] 이상 경동선 | 8.01[kN] 이상 |

- 가공전선의 높이

| 설치장소 | 저·고압 가공전선의 높이 |
|---|---|
| 도로횡단 | 지표상 6[m] 이상 |
| 철도, 궤도횡단 | 레일면상 6.5[m] 이상 |
| 횡단보도교위 | 노면상 3.5[m] 이상 (단, 저압가공전선에 절연전선, 케이블 사용: 3[m] 이상) |
| 도로를 따라 시설 | 지표상 5[m] 이상 (단, 교통에 지장이 없는 경우 지표상 4m 이상) |

- 저압/고압 보안공사

| 저압보안<br>공사 | 지름 5[mm] 이상의 경동선<br>(단, 400[V] 이하:<br>지름 4[mm] 이상 경동선) |
|---|---|
| 고압보안<br>공사 | 지름 5[mm] 이상의 경동선 |

## 6 농사용 전선로

- 농사용전선로의 시설
  - 저압일 것
  - 전선 굵기: 지름 2[mm] 이상 경동선
  - 높이: 3.5[m] 이상(단, 저압 가공전선을 사람이 쉽게 출입하지 아니하는 곳에 시설하는 경우: 3[m] 이상)
  - 목주의 굵기: 위쪽 끝의 지름 9[cm] 이상
  - 지지물 간 거리: 30[m] 이하

## 7 저압 옥내배선의 전선

- 단면적이 2.5[mm²] 이상의 연동선 사용
- 단, 옥내배선의 사용전압이 400[V] 이하인 경우 다음에 의하여 시설
  - 전광표시장치·출퇴표시등 기타 이와 유사한 장치 또는 제어회로 등의 배선에 단면적 1.5[mm²] 이상의 연동선 사용
  - 전광표시장치·출퇴표시등 기타 이와 유사한 장치 또는 제어회로 등의 배선에 단면적 0.75[mm²] 이상의 다심케이블 또는 다심캡타이어케이블을 사용하고 또한 과전류가 생겼을 때에 자동적으로 전로에서 차단하는 장치를 시설하는 경우
  - 진열장 안에는 단면적 0.75[mm²] 이상인 코드, 캡타이어케이블을 사용

✓ **TIP** "코드"는 무조건 0.75 기억하기

## 8 나전선의 사용 제한

- 애자사용공사에 의하여 전개된 곳에 다음의 전선을 시설하는 경우
  - 전기로용 전선
  - 전선의 피복 절연물이 부식하는 장소에 시설하는 전선
  - 취급자 이외의 자가 출입할 수 없도록 설비한 장소에 시설하는 전선
- 버스덕트공사에 의하여 시설하는 경우
- 라이팅덕트공사에 의하여 시설하는 경우
- 접촉 전선을 시설하는 경우

## 9 고주파전류에 의한 장해 방지

형광방전등에는 적당한 곳에 정전용량이 0.006[μF] 이상 0.5[μF] 이하인 커패시터를 시설. (단, 예열시동식의 것으로 그로우램프에 병렬로 접속할 경우에는 0.006[μF] 이상 0.01[μF] 이하인 커패시터를 시설)

## 10 배선설비

- 애자사용공사
  - 전선의 종류: 절연전선
    (단, 옥외용 비닐절연전선 및 인입용 비닐절연전선 제외)

- 애자사용공사의 이격거리

| | 전압 | 전선과 조영재와의 이격거리 | | 전선 상호 간격 | 지지점간의 이격거리 | |
|---|---|---|---|---|---|---|
| | | | | | 조영재의 상면 또는 측면을 따른 경우 | 조영재에 따라 시설하지 않는 경우 |
| 저압 | 400[$V$] 이하 | 2.5[cm] 이상 | | | | – |
| | 400[$V$] 초과 | 건조한 장소 | 2.5[cm] 이상 | 6[cm] 이상 | 2[m] 이상 | 6[m] 이하 |
| | | 기타의 장소 | 4.5[cm] 이상 | | | |
| | 고압 | 5[cm] 이상 | | 8[cm] 이상 | | |

- **합성수지몰드공사**
  - 절연전선(옥외용 비닐절연전선 제외)을 몰드 안에 접속점이 없도록 할 것
  - 몰드는 홈의 폭 및 깊이가 3.5[cm] 이하 (단, 사람이 쉽게 접촉할 우려가 없으면 5[cm] 이하)
- **합성수지관공사**
  - 전선은 절연전선(옥외용 비닐절연전선 제외)으로 연선일 것. 다만, 짧고 가는 관에 넣는 것 또는 단면적 10[$mm^2$] 이하의 것은 단선을 사용할 수 있음. (알루미늄선은 단면적 16[$mm^2$] 이하일 경우 가능)
  - 전선은 합성수지관 안에서 접속점이 없도록 할 것
  - 관 상호간 및 관과 박스와는 관의 삽입하는 깊이를 관 외경의 1.2배(단, 접착제를 사용하는 경우 0.8배 이상)으로 접속할 것
  - 관의 지지점간의 거리는 1.5[m] 이하로 할 것
  - 관의 두께: 2.0[mm] 이상

- **금속관공사**
  - 전선은 절연전선(옥외용 비닐절연전선 제외)으로 연선일 것. 다만, 짧고 가는 관에 넣는 것 또는 단면적 10[$mm^2$] 이하의 것은 단선을 사용할 수 있음. (알루미늄선은 단면적 16[$mm^2$] 이하일 경우 가능)
  - 금속관 안에서 접속점이 없도록 할 것
  - 방폭형 부속품의 경우 전선관과의 접속부분의 나사는 5턱 이상 완전히 나사결합이 될 수 있는 길이일 것
  - 관의 끝부분에는 부싱을 사용할 것
  - 전선관의 두께: 콘크리트 매설의 경우 1.2[mm] 이상(그 외: 1.0[mm] 이상)
- **금속제 가요전선관공사**
  - 전선은 절연전선(옥외용 비닐절연전선 제외)으로 연선일 것. 단, 짧고 가는 관에 넣은 것 또는 단면적 10[$mm^2$]이하(알루미늄선은 단면적 16[$mm^2$]이하)의 것은 단선 사용 가능
  - 가요전선관 안에는 전선의 접속점이 없도록 할 것
  - 가요전선관은 2종 금속제 가요전선관일 것. 단, 전개된 장소 또는 점검할 수 있는 은폐된 장소(옥내배선의 사용전압이 400[$V$]초과인 경우에는 전동기에 접속하는 부분으로서 가요성을 필요로 하는 부분에 사용한 것에 한한다)에는 1종 가요전선관(습기가 많은 장소 또는 물기가 있는 장소에는 비닐피복 1종 가요전선관에 한한다)을 사용할 수 있다.

- 금속덕트공사
  - 전선은 절연전선(옥외용 비닐절연전선 제외)일 것
  - 금속덕트에 넣는 전선의 단면적(절연 피복 포함)의 합계는 덕트 내부 단면적의 20[%] (전광표시장치, 출퇴근표시등, 제어회로용 배선만을 넣는 경우 50[%]) 이하일 것
  - 덕트의 끝부분은 막을 것
  - 덕트의 뚜껑은 쉽게 열리지 않도록 할 것
  - 덕트 안에는 전선의 접속점이 없어야 하나 전선을 분기하는 경우에 그 접속점을 쉽게 점검할 수 있는 경우는 접속 가능
  - 덕트는 폭이 4[cm] 이하, 두께가 1.2[mm] 이상일 것
  - 덕트의 지지점간 거리는 3[m] 이하일 것. 단, 수직으로 붙이는 경우 6[m] 이하일 것
- 버스덕트공사
  - 버스덕트의 지지점간의 거리는 3[m] 이하일 것. 단, 수직으로 붙이는 경우 6[m] 이하일 것
  - 덕트(환기형의 것 제외)의 끝부분은 막을 것
- 라이팅덕트
  - 라이팅덕트 지지점간의 거리는 2[m] 이하일 것
  - 라이팅 덕트는 조영재를 관통하여 시설하지 말 것
- 플로어덕트공사
  - 전선은 절연전선(옥외용 비닐절연전선 제외)으로 연선일 것. 다만, 짧고 가는 관에 넣는 것 또는 단면적 10[$mm^2$] 이하의 것은 단선을 사용할 수 있음. (알루미늄선은 단면적 16[$mm^2$] 이하일 경우 가능)
  - 덕트의 끝부분은 막을 것
  - 덕트는 접지공사를 할 것

- 케이블공사
  - 전선은 케이블 및 캡타이어케이블일 것
  - 전선을 조영재의 아랫면 또는 옆면에 따라 붙이는 경우에는 전선의 지지점간의 거리를 케이블은 2[m] 이하, 캡타이어 케이블은 1[m] 이하일 것(단, 사람이 접촉할 우려가 없는 곳에서 수직으로 붙이는 경우에는 6[m] 이하일 것)
- 케이블트레이공사
  - 안전율: 1.5 이상
  - 종류: 사다리형, 바닥밀폐형, 펀칭형, 그물망형, 채널형 등
  - 조건
    ✓ 전선의 피복을 손상시킬 돌기 등이 없어야 하고, 표면이 매끈해야 한다.
    ✓ 금속제 케이블 트레이는 적절한 방식 처리를 했거나 내식성 재료로 제작되어야 한다.
    ✓ 금속제 케이블 트레이 계통은 기계적 및 전기적으로 완전하게 접속되어야 한다.
    ✓ 비금속제 케이블 트레이는 난연성 재료로 제작되어야 한다.
- 옥내에 시설하는 저압 접촉전선 배선
  - 전선은 인장강도 11.2[kN] 이상 또는 지름 6[mm] 경동선(단면적 28[$mm^2$] 이상)을 사용해야 한다.
  - 단, 사용전압 400[V] 이하인 경우에는 인장강도 3.44[kN] 이상 또는 지름 3.2[mm] 이상 경동선(단면적 8[$mm^2$]이상)을 사용할 수 있다.

## 11 조명설비

- 코드 및 이동전선
  - 조명용 전원코드 또는 이동전선은 단면적 0.75[$mm^2$] 이상의 코드 또는 캡타이어케이블을 용도에 따라 선정해야 한다.

> 암기
> ✓ TIP "코드"가 문제에 나오면 0.75[$mm^2$]가 답인 경우가 많아요.

- 콘센트의 시설
  욕조나 샤워시설이 있는 욕실 또는 화장실 등 인체가 물에 젖어있는 상태에서 전기를 사용하는 장소에 콘센트를 시설하는 경우에는 다음에 따라 시설하여야 한다.
  - 누전차단기(정격감도전류 15[$mA$] 이하, 동작시간 0.03초 이하의 전류동작형의 것에 한함)
  - 콘센트는 접지극이 있는 방적형 콘센트를 사용하여 접지하여야 한다.

- 점멸기의 시설
  - 가정용 전등은 매 등기구마다 점멸이 가능하도록 할 것. 다만, 장식용 등기구 및 발코니 등기구 예외 가능
  - 관광숙박업 또는 숙박업(여인숙업 제외)에 이용되는 객실의 입구등은 1분 이내에 소등되는 것
  - 일반주택 및 아파트 각 호실의 현관등은 3분 이내 소등되는 것
  - 가로등, 경기장, 공장, 아파트 단지 등의 일반조명을 위하여 시설하는 고압방전등은 그 효율이 70[$lm/W$] 이상의 것

- 네온방전등
  - 전선은 네온전선일 것
  - 전선은 조영재의 옆면 또는 아랫면에 붙일 것
  - 전선의 지지점간의 거리는 1[$m$] 이하일 것
  - 전선 상호간의 간격은 6[$cm$] 이상일 것
  - 네온변압기의 외함에는 접지공사를 할 것

- 수중조명등
  - 1차 사용전압 400[$V$] 이하, 2차측 150[$V$] 이하의 절연변압기를 사용할 것(절연변압기 2차측 전로는 비접지)
  - 절연변압기는 그 2차측 전로의 사용전압이 30[$V$] 이하인 경우에는 1차 권선과 2차 권선 사이에 금속제의 혼촉방지판을 설치하고, 30[$V$]를 초과하는 경우 누전이 발생하면 자동적으로 전로를 차단하는 정격감도전류 30[$mA$] 이하의 누전차단기를 시설할 것

- 출퇴표시등
  - 1차 대지전압 300[$V$] 이하, 2차 사용전압 60[$V$] 이하의 절연변압기일 것

- 교통신호등의 시설
  - 사용전압은 300[$V$] 이하
  - 지표상 높이는 2.5[$m$] 이상
  - 전선이 케이블인 경우 외에는 공칭단면적 2.5[$mm^2$] 이상 연동선
  - 제어장치의 전원측에는 전용개폐기 및 과전류차단기를 시설하고 150[$V$]를 넘는 경우는 누전차단장치를 시설

## 12 특수설비

- 전기울타리의 시설
  - 사용전압은 250[V] 이하
  - 전선은 인장강도 1.38[kN] 이상 또는 지름 2[mm] 이상의 경동선일 것
  - 전선과 기둥 사이 이격거리는 2.5[cm] 이상
  - 전선과 수목 사이의 이격거리는 30[cm] 이상
- 전기욕기
  - 사용전압은 10[V] 이하
- 전기온상
  - 대지전압은 300[V] 이하
  - 발열선은 그 온도가 80[°C]를 넘지 않도록 시설할 것
- 전격살충기
  - 지표 또는 바닥에서 3.5[m] 이상으로 설치할 것 (단, 2차측 개방전압이 7[kV] 이하인 절연변압기를 사용하는 경우에는 1.8[m] 이상의 높이에 설치할 수 있음)
- 유희용 전차
  - 사용전압은 직류 60[V] 이하, 교류 40[V] 이하
  - 접촉전선은 제3레일 방식
  - 변압기의 1차 전압은 400[V] 이하
  - 변압기의 2차 전압은 150[V] 이하
  - 누설전류 1[km]에 100[mA]를 넘지 않도록 할 것
- 아크 용접기의 시설
  - 용접변압기는 절연변압기일 것
  - 1차측 전로의 대지전압은 300[V] 이하
  - 전선은 용접용케이블 또는 캡타이어케이블(단, 1종 캡타이어케이블 및 비닐캡타이어케이블 제외)
  - 용접변압기의 1차 측 전로에는 용접변압기에 가까운 곳에 쉽게 개폐할 수 있는 개폐기를 시설할 것

  - 용접변압기의 2차 측 전로 중 용접변압기로부터 용접전극에 이르는 부분 및 용접변압기로부터 피용접재에 이르는 부분(전기기계기구 안의 전로를 제외)의 전로는 용접 시 흐르는 전류를 안전하게 통할 수 있는 것일 것
- 소세력회로의 시설
  - 1차측 대지전압 300[V] 이하, 2차 사용전압 60[V] 이하
- 전기부식방지 시설
  - 사용전압은 직류 60[V] 이하
  - 수중에 시설하는 양극과 그 주위 1[m] 전위차는 10[V] 이내
- 먼지가 많은 장소
  - 폭연성 먼지, 화약류 분말이 존재하는 곳, 가연성의 가스 또는 인화성 물질의 증기가 새거나 체류하는 곳의 전기 공작물은 금속관 공사 또는 케이블공사(캡타이어케이블 제외)

> ✓ **TIP** 먼지가 많은 곳은 <u>금</u>을 <u>케</u>기가 어려움.

  - 정미소, 제문소, 시멘트 공장 등과 같은 불연성 먼지가 많은 곳의 전기공작물은 애자사용공사, 케이블공사, 합성수지관공사, 금속관공사, 금속제 가요전선관 공사, 금속덕트공사, 버스덕트공사에 의하여 시설한다.
- 위험물 등이 있는 곳에서의 배선공사
  셀룰로이드·성냥·석유류 등 타기 쉬운 위험한 물질을 제조하거나 저장하는 곳에 시설하는 배선공사 방법은 금속관공사, 케이블공사, 합성수지관공사(경질비닐관공사)

- 화약류 저장소 등의 위험장소
  - 대지전압은 300[$V$] 이하
  - 전기기계기구는 전폐형
  - 화약류저장소 밖에 개폐기 및 과전류차단기를 시설하고 전로에 누전이 생겼을 때 자동적으로 전로를 차단하거나 경보하는 장치를 시설
  - 인입구까지는 지중케이블로 시설
- 전시회, 쇼 및 공연장의 전기설비
  - 사용전압은 400[$V$] 이하이며, 그 전로에는 전용 개폐기 및 과전류차단기 시설
- 의료장소의 시설
  - 절연감시장치를 설치하여 절연저항이 50[$k\Omega$]까지 감소 or 누설전류가 5[$mA$]까지 감소하면 표시설비 및 음향설비 경보를 발하도록 할 것
  - 의료장소마다 그 내부 또는 근처에 등전위본딩 바를 설치할 것. 다만, 인접하는 의료장소와의 바닥면적 합계가 50[$m^2$]이하인 경우에는 등전위본딩 바를 공용할 수 있다.

# CHAPTER 3 | 고압·특고압 전기설비

## 1 접지설비

- 가공공동지선의 시설
  - 가공공동지선의 굵기: 4.0[$mm$] 이상
  - 시설범위: 지름 400[$m$] 이내
  - 가공공동지선과 대지 사이 합성전기저항값 측정범위: 지름 1[$km$] 이내 변압기 접지저항값을 만족해야 함
  - 각 접지선과 대지 사이 전기저항값: 300[$\Omega$] 이하
- 혼촉방지판이 있는 변압기
  - 1구내에만 시설
  - 전선로의 전선은 케이블일 것
  - 저압 가공전선과 고압 또는 특고압의 가공전선을 동일 지지물에 시설하지 아니할 것
- 중성점 접지 목적
  - 보호계전기의 확실한 동작
  - 이상전압의 억제
  - 대지전압의 저하

> 암기
> ✓ **TIP** 보이대

- 중성점 접지선의 굵기
  - 고압 전로: 16[$mm^2$] 이상
  - 저압 전로: 6[$mm^2$] 이상

## 2 전선로 일반 및 구내 옥측 옥상전선로

- 가공전선로 지지물의 철탑오름 및 전주오름 방지
  - 가공전선로의 지지물에 취급자가 오르고 내리는데 사용하는 발판 볼트 등을 지표상 1.8[$m$] 미만에 시설하여서는 안 된다.

- 풍압하중의 종별 및 적용
  - 빙설이 많은 지방
    - ✓ 고온계절: 갑종
    - ✓ 저온계절: 을종(일반지역)
  - 빙설이 적은 지방
    - ✓ 고온계절: 갑종
    - ✓ 저온계절: 병종
- 갑종 풍압하중
  - 목주, 지지물의 원형: 588[$Pa$]
  - 철주
    - ✓ 삼각형, 마름모형: 1,412[$Pa$]
    - ✓ 강관으로 구성된 것: 1,117[$Pa$]
  - 철탑
    - ✓ 강관으로 구성된 것: 1,255[$Pa$]
  - 전선
    - ✓ 다도체: 666[$Pa$]
    - ✓ 단도체: 745[$Pa$]
  - 애자장치: 1,039[$Pa$]
- 을종 풍압하중
  전선 기타의 가섭선 주위에 두께 6[$mm$], 비중 0.9의 빙설이 부착된 상태에서 수직투영면적 372[$Pa$](다도체를 구성하는 전선은 333[$Pa$]), 그 이외의 것은 갑종 풍압하중의 50[%]를 기초로 하여 계산한 것
- 병종 풍압하중
  - 갑종 풍압하중의 50[%]를 기초로 하여 계산한 것
  - 인가가 많이 이웃연결된 지역
  - 35[$kV$] 이하의 가공전선로의 지지물 및 가섭선, 애자장치 및 완금류

- 풍압하중의 적용

| 지역 | | 고온계절 | 저온계절 |
|---|---|---|---|
| 빙설이 많은 지역 이외의 지역 | | 갑종 | 병종 |
| 빙설이 많은 지역 | 일반지역 | 갑종 | 을종 |
| | 해안지방, 기타 저온 계절에 최대 풍압이 생기는 지역 | 갑종 | 갑종, 을종 중 큰 값 선정 |
| 인가가 많이 이웃연결되어 있는 장소 | | 병종 | |

- 가공전선로의 지지물 기초 안전율
  가공전선로의 지지물에 하중이 가하여지는 경우에 그 하중을 받는 지지물의 기초의 안전율은 2 이상이어야 한다. (단, 이상 시 상정하중에 대한 철탑의 기초에 대하여는 1.33 이상이어야 한다.)
  다만, 다음 표에 따라 시설하는 경우에는 그러하지 아니하다.

| 전장 \ 설계하중 | 6.8[$kN$] 이하 | 6.8[$kN$] 초과 ~ 9.8[$kN$] 이하 | 9.8[$kN$] 초과 ~ 14.72[$kN$] 이하 |
|---|---|---|---|
| 15[$m$] 이하 | 전장$\times\frac{1}{6}$[$m$] 이상 | (전장$\times\frac{1}{6}$) +0.3[$m$] 이상 | - |
| 15[$m$] 초과 | 2.5[$m$] 이상 | 2.8[$m$] 이상 | - |
| 16[$m$] 초과 ~20[$m$] 이하 | 2.8[$m$] 이상 | - | - |
| 15[$m$] 초과 ~18[$m$] 이하 | - | - | 3.0[$m$] 이상 |
| 18[$m$] 초과 | - | - | 3.2[$m$] 이상 |

- 지지물의 매설 깊이
  - ① 15[$m$] 이하, 6.8[$kN$] 이하

    전장$\times\frac{1}{6}$[$m$] 이상 매설

  - ② 15[$m$] 초과, 6.8[$kN$] 이하

    2.5[$m$] 이상 매설

- ③ 지지물의 길이 및 설계하중 6.8[$kN$] 초과 시
  ①, ② 값 + 30[$cm$] 이상 매설
- 안전율의 종류
  - 지지물 기초 안전율: 2.0 이상
  - 이상시 상정하중에 대한 철탑의 기초 안전율: 1.33 이상
  - 경동선 및 내열 동합금선: 2.2 이상
  - AL선: 2.5 이상
  - 지지선: 2.5 이상
- 지지선의 시설
  - 소선은 지름 2.6[$mm$] 이상의 금속선
  - 소선 3가닥 이상의 연선
  - 안전율: 2.5 이상
  - 허용 인장하중: 4.3[$kN$] 이상
  - 지중의 부분 및 지표상 30[$cm$]까지는 내식성이 있는 것 또는 아연 도금 철봉 사용
- 지지선의 설치목적
  - 구조물 접근시 보안상 위함
  - 불평형 장력을 줄이기 위함
  - 지지물의 강도를 보강하기 위함
  - 전선로의 안전성 증가시키기 위함
- 옥상전선로의 시설
  - 저압 옥상전선로
    √ 2.6[$mm$] 이상 경동선
    √ 지지점간의 거리: 15[$m$] 이하
    √ 조영재와의 이격거리: 2[$m$] 이상
  - 고압 옥상전선로와 타시설물과의 이격거리: 60[$cm$] 이상
  - 특고압 옥상전선로는 특고압 인입선의 옥상부분을 제외하고 시설하여서는 안 된다.

## 3 가공전선로

- 유도장해 방지
  - 약전류전선 간의 이격거리: 2[$m$] 이상
  - 유도전류 제한
    √ 12[$km$] 마다 2[$\mu A$] 미만
    √ 40[$km$] 마다 3[$\mu A$] 미만
- 가공케이블의 조가선 시설 기준
  - 22[$mm^2$] 이상
  - 행거법: 50[$cm$] 이하
  - 금속테이프법: 20[$cm$] 이하
  - 금속제: 접지공사
- 고압 및 특고압 가공전선로의 가공지선

| 전압 | 전선의 굵기 | 인장강도 |
|---|---|---|
| 고압 | 지름 4[$mm$] 이상의 나경동선 | 5.26[$kN$] 이상 |
| 특고압 | 지름 5[$mm$] 이상의 나경동선 | 8.01[$kN$] 이상 |

- 전력선의 병행설치 (병가)
  - 고압 가공전선과 저압가공전선의 병가 동일 지지물에 시설하는 경우에는 별개의 완금류에 의하여 고압측 전선을 저압측 위로 시설(저압가공전선의 다중 접지된 중성선은 제외)
  - 35[$kV$] 이하인 특고압가공전선과 저압 또는 고압가공전선의 병가
    √ 특고압 가공전선은 저압 또는 고압가공전선 위에 시설하고 별개의 완금류에 시설할 것
    √ 특고압 가공전선은 연선일 것
  - 35[$kV$]를 초과하고 100[$kV$] 미만인 특고압가공전선과 저압 또는 고압가공전선의 병가
    √ 특고압 가공전선로는 제2종 특고압 보안공사에 의할 것

✓특고압 가공전선은 케이블인 경우를 제외하고
단면적이 50[$mm^2$] 이상인 경동연선 또는
인장강도 21.67[$kN$] 이상의 연선일 것

- 이격거리

| | |
|---|---|
| 고압가공전선과 저압가공전선 | 0.5[$m$] 이상 |
| 고압가공전선(케이블 사용)과 저압가공전선 | 0.3[$m$] 이상 |
| 22.9[$kV$] 가공전선과 저·고압가공전선 | 1.0[$m$] 이상 |
| 35[$kV$] 이하 특고압가공전선과 저·고압가공전선 | 1.2[$m$] 이상 |
| 35[$kV$] 초과 ~ 100[$kV$] 미만 특고압가공전선과 저·고압가공전선 | 2[$m$] 이상 |

• 가공전선과 가공약전류전선 등의 공용설치
  - 저압 가공전선 또는 고압 가공전선과
    가공약전류전선 등의 공가
    ✓가공전선을 가공약전류전선 등의 위로하고
    별개의 완금류에 시설할 것
    ✓전선로의 지지물로서 사용하는 목주의
    풍압하중에 대한 안전율은 1.5 이상일 것
  - 특고압 가공전선과 가공 약전류전선 등의 공가
    ✓사용전압 35[$kV$] 이하에 한하여 공가할 것
    ✓전선로는 제2종 특고압 보안공사에 의할 것
    ✓특고압 가공전선은 케이블인 경우 이외에는
    단면적이 50[$mm^2$] 이상인 경동연선 인장강도
    또는 21.67[$kN$] 이상의 연선 이상으로
    가공약전선 위에 별개의 완금류에 시설할 것
  - 이격거리

| | |
|---|---|
| 저압가공전선과 약전류전선 공가 | 0.75[$m$] 이상 |
| 고압가공전선과 약전류전선 공가 | 1.5[$m$] 이상 |
| 35[$kV$] 이하 특고압가공전선과 약전류전선 병가 | 2[$m$] 이상 |

• 가공전선과 건조물/타시설물과의 이격거리

| 저·고압 가공전선과 건조물의 접근 및 교차 | | 이격거리 |
|---|---|---|
| 건조물 | 상부 조영재의 위쪽 | |
| | 절연전선인 경우 | 2[$m$] 이상 |
| | 케이블인 경우 | 1[$m$] 이상 |

| 35[$kV$] 이하 특고압 가공전선과 건조물의 접근 및 교차 | | 이격거리 |
|---|---|---|
| 건조물 | 상부 조영재의 위쪽 | |
| | 나전선인 경우 | 3[$m$] 이상 |
| | 절연전선인 경우 | 2.5[$m$] 이상 |
| | 케이블인 경우 | 1.2[$m$] 이상 |

| 저·고압 가공전선과 건조물의 접근 및 교차 | | 이격거리 |
|---|---|---|
| 건조물 | 상부 조영재의 옆쪽 또는 아래쪽 | |
| | 나전선인 경우 | 1.2[$m$] 이상 |
| | 사람이 쉽게 접촉할 우려가 없는 경우 | 0.8[$m$] 이상 |
| | 케이블인 경우 | 0.4[$m$] 이상 |

| 35[$kV$] 이하 특고압 가공전선과 건조물의 접근 및 교차 | | 이격거리 |
|---|---|---|
| 건조물 | 상부 조영재의 옆쪽 또는 아래쪽 | |
| | 나전선인 경우 | 1.5[$m$] 이상 |
| | 사람이 쉽게 접촉할 우려가 없을 경우 | 1.0[$m$] 이상 |
| | 케이블인 경우 | 0.5[$m$] 이상 |

| 35[$kV$] 초과 특고압 가공전선과 건조물의 접근 및 교차 |
|---|

$$이격거리 = 3[m] + 단수 \times 0.15[m] \ 이상$$
$$단수 = \frac{사용전압[kV] - 35[kV]}{10}$$
(단, 단수의 소수점 첫째자리는 절상한다.)

- 가공전선과 도로와의 이격거리

| 35[kV] 이하 특고압 가공전선과 도로와의 이격거리 | | |
|---|---|---|
| 구분 | 저압 가공전선 | 고압 가공전선 |
| 도로·횡단보도교 철도 또는 궤도 | 3[m] 이상 | |
| 삭도가 그 지주 또는 저압 전차선 | 0.6[m] 이상 | 0.8[m] 이상 |
| | 전선이 고압 절연전선, 특고압 절연전선, 케이블인 경우 0.3[m] 이상 | 특고압 절연전선 또는 케이블인 경우 0.4[m] 이상 |
| | | 저압 전차선로의 지지물 0.6[m] 이상 |

| 35[kV] 초과 특고압 가공전선과 도로와의 이격거리 |
|---|

$$이격거리 = 3[m] + 단수 \times 0.15[m] \ 이상$$

$$단수 = \frac{사용전압[kV] - 35[kV]}{10}$$

(단, 단수의 소수점 첫째자리는 절상한다.)

- 가공전선과 타시설물과의 접근 또는 교차
  - 가공전선과 타시설물(가공전선, 약전류전선, 안테나, 삭도, 기타 등)과 접근 또는 교차

| 구분 | | 이격거리 |
|---|---|---|
| 저압 | 나전선 | 0.6[m] 이상 |
| | 케이블 | 0.3[m] 이상 |
| 고압 | 나전선 | 0.8[m] 이상 |
| | 케이블 | 0.4[m] 이상 |
| 22.9[kV] | 나전선 | 2[m] 이상 |
| | 절연전선 | 1.5[m] 이상 |
| | 케이블 | 0.5[m] 이상 |

- 가공전선과 타시설물(지지물)과 접근 또는 교차

| 구분 | | 이격거리 |
|---|---|---|
| 저압 | 나전선 | 0.3[m] 이상 |
| | 케이블 | 0.3[m] 이상 |
| 고압 | 나전선 | 0.6[m] 이상 |
| | 케이블 | 0.3[m] 이상 |
| 22.9[kV] | 나전선 | 2[m] 이상 |
| | 절연전선 | 1[m] 이상 |
| | 케이블 | 0.5[m] 이상 |
| 단, 삭도인 경우에도 절연전선 1[m] 적용 | | |

- 60[kV] 이하/초과 특고압 가공전선과 타시설물과의 이격거리

| 구분 | 이격거리 |
|---|---|
| 60[kV] 이하 | 2[m] 이상 |
| 60[kV] 초과 | 이격거리 = 2[m] + 단수 × 0.12[m] 이상 $단수 = \frac{사용전압[kV] - 60[kV]}{10}$ (단, 단수의 소수점 첫째자리는 절상한다.) |

- 특고압 가공전선과 삭도의 접근 또는 교차

| 구분 | | 이격거리 |
|---|---|---|
| 35[kV] 이하 | 일반 | 2[m] 이상 |
| | 특고압 절연전선 | 1[m] 이상 |
| | 케이블 | 0.5[m] 이상 |
| 35[kV] 초과 60[kV] 이하 | 2[m] 이상 | |
| 60[kV] 초과 | 이격거리 = 2[m] + 단수 × 0.12[m] 이상 $단수 = \frac{사용전압[kV] - 60[kV]}{10}$ (단, 단수의 소수점 첫째자리는 절상한다.) | |

- 표준 지지물 간 거리([m] 이하)

| 지지물 | 표준 지지물 간 거리 | 보안공사 | | |
|---|---|---|---|---|
| | | 저·고압 | 특고압 | |
| | | | 제1종 | 제2·3종 |
| A종/목주 | 150[m] | 100[m] | - | 100[m] |
| B종 | 250[m] | 150[m] | 150[m] | 200[m] |
| 철탑 | 600[m] | 400[m] | 400[m] | 400[m] |

(단, 전선이 수평으로 2 이상 있는 경우에 전선 상호 간의 간격이 4[m] 미만일 경우에는 250[m] 이하로 시공한다.)

- 장 지지물 간 거리([m] 이하)

| 지지물 | 표준 지지물 간 거리 | | 보안공사 | | | | |
|---|---|---|---|---|---|---|---|
| | | | 저압 | 고압 | 특고압 제1종 | 제2종 | 제3종 |
| | 22 [mm²] | 50 [mm²] | 22 [mm²] | 38 [mm²] | 150 [mm²] | 95 [mm²] | - |
| A종 (목주) | 300 [m] | | 150 [m] | 100 [m] | 사용불가 | 100 [m] | 38 [mm²] / 150[m] |
| B종 | 500 [m] | | 250[m] | | | | 55 [mm²] / 250[m] |
| 철탑 | - | | 600[m] | | | | 55 [mm²] / 600[m] |

## 4 특고압 가공전선로

- 시가지 등에서 특고압가공전선로의 시설
  - 시가지에는 지지물로 목주를 사용할 수 없다.
  - 50[%] 충격불꽃방전 전압값이 다른 부분을 지지하는 애자장치 값의 110[%] 이상일 것(사용전압이 130[kV]를 초과하는 경우는 105[%] 이상)
  - 사용전압이 100[kV]를 초과하는 특고압 가공전선에 누전 또는 단락 발생시 1초 이내에 자동적으로 차단하는 장치를 시설할 것
  - 전선의 단면적

| 사용전압 | 전선의 단면적 |
|---|---|
| 100[kV] 미만 | 인장강도 21.67[kN] 이상의 연선 또는 단면적 55[mm²] 이상의 경동연선 |
| 100[kV] 이상 | 인장강도 58.84[kN] 이상의 연선 또는 단면적 150[mm²] 이상의 경동연선 |

- 170[kV] 이하 특고압 가공전선로 높이

| 사용전압 | 지표상의 높이 |
|---|---|
| 35[kV] 이하 | 10[m] (단, 특고압 절연전선인 경우 8[m]) |
| 35[kV] 초과 | $10[m] + 단수 \times 0.12[m]$ 이상 $$단수 = \frac{사용전압[kV] - 35[kV]}{10}$$ (단, 단수의 소수점 첫째자리는 절상한다.) |

✓ **TIP** 시가지 등에서 특고압 가공전선로의 시설할 경우의 문제로 자주 출제됨

- 가공약전류전선의 유도장해 방지
  - 가공약전류전선 간의 이격거리: 2[m] 이상

| 유도전류 제한 | | |
|---|---|---|
| 사용전압 | 전화선로의 길이 | 유도전류 |
| 60[kV] 이하 | 12[km] | 2[$\mu A$] 이하 |
| 60[kV] 초과 | 40[km] | 3[$\mu A$] 이하 |

- 특고압가공전선과 지지물과의 이격거리

| 사용전압 | 이격거리 |
|---|---|
| 15[kV] 미만 | 15[cm] 이상 |
| 15[kV] 이상 25[kV] 미만 | 20[cm] 이상 |
| 25[kV] 이상 35[kV] 미만 | 25[cm] 이상 |
| 35[kV] 이상 50[kV] 미만 | 30[cm] 이상 |
| 50[kV] 이상 60[kV] 미만 | 35[cm] 이상 |
| 60[kV] 이상 70[kV] 미만 | 40[cm] 이상 |

- 시가지 외 특고압 가공전선의 높이

| 사용전압 | 설치장소 | 높이 |
|---|---|---|
| 35[kV] 이하 | 일반장소 | 5.0[m] 이상 |
| | 도로횡단 | 6.0[m] 이상 |
| | 철도 또는 궤도횡단 | 6.5[m] 이상 |
| | 횡단보도교 | 4.0[m] 이상 |
| 35[kV] 초과 160[kV] 미만 | 산지 | 5.0[m] 이상 |
| | 평지 | 6.0[m] 이상 |
| 160[kV] 초과 | 산지 | $5[m] + 단수 \times 0.12[m]$ 이상 <br> $단수 = \dfrac{사용전압[kV] - 160[kV]}{10}$ <br> (단, 단수의 소수점 첫째자리는 절상한다.) |
| | 평지 | $6[m] + 단수 \times 0.12[m]$ 이상 <br> $단수 = \dfrac{사용전압[kV] - 160[kV]}{10}$ <br> (단, 단수의 소수점 첫째자리는 절상한다.) |

- 15[kV] 초과 25[kV] 이하 특고압 가공전선로 이격거리

| 사용전선의 종류 | 이격거리 |
|---|---|
| 한쪽 또는 양쪽이 나전선 | 1.5[m] |
| 양쪽이 특고압 절연전선 | 1.0[m] |
| 한쪽이 케이블이고 다른 쪽이 케이블 또는 특고압 절연전선 | 0.5[m] |

- 철탑의 종류에 따른 용도

| 직선형 | 직선부분 3도 이하 |
|---|---|
| 각도형 | 전선로중 3도 초과 |
| 잡아당김형 | 잡아당김하는 곳 |
| 내장형 | 지지물 간 거리의 차가 큰 곳 |
| 보강형 | 직선부분 보강시 |

- 특고압 가공전선로의 내장형 등의 지지물 시설
  - B종 철주, B종 콘크리트 주를 사용하는 직선부분은 10기 이하마다 장력에 견디는 형태의 철주 1기 또는 5기마다 보강형 1기를 시설
  - 철탑을 사용하는 직선부분은 10기 이하마다 장력에 견디는 애자장치를 갖는 철탑 1기를 시설
- 특고압 보안공사
  - 제1종 특고압 보안공사: 35[kV] 초과 전선이 건조물과 제2차 접근상태인 경우

| 전선 굵기 | | 인장강도 |
|---|---|---|
| 100[kV] 미만 | 55[mm²] 이상의 경동연선 | 21.67[kN] 이상 |
| 100[kV] 이상 | 150[mm²] 이상의 경동연선 | 58.84[kN] 이상 |
| 300[kV] 이상 | 200[mm²] 이상의 경동연선 | 77.47[kN] 이상 |

  ✓ 지지물: 목주나 A종 사용 불가
  - 제2종 특고압 보안공사: 35[kV] 이하 전선이 건조물과 제2차 접근상태인 경우
    ✓ 목주의 풍압하중에 대한 안전율: 2.0 이상
    ✓ 지지물: 목주 사용 가능
  - 제3종 특고압 보안공사: 특고압 가공전선이 건조물과 제1차 접근상태인 경우
- 특고압 가공전선과 저고압 가공전선 등 상호 접근 교차할 경우 보안공사의 시설

| 제1차 접근상태시 | 제3종 특고압 보안공사 |
|---|---|
| 제2차 접근상태시 | 제2종 특고압 보안공사 (단, 보호망시설을 하는 경우는 보안공사를 아니할 수 있다.) |

- 25[kV] 이하인 특고압 가공전선로의 시설
  - 접지선은 공칭단면적 6[mm²] 이상의 연동선일 것

| 사용전압 | 각 접지점의 대지 전기저항치 | 1[km] 마다의 합성 전기저항치 |
|---|---|---|
| 15[kV] 이하 | 300[Ω] 이하 | 30[Ω] 이하 |
| 15[kV] 초과 25[kV] 이하 | | 15[Ω] 이하 |

| 사용전압 | 접지공사시 접지한 곳 상호간의 거리 |
|---|---|
| 15[kV] 이하 | 300[m] 이하 |
| 15[kV] 초과 25[kV] 이하 | 150[m] 이하 |

## 5 지중전선로

- 지중전선로의 시설

| 지중전선로의 매설 깊이 | | |
|---|---|---|
| 전선은 케이블을 사용하고, 직접매설식, 관로식, 암거식으로 시공한다. | | |
| 직접매설식, 관로식 | 중량물의 압력이 있는 경우 | 1.0[m] 이상 |
| | 중량물의 압력이 없는 경우 | 0.6[m] 이상 |

- 지중전선로의 직접매설식 시설 기준
  직접매설식에 의하여 시설하는 경우 지중 전선은 견고한 트로프 기타 방호물에 넣어 시설하여야 한다. 단, 다음의 경우에는 예외로 한다.
  - 저압 또는 고압의 지중전선에 콤바인덕트케이블 또는 개장한 케이블을 사용하여 시설하는 경우
  - 지중전선에 파이프형 압력케이블을 사용하고 또한 지중전선의 위를 견고한 판 또는 몰드 등으로 덮어 시설하는 경우

- 지중함의 시설
  - 압력에 견디는 구조일 것
  - 물을 제거할 수 있는 구조일 것
  - 폭발성 또는 연소성의 가스가 침입할 우려가 있는 것에 시설하는 지중함으로 그 크기가 $1[m^3]$ 이상인 것에는 통풍장치 기타 가스를 발산시키기 위한 적당한 장치를 시설할 것
  - 지중함의 뚜껑은 시설자 이외의 자가 쉽게 열 수 없도록 시설할 것

- 지중전선로의 이격거리

| 지중전선과 지중전선 | 이격거리 |
|---|---|
| 저압 지중전선과 고압 지중전선 | 15[cm] |
| 저·고압 지중전선과 특고압 지중전선 | 30[cm] |

| 지중전선과 지중약전류전선 | 이격거리 |
|---|---|
| 저·고압 지중전선과 약전류전선 | 30[cm] |
| 특고압 지중전선과 약전류전선 | 60[cm] |

- 케이블 가압장치의 시설
  - 유압(수압): 1.5배를 연속하여 10분간 가하여 견디는 것
  - 기압: 1.25배를 연속하여 10분간 가하여 견디는 것

- 지중약전선로의 유도장해 방지
  지중전선로는 기설 지중약전류 전선로에 대하여 누설전류 또는 유도작용에 의하여 통신상의 장해를 주지 아니하도록 기설 약전류 전선로로부터 충분히 이격시키거나 기타 적당한 방법으로 시설하여야 한다.

## 6 특수장소의 전선로

- 철도, 궤도 또는 자동차 전용 터널 내 전선로

| 전압 | 전선의 종류 | 시공방법 | 애자 사용공사 시 높이 |
|---|---|---|---|
| 저압 | 2.6[mm] 이상의 경동선 또는 인장강도 2.30[kN] 이상의 절연전선 | 금속관공사 케이블공사 합성수지관공사 가요전선관공사 애자사용공사 | 2.5[m] 이상 |
| 고압 | 4[mm] 이상의 경동선 또는 인장강도 5.26[kN] 이상의 것 | 케이블공사 애자사용공사 | 3[m] 이상 |

- 사람이 상시 통행하는 터널 안 전선로
  - 전선은 공칭 단면적 2.5[$mm^2$]의 연동선과 동등 이상의 세기 및 굵기의 절연전선(옥외용 제외)을 사용하여 애자 공사에 의하여 시설하고 또한 이를 노면상 2.5[$m$]이상의 높이로 시설할 것
  - 전로에는 터널의 입구에 가까운 곳에 전용 개폐기를 시설할 것
- 수상 전선로의 시설
  - 전선
    - ✓ 저압: 클로로프렌 캡타이어케이블
    - ✓ 고압: 고압용 캡타이어케이블
  - 수상전선로의 전선과 가공전선로의 접속점의 높이
    - ✓ 접속점이 육상에 있는 경우: 5[$m$] 이상(단, 저압 시 도로상 이외의 곳 4[$m$] 이상)
    - ✓ 접속점이 수상면에 있는 경우: 저압: 4[$m$] 이상, 고압: 5[$m$] 이상
- 교량(다리)에 시설하는 전선로

| 윗면에 시설시 | 노면상 5[$m$] 이상 |
|---|---|
| 아랫면에 시설시 | 금속관 공사, 케이블 공사, 합성수지관 공사 가요전선관 공사 에 의하여 시설할 것 |

## 7 기계기구 시설 및 옥내배선

- 특고압 배전용 변압기의 시설장소
  - 변압기의 1차 전압은 35[$kV$] 이하, 2차 전압은 저압 또는 고압일 것
  - 변압기의 특고압측에 개폐기 및 과전류차단기를 시설할 것
  - 변압기의 2차 전압이 고압인 경우에는 고압측에 개폐기를 시설하고 또한 쉽게 개폐할 수 있도록 할 것

- 특고압을 직접 저압으로 변성하는 변압기의 시설
  - 전기로 등 전류가 큰 전기를 소비하기 위한 변압기
  - 발전소, 변전소, 개폐소 또는 이에 준하는 곳의 소내용 변압기
  - 25[$kV$] 이하 중성점 다중 접지식 전로에 접속하는 변압기
  - 사용전압이 35[$kV$] 이하인 변압기로서 그 특고압측 권선과 저압측 권선이 혼촉 발생시한 경우 변압기를 전로로부터 차단하기 위한 자동장치를 설치한 것
  - 사용전압이 100[$kV$] 이하인 변압기로서 그 특고압측 권선과 저압측 권선 사이에 접지공사를 한 금속제의 혼촉방지판이 있는 것(단, 접지저항값이 10[$\Omega$] 이하인 것에 한함)
  - 교류식 전기철도용 신호회로에 전기를 공급하기 위한 변압기
- 고압 및 특고압용 기계기구의 시설

| 구분 | | 높이 |
|---|---|---|
| 고압용 기계기구 | 시가지외 | 4[$m$] 이상 |
| | 시가지 | 4.5[$m$] 이상 |
| 특고압용 기계기구 | | 5[$m$] 이상 |

- 접지공사 생략 조건
  - 직류 300[$V$] 또는 교류 150[$V$] 이하인 기계기구를 건조한 곳에 시설하는 경우
  - 목재 및 목주, 절연성 물건 위에서 취급하도록 시설하는 경우
  - 절연대를 설치하는 경우
  - 2중 절연구조로 되어있는 기계기구를 시설하는 경우
  - 절연변압기(2차 전압이 300[$V$] 이하이며, 정격용량이 3[$kVA$] 이하인 것)를 시설하고 또한

그 절연변압기의 부하측 전로를 접지하지 않은 경우
- 물기 있는 장소 이외의 장소에 시설하는 저압용의 개별 기계기구에 인체감전용 누전차단기(정격감도전류 30[mA] 이하, 동작시간 0.03초 이하의 전류동작형)를 시설하는 경우

• 아크를 발생하는 기구의 시설
목재의 벽 또는 천장 기타의 가연성 물체로부터 고압용의 것은 1[m] 이상, 특고압용 2[m] 이상 이격하여야 한다. (단, 동작할 때에 생기는 아크의 방향과 길이를 화재가 발생할 우려가 없도록 제한하는 경우 1[m] 이상)

• 개폐기의 시설
- 전로 중에 개폐기를 시설하는 경우 다음 경우를 제외하고는 그곳의 각 극에 설치하여야 한다.
  ✓ 저압의 분기 회로용 개폐기로서 중성선 또는 접지측 전선
  ✓ 저압의 점멸용 개폐기는 단극에 설치할 수 있다.
  ✓ 특별고압 가공전선로의 다중접지한 중성선
  ✓ 자동제어회로 등의 조작 개폐기를 시설하는 경우의 공동선
- 고압용 또는 특고압용 개폐기는 개폐 상태를 쉽게 확인할 수 있는 것을 제외하고, 그 동작에 따라 그 개폐 상태를 표시하는 장치를 해야 한다.
- 고압용 또는 특고압용 개폐기로서 중력 등에 의하여 자연히 동작할 우려가 있는 것은 자물쇠 장치, 기타 이를 방지할 수 있는 장치를 설치하여야 한다.
- 고압용 또는 특고압용 개폐기로서 부하전류의 차단 능력이 없는 것은 부하전류가 통하고 있을

때에는 회로가 열리지 않도록 시설해야 한다. 다만, 다음의 경우에는 예외로 한다.
  ✓ 개폐기의 조작 위치에 부하전류의 유무표시장치가 있는 경우
  ✓ 개폐기의 조작 위치에 전화기 등의 지령 장치가 있는 경우
  ✓ 태블릿 등을 사용하는 경우

• 고압전로 퓨즈의 용단 특성

| 포장퓨즈 | 정격전류 1.3배의 전류에 견디고 2배의 전류로 120분 안에 용단될 것 |
| --- | --- |
| 비포장퓨즈 | 정격전류 1.25배의 전류에 견디고 2배의 전류로 2분 안에 용단될 것 |

• 과전류 차단기의 시설제한
접지공사의 접지선, 다선식 전로의 중성선 및 전로의 일부에 접지공사를 한 저압 가공전선로의 접지측 전선에는 과전류 차단기를 시설하여서는 안 된다.
단, 다선식 전로의 중성선에 시설한 과전류차단기가 동작한 경우에 각 극이 동시에 차단될 때 또는 저항기·리액터 등을 사용하여 접지공사를 한 때에 과전류 차단기의 동작에 의하여 그 접지선이 비접지 상태로 되지 아니할 때는 적용하지 않는다.

• 피뢰기의 시설 장소
피뢰기는 가능한 한 보호하는 기기와 가깝게 시설하되 누설전류 측정이 용이하도록 지지대와 절연하여 설치한다. 피뢰기를 시설하는 장소는 다음과 같다.
- 가공 및 지중전선로의 접속부분
- 고압 및 특고압 가공전선로로부터 공급을 받는 수용장소의 인입구
- 발전소·변전소 또는 이에 준하는 장소의 가공전선 인입구 및 인출구

- 가공전선로에 접속하는 배전용 변압기의 고압측 및 특고압측
- 피뢰기의 선정
  - 피뢰기는 밀봉형을 사용하고 유효 보호거리를 증가시키기 위하여 방전개시전압 및 제한전압이 낮은 것을 사용
  - 유도뢰서지에 대하여 2선 또는 3선의 피뢰기 동시동작이 우려되는 변전소 근처의 단락 전류가 큰 장소에는 속류차단 능력이 크고 또한 차단성능이 회로조건의 영향을 받을 우려가 적은 것을 사용

## 8 고압·특고압 옥내 설비의 시설

- 고압옥내배선의 시설
  - 애자사용공사(건조한 장소로서 전개된 장소에 한함)
  - 케이블공사
  - 케이블트레이공사

✓ **TIP** 애케케

- 고압옥내배선과 타 시설물과의 이격거리

| 다른 고압 옥내배선, 저압 옥내전선, 관등회로의 배선, 약전류전선, 수관, 가스관이나 이와 유사한 것과 접근하거나 교차하는 경우 | 15[cm] 이상 |
|---|---|
| 애자사용공사에 의하여 시설하는 저압 옥내전선인 경우 | 30[cm] 이상 |
| 가스계량기 및 가스관의 이음부와 전력량계 및 개폐기 | 60[cm] 이상 |

- 특고압 옥내 전기설비의 시설
  - 전선: 케이블
  - 사용전압: 100[kV] 이하(단, 케이블 트레이 공사에 의하여 시설하는 경우: 35[kV] 이하)

- 이격거리: 특고압 배선과 저고압선 60[cm] 이격(약전류 전선 또는 수관, 가스관과 접촉하지 않도록 시설)

## 9 발전소, 변전소, 개폐소 등의 전기설비

- 발전소 등의 울타리·담 등 지표상 높이

| 울타리·담 등의 높이 | 2[m] 이상 |
|---|---|
| 지표면과 울타리·담 등의 하단사이의 간격 | 15[cm] 이하 |

- 울타리·담 등의 높이($x$)와 울타리·담 등으로부터 충전부분까지의 거리($y$)의 합계($x+y$)

| 사용전압 | 거리의 합계 ($x+y$) |
|---|---|
| 35[kV] 이하 | 5[m] 이상 |
| 35[kV] 초과 160[kV] 이하 | 6[m] 이상 |
| 160[kV] 이하 | $6[m] + 단수 \times 0.12[m]$ 이상 <br> 단수 $= \dfrac{사용전압[kV] - 160[kV]}{10}$ <br> (단, 단수의 소수점 첫째자리는 절상한다.) |

- 특고압전로의 상 및 접속 상태 표시
  - 보기 쉬운 곳에 상별표시를 한다.
  - 접속상태를 모의모선 등으로 표시한다. 단, 단일모선으로 회선수가 2 이하의 간단한 것은 예외로 한다.
- 발전기 등의 보호장치
  발전기에는 다음 각 호의 경우에 자동적으로 이를 전로로부터 차단하는 장치를 시설하여야 한다.
  - 발전기에 과전류나 과전압이 생긴 경우(용량과 관계 없음)
  - 10000[kW]를 초과하는 증기터빈은 그 스러스트베어링이 현저하게 마모되거나 그의 온도가 현저히 상승한 경우
  - 10000[kVA] 이상인 발전기의 내부에 고장이 생긴 경우

- 2000[kVA] 이상인 수차발전기의
  스러스트베어링의 온도가 현저히 상승한 경우
- 500[kVA] 이상의 발전기를 구동하는 수차의
  압유장치의 유압이 현저하게 저하한 경우
- 100[kVA] 이상인 발전기를 구동하는 풍차의
  압유장치의 유압, 압축공기장치의 공기압 또는
  전동식브레이드 제어장치의 전원전압이 현저히
  저하한 경우
- 특고압용 변압기의 보호장치
  특고압용 변압기에는 그 내부에 고장이 생겼을
  경우에 보호하는 장치를 다음과 같이 시설하여야
  한다.

| 5000[kVA] 이상 10000[kVA] 미만인 변압기 내부고장 시 | 자동차단장치 또는 경보장치 시설 |
|---|---|
| 10000[kVA] 이상인 변압기 내부고장 시 | 자동차단장치 시설 |
| 냉각장치에 고장 또는 변압기의 온도가 현저히 상승하는 경우 | 경보장치 시설 |

- 무효전력 보상장치의 보호장치

| 조상설비 | 뱅크용량 | 보호장치시설 |
|---|---|---|
| 전력용 커패시터 및 분로 리액터 | 500[kVA] 초과 15000[kVA] 미만 | 내부에 고장이 생긴 경우 과전류가 생긴 경우 |
| | 15000[kVA] 이상 | 내부에 고장이 생긴 경우 과전류가 생긴 경우 과전압이 생긴 경우 |
| 무효전력 보상장치 (조상기) | 15000[kVA] 이상 | 내부에 고장이 생긴 경우 |

- 계측장치
  발전소·변전소에는 다음에 해당하는 계측장치를
  시설하여야 한다. 단, 태양전지 발전소는 연계하는
  전력계통에 그 발전소 이외의 전원이 없는 것에
  대하여는 그러지 아니하다.
  - 발전기, 주변압기, 동기 무효전력보상장치의
    전압, 전류, 전력

- 발전기, 동기 무효전력보상장치의 베어링 및
  고정자 온도
- 특고압용 변압기의 유온
- 동기 발전기 용량이 연계하는 전력계통의
  용량보다 현저하게 작은 경우에는
  동기검정장치를 생략할 수 있다.
- 상주 감시를 하지 아니하는 발전소의 시설
  - 원동기 제어용의 압유장치의 유압,
    압축공기장치의 공기압 또는 전동제어장치의
    전원전압이 현저히 저하한 경우
  - 원동기의 회전속도가 현저히 상승한 경우
  - 발전기에 과전류가 생긴 경우
  - 정격출력이 500[kW] 이상의 원동기(풍차를
    시가지 그 밖에 인가가 밀접된 지역에 시설하는
    경우에는 100[kW] 이상) 또는 그 발전기의
    베어링 온도가 현저히 상승한 경우
  - 용량이 2000[kVA] 이상의 발전기의 내부에
    고장이 생긴 경우
  - 내연기관의 냉각수 온도가 현저히 상승한 경우
    또는 냉각수의 공급이 정지된 경우
  - 내연기관의 윤활유 압력이 현저히 저하한 경우
  - 내연력 발전소의 제어회로 전압이 현저히 저하한
    경우
- 상주 감시를 하지 아니하는 변전소의 시설
  - 다음의 경우에는 변전제어소 또는 기술원이
    상주하는 장소에 경보장치를 시설할 것
    ✓ 운전조작에 필요한 차단기가 자동적으로
      차단한 경우(차단기가 연결한 경우를 제외)
    ✓ 주요 변압기의 전원측 전로가 무전압으로 된
      경우
    ✓ 제어회로의 전압이 현저히 저하한 경우
    ✓ 옥내변전소에 화재가 발생한 경우

✓ 출력 3000[kVA]를 초과하는 특고압용 변압기는 그 온도가 현저히 상승한 경우

✓ 특고압용 타냉식 변압기는 그 냉각장치가 고장난 경우

✓ 무효전력보상장치는 내부에 고장이 생긴 경우

✓ 수소냉각식 무효전력보상장치는 그 무효전력보상장치 안의 수소의 순도가 90[%] 이하로 저하한 경우, 수소의 압력이 현저히 변동한 경우 또는 수소의 온도가 현저히 상승한 경우

✓ 가스절연기기(압력의 저하에 의하여 절연파괴 등이 생길 우려가 없는 경우를 제외)의 절연가스의 압력이 현저히 저하한 경우

- 수소냉각식 무효전력보상장치를 시설하는 변전소는 그 무효전력보상장치 안의 수소의 순도가 85[%] 이하로 저하한 경우에 그 무효전력보상장치를 전로로부터 자동적으로 차단하는 장치를 시설할 것

## 10 전력보안 통신설비

• 전력보안통신설비의 일반사항
발전소, 변전소 및 변환소의 전력보안통신설비의 시설장소는 다음에 따른다.

- 원격감시제어가 되지 아니하는 발·변전소, 발·변전제어소, 개폐소 및 기술원 주재소, 급전소간

- 2 이상의 급전소 상호간과 이들을 총합 운용하는 급전소간

- 총합 운용을 하는 급전소로서 서로 연계가 다른 전력 계통에 속하는 것의 상호간

- 동일 수계에 속하고 보안상 긴급연락의 필요가 있는 수력발전소 상호간

- 동일 전력계통에 속하고 또한 보안상 긴급 연락의 필요가 있는 발전소, 변전소, 발·변전 제어소 및 개폐소 상호간

• 통신선의 높이 규정

| 시설 장소 | | 가공통신선 | 전선첨가 통신선 | |
|---|---|---|---|---|
| | | | 저·고압 | 특고압 |
| 도로 (차도) 위 | 일반적 경우 | 5[m] 이상 | 6[m] 이상 | 6[m] 이상 |
| | 교통에 지장을 안 주는 경우 | 4.5[m] 이상 | 5[m] 이상 | - |
| 철도횡단 | | 6.5[m] 이상 | 6.5[m] 이상 | 6.5[m] 이상 |
| 횡단보도교 위 (노면상) | | 3[m] 이상 | 3.5[m] 이상 | 5[m] 이상 |
| 횡단보도교 (통신선에 절연전선과 동등 이상의 절연효력이 있는 것 또는 케이블을 사용시) | | - | 3[m] 이상 | 4[m] 이상 |
| 기타 장소 (도로, 철도, 횡단보도교 이외의 장소) | | 3.5[m] 이상 | 4[m] 이상 | 5[m] 이상 |

| [참고 1] 저·고압 가공전선의 높이 | |
|---|---|
| 설치장소 | 저·고압 가공전선의 높이 |
| 도로횡단 | 지표상 6[m] 이상 |
| 철도, 궤도횡단 | 레일면상 6.5[m] 이상 |
| 횡단보도교위 | 노면상 3.5[m] 이상 (단, 저압가공전선에 절연전선, 케이블 사용 : 3[m] 이상) |
| 도로를 따라 시설 | 지표상 5[m] 이상 (단, 교통에 지장이 없는 경우 지표상 4[m] 이상) |

| [참고 2] 가공 인입선의 높이 | | | | |
|---|---|---|---|---|
| 설치장소 | 저압 | 고압 | 특고압 | |
| | | | 35[kV] 이하 | 35[kV] 초과 |
| 도로횡단 | 5[m] 이상 | 6[m] 이상 | 6[m] 이상 | |
| 철도 또는 궤도 횡단 | 6.5[m] 이상 | | | |
| 횡단보도 교위 위험 표시 | 3[m] 이상 | 3.5[m] 이상 | 4[m] 이상 | 5[m] 이상 |

- 통신선과 전선첨가 통신선의 이격거리

| 전압 | 전력선의 종류 | 통신선의 종류 | 이격 거리 |
|---|---|---|---|
| 저압 및 중성선 | 나선 | 나선, 절연전선, 케이블 | 60[cm] 이상 |
| | 절연전선 또는 케이블 | 절연전선 이상 | 30[cm] 이상 |
| 고압 | 나선 또는 절연전선 | 나선, 절연전선, 케이블 | 60[cm] 이상 |
| | 케이블 | 절연전선 이상 | 30[cm] 이상 |
| 특고압 | 나선 또는 절연전선 | 나선, 절연전선, 케이블 | 120[cm] 이상 |
| | 케이블 | 절연전선 이상 | 30[cm] 이상 |

- 특고압 전선로 전선첨가설치 통신선의 시가지 인입 제한
  시가지에 시설하는 통신선은 특고압 가공전선로의 지지물에 시설하여서는 안 된다. 다만, 통신선이 절연전선과 동등 이상의 절연효력이 있고 인장강도 5.26[kN] 이상의 것 또는 단면적 $16[mm^2]$(지름 4[mm]) 이상의 절연전선 또는 광섬유 케이블인 경우에는 그러하지 아니하다.

- 전력보안통신선의 시설 높이와 이격거리
  - 통신선은 특고압 가공전선 아래에 시설해야 한다.

- 통신선과 사용전압이 25[kV] 이하인 특고압 가공전선 사이의 이격거리는 0.75[m] 이상이어야 한다.
- 다만, 특고압 가공전선이 절연 전선 또는 케이블일 경우 0.3[m] 이상으로 할 수 있다.
- 통신선과 저압 가공전선 또는 특고압 가공전선로의 다중접지를 한 중성선 사이의 이격거리는 0.6[m] 이상이어야한다.
- 통신선과 고압 가공전선 사이의 이격거리는 0.6[m] 이상이어야 한다.

- 전력선 반송 통신용 결합장치의 보안장치

| FD | 동축케이블 |
|---|---|
| F | 정격전류 10[A] 이하의 포장 퓨즈 |
| DR | 전류 용량 2[A] 이상의 배류 선륜 |
| $L_1$ | 교류 300[V] 이하에서 동작하는 피뢰기 |
| $L_2$ | 동작전압이 교류 1300[V]을 초과하고 1600[V] 이하로 조정된 방전갭 |
| $L_3$ | 동작전압이 교류 2[kV]를 초과하고 3[kV] 이하로 조정된 구상 방전갭 |
| S | 접지용 개폐기 |
| CF | 결합 필터 |
| CC | 결합 커패시터(결합 안테나를 포함한다.) |
| E | 접지 |

- 무선용 안테나

| 목주의 안전율 | 1.5 이상 |
|---|---|
| 철주, 철근콘크리트주 또는 철탑의 기초 안전율 | 1.5 이상 |

- 무선용 안테나 등의 시설 제한
  무선용 안테나 및 화상감시용 설비 등은 전선로의 주위 상태를 감시할 목적으로 시설하는 것 이외에는 가공전선로의 지지물에 시설하여서는 아니된다.

## CHAPTER 4 | 전기철도설비

### 1 전기철도 용어정의

| | |
|---|---|
| 궤도 | 레일·침목 및 도상과 이들의 부속품으로 구성된 시설 |
| 전차선 | 전기철도차량의 집전장치와 접촉하여 전력을 공급하기 위한 전선 |
| 급전선 | 전기철도차량에 사용할 전기를 변전소로부터 전차선에 공급하는 전선 |
| 급전선로 | 급전선 및 이를 지지하거나 수용하는 설비를 총괄한 것 |
| 조가선 | 전차선이 레일면상 일정한 높이를 유지하도록 행어이어, 드로퍼 등을 이용하여 전차선 상부에서 조가하여 주는 전선 |
| 귀선회로 | 전기철도차량에 공급된 전력을 변전소로 되돌리기 위한 귀로 |
| 누설전류 | 전기철도에 있어서 레일 등에서 대지로 흐르는 전류 |
| 지속성 최저전압 | 무한정 지속될 것으로 예상되는 전압의 최저값 |
| 지속성 최고전압 | 무한정 지속될 것으로 예상되는 전압의 최고값 |
| 장기 과전압 | 지속시간이 $20[ms]$ 이상인 과전압 |

### 2 전차선로

- 전차선 가선 방식
  가공방식, 강체방식, 제3레일방식
- 전차선 및 급전선의 높이

| 시스템 종류 | 공칭전압 [V] | 동적 [mm] | 정적 [mm] |
|---|---|---|---|
| 직류 | 750 | 4800 | 4400 |
| | 1500 | 4800 | 4400 |
| 단상교류 | 25000 | 4800 | 4570 |

- 전차선로 설비의 안전율
  하중을 지탱하는 전차선로 설비의 강도는 작용이 예상되는 하중의 최악 조건 조합에 대하여 다음의 최소 안전율이 곱해진 값을 견뎌야 한다.

- 합금전차선의 경우 2.0 이상
- 경동선의 경우 2.2 이상
- 조가선 및 조가선 장력을 지탱하는 부품에 대하여 2.5 이상

### 3 전기철도의 안전을 위한 보호

- 누설전류 간섭에 대한 방지
  - 직류 전기철도 시스템이 매설 배관 또는 케이블과 인접할 경우 누설전류를 피하기 위해 최대한 이격시켜야 하며, 주행레일과 최소 $1[m]$ 이상의 거리를 유지하여야 한다.
  - 귀선시스템의 종 방향 전기저항을 낮추기 위해서는 레일 사이에 저저항 레일본드를 접합 또는 접속하여 전체 종 방향 저항이 $5[\%]$ 이상 증가하지 않도록 하여야 한다.
- 전기부식 방지
  - ① 전기철도측의 전기부식방식 또는 전기부식 예방
    ✓ 변전소 간 간격 축소
    ✓ 레일본드의 양호한 시공
    ✓ 장대레일채택
    ✓ 절연도상 및 레일과 침목사이에 절연층의 설
  - ② 매설금속체측의 누설전류에 의한 전기부식의 피해가 예상되는 곳
    ✓ 배류장치 설치
    ✓ 절연코팅
    ✓ 매설금속체 접속부 절연
    ✓ 저준위 금속체 접속
    ✓ 궤도와의 이격거리 증대
    ✓ 금속판 등의 도체로 차폐

✓ **TIP** ①, ② 구분하여 암기

# CHAPTER 5 | 분산형 전원설비

## 1 전기저장장치

- 옥내전로의 대지전압 제한
  - 백열 전등 또는 방전등에 전기를 공급하는 옥내전로의 대지전압은 300[V] 이하이다.
  - 주택의 전기저장장치의 축전지에 접속하는 부하 측 옥내배선을 다음에 따라 시설하는 경우에 주택의 옥내전로의 대지전압은 직류 600[V]까지 적용할 수 있다.
- 전기저장장치의 전기배선
  전선은 공칭단면적 2.5[mm²] 이상의 연동선 또는 이와 동등 이상의 세기 및 굵기의 것일 것

## 2 태양광발전설비

- 태양광발전설비의 시설
  - 태양전지 모듈, 전선, 개폐기 및 기타 기구는 충전부분이 노출되지 않도록 시설하여야 한다.
  - 배선설비공사는 옥내에 시설할 경우에는 금속관공사, 금속제 가요전선관공사, 케이블공사, 합성수지관공사에 준하여 시설하여야 한다.
  - 태양전지 모듈의 프레임은 지지물과 전기적으로 완전하게 접속하여야 한다.
  - 모듈을 병렬로 접속하는 전로에는 그 전로에 단락전류가 발생할 경우에 전로를 보호하는 과전류차단기 또는 기타 기구를 시설하여야 한다. 단, 그 전로가 단락전류에 견딜 수 있는 경우에 그러하지 아니한다.
- 풍력발전설비
  풍력터빈의 강도계산은 다음 사항에 따라야 한다.

| 사용조건 | 최대풍속, 최대회전수 |
|---|---|
| 강도조건 | 하중조건, 강도계산의 기준, 피로 하중 |

- 계측장치의 시설
  풍력터빈에는 설비의 손상을 방지하기 위하여 운전 상태를 계측하는 다음의 계측장치를 시설하여야 한다.
  - 회전속도계
  - 나셀 내의 진동을 감시하기 위한 진동계
  - 풍속계
  - 압력계
  - 온도계
- 연료전지설비의 구조
  - 내압시험은 연료전지 설비의 내압 부분 중 최고 사용압력이 0.1[MPa] 이상의 부분은 최고 사용압력의 1.5배의 수압(수압으로 시험을 실시하는 것이 곤란한 경우는 최고 사용압력의 1.25배의 기압)까지 가압하여 압력이 안정된 후 최소 10분간 유지하는 시험을 실시하였을 때 이것에 견디고 누설이 없어야 한다.
  - 기밀시험은 연료전지 설비의 내압 부분중 최고 사용압력이 0.1[MPa] 이상의 부분(액체 연료 또는 연료가스 혹은 이것을 포함한 가스를 통하는 부분에 한정한다.)의 기밀시험은 최고 사용압력의 1.1배의 기압으로 시험을 실시하였을 때 누설이 없어야 한다.
- 연료접지설비
  연료전지 전로 또는 직류전로에 접지공사를 할 때는 다음 조건을 준수해야 한다.
  - 접지도체는 공칭단면적 16[mm²] 이상의 연동선 또는 동등 이상의 세기와 굵기를 가진, 쉽게 부식되지 않는 금속선을 사용해야 한다.
  - 접지도체는 고장 시 흐르는 전류가 안전하게 통할 수 있도록 해야 하며, 손상될 우려가 없도록 시설해야 한다.
  - 저압 전로의 중성점에 시설할 경우, 공칭단면적 6[mm²] 이상의 연동선을 사용해야 한다.

# MEMO

# 01

# 회로이론

## 문제 & 해설

## 001

회로에서의 전류 방향을 옳게 나타낸 것은?

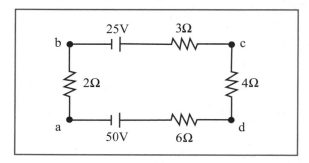

① 알 수 없다.　　　② 시계 방향이다.

③ 흐르지 않는다.　　④ 반시계 방향이다.

주어진 회로에서 직렬 연결된 전압원을 합성한 회로는 아래와 같다.

전압원 $V = 50 - 25 = 25 [V]$

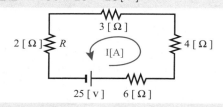

따라서 전류가 흐르는 방향은 반시계 방향이 된다.

**답** ④

## 002

내부저항 0.1[Ω]인 건전지 10개를 직렬로 접속하고 이것을 한 조로 하여 5조 병렬로 접속하면 합성 내부 저항은 몇 [Ω] 인가?

① 5　　　　　　② 1

③ 0.5　　　　　④ 0.2

내부 저항 0.1 [Ω]인 건전지 10개를 직렬로 접속했을 때의 합성 저항 값은 $0.1 \times 10 = 1 [Ω]$이다.
이것을 한 조로 하여 5조 병렬 접속하면
$R = \dfrac{1 [Ω]}{5} = 0.2 [Ω]$이다.

**답** ④

## 003

다음과 같은 회로에서 $a,b$ 양단의 전압은 몇 $[V]$인가?

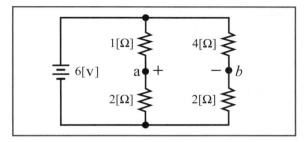

① 1

② 2

③ 2.5

④ 3.5

병렬 회로에서는 각 가지에 걸리는 전압이 동일하다.

- $V_a = \dfrac{2\,[\Omega]}{1\,[\Omega] + 2\,[\Omega]} \times 6\,[V] = 4\,[V]$

  왼쪽 가지의 저항 분배로 인해 $a$지점의 전압은 $4\,[V]$이다.

- $V_b = \dfrac{2\,[\Omega]}{4\,[\Omega] + 2\,[\Omega]} \times 6\,[V] = 2\,[V]$

  오른쪽 가지의 저항 분배로 인해 $b$지점의 전압은 $2\,[V]$이다.

이때 $a, b$ 양단의 전압은 $a$지점과 $b$지점의 전압 차이이므로

$\therefore V_{ab} = V_a - V_b = 2\,[V]$

目 ②

## 004

$R = 10\,[\Omega]$, $C = 50\,[uF]$ 의 직렬 회로에 $200\,[V]$의 직류를 가할 때 완충된 전기량 $Q[C]$는?

① 10

② 0.1

③ 0.01

④ 0.001

전기량 $Q = CV = 50 \times 10^{-6} \times 200 = 0.01\,[C]$

目 ③

## 005

그림과 같은 파형의 전압 순시값은?

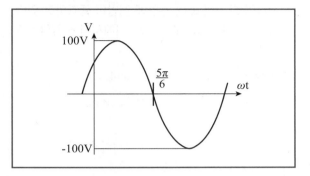

① $100\sin\!\left(\omega t + \dfrac{\pi}{6}\right)$

② $100\sqrt{2}\,\sin\!\left(\omega t + \dfrac{\pi}{6}\right)$

③ $100\sin\!\left(\omega t - \dfrac{\pi}{6}\right)$

④ $100\sqrt{2}\,\sin\!\left(\omega t - \dfrac{\pi}{6}\right)$

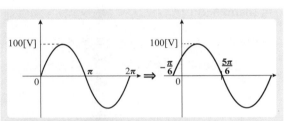

주어진 파형은 최대값 $V_m = 100\,[V]$이며, 위상이 $\dfrac{\pi}{6}$ 만큼 앞선(진상) 파형이다.

전압 순시값

$v(t) = V_m\sin\left(\omega t \pm \theta\right) = 100\sin\left(\omega t + \dfrac{\pi}{6}\right)$

目 ①

## 006

최대값이 10[$V$]인 정현파 전압이 있다. $t = 0$ 에서의 순시값이 5[$V$]이고 이 순간에 전압이 증가하고 있다. 주파수가 60[$Hz$]일 때, $t = 2[ms]$에서의 전압의 순시값 [$V$]은?

① $10\sin30°$

② $10\sin43.2°$

③ $10\sin73.2°$

④ $10\sin103.2°$

최대값 $V_m = 10[V]$, $t = 0$ 에서의 순시값
$v = 5[V]$이므로 순시값
$v = V_m\sin(\omega t \pm \theta) = 10\sin(0 + 30°) = 5$ 에서 위상 $\theta = 30°$이다.
$t = 2[ms] = 2 \times 10^{-3}[\sec]$에서의 순시값은
$v = \sin\left(2\pi \times 60 \times 2 \times 10^{-3} \times \dfrac{180°}{\pi} + 30°\right)$
$= 10\sin73.2[V]$

☑ **참고** $\omega = 2\pi f$ 는 라디안 값으로 계산되기 때문에 °(degree)로 바꿔주기 위해 $\dfrac{180°}{\pi}$ 를 곱해준다.

답 ③

## 007

**정현파 교류 전압의 평균값은 최대값의 약 몇 [%]인가?**

① 50.1

② 63.7

③ 70.7

④ 90.1

**정현파 교류 전압의 평균값**
$V_m = \dfrac{2}{\pi}V_m = 0.637\,V_m[V]$
평균값은 최대값의 약 63.7[%] 이다.

답 ②

## 008

그림과 같은 주기 파형의 전류 $i(t) = 10e^{-100t}[A]$의 평균값은 약 몇 [$A$] 인가?

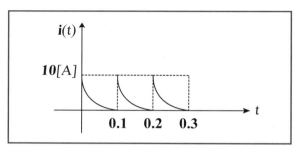

① 0.5

② 1

③ 2.5

④ 5

주어진 파형의 주기 $T = 0.1$ 이다.
**평균값**
$I_a = \dfrac{1}{T}\int_0^T i(t)dt = \dfrac{1}{0.1}\int_0^{0.1} 10e^{-100t}dt$
$= \dfrac{1}{0.1} \times 10\int_0^{0.1} e^{-100t}dt$
$= \dfrac{10}{0.1}\left[\dfrac{1}{-100}e^{-100t}\right]_0^{0.1}$
$= \dfrac{10}{0.1} \times \dfrac{1}{-100}(e^{-10} - e^0)$
$= 100 \times \dfrac{1}{-100}(e^{-10} - 1)$
$= 1[A]$

☑ **참고** $e^{f(x)}$ 를 적분하면 $\dfrac{e^{f(x)}}{f'(x)}$ 이다.

답 ②

## 009

인덕턴스가 0.1[$H$]인 코일에 실효값 100[$V$], 60[$Hz$], 위상 30도인 전압을 가했을 때 흐르는 전류의 실효값 크기는 약 몇 [$A$]인가?

① 43.7

② 37.7

③ 5.46

④ 2.65

**전류의 실효값**

$$I = \frac{V}{X_L} = \frac{V}{\omega L} = \frac{V}{2\pi f L}$$

$$= \frac{100}{2\pi \times 60 \times 0.1} = 2.65[A]$$

目 ④

## 010

정현파 교류 $V = V_m \sin\omega t$ 의 전압을 반파 정류하였을 때의 실효값은 몇 [$V$]인가?

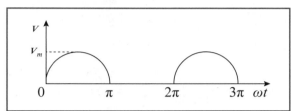

① $\frac{1}{\sqrt{2}} V_m$

② $\frac{1}{2} V_m$

③ $\frac{1}{2\sqrt{2}} V_m$

④ $\sqrt{2} V_m$

| 종류 | 파형 | 평균값 | 실효값 |
|---|---|---|---|
| 정현파<br>(전파 정류파) | | $\frac{2}{\pi} V_m$ | $\frac{1}{\sqrt{2}} V_m$ |
| 정현 반파<br>(반파 정류파) | | $\frac{1}{\pi} V_m$ | $\frac{1}{2} V_m$ |
| 구형파 | | $V_m$ | $V_m$ |
| 구형 반파 | | $\frac{1}{2} V_m$ | $\frac{1}{\sqrt{2}} V_m$ |
| 삼각파, 톱니파 | | $\frac{1}{2} V_m$ | $\frac{1}{\sqrt{3}} V_m$ |

目 ②

## 011

순시치 전류 $i(t) = I_m \sin(\omega t + \theta_I)[A]$ 의 파고율은 약 얼마인가?

① 0.577

② 0.707

③ 1.414

④ 1.732

$$\text{파고율} = \frac{\text{최대값}}{\text{실효값}} = \frac{I_m}{\frac{I_m}{\sqrt{2}}} = \sqrt{2} = 1.414$$

📖 ③

## 012

그림과 같은 파형의 파고율은?

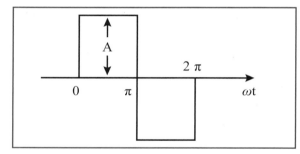

① 1

② 2

③ $\sqrt{2}$

④ $\sqrt{3}$

주어진 파형은 구형파이며, 구형파의 실효값은 최대값과 같다. 즉, 평균값, 실효값, 최대값이 모두 같다.

$$\text{파고율} = \frac{\text{최대값}}{\text{실효값}} = \frac{V_m}{V_m} = 1$$

📖 ①

## 013

최대값이 $I_m$ 인 정현파 교류의 반파정류 파형의 실효값은?

① $\dfrac{I_m}{2}$

② $\dfrac{I_m}{\sqrt{2}}$

③ $\dfrac{2I_m}{\pi}$

④ $\dfrac{\pi I_m}{2}$

**정현 반파(반파 정류파)**
• 평균값: $\dfrac{1}{\pi} I_m [A]$
• 실효값: $\dfrac{1}{2} I_m [A]$

📖 ①

## 014

그림과 같은 파형의 파고율은?

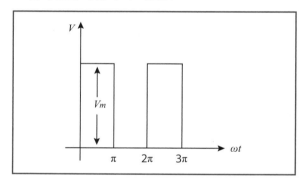

① 1

② $\dfrac{1}{\sqrt{2}}$

③ $\sqrt{2}$

④ $\sqrt{3}$

• $\text{파고율} = \dfrac{\text{최대값}}{\text{실효값}} = \dfrac{V_m}{\frac{V_m}{\sqrt{2}}} = \sqrt{2}$

**☑ 참고** 구형 반파(반구형파)
• 평균값 $\dfrac{1}{2} V_m$
• 실효값 $\dfrac{1}{\sqrt{2}} V_m$

📖 ③

## 015

**파형이 톱니파인 경우 파형률은 약 얼마인가?**

① 1.155

② 1.732

③ 1.414

④ 0.577

---

**톱니파(삼각파)**

- 실효값 $V = \dfrac{1}{\sqrt{3}} V_m$, 평균값 $V_a = \dfrac{1}{2} V_m$

- 파형률 $= \dfrac{\text{실효값}}{\text{평균값}} = \dfrac{\frac{1}{\sqrt{3}} V_m}{\frac{1}{2} V_m} = \dfrac{2}{\sqrt{3}} = 1.155$

📋 ①

## 016

**$R$-$L$ 직렬 회로에 $e = 100\sin(120\pi t)[V]$의 전압을 인가하여 $i = 2\sin(120\pi t - 45°)[A]$의 전류가 흐르도록 하려면 저항은 몇 [Ω] 인가?**

① 25.0

② 35.4

③ 50.0

④ 70.7

---

$$Z = \frac{e}{i} = \frac{100\sin(120\pi t)}{2\sin(100\pi t - 45°)}$$

$$= \frac{100\angle 0°}{2\angle -45°} = 50\angle 45°$$

$$= 50\cos45° + j50\sin45$$

이때 $Z = R + jX$ 이므로

$$R = 50\cos45° = 50 \times \frac{\sqrt{2}}{2} = 25\sqrt{2} = 35.4[Ω]$$

📋 ②

## 017

**$R = 100[Ω]$, $C = 30[\mu F]$의 직렬 회로에 $f = 60[Hz]$, $V = 100[V]$의 교류 전압을 인가할 때 전류는 약 몇 [$A$] 인가?**

① 0.42

② 0.64

③ 0.75

④ 0.87

---

**임피던스**

$$Z = R + \frac{1}{j\omega C}$$

$$= 100 - j\frac{1}{2\pi \times 60 \times 30 \times 10^{-6}} = 100 - j88.42[Ω]$$

**임피던스 크기**

$$|Z| = \sqrt{100^2 + 88.42^2} = 133.48[Ω]$$

**전류**

$$I = \frac{V}{|Z|} = \frac{100}{133.48} = 0.75[A]$$

☑ **참고** $j^2 = -1$

📋 ③

## 018

**$e = 100\sqrt{2}\sin\omega t + 75\sqrt{2}\sin3\omega t + 20\sqrt{2}\sin5\omega t\,[V]$ 인 전압을 $RL$ 직렬 회로에 가할 때 제3고조파 전류의 실효값은 몇 [$A$]인가? (단, $R = 4[Ω]$, $\omega L = 1[Ω]$이다.)**

① 15

② $15\sqrt{2}$

③ 20

④ $20\sqrt{2}$

---

$$Z_3 = R + j3\omega L = 4 + j3 \times 1 = 4 + j3[Ω]$$

$$|Z_3| = \sqrt{4^2 + 3^2} = 5[Ω]$$

$$I_3 = \frac{V_3}{|Z_3|} = \frac{75}{5} = 15[A]$$

☑ **참고** $V_3$에는 $75\sqrt{2}$ 가 아닌, 제3고조파 <u>실효값</u>을 대입한다.

📋 ①

## 019

정현파 교류전원 $e = E_m \sin(\omega t + \theta)[V]$ 가 인가된 $R$ - $L$ - $C$ 직렬 회로에 있어서 $\omega L > \dfrac{1}{\omega C}$ 일 경우, 이 회로에 흐르는 전류 $I[A]$의 위상은 인가전압 $e[V]$의 위상보다 어떻게 되는가?

① $\tan^{-1} \dfrac{\omega L - \dfrac{1}{\omega C}}{R}$ 앞선다.

② $\tan^{-1} \dfrac{\omega L - \dfrac{1}{\omega C}}{R}$ 뒤진다.

③ $\tan^{-1} \left( \dfrac{1}{\omega L} - \omega C \right)$ 앞선다.

④ $\tan^{-1} \left( \dfrac{1}{\omega L} - \omega C \right)$ 뒤진다.

$\omega L > \dfrac{1}{\omega C}$ 인 경우 유도성 회로이며, 전류 $I$는 전압보다 위상이 $\theta$ 만큼 뒤진다.

이때 위상각 $\theta = \tan^{-1} \dfrac{\omega L - \dfrac{1}{\omega C}}{R}$ 이다.

**답** ②

## 020

저항 $R = 15[\Omega]$ 과 인덕턴스 $L = 3[mH]$ 를 병렬로 접속한 회로의 서셉턴스의 크기는 약 몇 [℧] 인가? (단, $\omega = 2\pi \times 10^5$)

① $3.2 \times 10^{-2}$      ② $8.6 \times 10^{-3}$

③ $5.3 \times 10^{-4}$      ④ $4.9 \times 10^{-5}$

**임피던스**
$Z = \sqrt{R^2 + (\omega L)^2}$
$= \sqrt{15^2 + (2\pi \times 10^5 \times 3 \times 10^{-3})^2} = 1,885[\Omega]$

**서셉턴스**
$B = \dfrac{1}{Z} = \dfrac{1}{1,885} = 5.3 \times 10^{-4}[℧]$

**답** ③

## 021

그림과 같은 회로에서 전류 $I[A]$ 는?

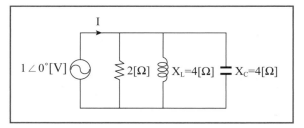

① $0.2[A]$      ② $0.5[A]$

③ $0.7[A]$      ④ $0.9[A]$

$I_R = \dfrac{V}{R} = \dfrac{1}{2}[A]$

$I_L = \dfrac{V}{X_L} = \dfrac{1}{4}[A] (지상)$

$I_C = \dfrac{V}{X_C} = \dfrac{1}{4}[A] (진상)$

$\therefore I = I_R - I_L + I_C = 0.5 - 0.25 + 0.25 = 0.5[A]$

☑ **참고** 지상인 유도성 전류 $I_L$ 는 전압보다 위상이 90°뒤처지므로 음수로 계산한다.

**답** ②

## 022

대칭 상 교류 성형 결선에서 선간 전압과 상전압 간의 위상차는 몇 도인가?

① $27°$      ② $36°$

③ $54°$      ④ $72°$

**대칭 n상 회로의 위상차**
$\theta = \dfrac{\pi}{2}\left(1 - \dfrac{2}{n}\right) = \dfrac{\pi}{2}\left(1 - \dfrac{2}{5}\right) = 54°$

**답** ③

## 023

어떤 콘덴서를 $300[V]$로 충전하는데 $9[J]$의 에너지가 필요하였다. 이 콘덴서의 정전 용량은 몇 $[\mu F]$ 인가?

① 100

② 200

③ 300

④ 400

콘덴서에 축적되는 에너지 $W = \dfrac{1}{2} C V^2 [J]$ 에서

**정전 용량**

$C = \dfrac{2W}{V^2} = \dfrac{2 \times 9}{300^2} = 2 \times 10^{-4} [F] = 200[\mu F]$

답 ②

## 024

다음과 같은 회로의 공진 시 어드미턴스는?

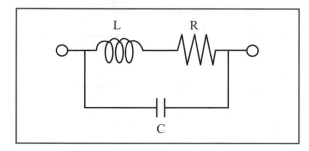

① $\dfrac{RL}{C}$

② $\dfrac{RC}{L}$

③ $\dfrac{L}{RC}$

④ $\dfrac{R}{LC}$

주어진 회로는 직렬 연결된 $L$ 과 $R$ 이 $C$ 와 병렬 연결되어 있다.

**어드미턴스**

$Y = \dfrac{1}{R + j\omega L} + j\omega C$

$= \dfrac{R - j\omega L}{(R + j\omega L)(R - j\omega L)} + j\omega C$

$= \dfrac{R - j\omega L}{R^2 + \omega^2 L^2} + j\omega C$

$= \dfrac{R}{R^2 + \omega^2 L^2} - \dfrac{j\omega L}{R^2 + \omega^2 L^2} + j\omega C$

$= \dfrac{R}{R^2 + \omega^2 L^2} + j\omega \left( C - \dfrac{L}{R^2 + \omega^2 L^2} \right)$

공진 조건은 허수부가 0이 되어야 하므로

$C - \dfrac{L}{R^2 + \omega^2 L^2} = 0$ 에서 $R^2 + \omega^2 L^2 = \dfrac{L}{C}$ 이다.

**공진 시 어드미턴스**

$Y_0 = \dfrac{R}{R^2 + \omega^2 L^2} = \dfrac{R}{\dfrac{L}{C}} = \dfrac{RC}{L} [\mho]$

답 ②

## 025

그림과 같은 $R$ - $C$ 병렬 회로에서 전원 전압이 $e(t) = 3e^{-5t}[V]$인 경우 이 회로의 임피던스는?

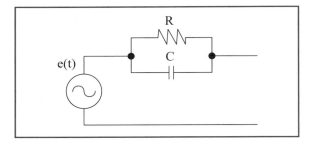

① $\dfrac{j\omega RC}{1 + j\omega RC}$  ② $\dfrac{R}{1 - 5RC}$

③ $\dfrac{R}{1 + RCs}$  ④ $\dfrac{1 + j\omega RC}{R}$

$R$ - $C$ 병렬 회로에서 합성 임피던스

$$Z = \dfrac{R \times \dfrac{1}{j\omega C}}{R + \dfrac{1}{j\omega C}} = \dfrac{R}{1 + j\omega RC}[\Omega]$$

이때 전원 전압 $e(t) = 3e^{-5t} = 3e^{j\omega t}[V]$에서

$j\omega = -5$이므로 $Z = \dfrac{R}{1 + j\omega RC} = \dfrac{R}{1 - 5RC}[\Omega]$

답 ②

## 026

$R = 100[\Omega]$, $X_c = 100[\Omega]$이고 $L$ 만을 가변할 수 있는 $R$-$L$-$C$ 직렬 회로가 있다. 이때 $f = 500[Hz]$ $E = 100[V]$를 인가하여 $L$을 변화시킬 때 $L$의 단자 전압 $E_L$의 최대값은 몇 $[V]$인가?(단, 공진 회로 이다.)

① 50  ② 100

③ 150  ④ 200

직렬 회로에서 공진 조건은 $X_L = X_C$ 이다. 따라서 회로의 전류를 제어하는 소자는 $R = 100[\Omega]$ 뿐이다.

$\therefore E_L = IX_L = IX_C = 1 \times 100 = 100[V]$

☑ **참고** 공진 조건 $X_L = X_C$ 의 의미는 공진 상태에서 이 두 개의 리액턴스가 같아져서 서로 상쇄된다는 것이다. 즉, 인덕터의 리액턴스가 커패시터의 리액턴스와 같아져서 전체 회로의 리액턴스가 0이 되고, 순수 저항만 남게 된다.

답 ②

## 027

$R$-$L$-$C$ 직렬 회로에서 진동 조건은 어느 것인가?

① $R < 2\sqrt{\dfrac{L}{C}}$  ② $R < 2\sqrt{\dfrac{C}{L}}$

③ $R < 2\sqrt{LC}$  ④ $R < \dfrac{1}{2\sqrt{LC}}$

$R$-$L$-$C$ 직렬 회로에서 진동 조건은 $R^2 < 4\dfrac{L}{C}$ 이다. 여기서 제곱근을 취하면 $R < 2\sqrt{\dfrac{L}{C}}$ 이다.

☑ **참고** $R$-$L$-$C$ 소자 값에 따른 과도 현상

• $R^2 > 4\dfrac{L}{C}$ 의 경우: 비진동

• $R^2 < 4\dfrac{L}{C}$ 의 경우: 진동

• $R^2 = 4\dfrac{L}{C}$ 의 경우: 임계 상태

답 ①

## 028

그림과 같은 회로에서 공진 각주파수 $\omega_r\,[rad/s]$ 는?

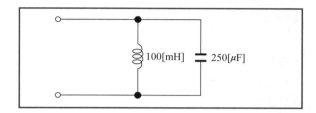

① 100
② 200
③ 400
④ 800

### 공진 각주파수

$$\omega_r = \frac{1}{\sqrt{LC}} = \frac{1}{\sqrt{100 \times 10^{-3} \times 250 \times 10^{-6}}}$$
$$= 200\,[rad/s]$$

답 ②

## 029

$R = 2\,[\Omega]$, $L = 10\,[mH]$, $C = 4\,[\mu F]$ 의 직렬 공진 회로의 선택도 $Q$값은 얼마인가?

① 25
② 45
③ 65
④ 85

### 전압 확대비($Q$)=첨예도, 선택도($S$)

$$Q = S = \frac{1}{R}\sqrt{\frac{L}{C}} = \frac{1}{2}\sqrt{\frac{10 \times 10^{-3}}{4 \times 10^{-6}}} = 25$$

답 ①

## 030

선간 전압이 $150\,[V]$, 선전류가 $10\sqrt{3}\,[A]$, 역률이 80[%]인 평형 3상 유도성 부하로 공급되는 무효전력 [$Var$]은?

① 3,600
② 3,000
③ 2,700
④ 1,800

### 무효 전력

$$P_r = \sqrt{3}\,V_l I_l \sin\theta = \sqrt{3} \times 150 \times 10\sqrt{3} \times 0.6$$
$$= 2,700\,[Var]$$

☑ 참고 $\sin\theta = \sqrt{1 - \cos^2\theta} = \sqrt{1 - 0.8^2} = 0.6$

답 ③

## 031

선간 전압이 $100\,[V]$이고, 역률이 0.6인 평형 3상 부하에서 무효 전력이 $Q = 10\,[kVar]$ 일 때, 선전류의 크기는 약 몇 [$A$] 인가?

① 57.7
② 72.2
③ 96.2
④ 125

### 무효 전력

$$Q = \sqrt{3}\,VI\sin\theta\,[Var]$$

### 선전류

$$I = \frac{Q}{\sqrt{3}\,V\sin\theta} = \frac{10 \times 10^3}{\sqrt{3} \times 100 \times 0.8} = 72.2\,[A]$$

☑ 참고 역률 $\cos\theta = 0.6$ 이므로
$$\sin\theta = \sqrt{1 - \cos^2\theta} = \sqrt{1 - 0.6^2} = 0.8$$

답 ②

## 032

어떤 회로에 전압을 115[$V$] 인가하였더니 유효 전력이 230[$W$], 무효 전력이 345[$Var$]를 지시한다면 회로에 흐르는 전류는 약 몇 [$A$]인가?

① 2.5

② 5.6

③ 3.6

④ 4.5

**피상 전력**

$$P_a = \sqrt{P^2 + Q^2} = \sqrt{230^2 + 345^2} = 414.6[VA]$$

**전류**

$$I = \frac{P_a}{V} = \frac{414.6}{115} = 3.6[A]$$

**답** ③

## 033

평형 3상 부하에 선간 전압의 크기가 200[V]인 평형 3상 전압을 인가했을 때 흐르는 선전류의 크기가 8.6[$A$]이고 무효전력이 1,298[$Var$]이었다. 이때 이 부하의 역률은 약 얼마인가?

① 0.6

② 0.7

③ 0.8

④ 0.9

**무효 전력**

$$P_r = \sqrt{3}\, V_l I_l \sin\theta = 1,298[Var] \text{에서}$$
$$\sin\theta = \frac{P_r}{\sqrt{3}\, V_l I_l} = \frac{1,298}{\sqrt{3} \times 20 \times 8.6} = 0.4357$$

**역률**

$$\cos\theta = \sqrt{1 - \sin^2\theta} = \sqrt{1 - 0.4357^2} = 0.9$$

**답** ④

## 034

대칭 3상 전압이 공급되는 3상 유도 전동기에서 각 계기의 지시는 다음과 같다. 유도 전동기의 역률은 약 얼마인가?

> 전력계($W_1$) : 2.84kW
> 전력계($W_2$) : 6.00kW
> 전압계(V) : 200V
> 전류계(A) : 30A

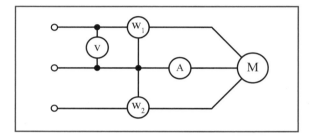

① 0.70

② 0.75

③ 0.80

④ 0.85

**유효 전력**

$$P = W_1 + W_2 = 2,840 + 6,000 = 8,840[W]$$

**피상 전력**

$$P_a = \sqrt{3}\, VI = \sqrt{3} \times 200 \times 30 = 10,392[VA]$$

**역률**

$$\cos\theta = \frac{P}{P_a} = \frac{8,840}{10,392} = 0.85$$

**답** ④

## 035

다음과 같은 비정현파 기전력 및 전류에 의한 평균전력을 구하면 몇 [$W$]인가?

> e=100sinωt - 50sin(3ωt + 30°) + 20sin(5ωt + 45°)[V]
> I=20sinωt + 10sin(3ωt - 30°) + 5sin(5ωt - 45°)[A]

① 825                    ② 875

③ 925                    ④ 1,175

$$P = V_1 I_1 \cos\theta_1 + V_3 I_3 \cos\theta_3 + V_5 I_5 \cos\theta_5$$

$$= \frac{100}{\sqrt{2}} \times \frac{20}{\sqrt{2}} \times \cos 0°$$

$$- \frac{50}{\sqrt{2}} \times \frac{10}{\sqrt{2}} \times \cos(30° - (-30°))$$

$$+ \frac{20}{\sqrt{2}} \times \frac{5}{\sqrt{2}} \times (45° - (-45°)) = 875[W]$$

답 ②

## 036

길이에 따라 비례하는 저항값을 가진 어떤 전열선에 $E_0[V]$의 전압을 인가하면 $P_0[W]$의 전력이 소비된다. 이 전열선을 잘라 원래 길이의 $\frac{2}{3}$ 로 만들고 $E[V]$의 전압을 가한다면 소비 전력 $P[W]$는?

① $P = \frac{P_0}{2}\left(\frac{E}{E_0}\right)^2$     ② $P = \frac{3P_0}{2}\left(\frac{E}{E_0}\right)^2$

③ $P = \frac{2P_0}{3}\left(\frac{E}{E_0}\right)^2$     ④ $P = \frac{\sqrt{3}\,P_0}{2}\left(\frac{E}{E_0}\right)^2$

전열선을 잘라 원래 길이의 $\frac{2}{3}$ 로 만들면,

저항도 길이에 비례하기 때문에 $\frac{2}{3}$ 로 줄어든다.

($\because R = \rho\frac{l}{S}$ 에서 $R \propto l$)

원래의 소비 전력을 $P_0 = \frac{E_0^2}{R}[W]$라고 할 때,

전열선을 잘랐을 때 소비 전력은 $P = \frac{E^2}{\frac{2}{3}R}[W]$이다.

$$\frac{P}{P_0} = \frac{\frac{E^2}{\frac{2}{3}R}}{\frac{E_0^2}{R}} \rightarrow P = \frac{3P_0}{2}\left(\frac{E}{E_0}\right)^2[W]$$

답 ②

## 037

$E = 40 + j30 [V]$의 전압을 가하면 $I = 30 + j10 [A]$의 전류가 흐르는 회로의 역률은?

① 0.949      ② 0.831

③ 0.764      ④ 0.651

**복소 전력**

$P_a = \overline{E}I = (40 - j30) \times (30 + j10)$

$= 1,500 - j500 [VA]$

**역률**

$\cos\theta = \dfrac{P}{P_a} = \dfrac{P}{\sqrt{P^2 + Q^2}}$

$= \dfrac{1,500}{\sqrt{1,500^2 + 500^2}} = 0.949$

> ☑ **참고** 복소 전력: 유효 전력을 실수부로, 무효 전력을 허수부로 표현한다.

답 ①

## 038

$8 + j6 [\Omega]$인 임피던스에 $13 + j20 [V]$의 전압을 인가할 때 복소 전력은 약 몇 $[VA]$인가?

① $127 + j34.1$      ② $12.7 + j55.5$

③ $45.5 + j34.1$      ④ $45.5 + j55.5$

**전류**

$I = \dfrac{V}{Z} = \dfrac{13 + j20}{8 + j6} = 2.24 + j0.82 [A]$

**복소 전력**

$P_a = V\overline{I} = (13 + j20)(2.24 - j0.82)$

$= 45.5 + j34.1 [VA]$

답 ③

## 039

어떤 회로의 유효 전력이 $300 [W]$, 무효 전력이 $400 [Var]$이다. 이 회로의 복소 전력의 크기 $[VA]$는?

① 350      ② 500

③ 600      ④ 700

**복소 전력**

$P_a = \overline{V}I = P \pm jP_r [VA]$

$P_a = 300 \pm j400$

$|P_a| = \sqrt{300^2 + 400^2} = 500 [VA]$

답 ②

## 040

회로에서 $I_1 = 2e^{-j\frac{\pi}{6}}[A]$, $I_2 = 5e^{-j\frac{\pi}{6}}[A]$, $I_3 = 5.0[A]$일 때 부하 $(Z_1, Z_2, Z_3)$ 전체에 대한 복소전력은 약 몇 $[VA]$인가?

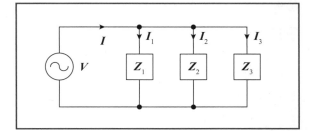

① $55.3 + j7.5$

② $55.3 + j7.5$

③ $45 + j26$

④ $45 + j26$

• 전전류

$$I = I_1 + I_2 + I_3 = 2e^{-j\frac{\pi}{6}} + 5e^{j\frac{\pi}{6}} + 5.0$$

$$= 2\angle -30° + 5\angle 30° + 5$$

$$= 11.06 + j1.5[A]$$

• 전압

주어진 회로가 병렬 임피던스 회로이기 때문에 각 구성 요소에 걸리는 전압 크기는 동일하다.

$$V = I_3 Z_3 = 5.0 \times 1.0 = 5[V]$$

• 복소 전력

$$P_a = \overline{V}I = 5 \times (11.06 - j1.5)$$

$$= 55.3 - j7.5[VA]$$

> ☑ **참고** 전전류 계산 시, 계산기 입력 예시
>
> $2\angle -30 + 5\angle 30 + 5$
>
> $\qquad 11.06217783$
> $\qquad\qquad +1.5i$

답 ①

## 041

최대값 $V_0$, 내부 임피던스 $Z_0 = R_0 + jX_0 (R_0 > 0)$ 인 전원에서 공급할 수 있는 최대 전력은?

① $\dfrac{V_0^2}{8R_0}$

② $\dfrac{V_0^2}{4R_0}$

③ $\dfrac{V_0^2}{2R_0}$

④ $\dfrac{V_0^2}{2\sqrt{2}\,R_0}$

**최대 전력**

$$P_{\max} = \frac{V^2}{4R_0}$$

$$= \frac{\left(\dfrac{V_0}{\sqrt{2}}\right)^2}{4R_0} = \frac{\dfrac{V_0^2}{2}}{4R_0} = \frac{V_0^2}{8R_0}[W]$$

답 ①

## 042

내부 임피던스가 $0.3 + j2[\Omega]$ 인 발전기에 임피던스가 $1.1 + j3[\Omega]$ 인 선로를 연결하여 어떤 부하에 전력을 공급하고 있다. 이 부하의 임피던스가 몇 $[\Omega]$ 일 때 발전기로부터 부하로 전달되는 전력이 최대가 되는가?

① $1.4 - j5$

② $1.4 + j5$

③ $1.4$

④ $j5$

**최대 전력 공급**

전원으로부터 최대 전력을 공급받기 위해서는 부하 임피던스$(Z_L)$가 전원의 내부 임피던스$(Z_g)$와 선로 임피던스$(Z_l)$의 합의 공액 복소수와 같아야 한다.

$$Z_g + Z_l = (0.3 + j2) + (1.1 + j3) = 1.4 + j5[\Omega]$$

$$\therefore Z_L = \overline{Z_g + Z_l} = 1.4 - j5[\Omega]$$

답 ①

## 043

그림의 회로에서 합성 인덕턴스는?

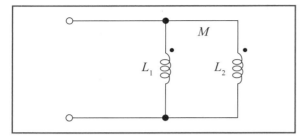

① $\dfrac{L_1 L_2 - M^2}{L_1 + L_2 - 2M}$

② $\dfrac{L_1 L_2 + M^2}{L_1 + L_2 - 2M}$

③ $\dfrac{L_1 L_2 - M^2}{L_1 + L_2 + 2M}$

④ $\dfrac{L_1 L_2 + M^2}{L_1 + L_2 + 2M}$

주어진 회로는 전류의 방향이 같기 때문에 가동 결합이다. 이는 전류가 유입되는 쪽에 도트가 나란히 찍혀 있는 것으로 확인할 수 있다.

### 인덕턴스의 병렬 접속

• 가극성 결합(가동 결합)

$$L = \dfrac{L_1 L_2 - M^2}{L_1 + L_2 - 2M} [H]$$

• 감극성 결합 (차동 결합)

$$L = \dfrac{L_1 L_2 - M^2}{L_1 + L_2 + 2M} [H]$$

☑ **참고** 만약 전류가 유입되는 쪽에 도트가 하나 있고, 유출되는 쪽에 도트가 하나 있다면, 이는 차동 결합이다.

🔲 ①

## 044

$20[mH]$의 두 자기 인덕턴스가 있다. 결합 계수를 0.1부터 0.9까지 변화시킬 수 있다면 이것을 접속시켜 얻을 수 있는 합성 인덕턴스의 최대값과 최소값의 비는?

① 9 : 1　　　② 19 : 1

③ 13 : 1　　　④ 16 : 1

• **최대값**

$L_m = L_1 + L_2 + 2M = L_1 + L_2 + 2k\sqrt{L_1 L_2}$
$= 20 + 20 + 2 \times 0.9\sqrt{20 \times 20} = 76[mH]$

• **최소값**

$L_s = L_1 + L_2 - 2M = L_1 + L_2 - 2k\sqrt{L_1 L_2}$
$= 20 + 20 - 2 \times 0.9\sqrt{20 \times 20} = 4[mH]$

$\therefore L_m : L_s = 76 : 4 = 19 : 1$

🔲 ①

## 045

그림과 같은 회로의 컨덕턴스 $G_2$에 흐르는 전류 $i$는 몇 $[A]$인가?

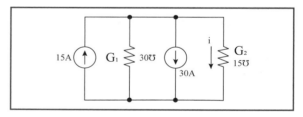

① -5[A]　　　② 5[A]

③ -10[A]　　　④ 10[A]

2개의 전류원을 합성하면 $I = 15 - 30 = -15[A]$이다.

따라서 전류 분배 법칙을 적용하면

$$\therefore i = \dfrac{15}{30 + 15} \times (-15) = -5[A]$$

☑ **참고** 15[A] 전류원은 $G_2$에 흐르는 전류의 방향과 일치하지만, 30[A]전류원은 반대 방향이기 때문에 전류의 부호가 반대(음수)이다.

🔲 ①

## 046

회로망 출력 단자 $a$ - $b$에서 바라본 등가 임피던스 [Ω]는? (단, $V_1 = 6[V]$, $V_2 = 3[V]$, $I_1 = 10[A]$, $R_1 = 15[\Omega]$, $R_2 = 10[\Omega]$, $L = 2[H]$, $j\omega = s$ 이다.)

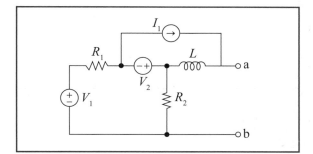

① $s + 15$

② $2s + 6$

③ $\dfrac{3}{s+2}$

④ $\dfrac{1}{s+3}$

**$a$ - $b$ 단자에서 바라본 합성 임피던스**

$$Z_{ab} = Ls + \frac{R_1 \times R_2}{R_1 + R_2} = 2s + \frac{15 \times 10}{15 + 10}$$

$$= 2s + 6[\Omega]$$

답 ②

## 047

회로의 단자 $a$ 와 $b$ 사이에 나타나는 전압 $V_{ab}$는 몇 인 [$V$]가?

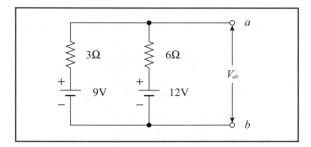

① 3

② 9

③ 10

④ 12

여러개의 전압원이 병렬로 접속되었으므로, 밀만의 정리를 이용한다.

$$V_{ab} = IR = \frac{\sum I}{\sum \dfrac{1}{R}} = \frac{I_1 + I_2}{\dfrac{1}{R_1} + \dfrac{1}{R_2}}$$

$$= \frac{\dfrac{V_1}{R_1} + \dfrac{V_2}{R_2}}{\dfrac{1}{R_1} + \dfrac{1}{R_2}} = \frac{\dfrac{9}{3} + \dfrac{12}{6}}{\dfrac{1}{3} + \dfrac{1}{6}} = 10[V]$$

답 ③

## 048

테브난의 정리를 이용하여 그림(a)의 회로를 그림(b)와 같은 등가 회로로 만들려고 한다. $E[V]$와 $R[\Omega]$의 값은 각각 얼마인가?

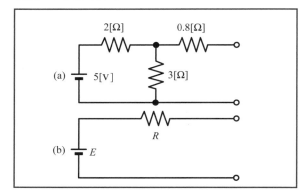

① $E = 3,\ R = 2$

② $E = 5,\ R = 2$

③ $E = 5,\ R = 5$

④ $E = 3,\ R = 1.2$

테브난 정리는 복잡한 회로를 1개의 전압원과 1개의 직렬 저항으로 간단하게 변환하는 것이다.

• 테브난 등가 전압 $E = \dfrac{3}{2+3} \times 5 = 3[V]$

• 테브난 등가 저항 $R = 0.8 + \dfrac{2 \times 3}{2+3} = 2[\Omega]$

> ☑ 참고
>
> • 테브난 등가 전압 $V_{ab} = \dfrac{R_2}{R_1 + R_2} E[V]$
>
> • 테브난 등가 저항 $R_{ab} = \dfrac{R_1 \times R_2}{R_1 + R_2}[\Omega]$

답 ①

## 049

회로에서 저항 $R$에 흐르는 전류 $I[A]$는?

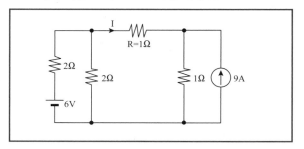

① - 1

② - 2

③ 2

④ 4

**중첩의 원리**

• $6[V]$ 전압원만 존재할 때(전류원 개방)

전체 전류 $I = \dfrac{V}{R} = \dfrac{6}{2 + \dfrac{2 \times (1+1)}{2 + (1+1)}} = 2[A]$

저항 $1[\Omega]$에 흐르는 전류 $I_1 = 1[A]$

(이때, $I_1$은 왼쪽에서 오른쪽 방향으로 흐르고 있다.)

• $9[A]$ 전류원만 존재할 때(전압원 단락)

$I_2 = \dfrac{1}{1 + 1 + \dfrac{2 \times 2}{2 + 2}} \times 9 = 3[A]$

(이때, $I_2$은 오른쪽에서 왼쪽 방향으로 흐르고 있다.)

∴ $I_1$과 $I_2$는 반대 방향으로 흐르고 있으므로

$I_1 - I_2 = 1 - 3 = -2[A]$

> ✓ **TIP** 이해하기 힘드신 분들은 문제의 회로와 답을 암기하세요.
>
> • $9[A]$의 전류원일 때 답: $-2[A]$
>
> • $6[A]$의 전류원일 때 답: $-1[A]$

답 ②

# 050

**회로에서 0.5[Ω] 양단 전압 [V]은 약 몇 [V]인가?**

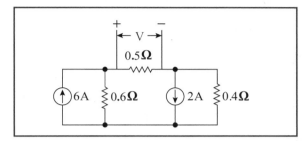

① 0.6

② 0.93

③ 1.47

④ 1.5

전류원을 전압원으로 등가 변환한다.

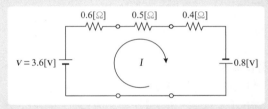

이때 전류는 $I = \dfrac{3.6 + 0.8}{0.6 + 0.5 + 0.4} = 2.93[A]$

이므로

양단 전압

$V = IR = 2.93 \times 0.5 = 1.47[V]$

> ☑ **참고** 전압의 크기 차이를 보면, 3.6[V] 가 0.8[V] 보다 더 크기 때문에 전류는 3.6[V] 전압원에서 출발하여 0.8[V] 전압원 방향으로 흐른다. 이는 높은 전압에서 낮은 전압으로 전류가 흐르는 원리 때문이다.

> ☑ **참고** 중첩의 원리(각 전류원을 개방)를 이용하여 풀어도 된다.

답 ③

# 051

**회로에서 전압 $V_{ab}$[V]는?**

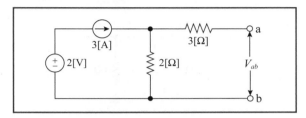

① 2

② 3

③ 6

④ 9

**중첩의 원리**

• 2[V] 전압원만 존재할 때(전류원 3[A] 개방)
전류원이 개방된 상태(전류가 흐르지 않는 상태)이므로 저항 2[Ω] 에 흐르는 전류도 없고, 전압 강하도 없다. 따라서 저항에 걸리는 전압도 0[V] 이다.

$V_{ab}{}' = 0$

• 3[A] 전류원만 존재할 때(전압원 2[V] 단락)
저항 2[Ω] 에 흐르는 전류는 전류원에 의해 3[A] 이다.

따라서 저항 2[Ω] 에 걸리는 전압은 6[V] 이다.

$V_{ab}{}'' = IR = 3 \times 2 = 6[V]$

$\therefore V_{ab} = V_{ab}{}' + V_{ab}{}'' = 0 + 6 = 6[V]$

답 ③

## 052

회로에서 저항 1[Ω] 에 흐르는 전류 $I[A]$는?

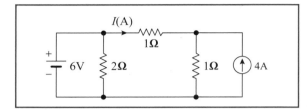

① 3                    ② 2

③ 1                    ④ -1

**중첩의 원리**

- 6[$V$] 전압원만 존재할 때(전류원 4[$A$] 개방)

  전전류 $I = \dfrac{6}{\dfrac{2 \times (1+1)}{2+(1+1)}} = 6[A]$

  따라서, $R = 1[\Omega]$에 흐르는 전류 $I_1 = 3[A]$이다.

- 4[$A$] 전류원만 존재할 때(전압원 6[$V$] 단락)

  전류 분배 법칙에 의하여 $I_2 = \dfrac{1}{1+1} \times 4 = 2[A]$

  따라서, $R = 1[\Omega]$에 흐르는 전류 $I_2 = 2[A]$이다.

  $\therefore I = I_1 - I_2 = 3 - 2 = 1[A]$(전류 방향 반대)

답 ③

## 053

회로에서 6[Ω] 에 흐르는 전류 [$A$] 는?

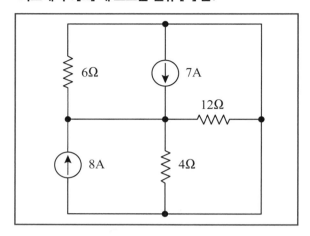

① 2.5                    ② 5

③ 7.5                    ④ 10

**중첩의 원리**

- 8[$A$] 전류원만 존재할 때(전류원 7[$A$] 개방)

  6[$\Omega$] 에 흐르는 전류를 전류 분배 법칙으로 구하면

  $I_1 = \dfrac{\dfrac{4 \times 12}{4+12}}{6 + \dfrac{4 \times 12}{4+12}} \times 8 = \dfrac{3}{6+3} \times 8 = 2.67[A]$

- 7[$A$] 전류원만 존재할 때(전류원 8[$A$] 개방)

  6[$\Omega$] 에 흐르는 전류를 전류 분배 법칙으로 구하면

  $I_2 = \dfrac{\dfrac{4 \times 12}{4+12}}{6 + \dfrac{4 \times 12}{4+12}} \times 7 = \dfrac{3}{6+3} \times 7 = 2.33[A]$

  $\therefore I = I_1 + I_2 = 2.67 + 2.33 = 5[A]$

답 ②

## 054

그림 저항 양단의 전압 $V[V]$는 얼마인가?

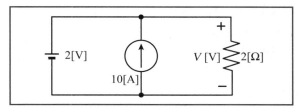

① 2

② 4

③ 18

④ 22

### 중첩의 원리

- 2[$V$] 전압원만 존재할 때(전류원 개방)

주어진 회로에서 전압원 2[$V$] 과 저항 2[Ω] 이 병렬로 연결되어 있기 때문에, 저항에는 전류원과 상관없이 2[$V$] 가 걸리게 된다. 이는 병렬 회로의 특성상 모든 소자에 동일한 전압이 걸리기 때문이다.

$$V_{2[V]} = 2[V]$$

- 10[$A$] 전류원만 존재할 때(전압원 단락)

전압원이 단락되면, 전류는 저항이 거의 없는 단락된 경로로 우선 흐르게 되므로 다른 경로로는 거의 전류가 흐르지 않는다.

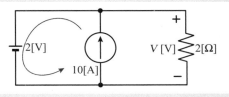

$$V_{10[A]} = IR = 0 \times 2 = 0[V]$$

🔲 ①

## 055

그림의 교류 브리지 회로가 평형이 되는 조건은?

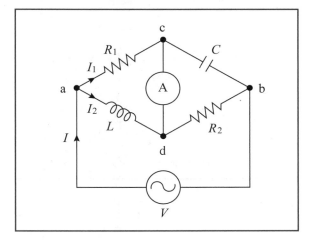

① $L = \dfrac{R_1 R_2}{C}$

② $L = \dfrac{C}{R_1 R_2}$

③ $L = R_1 R_2 C$

④ $L = \dfrac{R_2}{R_1} C$

### 브리지 평형 조건

$$R_1 \times R_2 = j\omega L \times \frac{1}{j\omega C}$$

$$R_1 R_2 = \frac{L}{C}$$

$$\therefore L = R_1 R_2 C$$

✓ **TIP** 마주보는 것끼리 곱한 것은 같다.

🔲 ③

## 056

그림과 같은 회로에서 단자 $a$, $b$ 사이의 합성 저항 [Ω]은?

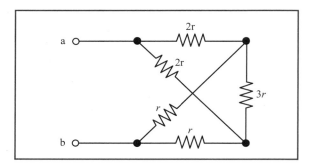

① $r$

② $\dfrac{1}{2}r$

③ $\dfrac{3}{2}r$

④ $3r$

표시된 부분을 들어내어 오른쪽으로 옮긴다고 상상해보자.

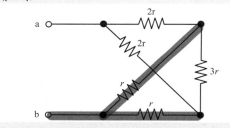

그렇다면 아래와 같이 변형할 수 있다.

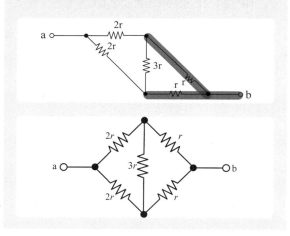

회로는 브리지 평형 상태이며 브리지 회로가 평형 상태에 있을 때, 중앙에 있는 $3r$ 저항에 전류가 흐르지 않는다. 따라서, 이 $3r$ 저항을 개방시켜 제거해도 회로의 다른 부분에는 영향을 미치지 않으며, 회로는 정상적으로 작동한다.

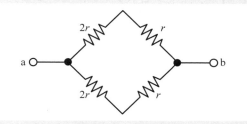

구하고자 하는 $a$, $b$단자의 합성 저항은

$$R_{ab} = \frac{(2r+r)(2r+r)}{(2r+r)+(2r+r)} = \frac{3r \times 3r}{6r} = \frac{3}{2}r\,[\Omega]$$

이다.

> ✓ **TIP** 합성 저항을 구할 때에는 회로가 아래와 같이 연결되어 있다고 생각하면 편하다.

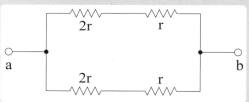

답 ③

## 057

$Y$ 결선의 평형 상 회로에서 선간 전압 $V_{ab}$와 상전압 $V_{an}$의 관계로 옳은 것은?

(단, $V_{bn} = V_{an}e^{-j(2\pi/3)}$, $V_{cn} = V_{bn}e^{-j(2\pi/3)}$)

① $V_{ab} = \dfrac{1}{\sqrt{3}}e^{j(\pi/6)}V_{an}$

② $V_{ab} = \sqrt{3}\,e^{j(\pi/6)}V_{an}$

③ $V_{ab} = \dfrac{1}{\sqrt{3}}e^{-j(\pi/6)}V_{an}$

④ $V_{ab} = \sqrt{3}\,e^{-j(\pi/6)}V_{an}$

---

$Y$ 결선에서 선간 전압과 상전압의 관계를 지수 함수로 표현한다.

$$V_{ab} = \sqrt{3}\,V_{an}\angle 30° = \sqrt{3}\,e^{j\frac{\pi}{6}}V_{an}\,[V]$$

> ☑ **참고** $Y$ 결선(성형 결선)
> - $I_l = I_p\,[A]$
> - $V_l = \sqrt{3}\,V_p\angle 30°\,[V]$

답 ②

## 058

성형($Y$)결선의 부하가 있다. 선간 전압 $300[V]$의 3상 교류를 가했을 때 선전류가 $40[A]$ 이고, 역률이 $0.8$ 이라면 리액턴스는 약 몇 $[\Omega]$ 인가?

① $1.66[\Omega]$      ② $2.60[\Omega]$

③ $3.56[\Omega]$      ④ $4.33[\Omega]$

---

무효 전력 공식을 이용한다.

$$P_r = \sqrt{3}\,V_l I_l \sin\theta = 3I_l^2 X\,[Var]$$

$$P_r = \sqrt{3}\,V_l I_l \sin\theta$$
$$= \sqrt{3}\times 300\times 40\times\sqrt{1-0.8^2} = 12{,}470.77\,[Var]$$

$P_r = 3I_l^2 X\,[Var]$에서

$$X = \frac{P_r}{3I^2} = \frac{12{,}470.77}{3\times 40^2} = 2.60\,[\Omega]$$

답 ②

## 059

대칭 6상 성형(Star) 결선에서 선간 전압 크기와 상전압 크기의 관계로 옳은 것은? (단, $V_l$: 선간 전압 크기, $V_p$: 상전압 크기)

① $V_l = V_p$      ② $V_l = \sqrt{3}\,V_p$

③ $V_l = \dfrac{1}{\sqrt{3}}\,V_p$      ④ $V_l = \dfrac{2}{\sqrt{3}}\,V_p$

---

대칭 n상 결선에서 선간 전압과 상전압의 관계

$V_l = 2V_p\sin\dfrac{\pi}{n}\,[V]$에서 $n = 6$ (대칭 6상)이므로

$$V_l = 2V_p\sin\frac{\pi}{6} = 2V_p\sin 30° = 2V_p\times\frac{1}{2} = V_p\,[V]$$

> ☑ **참고** 대칭 n상 회로
> - n상 전원의 전압 및 전류 관계식
> $$V_l = V_p\times 2\sin\frac{\pi}{n}, \quad I_l = I_p\times 2\sin\frac{\pi}{n}$$
> - n상 전원의 위상 관계식
> $$\theta = \frac{\pi}{2}\left(1-\frac{2}{n}\right) = 90°\left(1-\frac{2}{n}\right)$$

답 ①

## 060

그림과 같이 $R[\Omega]$ 의 저항을 $Y$ 결선으로 하여 단자의 $a$, $b$ 및 $c$에 비대칭 3상 전압을 가할 때, $a$ 단자의 중성점 $N$에 대한 전압은 약 몇 $[V]$인가?
(단, $V_{ab} = 210[V]$, $V_{bc} = -90 - j180[V]$, $V_{ca} = -120 + j180[V]$)

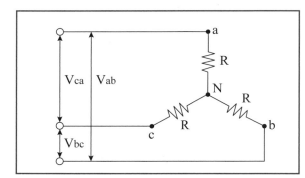

① 100        ② 116

③ 121        ④ 125

a상의 전압을 구하는 문제이므로, a상에서 가장 가까운 $V_{ca}$를 기준으로 상전압을 구하면 된다.
Y결선에서는 $V_l = \sqrt{3} V_p$ 이므로, 선간 전압 $V_{ca}$를 상전압으로 변환할 때는 $\sqrt{3}$ 으로 나누어야 한다.

$$V_a = \frac{|V_{ca}|}{\sqrt{3}} = \frac{\sqrt{(-120)^2 + 180^2}}{\sqrt{3}} \fallingdotseq 125[V]$$

**답** ④

## 061

평형 3상 3선식 회로에서 부하는 $Y$ 결선이고, 선간전압이 $173.2\angle 0°[V]$일 때 선전류는 $20\angle -120°[A]$이었다면, $Y$ 결선된 부하 한 상의 임피던스는 약 몇 인가?

① $5\angle 60°$        ② $5\angle 90°$

③ $5\sqrt{3}\angle 60°$        ④ $5\sqrt{3}\angle 90°$

$Y$ 결선 시, $I_l = I_p[A]$, $V_l = \sqrt{3} V_p \angle 30°[V]$
이므로 $I_p = I_l = 20\angle -120°[A]$,
$$V_p = \frac{V_l}{\sqrt{3}\angle 30°}[V] \text{이다.}$$
한 상의 임피던스
$$Z_p = \frac{V_p}{I_p} = \frac{\dfrac{173.2\angle 0°}{\sqrt{3}\angle 30°}}{20\angle -120°} = 5\angle 90°$$

**답** ②

## 062

3상 평형회로에서 $Y$ 결선의 부하가 연결되어 있고, 부하에서의 선간 전압이 $V_{ab} = 100\sqrt{3}\angle 0°[V]$ 일 때 선전류가 $I_a = 20\angle -60°[A]$이었다. 이 부하의 한 상의 임피던스 $[\Omega]$는? (단, 3상 전압의 상순은 $a$ - $b$ - $c$이다.)

① $5\angle 30°$        ② $5\sqrt{3}\angle 30°$

③ $5\angle 60°$        ④ $5\sqrt{3}\angle 60°$

$Y$ 결선 시, $I_l = I_p[A]$, $V_l = \sqrt{3} V_p \angle 30°[V]$
상전압
$$V_a = \frac{V_{ab}}{\sqrt{3}\angle 30°} = \frac{100\sqrt{3}\angle 0°}{\sqrt{3}\angle 30°} = 100\angle -30°[V]$$
한 상의 임피던스
$$Z_a = \frac{V_a}{I_a} = \frac{100\angle -30°}{20\angle -60°} = 5\angle 30°[\Omega]$$

**답** ①

## 063

3상 $\Delta$ 부하에서 각 선전류를 $I_a$, $I_b$, $I_c$라 하면 전류의 영상분 [$A$]은? (단, 회로는 평형 상태이다.)

① $\infty$

② $1[A]$

③ $\frac{1}{3}[A]$

④ $0[A]$

비접지 회로에서 영상분은 존재하지 않는다.

답 ④

## 064

전원과 부하가 $\Delta$ 결선된 3상 평형 회로가 있다. 전원 전압이 $200[V]$ 부하 1상의 임피던스가 $6+j8[\Omega]$일 때 선전류는?

① 20

② $20\sqrt{3}$

③ $\frac{20}{\sqrt{3}}$

④ $\frac{\sqrt{3}}{20}$

$$I_l = \sqrt{3}\,I_p = \sqrt{3} \times \frac{V_p}{Z_p} = \sqrt{3} \times \frac{200}{\sqrt{6^2+8^2}} = 20\sqrt{3}\,[A]$$

☑ 참고 $\Delta$ 결선 시,
$V_l = V_p\,[V]$, $I_l = \sqrt{3}\,I_p\,[A]$

답 ②

## 065

선간 전압이 $200[V]$인 대칭 3상 전원에 평형 3상 부하가 접속되어 있다. 부하 1상의 저항은 $10[\Omega]$, 유도 리액턴스 $15[\Omega]$, 용량 리액턴스 $5[\Omega]$가 직렬로 접속된 것이다. 부하가 $\Delta$ 결선일 경우, 선로 전류[$A$]와 3상 전력 [$W$]은 약 얼마인가?

① $I_l = 10\sqrt{6}$, $P_3 = 6,000$

② $I_l = 10\sqrt{6}$, $P_3 = 8,000$

③ $I_l = 10\sqrt{3}$, $P_3 = 6,000$

④ $I_l = 10\sqrt{3}$, $P_3 = 8,000$

1상의 임피던스
$$Z_p = R + j(X_L - X_C) = 10 + j(15-5)$$
$$= 10 + j10\,[\Omega]$$

$\Delta$ 결선 시 선전류
$$I_l = \sqrt{3}\,I_p = \sqrt{3} \times \frac{V_p}{Z_p} = \sqrt{3} \times \frac{200}{\sqrt{10^2+10^2}}$$

$$= 10\sqrt{6}\,[A]$$

3상 전력
$$P = 3I_p^2 R = 3 \times \left(\frac{10\sqrt{6}}{\sqrt{3}}\right)^2 \times 10 = 6,000\,[W]$$

☑ 참고 $\Delta$ 결선 시,
$V_l = V_p\,[V]$, $I_l = \sqrt{3}\,I_p\,[A]$

답 ①

## 066

△ 결선된 대칭 3상 부하가 있다. 역률이 0.8(지상)이고 소비전력이 1,800[*W*]이다. 선로의 저항 0.5[Ω]에서 발생하는 선로 손실이 50[*W*]이면 부하 단자 전압 [*V*]은?

① 627[*V*]         ② 525[*V*]

③ 326[*V*]         ④ 225[*V*]

손실 $P_l = 3I^2R = 50\,[W]$ 에서

전류 $I = \sqrt{\dfrac{P_l}{3R}} = \sqrt{\dfrac{50}{3 \times 0.5}} = 5.77\,[A]$

전력 $P = \sqrt{3}\,VI\cos\theta = 1,800\,[W]$ 에서

전압

$V = \dfrac{P}{\sqrt{3}\,I\cos\theta} = \dfrac{1,800}{\sqrt{3} \times 5.77 \times 0.8} = 225\,[V]$

답 ④

## 067

그림과 같은 순 저항 회로에서 대칭 3상 전압을 가할 때 각 선에 흐르는 전류가 같으려면 *R*의 값은 몇 [Ω]인가?

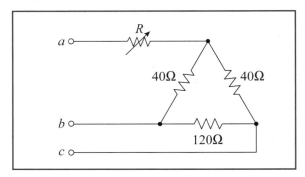

① 8          ② 12

③ 16         ④ 20

△결선을 *Y*결선으로 등가 변환하면

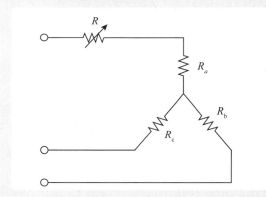

$R_a = \dfrac{40 \times 40}{40 + 40 + 120} = 8\,[\Omega]$

$R_b = \dfrac{40 \times 120}{40 + 40 + 120} = 24\,[\Omega]$

$R_c = \dfrac{120 \times 40}{40 + 40 + 120} = 24\,[\Omega]$

각 선에 흐르는 전류가 같으려면 각 상의 저항이 같아야 하므로 $R = 24 - 8 = 16\,[\Omega]$ 이다.

답 ③

## 068

그림과 같이 △ 회로를 Y 회로로 등가 변환하였을 때 임피던스 $Z_a[\Omega]$는?

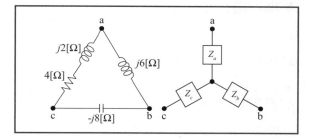

① 12

② -3 +$j6$

③ 4 - $j8$

④ 6 + $j8$

$$Z_a = \frac{Z_{ab}Z_{ca}}{Z_{ab}Z_{bc}Z_{ca}} = \frac{j6 \times (4+j2)}{j6 + (-j8) + (4+j2)}$$

$$= \frac{-12+j24}{4} = -3+j6[\Omega]$$

답 ②

## 069

동일한 저항 $R[\Omega]$ 6개를 그림과 같이 결선하고 대칭 3 상 전압 $V[V]$를 가하였을 때 전류 $I[A]$의 크기는?

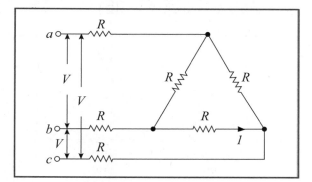

① $\frac{V}{R}$

② $\frac{V}{2R}$

③ $\frac{V}{4R}$

④ $\frac{V}{5R}$

△결선을 Y결선으로 등가 변환하면 아래와 같다.

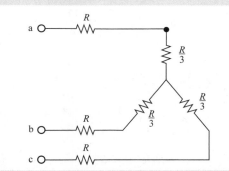

$Y$ 결선으로 변환한 후

한 상의 저항은 $R_Y = R + \frac{R}{3} = \frac{4R}{3}[\Omega]$이다.

다시 △ 결선으로 변환하면

한 상의 저항은 $R_\triangle = 4R[\Omega]$이다.

∴ 상전류 $I = \frac{V}{R_\triangle} = \frac{V}{4R}[A]$

답 ③

# 070

그림 (*a*)의 *Y* 결선 회로를 그림 (*b*)의 △ 결선 회로로 등가 변환했을 때 $R_{ab}$, $R_{bc}$, $R_{ca}$는 각각 몇 [Ω]인가? (단, $R_a = 2[\Omega]$, $R_b = 3[\Omega]$, $R_c = 4[\Omega]$)

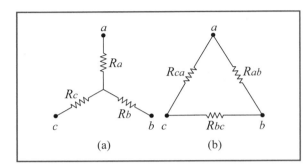

(a)                          (b)

① $R_{ab} = \dfrac{6}{9}$, $R_{bc} = \dfrac{12}{9}$, $R_{ca} = \dfrac{9}{8}$

② $R_{ab} = \dfrac{1}{3}$, $R_{bc} = 1$, $R_{ca} = \dfrac{1}{2}$

③ $R_{ab} = \dfrac{13}{2}$, $R_{bc} = 13$, $R_{ca} = \dfrac{26}{3}$

④ $R_{ab} = \dfrac{11}{3}$, $R_{bc} = 11$, $R_{ca} = \dfrac{11}{2}$

$$R_{ab} = \frac{R_a R_b + R_b R_c + R_c R_a}{R_c}$$

$$= \frac{2 \times 3 + 3 \times 4 + 4 \times 2}{4} = \frac{13}{2}[\Omega]$$

$$R_{bc} = \frac{R_a R_b + R_b R_c + R_c R_a}{R_a}$$

$$= \frac{2 \times 3 + 3 \times 4 + 4 \times 2}{2} = 13[\Omega]$$

$$R_{ca} = \frac{R_a R_b + R_b R_c + R_c R_a}{R_b}$$

$$= \frac{2 \times 3 + 3 \times 4 + 4 \times 2}{3} = \frac{26}{3}[\Omega]$$

답 ③

# 071

2개의 전력계로 평형 3상 부하의 전력을 측정하였더니 한쪽의 지시가 다른 쪽 전력계 지시의 3배였다면 부하의 역률은 약 얼마인가?

① 0.46          ② 0.55

③ 0.65          ④ 0.76

**2 전력 계법 역률**

$$\cos\theta = \frac{P}{P_a} = \frac{P_1 + P_2}{2\sqrt{P_1^2 + P_2^2 - P_1 P_2}} \text{에서}$$

$3P_1 = P_2$의 관계이므로

$$\cos\theta = \frac{P_1 + 3P_1}{2\sqrt{P_1^2 + (3P_1)^2 - P_1 \times 3P_1}}$$

$$= \frac{4P_1}{2\sqrt{7P_1^2}} = \frac{4}{2\sqrt{7}} = 0.76$$

답 ④

# 072

2 전력계법을 이용한 평형 3상 회로의 전력이 각각 500[*W*] 및 300[*W*]로 측정되었을 때, 부하의 역률은 약 몇 [%] 인가?

① 70.7          ② 87.7

③ 89.2          ④ 91.8

$$\cos\theta = \frac{P}{P_a} = \frac{P_1 + P_2}{2\sqrt{P_1^2 + P_2^2 - P_1 P_2}}$$

$$= \frac{500 + 300}{2\sqrt{500^2 + 300^2 - 500 \times 300}} = 0.918$$

$$\therefore 91.8[\%]$$

☑ **참고** 2전력 계법
- 유효 전력: $P = P_1 + P_2 [W]$
- 무효 전력: $P_r = \sqrt{3}(P_1 - P_2)[Var]$
- 피상 전력: $P_a = 2\sqrt{P_1^2 + P_2^2 - P_1 P_2}[VA]$
- 역률: $\cos\theta = \dfrac{P}{P_a} = \dfrac{P_1 + P_2}{2\sqrt{P_1^2 + P_2^2 - P_1 P_2}}$

답 ④

## 073

2전력계법으로 평형 3상 전력을 측정하였더니 한 쪽의 지시가 500[W], 다른 한 쪽의 지시가 1,500[W] 이었다. 피상 전력은 약 몇 [VA] 인가?

① 2,000
② 2,310
③ 2,646
④ 2,771

$$P_a = 2\sqrt{P_1^2 + P_2^2 - P_1 P_2}$$
$$= 2\sqrt{500^2 + 1,500^2 - 500 \times 1,500} = 2,646[VA]$$

☑ 참고 2전력 계법
• 유효 전력: $P = P_1 + P_2 [W]$
• 무효 전력: $P_r = \sqrt{3}(P_1 - P_2)[Var]$
• 피상 전력: $P_a = 2\sqrt{P_1^2 + P_2^2 - P_1 P_2}[VA]$
• 역률: $\cos\theta = \dfrac{P}{P_a} = \dfrac{P_1 + P_2}{2\sqrt{P_1^2 + P_2^2 - P_1 P_2}}$

답 ③

## 074

세 변의 저항 $R_a = R_b = R_c = 15[\Omega]$ 인 $Y$ 결선 회로가 있다. 이것과 등가인 $\triangle$ 결선 회로의 각 변의 저항 [$\Omega$] 은?

① 135
② 45
③ 15
④ 5

$$R_\Delta = 3R_Y = 3 \times 15 = 45[\Omega]$$

☑ 참고
$$Z_Y = \frac{1}{3}Z_\Delta, \quad Z_\Delta = 3Z_Y$$
$\triangle$ 결선은 $Y$결선의 3배이다.

답 ②

## 075

선간 전압이 $V_{ab}[V]$인 3상 평형 전원에 대칭 부하 $R[\Omega]$이 그림과 같이 접속되어 있을 때, $a$, $b$ 두 상 간에 접속된 전력계의 지시 값이 $W[W]$라면 $c$상 전류의 크기[$A$]는?

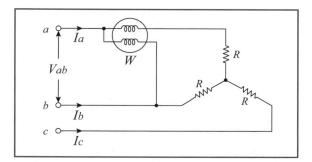

① $\dfrac{W}{3\,V_{ab}}$
② $\dfrac{2\,W}{3\,V_{ab}}$
③ $\dfrac{2\,W}{\sqrt{3}\,V_{ab}}$
④ $\dfrac{\sqrt{3}\,W}{V_{ab}}$

주어진 회로는 3상 평형 전원에 대칭 부하이므로
$$V_{ab} = V_{bc} = V_{ca}, \quad I_a = I_b = I_c$$

2전력 계법에 의한 전력 $P = 2W = \sqrt{3}\,V_{ab}I_c[W]$
$$\therefore I_c = \frac{2\,W}{\sqrt{3}\,V_{ab}}[A]$$

답 ③

## 076

$\Delta$ 결선으로 운전 중인 3상 변압기에서 하나의 변압기 고장에 의해 $V$ 결선으로 운전하는 경우, $V$ 결선으로 공급할 수 있는 전력은 고장 전 $\Delta$ 결선으로 공급할 수 있는 전력에 비해 약 몇 [%] 인가?

① 86.6      ② 75.0

③ 66.7      ④ 57.7

$$출력비 = \frac{P_V}{P_\Delta} = \frac{\sqrt{3}\,VI}{3\,VI} = \frac{\sqrt{3}}{3} = \frac{1}{\sqrt{3}} = 0.577$$

$$\therefore 57.7[\%]$$

**✓ TIP** 암기해 놓으면 편해요.
- 출력비: 0.577(=57.7[%])
- 이용률: 0.866(=86.6[%])

답 ④

## 077

전압 및 전류가 다음과 같을 때 유효 전력[$W$] 및 역률 [%]은 각각 약 얼마인가?

> v(t) = 100sinωt - 50sin(3ωt+30°) + 20sin(5ω t+45°) [V]
>
> i(t) = 20sin(ωt+30°) + 10sin(3ωt-30°) + 5cos5 ωt [A]

① 825[$W$], 48.6[%]    ② 776.4[$W$], 59.7[%]

③ 1,120[$W$], 77.4[%]    ④ 1,850[$W$], 89.6[%]

**유효 전력**

$$P = VI\cos\theta = \frac{100}{\sqrt{2}} \times \frac{20}{\sqrt{2}} \times \cos(0° - 30°)$$
$$- \frac{50}{\sqrt{2}} \times \frac{5}{\sqrt{2}} \times \cos(30° - (-30°))$$
$$+ \frac{20}{\sqrt{2}} \times \frac{5}{\sqrt{2}} \times \cos(45° - 90°) = 776.4[W]$$

**피상 전력**

$$P_a = VI = \sqrt{\left(\frac{100}{\sqrt{2}}\right)^2 + \left(\frac{-50}{\sqrt{2}}\right)^2 + \left(\frac{20}{\sqrt{2}}\right)^2}$$
$$\times \sqrt{\left(\frac{20}{\sqrt{2}}\right)^2 + \left(\frac{10}{\sqrt{2}}\right)^2 + \left(\frac{5}{\sqrt{2}}\right)^2} = 1,301.2[VA]$$

**역률**

$$\cos\theta = \frac{P}{P_a} = \frac{776.4}{1,301.2} = 0.597 \; (\therefore 59.7[\%])$$

> ☑ **참고** $i(t)$에 $5\cos 5\omega t$ 는 $5\sin(5\omega t + 90°)$ 로 변경해서 푸세요. cos→sin 으로 변환할 때 90°를 더해준다고 암기하면 편해요.

답 ②

## 078

$\triangle$ 결선된 대칭 3상 부하가 $0.5[\Omega]$ 인 저항만의 선로를 통해 평형 3상 전압원에 연결되어 있다. 이 부하의 소비전력이 $1,800[W]$이고 역률이 $0.8$(지상)일 때, 선로에서 발생하는 손실이 $50[W]$이면 부하의 단자전압 $[V]$의 크기는?

① 627  ② 525

③ 326  ④ 225

선로 손실 $P_l = 3I^2R = 50\,[W]$에서

전류 $I = \sqrt{\dfrac{P_l}{3R}} = \sqrt{\dfrac{50}{3 \times 0.5}} = 5.77\,[A]$

소비 전력 $P = \sqrt{3}\,VI\cos\theta = 1,800\,[W]$에서

전압

$V = \dfrac{P}{\sqrt{3}\,I\cos\theta} = \dfrac{1,800}{\sqrt{3} \times 5.77 \times 0.8} = 225\,[V]$

답 ④

## 079

그림과 같은 평형 3상 회로에서 전원 전압이 $V_{ab} = 200[V]$ 이고 부하 한상의 임피던스가 $Z = 4 + j3\,[\Omega]$ 인 경우 전원과 부하 사이 선전류 $I_a$는 약 몇 $[A]$인가?

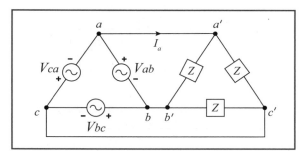

① $40\sqrt{3} \angle 36.87°$  ② $40\sqrt{3} \angle -36.87°$

③ $40\sqrt{3} \angle 66.87°$  ④ $40\sqrt{3} \angle -66.87°$

상전류

$I_{ab} = \dfrac{V_{ab}}{Z} = \dfrac{200}{4 + j3} = \dfrac{200}{5 \angle 36.87°}$

$= 40 \angle -36.87°$

선전류

$I_a = \sqrt{3} \times (40 \angle -36.87°) \times (1 \angle -30°)$
$= 40\sqrt{3} \angle -66.87°\,[A]$

☑ **참고** $\triangle$ 결선 시,

$V_l = V_p\,[V],\ \ I_l = \sqrt{3}\,I_p \angle -30°\,[A]$

답 ④

## 080

그림과 같이 3상 평형의 순저항 부하에 단상 전력계를 연결하였을 때 전력계가 $W[W]$를 지시하였다. 이 3상 부하에서 소모하는 전체 전력 $[W]$는?

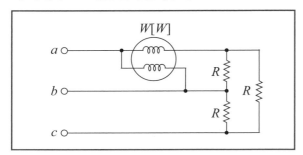

① $2W$

② $3W$

③ $\sqrt{2}\,W$

④ $\sqrt{3}\,W$

3상 평형 순저항 부하에서는 단상 전력계를 어느 상에 연결해도, 전력계는 동일한 전력 $W[W]$를 지시한다. 따라서 2전력 계법에 의해

$P = W_1 + W_2 = W + W = 2W[W]$

답 ①

## 081

그림과 같은 성형 평형부하가 선간 전압 220$[V]$의 대칭 3상 전원에 접속되어 있다. 이 접속선 중에 한 선이 $X$ 점에서 단선되었다고 하면 이 단선점 $X$ 의 양단에 나타나는 전압은 몇 $[V]$인가?(단, 전원전압은 변환하지 않는 것으로 한다.)

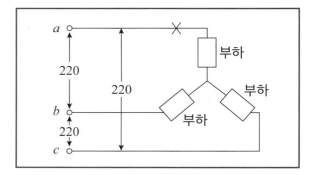

① $110$

② $110\sqrt{3}$

③ $220$

④ $220\sqrt{3}$

한 선이 단선된 상황에서 $X$의 양단에 나타나는 전압을 계산할 때, 위상 관계를 고려하여 선간 전압의 절반에 $\sqrt{3}$ 을 곱한 값을 사용한다.

$V = \dfrac{\sqrt{3}}{2} V_l = \dfrac{\sqrt{3}}{2} \times 220 = 110\sqrt{3}\,[V]$

답 ②

## 082

대칭 3상 전압이 $a$상 $V_a$, $b$상 $V_b = a^2 V_a$, $c$상 $V_c = a V_a$일 때 $a$상을 기준으로 한 대칭분 전압 중 정상분 $V_1[V]$은 어떻게 표시되는가?

① $\dfrac{1}{3} V_a$

② $V_a$

③ $a V_a$

④ $a^2 V_a$

---

**정상분 전압**

$$V_1 = \frac{1}{3}(V_a + a V_b + a^2 V_c)$$

$$= \frac{1}{3}(V_a + a \times a^2 V_a + a^2 \times a V_a)$$

$$= \frac{1}{3}(V_a + a^3 V_a + a^3 V_a)$$

$$= \frac{V_a}{3}(1 + a^3 + a^3) = V_a[V]$$

☑ **참고** $a = -\dfrac{1}{2} + j\dfrac{\sqrt{3}}{2}$, $a^2 = -\dfrac{1}{2} - j\dfrac{\sqrt{3}}{2}$,

$a^3 = 1$

답 ②

## 083

대칭 좌표법에서 대칭분을 각 상전압으로 표시한 것 중 틀린 것은?

① $E_0 = \dfrac{1}{3}(E_a + E_b + E_c)$

② $E_1 = \dfrac{1}{3}(E_a + a E_b + a^2 E_c)$

③ $E_2 = \dfrac{1}{3}(E_a + a^2 E_b + a E_c)$

④ $E_3 = \dfrac{1}{3}(E_a^2 + E_b^2 + E_c^2)$

---

**대칭 성분**

• 영상분 전압 $V_0 = \dfrac{1}{3}(V_a + V_b + V_c)$

• 정상분 전압 $V_1 = \dfrac{1}{3}(V_a + a V_b + a^2 V_c)$

• 역상분 전압 $V_2 = \dfrac{1}{3}(V_a + a^2 V_b + a V_c)$

☑ **참고** $a = -\dfrac{1}{2} + j\dfrac{\sqrt{3}}{2}$, $a^2 = -\dfrac{1}{2} - j\dfrac{\sqrt{3}}{2}$

답 ④

## 084

대칭좌표법에서 불평형률을 나타내는 것은?

① $\dfrac{영상분}{정상분} \times 100$

② $\dfrac{정상분}{역상분} \times 100$

③ $\dfrac{정상분}{영상분} \times 100$

④ $\dfrac{역상분}{정상분} \times 100$

---

**불평형률**

$$불평형률 = \frac{역상분}{정상분} \times 100$$

$$= \frac{V_2}{V_1} \times 100 = \frac{I_2}{I_1} \times 100 [\%]$$

✓ **TIP** 불평형률은 역상 성분 때문에 발생한다.
따라서 공식에 "역상분"이 포함된 것이 정답이다.

답 ④

## 085

전류의 대칭분을 $I_0$, $I_1$, $I_2$ 유기기전력을 $E_a$, $E_b$, $E_c$ 단자전압의 대칭분을 $V_0$, $V_1$, $V_2$ 라 할 때 3상 교류 발전기의 기본식 중 정상분 $V_1$값은? (단, $Z_0$, $Z_1$, $Z_2$ 는 영상, 정상, 역상 임피던스이다.)

① $-Z_0 I_0$　　　　　　② $-Z_2 I_2$

③ $E_a - Z_1 I_1$　　　　④ $E_b - Z_2 I_2$

**대칭 3상 교류 발전기의 기본식**
- 영상분 $V_0 = -Z_0 I_0$
- 정상분 $V_1 = E_a - Z_1 I_1$
- 역상분 $V_2 = -Z_2 I_2$

(단, $E_a$: a상의 유기기전력, $Z_0$: 영상 임피던스, $Z_1$: 정상 임피던스, $Z_2$: 역상 임피던스)

답 ③

## 086

$\triangle$ 결선된 평형 3상 부하로 흐르는 선전류가 $I_a$, $I_b$, $I_c$일 때, 이 부하로 흐르는 영상분 전류 $I_0[A]$는?

① $3I_a$　　　　　　② $I_a$

③ $\frac{1}{3} I_a$　　　　　④ $0$

영상분 전류 $I_0 = \frac{1}{3}(I_a + I_b + I_c)$ 에서
평형(대칭)이므로 $I_a + I_b + I_c = 0$ 이다.
따라서 영상분 전류 $I_0 = \frac{1}{3}(I_a + I_b + I_c) = 0[A]$

답 ④

## 087

3상 불평형 전압 $V_a$, $V_b$, $V_c$가 주어진다면, 정상분 전압은? (단, $a = e^{j2\pi/3} = 1\angle 120°$ 이다.)

① $V_a + a^2 V_b + a V_c$

② $V_a + a V_b + a^2 V_c$

③ $\frac{1}{3}(V_a + a^2 V_b + a V_c)$

④ $\frac{1}{3}(V_a + a V_b + a^2 V_c)$

**대칭 성분**
- 영상분 전압 $V_0 = \frac{1}{3}(V_a + V_b + V_c)$
- 정상분 전압 $V_1 = \frac{1}{3}(V_a + a V_b + a^2 V_c)$
- 역상분 전압 $V_2 = \frac{1}{3}(V_a + a^2 V_b + a V_c)$

답 ④

## 088

3상 전류가 $I_a = 10 + j3[A]$, $I_b = -5 - j2[A]$ $I_c = -3 + j4[A]$ 일 때 정상분 전류의 크기는 약 몇 $[A]$인가?

① 5　　　　　　② 6.4

③ 10.5　　　　　④ 13.34

정상분 전류 $I_1 = \frac{1}{3}(I_a + aI_b + a^2 I_c)$
$= \frac{1}{3}\left\{(10 + j3) + \left(-\frac{1}{2} + j\frac{\sqrt{3}}{2}\right)(-5 - j2)\right.$
$\left. + \left(-\frac{1}{2} - j\frac{\sqrt{3}}{2}\right)(-3 + j4)\right\} = 6.39 + j0.09[A]$
$\therefore |I_1| = \sqrt{6.39^2 + 0.09^2}[A]$

답 ②

## 089

불평형 3상 전류가 $I_a = 15 + j2[A]$, $I_b = -20 - j14[A]$, $I_c = -3 + j10[A]$일 때, 역상분 전류 $I_2[A]$는?

① $1.91 + j6.24$　　② $15.74 - j3.57$

③ $-2.67 - j0.67$　　④ $-8 - j2$

역상분 전류 $I_2 = \dfrac{1}{3}(I_a + a^2 I_b + a I_c)$

$= \dfrac{1}{3}\left\{(15 + j2) + \left(-\dfrac{1}{2} - j\dfrac{\sqrt{3}}{2}\right)(-20 - j14)\right.$

$\left. + \left(-\dfrac{1}{2} + j\dfrac{\sqrt{3}}{2}\right)(-3 + j10)\right\} = 1.91 + j6.24[A]$

답 ①

## 090

불평형 3상 전류, $I_a = 25 + j4[A]$ $I_b = -18 - j16[A]$, $I_c = 7 + j15[A]$일 때 영상 전류 $I_0[A]$는?

① $2.67 + j$　　② $2.67 + j2$

③ $4.67 + j$　　④ $4.67 + j2$

영상 전류

$I_0 = \dfrac{1}{3}(I_a + I_b + I_c)$

$= \dfrac{1}{3}(25 + j4) + (-18 - j16) + (7 + j15)$

$= 4.67 + j[A]$

답 ③

## 091

각 상의 전류가 $i_a(t) = 90\sin\omega t[A]$, $i_b(t) = 90\sin(\omega t - 90°)[A]$, $i_c(t) = 90\sin(\omega t + 90°)[A]$일 때 영상분 전류$[A]$의 순시치는?

① $30\cos\omega t$　　② $30\sin\omega t$

③ $90\sin\omega t$　　④ $90\cos\omega t$

영상분 전류

$I_0 = \dfrac{1}{3}(I_a + I_b + I_c)$

$= \dfrac{1}{3} \times 90\{\sin\omega t + \sin(\omega t - 90°) + \sin(\omega t + 90°)\}$

$= 30(\sin\omega t - \cos\omega t + \cos\omega t)$

$= 30\sin\omega t$

답 ②

## 092

각 상의 전압이 다음과 같을 때 영상분 전압 $[V]$의 순시치는? (단, 3상 전압의 상순은 $a$ - $b$ - $c$이다.)

$$v_a(t) = 40\sin\omega t[V]$$

$$v_b(t) = 40\sin\left(\omega t - \frac{\pi}{2}\right)[V]$$

$$v_c(t) = 40\sin\left(\omega t + \frac{\pi}{2}\right)[V]$$

① $40\sin\omega t$

② $\dfrac{40}{3}\sin\omega t$

③ $\dfrac{40}{3}\sin\left(\omega t - \dfrac{\pi}{2}\right)$

④ $\dfrac{40}{3}\sin\left(\omega t + \dfrac{\pi}{2}\right)$

**영상분 전압**

$V_0 = \dfrac{1}{3}(V_a + V_b + V_c)$

$= \dfrac{1}{3}\left\{40\sin\omega t + 40\sin\left(\omega t - \dfrac{\pi}{2}\right) + 40\sin\left(\omega t + \dfrac{\pi}{2}\right)\right\}$

$= \dfrac{1}{3}\left\{40\sin\omega t - 40\sin\left(\omega t + \dfrac{\pi}{2}\right) + 40\sin\left(\omega t + \dfrac{\pi}{2}\right)\right\}$

$= \dfrac{1}{3} \times 40\sin\omega t = \dfrac{40}{3}\sin\omega t \, [V]$

**☑ 참고** $\sin(t + \theta) = -\sin(t + \theta + \pi)$

답 ④

## 093

상의 순서가 $a - b - c$ 인 불평형 3상 교류회로에서 각 상의 전류가 $I_a = 7.28\angle 15.95°\,[A]$, $I_b = 12.81\angle -128.66°\,[A]$, $I_c = 7.21\angle 123.69°\,[A]$ 일 때 역상분 전류는 약 몇 $[A]$인가?

① $8.95\angle -1.14°$

② $8.95\angle 1.14°$

③ $2.51\angle -96.55°$

④ $2.51\angle 96.55°$

역상분 전류 $I_2 = \dfrac{1}{3}(I_a + a^2 I_b + a I_c)$ 에서

$I_2 = \dfrac{1}{3}(7.28\angle 15.95° + (1\angle -120°)$

$\times 12.81\angle -128.66°$

$+ (1\angle 120°) \times 7.21\angle 123.69°$

$= 2.51\angle 96.55° \, [A]$

**☑ 참고**

$a = 1\angle 120° = -\dfrac{1}{2} + j\dfrac{\sqrt{3}}{2}$

$a^2 = 1\angle -120° = 1\angle 240° = \dfrac{1}{2} - j\dfrac{\sqrt{3}}{2}$

답 ④

## 094

**불평형 회로에서 영상분이 존재하는 3상 회로 구성은?**

① Δ - Δ 결선의 3상 3선식

② Δ - Y 결선의 3상 3선식

③ Y - Y 결선의 3상 3선식

④ Y - Y 결선의 3상 4선식

> 영상 전류는 접지도체(중성선)에 흐르므로, 접지 계통인 Y - Y 결선의 3상 4선식에서만 존재한다.
> - **3상 4선식**: 세 개의 상 도체(A상, B상, C상)와 하나의 중성선이 존재한다.
> - **3상 3선식**: 중성선이 없기 때문에 영상 전류가 흐를 경로가 없다. 따라서, 영상 전류가 존재할 수 없다.

답 ④

## 095

**그림의 왜형파를 푸리에의 급수로 전개할 때, 옳은 것은?**

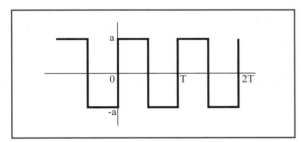

① 우수파만 포함한다.

② 기수파만 포함한다.

③ 우수파, 기수파 모두 포함한다.

④ 푸리에의 급수로 전개할 수 없다.

> 반파 정현 대칭은 홀수항의 sin 함수 성분을 갖고 있다.
> ✓ **TIP** 홀수=기수, 짝수=우수

답 ②

## 096

**최대값이 $E_m$인 반파 정류 정현파의 실효값은 몇 [V]인가?**

① $\dfrac{2E_m}{\pi}$　　　　② $\sqrt{2}\,E_m$

③ $\dfrac{E_m}{\sqrt{2}}$　　　　④ $\dfrac{E_m}{2}$

| 종류 | 파형 | 평균값 | 실효값 |
|---|---|---|---|
| 정현파<br>(전파 정류파) | | $\dfrac{2}{\pi}V_m$ | $\dfrac{1}{\sqrt{2}}V_m$ |
| 정현 반파<br>(반파 정류파) | | $\dfrac{1}{\pi}V_m$ | $\dfrac{1}{2}V_m$ |
| 구형파 | | $V_m$ | $V_m$ |
| 구형 반파 | | $\dfrac{1}{2}V_m$ | $\dfrac{1}{\sqrt{2}}V_m$ |
| 삼각파, 톱니파 | | $\dfrac{1}{2}V_m$ | $\dfrac{1}{\sqrt{3}}V_m$ |

답 ④

## 097

**전류 $I = 30\sin\omega t + 40\sin(3\omega t + 45°)\,[A]$ 의 실효값은?**

① 25　　　　② $25\sqrt{2}$

③ 50　　　　④ $50\sqrt{2}$

> **실효값**
> $$I = \sqrt{I_1^2 + I_3^2} = \sqrt{\left(\frac{30}{\sqrt{2}}\right)^2 + \left(\frac{40}{\sqrt{2}}\right)^2} = 25\sqrt{2}\,[A]$$

답 ②

## 098

비정현파 전류가

$i(t) = 56\sin\omega t + 20\sin2\omega t + 30\sin(3\omega t + 30°)$
$+ 40\sin(4\omega t + 60°)$

**로 표현될 때, 왜형률은 약 얼마인가?**

① 1.0      ② 0.96

③ 0.55      ④ 0.11

$$\text{왜형률} = \frac{\text{고조파의 벡터 합}}{\text{기본파}}$$

$$= \frac{\sqrt{\left(\frac{20}{\sqrt{2}}\right)^2 + \left(\frac{30}{\sqrt{2}}\right)^2 + \left(\frac{40}{\sqrt{2}}\right)^2}}{\frac{56}{\sqrt{2}}} = 0.96$$

답 ②

## 099

$v(t) = 3 + 5\sqrt{2}\sin\omega t + 10\sqrt{2}\sin\left(3\omega t - \frac{\pi}{3}\right)[V]$ **의**

**실효값 크기는 약 몇 [V]인가?**

① 9.6      ② 10.6

③ 11.6      ④ 12.6

각 고조파의 실효값을 제곱한 값들을 모두 더한 뒤,
그 합의 제곱근을 구한다.
$$V = \sqrt{3^2 + 5^2 + 10^2} = 11.6[V]$$

답 ③

## 100

**전압** $v(t) = 14.14\sin\omega t + 7.07\sin\left(3\omega t + \frac{\pi}{6}\right)[V]$

**의 실효값은 약 몇 [V]인가?**

① 3.87      ② 11.2

③ 15.8      ④ 21.2

**실효값**
$$V = \sqrt{V_1^2 + V_3^2} = \sqrt{\left(\frac{14.14}{\sqrt{2}}\right)^2 + \left(\frac{7.07}{\sqrt{2}}\right)^2}$$
$$= 11.2[V]$$

☑ **참고**
실효값    $V = \dfrac{V_m}{\sqrt{2}}$

답 ②

## 101

$R = 4[\Omega]$, $\omega L = 3[\Omega]$ **의 직렬 회로에**

$e = 100\sqrt{2}\sin\omega t + 50\sqrt{2}\sin3\omega t$ **를 인가할 때 이 회**

**로의 소비전력은 약 몇 [W]인가?**

① 1,000      ② 1,414

③ 1,560      ④ 1,703

**제1고조파 전류**
$$I_1 = \frac{V_1}{Z_1} = \frac{V_1}{\sqrt{R^2 + (\omega L)^2}} = \frac{100}{\sqrt{4^2 + 3^2}} = 20[A]$$

**제3고조파 전류**
$$I_3 = \frac{V_3}{Z_3} = \frac{V_3}{\sqrt{R^2 + (3\omega L)^2}} = \frac{50}{\sqrt{4^2 + (3\times3)^2}}$$
$$= 5.08[A]$$

**소비 전력**
$$P = I_1^2 R + I_3^2 R = 20^2 \times 4 + 5.08^2 \times 4$$
$$= 1,703[W]$$

답 ④

## 102

$RL$ 직렬 회로에 순시치 전압

$v(t) = 20 + 100\sin\omega t + 40\sin(3\omega + 60°)$

$+ 40\sin 5\omega t\,[V]$ 를 가할 때 제5고조파 전류의 실효

값 크기는 약 몇 $[A]$인가?

(단, $R = 4[\Omega]$, $\omega L = 1[\Omega]$이다.)

① 4.4　　　　　　② 5.66

③ 6.25　　　　　　④ 8.0

$$|Z_5| = \sqrt{R^2 + (5\omega L)^2} = \sqrt{4^2 + 5^2} = 6.4[\Omega]$$

$$I_5 = \frac{V_5}{|Z_5|} = \frac{\frac{40}{\sqrt{2}}}{6.4} = 4.4[A]$$

☑ **참고** $n$고조파의 리액턴스

$L$ 부하: $jn\omega L[\Omega]$, $C$ 부하: $\dfrac{1}{jn\omega C}[\Omega]$

답 ①

## 103

전압 $v(t)$를 $RL$ 직렬회로에 인가했을 때 제3고조파 전류의 실효값 $[A]$의 크기는? (단, $R = 8[\Omega]$,

$\omega L = 2[\Omega]$, $v(t) = 100\sqrt{2}\sin\omega t + 200\sqrt{2}\sin 3\omega t$

$+ 50\sqrt{2}\sin 5\omega t\,[V]$ 이다.)

① 10　　　　　　② 14

③ 20　　　　　　④ 28

$$|Z_3| = \sqrt{R^2 + (3\omega L)^2} = \sqrt{8^2 + (3 \times 2)^2} = 10[\Omega]$$

$$I_3 = \frac{V_3}{|Z_3|} = \frac{\frac{200\sqrt{2}}{\sqrt{2}}}{10} = 20[A]$$

☑ **참고** $n$고조파의 리액턴스

$L$ 부하: $jn\omega L[\Omega]$, $C$ 부하: $\dfrac{1}{jn\omega C}[\Omega]$

답 ③

## 104

$f_e(t)$ 가 우함수이고 $f_o(t)$ 가 기함수일 때 주기함수 $f(t) = f_e(t) + f_o(t)$ 에 대한 다음 식 중 틀린 것은?

① $f_e(t) = f_e(-t)$

② $f_o(t) = -f_o(-t)$

③ $f_o(t) = \dfrac{1}{2}[f(t) - f(-t)]$

④ $f_e(t) = \dfrac{1}{2}[f(t) - f(-t)]$

우함수(y축 대칭): $f_e(t) = f_e(-t)$

기함수(원점 대칭): $f_o(t) = -f_o(-t)$

$f(t) = $ 우함수 $+$ 기함수 $= f_e(t) + f_o(t)$

보기 ③번 풀이

$\dfrac{1}{2}[f(t) - f(-t)]$

$= \dfrac{1}{2}[f_e(t) + f_o(t) - f_e(-t) - f_o(-t)]$

$= \dfrac{1}{2}[f_e(t) + f_o(t) - f_e(t) + f_o(t)]$

$= \dfrac{1}{2} \times 2f_o(t) = f_o(t)$

답 ④

## 105

다음과 같은 비정현파 교류 전압 $v(t)$와 전류 $i(t)$에 의한 평균전력은 약 몇 [$W$]인가?

$$v(t) = 200\sin100\pi t + 80\sin\left(300\pi t - \frac{\pi}{2}\right)[\text{V}]$$

$$i(t) = \frac{1}{5}\sin\left(100\pi t - \frac{\pi}{3}\right) + \frac{1}{10}\sin\left(300\pi t - \frac{\pi}{4}\right)[\text{A}]$$

① 6.414
② 8.586
③ 12.828
④ 24.212

---

고조파 성분이 동일한 전압과 전류를 곱하여 전력을 계산한다.

• 기본파 전력

$$P_1 = V_1 I_1 \cos\theta$$

$$= \frac{200}{\sqrt{2}} \times \frac{\frac{1}{5}}{\sqrt{2}} \times \cos\left(0 - \left(-\frac{\pi}{3}\right)\right) = 10[W]$$

• 제3고조파 전력

$$P_3 = V_3 I_3 \cos\theta$$

$$= \frac{80}{\sqrt{2}} \times \frac{\frac{1}{10}}{\sqrt{2}} \times \cos\left(-\frac{\pi}{2}\left(-\frac{\pi}{4}\right)\right) = 2.828[W]$$

평균 전력
$$P = P_1 + P_3 = 10 + 2.828 = 12.828[W]$$

답 ③

## 106

그림과 같은 회로의 구동점 임피던스 $Z_{ab}$는?

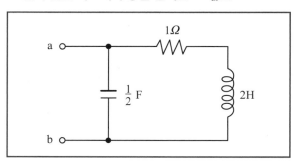

① $\dfrac{2(2s+1)}{2s^2+s+2}$
② $\dfrac{2s+1}{2s^2+s+2}$
③ $\dfrac{2(2s-1)}{2s^2+s+2}$
④ $\dfrac{2s^2+s+2}{2(2s+1)}$

---

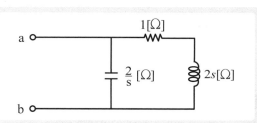

합성 임피던스

$$Z = \frac{\frac{2}{s}(1+2s)}{\frac{2}{s}+(1+2s)} = \frac{2(2s+1)}{2s^2+s+2}[\Omega]$$

☑ **참고** 구동점 임피던스 $Z(s)$를 구할 때는
$R \to R$, $L \to sL$, $C \to \dfrac{1}{sC}$ 로 적용

답 ①

---

## 107

그림과 같은 회로의 구동점 임피던스 [Ω] 는?

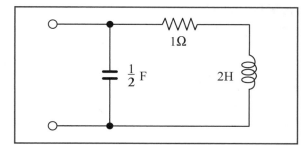

① $\dfrac{2(2s+1)}{2s^2+s+2}$

② $\dfrac{2s^2+s-2}{-2(2s+1)}$

③ $\dfrac{-2(2s+1)}{2s^2+s-2}$

④ $\dfrac{2s^2+s+2}{-2(2s+1)}$

$$Z(s) = \frac{\dfrac{1}{\dfrac{1}{2}s} \times (1+2s)}{\dfrac{1}{\dfrac{1}{2}s} + (1+2s)} = \frac{\dfrac{2}{s} \times (1+2s)}{\dfrac{2}{s} + (1+2s)}$$

$$= \frac{2(2s+1)}{2s^2+s+2}\,[\Omega]$$

☑ **참고** 구동점 임피던스 $Z(s)$를 구할 때는

$R \rightarrow R$, $L \rightarrow sL$, $C \rightarrow \dfrac{1}{sC}$ 로 적용

**답** ①

## 108

그림 $(a)$와 같은 회로에 대한 구동점 임피던스의 극점과 영점이 각각 그림 $(b)$에 나타낸 것과 같고 $Z(0)=1$ 일 때, 이 회로에서 $R[\Omega]$, $L[H]$, $C[F]$의 값은?

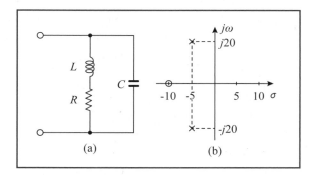

① $R = 1.0\,[\Omega]$, $L = 0.1\,[H]$, $C = 0.0235\,[F]$

② $R = 1.0\,[\Omega]$, $L = 0.2\,[H]$, $C = 1.0\,[F]$

③ $R = 2.0\,[\Omega]$, $L = 0.1\,[H]$, $C = 0.0235\,[F]$

④ $R = 2.0\,[\Omega]$, $L = 0.2\,[H]$, $C = 1.0\,[F]$

**구동점 임피던스**

$$Z(s) = \frac{(R+sL) \times \dfrac{1}{sC}}{(R+sL) + \dfrac{1}{sC}} = \frac{\dfrac{R+sL}{sC}}{\dfrac{sCR+s^2CL+1}{sC}}$$

$$= \frac{R+sL}{sCR+s^2CL+1} = \frac{\dfrac{1}{C}s + \dfrac{R}{LC}}{s^2 + \dfrac{R}{L}s + \dfrac{1}{LC}}\,[\Omega]$$

이때 극점(×)은 $-5+j20$, $-5-j20$ 이고,
영점(○)은 $-10$이므로

$$Z(s) = \frac{s+10}{(s-(-5+j20))(s-(-5-j20))}$$

$$= \frac{s+10}{((s+5)-j20)((s+5)+j20)}$$

$$= \frac{s+10}{(s+5)^2-(j20)^2} = \frac{s+10}{s^2+10s+425}$$

문제에서 $Z(0)=1$ 이라고 했으므로

$$Z(0) = \frac{\frac{1}{C}s + \frac{R}{LC}}{s^2 + \frac{R}{L}s + \frac{1}{LC}} = \frac{0 + \frac{R}{LC}}{0 + 0 + \frac{1}{LC}}$$

$$= R = 1[\Omega] \text{ 이고,}$$

$$Z(s) = \frac{\frac{1}{C}s + \frac{R}{LC}}{s^2 + \frac{R}{L}s + \frac{1}{LC}} = \frac{s + 10}{s^2 + 10s + 425}$$

이므로

$$\frac{R}{L} = 10, \ \frac{1}{LC} = 425 \text{에서} \ L = 0.1[H],$$

$$C = 0.0235[F]$$

$$\therefore R = 1[\Omega], \ L = 0.1[H], \ C = 0.0235[F]$$

> ☑ **참고** 구동점 임피던스를 $Z(s)$구할 때는
>
> $R \rightarrow R$, $L \rightarrow sL$, $C \rightarrow \dfrac{1}{sC}$ 로 적용

답 ①

## 109

그림과 같은 회로에서 스위치 $S$를 닫았을 때, 과도분을 포함하지 않기 위한 $R[\Omega]$은?

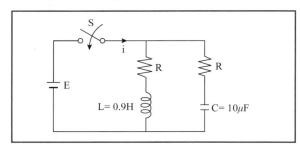

① 100[Ω]　　　　② 200[Ω]

③ 300[Ω]　　　　④ 400[Ω]

과도분을 포함하지 않는 회로는 정저항 회로이므로
정저항 조건 $Z_1 Z_2 = R^2 = \dfrac{L}{C}$ 에서

$$R = \sqrt{\frac{L}{C}} = \sqrt{\frac{0.9}{10 \times 10^{-6}}} = 300[\Omega]$$

답 ③

## 110

그림($a$)와 그림($b$)가 역회로 관계에 있으려면 $L$의 값은 몇 [$mH$]인가?

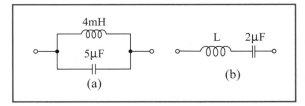

① 1　　　　　　② 2

③ 5　　　　　　④ 10

역회로 조건 $K^2 = \dfrac{L_1}{C_1} = \dfrac{L_2}{C_2}$ 에서

$L_1 = 4[mH]$, $C_2 = 5[\mu F]$, $L_2$, $C_1 = 2[\mu F]$
주어진 값을 대입하면

$$L_2 = \frac{L_1}{C_1} \times C_2 = \frac{4 \times 10^{-3}}{2 \times 10^{-6}} \times 5 \times 10^{-6}$$

$$= 10[mH]$$

> ☑ **참고**
>
>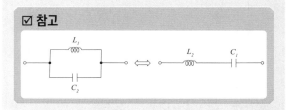

답 ④

## 111

그림의 회로가 정저항 회로가 되기 위한 $L[mH]$은?
(단, $R = 10[\Omega]$, $C = 1,000[\mu F]$ 이다.)

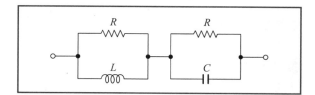

① 1                      ② 10

③ 100                    ④ 1,000

정저항 조건 $Z_1 Z_2 = R^2 = \dfrac{L}{C}$ 에서

$L = R^2 C = 10^2 \times 1,000 \times 10^{-6} = 0.1[H]$
$= 100[mH]$

🖬 ③

## 112

분포정수 회로에 있어서 선로의 단위 길이당 저항이 $100[\Omega/m]$, 인덕턴스가 $200[mH/m]$, 누설컨덕턴스가 $0.5[\mho/m]$일 때 일그러짐이 없는 조건(무왜형 조건)을 만족하기 위한 단위 길이당 커패시턴스는 몇 $[\mu F/m]$인가?

① 0.001                  ② 0.1

③ 10                     ④ 1,000

무왜형 조건 $LG = RC$ 에서

커패시턴스 $C = \dfrac{LG}{R} = \dfrac{(200 \times 10^{-3}) \times 0.5}{100}$
$= 1 \times 10^{-3}[F/m] = 1,000[\mu F/m]$

🖬 ④

## 113

임피던스 함수가 $Z(s) = \dfrac{s+50}{s^2 + 3s + 2}[\Omega]$ 으로 주어지는 2단자 회로망에 $100[V]$의 직류 전압을 가했다면 회로의 전류는 몇 $[A]$인가?

① 4                      ② 6

③ 8                      ④ 10

직류 전압을 가할 때, 주파수 $f$는 0이므로 복소수 주파수 $s = j\omega = j2\pi f = 0$ 이다.

$Z(0) = \dfrac{s+50}{s^2 + 3s + 2} = \dfrac{50}{2} = 25[\Omega]$

$\therefore I = \dfrac{V}{Z} = \dfrac{100}{25} = 4[A]$

☑ **참고** 직류(DC) 전압은 시간에 따라 변화하지 않는 일정한 전압이다. 즉, 직류 전압은 시간이 지나도 크기와 방향이 변하지 않기 때문에 주파수 성분이 없다.

🖬 ①

## 114

그림과 같은 4단자 회로망에서 하이브리드 파라미터 $H_{11}$은?

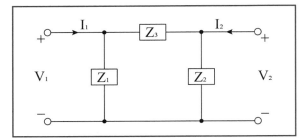

① $\dfrac{Z_1}{Z_1 + Z_3}$

② $\dfrac{Z_1}{Z_1 + Z_2}$

③ $\dfrac{Z_1 Z_3}{Z_1 + Z_3}$

④ $\dfrac{Z_1 Z_2}{Z_1 + Z_2}$

$H_{11}$은 입력 임피던스($V_1$에 대한 $I_1$의 비율)로, 출력 단자 $V_2$가 단락된 상태에서의 값을 의미한다.

$V_2 = 0$으로 설정하면, $Z_2$는 무시된다. (단락 상태)

따라서 출력 단자 $V_2$를 단락하고 입력측에서 본 합성 임피던스

$H_{11} = \dfrac{Z_1 Z_3}{Z_1 + Z_3}$ 이다.

(병렬로 연결된 $Z_1$과 $Z_3$만 고려하게 됨)

답 ③

## 115

무손실 선로의 정상 상태에 대한 설명으로 틀린 것은?

① 전파 정수 $\gamma$은 $j\omega\sqrt{LC}$ 이다.

② 특성 임피던스 $Z_0 = \sqrt{\dfrac{C}{L}}$ 이다.

③ 진행파의 전파 속도 $v = \dfrac{1}{\sqrt{LC}}$ 이다.

④ 감쇠 정수 $\alpha = 0$, 위상 정수 $\beta = \omega\sqrt{LC}$ 이다.

**무손실 선로의 특성**
- 무손실의 조건
  $R = G = 0$
- 특성 임피던스
  $Z_0 = \sqrt{\dfrac{Z}{Y}} = \sqrt{\dfrac{R+j\omega L}{G+j\omega C}} = \sqrt{\dfrac{L}{C}}\,[\Omega]$
- 전파 정수
  $\gamma = \sqrt{ZY} = \sqrt{(R+j\omega L)(G+j\omega C)}$
  $= \alpha + j\beta = j\omega\sqrt{LC}$

  (단, 감쇠 정수 $\alpha = 0$,
  위상 정수 $\beta = \omega\sqrt{LC}$ )
- 전파 속도
  $v = \dfrac{\omega}{\beta} = \dfrac{\omega}{\omega\sqrt{LC}} = \dfrac{1}{\sqrt{LC}} = 3 \times 10^8\,[m/s]$
- 파장
  $\lambda = \dfrac{2\pi}{\beta} = \dfrac{2\pi}{\omega\sqrt{LC}} = \dfrac{2\pi}{2\pi f\sqrt{LC}}$
  $= \dfrac{1}{f\sqrt{LC}} = \dfrac{v}{f} = \dfrac{3 \times 10^8}{f}\,[m]$

답 ②

## 116

그림과 같이 10[Ω]의 저항에 권수비가 10:1의 결합회로를 연결했을 때 4단자 정수 $A, B, C, D$는?

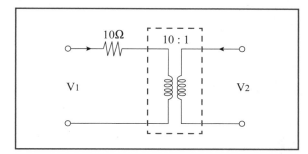

① $A = 1$, $B = 10$, $C = 0$, $D = 10$

② $A = 10$, $B = 1$, $C = 0$, $D = 10$

③ $A = 10$, $B = 0$, $C = 1$, $D = \dfrac{1}{10}$

④ $A = 10$, $B = 1$, $C = 0$, $D = \dfrac{1}{10}$

주어진 회로는 직렬 임피던스와 변압기가 연결된 시스템이므로, 이를 행렬로 표현하여 계산한다.

$$\begin{bmatrix} A & B \\ C & D \end{bmatrix} = \begin{bmatrix} 1 & 10 \\ 0 & 1 \end{bmatrix} \begin{bmatrix} 10 & 0 \\ 0 & \dfrac{1}{10} \end{bmatrix} = \begin{bmatrix} 10 & 1 \\ 0 & \dfrac{1}{10} \end{bmatrix}$$

> ☑ **참고** 변압기의 4단자 정수
>
> $$\begin{bmatrix} A & B \\ C & D \end{bmatrix} = \begin{bmatrix} a & 0 \\ 0 & \dfrac{1}{a} \end{bmatrix} \text{ (단, } a \text{: 권수비)}$$

답 ④

## 117

어떤 선형 회로망의 4단자 정수가 $A = 8$, $B = j2$, $D = 1.625 + j$ 일 때, 이 회로망의 4단자 정수 $C$는?

① $24 - j14$

② $8 - j11.5$

③ $4 - j6$

④ $3 - j4$

4단자 정수의 성질 $AD - BC = 1$에서

$$C = \frac{AD - 1}{B} = \frac{8(1.625 + j) - 1}{j2} = 4 - j6$$

답 ③

# 118

회로에서 4단자 정수 $A, B, C, D$의 값은?

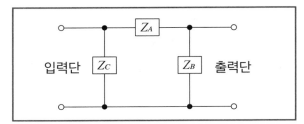

① $A = 1 + \dfrac{Z_A}{Z_B}, B = Z_A, C = \dfrac{1}{Z_A}, D = 1 + \dfrac{Z_B}{Z_A}$

② $A = 1 + \dfrac{Z_A}{Z_B}, B = Z_A, C = \dfrac{1}{Z_B}, D = 1 + \dfrac{Z_A}{Z_B}$

③ $A = 1 + \dfrac{Z_A}{Z_B}, B = Z_A, C = \dfrac{Z_A + Z_B + Z_C}{Z_B Z_C},$

$D = 1 + \dfrac{1}{Z_B Z_C}$

④ $A = 1 + \dfrac{Z_A}{Z_B}, B = Z_A, C = \dfrac{Z_A + Z_B + Z_C}{Z_B Z_C},$

$D = 1 + \dfrac{Z_A}{Z_C}$

## $\pi$형 회로의 4단자 정수

$$\begin{bmatrix} A & B \\ C & D \end{bmatrix} = \begin{bmatrix} 1 + \dfrac{Z_2}{Z_3} & Z_2 \\ \dfrac{Z_1 + Z_2 + Z_3}{Z_1 Z_3} & 1 + \dfrac{Z_2}{Z_1} \end{bmatrix}$$

✓ **TIP** $\pi$형 회로의 4단자 정수는 다이아몬드 모양으로 화살표를 그려서 외우면 편해요.

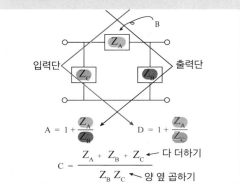

답 ④

# 119

4단자 회로망에서 4단자 정수가 $A, B, C, D$일 때, 영상 임피던스 $\dfrac{Z_{01}}{Z_{02}}$ 은?

① $\dfrac{D}{A}$  　　② $\dfrac{B}{C}$

③ $\dfrac{C}{B}$  　　④ $\dfrac{A}{D}$

$$\frac{Z_{01}}{Z_{02}} = \frac{\sqrt{\dfrac{AB}{CD}}}{\sqrt{\dfrac{BD}{AC}}} = \frac{A}{D}$$

영상 임피던스
- 1차 영상 임피던스 $Z_{01} = \sqrt{\dfrac{AB}{CD}}$
- 2차 영상 임피던스 $Z_{02} = \sqrt{\dfrac{DB}{CA}}$
- 대칭 회로망의 경우

  $A = D, \ Z_{01} = Z_{02} = \sqrt{\dfrac{B}{C}}$
- 영상 임피던스 간의 관계

  $Z_{01} Z_{02} = \dfrac{B}{C}, \ \dfrac{Z_{01}}{Z_{02}} = \dfrac{A}{D}$

답 ④

## 120

그림의 회로에서 영상 임피던스 $Z_{01}$이 6[Ω]일 때, 저항 $R$의 값은 몇 [Ω]인가?

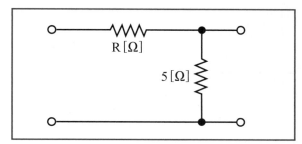

① 2

② 4

③ 6

④ 9

$A = 1 + \dfrac{R}{5}$

$B = R$

$C = \dfrac{1}{5}$

$D = 1$

영상임피던스 $Z_{01} = \sqrt{\dfrac{AB}{CD}} = 6[\Omega]$이므로

$\sqrt{\dfrac{\left(1 + \dfrac{R}{5}\right) \times R}{\dfrac{1}{5} \times 1}} = 6$ 에서 $R$은 4 또는 $-9$이다.

이때 저항은 음수가 될 수 없으므로 $R = 4[\Omega]$이다.

☑ **참고** T형 회로가 조금 변형되었다고 생각하면 편하다.

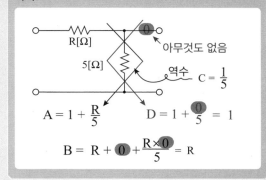

답 ②

## 121

그림과 같은 $T$형 4단자 회로망에서 4단자 정수 $A$와 $C$는? (단, $Z_1 = \dfrac{1}{Y_1}$, $Z_2 = \dfrac{1}{Y_2}$, $Z_3 = \dfrac{1}{Y_3}$)

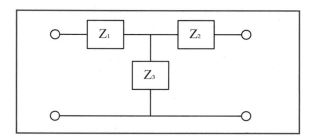

① $A = 1 + \dfrac{Y_3}{Y_1}$, $C = Y_2$

② $A = 1 + \dfrac{Y_3}{Y_1}$, $C = \dfrac{1}{Y_3}$

③ $A = 1 + \dfrac{Y_3}{Y_1}$, $C = Y_3$

④ $A = 1 + \dfrac{Y_1}{Y_3}$, $C = \left(1 + \dfrac{Y_1}{Y_3}\right)\dfrac{1}{Y_3} + \dfrac{1}{Y_2}$

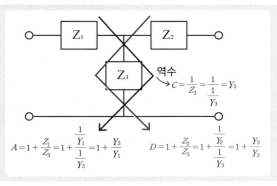

$A = 1 + \dfrac{Z_1}{Z_3} = 1 + \dfrac{\frac{1}{Y_1}}{\frac{1}{Y_3}} = 1 + \dfrac{Y_3}{Y_1}$

$C = \dfrac{1}{Z_3} = \dfrac{1}{\frac{1}{Y_3}} = Y_3$

$D = 1 + \dfrac{Z_2}{Z_3} = 1 + \dfrac{\frac{1}{Y_2}}{\frac{1}{Y_3}} = 1 + \dfrac{Y_3}{Y_2}$

답 ③

## 122

4단자 정수 $A$, $B$, $C$, $D$ 중에서 전압 이득의 차원을 가진 정수는?

① $A$  ② $B$

③ $C$  ④ $D$

4단자 정수(전송 파라미터)
• 기초 방정식
$V_1 = A V_2 + BI_2$

$I_1 = CV_2 + DI_2$

• 4단자 정수 구하는 방법

$A = \dfrac{V_1}{V_2}\bigg|_{I_2 = 0}$ : 전압 이득(전압비)

$B = \dfrac{V_1}{I_2}\bigg|_{V_2 = 0}$ : 임피던스

$C = \dfrac{I_1}{V_2}\bigg|_{I_2 = 0}$ : 어드미턴스

$D = \dfrac{I_1}{I_2}\bigg|_{V_2 = 0}$ : 전류 이득(전류비)

(단, $V_2 = 0$ : 2차 단락, $I_2 = 0$ : 2차 개방)

답 ①

## 123

그림과 같은 $H$형 4단자 회로망에서 4단자 정수(전송 파라미터) $A$는? (단, $V_1$은 입력전압이고, $V_2$는 출력전압이고, $A$는 출력 개방 시 회로망의 전압 이득 $\left(\dfrac{V_1}{V_2}\right)$이다.)

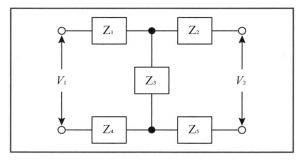

① $\dfrac{Z_1 + Z_2 + Z_3}{Z_3}$  ② $\dfrac{Z_1 + Z_3 + Z_4}{Z_3}$

③ $\dfrac{Z_2 + Z_3 + Z_5}{Z_3}$  ④ $\dfrac{Z_3 + Z_4 + Z_5}{Z_3}$

H형 회로를 T형 회로로 등가 변환한다.

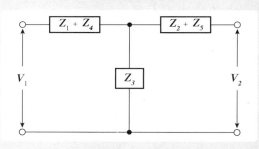

$$A = 1 + \dfrac{Z_1 + Z_4}{Z_3} = \dfrac{Z_1 + Z_3 + Z_4}{Z_3}$$

답 ②

## 124

다음과 같은 $Z$ 파라미터로 표시되는 4단자망의 1-1′ 단자 간에 4[$A$] , 2-2′ 단자 간에 1[$A$]의 정전류원을 연결하였을 때의 1-1′ 단자 간의 전압 $V_1$과 2-2′ 간의 전압 $V_2$가 바르게 구하여 진 것은? (단, $Z$ 파라미터 단위는 [$\Omega$]이다.)

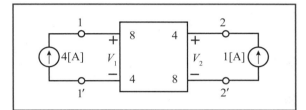

① $V_1 = 18[V]$, $V_2 = 12[V]$

② $V_1 = 18[V]$, $V_2 = 24[V]$

③ $V_1 = 36[V]$, $V_2 = 24[V]$

④ $V_1 = 24[V]$, $V_2 = 36[V]$

주어진 4단자망에서

· $Z_{11} = 8[\Omega]$, $Z_{12} = 4[\Omega]$, $Z_{21} = 4[\Omega]$,
  $Z_{22} = 8[\Omega]$

· $I_1 = 4[A]$(1-1′단자), $I_2 = 1[A]$(2-2′단자)

각 단자의 전압을 구하기 위해서 행렬식을 사용한다.

$$\begin{bmatrix} V_1 \\ V_2 \end{bmatrix} = \begin{bmatrix} Z_{11} & Z_{12} \\ Z_{21} & Z_{22} \end{bmatrix} \begin{bmatrix} I_1 \\ I_2 \end{bmatrix} = \begin{bmatrix} 8 & 4 \\ 4 & 8 \end{bmatrix} \begin{bmatrix} 4 \\ 1 \end{bmatrix}$$

$$= \begin{bmatrix} 8 \times 4 + 4 \times 1 \\ 4 \times 4 + 8 \times 1 \end{bmatrix} = \begin{bmatrix} 36 \\ 24 \end{bmatrix}$$

$$\therefore V_1 = 36[V], \ V_2 = 24[V]$$

답 ③

## 125

다음과 같은 회로망에서 영상 파라미터(영상 전달 정수) $\theta$는?

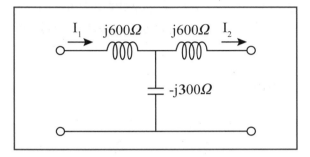

① 10

② 2

③ 1

④ 0

$$A = D = 1 + \frac{j600}{-j300} = -1$$

$$B = j600 + j600 + \frac{j600 \times j600}{-j300} = 0$$

$$C = \frac{1}{-j300} = j\frac{1}{300}$$

**영상 전달 정수**

$$\theta = \log_e (\sqrt{AD} + \sqrt{BC})$$

$$= \log_e \left\{ \sqrt{(-1) \times (-1)} + \sqrt{0 \times \left(-\frac{1}{j300}\right)} \right\}$$

$$= \log_e 1 = 0$$

☑ **참고** 영상 전달 정수(전파정수)

$$\theta = \log_e (\sqrt{AD} + \sqrt{BC}) = \cosh^{-1}\sqrt{AD}$$

$$= \sinh^{-1}\sqrt{BC}$$

☑ **참고** $\cosh^{-1}\sqrt{AD}$ 로 계산할 경우 카시오 공학용 계산기 사용 방법: hyp+shift+cos (단, 모델에 따라 hyp(하이퍼블릭) 키가 보이지 않을 수 있습니다.)

$$\cosh^{-1}\sqrt{AD} = \cosh^{-1}1 = 0$$

답 ④

## 126

분포 정수회로에서 선로정수가 $R, L, C, G$이고 무왜형 조건이 $RC = GL$ 과 같은 관계가 성립될 때 선로의 특성 임피던스 $Z_0$는? (단, 선로의 단위길이당 저항을 $R$, 인덕턴스를 $L$, 정전용량을 $C$, 누설컨덕턴스를 $G$라 한다.

① $Z_0 = \dfrac{1}{\sqrt{CL}}$  ② $Z_0 = \sqrt{\dfrac{L}{C}}$

③ $Z_0 = \sqrt{CL}$  ④ $Z_0 = \sqrt{RG}$

**특성(서지, 파동) 임피던스**

$$Z_0 = \sqrt{\dfrac{Z}{Y}} = \sqrt{\dfrac{R + j\omega L}{G + j\omega C}} = \sqrt{\dfrac{L}{C}}\,[\Omega]$$

답 ②

## 127

분포 정수 선로에서 위상 정수를 $\beta[rad/m]$ 라 할 때, 파장은?

① $2\pi\beta$  ② $\dfrac{2\pi}{\beta}$

③ $4\pi\beta$  ④ $\dfrac{4\pi}{\beta}$

**파장**

$$\lambda = \dfrac{2\pi}{\beta} = \dfrac{2\pi}{\omega\sqrt{LC}} = \dfrac{2\pi}{2\pi f\sqrt{LC}} = \dfrac{1}{f\sqrt{LC}}$$
$$= \dfrac{v}{f} = \dfrac{3 \times 10^8}{f}\,[m]$$

답 ②

## 128

무손실 선로에 있어서 감쇠 정수 $\alpha$, 위상 정수를 $\beta$라 하면, $\alpha$와 $\beta$의 값은? (단, $R$, $G$, $L$, $C$는 선로 단위 길이당의 저항, 컨덕턴스, 인덕턴스 커패시턴스이다.)

① $\alpha = \sqrt{RG}$ , $\beta = 0$

② $\alpha = 0$ , $\beta = \dfrac{1}{\sqrt{LC}}$

③ $\alpha = 0$ , $\beta = \omega\sqrt{LC}$

④ $\alpha = \sqrt{RG}$ , $\beta = \omega\sqrt{LC}$

**무손실 선로**

• 무손실의 조건 $R = G = 0$

• 전파 정수
$$\gamma = \sqrt{ZY} = \sqrt{(R + j\omega L)(G + j\omega C)} = \alpha + j\beta$$
$$= j\omega\sqrt{LC}$$
(단, 감쇠 정수 $\alpha = 0$, 위상 정수 $\beta = \omega\sqrt{LC}$)

답 ③

## 129

분포 정수 선로에서 무왜형 조건이 성립하면 어떻게 되는가?

① 감쇠량이 최소로 된다.

② 전파 속도가 최대로 된다.

③ 감쇠량은 주파수에 비례한다.

④ 위상 정수가 주파수에 관계없이 일정하다.

무왜형 조건에서는 파형의 왜곡이 없기 때문에 파형의 감쇠가 발생하지 않아
감쇠량이 $\alpha = \sqrt{RG}$ 로 최소 가 된다.

☑ 참고 무왜형 선로의 특성

- 무왜형 조건 $\dfrac{R}{L} = \dfrac{G}{C}$ 또는 $LG = RC$

- 특성 임피던스
$$Z_0 = \sqrt{\frac{Z}{Y}} = \sqrt{\frac{R+j\omega L}{G+j\omega C}} = \sqrt{\frac{L}{C}} \, [\Omega]$$

- 전파 정수
$$\gamma = \sqrt{ZY} = \sqrt{(R+j\omega L)(G+j\omega C)} = \alpha + j\beta$$
$$= \sqrt{RG} + j\omega\sqrt{LC}$$

(단, 감쇠 정수 $\alpha = \sqrt{RG}$, 위상 정수 $\beta = \omega\sqrt{LC}$)

답 ①

## 130

1[km]당 인덕턴스 25[mH], 정전 용량 0.005[μF]의 선로가 있다. 무손실 선로라고 가정한 경우 진행파의 위상(전파) 속도는 약 몇 [km/s]인가?

① $8.95 \times 10^4$

② $9.95 \times 10^4$

③ $89.5 \times 10^4$

④ $99.5 \times 10^4$

전파 속도
$$v = \frac{1}{\sqrt{LC}} = \frac{1}{\sqrt{25 \times 10^{-3} \times 0.005 \times 10^{-6}}}$$
$$= 8.95 \times 10^4 \, [km/s]$$

답 ①

## 131

송전 선로가 무손실 선로일 때, $L = 96[mH]$ 이고 $C = 0.6[\mu F]$ 이면 특성 임피던스[Ω]는?

① 100

② 200

③ 400

④ 600

**특성 임피던스**
$$Z_0 = \sqrt{\frac{L}{C}} = \sqrt{\frac{96 \times 10^{-3}}{0.6 \times 10^{-6}}} = 400 \, [\Omega]$$

☑ 참고

- 무손실의 조건 $R = G = 0$
- 특성 임피던스
$$Z_0 = \sqrt{\frac{Z}{Y}} = \sqrt{\frac{R+j\omega L}{G+j\omega C}} = \sqrt{\frac{L}{C}} \, [\Omega]$$

- 전파 정수
$$\gamma = \sqrt{ZY} = \sqrt{(R+j\omega L)(G+j\omega C)} = \alpha + j\beta$$
$$= j\omega\sqrt{LC}$$

(단, 감쇠 정수 $\alpha = 0$, 위상 정수 $\beta = \omega\sqrt{LC}$)

- 전파 속도
$$v = \frac{\omega}{\beta} = \frac{\omega}{\omega\sqrt{LC}} = \frac{1}{\sqrt{LC}} = 3 \times 10^8 \, [m/s]$$

- 파장
$$\lambda = \frac{2\pi}{\beta} = \frac{2\pi}{\omega\sqrt{LC}} = \frac{2\pi}{2\pi f\sqrt{LC}} = \frac{1}{f\sqrt{LC}}$$
$$= \frac{v}{f} = \frac{3 \times 10^8}{f} \, [m]$$

답 ③

## 132

선로의 단위 길이당 인덕턴스, 저항, 정전 용량, 누설 컨덕턴스를 각각 $L, R, C, G$라 하면 전파 정수는?

① $\sqrt{\dfrac{R+j\omega L}{G+j\omega C}}$

② $\sqrt{(R+j\omega L)(G+j\omega C)}$

③ $\sqrt{\dfrac{R+j\omega C}{G+j\omega L}}$

④ $\sqrt{\dfrac{G+j\omega C}{R+j\omega L}}$

전파 정수 $\gamma = \sqrt{ZY} = \sqrt{(R+j\omega L)(G+j\omega C)}$

☑ 참고
- 특성(서지, 파동) 임피던스
$Z_0 = \sqrt{\dfrac{Z}{Y}} = \sqrt{\dfrac{R+j\omega L}{G+j\omega C}} = \sqrt{\dfrac{L}{C}}\,[\Omega]$
- 전파 정수
$\gamma = \sqrt{ZY} = \sqrt{(R+j\omega L)(G+j\omega C)} = \alpha + j\beta$
(단, $\alpha$: 감쇠 정수, $\beta$: 위상 정수)

답 ②

## 133

단위 길이 당 인덕턴스가 $L[H/m]$이고, 단위 길이 당 정전 용량이 $C[F/m]$인 무손실 선로에서의 진행파 속도$[m/s]$는?

① $\sqrt{LC}$  ② $\dfrac{1}{\sqrt{LC}}$

③ $\sqrt{\dfrac{C}{L}}$  ④ $\sqrt{\dfrac{L}{C}}$

전파 속도
$v = \dfrac{\omega}{\beta} = \dfrac{\omega}{\omega\sqrt{LC}} = \dfrac{1}{\sqrt{LC}} = 3\times10^8\,[m/s]$

답 ②

## 134

분포 정수 회로에서 직렬 임피던스를 $Z$, 병렬 어드미턴스를 $Y$라 할 때, 선로의 특성 임피던스 $Z_0$는?

① $ZY$  ② $\sqrt{ZY}$

③ $\sqrt{\dfrac{Y}{Z}}$  ④ $\sqrt{\dfrac{Z}{Y}}$

특성 임피던스
$Z_0 = \sqrt{\dfrac{Z}{Y}} = \sqrt{\dfrac{R+j\omega L}{G+j\omega C}}\,[\Omega]$

답 ④

## 135

특성 임피던스가 400$[\Omega]$인 회로 말단에 1,200$[\Omega]$의 부하가 연결되어 있다. 전원 측에 20$[kV]$의 전압을 인가할 때 반사파의 크기$[kV]$는? (단, 선로에서의 전압 감쇠는 없는 것으로 간주한다.)

① 3.3  ② 5
③ 10  ④ 33

특성 임피던스 $Z_1 = 400\,[\Omega]$
부하 임피던스 $Z_2 = 1,200\,[\Omega]$
전원 전압 $V_1 = 20\,[kV]$, 반사파 전압 $V_2$라고 할 때
반사 계수 $\rho = \dfrac{Z_2 - Z_1}{Z_2 + Z_1} = \dfrac{1,200-400}{1,200+400} = 0.5$
반사파 전압 $V_2 = \rho V_1 = 0.5 \times 20 = 10\,[kV]$

답 ③

## 136

무한장 무손실 전송선로의 임의의 위치에서 전압이 $100[V]$이었다. 이 선로의 인덕턴스가 $7.5[\mu H/m]$이고, 커패시턴스가 $0.012[\mu F/m]$일 때 이 위치에서 전류$[A]$는?

① 2          ② 4

③ 6          ④ 8

무손실 선로에서
**특성 임피던스**

$$Z_0 = \sqrt{\frac{L}{C}} = \sqrt{\frac{7.5 \times 10^{-6}}{0.012 \times 10^{-6}}} = 25[\Omega]$$

**전류**

$$I = \frac{V}{Z_0} = \frac{100}{25} = 4[A]$$

답 ②

## 137

단위 길이당 인덕턴스 및 커패시턴스가 각각 $L$ 및 $C$일 때 전송선로의 특성 임피던스는? (단, 전송선로는 무손실 선로이다.)

① $\sqrt{\dfrac{L}{C}}$          ② $\sqrt{\dfrac{C}{L}}$

③ $\dfrac{L}{C}$          ④ $\dfrac{C}{L}$

**무손실 선로의 특성**
• 무손실의 조건
$R = G = 0$

• 특성 임피던스

$$Z_0 = \sqrt{\frac{Z}{Y}} = \sqrt{\frac{R + j\omega L}{G + j\omega C}} = \sqrt{\frac{L}{C}}[\Omega]$$

답 ①

## 138

분포정수로 표현된 선로의 단위 길이당 저항이 $0.5[\Omega/km]$, 인덕턴스가 $1[\mu H/km]$, 커패시턴스가 $6[\mu H/km]$ 일 때 일그러짐이 없는 조건(무왜형 조건)을 만족하기 위한 단위 길이당 컨덕턴스$[\mho/km]$는?

① 1          ② 2

③ 3          ④ 4

• 무왜형 조건
$LG = RC$

• 컨덕턴스

$$G = \frac{RC}{L} = \frac{0.5 \times (6 \times 10^{-6})}{1 \times 10^{-6}} = 3[\mho/km]$$

답 ③

## 139

위상 정수가 $\dfrac{\pi}{8}[rad/m]$ 인 선로의 주파수가 $1[MHz]$ 일 때, 전파 속도는 몇 $[m/s]$인가?

① $1.6 \times 10^7$          ② $3.2 \times 10^7$

③ $8 \times 10^7$          ④ $5 \times 10^7$

**전파 속도**

$$v = \frac{\omega}{\beta} = \frac{2\pi f}{\beta} = \frac{2\pi \times 1 \times 10^6}{\dfrac{\pi}{8}} = 1.6 \times 10^7 [m/s]$$

답 ①

## 140

함수 $f(t)$ 의 라플라스 변환은 어떤 식으로 정의되는가?

① $\int_0^\infty f(t)e^{st}dt$     ② $\int_0^\infty f(t)e^{-st}dt$

③ $\int_0^\infty f(-t)e^{st}dt$     ④ $\int_{-\infty}^\infty f(-t)e^{-st}dt$

라플라스 변환은 0[초]에서 $\infty$ [초]까지의 시간 동안 정의된 시간 함수를 주파수 함수로 변환하는 방법이다.
$$F(s) = \mathscr{L}[f(t)] = \int_0^\infty f(t)e^{-st}dt$$

답 ②

## 141

$f(t) = \delta(t-T)$ 의 라플라스 변환 $F(s)$는?

① $e^{Ts}$     ② $e^{-Ts}$

③ $\dfrac{1}{s}e^{Ts}$     ④ $\dfrac{1}{s}e^{-Ts}$

시간 추이 정리 $\mathscr{L}[f(t-a)] = e^{-as}F(s)$를 이용한다.
$$\therefore \mathscr{L}[\delta(t-T)] = e^{-Ts} \times 1 = e^{-Ts}$$

✓ **TIP** 임펄스 함수 $\delta(t)$ 의 라플라스 변환은 1이다.

답 ②

## 142

콘덴서 $C[F]$에 단위 임펄스의 전류원을 접속하여 동작시키면 콘덴서의 전압 $V_c(t)$ 는? (단, $u(t)$ 는 단위 계단 함수이다.)

① $V_c(t) = C$     ② $V_c(t) = Cu(t)$

③ $V_c(t) = \dfrac{1}{C}$     ④ $V_c(t) = \dfrac{1}{C}u(t)$

단위 임펄스의 전류원 $i(t) = \delta(t)$ 이므로
$$I(s) = \mathscr{L}[\delta(t)] = 1$$
$$V(s) = I(s)Z(s) = 1 \times \frac{1}{sC} = \frac{1}{sC}$$
$V(s) = \dfrac{1}{sC}$ 를 역라플라스 변환하면
$$\therefore V(t) = \frac{1}{C}u(t)$$

☑ **참고** 단위 계단 함수 $f(t) = u(t) = 1$ 를 라플라스 변환하면 $F(s) = \dfrac{1}{s}$ 이다.

답 ④

## 143

그림과 같은 구형파의 라플라스 변환은?

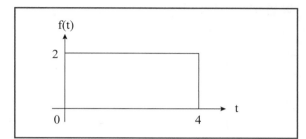

① $\dfrac{2}{s}(1-e^{4s})$  ② $\dfrac{2}{s}(1-e^{-4s})$

③ $\dfrac{4}{s}(1-e^{4s})$  ④ $\dfrac{4}{s}(1-e^{-4s})$

주어진 파형을 분해하면 다음과 같다.

위 파형을 시간 함수로 표현하여 라플라스 변환한다.

시간 함수 $f(t) = 2u(t) - 2u(t-4)$

주파수 함수

$F(s) = \dfrac{2}{s} - \dfrac{2}{s}e^{-4s} = \dfrac{2}{s}(1-e^{-4s})$

답 ②

## 144

입력신호 $x(t)$ 와 출력신호 $y(t)$ 의 관계가 다음과 같을 때 전달함수는?

$$\frac{d^2}{dt^2}y(t) + 5\frac{d}{dt}y(t) + 6y(t) = x(t)$$

① $\dfrac{1}{(s+2)(s+3)}$  ② $\dfrac{s+1}{(s+2)(s+3)}$

③ $\dfrac{s+4}{(s+2)(s+3)}$  ④ $\dfrac{s}{(s+2)(s+3)}$

주어진 미분 방정식을 라플라스 변환하면

$s^2 Y(s) + 5s Y(s) + 6 Y(s) = X(s)$

전달 함수

$G(s) = \dfrac{Y(s)}{X(s)} = \dfrac{1}{s^2+5s+6} = \dfrac{1}{(s+2)(s+3)}$

☑ **참고** 라플라스 변환

• 소문자 $f(t)$ → 대문자 $F(s)$

• 미분 $\dfrac{d}{dt} → s$, $\dfrac{d^2}{dt^2} → s^2$

• 적분 $\displaystyle\int dt → \dfrac{1}{s}$

답 ①

## 145

$F(s) = \dfrac{2s^2 + s - 3}{s(s^2 + 4s + 3)}$ 의 라플라스 역변환은?

① $1 - e^{-t} + 2e^{-3t}$      ② $1 - e^{-t} - 2e^{-3t}$

③ $-1 - e^{-t} - 2e^{-3t}$      ④ $-1 + e^{-t} + 2e^{-3t}$

$F(s) = \dfrac{2s^2 + s - 3}{s(s^2 + 4s + 3)} = \dfrac{2s^2 + s - 3}{s(s+1)(s+3)}$

$\quad = \dfrac{A}{s} + \dfrac{B}{s+1} + \dfrac{C}{s+3}$

$A = \dfrac{2s^2 + s - 3}{s(s+1)(s+3)} \times s \Big|_{s=0} = -1$

$B = \dfrac{2s^2 + s - 3}{s(s+1)(s+3)} \times (s+1) \Big|_{s=-1} = 1$

$C = \dfrac{2s^2 + s - 3}{s(s+1)(s+3)} \times (s+3) \Big|_{s=-3} = 2$

$F(s) = -\dfrac{1}{s} + \dfrac{1}{s+1} + \dfrac{2}{s+3}$

$\therefore f(t) = -1 + e^{-t} + 2e^{-3t}$

답 ④

## 146

정전용량이 C[F]인 커패시터에 단위 임펄스의 전류원이 연결되어 있다. 이 커패시터의 전압 $v_C(t)$ 는? (단, $u(t)$ 는 단위 계단 함수이다.)

① $v_C(t) = C$                    ② $v_C(t) = C\,u(t)$

③ $v_C(t) = \dfrac{1}{C}$              ④ $v_C(t) = \dfrac{1}{C}u(t)$

$v_C(t) = \dfrac{1}{C}\int i(t)dt$

단위 임펄스 전류원이 연결되어 있으므로

$v_C(t) = \dfrac{1}{C}\int \delta(t)dt$

위 식을 라플라스 변환하면

$v_C(s) = \dfrac{1}{Cs}$

위 식을 다시 역라플라스 변환하면

$v_C(s) = \dfrac{1}{C}u(t)$

답 ④

## 147

$f(t) = e^{j\omega t}$ 의 라플라스 변환은?

① $\dfrac{1}{s - j\omega}$                   ② $\dfrac{1}{s + j\omega}$

③ $\dfrac{1}{s^2 + \omega^2}$                 ④ $\dfrac{\omega}{s^2 + \omega^2}$

$\mathscr{L}[e^{at}] = \dfrac{1}{s-a}$ 이므로 $f(t) = e^{j\omega t}$ 에서 $a = j\omega$

이고, 라플라스 변환하면 $F(s) = \dfrac{1}{s - j\omega}$ 가 된다.

답 ①

## 148

$f(t) = t^n$ 의 라플라스 변환 식은?

① $\dfrac{n}{s^n}$

② $\dfrac{n+1}{s^{n+1}}$

③ $\dfrac{n!}{s^{n+1}}$

④ $\dfrac{n+1}{s^{n!}}$

$$F(s) = \mathscr{L}[t^n] = \dfrac{n!}{s^{n+1}}$$

답 ③

## 149

$f(t) = t^2 e^{-at}$ 를 라플라스 변환하면?

① $\dfrac{2}{(s+\alpha)^2}$

② $\dfrac{3}{(s+\alpha)^2}$

③ $\dfrac{2}{(s+\alpha)^3}$

④ $\dfrac{3}{(s+\alpha)^3}$

복소 추이 정리 $\mathscr{L}[f(t)e^{-at}] = F(s+\alpha)$ 를 이용한다.

$$\mathscr{L}[t^2] = \dfrac{2!}{s^{2+1}} = \dfrac{2}{s^3}$$

$$\mathscr{L}[t^2 e^{-at}] = \dfrac{2}{(s+\alpha)^3}$$

☑ 참고

$$\mathscr{L}[t^n] = \dfrac{n!}{s^{n+1}}$$

답 ③

## 150

**그림과 같은 파형의 Laplace 변환은?**

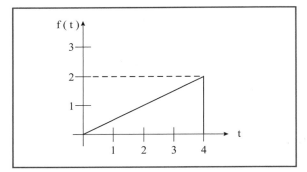

① $\dfrac{1}{2s^2}(1 - e^{-4s} - se^{-4s})$

② $\dfrac{1}{2s^2}(1 - e^{-4s} - 4e^{-4s})$

③ $\dfrac{1}{2s^2}(1 - se^{-4s} - 4e^{-4s})$

④ $\dfrac{1}{2s^2}(1 - e^{-4s} - 4se^{-4s})$

$$f(t) = \frac{2}{4}tu(t) - 2u(t-4) - \frac{2}{4}(t-4)u(t-4)$$

를 시간 추이 정리를 이용하여 라플라스 변환하면

$$\frac{2}{4} \times \frac{1}{s^2} - 2 \times \frac{e^{-4s}}{s} - \frac{2}{4} \times \frac{e^{-4s}}{s^2}$$

$$= \frac{1}{2s^2}(1 - e^{-4s} - 4se^{-4s})$$

☑ **참고**

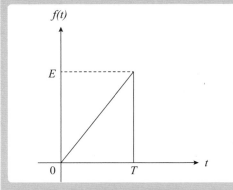

위 파형은 아래와 같은 파형들의 합이다.

$$f(t) = \frac{E}{T}tu(t) - \frac{E}{T}(t-T)u(t-T) - Eu(t-T)$$

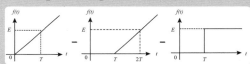

시간 추이 정리를 이용하여 라플라스 변환하면

$$F(s) = \frac{E}{T} \times \frac{1}{s^2} - \frac{E}{T} \times \frac{1}{s^2}e^{-Ts} - E \times \frac{1}{s}e^{-Ts}$$

$$= \frac{E}{Ts^2}(1 - e^{-Ts} - Tse^{-Ts})$$

✓ **TIP** $\dfrac{E}{Ts^2}(1 - e^{-Ts} - Tse^{-Ts})$ 공식 암기

후에 $E = 2$, $T = 4$ 대입하면 답이다.

답 ④

## 151

$F(s) = \dfrac{1}{s(s+a)}$ 의 라플라스 역변환은?

① $e^{-at}$

② $1 - e^{-at}$

③ $a(1 - e^{-at})$

④ $\dfrac{1}{a}(1 - e^{-at})$

$F(s)$ 함수를 부분 분수로 전개한다.

$F(s) = \dfrac{1}{s(s+a)} = \dfrac{A}{s} + \dfrac{B}{s+a}$

$A = \dfrac{1}{s(s+a)} \times s \bigg|_{s=0} = \dfrac{1}{s+a} \bigg|_{s=0} = \dfrac{1}{a}$

$B = \dfrac{1}{s(s+a)} \times (s+a) \bigg|_{s=-a} = \dfrac{1}{s} \bigg|_{s=-a} = -\dfrac{1}{a}$

$F(s) = \dfrac{1}{s(s+a)} = \dfrac{\frac{1}{a}}{s} + \dfrac{-\frac{1}{a}}{s+a} = \dfrac{1}{as} - \dfrac{1}{a(s+a)}$

$= \dfrac{1}{a}\left(\dfrac{1}{s} - \dfrac{1}{s+a}\right)$

위 식을 라플라스 역변환하면

$f(t) = \dfrac{1}{a}(1 - e^{-at})$

답 ④

## 152

$F(s) = \dfrac{2s+15}{s^3 + s^2 + 3s}$ 일 때 $f(t)$ 의 최종값은?

① 2

② 3

③ 5

④ 15

**최종 값 정리**

$\lim_{s \to 0} sF(s) = \lim_{s \to 0} s \times \dfrac{2s+15}{s(s^2+s+3)} = \dfrac{15}{3} = 5$

☑ **참고**

- 초기 값 정리: $\lim_{t \to 0} f(t) = \lim_{s \to \infty} sF(s)$

- 최종 값 정리: $\lim_{t \to \infty} f(t) = \lim_{s \to 0} sF(s)$

답 ③

## 153

$RC$ 직렬 회로에 직류 전압 $V[V]$가 인가되었을 때, 전류 $i(t)$ 에 대한 전압 방정식이($KVL$)이

$V = Ri(t) + \dfrac{1}{C} \int i(t)dt\,[V]$ 이다. 전류 $i(t)$ 의 라플라스 변환인 $I(s)$ 는? (단, $C$에는 초기 전하가 없다.)

① $I(s) = \dfrac{V}{R} \dfrac{1}{s - \frac{1}{RC}}$

② $I(s) = \dfrac{C}{R} \dfrac{1}{s + \frac{1}{RC}}$

③ $I(s) = \dfrac{V}{R} \dfrac{1}{s + \frac{1}{RC}}$

④ $I(s) = \dfrac{R}{C} \dfrac{1}{s - \frac{1}{RC}}$

주어진 전압 방정식을 라플라스 변환한다.

(이때, 직류를 라플라스 변환하면 $\dfrac{V(s)}{s}$ 이다.)

$\dfrac{V}{s} = RI(s) + \dfrac{1}{Cs} I(s)$

$I(s)$ 에 관한 식으로 정리하기 위해 양 변에 $s$를 곱한다.

$V = RsI(s) + \dfrac{1}{C}I(s) = I(s)\left(Rs + \dfrac{1}{C}\right)$

$I(s)$ 에 관한 식으로 정리한다.

$I(s) = \dfrac{V}{Rs + \frac{1}{C}} = \dfrac{V}{R\left(s + \frac{1}{RC}\right)} = \dfrac{V}{R} \dfrac{1}{s + \frac{1}{RC}}$

✓ **TIP** 라플라스 변환

- 소문자 $f(t)$ → 대문자 $F(s)$

- 미분 $\dfrac{d}{dt} \to s$, $\dfrac{d^2}{dt^2} \to s^2$

- 적분 $\int dt \to \dfrac{1}{s}$

답 ③

답

## 154

그림과 같은 함수의 라플라스 변환은?

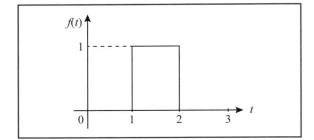

① $\dfrac{1}{s}(e^s - e^{2s})$

② $\dfrac{1}{s}(e^{-s} - e^{-2s})$

③ $\dfrac{1}{s}(e^{-2s} - e^{-s})$

④ $\dfrac{1}{s}(e^{-s} + e^{-2s})$

주어진 파형을 분해하면 다음과 같다.

위 파형을 시간 함수로 표현하여 라플라스 변환한다.

시간 함수 $f(t) = u(t-1) - u(t-2)$

주파수 함수

$F(s) = e^{-s}\dfrac{1}{s} - e^{-2s}\dfrac{1}{s} = \dfrac{1}{s}(e^{-s} - e^{-2s})$

☑ **참고** 시간 추이 정리
$\mathscr{L}\left[f(t-a)\right] = e^{-as}F(s)$

답 ②

## 155

그림과 같은 파형의 라플라스 변환은?

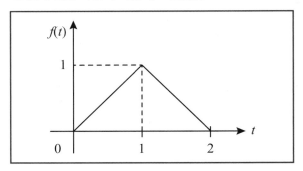

① $\dfrac{1}{s^2}(1 - 2e^s)$

② $\dfrac{1}{s^2}(1 - 2e^{-s})$

③ $\dfrac{1}{s^2}(1 - 2e^s + e^{2s})$

④ $\dfrac{1}{s^2}(1 - 2e^{-s} + e^{-2s})$

구간 $0 \leqq t \leqq 1$에서 $f_1(t) = t$
구간 $1 \leqq t \leqq 2$에서 $f_2(t) = 2 - t$

$f(t) = t[u(t) - u(t-1)] + (2-t)[u(t-1) - u(t-2)]$
$= tu(t) - tu(t-1) + (2-t)u(t-1) - (2-t)u(t-2)$
$= tu(t) + (2-2t)u(t-1) + (t-2)u(t-2)$
$= tu(t) - 2(t-1)u(t-1) + (t-2)u(t-2)$

라플라스 변환하면

$F(s) = \dfrac{1}{s^2} - 2 \times \dfrac{1}{s^2}e^{-s} + \dfrac{1}{s^2}e^{-2s}$

$= \dfrac{1}{s^2}(1 - 2e^{-s} + e^{-2s})$

✓ **TIP** 자주 출제되는 문제가 아니기 때문에, 보기에서 제일 복잡한 것 고르고 넘어가셔도 됩니다.

답 ④

## 156

$f(t) = \mathcal{L}^{-1}\left[\dfrac{s^2 + 3s + 2}{s^2 + 2s + 5}\right]$ 는?

① $\delta(t) + e^{-t}(\cos 2t - \sin 2t)$

② $\delta(t) + e^{-t}(\cos 2t + 2\sin 2t)$

③ $\delta(t) + e^{-t}(\cos 2t - 2\sin 2t)$

④ $\delta(t) + e^{-t}(\cos 2t + \sin 2t)$

$$F(s) = \frac{s^2 + 3s + 2}{s^2 + 2s + 5} = \frac{(s^2 + 2s + 5) + (s - 3)}{s^2 + 2s + 5}$$
$$= 1 + \frac{s - 3}{s^2 + 2s + 5} = 1 + \frac{(s + 1) - 4}{(s + 1)^2 + 2^2}$$
$$= 1 + \frac{s + 1}{(s + 1)^2 + 2^2} - \frac{4}{(s + 1)^2 + 2^2}$$
$$= 1 + \frac{s + 1}{(s + 1)^2 + 2^2} - 2 \times \frac{2}{(s + 1)^2 + 2^2}$$

위 식을 역라플라스 변환하면
$f(t) = \delta(t) + e^{-t}\cos 2t - 2e^{-4}\sin 2t$
$= \delta(t) + e^{-t}(\cos 2t - 2\sin 2t)$

### ☑ 참고

| 시간 함수 $f(t)$ | 주파수 함수 $F(s)$ |
|---|---|
| 임펄스 함수 $\delta(t)$ | $1$ |
| 지수 함수 $e^{-at}$ | $\dfrac{1}{s + a}$ |
| 삼각 함수 $\sin \omega t$ | $\dfrac{\omega}{s^2 + \omega^2}$ |
| 삼각 함수 $\cos \omega t$ | $\dfrac{s}{s^2 + \omega^2}$ |

답 ③

## 157

회로에서 $t = 0$ 초에 전압 $v_1(t) = e^{-4t}[V]$를 인가하였을 때 $v_2(t)$는 몇 $[V]$인가?
(단, $R = 2[\Omega]$, $L = 1[H]$ 이다.)

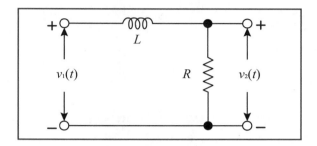

① $e^{-2t} - e^{-4t}$      ② $2e^{-2t} - 2e^{-4t}$

③ $-2e^{-2t} + 2e^{-4t}$      ④ $-2e^{-2t} - 2e^{-4t}$

전달 함수 $G(s) = \dfrac{V_2(s)}{V_1(s)} = \dfrac{R}{Ls + R} = \dfrac{2}{s + 2}$

$$V_2(s) = \frac{2}{s + 2}V_1(s) = \frac{2}{s + 2} \times \frac{1}{s + 4}$$
$$= \frac{2}{(s + 2)(s + 4)} = \frac{A}{s + 2} + \frac{B}{s + 4}$$

• $A = \dfrac{2}{(s + 2)(s + 4)} \times (s + 2)\bigg|_{s = -2} = 1$

• $B = \dfrac{2}{(s + 2)(s + 4)} \times (s + 4)\bigg|_{s = -4} = -1$

$$V_2(s) = \frac{A}{s + 2} + \frac{B}{s + 4} = \frac{1}{s + 2} - \frac{1}{s + 4}$$

$\therefore v_2(t) = e^{-2t} - e^{-4t}[V]$

### ☑ 참고

$V_1(s) = \mathcal{L}[e^{-4t}] = \dfrac{1}{s + 4}$

답 ①

## 158

시간 지연 요인을 포함한 어떤 특정계가 다음 미분방정식 $\dfrac{dy(t)}{dt} + y(t) = x(t-T)$ 로 표현된다. $x(t)$ 를 입력, $y(t)$ 를 출력이라 할 때 이 계의 전달 함수는?

① $\dfrac{e^{-sT}}{s+1}$

② $\dfrac{s+1}{e^{-sT}}$

③ $\dfrac{e^{sT}}{s-1}$

④ $\dfrac{e^{-2sT}}{s+2}$

주어진 미분 방정식을 라플라스 변환하면

$sY(s) + Y(s) = X(s)e^{-Ts}$

이 계의 전달 함수는

$Y(s)(s+1) = X(s)e^{-Ts}$ 에서

$\therefore \dfrac{Y(s)}{X(s)} = \dfrac{e^{-Ts}}{s+1}$

> ✓ **TIP** 라플라스 변환
> - 소문자 $f(t) \to$ 대문자 $F(s)$
> - 미분 $\dfrac{d}{dt} \to s$, $\dfrac{d^2}{dt^2} \to s^2$
> - 적분 $\int dt \to \dfrac{1}{s}$

답 ①

## 159

$R_1 = R_2 = 100\,[\Omega]$ 이며 $L_1 = 5\,[H]$ 인 회로에서 시정수는 몇 [sec]인가?

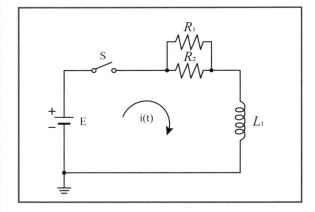

① 0.001

② 0.01

③ 0.1

④ 1

$R_1$과 $R_2$가 병렬 연결되어 있으므로

합성 저항 $R = \dfrac{100 \times 100}{100 + 100} = 50\,[\Omega]$

시정수 $\tau = \dfrac{L}{R} = \dfrac{5}{50} = 0.1\,[sec]$

> ✓ **TIP** 병렬 연결에서 저항 값이 같을 경우 $\dfrac{1}{n}$ 배이다.
> 100[Ω] 저항 2개를 병렬 접속할 경우,
> $R = \dfrac{100}{2} = 50\,[\Omega]$

답 ③

## 160

회로에서 10[$mH$]의 인덕턴스에 흐르는 전류는 일반적으로 $i(t) = A + Be^{-at}$ 로 표시된다. $a$의 값은?

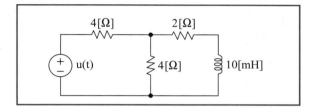

① 100
② 200
③ 400
④ 500

인덕턴스를 제외한 합성저항

$$R = 2 + \frac{4 \times 4}{4 + 4} = 4\,[\Omega]$$

$R$ - $L$ 직렬 회로의 과도 전류

$$i(t) = \frac{E}{R}(1 - e^{-\frac{R}{L}t}) = \frac{v(t)}{4}(1 - e^{-\frac{4}{10 \times 10^{-3}}t})$$

$$= \frac{v(t)}{4} - \frac{v(t)}{4}e^{-400t} = A + Be^{-at}$$

$$\therefore a = 400$$

답 ③

## 161

$R$ - $L$ 직렬회로에서 스위치 $S$가 1번 위치에 오랫동안 있다가 $t = 0^+$ 에서 위치 2번으로 옮겨진 후, $\frac{L}{R}[s]$ 후에 $L$ 에 흐르는 전류[$A$]는?

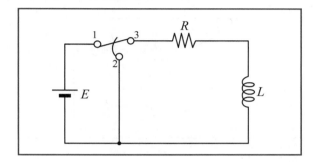

① $\frac{E}{R}$
② $0.5\frac{E}{R}$

③ $0.368\frac{E}{R}$
④ $0.632\frac{E}{R}$

이 문제는 $R$–$L$ 직렬 회로에서 스위치가 위치를 변경할 때의 전류 변화를 묻는 것이다. 회로에서 스위치가 1번 위치에 오랫동안 있었다는 것은, 인덕터가 충분히 충전되었음을 의미한다. 그리고 스위치가 2번 위치로 옮겨지면, 전류가 감소하기 시작한다.
이때 전류의 감소는 다음의 지수 함수로 표현된다.

$$i(t) = \frac{E}{R}e^{-\frac{R}{L}t}\,[A]$$

문제에서는 $t = \frac{L}{R}$ 일 때의 전류를 묻고 있다.

$$i\left(\frac{L}{R}\right) = \frac{E}{R}e^{-\frac{R}{L} \times \frac{L}{R}} = \frac{E}{R}e^{-1} = 0.368\frac{E}{R}\,[A]$$

답 ③

# 162

회로에서 $V = 10[V]$ , $R = 10[\Omega]$ , $L = 1[H]$ , $C = 10[\mu F]$ 그리고 $V_c = 0$ 일 때 스위치 $K$를 닫은 직후 전류의 변화율 $\dfrac{di}{dt}(0^+)$ 의 값 $[A/\text{sec}]$은?

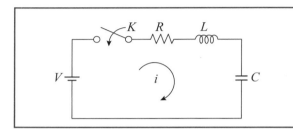

① 0                    ② 1

③ 5                    ④ 10

진동 여부 판별

$R^2 - 4\dfrac{L}{C} = 10^2 - 4 \times \dfrac{1}{10 \times 10^{-6}} < 0$ 이므로

진동 조건 $\left(R^2 < 4\dfrac{L}{C}\right)$이다.

진동 조건에서의 전류 변화율은

$i = \dfrac{E}{\beta L}e^{-\alpha t}\sin\beta t$ 에서

$\dfrac{di(t)}{dt} = \dfrac{E}{\beta L}\left[-\alpha e^{-\alpha t}\sin\beta t + e^{-\alpha t}\beta\cos\beta t\right]_{t=0}$

$= \dfrac{E}{\beta L} \times \beta = \dfrac{E}{L} = \dfrac{10}{1} = 10[A/s]$

> ☑ **참고** $R$ - $L$ - $C$ 소자 값에 따른 과도 현상
> - $R^2 > 4\dfrac{L}{C}$ 의 경우: 비진동
> - $R^2 < 4\dfrac{L}{C}$ 의 경우: 진동
> - $R^2 = 4\dfrac{L}{C}$ 의 경우: 임계 상태

답 ④

# 163

그림과 같은 $RC$ 저역통과 필터 회로에 단위 임펄스를 입력으로 가했을 때 응답 $h(t)$는?

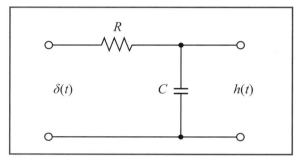

① $h(t) = RCe^{-\frac{t}{RC}}$          ② $h(t) = \dfrac{1}{RC}e^{-\frac{t}{RC}}$

③ $h(t) = \dfrac{R}{1+j\omega RC}$          ④ $h(t) = \dfrac{1}{RC}e^{-\frac{C}{R}t}$

전달 함수

$H(s) = \dfrac{\dfrac{1}{Cs}}{R + \dfrac{1}{Cs}}\delta(s) = \dfrac{1}{RCs + 1}\delta(s)$

$= \dfrac{\dfrac{1}{RC}}{s + \dfrac{1}{RC}}\delta(s)$

이때, 임펄스 입력 $(\delta(s) = 1)$이므로

$H(s) = \dfrac{\dfrac{1}{RC}}{s + \dfrac{1}{RC}} = \dfrac{1}{RC}\left(\dfrac{1}{s + \dfrac{1}{RC}}\right)$를 라플라

스 역변환하면 $h(t) = \dfrac{1}{RC}e^{-\frac{t}{RC}}$이다.

> ☑ **참고**
> $\mathcal{L}[e^{-at}] = \dfrac{1}{s+a}$

답 ②

## 164

어떤 회로에서 $t = 0$ 초에 스위치를 닫은 후 $i(t) = 2t + 3t^2[A]$의 전류가 흘렀다. 30초까지 스위치를 통과한 총 전기량[$Ah$]은?

① 4.25        ② 6.75

③ 7.75        ④ 8.25

**총 전기량**

$$Q = \int_0^t i(t)dt = \int_0^{30}(2t + 3t^2)dt = [t^2 + t^3]_0^{30}$$
$$= (30^2 - 0^2) + (30^3 - 0^3) = 27,900[A \cdot sec]$$
$$\therefore Q = \frac{27,900}{3,600} = 7.75[Ah]$$

☑ **참고** 1시간=60분, 1분=60초이므로
$1[Ah] = 1 \times 60 \times 60 = 3,600[A \cdot sec]$

답 ③

## 165

그림과 같은 $RC$ 회로에서 스위치를 넣은 순간 전류는? (단, 초기 조건은 0이다.)

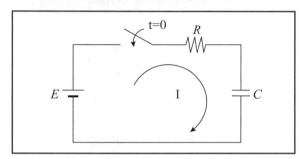

① 불변 전류이다.      ② 진동 전류이다.

③ 증가 함수로 나타난다. ④ 감쇠 함수로 나타난다.

$R$-$C$ 직렬 회로의 과도 전류식은 $i(t) = \frac{E}{R}e^{-\frac{1}{RC}t}[A]$ 으로

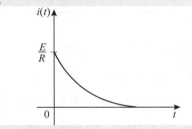

전류는 시간이 지날수록 지수적으로 감소하며, 이는 감쇠 함수로 나타난다.

답 ④

## 166

$RL$ 직렬 회로에서 $R = 20[\Omega]$, $L = 40[mH]$ 일 때, 이 회로의 시정수 [sec]는?

① $2 \times 10^3$          ② $2 \times 10^{-3}$

③ $\frac{1}{2} \times 10^3$         ④ $\frac{1}{2} \times 10^{-3}$

**시정수**
$$\tau = \frac{L}{R} = \frac{40 \times 10^{-3}}{20} = 2 \times 10^{-3}[sec]$$

답 ②

## 167

$RLC$ 직렬 회로의 파라미터가 $R^2 = \dfrac{4L}{C}$ 의 관계를 가진다면, 이 회로에 직류 전압을 인가하는 경우 과도 응답특성은?

① 무제동                    ② 과제동

③ 부족제동                  ④ 임계제동

$R$-$L$-$C$ 소자 값에 따른 과도 현상

· $R^2 > 4\dfrac{L}{C}$ 의 경우: 비진동(과제동)

· $R^2 < 4\dfrac{L}{C}$ 의 경우: 진동(감쇠 진동, 부족 제동)

· $R^2 = 4\dfrac{L}{C}$ 의 경우: 임계 상태(임계 제동)

답 ④

## 168

**시정수의 의미를 설명한 것 중 틀린 것은?**

① 시정수가 작으면 과도 현상이 짧다.

② 시정수가 크면 정상 상태에 늦게 도달한다.

③ 시정수는 $\tau$ 로 표기하며 단위는 초[sec]이다.

④ 시정수는 과도 기간 중 변화해야 할 양의 0.632[%]가 변화하는 데 소요된 시간이다.

**시정수**: 정상 전류(100[%])에서 63.2[%]에 도달하는 데 걸리는 시간

답 ④

## 169

$t = 0$ 에서 스위치($s$)를 닫았을 때 $t = 0^+$ 에서의 $i(t)$ 는 몇 [$A$]인가? (단, 커패시터에 초기 전하는 없다.)

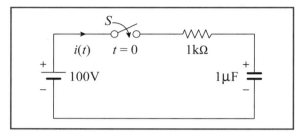

① 0.1                      ② 0.2

③ 0.4                      ④ 1.0

$R$-$C$ 직렬 회로 과도 전류식 $i(t) = \dfrac{E}{R} e^{-\frac{1}{RC}t} [A]$

에서 $t = 0^+$ 일 때

$i(0) = \dfrac{E}{R} e^0 = \dfrac{100}{1 \times 10^3} \times 1 = 0.1[A]$

답 ①

## 170

회로에서 $t = 0$ 초일 때 닫혀 있는 스위치 $S$를 열었다. 이때 $\dfrac{dv(0^+)}{dt}$ 의 값은? (단, $C$의 초기 전압은 0[$V$]이다.)

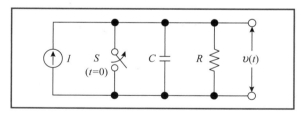

① $\dfrac{1}{RI}$                   ② $\dfrac{C}{I}$

③ $RI$                       ④ $\dfrac{I}{C}$

커패시터 $C$에 흐르는 전류 $i_C(t) = C\dfrac{dv(t)}{dt}$ 에서

$I = C\dfrac{dv(0^+)}{dt}$ 이므로 $\dfrac{dv(0^+)}{dt} = \dfrac{I}{C}$ 이다.

답 ④

## 171

정상상태에서 $t = 0$ 초인 순간에 스위치 $S$를 열었다. 이때 흐르는 전류 $i(t)$는?

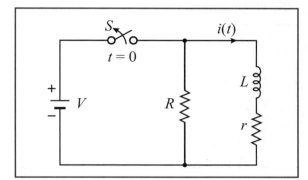

① $\dfrac{V}{R} e^{-\frac{R+r}{L}t}$　　② $\dfrac{V}{r} e^{-\frac{R+r}{L}t}$

③ $\dfrac{V}{R} e^{-\frac{L}{R+r}t}$　　④ $\dfrac{V}{r} e^{-\frac{L}{R+r}t}$

주어진 $r$-$L$ 직렬 회로에서 초기 전류 $i(0) = \dfrac{V}{r}[A]$

과도 상태의 저항 $R + r$ 이다.
스위치 $S$를 열면 전류는 지수 함수적으로 감소하기 때문에

$$i(t) = i(0)e^{-\frac{R+r}{L}t} = \frac{V}{r}e^{-\frac{R+r}{L}t}$$

✔ **TIP** 어려우면 문제와 답을 함께 외워도 무방

답 ②

## 172

그림의 회로에서 $t = 0[s]$ 에 스위치($S$)를 닫은 후 $t = 1[s]$ 일 때 이 회로에 흐르는 전류는 약 몇 $[A]$인가?

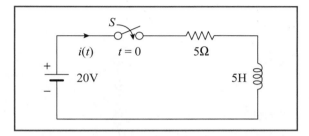

① 2.53　　　　② 3.16

③ 4.21　　　　④ 6.33

주어진 $R$-$L$ 직렬 회로에서
전류 $i(t) = \dfrac{E}{R}(1 - e^{-\frac{R}{L}t})\,[A]$이고,
$E = 20[V]$, $R = 5[V]$, $L = 5[H]$이므로
$$i(t) = \frac{E}{R}(1 - e^{-\frac{R}{L}t}) = \frac{20}{5}\left(1 - e^{-\frac{5}{5}t}\right)$$
$$= 4(1 - e^{-t})[A]$$
스위치를 닫은 후 $t = 1[s]$일 때 흐르는 전류는
$i(1) = 4(1 - e^{-1}) = 2.53[A]$

✔ **TIP**
$$i(t) = 0.632 \times \frac{E}{R} = 0.632 \times \frac{20}{5} = 2.53[A]$$

답 ①

## 173

$RL$ 직렬회로에서 시정수가 $0.03[s]$, 저항이 $14.7[\Omega]$ 일 때 이 회로의 인덕턴스$[mH]$는?

① 441　　　　　② 362

③ 17.6　　　　　④ 2.53

**시정수**

$\tau = \dfrac{L}{R}[\text{sec}]$

**인덕턴스**

$L = \tau R = 0.03 \times 14.7 = 0.441[H] = 441[mH]$

답 ①

## 174

다음 회로에서 $t = 0^{+}$ 일 때 스위치 $K$를 닫았다. $i_1(0^{+})$, $i_2(0^{+})$의 값은?(단, $t < 0$에서 $C$전압과 $L$전압은 각각 $0[V]$이다.)

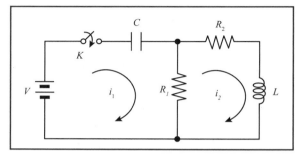

① $\dfrac{V}{R_1}$, $0$　　　　② $0$, $\dfrac{V}{R_2}$

③ $0$, $0$　　　　④ $-\dfrac{V}{R_1}$, $0$

**커패시터 $C$의 특성**
- 커패시터는 전압을 유지하려는 성질이 있다.
- 처음에 충전되지 않은 커패시터는 단락 상태로 행동한다. 즉, 저항이 없는 상태처럼 행동하여 전류가 자유롭게 흐를 수 있다.
- 따라서, $i_1(0^{+}) = \dfrac{V}{R_1}$ 이다.

**인덕터 $L$의 특성**
- 인덕터는 전류의 변화를 저항하려는 성질이 있다.
- 처음에 전류가 흐르지 않는 인덕터는 개방 상태로 행동한다. 즉, 전류가 흐르지 않게 막는다.
- 따라서 인덕터에는 전류가 흐르지 않으며, $i_2(0^{+}) = 0$ 이 된다.

답 ①

## 175

공간적으로 서로 $\frac{2\pi}{n}[rad]$의 각도를 두고 배치한 $n$개의 코일에 대칭 $n$상 교류를 흘리면 그 중심에 생기는 회전자계의 모양은?

① 원형 회전자계　　　② 타원형 회전자계

③ 원통형 회전자계　　④ 원추형 최전자계

> • **원형 회전 자계** : 대칭 전원에서 발생하는 자계
> • **타원형 회전 자계** : 비대칭 전원에서 발생하는 자계

📖 ①

## 176

어떤 소자에 걸리는 전압이 $100\sqrt{2}\cos\left(314t - \frac{\pi}{6}\right)[V]$이고, 흐르는 전류가 $3\sqrt{2}\cos\left(314 + \frac{\pi}{6}\right)[A]$일 때 소비되는 전력$[W]$은?

① 100　　　　　　　② 150

③ 250　　　　　　　④ 300

> $$P = VI\cos\theta = 100 \times 3 \times \cos\left(-\frac{\pi}{6} - \left(\frac{\pi}{6}\right)\right)$$
> $$= 100 \times 3 \times \cos(-30° - 30°)$$
> $$= 300\cos(-60°) = 150[W]$$

📖 ②

## 177

커페시터와 인덕터에서 물리적으로 급격히 변화할 수 없는 것은?

① 커페시터와 인덕터에서 모두 전압

② 커페시터와 인덕터에서 모두 전류

③ 커페시터에서 전류, 인덕터에서 전압

④ 커페시터에서 전압, 인덕터에서 전류

> • 커패시터에 흐르는 전류 $i_C = C\dfrac{dv(t)}{dt}$에서 커패시터의 전압은 연속적이어야 하며, 급격한 변화가 불가능하다. 전압이 급격히 변화하려면 매우 큰 전류가 필요하게 되며, 실제 회로에서 무한대의 전류는 물리적으로 불가능하기 때문이다.
> • 인덕터 양단에 걸리는 전압 $e_L = L\dfrac{di(t)}{dt}$에서 전류는 연속적이어야 하며, 급격한 변화가 불가능하다. 전류가 급격히 변화하려면 매우 큰 전압이 필요하게 되며, 실제 회로에서 무한대의 전압은 물리적으로 불가능하기 때문이다.

📖 ④

## 178

그림의 회로에서 $120[V]$와 $30[V]$의 전압원(능동소자)에서의 전력은 각각 몇 $[W]$인가? (단, 전압원(능동소자)에서 공급 또는 발생하는 전력은 양수(+)이고, 소비 또는 흡수하는 전력은 음수(-)이다.)

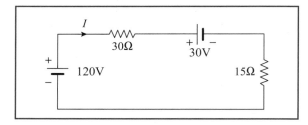

① $240[W]$, $60[W]$     ② $240[W]$, $-60[W]$

③ $-240[W]$, $60[W]$     ④ $-240[W]$, $-60[W]$

전압원의 극성이 반대로 직렬 연결되어 있으므로

전전류 $I = \dfrac{V}{R} = \dfrac{120-30}{30+15} = 2[A]$

- $120[V]$ 전압원에서 공급하는 전력
  $P_{120} = V_{120}I = 120 \times 2 = 240[W]$
- $30[V]$ 전압원에서 공급하는 전력
  $P_{30} = V_{30}I = -30 \times 2 = -60[W]$

☑ **참고** 전류의 방향을 기준으로 $30[V]$ 전압원은 반대 방향에 있으므로 - 를 붙여준다.

답 ②

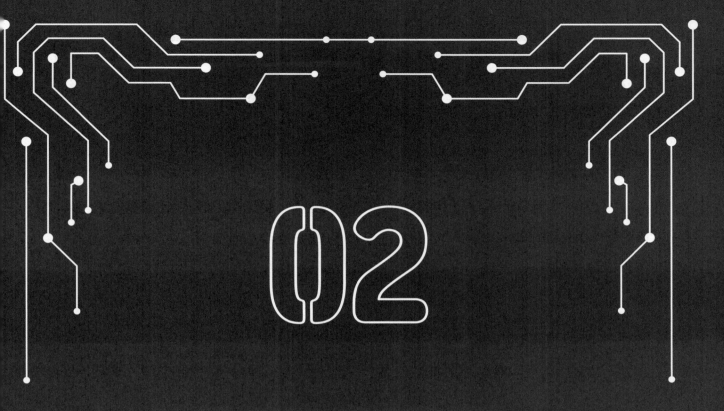

# 02

# 제어공학

문제 & 해설

# 제어공학

## 001

전달 함수 $G(s) = \dfrac{1}{s+a}$ 일 때, 이 계의 임펄스 응답 $c(t)$ 를 나타내는 것은?(단, $a$는 상수이다.)

①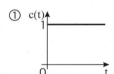

②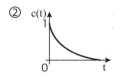

③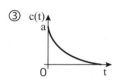

④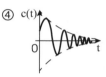

주어진 전달 함수를 라플라스 역변환하면 지수 감쇠 함수가 된다.
$$\mathscr{L}^{-1}\left[\frac{1}{s+1}\right] = e^{-at}$$
따라서 시간이 지남에 따라 응답이 지수적으로 감소하는 파형이 나타난다.

### ☑ 참고

| 시간 함수 $f(t)$ | 주파수 함수 $F(s)$ |
|---|---|
| 지수 함수 $e^{-at}$ | $\dfrac{1}{s+a}$ |

🄰 ②

## 002

$z$ 변환된 함수 $F(z) = \dfrac{3z}{z - e^{-3T}}$ 에 대응되는 라플라스 변환 함수는?

① $\dfrac{1}{(s+3)}$

② $\dfrac{3}{(s-3)}$

③ $\dfrac{1}{(s-3)}$

④ $\dfrac{3}{(s+3)}$

$$F(z) = \frac{3z}{z - e^{-3T}} = 3 \times \frac{z}{z - e^{-3T}}$$

시간 함수로 변환하면 $f(t) = 3e^{-3t}$

라플라스 변환하면 $F(s) = 3 \times \dfrac{1}{s+3} = \dfrac{3}{s+3}$

| 시간 함수 $f(t)$ | 라플라스 변환 $F(s)$ | $z$ 변환 $F(z)$ |
|---|---|---|
| 지수 함수 $e^{-at}$ | $\dfrac{1}{s+a}$ | $\dfrac{z}{z - e^{-aT}}$ |
| 지수 함수 $e^{at}$ | $\dfrac{1}{s-a}$ | $\dfrac{z}{z - e^{aT}}$ |

🄰 ④

## 003

시간 함수 $f(t) = \sin\omega t$ 의 $z$ 변환은? (단, $T$는 샘플링 주기이다.)

① $\dfrac{z\sin\omega T}{z^2 + 2z\cos\omega T + 1}$

② $\dfrac{z\sin\omega T}{z^2 - 2z\cos\omega T + 1}$

③ $\dfrac{z\cos\omega T}{z^2 - 2z\sin\omega T + 1}$

④ $\dfrac{z\cos\omega T}{z^2 + 2z\sin\omega T + 1}$

| 시간 함수 $f(t)$ | 라플라스 변환 $F(s)$ | $z$ 변환 $F(z)$ |
|---|---|---|
| 삼각 함수 $\sin\omega t$ | $\dfrac{\omega}{s^2 + \omega^2}$ | $\dfrac{z\sin\omega T}{z^2 - 2z\cos\omega T + 1}$ |
| 삼각 함수 $\cos\omega t$ | $\dfrac{s}{s^2 + \omega^2}$ | $\dfrac{z^2 - z\cos\omega T}{z^2 - 2z\cos\omega T + 1}$ |

답 ②

## 004

$e(t)$의 $z$ 변환을 $E(z)$라고 했을 때 $e(t)$의 초기값 $e(0)$는?

① $\lim_{z\to 1} E(z)$  ② $\lim_{z\to\infty} E(z)$

③ $\lim_{z\to 1}(1 - z^{-1})E(z)$  ④ $\lim_{z\to\infty}(1 - z^{-1})E(z)$

$z$ 변환의 정리

• 초기값 정리
$\lim_{t\to 0} f(t) = \lim_{s\to\infty} sF(s) = \lim_{z\to\infty} F(z)$

• 최종값 정리
$\lim_{t\to\infty} f(t) = \lim_{s\to 0} sF(s) = \lim_{z\to 1}(1 - z^{-1})F(z)$

답 ②

## 005

단위계단 함수 $u(t)$를 $z$ 변환하면?

① $\dfrac{1}{z - 1}$  ② $\dfrac{z}{z - 1}$

③ $\dfrac{1}{Tz - 1}$  ④ $\dfrac{Tz}{Tz - 1}$

| 시간 함수 $f(t)$ | 라플라스 변환 $F(s)$ | $z$ 변환 $F(z)$ |
|---|---|---|
| 임펄스 함수 $\delta(t)$ | $1$ | $1$ |
| 단위 계단 함수 $u(t)=1$ | $\dfrac{1}{s}$ | $\dfrac{z}{z-1}$ |
| 속도 함수 $t$ | $\dfrac{1}{s^2}$ | $\dfrac{Tz}{(z-1)^2}$ |
| 지수 함수 $e^{-at}$ | $\dfrac{1}{s+a}$ | $\dfrac{z}{z-e^{-aT}}$ |
| 지수 함수 $e^{at}$ | $\dfrac{1}{s-a}$ | $\dfrac{z}{z-e^{aT}}$ |

답 ②

## 006

함수 $e^{-at}$의 $z$ 변환으로 옳은 것은?

① $\dfrac{z}{z - e^{-aT}}$  ② $\dfrac{z}{z - a}$

③ $\dfrac{1}{z - e^{-aT}}$  ④ $\dfrac{1}{z - a}$

| 시간 함수 $f(t)$ | 라플라스 변환 $F(s)$ | $z$ 변환 $F(z)$ |
|---|---|---|
| 지수 함수 $e^{-at}$ | $\dfrac{1}{s+a}$ | $\dfrac{z}{z-e^{-aT}}$ |
| 지수 함수 $e^{at}$ | $\dfrac{1}{s-a}$ | $\dfrac{z}{z-e^{aT}}$ |

답 ①

## 007

**단위 계단 함수의 라플라스 변환과 $z$ 변환 함수는?**

① $\dfrac{1}{s}$ , $\dfrac{z}{z-1}$　　② $s$ , $\dfrac{z}{z-1}$

③ $\dfrac{1}{s}$ , $\dfrac{z-1}{z}$　　④ $s$ , $\dfrac{z-1}{z}$

| 시간 함수 $f(t)$ | 라플라스 변환 $F(s)$ | $z$ 변환 $F(z)$ |
|---|---|---|
| 단위 계단 함수 $u(t)=1$ | $\dfrac{1}{s}$ | $\dfrac{z}{z-1}$ |

🔖 ①

## 008

$R(z) = \dfrac{(1-e^{-aT})z}{(z-1)(z-e^{-aT})}$ **의 역변환은?**

① $te^{aT}$　　　　② $te^{-aT}$

③ $1-e^{-aT}$　　④ $1+e^{-aT}$

계산을 편하게 하기 위해 $z$를 좌변으로 이동시켜 준다.

$$\frac{R(z)}{z} = \frac{(1-e^{-aT})}{(z-1)(z-e^{-aT})}$$

위 식을 부분 분수로 전개한다.

$$\frac{R(z)}{z} = \frac{A}{z-1} + \frac{B}{z-e^{-aT}}$$

$$A = \frac{(1-e^{-aT})}{(z-1)(z-e^{-aT})} \times (z-1) \bigg|_{z=1}$$

$$= \frac{1-e^{-aT}}{z-e^{-aT}} \bigg|_{z=1} = 1$$

$$B = \frac{(1-e^{-aT})}{(z-1)(z-e^{-aT})} \times (z-e^{-aT}) \bigg|_{z=e^{-aT}}$$

$$= \frac{1-e^{-aT}}{z-1} \bigg|_{z=e^{-aT}} = -1$$

$\dfrac{R(z)}{z} = \dfrac{1}{z-1} - \dfrac{1}{z-e^{-aT}}$ 에서 다시 $z$를 원래대

로 이동시켜 준다.

$$R(z) = \frac{z}{z-1} - \frac{z}{z-e^{-aT}}$$

위 식을 라플라스 역변환하면

$$\therefore r(t) = 1 - e^{-aT}$$

☑ **참고** $z$ 변환표

| 시간 함수 $f(t)$ | 라플라스 변환 $F(s)$ | $z$ 변환 $F(z)$ |
|---|---|---|
| 단위 계단 함수 $u(t)=1$ | $\dfrac{1}{s}$ | $\dfrac{z}{z-1}$ |
| 지수 함수 $e^{-at}$ | $\dfrac{1}{s+a}$ | $\dfrac{z}{z-e^{-aT}}$ |
| 지수 함수 $e^{at}$ | $\dfrac{1}{s-a}$ | $\dfrac{z}{z-e^{aT}}$ |

🔖 ③

## 009

**궤환(Feedback) 제어계의 특징이 아닌 것은?**

① 정확성이 증가한다.

② 대역폭이 증가한다.

③ 구조가 간단하고 설치비가 저렴하다.

④ 계(系)의 특성 변화에 대한 입력 대 출력비의 감도가 감소한다.

**폐루프 제어계(궤환 제어계, 피드백 제어계)**
- 출력 신호를 다시 입력으로 피드백하여 오차를 보정하는 제어 시스템이다.
- 구조는 복잡하지만 오차가 작고 정확도가 높다.
- 입력과 출력을 비교하는 장치와 출력을 검출하는 센서가 필요하며, 정확하고 빠른 동작이 요구되는 곳에 사용된다.

답 ③

## 010

**그림에서 ①에 알맞은 신호 이름은?**

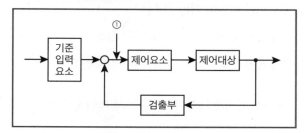

① 조작량          ② 제어량

③ 기준 입력        ④ 동작 신호

**폐루프 제어계(궤환 제어계, 피드백 제어계) 구성**

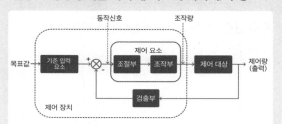

**동작 신호** : 기준 입력과 주궤환량의 차로서 제어 요소에 주는 신호

답 ④

## 011

기준 입력과 주궤환량과의 차로서, 제어계의 동작을 일으키는 원인이 되는 신호는?

① 조작 신호

② 동작 신호

③ 주궤환 신호

④ 기준 입력 신호

### 폐루프 제어계(궤환 제어계, 피드백 제어계) 구성

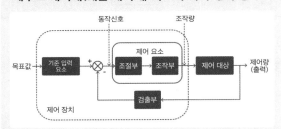

**동작 신호**: 기준 입력과 주궤환량의 차로서 제어 요소에 주는 신호

답 ②

## 012

블록 선도에서 ⓐ에 해당하는 신호는?

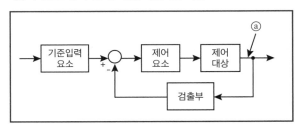

① 조작량

② 제어량

③ 기준입력

④ 동작신호

### 폐루프 제어계(궤환 제어계, 피드백 제어계) 구성
- **제어 요소**: 조절부와 조작부
- **비교부**: 입력과 출력을 비교하여 오차량을 측정하는 부분
- **조작량**: 제어 장치가 제어 대상에 가하는 제어 신호로 제어 장치의 출력인 동시에 제어 대상의 입력인 신호

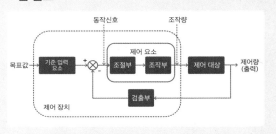

답 ②

## 013

제어량의 종류에 따른 분류가 아닌 것은?

① 자동 조정

② 서보 기구

③ 적응 제어

④ 프로세스 제어

### 제어량의 종류에 의한 분류
- 프로세스 제어
- 서보 기구
- 자동 조정

답 ③

## 014

제어 요소가 제어 대상에 주는 양은?

① 동작 신호　　　② 조작량

③ 제어량　　　　④ 궤환량

> **조작량**: 제어 장치가 제어 대상에 가하는 제어 신호로 제어 장치의 출력인 동시에 제어 대상의 입력인 신호

답 ②

## 015

노내 온도를 제어하는 프로세스 제어계에서 검출부에 해당하는 것은?

① 노　　　　　　② 밸브

③ 증폭기　　　　④ 열전대

> 열전대는 두 절점의 온도차를 전압으로 변환하여 온도를 측정하는 장치이다. 따라서, 노내 온도를 검출하는 기능을 하므로 검출부에 해당한다.

답 ④

## 016

일정 입력에 대해 잔류 편차가 있는 제어계는?

① 비례 제어계　　　② 적분 제어계

③ 비례 적분 제어계　④ 비례 적분 미분 제어계

> **제어 동작에 따른 분류**
> - 비례 동작(P 동작)
>   전달함수 $G(s) = K$ (단, $K$ : 비례 감도)
>   - 잔류 편차(오프셋, offset) 발생
>   - 오차가 크고, 동작 속도가 느리다.
> - 적분 동작(I 동작)
>   전달함수 $G(s) = \dfrac{1}{T_i s}$ (단, $T_i$ : 적분 시간)
>   - 잔류 편차(오프셋, offset) 제거
> - 비례 적분 동작(PI 동작)
>   전달함수 $G(s) = K\left(1 + \dfrac{1}{T_i s}\right)$
>   - 정상 상태의 오차(편차) 개선하여 잔류 편차(오프셋, offset) 제거
> - 비례 적분 미분 동작(PID 동작)
>   전달함수 $G(s) = K\left(1 + T_d s + \dfrac{1}{T_i s}\right)$
>   - 잔류 편차(오프셋, offset) 제거 및 속응성(동작 속도) 개선 가능한 최적의 제어

답 ①

## 017

시간 영역에서 자동 제어계를 해석할 때 기본 시험입력에 보통 사용되지 않는 입력은?

① 정속도 입력　　　　② 정현파 입력

③ 단위 계단 입력　　④ 정가속도 입력

정현파 입력은 주파수 영역에서 주로 사용되기 때문에 시간 영역 해석에서는 일반적으로 사용되지 않는다.

**시간 영역에서 자동제어계를 해석할 때 사용하는 기본 시험 입력**
- 단위 계단 입력
- 정속도 입력
- 정가속도 입력

目 ②

## 018

전달 함수가 $G(s) = \dfrac{2s+5}{7s}$ 인 제어기가 있다. 이 제어기는 어떤 제어기인가?

① 비례 미분 제어기　　② 적분 제어기

③ 비례 적분 제어기　　④ 비례 적분 미분 제어기

전달 함수

$G(s) = \dfrac{2s+5}{7s} = \dfrac{2s}{7s} + \dfrac{5}{7s} = \dfrac{2}{7} + \dfrac{5}{7s} = \dfrac{2}{7}\left(1 + \dfrac{1}{\frac{2}{5}s}\right)$ 에서

비례 감도 $K = \dfrac{2}{7}$, 적분 시간 $T_i = \dfrac{2}{5}$ 이므로 비례 적분 제어기이다.

☑ **참고 비례 적분 동작(PI 동작)**
전달함수 $G(s) = K\left(1 + \dfrac{1}{T_i s}\right)$

(단, $K$: 비례 감도, $T_i$: 적분 시간)

目 ③

## 019

적분 시간 4[sec], 비례 감도가 4인 비례 적분 동작을 하는 제어 요소에 동작 신호 $z(t) = 2t$ 를 주었을 때 이 제어 요소의 조작량은? (단, 조작량의 초기 값은 0이다.)

① $t^2 + 8t$　　　　② $t^2 + 2t$

③ $t^2 - 8t$　　　　④ $t^2 - 2t$

비례 적분 제어(PI 동작)에서

조작량 $y(t) = K\left(z(t) + \dfrac{1}{T_i}\int z(t)\,dt\right)$

이때 적분 시간 $T_i = 4$[sec], 비례 감도 $K = 4$, 동작 신호 $z(t) = 2t$ 이므로

$y(t) = K\left(z(t) + \dfrac{1}{T_i}\int z(t)\,dt\right) = 4\left(2t + \dfrac{1}{4}\int 2t\,dt\right)$

$= 8t + \int 2t\,dt = t^2 + 8t$

目 ①

## 020

폐루프 시스템에서 응답의 잔류 편차 또는 정상 상태 오차를 제거하기 위한 제어 기법은?

① 비례 제어　　　　② 적분 제어

③ 미분 제어　　　　④ on-off 제어

**제어 동작에 따른 분류**
- **비례 동작(P 동작)**
  전달함수 $G(s) = K$ (단, $K$ : 비례 감도)
  - 잔류 편차(오프셋, offset) 발생
  - 오차가 크고, 동작 속도가 느리다.
- **미분 동작(D 동작)**
  전달함수 $G(s) = T_d s$ (단, $T_d$ : 미분 시간)
  - 오차가 커지는 것을 미연에 방지
- **적분 동작(I 동작)**
  전달함수 $G(s) = \dfrac{1}{T_i s}$ (단, $T_i$ : 적분 시간)
  - 잔류 편차(오프셋, offset) 제거

目 ②

## 021

전달 함수가 $G_C(s) = \dfrac{s^2 + 3s + 5}{2s}$ 인 제어기가 있다. 이 제어기는 어떤 제어기인가?

① 비례 미분 제어기     ② 적분 제어기

③ 비례 적분 제어기     ④ 비례 미분 적분 제어기

---

**전달 함수**

$G_C(s) = \dfrac{s^2 + 3s + 5}{2s} = \dfrac{s^2}{2s} + \dfrac{3s}{2s} + \dfrac{5}{2s} = \dfrac{s}{2} + \dfrac{3}{2} + \dfrac{5}{2s}$

$= \dfrac{3}{2}\left(1 + \dfrac{1}{3}s + \dfrac{1}{\frac{3}{5}s}\right)$ 에서

비례 감도 $K = \dfrac{3}{2}$, 미분 시간 $T_d = \dfrac{1}{3}$, 적분 시간

$T_i = \dfrac{3}{5}$ 이므로 비례 미분 적분 제어기이다.

☑ **참고** 비례 적분 미분 동작(PID 동작)

전달함수 $G(s) = K\left(1 + T_d s + \dfrac{1}{T_i s}\right)$

답 ④

## 022

기본 제어요소인 비례요소의 전달함수는? (단, $K$는 상수이다.)

① $G(s) = K$        ② $G(s) = Ks$

③ $G(s) = \dfrac{K}{s}$        ④ $G(s) = \dfrac{K}{s+K}$

---

**전달 함수 종류**

- 비례 요소 $G(s) = \dfrac{C(s)}{R(s)} = K$ (단, $K$ : 이득 정수)

- 미분 요소 $G(s) = \dfrac{C(s)}{R(s)} = Ks$

- 적분 요소 $G(s) = \dfrac{C(s)}{R(s)} = \dfrac{K}{s}$

- 1차 지연 요소 $G(s) = \dfrac{C(s)}{R(s)} = \dfrac{K}{Ts+1}$

- 2차 지연 요소 $G(s) = \dfrac{C(s)}{R(s)} = \dfrac{\omega_n^2}{s^2 + 2\delta\omega_n s + \omega_n^2}$

- 부동작 시간 요소 $G(s) = \dfrac{C(s)}{R(s)} = Ke^{-Ls}$

 (단, $L$ : 부동작 시간)

답 ①

## 023

제어 요소의 표준 형식인 적분 요소에 대한 전달 함수는? (단, $K$는 상수이다.)

① $Ks$

② $\dfrac{K}{s}$

③ $K$

④ $\dfrac{K}{1+Ts}$

전달 함수 종류

- 비례 요소 $G(s) = \dfrac{C(s)}{R(s)} = K$ (단, $K$: 이득 정수)

- 미분 요소 $G(s) = \dfrac{C(s)}{R(s)} = Ks$

- 적분 요소 $G(s) = \dfrac{C(s)}{R(s)} = \dfrac{K}{s}$

- 1차 지연 요소 $G(s) = \dfrac{C(s)}{R(s)} = \dfrac{K}{Ts+1}$

- 2차 지연 요소 $G(s) = \dfrac{C(s)}{R(s)} = \dfrac{\omega_n^2}{s^2+2\delta\omega_n s+\omega_n^2}$

- 부동작 시간 요소 $G(s) = \dfrac{C(s)}{R(s)} = Ke^{-Ls}$

  (단, $L$ : 부동작 시간)

답 ②

## 024

다음 그림의 전달 함수 $\dfrac{Y(z)}{R(z)}$ 는 다음 중 어느 것인가?

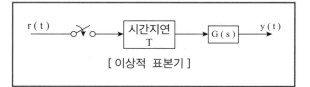

[ 이상적 표본기 ]

① $G(z)z$

② $G(z)z^{-1}$

③ $G(z)Tz^{-1}$

④ $G(z)Tz$

$$\frac{Y(s)}{R(s)} = G(z)z^{-1}$$

✓ **TIP** 주어진 시스템에서 T 만큼의 시간 지연이 있을 때, T 만큼 지연된 출력은 $z^{-1}$ 로 표현된다. 시간 지연이 있을 때 전달 함수를 구하는 경우에는 보기에서 $z^{-1}$ 항이 포함된 것을 찾으면 된다.

답 ②

## 025

다음 블록선도의 전체 전달 함수가 1이 되기 위한 조건은?

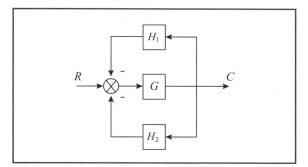

① $G = \dfrac{1}{1-H_1-H_2}$    ② $G = \dfrac{1}{1+H_1+H_2}$

③ $G = \dfrac{-1}{1-H_1-H_2}$    ④ $G = \dfrac{-1}{1+H_1+H_2}$

전체 전달 함수가 1이 되어야 하므로

전달 함수 $\dfrac{C}{R} = \dfrac{경로}{1-폐루프}$

$= \dfrac{G}{1-\{-GH_1+(-GH_2)\}}$

$= \dfrac{G}{1+GH_1+GH_2} = 1$

$G = 1+GH_1+GH_2$

$G-GH_1-GH_2 = 1$

$G(1-H_1-H_2) = 1$

$\therefore G = \dfrac{1}{1-H_1-H_2}$

답 ①

## 026

단위 궤환 제어계의 개루프 전달 함수가

$G(s) = \dfrac{K}{s(s+2)}$ 일 때, $K$가 $-\infty$부터 $+\infty$까지 변하는 경우 특성 방정식의 근에 대한 설명으로 틀린 것은?

① $-\infty < K < 0$ 에 대하여 근은 모두 실근이다.

② $0 < K < 1$ 에 대하여 2개의 근은 모두 음의 실근이다.

③ $K = 0$ 에 대하여 $s_1 = 0$, $s_2 = -2$ 의 근은 $G(s)$의 극점과 일치한다.

④ $1 < K < \infty$ 에 대하여 2개의 근은 음의 실수부 중근이다.

개루프 전달 함수가 $G(s) = \dfrac{K}{s(s+2)}$ 로 주어졌으므로 특성 방정식은 분모+분자 $= 0$으로 구하면 된다.

특성 방정식 $s(s+2) + K = s^2 + 2s + K = 0$에서 특성 방정식의 근

$s = \dfrac{-2 \pm \sqrt{2^2 - 4 \times 1 \times K}}{2 \times 1} = -1 \pm \sqrt{1-K}$

따라서 ④ $1 < K < \infty$ 2개의 근은 음의 실수부 중근이 나올 수 없다.

☑ **참고** $1 < K < \infty$ 에서 $\sqrt{1-K}$는 $j\sqrt{K-1}$로 허수이다. 따라서 2개의 근은 $-1 \pm j\sqrt{K-1}$로 -1이라는 공통된 실수 부분을 가지며, 허수부 $\pm j\sqrt{K-1}$로 인해 복소수이다. 따라서 2개의 근이 음의 실수부만을 가지는 경우는 없으며, 항상 복소수로서 허수부를 포함하게 된다.

☑ **참고** 근의 공식

$ax^2 + bx + c = 0$일 때 (단, $a \neq 0$)

$x = \dfrac{-b \pm \sqrt{b^2 - 4ac}}{2a}$

답 ④

## 027

**그림의 벡터 궤적을 갖는 계의 주파수 전달 함수는?**

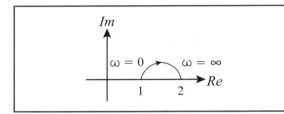

① $\dfrac{1}{j\omega + 1}$

② $\dfrac{1}{j2\omega + 1}$

③ $\dfrac{j\omega + 1}{j2\omega + 1}$

④ $\dfrac{j2\omega + 1}{j\omega + 1}$

주어진 벡터 궤적은 주파수 $\omega = 0$일 때 1에서 시작하여, $\omega = \infty$일 때 2에 도달한다.

따라서 주어진 보기에 각 주파수 대역에서의 응답을 대입해 본 후, 궤적과 일치하는지 확인한다.

• $\omega = 0$일 때

① $\dfrac{1}{j0 + 1} = \dfrac{1}{1} = 1$

② $\dfrac{1}{j2 \times 0 + 1} = \dfrac{1}{1} = 1$

③ $\dfrac{j \times 0 + 1}{j2 \times 0 + 1} = \dfrac{1}{1} = 1$

④ $\dfrac{j2 \times 0 + 1}{j \times 0 + 1} = \dfrac{1}{1} = 1$

$\omega = 0$일 때는 응답이 1로 동일하게 나타났기 때문에, 이 단계에서는 답을 구별할 수 없다.

• $\omega = \infty$일 때

① $\dfrac{1}{j\infty + 1} = \dfrac{1}{\infty} = 0$

② $\dfrac{1}{j2 \times \infty + 1} = \dfrac{1}{\infty} = 0$

③ $\dfrac{j\omega + 1}{2\left(j\omega + \dfrac{1}{2}\right)} = \dfrac{\infty + 1}{2\left(\infty + \dfrac{1}{2}\right)} = \dfrac{\infty}{2\infty} = \dfrac{1}{2}$

④ $\dfrac{2\left(j\omega + \dfrac{1}{2}\right)}{j\omega + 1} = \dfrac{2\left(\infty + \dfrac{1}{2}\right)}{\infty + 1} = \dfrac{2\infty}{\infty} = 2$

따라서 $\omega = \infty$일 때 보기 ④만이 주어진 궤적과 일치하는 응답 2를 준다.

> ☑ **참고** $\infty$는 매우 큰 숫자이기 때문에, $\infty$에 1이나 $\dfrac{1}{2}$ 같은 작은 숫자를 더하는 것은 영향을 미치지 못한다. 또한 위 풀이는 계산의 편의를 위해 간략화 한 것이며, 무한대를 포함한 계산은 극한으로 해석되기 때문에 $\displaystyle\lim_{\omega \to \infty} \dfrac{2j\omega}{j\omega} = \lim_{\omega \to \infty} 2 = 2$ 로 이해하면 된다.

답 ④

## 028

다음 회로에서 입력 전압 $v_1(t)$에 대한 출력 전압 $v_2(t)$의 전달 함수 $G(s)$는?

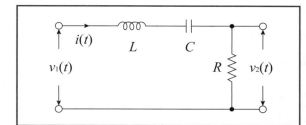

① $\dfrac{RCs}{LCs^2 + RCs + 1}$     ② $\dfrac{RCs}{LCs^2 - RCs - 1}$

③ $\dfrac{Cs}{LCs^2 + RCs + 1}$     ④ $\dfrac{Cs}{LCs^2 - RCs - 1}$

주어진 회로에서 출력 전압 $V_2(t)$는 저항 $R$에 걸리는 전압이며, 입력 전압 $V_1(t)$는 전체 회로에 걸리는 전압이다. 따라서 전달 함수는 아래와 같이 나타낼 수 있다.

$$G(s) = \frac{V_2(s)}{V_1(s)} = \frac{R}{Ls + \dfrac{1}{Cs} + R}$$

$$\frac{R}{Ls + \dfrac{1}{Cs} + R} \times \frac{Cs}{Cs} = \frac{RCs}{LCs^2 + RCs + 1}$$

답 ①

## 029

전달함수가 $G(s) = \dfrac{10}{s^2 + 3s + 2}$으로 표현되는 제어 시스템에서 직류 이득은 얼마인가?

① 1      ② 2

③ 3      ④ 5

직류에서 주파수 $f = 0$이므로 $s = j\omega = 2\pi f = 0$이다.

$$G(s) = \frac{10}{s^2 + 3s + 2}\bigg|_{s=0} = \frac{10}{2} = 5$$

답 ④

## 030

그림과 같은 블록선도에서 $\dfrac{C(s)}{R(s)}$ 값은?

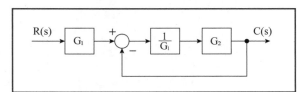

① $\dfrac{G_1}{G_1 - G_2}$     ② $\dfrac{G_2}{G_1 - G_2}$

③ $\dfrac{G_2}{G_1 + G_2}$     ④ $\dfrac{G_1 G_2}{G_1 + G_2}$

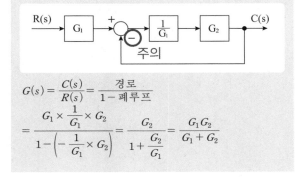

$$G(s) = \frac{C(s)}{R(s)} = \frac{경로}{1 - 폐루프}$$

$$= \frac{G_1 \times \dfrac{1}{G_1} \times G_2}{1 - \left(-\dfrac{1}{G_1} \times G_2\right)} = \frac{G_2}{1 + \dfrac{G_2}{G_1}} = \frac{G_1 G_2}{G_1 + G_2}$$

답 ④

## 031

다음 단위 궤환 제어계의 미분 방정식은?

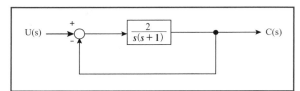

① $\dfrac{d^2c(t)}{dt^2} + \dfrac{dc(t)}{dt} + c(t) = 2u(t)$

② $\dfrac{d^2c(t)}{dt^2} + \dfrac{dc(t)}{dt} + 2c(t) = u(t)$

③ $\dfrac{d^2c(t)}{dt^2} + \dfrac{dc(t)}{dt} + 2c(t) = 5u(t)$

④ $\dfrac{d^2c(t)}{dt^2} + \dfrac{dc(t)}{dt} + 2c(t) = 2u(t)$

전달 함수 $G(s) = \dfrac{C(s)}{U(s)} = \dfrac{경로}{1-폐회로}$

$\quad = \dfrac{\dfrac{2}{s(s+1)}}{1-\left(-\dfrac{2}{s(s+1)}\right)} = \dfrac{2}{s^2+s+2}$

$s^2 C(s) + s C(s) + 2C(s) = 2U(s)$

위 식을 미분 방정식으로 표현하면

$\therefore \dfrac{d^2c(t)}{dt^2} + \dfrac{dc(t)}{dt} + 2c(t) = 2u(t)$

답 ④

## 032

그림과 같은 블록선도에서 전달함수 $\dfrac{C(s)}{R(s)}$를 구하면?

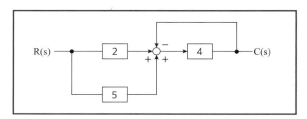

① $\dfrac{1}{8}$

② $\dfrac{5}{28}$

③ $\dfrac{28}{5}$

④ 8

전달함수 $\dfrac{C(s)}{R(s)} = \dfrac{경로}{1-폐회로} = \dfrac{2\times4+5\times4}{1-(-4)} = \dfrac{28}{5}$

답 ③

## 033

그림의 블록 선도와 같이 표현되는 제어 시스템에서 $A=1$, $B=1$일 때, 블록 선도의 출력 $C$는 약 얼마인가?

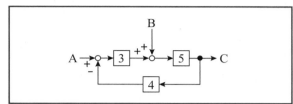

① 0.22

② 0.33

③ 1.22

④ 3.1

입력이 2개인 블록선도이므로 각 입력에 대한 전달 함수를 별도로 구한다.

$$\frac{C}{A} = \frac{3 \times 5}{1 - (3 \times 5 \times (-4))} = \frac{15}{61}$$

$$\frac{C}{B} = \frac{5}{1 - (5 \times (-4) \times 3)} = \frac{5}{61}$$

이때 $A = 1$, $B = 1$로 주어졌으므로

$$C = \frac{15}{61} \times A + \frac{5}{61} \times B = \frac{15}{61} + \frac{5}{61} = \frac{20}{61} \fallingdotseq 0.33$$

답 ②

## 034

다음 블록 선도의 전달 함수 $\frac{C(s)}{R(s)}$ 는?

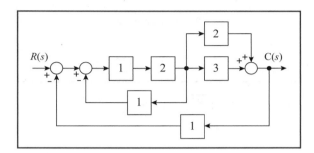

① $\dfrac{10}{9}$

② $\dfrac{10}{13}$

③ $\dfrac{12}{9}$

④ $\dfrac{12}{13}$

경로

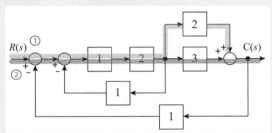

폐회로

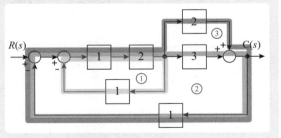

$$\frac{C(s)}{R(s)} = \frac{경로}{1 - 폐회로}$$

$$= \frac{(1 \times 2 \times 3) + (1 \times 2 \times 2)}{1 - \{(-1 \times 2 \times 1) + (-1 \times 2 \times 3 \times 1) + (-1 \times 2 \times 2 \times 1)\}}$$

$$= \frac{10}{13}$$

답 ②

## 035

다음의 회로를 블록선도로 그린 것 중 옳은 것은?

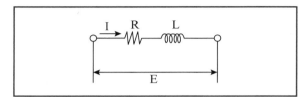

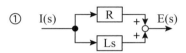

① I(s) R + E(s)
   Ls +

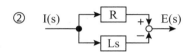

② I(s) R + E(s)
   Ls −

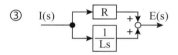

③ I(s) R + E(s)
   $\frac{1}{Ls}$ +

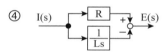

④ I(s) R + E(s)
   $\frac{1}{Ls}$ −

주어진 회로는 $R$-$L$직렬 회로이다.
이때 키르히호프 전압 법칙에 의해서
전체 전압은 $E(s) = RI(s) + LsI(s)$이다.
따라서 전달 함수는 $\dfrac{E(s)}{I(s)} = R + Ls$이므로, 이를 충족
하는 블록선도를 찾아야 한다.
① 블록선도의 전달함수가
$\dfrac{E(s)}{I(s)} = \dfrac{경로}{1-폐루프} = \dfrac{R+Ls}{1-0} = R + Ls$ 으로 충족한다.

답 ①

## 036

블록 선도의 전달 함수 $\dfrac{C(s)}{R(s)}$ 는?

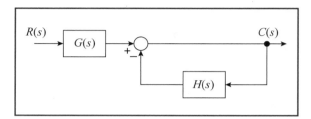

① $\dfrac{G(s)}{1 + H(s)}$

② $\dfrac{G(s)}{1 + G(s)H(s)}$

③ $\dfrac{1}{1 + H(s)}$

④ $\dfrac{1}{1 + G(s)H(s)}$

전달 함수 $G(s) = \dfrac{C(s)}{R(s)} = \dfrac{경로}{1-폐회로}$
$= \dfrac{G(s)}{1-(-H(s))} = \dfrac{G(s)}{1+H(s)}$

답 ①

## 037

그림의 블록선도에 대한 전달함수 $\dfrac{C}{R}$ 는?

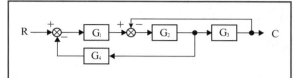

① $\dfrac{G_1 G_2 G_3}{1 + G_1 G_2 + G_1 G_2 G_4}$

② $\dfrac{G_1 G_2 G_4}{1 + G_1 G_2 + G_1 G_2 G_3}$

③ $\dfrac{G_1 G_2 G_3}{1 + G_2 G_3 + G_1 G_2 G_4}$

④ $\dfrac{G_1 G_2 G_4}{1 + G_2 G_3 + G_1 G_2 G_3}$

전달 함수 $G(s) = \dfrac{C(s)}{R(s)} = \dfrac{경로}{1 - 폐루프}$

$= \dfrac{G_1 \times G_2 \times G_3}{1 - (-G_2 \times G_3) - (-G_1 \times G_2 \times G_4)}$

$= \dfrac{G_1 G_2 G_3}{1 + G_2 G_3 + G_1 G_2 G_4}$

답 ③

## 038

블록 선도의 전달 함수가 $\dfrac{C(s)}{R(s)} = 10$ 과 같이 되기 위한 조건은?

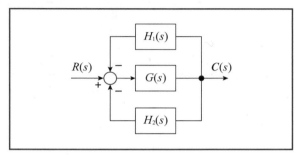

① $G(s) = \dfrac{1}{1 - H_1(s) - H_2(s)}$

② $G(s) = \dfrac{10}{1 - H_1(s) - H_2(s)}$

③ $G(s) = \dfrac{1}{1 - 10 H_1(s) - 10 H_2(s)}$

④ $G(s) = \dfrac{10}{1 - 10 H_1(s) - 10 H_2(s)}$

전달 함수 $G(s) = \dfrac{C(s)}{R(s)} = \dfrac{경로}{1 - 폐루프}$

$= \dfrac{G(s)}{1 - \{-G(s)H_1(s) + (-G(s)H_2(s))\}}$

$= \dfrac{G(s)}{1 + G(s)H_1(s) + G(s)H_2(s)} = 10$

위 식을 $G(s)$에 대해 정리하면

$G(s) = 10 + 10 G(s)H_1(s) + 10 G(s)H_2(s)$

$G(s) - 10 G(s)H_1(s) - 10 G(s)H_2(s) = 10$

$G(s)(1 - 10 H_1(s) - 10 H_2(s)) = 10$

$\therefore G(s) = \dfrac{10}{1 - 10 H_1(s) - 10 H_2(s)}$

답 ④

## 039

다음의 블록선도에서 특성 방정식의 근은?

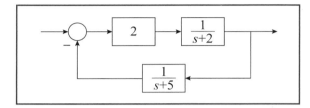

① $-2, -5$  ② $2, 5$

③ $-3, -4$  ④ $3, 4$

전달 함수 $G(s) = \dfrac{C(s)}{R(s)} = \dfrac{경로}{1-폐루프}$

$$= \dfrac{2 \times \dfrac{1}{s+2}}{1-\left(-2 \times \dfrac{1}{s+2} \times \dfrac{1}{s+5}\right)} = \dfrac{2s+10}{s^2+7s+12}$$

특성 방정식은 폐루프 전달 함수의 분모가 0이 되는 방정식이다.

$s^2 + 7s + 12 = (s+3)(s+4) = 0$

$\therefore s = -3, \ -4$

**답 ③**

## 040

그림과 같은 제어 시스템의 전달 함수 $\dfrac{C(s)}{R(s)}$ 는?

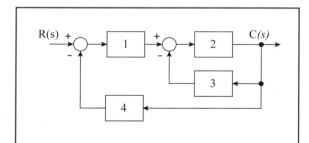

① $\dfrac{1}{15}$  ② $\dfrac{2}{15}$

③ $\dfrac{3}{15}$  ④ $\dfrac{4}{15}$

[풀이 1]

$G(s) = \dfrac{C(s)}{R(s)} = \dfrac{경로}{1-폐루프}$

$$= \dfrac{1 \times 2}{1-((-2 \times 3)+(-1 \times 2 \times 4))} = \dfrac{2}{15}$$

[풀이 2]

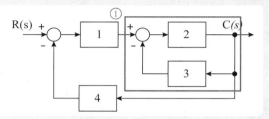

① 박스 안의 블록 선도 전달 함수는

$G(s) = \dfrac{경로}{1-폐루프} = \dfrac{2}{1-(-2 \times 3)} = \dfrac{2}{7}$ 이므로

주어진 블록 선도를 아래 ②와 같이 변환할 수 있다.

②

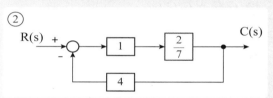

그림 ②의 전달 함수는

$G(s) = \dfrac{C(s)}{R(s)} = \dfrac{1 \times \dfrac{2}{7}}{1-\left(-1 \times \dfrac{2}{7} \times 4\right)} = \dfrac{2}{15}$

**답 ②**

## 041

블록선도 변환이 틀린 것은?

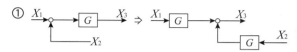

① $X_3 = GX_1 + GX_2$

② $X_1 \Rightarrow G \Rightarrow X_2$

③ $X_1 \Rightarrow G \Rightarrow X_2$

④ $X_1 \Rightarrow G \Rightarrow X_3$

보기의 블록 선도의 출력을 각각 구하면 아래와 같다.
① $X_3 = GX_1 + GX_2$
② $X_2 = GX_1$
③ $X_2 = GX_1,\ X_1 = X_1$
④ 왼쪽 블록 선도 : $X_3 = GX_1 + X_2$
  오른쪽 블록 선도
  : $X_3 = (X_1 + GX_2)\,G = GX_1 + G^2X_2$

따라서 ④의 등가 변환이 틀렸다.

답 ④

## 042

다음의 신호 흐름 선도를 메이슨의 공식을 이용하여 전달 함수를 구하고자 한다. 이 신호 흐름 선도에서 루프(Loop)는 몇 개인가?

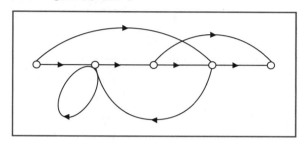

① 0      ② 1

③ 2      ④ 3

루프(loop)는 아래 그림과 같이 2개이다.

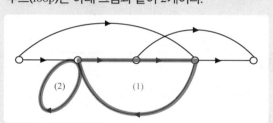

답 ③

## 043

다음 신호 흐름 선도의 일반식은?

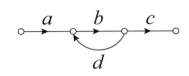

① $G = \dfrac{1 - bd}{abc}$　　② $G = \dfrac{1 + bd}{abc}$

③ $G = \dfrac{abc}{1 + bd}$　　④ $G = \dfrac{abc}{1 - bd}$

$$G = \dfrac{C}{R} = \dfrac{경로}{1 - 폐루프}$$
$$= \dfrac{a \times b \times c}{1 - b \times d} = \dfrac{abc}{1 - bd}$$

답 ④

## 044

다음의 신호 흐름 선도에서 $\dfrac{C}{R}$ 는?

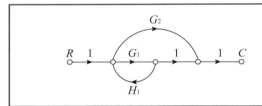

① $\dfrac{G_1 + G_2}{1 - G_1 H_1}$　　② $\dfrac{G_1 G_2}{1 - G_1 H_1}$

③ $\dfrac{G_1 + G_2}{1 + G_1 H_1}$　　④ $\dfrac{G_1 G_2}{1 + G_1 H_1}$

전달 함수
$$\dfrac{C}{R} = \dfrac{경로}{1 - 폐회로} = \dfrac{G_1 + G_2}{1 - (G_1 \times H_1)} = \dfrac{G_1 + G_2}{1 - G_1 H_1}$$

답 ①

## 045

그림의 신호 흐름 선도에서 $\dfrac{C(s)}{R(s)}$ 는?

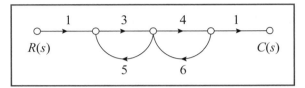

① $-\dfrac{2}{5}$　　② $-\dfrac{6}{19}$

③ $-\dfrac{12}{29}$　　④ $-\dfrac{12}{37}$

전달 함수 $G(s) = \dfrac{C(s)}{R(s)} = \dfrac{경로}{1 - 폐회로}$
$$= \dfrac{1 \times 3 \times 4 \times 1}{1 - ((3 \times 5) + (4 \times 6))} = -\dfrac{12}{38} = -\dfrac{6}{19}$$

답 ②

## 046

다음과 같은 신호 흐름 선도에서 $\dfrac{C(s)}{R(s)}$ 의 값은?

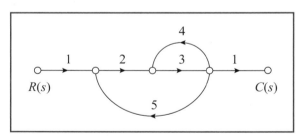

① $-\dfrac{1}{41}$　　② $-\dfrac{3}{41}$

③ $-\dfrac{6}{41}$　　④ $-\dfrac{8}{41}$

$$G(s) = \dfrac{C(s)}{R(s)} = \dfrac{경로}{1 - 폐루프}$$
$$= \dfrac{1 \times 2 \times 3 \times 1}{1 - ((2 \times 3 \times 5) + (3 \times 4))} = -\dfrac{6}{41}$$

답 ③

## 047

신호 흐름 선도의 전달 함수 $T(s) = \dfrac{C(s)}{R(s)}$ 로 옳은 것은?

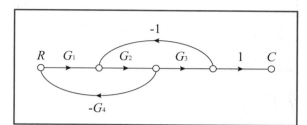

① $\dfrac{G_1 G_2 G_3}{1 - G_2 G_3 + G_1 G_2 G_4}$

② $\dfrac{G_1 G_2 G_3}{1 + G_1 G_2 G_4 + G_2 G_3}$

③ $\dfrac{G_1 G_2 G_3}{1 + G_1 G_3 - G_1 G_2 G_4}$

④ $\dfrac{G_1 G_2 G_3}{1 - G_1 G_3 - G_1 G_2 G_4}$

전달 함수 $T(s) = \dfrac{C(s)}{R(s)} = \dfrac{경로}{1 - 폐루프}$
$= \dfrac{G_1 \times G_2 \times G_3 \times 1}{1 - (G_1 \times G_2 \times (-G_4)) - (G_2 \times G_3 \times (-1))}$
$= \dfrac{G_1 G_2 G_3}{1 + G_1 G_2 G_4 + G_2 G_3}$

답 ②

## 048

신호흐름선도에서 전달함수 $\dfrac{C(s)}{R(s)}$ 는?

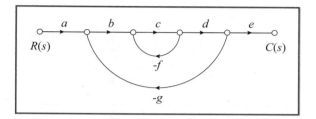

① $\dfrac{abcde}{1 - cg - bcdg}$

② $\dfrac{abcde}{1 - cg + bcdg}$

③ $\dfrac{abcde}{1 + cf - bcdg}$

④ $\dfrac{abcde}{1 + cf + bcdg}$

$G(s) = \dfrac{C(s)}{R(s)} = \dfrac{경로}{1 - 폐회로}$
$= \dfrac{a \times b \times c \times d \times e}{1 - ((c \times (-f)) + (b \times c \times d \times (-g)))} = \dfrac{abcde}{1 + cf + bcdg}$

답 ④

## 049

그림의 신호 흐름 선도에서 전달 함수 $\dfrac{C(s)}{R(s)}$ 는?

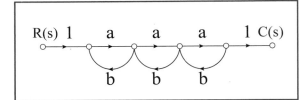

① $\dfrac{a^3}{(1-ab)^3}$  ② $\dfrac{a^3}{(1-3ab+a^2b^2)}$

③ $\dfrac{a^3}{(1-3ab)}$  ④ $\dfrac{a^3}{(1-3ab+2a^2b^2)}$

$G(s) = \dfrac{C(s)}{R(s)}$

$= \dfrac{경로}{1-각각의 루프 이득의 합+서로 접촉하지 않는 두 개의 루프 이득의 곱 -서로 접촉하지 않는 세 개의 루프 이득의 곱+\cdots}$

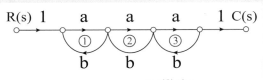

↙ 전향 경로

$G(s)=\dfrac{a \times a \times a}{1-(ab+ab+ab)+\boxed{ab \times ab}}$

①②③ ①, ③
각각의 루프 이득의 합  루프는 서로 접촉 X
서로 접촉하지 않는 두 개의
루프 이득의 합

$G(s) = \dfrac{C(s)}{R(s)} = \dfrac{a \times a \times a}{1-(ab+ab+ab)+(ab \times ab)} = \dfrac{a^3}{1-3ab+a^2b^2}$

답 ②

## 050

그림의 신호 흐름 선도에서 전달 함수 $\dfrac{C(s)}{R(s)}$ 는?

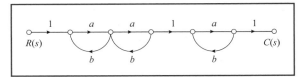

① $\dfrac{a^3}{(1-ab)^3}$  ② $\dfrac{a^3}{1-3ab+a^2b^2}$

③ $\dfrac{a^3}{1-3ab}$  ④ $\dfrac{a^3}{1-3ab+2a^2b^2}$

$G(s) = \dfrac{C(s)}{R(s)}$

$= \dfrac{경로}{1-각각의 루프 이득의 합+서로 접촉하지 않는 두 개의 루프 이득의 곱 -서로 접촉하지 않는 세 개의 루프 이득의 곱+\cdots}$

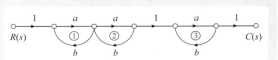

↙ 전향 경로

$G(s)=\dfrac{a \times a \times a}{1-(ab+ab+ab)+\boxed{ab \times ab}+\boxed{ab \times ab}}$

①②③ ①, ③ ②, ③
각각의 루프  루프는서로 접촉 X  루프는서로 접촉 X
이득의 합
서로 접촉하지 않는 두 개의
루프 이득의 합

$G(s) = \dfrac{C(s)}{R(s)} = \dfrac{a \times a \times a}{1-(ab+ab+ab)+(ab \times ab+ab \times ab)}$

$= \dfrac{a^3}{1-3ab+2a^2b^2}$

답 ②

## 051

그림과 같은 신호 흐름 선도에서 전달 함수 $\dfrac{Y(s)}{X(s)}$ 는 무엇인가?

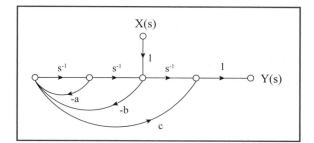

① $\dfrac{s+a}{s^2+as+b}$  ② $\dfrac{-bcs^2+s}{s^2+as+b}$

③ $\dfrac{-bcs^2+s+a}{s^2+as}$  ④ $\dfrac{-bcs^2+s+a}{s^2+as+b}$

경로에 접하지 않는 폐루프가 있는 경우의 신호 흐름 선도이므로

전달 함수 $G(s)=\dfrac{Y(s)}{X(s)}$

$=\dfrac{\text{폐루프에 접하는 경로}+\text{폐루프에 접하지 않는 경로}\times(1-\text{폐루프})}{1-\text{폐루프}}$

$=\dfrac{\dfrac{1}{s}\left\{1-\left(-\dfrac{a}{s}\right)\right\}-bc}{1-\left\{\left(-\dfrac{a}{s}\right)+\left(-\dfrac{b}{s^2}\right)\right\}}=\dfrac{\dfrac{1}{s}+\dfrac{a}{s^2}-bc}{1+\dfrac{a}{s}+\dfrac{b}{s^2}}$

분자와 분모에 각각 $s^2$을 곱해주면

$\therefore \dfrac{-bcs^2+s+a}{s^2+as+b}$

> ☑ 참고
> - 경로 (1) : $1\times s^{-1}\times 1=s^{-1}=\dfrac{1}{s}$
> - 경로 (1)과 접하지 않는 폐루프 :
>   $s^{-1}\times(-a)=-\dfrac{a}{s}$
> - 경로 (2) : $1\times(-b)\times c=-bc$
>
> ☑ 참고
> - 폐루프 (1) : $s^{-1}\times(-a)=-\dfrac{a}{s}$
> - 폐루프 (2) : $s^{-1}\times s^{-1}\times(-b)=-\dfrac{b}{s^2}$

답 ④

## 052

그림의 신호흐름도를 미분방정식으로 표현한 것으로 옳은 것은? (단, 모든 초기 값은 0이다.)

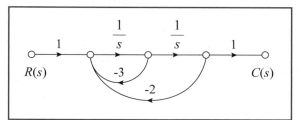

① $\dfrac{d^2c(t)}{dt^2}+3\dfrac{dc(t)}{dt}+2c(t)=r(t)$

② $\dfrac{d^2c(t)}{dt^2}+2\dfrac{dc(t)}{dt}+3c(t)=r(t)$

③ $\dfrac{d^2c(t)}{dt^2}-3\dfrac{dc(t)}{dt}-2c(t)=r(t)$

④ $\dfrac{d^2c(t)}{dt^2}-2\dfrac{dc(t)}{dt}-3c(t)=r(t)$

전달 함수

$G(s)=\dfrac{C(s)}{R(s)}=\dfrac{\text{경로}}{1-\text{폐회로}}$

$=\dfrac{\dfrac{1}{s}\times\dfrac{1}{s}}{1-\left\{\left(\dfrac{1}{s}\times(-3)\right)+\left(\dfrac{1}{s}\times\dfrac{1}{s}\times(-2)\right)\right\}}=\dfrac{\dfrac{1}{s^2}}{1+\dfrac{3}{s}+\dfrac{2}{s^2}}$

$=\dfrac{\dfrac{1}{s^2}}{\dfrac{s^2+3s+2}{s^2}}=\dfrac{1}{s^2+3s+2}$

$C(s)(s^2+3s+2)=R(s)$

$s^2C(s)+3sC(s)+2C(s)=R(s)$

역라플라스 변환으로 미분 방정식을 구하면

$\therefore \dfrac{d^2c(t)}{dt^2}+3\dfrac{dc(t)}{dt}+2c(t)=r(t)$

답 ①

## 053

다음의 미분 방정식을 신호 흐름 선도에 옳게 나타낸 것은?(단, $c(t) = x_1(t)$, $x_2(t) = \dfrac{d}{dt}x_1(t)$로 표시한다.)

$$2\frac{dc(t)}{dt} + 5c(t) = r(t)$$

① $R(s)$ ●——$\frac{1/2}{X_2(s)}$——○—$s^{-1}$—○—$\overset{x_1(t_0)}{\underset{X_1(s)}{s^{-1}}}$—$1$—○ $C(s)$
　　곡선 아래: $-5/2$

② $R(s)$ ●——$\frac{1/2}{X_2(s)}$——○—$s^{-1}$—○—$\overset{x_1(t_0)}{\underset{X_1(s)}{s^{-1}}}$—$1$—○ $C(s)$
　　곡선 아래: $5/2$

③ $R(s)$ ●——$\frac{1/2}{X_2(s)}$——○—$s^{-1}$—○—$\overset{x_1(t_0)}{\underset{X_1(s)}{s^{-1}}}$—$1$—○ $C(s)$
　　곡선 아래: $-5/2$

④ $R(s)$ ●——$\frac{1/2}{X_2(s)}$——○—$s^{-1}$—○—$\overset{x_1(t_0)}{\underset{X_1(s)}{s^{-1}}}$—$1$—○ $C(s)$
　　곡선 아래: $5/2$

보기의 신호 흐름 선도의 전달 함수를 각각 구하는 것이 빠르다.

보기 ①의 경우 $\dfrac{C(s)}{R(s)} = \dfrac{경로}{1-폐회로}$

$$= \frac{\frac{1}{2} \times \frac{1}{s} \times 1}{1 - \left(\frac{1}{s} \times \left(-\frac{5}{2}\right)\right)} = \frac{\frac{1}{2s}}{1 + \frac{5}{2s}} = \frac{1}{2s+5}$$

$C(s)(2s+5) = R(s)$

$2sC(s) + 5C(s) = R(s)$

역라플라스 변환으로 미분 방정식을 구하면

$$2\frac{d}{dt}c(t) + 5c(t) = r(t)$$

따라서 ①의 주어진 미분 방정식과 같다.

또한 신호 흐름 선도에서 $x_1(t)$와 $x_2(t)$의 관계는

$X_1(s) = X_2(s) \times \dfrac{1}{s}$에서 $X_2(s) = sX_1(s)$

$\therefore x_2(t) = \dfrac{d}{dt}x_1(t)$

답 ①

## 054

자동 제어계의 과도 응답의 설명으로 틀린 것은?

① 지연시간은 최종값의 50[%]에 도달하는 시간이다.

② 정정시간은 응답의 최종값의 허용범위가 ±5[%]내에 안정되기까지 요하는 시간이다.

③ 백분율 오버슈트 $= \dfrac{최대 \ 오버슈트}{최종 \ 목표값} \times 100$

④ 상승시간은 최종값의 10[%]에서 100[%]까지 도달하는데 요하는 시간이다.

- **지연 시간**(Delay Time) : 출력이 입력값의 50[%]까지 도달하는 데 걸리는 시간
- **상승 시간**(Rise Time) : 출력이 입력값의 10[%]에서 90[%]까지의 시간
- 백분율 오버슈트 $= \dfrac{최대 \ 오버슈트}{최종 \ 목표값} \times 100$

답 ④

## 055

과도 응답이 소멸되는 정도를 나타내는 감쇠비 (Damping ratio)는?

① 최대 오버슈트 / 제2 오버슈트

② 제3 오버슈트 / 제2 오버슈트

③ 제2 오버슈트 / 최대 오버슈트

④ 제2 오버슈트 / 제3 오버슈트

**감쇠비(제동비)** : 최대 오버슈트가 제2 오버슈트로 감소할 때의 비율로, 과도 응답이 소멸되는 속도

감쇠비 $\delta = \dfrac{제2 \ 오버슈트}{최대 \ 오버슈트}$

답 ③

## 056

다음과 같은 시스템에 단위 계단 입력 신호가 가해졌을 때 지연 시간에 가장 가까운 값[sec]은?

$$\frac{C(s)}{R(s)} = \frac{1}{s+1}$$

① 0.5

② 0.7

③ 0.9

④ 1.2

주어진 전달 함수 $G(s) = \dfrac{C(s)}{R(s)} = \dfrac{1}{s+1}$ 에서

단위 계단 입력 신호가 가해졌으므로

$C(s) = R(s)G(s) = \dfrac{1}{s} \times \dfrac{1}{s+1} = \dfrac{1}{s(s+1)} = \dfrac{1}{s} - \dfrac{1}{s+1}$

위 식을 역라플라스 변환한 시간 함수는

$c(t) = 1 - e^{-t}$

이때 지연 시간(Delay Time)은 출력이 입력값의 50[%]까지 도달하는 데 걸리는 시간이다.

따라서 $c(t)$ 에 0.5를 대입하면

$0.5 = 1 - e^{-t}$

$0.5 = e^{-t}$

$\ln 0.5 = -t$

$t = -\ln 0.5 = 0.69$

$\therefore t = 0.7$ [sec]에서 지연 시간에 가장 가깝다.

답 ②

## 057

주파수 특성의 정수 중 대역폭이 좁으면 좁을수록 이때의 응답 속도는 어떻게 되는가?

① 빨라진다.

② 늦어진다.

③ 빨라졌다 늦어진다.

④ 늦어졌다 빨라진다.

대역폭이 좁으면 응답 속도가 늦어지고, 대역폭이 넓으면 응답 속도가 빨라진다.

답 ②

## 058

폐루프 전달 함수 $\dfrac{C(s)}{R(s)}$ 가 다음과 같은 2차 제어계에 대한 설명 중 틀린 것은?

$$\frac{C(s)}{R(s)} = \frac{\omega_n^2}{s^2 + 2\delta\omega_n s + \omega_n^2}$$

① 최대 오버슈트는 $e^{-\pi\delta/\sqrt{1-\delta^2}}$ 이다.

② 이 폐루프계의 특성 방정식은 $s^2 + 2\delta\omega_n s + \omega_n^2 = 0$ 이다.

③ 이 계는 $\delta = 0.1$ 일 때 부족 제동된 상태에 있게 된다.

④ $\delta$ 값을 작게 할수록 제동은 많이 걸리게 되어 비교 안정도는 향상된다.

제동비 $\delta$ 가 작을수록 제동이 적게 걸려 시스템의 안정도가 저하된다. 반대로, 제동비 $\delta$ 가 클수록 제동이 많이 걸려 안정성이 향상된다.

☑ **참고** 제동비에 따른 과도응답 조건

- $0 < \delta < 1$ : 부족 제동(감쇠 제동)

- $\delta > 1$ : 과제동(비진동)

- $\delta = 1$ : 임계 제동(비진동)

- $\delta = 0$ : 무제동(무한 진동)

답 ④

## 059

개루프 전달함수

$G(s)H(s) = \dfrac{K(s-5)}{s(s-1)^2(s+2)^2}$ 일 때 주어지는 계에

서 점근선 교차점은?

① $-\dfrac{3}{2}$

② $-\dfrac{7}{4}$

③ $\dfrac{5}{3}$

④ $-\dfrac{1}{5}$

주어진 전달 함수에서

- 영점 $Z = 5$
- 극점 $P = 0, 1, 1, -2, -2$

점근선의 교차점 $A = \dfrac{\sum P - \sum Z}{P - Z}$

$= \dfrac{(0+1+1-2-2) - (5)}{5-1} = -\dfrac{7}{4}$

(단, $\sum P$ : 극점의 합, $\sum Z$ : 영점의 합, $P$ : 극점 수,
$Z$ : 영점 수)

답 ②

## 060

전달 함수가 $G(s) = \dfrac{Y(s)}{X(s)} = \dfrac{1}{s^2(s+1)}$ 로 주어진

시스템의 단위 임펄스 응답은?

① $y(t) = 1 - t + e^{-t}$

② $y(t) = 1 + t + e^{-t}$

③ $y(t) = t - 1 + e^{-t}$

④ $y(t) = t - 1 - e^{-t}$

임펄스 응답은 입력에 단위 임펄스 $\delta(t)$를 가할 때의
응답이므로 $X(t) = \delta(t)$에서 $X(s) = 1$이다.

전달 함수 $G(s) = \dfrac{Y(s)}{X(s)} = \dfrac{Y(s)}{1}$

$= Y(s) = \dfrac{1}{s^2(s+1)} = \dfrac{A}{s^2} + \dfrac{B}{s} + \dfrac{C}{s+1}$

$A = \dfrac{1}{s+1}\Big|_{s=0} = 1$

$B = \dfrac{d}{ds}\left(\dfrac{1}{s+1}\right) = \dfrac{-1}{(s+1)^2}\Big|_{s=0} = -1$

$C = \dfrac{1}{s^2}\Big|_{s=-1} = 1$

$Y(s) = \dfrac{1}{s^2} - \dfrac{1}{s} + \dfrac{1}{s+1}$

$\therefore y(t) = t - 1 + e^{-t}$

답 ③

## 061

특성 방정식 $s^2 + 2\delta\omega_n s + \omega_n^2 = 0$ 에서 감쇠 진동을 하는 제동비 $\delta$의 값은?

① $\delta > 1$        ② $\delta = 1$

③ $\delta = 0$        ④ $0 < \delta < 1$

제동비에 따른 과도응답 조건
- $\delta < 0$: 발산
- $\delta = 0$: 무제동(무한 진동)
- $0 < \delta < 1$: 부족 제동(감쇠 진동)
- $\delta = 1$: 임계 제동
- $\delta > 1$: 과제동(비진동)

답 ④

## 062

2차계 과도 응답에 대한 특성 방정식의 근은 $s_1$, $s_2 = -\delta\omega_n \pm j\omega_n\sqrt{1 - \delta^2}$ 이다. 감쇠비 $\delta$가 $0 < \delta < 1$ 사이에 존재할 때 나타나는 현상은?

① 과제동        ② 무제동

③ 부족 제동        ④ 임계 제동

제동비에 따른 과도응답 조건
- $\delta < 0$: 발산
- $\delta = 0$: 무제동(무한 진동)
- $0 < \delta < 1$: 부족 제동(감쇠 진동)
- $\delta = 1$: 임계 제동
- $\delta > 1$: 과제동(비진동)

답 ③

## 063

2차 제어 시스템의 감쇠율(Damping Ratio, $\delta$)이 $\delta < 0$인 경우 제어 시스템의 과도 응답 특성은?

① 발산        ② 무제동

③ 임계 제동        ④ 과제동

제동비에 따른 과도응답 조건
- $\delta < 0$: 발산
- $\delta = 0$: 무제동(무한 진동)
- $0 < \delta < 1$: 부족 제동(감쇠 진동)
- $\delta = 1$: 임계 제동
- $\delta > 1$: 과제동(비진동)

답 ①

## 064

PD 조절기와 전달 함수 $G(s) = 1.2 + 0.02s$ 의 영점은?

① $-60$        ② $-50$

③ $50$        ④ $60$

영점은
$G(s) = 1.2 + 0.02s = 0$ 이 되는 $s$의 값이므로
$0.02s = -1.2$
$\therefore s = -60$

☑ **참고** $G(s) = \dfrac{분자}{분모}$ 에서
- 영점: 분자가 0이 되는 $s$의 값
- 극점: 분모가 0이 되는 $s$의 값

답 ①

답

# 065

다음 회로망에서 입력 전압을 $V_1(t)$, 출력 전압을 $V_2(t)$ 라 할 때, $\dfrac{V_2(s)}{V_1(s)}$ 에 대한 고유 주파수 $\omega_n$ 과 제동비 $\delta$의 값은? (단, $R = 100\,[\Omega]$, $L = 2\,[H]$, $C = 200\,[\mu F]$ 이고, 모든 초기 전하는 0이다.)

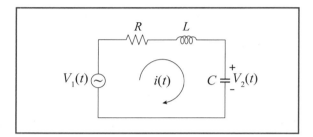

① $\omega_n = 50$, $\delta = 0.5$  ② $\omega_n = 50$, $\delta = 0.7$

③ $\omega_n = 250$, $\delta = 0.5$  ④ $\omega_n = 250$, $\delta = 0.7$

주어진 회로망에서 출력 전압 $V_2(t)$는 커패시터 $C$ 양단에 걸리는 전압이며, 입력 전압 $V_1(t)$는 전체 회로에 걸리는 전압이다. 따라서 전달 함수는 아래와 같이 나타낼 수 있다.

$$\frac{V_2(s)}{V_1(s)} = \frac{\dfrac{1}{Cs}}{R + Ls + \dfrac{1}{Cs}} = \frac{\dfrac{1}{Cs} \times Cs}{\left(R + Ls + \dfrac{1}{Cs}\right) \times Cs}$$

$$= \frac{1}{LCs^2 + RCs + 1} = \frac{\dfrac{1}{LC}}{s^2 + \dfrac{R}{L}s + \dfrac{1}{LC}}$$

$$= \frac{\dfrac{1}{2 \times 200 \times 10^{-6}}}{s^2 + \dfrac{100}{2}s + \dfrac{1}{2 \times 200 \times 10^{-6}}}$$

$$= \frac{2,500}{s^2 + 50s + 2,500}$$

위 식을 2차 시스템의 전달 함수와 비교하여 고유 주파수와 제동비를 구할 수 있다.

$$\frac{2,500}{s^2 + 50s + 2,500} = \frac{\omega_n^2}{s^2 + 2\delta\omega_n s + \omega_n^2}$$

고유 주파수 $\omega_n = \sqrt{2,500} = 50$

$2\delta\omega_n = 50$ 에서 제동비 $\delta = \dfrac{50}{2\omega_n} = \dfrac{50}{2 \times 50} = 0.5$

☑ 참고 2차계의 전달 함수

$$G(s) = \frac{C(s)}{R(s)} = \frac{\omega_n^2}{s^2 + 2\delta\omega_n s + \omega_n^2}$$

(단, $\delta$: 제동비(감쇠비), $\omega_n$: 고유 주파수)

답 ①

## 066

제어 시스템에서 출력이 얼마나 목표값을 잘 추종하는지를 알아볼 때, 시험용으로 많이 사용되는 신호로 다음 식의 조건을 만족하는 것은?

$$u(t-a) = \begin{cases} 0 & (t < a) \\ 1 & (t \geq a) \end{cases}$$

① 사인 함수      ② 임펄스 함수

③ 램프 함수      ④ 단위 계단 함수

주어진 식 $u(t-a)$는 단위 계단 함수 $u(t)$가 시간 $t = a$만큼 지연된 함수이다. 단위 계단 함수 $u(t)$는 $t \geq 0$에서 1을 유지하는 함수로, 주어진 식은 단위 계단 함수의 지연 형태이다.

답 ④

## 067

전달 함수가 $\dfrac{C(s)}{R(s)} = \dfrac{25}{s^2 + 6s + 25}$ 인 2차 제어시스템의 감쇠 진동 주파수($\omega_d$)는 몇 $[rad/s]$인가?

① 3      ② 4

③ 5      ④ 6

전달 함수 $\dfrac{25}{s^2 + 6s + 25} = \dfrac{\omega_n^2}{s^2 + 2\delta\omega_n s + \omega_n^2}$ 이므로

$\omega_n^2 = 25 \rightarrow \omega_n = 5[rad/s]$

$2\delta\omega_n = 6 \rightarrow \delta = 0.6$

감쇠 진동 주파수

$\omega_d = \omega_n\sqrt{1-\delta^2} = 5\sqrt{1-0.6^2} = 4[rad/s]$

☑ 참고
- 과도(감쇠) 진동 주파수 $\omega = \omega_n\sqrt{1-\delta^2}$
- 제어계의 이득이 최대인 공진 주파수

$w_p = w_n\sqrt{1-2\delta^2}$

(단, $\omega_p$: 공진 주파수, $\omega_n$: 고유 주파수, $\delta$: 감쇠비(제동비))

답 ②

## 068

전달 함수가 $\dfrac{C(s)}{R(s)} = \dfrac{1}{3s^2 + 4s + 1}$ 인 제어 시스템의 과도 응답 특성은?

① 무제동

② 부족 제동

③ 임계 제동

④ 과제동

전달 함수

$$\frac{1}{3s^2 + 4s + 1} = \frac{\frac{1}{3}}{s^2 + \frac{4}{3}s + \frac{1}{3}} = \frac{\omega_n^2}{s^2 + 2\delta\omega_n s + \omega_n^2}$$

이므로

$$\omega_n^2 = \frac{1}{3} \rightarrow \omega_n = \frac{1}{\sqrt{3}}[rad/s]$$

$$2\delta\omega_n = \frac{4}{3} \rightarrow \delta = \frac{4}{2\omega_n \times 3} = \frac{4}{2 \times \frac{1}{\sqrt{3}} \times 3} = 1.15$$

$\therefore \delta > 1$ 이므로 과제동이다.

답 ④

## 069

제어시스템의 전달 함수가 $T(s) = \dfrac{1}{4s^2 + s + 1}$ 과 같이 표현될 때 이 시스템의 고유주파수 $(\omega_n[rad/s])$ 와 감쇠율 $(\delta)$ 은?

① $\omega_n = 0.25, \ \delta = 1.0$  ② $\omega_n = 0.5, \ \delta = 0.25$

③ $\omega_n = 0.5, \ \delta = 0.5$  ④ $\omega_n = 1.0, \ \delta = 0.5$

전달 함수가 $T(s) = \dfrac{1}{4s^2 + s + 1}$ 로 주어졌으므로 위 식을 2차 시스템의 전달 함수와 비교하여 고유 주파수와 제동비를 구할 수 있다.

$$\frac{1}{4s^2 + s + 1} = \frac{\frac{1}{4}}{s^2 + \frac{1}{4}s + \frac{1}{4}} = \frac{\omega_n^2}{s^2 + 2\delta\omega_n s + \omega_n^2}$$

고유 주파수 $\omega_n = \sqrt{\dfrac{1}{4}} = 0.5[rad/s]$

$2\delta\omega_n = \dfrac{1}{4} = 0.25$ 에서 제동비 $\delta = \dfrac{0.25}{2\omega_n} = \dfrac{0.25}{2 \times 0.5} = 0.25$

> ☑ **참고 2차계의 전달 함수**
>
> $$G(s) = \frac{C(s)}{R(s)} = \frac{\omega_n^2}{s^2 + 2\delta\omega_n s + \omega_n^2}$$

답 ②

## 070

보상기에서 원래 시스템에 극점을 첨가하면 일어나는 현상은?

① 시스템의 안정도가 감소된다.

② 시스템의 과도응답시간이 짧아진다.

③ 근궤적을 $s$ 평면의 왼쪽으로 옮겨준다.

④ 안정도와는 무관하다.

보상기에서 원래 시스템에 극점을 추가하면 시스템의 분모 다항식 차수가 증가하며, 시스템의 안정도가 감소된다. 또한 과도 응답 시간이 늘어난다.

답 ①

## 071

개루프 전달 함수 $G(s)$가 다음과 같이 주어지는 단위 부궤환계가 있다. 단위 계단 입력이 주어졌을 때, 정상 상태 편차가 0.05가 되기 위해서는 $K$의 값은 얼마인가?

$$G(s) = \frac{6K(s+1)}{(s+2)(s+3)}$$

① 19 ② 20

③ 0.95 ④ 0.05

단위 계단 입력이 주어졌으므로
위치 편차 상수

$$K_p = \lim_{s \to 0} G(s) = \lim_{s \to 0} \frac{6K(s+1)}{(s+2)(s+3)} = K$$

위치 편차 $e_p = \dfrac{1}{1+K_p} = 0.05$ 가 되어야 하므로

$$e_p = \frac{1}{1+K_p} = \frac{1}{1+K} = 0.05 \text{ 에서}$$

$$\therefore K = 19$$

답 ①

## 072

단위 피드백 제어계에서 개루프 전달함수 $G(s)$가 다음과 같이 주어졌을 때 단위 계단 입력에 대한 정상 상태 편차는?

$$G(s) = \frac{5}{s(s+1)(s+2)}$$

① 0 ② 1

③ 2 ④ 3

단위 계단 입력이므로 정상 위치 편차를 구해야 한다.
• 위치 편차 상수

$$K_p = \lim_{s \to 0} G(s) = \lim_{s \to 0} \frac{5}{s(s+1)(s+2)} = \frac{5}{0} = \infty$$

• 위치 편차

$$e_p = \frac{1}{1+K_p} = \frac{1}{1+\infty} = 0$$

$$\therefore 0$$

답 ①

## 073

그림과 같은 피드백 제어 시스템에서 입력이 단위 계단 함수일 때 정상 상태 오차상수인 위치 상수$(K_p)$는?

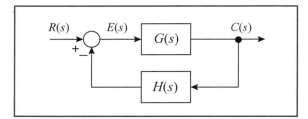

① $K_p = \lim\limits_{s \to 0} G(s)H(s)$

② $K_p = \lim\limits_{s \to 0} \dfrac{G(s)}{H(s)}$

③ $K_p = \lim\limits_{s \to \infty} G(s)H(s)$

④ $K_p = \lim\limits_{s \to \infty} \dfrac{G(s)}{H(s)}$

위치 편차 상수 $K_p = \lim\limits_{s \to 0} G(s)H(s)$

위치 편차 $e_p = \dfrac{1}{1 + K_p}$

달 ①

## 074

그림과 같은 블록 선도의 제어 시스템에서 속도 편차 상수$(K_v)$는 얼마인가?

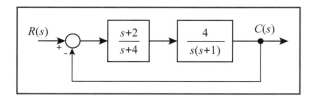

① 0

② 0.5

③ 2

④ ∞

주어진 블록선도는 각 블록이 직렬로 연결된 시스템이기 때문에, 메이슨 공식을 사용할 필요 없이 단순히 각 블록의 전달 함수를 곱해주기만 하면 전달 함수 $G(s)$를 구할 수 있다.

$$G(s) = \frac{C(s)}{R(s)} = \frac{s+2}{s+4} \times \frac{4}{s(s+1)} = \frac{4(s+2)}{s(s+1)(s+4)}$$

속도 편차

$$K_v = \lim\limits_{s \to 0} sG(s)$$

$$= \lim\limits_{s \to 0} s\frac{4(s+2)}{s(s+1)(s+4)} = \lim\limits_{s \to 0} \frac{4(s+2)}{(s+1)(s+4)} = \frac{8}{4} = 2$$

달 ③

## 075

블록 선도의 제어 시스템은 단위 램프 입력에 대한 정상 상태 오차(정상 편차)가 0.01이다. 이 제어 시스템의 제어 요소인 $G_{C1}(s)$의 $k$는?

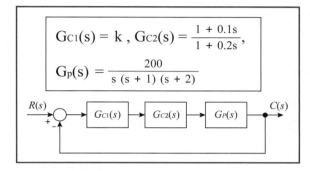

$$G_{C1}(s) = k \, , \, G_{C2}(s) = \frac{1 + 0.1s}{1 + 0.2s},$$

$$G_P(s) = \frac{200}{s\,(s+1)\,(s+2)}$$

① 0.1

② 1

③ 10

④ 100

단위 램프 입력이 주어졌으므로

속도 편차 상수

$$K_v = \lim_{s \to 0} sG(s) = \lim_{s \to 0} s \times \frac{k \times (1+0.1s) \times 200}{(1+0.2s) \times s(s+1)(s+2)} = 100k$$

속도 편차 $e_v = \frac{1}{K_v} = 0.01$ 이 되어야 하므로

$e_v = \frac{1}{100k} = 0.01$ 에서 k = 1이다.

답 ②

## 076

그림과 같은 제어 시스템의 폐루프 전달 함수 $T(s) = \frac{C(s)}{R(s)}$ 에 대한 감도 $S_K^T$ 는?

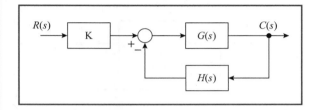

① 0.5

② 1

③ $\frac{G}{1 + GH}$

④ $\frac{-GH}{1 + GH}$

전달 함수 $T(s) = \frac{C(s)}{R(s)} = \frac{경로}{1 - 폐회로}$

$$= \frac{K \times G(s)}{1 - (-G(s)H(s))} = \frac{KG(s)}{1 + G(s)H(s)}$$

감도 $S_K^T = \frac{K}{T} \times \frac{dT}{dK}$

$$= \frac{K}{\frac{KG(s)}{1 + G(s)K(s)}} \times \frac{d}{dK}\left(\frac{KG(s)}{1 + G(s)H(s)}\right)$$

$$= \frac{1 + G(s)H(s)}{G(s)} \times \frac{G(s)}{1 + G(s)H(s)} = 1$$

답 ②

# 077

그림과 같은 블록 선도의 제어시스템에 단위 계단 함수가 입력되었을 때 정상 상태 오차가 0.01이 되는 $a$의 값은?

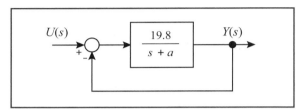

① 0.2

② 0.6

③ 0.8

④ 1.0

단위 계단 입력이 주어졌으므로

위치 편차 상수 $K_p = \lim_{s \to 0} G(s) = \lim_{s \to 0} \dfrac{19.8}{s+a} = \dfrac{19.8}{a}$

위치 편차 $e_p = \dfrac{1}{1+K_p} = 0.01$ 가 되어야 하므로

$e_p = \dfrac{1}{1+K_p} = \dfrac{1}{1+\dfrac{19.8}{a}} = 0.01$ 에서

$\therefore a = 0.2$

🔑 ①

# 078

그림과 같은 요소는 제어계의 어떤 요소인가?

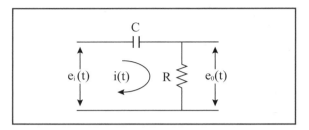

① 적분요소

② 미분요소

③ 1차 지연요소

④ 1차 지연 미분요소

주어진 회로망에서 출력 전압 $e_o(t)$는 저항 $R$ 양단에 걸리는 전압이며, 입력 전압 $e_i(t)$는 전체 회로에 걸리는 전압이다. 따라서 전달 함수는 아래와 같이 나타낼 수 있다.

전달 함수 $\dfrac{E_o(s)}{E_i(s)} = \dfrac{R}{\dfrac{1}{Cs}+R} = \dfrac{R}{\dfrac{1+RCs}{Cs}} = \dfrac{RCs}{1+RCs}$

따라서 전달 함수의 분자는 미분 요소이고, 분모는 1차 지연 요소이다.

> ☑ **참고** 전달 함수 종류
> - 비례 요소 $G(s) = \dfrac{C(s)}{R(s)} = K$ (단, $K$: 이득 정수)
> - 미분 요소 $G(s) = \dfrac{C(s)}{R(s)} = Ks$
> - 적분 요소 $G(s) = \dfrac{C(s)}{R(s)} = \dfrac{K}{s}$
> - 1차 지연 요소 $G(s) = \dfrac{C(s)}{R(s)} = \dfrac{K}{Ts+1}$
>
> ☑ **참고**
> - 2차 지연 요소
> $G(s) = \dfrac{C(s)}{R(s)} = \dfrac{\omega_n^2}{s^2 + 2\delta\omega_n s + \omega_n^2}$

🔑 ④

## 079

$G(s)H(s) = \dfrac{2}{(s+1)(s+2)}$ 의 이득 여유[$dB$]는?

① 20          ② $-20$

③ 0          ④ $\infty$

전달 함수 $G(j\omega)H(j\omega) = \dfrac{2}{(j\omega+1)(j\omega+2)}\bigg|_{j\omega=0} = 1$

이득 여유

$GM = 20\log_{10}\dfrac{1}{|(G(j\omega)H(j\omega)|} = 20\log_{10}1 = 0[dB]$

🔲 ③

## 080

$G(s) = \dfrac{1}{0.005s(0.1s+1)^2}$ 에서 $\omega = 10[rad/s]$ 일 때의 이득 및 위상각은?

① $20[dB]$, $-90°$      ② $20[dB]$, $-180°$

③ $40[dB]$, $-90°$      ④ $40[dB]$, $180°$

$G(j\omega) = \dfrac{1}{0.005j\omega(0.1j\omega+1)^2}\bigg|_{\omega=10} = \dfrac{1}{j0.05(j+1)^2}$

$= \dfrac{1}{j0.05(-1+2j+1)} = \dfrac{1}{0.1j^2} = -10$

이득 $g = 20\log_{10}|-10| = 20\log_{10}10 = 20[dB]$

위상각은 $G(j\omega) = \dfrac{1}{0.1j^2}$ 에서 $\angle -180°$ 이다.

☑ **참고** 이득 $g = 20\log_{10}|G(s)|[dB]$

☑ **참고 위상각 구하는 방법**

$G(j\omega)$ 에서 $j$ 의 지수로 판단한다.

$j: \angle 90°$,   $j^2: \angle 180°$

단, $j$ 의 위치가 분모에 있을 시, 음($-$)의 부호를 붙여준다.

🔲 ②

## 081

주파수 전달 함수가 $G(j\omega) = \dfrac{1}{j100\omega}$ 인 제어 시스템에서 $\omega = 1.0[rad/s]$ 일 때의 이득 [$dB$] 과 위상각 [°]은 각각 얼마인가?

① $20[dB]$, $90°$      ② $40[dB]$, $90°$

③ $-20[dB]$, $-90°$      ④ $-40[dB]$, $-90°$

전달 함수 $G(j\omega) = \dfrac{1}{j100\omega}\bigg|_{\omega=1.0} = \dfrac{1}{j100\times1.0} = \dfrac{1}{j100}$

전달 함수 크기 $|G(j\omega)| = \dfrac{1}{100} = 10^{-2}$

이득 $g = 20\log_{10}|10^{-2}| = 20\log_{10}10^{-2} = -40[dB]$

위상각 $\theta$ 은 $G(j\omega) = \dfrac{1}{j100\omega}$ 에서 $\angle -90°$ 이다.

☑ **참고 위상각 구하는 방법**

$G(j\omega)$ 에서 $j$ 의 지수로 판단한다.

$j: \angle 90°$,   $j^2: \angle 180°$

단, $j$ 의 위치가 분모에 있을 시, 음($-$)의 부호를 붙여준다.

🔲 ④

# 082

그림은 제어계와 그 제어계의 근궤적을 작도한 것이다. 이것으로부터 결정된 이득 여유값은?

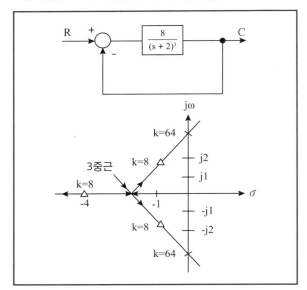

① 2
② 4
③ 8
④ 64

이득 여유($GM$)을 계산하기 위해서는 주어진 그림에서 현재 설정된 이득 $K$값과 허수축과 교차하는 $K$값을 찾아 비교해야 한다.

· $K$의 설계값: $K = 8$
· 허수축과 교차점에서의 $K$값: $K = 64$

∴ 이득 여유 $GM = \dfrac{64}{8} = 8$

답 ③

# 083

보드 선도에서 이득 여유에 대한 정보를 얻을 수 있는 것은?

① 위상 곡선 0° 서의 이득과 0[$dB$]과의 차이

② 위상 곡선 180° 에서의 이득과 0[$dB$]과의 차이

③ 위상 곡선 −90° 에서의 이득과 0[$dB$]과의 차이

④ 위상 곡선 −180° 에서의 이득과 0[$dB$]과의 차이

보드 선도에서 이득 여유에 대한 정보는 위상 곡선이 −180°일 때의 이득과 0[$dB$]의 차이로부터 얻을 수 있다.

답 ④

## 084

단위 부궤환 제어 시스템의 루프 전달 함수인 $G(s)H(s)$가 다음과 같이 주어져 있다. 이득 여유가 $20[dB]$이면 이때의 $K$의 값은?

$$G(s)H(s) = \frac{K}{(s+1)(s+3)}$$

① $\dfrac{3}{10}$        ② $\dfrac{3}{20}$

③ $\dfrac{1}{20}$        ④ $\dfrac{1}{40}$

주어진 전달 함수의 DC응답에서의 이득 크기, 즉 $s = 0$일 때의 값을 계산하여 이득 여유($GM$)가 $20[dB]$ 되도록 하는 $K$의 값을 찾는다.

$$|G(s)H(s)| = \left| \frac{K}{(s+1)(s+3)} \right|_{s=0} = \frac{K}{3}$$

이득 여유

$$GM = 20\log_{10} \frac{1}{|(G(s)H(s)|} = 20\log_{10}\frac{3}{K} = 20$$

에서

$$20\log_{10}\frac{3}{K} = 20\log_{10}10$$

$$\frac{3}{K} = 10$$

$$\therefore K = \frac{3}{10}$$

답 ①

## 085

$G(j\omega) = \dfrac{K}{j\omega(j\omega+1)}$ 에 있어서 진폭 $A$ 및 위상각 $\theta$는?

$$\lim_{\omega \to \infty} G(j\omega) = A\angle\theta$$

① $A=0,\ \theta=-90°$     ② $A=0,\ \theta=-180°$

③ $A=\infty,\ \theta=-90°$     ④ $A=\infty,\ \theta=-180°$

진폭은 $G(j\omega)$의 크기이다.

이때 주어진 문제에서 $\omega \to \infty$ 인 경우이므로

진폭 $A$은 $|G(j\omega)| = \left| \dfrac{K}{j\omega(j\omega+1)} \right|_{\omega=\infty} = 0$ 이다.

위상각 $\theta$ 은 $G(j\omega) = \dfrac{K}{j\omega(j\omega+1)}$ 에서 $\angle-180°$ 이다.

☑ **참고** 위상각 구하는 방법

$G(j\omega)$ 에서 $j$ 의 지수로 판단한다.

$j : \angle 90°$,   $j^2 : \angle 180°$

단, $j$ 의 위치가 분모에 있을 시, 음($-$)의 부호를 붙여준다.

답 ②

## 086

제어 시스템의 주파수 전달 함수가 $G(j\omega) = j5\omega$이고, 주파수가 $\omega = 0.02[rad/\sec]$일 때 이 제어 시스템의 이득$[dB]$은?

① 20        ② 10

③ $-10$       ④ $-20$

전달 함수 $G(j\omega) = j5\omega|_{\omega=0.02} = j0.1$

전달 함수 크기 $|G(j\omega)| = \sqrt{실수부^2 + 허수부^2}$

$$= \sqrt{0^2 + 0.1^2} = 0.1$$

이득 $g = 20\log_{10}|0.1| = 20\log_{10}10^{-1} = -20[dB]$

☑ **참고** 이득 $g = 20\log_{10}|G(s)|[dB]$

답 ④

## 087

**특성 방정식 중에서 안정된 시스템인 것은?**

① $2s^3 + 3s^2 + 4s + 5 = 0$

② $s^4 + 3s^3 - s^2 + s + 10 = 0$

③ $s^5 + s^3 + 2s^2 + 4s + 3 = 0$

④ $s^4 - 2s^3 - 3s^2 + 4s + 5 = 0$

**제어계의 안정 조건**
- 특성 방정식의 모든 계수의 부호가 같을 것
- 특성 방정식의 모든 차수가 존재할 것
- 루드표를 작성하여 제1열의 부호 변화가 없을 것

📖 ①

## 088

**Routh 안정 판별표에서 수열의 제1열이 다음과 같을 때 이 계통의 특성 방정식에 양의 실수부를 갖는 근이 몇 개인가?**

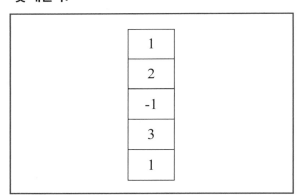

① 전혀 없다.　　② 1개 있다.

③ 2개 있다.　　④ 3개 있다.

주어진 루드표에서 제1열의 부호 변화가
$2 \rightarrow -1$, $-1 \rightarrow 3$로 2번 발생하였으므로 양의 실수부를 갖는 불안정근이 2개 있다.

📖 ③

## 089

$s^3 + 11s^2 + 2s + 40 = 0$ 에는 양의 실수부를 갖는 근은 몇 개 있는가?

① 1　　　　　　② 2

③ 3　　　　　　④ 없다.

**루드 표 작성**

| 차수 | 제1열 계수 | 제2열 계수 | 제3열 계수 |
|------|-----------|-----------|-----------|
| $s^3$ | 1 | 2 | 0 |
| $s^2$ | 11 | 40 | 0 |
| $s^1$ | $\dfrac{11 \times 2 - 1 \times 40}{11}$ $= -\dfrac{18}{11} = -1.64$ | $\dfrac{11 \times 0 - 1 \times 0}{11}$ $= 0$ | 0 |
| $s^0$ | $\dfrac{-1.64 \times 40 - 11 \times 0}{-1.64}$ $= 40$ | $\dfrac{-1.64 \times 0 - 1 \times 0}{-1.64}$ $= 0$ | 0 |

이때 루드표에서 제1열의 부호 변화가
$11 \rightarrow -1.64$, $-1.64 \rightarrow 40$로 2번 발생하였으므로 양의 실수부를 갖는 불안정근이 2개 있다.

📖 ②

## 090

특성 방정식 $s^5 + 2s^4 + 2s^3 + 3s^2 + 4s + 1$ 을 Routh-Hurwitz 판별법으로 분석한 결과로 옳은 것은?

① $s$평면의 우반면에 근이 존재하지 않기 때문에 안정한 시스템이다.

② $s$평면의 우반면에 근이 1개 존재하기 때문에 불안정한 시스템이다.

③ $s$평면의 우반면에 근이 2개 존재하기 때문에 불안정한 시스템이다.

④ $s$평면의 우반면에 근이 3개 존재하기 때문에 불안정한 시스템이다.

루드표 작성

| 차수 | 제1열 계수 | 제2열 계수 | 제3열 계수 |
|---|---|---|---|
| $s^5$ | 1 | 2 | 4 |
| $s^4$ | 2 | 3 | 1 |
| $s^3$ | $\dfrac{2 \times 2 - 1 \times 3}{2} = 0.5$ | $\dfrac{2 \times 4 - 1 \times 1}{2} = 3.5$ | 0 |
| $s^2$ | $\dfrac{0.5 \times 3 - 2 \times 3.5}{0.5} = -11$ | $\dfrac{0.5 \times 1 - 2 \times 0}{0.5} = 1$ | 0 |
| $s^1$ | $\dfrac{-11 \times 3.5 - 0.5 \times 1}{-11} = 3.55$ | $\dfrac{-11 \times 0 - 0.5 \times 0}{-11} = 0$ | 0 |
| $s^0$ | $\dfrac{3.55 \times 1 - (-11) \times 0}{3.55} = 1$ | 0 | 0 |

이때 루드표에서 제1열의 부호 변화가 $0.5 \to -11$, $-11 \to 3.55$로 2번 발생하였으므로 $s$ 평면의 우반면에 위치하는 불안정근이 2개 있다.

답 ③

## 091

Routh-Hurwitz 방법으로 특성방정식이 $s^4 + 2s^3 + s^2 + 4s + 2 = 0$ 인 시스템의 안정도를 판별하면?

① 안정      ② 불안정

③ 임계안정      ④ 조건부 안정

루드 표 작성

| 차수 | 제1열 계수 | 제2열 계수 | 제3열 계수 |
|---|---|---|---|
| $s^4$ | 1 | 1 | 2 |
| $s^3$ | 2 | 4 | 0 |
| $s^2$ | $\dfrac{2 \times 1 - 1 \times 4}{2} = -1$ | $\dfrac{2 \times 2 - 1 \times 0}{2} = 2$ | 0 |
| $s^1$ | $\dfrac{-1 \times 4 - 2 \times 2}{-1} = 8$ | $\dfrac{-1 \times 0 - 2 \times 0}{-1} = 0$ | 0 |
| $s^0$ | $\dfrac{8 \times 2 - (-1) \times 0}{8} = 2$ | $\dfrac{-11 \times 0 - 0.5 \times 0}{-11} = 0$ | 0 |

이때 루드표에서 제1열의 부호 변화가 발생하였으므로 불안정하다.

☑ **참고** 불안정근: 2개(∵ $2 \to -1$, $-1 \to 8$로 부호 변화 2번 발생)

답 ②

## 092

다음의 특성 방정식을 Routh-Hurwitz 방법으로 안정도를 판별하고자 한다. 이때 안정도를 판별하기 위하여 가장 잘 해석한 것은 어느 것인가?

$$q(s) = s^5 + 2s^4 + 2s^3 + 4s^2 + 11s + 10$$

① $s$평면의 우반면에 근은 없으나 불안정하다.

② $s$평면의 우반면에 근이 1개 존재하여 불안정하다.

③ $s$평면의 우반면에 근이 2개 존재하여 불안정하다.

④ $s$평면의 우반면에 근이 3개 존재하여 불안정하다.

루드 표 작성

| 차수 | 제1열 계수 | 제2열 계수 | 제3열 계수 |
|---|---|---|---|
| $s^5$ | 1 | 2 | 11 |
| $s^4$ | 2 | 4 | 10 |
| $s^3$ | $\dfrac{2 \times 2 - 1 \times 4}{2}$ $= 0$ | | |

루드 표 작성 중에 0이 나타나면, 주어진 특성 방정식 $s$에 대해 한 번 미분한 후, 다시 루드 표를 작성한다.

$$\frac{dq(s)}{ds} = 5s^4 + 8s^3 + 6s^2 + 8s + 11 = 0$$

| 차수 | 제1열 계수 | 제2열 계수 | 제3열 계수 |
|---|---|---|---|
| $s^4$ | 5 | 6 | 11 |
| $s^3$ | 8 | 8 | 0 |
| $s^2$ | $\dfrac{8 \times 6 - 5 \times 8}{8}$ $= 1$ | $\dfrac{8 \times 11 - 5 \times 0}{8}$ $= 11$ | 0 |
| $s^1$ | $\dfrac{1 \times 8 - 8 \times 11}{1}$ $= -80$ | $\dfrac{1 \times 0 - 8 \times 0}{1}$ $= 0$ | 0 |
| $s^0$ | $\dfrac{-80 \times 11 - 1 \times 0}{-80}$ $= 11$ | $\dfrac{-80 \times 0 - 1 \times 0}{-80}$ $= 0$ | 0 |

이때 루드표에서 제1열의 부호 변화가
$1 \to -80$, $-80 \to 11$로 2번 발생하였으므로 불안정근이 2개 있다.

답 ③

## 093

특성 방정식이 $s^3 + 2s^2 + Ks + 5 = 0$ 가 안정하기 위한 $K$의 값은?

① $K > 0$ 　　　　② $K < 0$

③ $K > \dfrac{5}{2}$ 　　　　④ $K < \dfrac{5}{2}$

루드 표 작성

| 차수 | 제1열 계수 | 제2열 계수 |
|---|---|---|
| $s^3$ | 1 | $K$ |
| $s^2$ | 2 | 5 |
| $s^1$ | $\dfrac{2 \times K - 1 \times 5}{2}$ $= \dfrac{2K - 5}{2}$ | $\dfrac{2 \times 0 - 1 \times 0}{2}$ $= 0$ |
| $s^0$ | $\dfrac{\left(\dfrac{2K-5}{2}\right) \times 5 - 2 \times 0}{\dfrac{2K-5}{2}}$ $= 5$ | $\dfrac{\left(\dfrac{2K-5}{2}\right) \times 0 - 2 \times 0}{\dfrac{2K-5}{2}}$ $= 0$ |

이때 루드표에서 제1열의 모든 값이 (+)로 유지되어야 제어계가 안정하므로 $\dfrac{2K-5}{2} > 0$ 에서

$$\therefore K > \frac{5}{2}$$

답 ③

## 094

단위 궤환 제어 시스템의 전향 경로 전달 함수가 $G(s) = \dfrac{K}{s(s^2 + 5s + 4)}$ 일 때, 이 시스템이 안정하기 위한 $K$의 범위는?

① $K < -20$  
② $-20 < K < 0$  
③ $0 < K < 20$  
④ $20 < K$

특성 방정식은 분모+분자 = 0으로 구하면 된다.

$$s(s^2 + 5s + 4) + K = s^3 + 5s^2 + 4s + K = 0$$

루드 표 작성

| 차수 | 제1열 계수 | 제2열 계수 |
|------|-----------|-----------|
| $s^3$ | 1 | 4 |
| $s^2$ | 5 | $K$ |
| $s^1$ | $\dfrac{5 \times 4 - 1 \times K}{5}$ $= \dfrac{20 - K}{5}$ | 0 |
| $s^0$ | $\dfrac{\left(\dfrac{20-K}{5}\right) \times K - 5 \times 0}{\dfrac{20-K}{5}}$ $= K$ | 0 |

이때 루드표에서 제1열의 모든 값이 (+)로 유지되어야 제어계가 안정하므로 $\dfrac{20-K}{5} > 0$, $K > 0$ 이어야 한다.

$\dfrac{20-K}{5} > 0 \rightarrow K < 20$ 이므로

$\therefore 0 < K < 20$

답 ③

## 095

그림과 같은 제어 시스템이 안정하기 위한 $k$의 범위는?

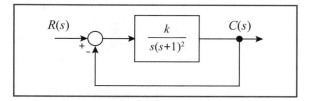

① $k > 0$  
② $k > 1$  
③ $0 < k < 1$  
④ $0 < k < 2$

전달 함수

$$G(s) = \frac{C(s)}{R(s)} = \frac{경로}{1 - 폐루프}$$

$$= \frac{\dfrac{k}{s(s+1)^2}}{1 - \left(-\dfrac{k}{s(s+1)^2}\right)} = \frac{k}{s(s+1)^2 + k} = \frac{k}{s^3 + 2s^2 + s + k}$$

특성 방정식은 폐루프 전달 함수의 분모가 0이 되는 방정식이다.

$$s^3 + 2s^2 + s + k = 0$$

루드 표 작성

| 차수 | 제1열 계수 | 제2열 계수 |
|------|-----------|-----------|
| $s^3$ | 1 | 1 |
| $s^2$ | 2 | $k$ |
| $s^1$ | $\dfrac{2 \times 1 - 1 \times k}{2}$ $= \dfrac{2-k}{2}$ | 0 |
| $s^0$ | $\dfrac{\left(\dfrac{2-k}{2}\right) \times k - 2 \times 0}{\dfrac{2-k}{2}}$ $= k$ | 0 |

이때 루드표에서 제1열의 모든 값이 (+)로 유지되어야 제어계가 안정하므로 $\dfrac{2-k}{2} > 0$ 에서 $k < 2$와 $k > 0$ 이므로

$\therefore 0 < k < 2$

답 ④

## 096

개루프 전달 함수가 다음과 같은 제어 시스템의 근궤적이 $j\omega$ (허수)축과 교차할 때 $K$는 얼마인가?

$$G(s)H(s) = \frac{K}{s(s+3)(s+4)}$$

① 30      ② 48

③ 84      ④ 180

근궤적이 허수축과 교차할 때, 제어계는 "임계 상태"에 있다고 한다. 이때 제어계가 임계 상태가 되려면, 특성 방정식에서 $s^1$ 항의 계수가 0이 되어야 한다.

개루프 전달 함수가 $G(s) = \dfrac{K}{s(s+3)(s+4)}$ 로 주어졌으므로 특성 방정식은 분모＋분자＝0 으로 구하면 된다.

**특성 방정식**: $s(s+3)(s+4) + K = s^3 + 7s^2 + 12s + K = 0$

루드 표 작성

| 차수 | 제1열 계수 | 제2열 계수 |
|------|-----------|-----------|
| $s^3$ | 1 | 12 |
| $s^2$ | 7 | $K$ |
| $s^1$ | $\dfrac{7 \times 12 - 1 \times K}{7}$ $= \dfrac{84 - K}{7}$ | 0 |
| $s^0$ | 0 | 0 |

위 표에서 $s^1$ 항의 계수는 $\dfrac{84-K}{7}$ 로 이 값이 0이 되려면, 분자 $84-K$가 0이 되어야 한다. 따라서 $K$가 84일 때 근궤적이 허수축에 교차(임계 상태에 도달)한다.

답 ③

## 097

Routh-Hurwitz 표에서 제1열의 부호가 변하는 횟수로부터 알 수 있는 것은?

① $s$ 평면의 좌반면에 존재하는 근의 수

② $s$ 평면의 우반면에 존재하는 근의 수

③ $s$ 평면의 허수축에 존재하는 근의 수

④ $s$ 평면의 원점에 존재하는 근의 수

**루드(Routh)표에 의한 안정도 판별 방법**
• **제어계의 안정 조건**
 － 특성 방정식의 모든 계수의 부호가 같을 것
 － 특성 방정식의 모든 차수가 존재할 것
 － 루드표를 작성하여 제1열의 부호 변화가 없을 것
만일 부호가 변화하면 변화하는 수만큼 불안정한 근의 수($s$ 평면 우반 평면에 존재하는 근의 수)를 갖는다.

답 ②

## 098

제어시스템의 특성 방정식이
$s^4 + s^3 - 3s^2 - s + 2 = 0$ 와 같을 때, 이 특성 방정식
에서 $s$ 평면의 오른쪽에 위치하는 근은 몇 개인가?

① 0
② 1
③ 2
④ 3

### 루드 표 작성

| 차수 | 제1열 계수 | 제2열 계수 | 제3열 계수 |
|---|---|---|---|
| $s^4$ | 1 | $-3$ | 2 |
| $s^3$ | 1 | $-1$ | 0 |
| $s^2$ | $\dfrac{1 \times (-3) - 1 \times (-1)}{1}$ $= -2$ | $\dfrac{1 \times 2 - 1 \times 0}{1}$ $= 2$ | 0 |
| $s^1$ | $\dfrac{(-2) \times (-1) - 1 \times 2}{-2}$ $= 0$ | $\dfrac{(-2) \times 0 - 1 \times 0}{-2}$ $= 0$ | 0 |

$s^1$ 행의 모든 열에서 0이 발생하였으므로 바로 위 $s^2$
행의 열 값으로 보조 방정식을 세운다.
보조 방정식 $f(s) = -2s^2 + 2$ (∵짝수 차수 행에는
짝수 차수 다항식)
보조 방정식을 $s$에 대하여 미분하여 $s^1$ 차수의 제1열
값에 대치한다.
$$\frac{df(s)}{ds} = -4s$$

| 차수 | 제1열 계수 | 제2열 계수 | 제3열 계수 |
|---|---|---|---|
| $s^4$ | 1 | $-3$ | 2 |
| $s^3$ | 1 | $-1$ | 0 |
| $s^2$ | $-2$ | 2 | 0 |
| $s^1$ | $-4$ | 0 | 0 |
| $s^0$ | $\dfrac{(-4) \times 2 - (-2) \times 0}{-4}$ $= 2$ | $\dfrac{(-4) \times 0 - (-2) \times 0}{-4}$ $= 0$ | 0 |

이때 루드표에서 제1열의 부호 변화가 $1 \to -2$,
$-4 \to 2$로 2번 발생하였으므로 $s$ 평면의 오른쪽에
위치하는 불안정근이 2개 있다.

答 ③

## 099

$\omega$ 가 0에서 $\infty$까지 변화하였을 때 $G(j\omega)$ 의 위상각을
극좌표에 그린 것으로 이 궤적을 표시하는 선도는?

① 근궤적도
② 나이퀴스트 선도
③ 니콜스선도
④ 보드 선도

나이퀴스트 선도는 $\omega$ 가 0에서 $\infty$ 까지 변화하였을
때 $G(j\omega)$의 위상각을 극좌표에 그린 것이다.

答 ②

## 100

단위 피드백(Feedback) 제어계의 개루프 전달함수의 벡터궤적이다. 이 중 안정한 궤적은?

①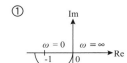

②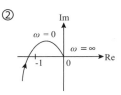

③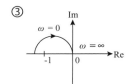

④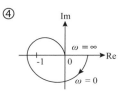

**나이퀴스트(Nyquist) 선도에 의한 안정도 판별 방법**

• 경로가 시계 방향인 경우 임계점을 포함하면 불안정

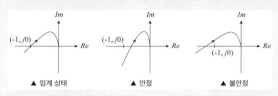

• 경로가 반시계 방향인 경우 임계점을 포함하면 안정

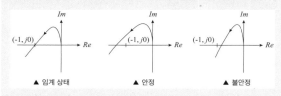

✓ **TIP** 시포불, 반포안

답 ①

## 101

$G(j\omega) = \dfrac{K}{j\omega(j\omega+1)}$ 의 나이퀴스트 선도를 도시한 것은? (단, $K > 0$ 이다.)

①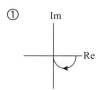

②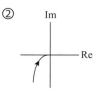

③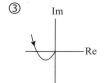

④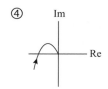

분모 괄호 항의 개수만큼 위치한다.
주어진 전달 함수는 분모 괄호 항이 1개이므로 1칸
(제3사분면)만 차지한다.

답 ②

## 102

$s$ 평면의 우반면에 3개의 극점이 있고, 2개의 영점이 있다. 이때 다음과 같은 설명 중 어느 나이퀴스트 선도일 때 시스템이 안정한가?

① $(-1, j0)$점을 반 시계방향으로 1번 감쌌다.

② $(-1, j0)$점을 시계방향으로 1번 감쌌다.

③ $(-1, j0)$점을 반 시계방향으로 5번 감쌌다.

④ $(-1, j0)$점을 시계방향으로 5번 감쌌다.

시스템이 안정하기 위한 나이퀴스트 선도 조건에서 경로가 시계 방향인 경우 임계점을 포함하면 불안정하므로 보기 ②, ④는 답이 될 수 없다.
또한 오른쪽 방향으로의 회전 수
$N = Z - P = 2 - 3 = -1$ 이므로 왼쪽 방향으로 1회 회전하여야 안정하다.

☑ **참고** 시포불, 반포안
- 경로가 시계 방향인 경우 임계점을 포함하면 불안정
- 경로가 반시계 방향인 경우 임계점을 포함하면 안정

답 ①

## 103

폐루프 전달함수 $\dfrac{G(s)}{1 + G(s)H(s)}$ 의 극의 위치를 개루프 전달 함수 $G(s)H(s)$ 의 이득 상수 $K$의 함수로 나타내는 기법은?

① 근궤적법              ② 보드 선도법

③ 이득 선도법          ④ Nyquist 판정법

근궤적법은 개루프 전달 함수의 이득 정수 $K$를 0에서 ∞ 까지 변화시킬 때, 극점의 이동 궤적을 그린 것이다.

답 ①

## 104

근궤적의 성질 중 틀린 것은?

① 근궤적은 실수축을 기준으로 대칭이다.

② 점근선은 허수축상에서 교차한다.

③ 근궤적의 가지 수는 특성 방정식의 차수와 같다.

④ 근궤적은 개루프 전달 함수의 극점으로부터 출발한다.

② 점근선은 실수축 상에서만 교차한다.

☑ **참고** 근궤적의 성질
- 근궤적의 출발점($K = 0$)은 $G(s)H(s)$의 극점으로부터 출발한다. ④
- 근궤적의 종착점($K = \infty$)은 $G(s)H(s)$의 영점에서 끝난다.
- 근궤적의 개수는 영점($z$) 수와 극점($p$) 수 중에서 큰 것과 일치한다. ③
- 근궤적은 실수축에 대하여 대칭이다. ①

답 ②

## 105

어떤 제어 시스템의 개루프 이득이
$G(s)H(s) = \dfrac{K(s+2)}{s(s+1)(s+3)(s+4)}$ 일 때 이 시스템이 가지는 근궤적의 가지(Branch) 수는?

① 1                      ② 3

③ 4                      ④ 5

근궤적의 가지 수(개수)는 영점($Z$) 수와 극점($P$) 수 중에서 큰 것과 일치한다.
- 영점 $Z = -2$
- 극점 $P = 0, -1, -3, -4$
영점의 개수는 1개, 극점의 개수는 4개이므로 근궤적의 가지 수는 4개이다.

답 ③

## 106

개루프 전달 함수 $G(s)H(s)$ 가 다음과 같이 주어지는 부궤환계에서 근궤적 점근선의 실수축과의 교차점은?

$$G(s)H(s) = \frac{K}{s(s+4)(s+5)}$$

① 0         ② $-1$

③ $-2$      ④ $-3$

주어진 전달 함수에서

• 영점 $Z =$ 없음

• 극점 $P = 0, -4, -5$

점근선의 교차점 $A = \dfrac{\sum P - \sum Z}{P - Z}$

$= \dfrac{(0 - 4 - 5) - (0)}{3 - 0} = -\dfrac{9}{3} = -3$

(단, $\sum P$: 극점의 합, $\sum Z$: 영점의 합, $P$: 극점 수, $Z$: 영점 수)

**답** ④

## 107

개루프 전달 함수 $G(s)H(s)$ 로부터 근궤적을 작성할 때 실수축에서의 점근선의 교차점은?

$$G(s)H(s) = \frac{K(s-2)(s-3)}{s(s+1)(s+2)(s+4)}$$

① 2        ② 5

③ $-4$      ④ $-6$

주어진 전달 함수에서

• 영점 $Z = 2, 3$

• 극점 $P = 0, -1, -2, -4$

점근선의 교차점 $A = \dfrac{\sum P - \sum Z}{P - Z}$

$= \dfrac{(0 - 1 - 2 - 4) - (2 + 3)}{4 - 2} = -\dfrac{12}{2} = -6$

(단, $\sum P$: 극점의 합, $\sum Z$: 영점의 합, $P$: 극점 수, $Z$: 영점 수)

**답** ④

## 108

다음의 개루프 전달 함수에 대한 근궤적의 점근선이 실수축과 만나는 교차점은?

$$G(s)H(s) = \frac{K(s+3)}{s^2(s+1)(s+3)(s+4)}$$

① $\dfrac{5}{3}$      ② $-\dfrac{5}{3}$

③ $\dfrac{5}{4}$      ④ $-\dfrac{5}{4}$

주어진 전달 함수에서
- 영점 $Z = -3$ (1개)
- 극점 $P = 0, 0, -1, -3, -4$ (5개)

점근선의 교차점

$$A = \frac{\sum P - \sum Z}{P - Z}$$
$$= \frac{(0+0+(-1)+(-3)+(-4))-(-3)}{5-1} = -\frac{5}{4}$$

(단, $\sum P$: 극점의 합, $\sum Z$: 영점의 합, $P$: 극점 수, $Z$: 영점 수)

> ☑ **참고** 극점은 전달 함수의 분모가 0이 되는 $s$의 값이다. 분모에 $s^2$항이 $s=0$에서 두 번 반복되므로, 0에서 극점이 두 개 있다.

답 ④

## 109

다음의 개루프 전달 함수에 대한 근궤적이 실수축에서 이탈하게 되는 분리점은 약 얼마인가?

$$G(s)H(s) = \frac{K}{s(s+3)(s+8)}, \; K \geq 0$$

① $-0.93$      ② $-5.74$

③ $-6.0$      ④ $-1.33$

분리점(분지점, 이탈점)은 $\dfrac{dK}{ds} = 0$이 되는 $s$의 값이다. 따라서 주어진 전달 함수를 $K$에 대해 정리한 후, $s$에 대해 미분한다.

개루프 전달 함수가 $G(s) = \dfrac{K}{s(s+3)(s+8)}$로 주어졌으므로 특성 방정식은 분모+분자 $= 0$으로 구하면 된다.

특성 방정식
$s(s+3)(s+8) + K = s^3 + 11s^2 + 24s + K = 0$에서
$K$에 대해 정리하면
$K = -s^3 - 11s^2 - 24s$

$s$에 대해 미분하면
$\dfrac{dK}{ds} = -3s^2 - 22s - 24 = 0$이므로
$3s^2 + 22s + 24 = (s+6)(3s+4) = 0$
$s = -6, \; -\dfrac{4}{3}$

이때 $G(s) = \dfrac{K}{s(s+3)(s+8)}$에서 극점이 $0, -3, -8$이므로 근궤적의 범위는 $(-3 \sim 0)$, $(-\infty \sim -8)$이다.
따라서 분지점은 $s = -\dfrac{4}{3} = -1.33$만 가능하다.

> ☑ **참고** 실수축 상의 근궤적의 존재 구간
>
>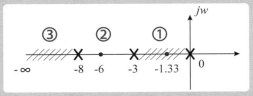
>
> 홀수번째 구간인 ①, ③ 구간에만 근궤적이 존재하므로 $-6$은 답이 될 수 없다.

답 ④

## 110

제어 시스템의 개루프 전달 함수가

$G(s)H(s) = \dfrac{K(s+30)}{s^4+s^3+2s^2+s+7}$ 로 주어질 때, 다음 중

$K > 0$ 인 경우 근궤적의 점근선이 실수축과 이루는 각은?

① 20°　　　　　　　② 60°

③ 90°　　　　　　　④ 120°

주어진 전달 함수의 분모에서 최고 차수 항이 $s^4$이므로, 극점 수 $P$는 4개이다. 또한, 전달 함수의 분자는 $K(s+30)$이므로, 영점 수 $Z$는 $s = -30$에서 1개이다.

- 극점 수 $P$: 4개
- 영점 수 $Z$: 1개

점근선의 각도 $\alpha = \dfrac{(2k+1)\pi}{P-Z}$ $(k = 0, 1, 2, 3, \cdots)$

(단, $P$: 극점 수, $Z$: 영점 수)

- $k = 0$일 때: $\alpha = \dfrac{(2 \times 0 + 1)\pi}{4 - 1} = 60°$

- $k = 1$일 때: $\alpha = \dfrac{(2 \times 1 + 1)\pi}{4 - 1} = 180°$

- $k = 2$일 때: $\alpha = \dfrac{(2 \times 2 + 1)\pi}{4 - 1} = 300°$

위와 같이 $k = 0, 1, 2 \ldots$ 값을 대입해 계산한 후, 보기에서 해당 각도를 찾아 정답으로 선택하면 된다.

∴ 60°

답 ②

## 111

다음과 같은 상태 방정식으로 표현되는 제어 시스템의 특성 방정식의 근($s_1$, $s_2$)은?

$$\begin{bmatrix} \dot{x_1} \\ \dot{x_2} \end{bmatrix} = \begin{bmatrix} 0 & 1 \\ -2 & -3 \end{bmatrix} \begin{bmatrix} x_1 \\ x_2 \end{bmatrix} + \begin{bmatrix} 1 \\ 0 \end{bmatrix} u$$

① 1, -3　　　　　　② -1, -2

③ -2, -3　　　　　　④ -1, -3

특성 방정식은 $|sI - A| = 0$ 이므로

$sI - A = s\begin{bmatrix} 1 & 0 \\ 0 & 1 \end{bmatrix} - \begin{bmatrix} 0 & 1 \\ -2 & -3 \end{bmatrix}$

$= \begin{bmatrix} s & 0 \\ 0 & s \end{bmatrix} - \begin{bmatrix} 0 & 1 \\ -2 & -3 \end{bmatrix} = \begin{bmatrix} s & -1 \\ 2 & s+3 \end{bmatrix}$

$|sI - A| = s(s+3) - (-1) \times 2 = s^2 + 3s + 2$
$= (s+1)(s+2) = 0$

∴ 특성 방정식의 근 $s_1 = -1$, $s_2 = -2$

답 ②

## 112

미분 방정식 $\ddot{x} + 2\dot{x} + x = 3u$ 로 표시되는 계의 시스템 행렬과 입력 행렬은?

① $\begin{bmatrix} 0 & 1 \\ -1 & -2 \end{bmatrix}, \begin{bmatrix} 0 \\ 3 \end{bmatrix}$　　　　② $\begin{bmatrix} 0 & 1 \\ -1 & 2 \end{bmatrix}, \begin{bmatrix} 0 \\ 3 \end{bmatrix}$

③ $\begin{bmatrix} 0 & 1 \\ -1 & 0 \end{bmatrix}, \begin{bmatrix} 3 \\ 0 \end{bmatrix}$　　　　④ $\begin{bmatrix} 0 & 1 \\ -1 & 2 \end{bmatrix}, \begin{bmatrix} 3 \\ 0 \end{bmatrix}$

미분 방정식이 $\ddot{x} + a\dot{x} + bx = cu$ 일 때

시스템 행렬 $A = \begin{bmatrix} 0 & 1 \\ -b & -a \end{bmatrix}$

입력 행렬 $B = \begin{bmatrix} 0 \\ c \end{bmatrix}$

따라서 $A = \begin{bmatrix} 0 & 1 \\ -1 & -2 \end{bmatrix}$, $B = \begin{bmatrix} 0 \\ 3 \end{bmatrix}$ 이다.

답 ①

# 113

다음 방정식으로 표시되는 제어계가 있다. 이 계를 상태 방정식 $\dot{x}(t) = Ax(t) + Bu(t)$ 로 나타내면 계수 행렬 $A$는?

$$\frac{d^3 c(t)}{dt^3} = 5\frac{d^2 c(t)}{dt^2} + \frac{dc(t)}{dt} + 2c(t) = r(t)$$

① $\begin{bmatrix} 0 & 1 & 0 \\ 0 & 0 & 1 \\ -2 & -1 & -5 \end{bmatrix}$　② $\begin{bmatrix} 0 & 1 & 0 \\ 1 & 0 & 0 \\ 5 & 1 & 2 \end{bmatrix}$

③ $\begin{bmatrix} 0 & 0 & 1 \\ 1 & 0 & 0 \\ 0 & 5 & 2 \end{bmatrix}$　④ $\begin{bmatrix} 0 & 1 & 0 \\ 0 & 0 & 1 \\ -2 & -1 & 0 \end{bmatrix}$

주어진 3차 미분 방정식에서

$$\frac{d^3 c(t)}{dt^3} + \boxed{5}\frac{d^2 c(t)}{dt^2} + \boxed{1}\frac{dc(t)}{dt} + \boxed{2}c(t) = \boxed{1}r(t)$$

← 역순으로 "−" 부호를 붙이면

$$A = \begin{bmatrix} 0 & 1 & 0 \\ 0 & 0 & 1 \\ \boxed{-2 & -1 & -5} \end{bmatrix} \quad B = \begin{bmatrix} 0 \\ 0 \\ \boxed{1} \end{bmatrix}$$

$$A = \begin{bmatrix} 0 & 1 & 0 \\ 0 & 0 & 1 \\ -2 & -1 & -5 \end{bmatrix}, \ B = \begin{bmatrix} 0 \\ 0 \\ 1 \end{bmatrix}$$

☑ **참고** 제3차 제어 시스템
- 상태 방정식:
$$\frac{d^3 y(t)}{dt^3} + a\frac{d^2 y(t)}{dt^2} + b\frac{dy(t)}{dt} + cy(t) = dr(t)$$
- 벡터 행렬: $A = \begin{bmatrix} 0 & 1 & 0 \\ 0 & 0 & 1 \\ -c & -b & -a \end{bmatrix}, \ B = \begin{bmatrix} 0 \\ 0 \\ d \end{bmatrix}$

답 ①

# 114

상태 공간 표현식 $\begin{cases} \dot{x} = Ax + Bu \\ y = Cx \end{cases}$ 로 표현되는 선형 시스템에서 $A = \begin{bmatrix} 0 & 1 & 0 \\ 0 & 0 & 1 \\ -2 & -9 & -8 \end{bmatrix}, B = \begin{bmatrix} 0 \\ 0 \\ 5 \end{bmatrix}, C = [1\,0\,0]$,

$D = 0, \ x = \begin{bmatrix} x_1 \\ x_2 \\ x_3 \end{bmatrix}$ 이면 시스템 전달 함수 $\frac{Y(s)}{U(s)}$ 는?

① $\dfrac{1}{s^3 + 8s^2 + 9s + 2}$　② $\dfrac{1}{s^3 + 2s^2 + 9s + 8}$

③ $\dfrac{5}{s^3 + 8s^2 + 9s + 2}$　④ $\dfrac{5}{s^3 + 2s^2 + 9s + 8}$

주어진 행렬 $A$의 3행 요소가 $-2, -9, -8$ 이고, 행렬 $B$의 3행 요소가 5이므로 3차 제어 시스템의 상태 방정식은 다음과 같다.

$$\frac{d^3 y(t)}{dt^3} + 8\frac{d^2 y(t)}{dt^2} + 9\frac{dy(t)}{dt} + 2y(t) = 5u(t)$$

$$(s^3 + 8s^2 + 9s + 2)Y(s) = 5U(s)$$

$$\therefore \frac{Y(s)}{U(s)} = \frac{5}{s^3 + 8s^2 + 9s + 2}$$

☑ **참고** 제3차 제어 시스템
- 상태 방정식:
$$\frac{d^3 y(t)}{dt^3} + a\frac{d^2 y(t)}{dt^2} + b\frac{dy(t)}{dt} + cy(t) = dr(t)$$
- 벡터 행렬: $A = \begin{bmatrix} 0 & 1 & 0 \\ 0 & 0 & 1 \\ -c & -b & -a \end{bmatrix}, \ B = \begin{bmatrix} 0 \\ 0 \\ d \end{bmatrix}$

답 ③

## 115

제어시스템의 상태방정식이 $\dfrac{dx(t)}{dt} = Ax(t) + Bu(t)$,

$A = \begin{bmatrix} 0 & 1 \\ -3 & 4 \end{bmatrix}$, $B = \begin{bmatrix} 1 \\ 1 \end{bmatrix}$ 일 때, 특성방정식을 구하면?

① $s^2 - 4s - 3 = 0$       ② $s^2 - 4s + 3 = 0$

③ $s^2 + 4s + 3 = 0$       ④ $s^2 + 4s - 3 = 0$

특성 방정식은 $|sI - A| = 0$ 이므로

$$sI - A = s\begin{bmatrix} 1 & 0 \\ 0 & 1 \end{bmatrix} - \begin{bmatrix} 0 & 1 \\ -3 & 4 \end{bmatrix}$$
$$= \begin{bmatrix} s & 0 \\ 0 & s \end{bmatrix} - \begin{bmatrix} 0 & 1 \\ -3 & 4 \end{bmatrix} = \begin{bmatrix} s & -1 \\ 3 & s-4 \end{bmatrix}$$
$$|sI - A| = s(s-4) - (-1) \times 3 = s^2 - 4s + 3 = 0$$

답 ②

## 116

블록 선도와 같은 단위 피드백 제어 시스템의 상태 방정식은?

(단, 상태 변수는 $x_1(t) = c(t)$, $x_2(t) = \dfrac{d}{dt}c(t)$ 로 한다.)

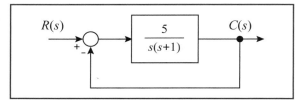

① $\dot{x}_1(t) = x_2(t)$
   $\dot{x}_2(t) = -5x_1(t) - x_2(t) + 5r(t)$

② $\dot{x}_1(t) = x_2(t)$
   $\dot{x}_2(t) = -5x_1(t) - x_2(t) - 5r(t)$

③ $\dot{x}_1(t) = -x_2(t)$
   $\dot{x}_2(t) = 5x_1(t) + x_2(t) - 5r(t)$

④ $\dot{x}_1(t) = -x_2(t)$
   $\dot{x}_2(t) = -5x_1(t) - x_2(t) + 5r(t)$

전달 함수 $G(s) = \dfrac{C(s)}{R(s)} = \dfrac{경로}{1 - 폐회로}$

$$= \dfrac{\dfrac{5}{s(s+1)}}{1 - \left(-\dfrac{5}{s(s+1)}\right)} = \dfrac{5}{s^2 + s + 5}$$

위 식을 시간 영역의 미분 방정식으로 변환하면
$$s^2 C(s) + sC(s) + 5C(s) = 5R(s)$$
$$\dfrac{d^2}{dt^2}c(t) + \dfrac{d}{dt}c(t) + 5c(t) = 5r(t)$$

이때 주어진 상태 변수는
$$x_1(t) = c(t),\ x_2(t) = \dfrac{d}{dt}c(t) \text{ 이다.}$$

$x_1(t)$의 미분 : $\dot{x}_1(t) = \dfrac{d}{dt}c(t) = x_2(t)$

$x_2(t)$의 미분 : $\dot{x}_2(t) = \dfrac{d^2}{dt^2}c(t)$

이제 앞서 유도한 2차 미분 방정식을 이용하면
$$\dfrac{d^2}{dt^2}c(t) + \dfrac{d}{dt}c(t) + 5c(t) = 5r(t) \text{ 에서}$$
$$\dfrac{d^2}{dt^2}c(t) = -\dfrac{d}{dt}c(t) - 5c(t) + 5r(t) \text{ 이고}$$
$$\dot{x}_2(t) = \dfrac{d^2}{dt^2}c(t) = -\dfrac{d}{dt}c(t) - 5c(t) + 5r(t)$$
$$\dot{x}_2(t) = \dfrac{d^2}{dt^2}c(t) = -5x_1(t) - x_2(t) + 5r(t)$$

답 ①

## 117

$n$차 선형 시불변 시스템의 상태 방정식을 $\dfrac{d}{dt}X(t) = AX(t) + Br(t)$로 표시할 때 상태 천이 행렬 $\Phi$ ($n \times n$행렬)에 관하여 틀린 것은?

① $\Phi(t) = e^{At}$

② $\dfrac{d\Phi(t)}{dt} = A \cdot \Phi(t)$

③ $\Phi(t) = \mathcal{L}^{-1}[(sI-A)^{-1}]$

④ $\Phi(t)$는 시스템의 정상 상태 응답을 나타낸다.

---

**상태 천이 행렬 암기 사항**

· $\Phi(t) = e^{At}$

· $\dfrac{d\Phi(t)}{dt} = A\Phi(t)$

· $\Phi(t) = \mathcal{L}^{-1}[(sI-A)^{-1}]$

(단, $I$: 단위 행렬 $\begin{bmatrix} 1 & 0 \\ 0 & 1 \end{bmatrix}$, $A$: 벡터 행렬)

· $\Phi(t)$는 시스템의 과도(천이) 상태 응답을 나타낸다.

답 ④

---

## 118

시스템 행렬 $A$가 다음과 같을 때 상태 천이 행렬을 구하면?

$$A = \begin{bmatrix} 0 & 1 \\ -2 & -3 \end{bmatrix}$$

① $\begin{bmatrix} 2e^{t} - e^{2t} & -e^{t} + e^{2t} \\ 2e^{t} - 2e^{2t} & -e^{t} - 2e^{2t} \end{bmatrix}$

② $\begin{bmatrix} 2e^{-t} - e^{-2t} & e^{-t} - e^{-2t} \\ -2e^{-t} + 2e^{-2t} & -e^{-t} - 2e^{2t} \end{bmatrix}$

③ $\begin{bmatrix} 2e^{-t} - e^{-2t} & -e^{-t} + e^{-2t} \\ 2e^{-t} - 2e^{-2t} & -e^{-t} - 2e^{-2t} \end{bmatrix}$

④ $\begin{bmatrix} 2e^{-t} - e^{-2t} & e^{-t} - e^{-2t} \\ -2e^{-t} + 2e^{-2t} & -e^{-t} + 2e^{-2t} \end{bmatrix}$

---

천이 행렬 $\Phi(t) = \mathcal{L}^{-1}[(sI-A)^{-1}]$에서

(단, $I$: 단위 행렬 $\begin{bmatrix} 1 & 0 \\ 0 & 1 \end{bmatrix}$, $A$: 벡터 행렬)

$sI - A = \begin{bmatrix} s & 0 \\ 0 & s \end{bmatrix} - \begin{bmatrix} 0 & 1 \\ -2 & -3 \end{bmatrix} = \begin{bmatrix} s & -1 \\ 2 & s+3 \end{bmatrix}$

$|sI-A| = s \times (s+3) - (-1) \times 2$
$= s^2 + 3s + 2 = (s+1)(s+2)$

$|sI-A|^{-1} = \dfrac{1}{(s+1)(s+2)}\begin{bmatrix} s+3 & 1 \\ -2 & s \end{bmatrix}$

$= \begin{bmatrix} \dfrac{s+3}{(s+1)(s+2)} & \dfrac{1}{(s+1)(s+2)} \\ \dfrac{-2}{(s+1)(s+2)} & \dfrac{s}{(s+1)(s+2)} \end{bmatrix}$

행렬의 각 행, 각 열을 부분 분수로 전개한다.
1행 1열의 경우,

$\dfrac{s+3}{(s+1)(s+2)} = \dfrac{A}{s+1} + \dfrac{B}{s+2}$

$A = \dfrac{s+3}{(s+1)(s+2)} \times (s+1)\Big|_{s=-1} = 2$

$B = \dfrac{s+3}{(s+1)(s+2)} \times (s+2)\Big|_{s=-2} = -1$

$\dfrac{s+3}{(s+1)(s+2)} = \dfrac{A}{s+1} + \dfrac{B}{s+2} = \dfrac{2}{s+1} - \dfrac{1}{s+2}$

위 함수를 시간 함수로 역변환하면 $2e^{-t} - e^{-2t}$ 이다.

위와 같이 행렬의 각 함수를 시간 함수로 역변환하면

$\Phi(t) = \mathcal{L}^{-1}[(sI-A)^{-1}] = \begin{bmatrix} 2e^{-t} - e^{-2t} & e^{-t} - e^{-2t} \\ -2e^{-t} + 2e^{-2t} & -e^{-t} + 2e^{-2t} \end{bmatrix}$

답 ④

## 119

$e(t)$ 의 $z$ 변환을 $E(z)$ 라고 했을 때 $e(t)$ 의 최종값 $e(\infty)$ 은?

① $\lim\limits_{z \to 1} E(z)$  ② $\lim\limits_{z \to \infty} E(z)$

③ $\lim\limits_{z \to 1} (1 - z^{-1}) E(z)$  ④ $\lim\limits_{z \to \infty} (1 - z^{-1}) E(z)$

**$z$ 변환의 정리**

• 초기값 정리
$$\lim_{t \to 0} f(t) = \lim_{s \to \infty} s F(s) = \lim_{z \to \infty} F(z)$$

• 최종값 정리
$$\lim_{t \to \infty} f(t) = \lim_{s \to 0} s F(s) = \lim_{z \to 1} (1 - z^{-1}) F(z)$$

답 ③

## 120

**일반적인 제어 시스템에서 안정의 조건은?**

① 입력이 있는 경우 초기값에 관계없이 출력이 0으로 간다.

② 입력이 없는 경우 초기값에 관계없이 출력이 무한대로 간다.

③ 시스템이 유한한 입력에 대해서 무한한 출력을 얻는 경우

④ 시스템이 유한한 입력에 대해서 유한한 출력을 얻는 경우

제어 시스템이 안정하려면, 유한한 입력에 대해서 유한한 출력을 내야 한다. 즉, 일정한 입력에 대해서 일정한 출력이 나오는 경우이다.

답 ④

## 121

**근궤적이 $s$ 평면의 $j\omega$ 축과 교차할 때 폐루프의 제어계는?**

① 안정하다.  ② 알 수 없다.

③ 불안정하다.  ④ 임계 상태이다.

근궤적이 허수축과 교차할 때, 제어계는 "임계 상태"에 있다고 한다.

답 ④

## 122

**3차인 이산치 시스템의 특성 방정식의 근이 $-0.3$, $-0.2$, $+0.5$로 주어져 있다. 이 시스템의 안정도는?**

① 이 시스템은 안정한 시스템이다.

② 이 시스템은 불안정한 시스템이다.

③ 이 시스템은 임계 안정한 시스템이다.

④ 위 정보로서는 이 시스템의 안정도를 알 수 없다.

이산치 시스템은 $z$ 평면에서 다루기 때문에, 제어계가 안정하려면 모든 근이 $z$ 평면의 단위원 내부에 위치해야 한다.

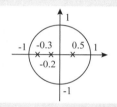

주어진 특성 방정식의 근이 모두 단위원 내부에 위치하므로 안정한 시스템이다.

**☑ 참고** $z$ 평면상에서 제어계의 안정도 판별 방법

- 안정: 단위원 내부에 극점이 모두 존재
- 불안정: 단위원 외부에 극점이 하나라도 존재
- 임계 상태: 단위원에 접해서 극점이 존재

✓ **TIP** 원 안은 안정, 원 밖은 불안정

답 ①

## 123

**특성 방정식이 다음과 같다. 이를 $z$ 변환하여 $z$ 평면도에 도시할 때 단위원 밖에 놓일 근은 몇 개인가?**

$$(s+1)(s+2)(s-3) = 0$$

① 0      ② 1

③ 2      ④ 3

주어진 특성 방정식 $(s+1)(s+2)(s-3)=0$에서 $s$의 값(근)은 $s=-1, -2, 3$이다.

- $s$ 평면에서의 근

$s=-1$과 $s=-2$는 음수이므로 안정적인 근(좌반면에 위치)이고, $s=3$은 양수이므로 불안정한 근(우반면에 위치)이다.

- $z$ 평면에서의 근

$z$ 변환을 하면 $s$ 평면의 우반면에 있는 근들은 $z$ 평면에서 단위원 바깥쪽에 위치하게 된다. 따라서 $s=3$에 대응하는 $z$ 평면의 근은 단위원 바깥에 놓이게 된다. 즉, $z$ 평면에서 단위원 밖에 있는 근은 1개이다.

**☑ 참고**
**$z$ 평면상에서 제어계의 안정도 판별 방법**

- 안정: 단위원 내부에 극점이 모두 존재
- 불안정: 단위원 외부에 극점이 하나라도 존재
- 임계 상태: 단위원에 접해서 극점이 존재

✓ **TIP** 원 안은 안정, 원 밖은 불안정

☑ 참고
**$s$ 평면상에서 제어계의 안정도 판별 방법**

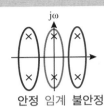

안정  임계  불안정

- **안정**: 특성 방정식의 근이 $s$ 평면 **좌**반부에 존재
- **불안정**: 특성 방정식의 근이 $s$ 평면 **우**반부에 존재
- **임계 상태**: 특성 방정식의 근이 $s$ 평면 허수축에 존재

암기
✓ **TIP** 좌안 우불

🔖 답 ②

---

# 124

**이산 시스템(Discrete Data System)에서의 안정도 해석에 대한 설명 중 옳은 것은?**

① 특성 방정식의 모든 근이 $z$ 평면의 음의 반평면에 있으면 안정하다.

② 특성 방정식의 모든 근이 $z$ 평면의 양의 반평면에 있으면 안정하다.

③ 특성 방정식의 모든 근이 $z$ 평면의 단위원 내부에 있으면 안정하다.

④ 특성 방정식의 모든 근이 $z$ 평면의 단위원 외부에 있으면 안정하다.

**$z$ 평면상에서 제어계의 안정도 판별 방법**

✓ **TIP** 원 **안**은 안정, 원 **밖**은 불안정

**$s$ 평면상에서 제어계의 안정도 판별 방법**

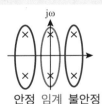

안정  임계  불안정

암기
✓ **TIP** 좌안 우불

🔖 답 ③

## 125

근궤적에 관한 설명으로 틀린 것은?

① 근궤적은 실수축에 대하여 상하 대칭으로 나타난다.

② 근궤적의 출발점은 극점이고 근궤적의 도착점은 영점이다.

③ 근궤적의 가지 수는 극점의 수와 영점의 수 중에서 큰 수와 같다.

④ 근궤적이 $s$ 평면의 우반면에 위치하는 K의 범위는 시스템이 안정하기 위한 조건이다.

---

근궤적이 허수축을 지나 $s$평면의 우반면으로 들어가는 순간은 시스템이 불안정해지는 임계점이다.

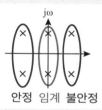

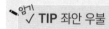
안정　임계　불안정

**근궤적의 성질**
- 근궤적의 출발점($K = 0$)은 $G(s)H(s)$의 극점으로부터 출발한다.
- 근궤적의 종착점($K = \infty$)은 $G(s)H(s)$의 영점에서 끝난다.
- 근궤적의 개수는 영점($z$) 수와 극점($p$) 수 중에서 큰 것과 일치한다.
- 근궤적은 실수축에 대하여 대칭이다.

달 ④

---

## 126

특성방정식의 모든 근이 $s$평면(복소 평면)의 $j\omega$ 축(허수축)에 있을 때 이 제어 시스템의 안정도는?

① 알 수 없다.　　② 안정하다.

③ 불안정하다.　　④ 임계 안정이다.

---

$s$ 평면상에서 제어계의 안정도 판별 방법

안정　임계　불안정

- **안정** : 특성 방정식의 근이 $s$ 평면 좌반부에 존재
- **불안정** : 특성 방정식의 근이 $s$ 평면 우반부에 존재
- **임계 상태** : 특성 방정식의 근이 $s$ 평면 허수축에 존재

달 ④

---

## 127

그림의 회로는 어느 게이트(Gate)에 해당되는가?

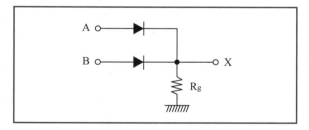

① OR　　　　② AND

③ NOT　　　④ NOR

---

회로에서 병렬로 연결된 게이트는 OR 게이트이다.
이 경우, 입력 A와 B가 병렬로 연결되어 있어서 입력 중 하나라도 1이면 출력이 1이 된다.

달 ①

## 128

다음 진리표의 논리 소자는?

| 입 력 | | 출 력 |
|---|---|---|
| A | B | C |
| 0 | 0 | 1 |
| 0 | 1 | 0 |
| 1 | 0 | 0 |
| 1 | 1 | 0 |

① OR

② NOR

③ NOT

④ NAND

NOR 회로(OR의 부정)

· 논리식: $X = \overline{A + B}$

· 회로:

· 진리표:

| A | B | X |
|---|---|---|
| 0 | 0 | 1 |
| 0 | 1 | 0 |
| 1 | 0 | 0 |
| 1 | 1 | 0 |

답 ②

## 129

다음과 같은 진리표를 갖는 회로의 종류는?

| 입 력 | | 출력 |
|---|---|---|
| A | B | |
| 0 | 0 | 0 |
| 0 | 1 | 1 |
| 1 | 0 | 1 |
| 1 | 1 | 0 |

① AND

② NOR

③ NAND

④ EX-OR

주어진 진리표를 보면, 입력 A와 B가 서로 다른 경우에만 출력이 1이 된다. 이는 배타적 논리 회로 (Exclusive-OR)의 특성을 나타낸다.

답 ④

## 130

그림과 같은 논리 회로는?

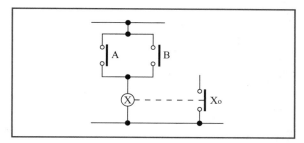

① *OR* 회로

② *AND* 회로

③ *NOT* 회로

④ *NOR* 회로

주어진 회로는 스위치 *A*와 *B*가 병렬로 연결되어 있다. 이는 전류가 *A* 또는 *B* 중 하나라도 열리면 회로를 통해 흐를 수 있다는 것을 의미한다.

$X_0$는 *X*에서 전압이 발생하면 1(전류가 흐름)로 출력되고, 전압이 발생하지 않으면 0(전류가 흐르지 않음)으로 출력된다. 즉, *OR* 게이트의 동작 원리이다.

> ☑ **참고**
>
>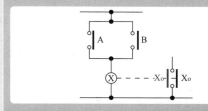

만일 $X_0$의 왼쪽에 *NOT* 선이 그어져 있다면, *OR* 게이트 결과가 반전되어 *NOR* 게이트가 된다.

답 ①

## 131

그림의 시퀀스 회로에서 전자접촉기 *X*에 의한 *A*접점 (Normal Open Contact)의 사용 목적은?

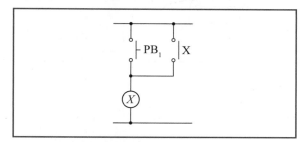

① 자기 유지 회로

② 지연 회로

③ 우선 선택 회로

④ 인터록(Interlock) 회로

전자접촉기 *X*의 *A*접점은 자기 유지 회로의 목적을 가지고 있다. 푸시버튼 스위치 $PB_1$을 누르면 전자접촉기가 작동하고, *X*의 *A*접점이 닫혀 전자접촉기가 계속 켜진 상태로 유지된다. 이때 $PB_1$을 떼어도 전자접촉기가 계속 작동하게 되며, 이를 자기 유지 회로라고 한다.

답 ①

## 132

다음 논리 회로의 출력 $Y$는?

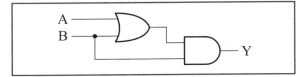

① $A$                    ② $B$

③ $A+B$              ④ $A \cdot B$

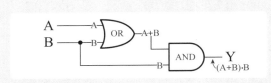

$Y = (A+B) \cdot B = A \cdot B + B \cdot B$
$= A \cdot B + B = B \cdot (A+1) = B$

> ☑ 참고
> $A \cdot (B+C) = A \cdot B + A \cdot C$
> $A + A = A$
> $A + 1 = 1$

답 ②

## 133

그림의 논리 회로와 등가인 논리식은?

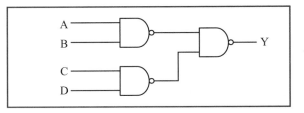

① $Y = A \cdot B \cdot C \cdot D$

② $Y = A \cdot B + C \cdot D$

③ $Y = \overline{A \cdot B} + \overline{C \cdot D}$

④ $Y = (\overline{A} + \overline{B}) \cdot (\overline{C} + \overline{D})$

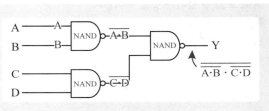

$Y = \overline{\overline{A \cdot B} \cdot \overline{C \cdot D}} = \overline{\overline{A \cdot B}} + \overline{\overline{C \cdot D}} = A \cdot B + C \cdot D$

> ☑ 참고
> 드모르간의 정리
> $\overline{A+B} = \overline{A} \cdot \overline{B}$, $\overline{A \cdot B} = \overline{A} + \overline{B}$
>
> 부정의 법칙
> $\overline{\overline{A+B}} = A + B$, $\overline{\overline{A \cdot B}} = A \cdot B$

답 ②

## 134

그림과 같은 논리 회로의 출력 $Y$는?

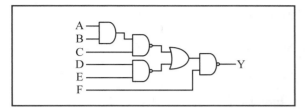

① $ABCDE + \overline{F}$

② $\overline{A}\,\overline{B}\,\overline{C}\overline{D}\overline{E} + F$

③ $\overline{A} + \overline{B} + \overline{C} + \overline{D} + \overline{E} + F$

④ $A + B + C + D + E + \overline{F}$

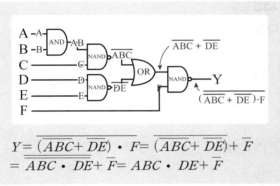

$$Y = \overline{(\overline{ABC} + \overline{DE}) \cdot F} = \overline{(\overline{ABC} + \overline{DE})} + \overline{F}$$
$$= \overline{\overline{ABC}} \cdot \overline{\overline{DE}} + \overline{F} = ABC \cdot DE + \overline{F}$$

답 ①

## 135

그림과 같은 논리회로와 등가인 것은?

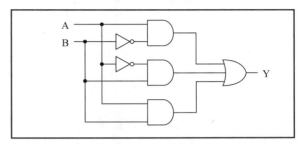

① A
   B  $\rightarrow$ Y

② A
   B  $\rightarrow$ Y

③ A
   B  $\rightarrow$ Y

④ A
   B  $\rightarrow$ Y

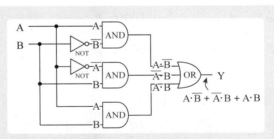

$$Y = A \cdot \overline{B} + \overline{A} \cdot B + AB$$
$$= A \cdot \overline{B} + \overline{A} \cdot B + AB + AB$$
$$= A(\overline{B} + B) + B(\overline{A} + A) = A + B$$

따라서 $Y = A + B$와 등가인 논리 회로는

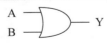

답 ②

## 136

불대수식 중 **틀린 것은?**

① $A \cdot \overline{A} = 1$  ② $A + 1 = 1$

③ $A + A = A$  ④ $A \cdot A = A$

**불대수의 정리**
- 2진수 0, 1 및 논리변수 $A$, $B$일 때

$A + 0 = A$, $A \cdot 1 = A$

$A + A = A$, $A \cdot A = A$

$A + 1 = 1$, $A + \overline{A} = 1$

$A \cdot 0 = 0$, $A \cdot \overline{A} = 0$

답 ①

## 137

다음의 논리식과 **등가**인 것은?

$$Y = (A + B)(\overline{A} + B)$$

① $Y = A$  ② $Y = B$

③ $Y = \overline{A}$  ④ $Y = \overline{B}$

$Y = (A + B) \cdot (\overline{A} + B)$

$= A\overline{A} + AB + \overline{A}B + BB$  ∵분배 법칙

$= AB + \overline{A}B + B$  ∵$A\overline{A} = 0$, $BB = B$

$= B(A + \overline{A} + 1)$  ∵$B$로 묶기

$= B$  ∵$A + \overline{A} = 0$

답 ②

## 138

논리식 $((AB + A\overline{B}) + AB) + \overline{A}B$ 를 **간단히 하면?**

① $A + B$  ② $\overline{A} + B$

③ $A + \overline{B}$  ④ $A + A \cdot B$

논리식 $((AB + A\overline{B}) + AB) + \overline{A}B$

$= AB + A\overline{B} + AB + \overline{A}B$

$= A(B + \overline{B}) + B(A + \overline{A})$

$= A + B$

☑ **참고** $A + \overline{A} = 1$

답 ①

## 139

다음 논리식을 **간단히 한 것은?**

$$Y = \overline{A}BC\overline{D} + \overline{A}BCD + \overline{A}\,\overline{B}C\overline{D} + \overline{A}\,\overline{B}CD$$

① $Y = \overline{A}C$  ② $Y = A\overline{C}$

③ $Y = AB$  ④ $Y = BC$

$Y = \overline{A}BC\overline{D} + \overline{A}BCD + \overline{A}\,\overline{B}C\overline{D} + \overline{A}\,\overline{B}CD$

$= \overline{A}BC(\overline{D} + D) + \overline{A}\,\overline{B}C(\overline{D} + D)$

$= \overline{A}BC + \overline{A}\,\overline{B}C$

$= \overline{A}C(B + \overline{B}) = \overline{A}C$

✓ **TIP** $\overline{D} + D = 1$, $\overline{B} + B = 1$

답 ①

## 140

논리식 $L = \overline{x} \cdot \overline{y} + \overline{x} \cdot y + x \cdot y$ 를 간략화한 것은?

① $x + y$

② $\overline{x} + y$

③ $x + \overline{y}$

④ $\overline{x} + \overline{y}$

$L = \overline{x} \cdot \overline{y} + \overline{x} \cdot y + x \cdot y$    공통 사항인 $\overline{x}$로 묶기

$= \overline{x}(\overline{y} + y) + x \cdot y$    $\because \overline{y} + y = 1$

$= \overline{x} + x \cdot y$    $\because$ 분배 법칙

$= (\overline{x} + x) \cdot (\overline{x} + y)$    $\because \overline{x} + x = 1$

$= \overline{x} + y$

☑ **참고** 분배 법칙

$A \cdot (B + C) = A \cdot B + A \cdot C$

$A + (B \cdot C) = (A + B) \cdot (A + C)$

답 ②

## 141

$\overline{A} + \overline{B} \cdot \overline{C}$ 와 등가인 논리식은?

① $\overline{A \cdot (B + C)}$

② $\overline{A + B \cdot C}$

③ $\overline{A \cdot B + C}$

④ $\overline{A \cdot B} + C$

$\overline{A} + \overline{B} \cdot \overline{C} = \overline{A} + \overline{(B + C)} = \overline{A \cdot (B + C)}$

☑ **참고** 드모르간의 정리

$\overline{A + B} = \overline{A} \cdot \overline{B}$

$\overline{A \cdot B} = \overline{A} + \overline{B}$

답 ①

## 142

드모르간의 정리를 나타낸 식은?

① $\overline{A + B} = A \cdot B$

② $\overline{A + B} = \overline{A} + \overline{B}$

③ $\overline{A \cdot B} = \overline{A} \cdot \overline{B}$

④ $\overline{A + B} = \overline{A} \cdot \overline{B}$

**드모르간의 정리**

$\overline{A + B} = \overline{A} \cdot \overline{B}$

$\overline{A \cdot B} = \overline{A} + \overline{B}$

답 ④

## 143

그림과 같은 스프링 시스템을 전기적 시스템으로 변환했을 때 이에 대응하는 회로는?

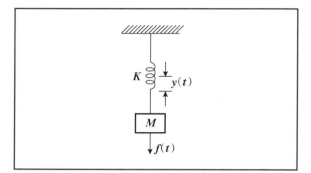

주어진 시스템은 스프링 계수 $K$와 질량 $M$이 직렬 연결되어 있으므로, 대응 관계인 정전 용량 $C$와 인덕턴스 $L$이 직렬 연결된 회로를 찾으면 된다.

> ☑ **참고** 대응 관계
> • 점성 마찰 $B \leftrightarrow$ 전기 저항 $R$
> • 질량 $M \leftrightarrow$ 인덕턴스 $L$
> • 스프링 계수 $K \leftrightarrow$ 정전 용량 $C$

✔ **TIP** $RLC$, $BMK$ 로 암기

답 ③

## 144

타이머에서 입력 신호가 주어지면 바로 동작하고, 입력 신호가 차단된 후에는 일정 시간이 지난 후에 출력이 소멸되는 동작 형태는?

① 한시 동작 순시 복귀    ② 순시 동작 순시 복귀

③ 한시 동작 한시 복귀    ④ 순시 동작 한시 복귀

> • 타이머에서 입력 신호가 주어지면 바로 동작→순시 동작
> • 입력 신호가 차단된 후에는 일정 시간이 지난 후에 출력이 소멸→한시 복귀
> 따라서 정답은 순시 동작 한시 복귀 동작 형태이다.

답 ④

## 145

다음 중 이진값 신호가 아닌 것은?

① 디지털 신호

② 아날로그 신호

③ 스위치의 On-Off 신호

④ 반도체 소자의 동작, 부동작 상태

> 이진값 신호는 0과 1 또는 ON과 OFF처럼 두 가지 상태만을 가지는 신호이다. 반면, 아날로그 신호는 연속적인 값을 가지며, 여러 가지 크기가 존재하므로 이진값 신호가 아니다.

답 ②

## 146

다음과 같은 회로는 어떤 회로인가?

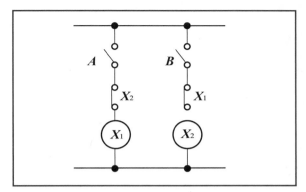

① 인터록 회로

② 자기 유지 회로

③ 일치 회로

④ 우선 선택 회로

> 인터록 회로는 두 스위치가 동시에 켜지는 것을 방지하는 회로이다.

답 ①

## 147

다음의 상태전도에서 가관측정(observability)에 대해 설명한 것 중 옳은 것은?

① $X_1$은 관측할 수 없다.

② $X_2$는 관측할 수 없다.

③ $X_1$, $X_2$모두 관측할 수 없다.

④ 이 계통은 완전히 가관측에 있다.

> 상태전도에서 가관측정(observability)은 시스템의 출력 정보만으로 내부 상태를 알 수 있는지를 의미한다. 여기서, 출력 $C(t)$를 통해 $X_1$의 상태는 알 수 있지만, $X_2$의 상태는 알 수 없다. 이는 $C(t)$가 $X_1$과 연결되어 있지만, $X_2$와는 연결되어 있지 않기 때문이다. 따라서 $X_2$는 관측할 수 없다.

답 ②

# MEMO

# 03

# 전력공학

## 문제 & 해설

# 전력공학

## 001

**켈빈(Kelvin)의 법칙이 적용되는 경우는?**

① 전압 강하를 감소시키고자 하는 경우

② 부하 배분의 균형을 얻고자 하는 경우

③ 전력 손실량을 축소시키고자 하는 경우

④ 경제적인 전선의 굵기를 선정하고자 하는 경우

**켈빈의 법칙** : 가장 경제적인 전선의 굵기 선정 시 적용

답 ④

## 002

**옥내 배선의 전선 굵기를 결정할 때 고려해야 할 사항으로 틀린 것은?**

① 허용 전류  ② 전압 강하

③ 배선 방식  ④ 기계적 강도

**전선 굵기 결정 요소**
- 허용 전류가 클 것
- 전압 강하가 적을 것
- 기계적 강도가 클 것

암기
✓ **TIP** 허... 전기 어렵다...

답 ③

## 003

**현수애자에 대한 설명이 아닌 것은?**

① 애자를 연결하는 방법에 따라 클레비스(Clevis)형과 볼 소켓형이 있다.

② 애자를 표시하는 기호는 $P$이며 구조는 2~5층의 갓 모양의 자기편을 시멘트로 접착하고 그 자기를 주철재 base로 지지한다.

③ 애자의 연결개수를 가감함으로써 임의의 송전전압에 사용할 수 있다.

④ 큰 하중에 대하여는 2련 또는 3련으로 하여 사용할 수 있다.

②: 핀애자에 대한 설명

**현수 애자**
- 애자를 서로 연결하는 방식은 클레비스형과 볼 소켓형이 있다.
- 전압 분담이 최대인 애자는 전선에서 첫 번째 애자이다.
- 전압 분담이 최소인 애자는 전선에서 8번째 애자, 철탑에서 3번째이다.

☑ **참고** 사용 전압별 현수 애자 개수(250[mm] 표준)

| 전압 [kV] | 22.9 | 66 | 154 | 345 | 765 |
|---|---|---|---|---|---|
| 애자 개수 | 2~3 (약 2개) | 4~6개 (약 5개) | 9~11개 (약 10개) | 18~23개 (약 20개) | 38~43개 (약 40개) |

답 ②

## 004

$250[mm]$ 현수애자 10개를 직렬로 접속한 애자련의 건조섬락 전압이 $590[kV]$이고 연효율이 0.74이다. 현수애자 한 개의 건조섬락전압은 약 몇 $[kV]$인가?

① 80 　　　　　② 90

③ 100 　　　　④ 120

연효율 $\eta = \dfrac{V_n}{n\,V_1} \times 100$

한 개의 애자의 건조섬락전압

$V_1 = \dfrac{V_n}{n\eta} = \dfrac{590}{10 \times 0.74} = 79.73 = 80[kV]$

🗒 ①

## 005

$154[kV]$ 송전 선로에 10개의 현수 애자가 연결되어있다. 다음 중 전압 분담이 가장 적은 것은?(단, 애자는 같은 가격으로 설치되어 있다.)

① 철탑에서 가장 가까운 것

② 철탑에서 3번째에 있는 것

③ 전선에서 가장 가까운 것

④ 전선에서 3번째에 있는 것

애자련의 전압 부담

• 전압 부담이 최대인 애자
- 전선에서 첫 번째 애자

✓ **TIP** 송전선 전체 전압을 처음으로 받기 때문에 전압 부담이 최대

• 전압 부담이 최소인 애자
- 전선에서 8번째 애자
- 철탑에서 3번째 애자

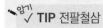✓ **TIP** 전팔철삼

🗒 ②

## 006

송전 선로에서 현수 애자련의 연면 섬락과 가장 관계가 먼 것은?

① 댐퍼 　　　　② 철탑 접지 저항

③ 현수 애자련의 개수　④ 현수 애자련의 소손

댐퍼는 전선의 진동을 방지하기 위한 것이다.

🗒 ①

## 007

송전 선로에 댐퍼(Damper)를 설치하는 주된 이유는?

① 전선의 진동 방지 　② 전선의 이탈 방지

③ 코로나 현상의 방지 　④ 현수 애자의 경사 방지

전선의 진동 방지 장치
• 댐퍼
• 아머로드
• 클램프

🗒 ①

## 008

경간이 $200[m]$인 가공 전선로가 있다. 사용 전선의 길이는 경간보다 약 몇 $[m]$ 더 길어야 하는가? (단, 전선의 $1[m]$당 하중은 $2[kg]$, 인장 하중은 $4,000[kg]$이고, 풍압 하중은 무시하며, 전선의 안전율은 2이다.)

① 0.33 　　　　② 0.61

③ 1.41 　　　　④ 1.73

이도 $D = \dfrac{WS^2}{8T} \times k = \dfrac{2 \times 200^2}{8 \times 4,000} \times 2 = 5[m]$

실제 전선 길이 $L = S + \dfrac{8D^2}{3S}[m]$이므로

늘어난 길이

$L - S = \dfrac{8D^2}{3S} = \dfrac{8 \times 5^2}{3 \times 200} = 0.33[m]$

🗒 ①

## 009

그림과 같이 지지점 $A$, $B$, $C$에는 고저차가 없으며, 경간 $AB$와 $BC$ 사이에 전선이 가설되어 그 이도가 각각 12[$cm$]이다. 지지점 $B$에서 전선이 떨어져 전선의 이도가 $D$로 되었다면 $D$의 길이[$cm$]는? (단, 지지점 $B$는 $A$와 $C$의 중점이며 지지점 $B$에서 전선이 떨어지기 전, 후의 길이는 같다.)

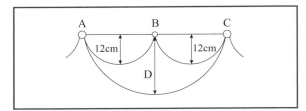

① 17 　　　　　　　② 24

③ 30 　　　　　　　④ 36

지지점 B에서 전선이 떨어졌을 때, 전체 경간을 AC로 보자. 이때, 이도 D는 두 경간의 이도가 합쳐진 값이다. D = 2 × 떨어지기 전 이도 = 2 × 12 = 24[cm]

답 ②

## 010

케이블 단선 사고에 의한 고장점까지의 거리를 정전용량 측정법으로 구하는 경우, 건전상의 정전 용량이 $C$, 고장점까지의 정전 용량이 $C_x$, 케이블의 길이가 $l$일 때 고장점까지의 거리를 나타내는 식으로 알맞은 것은?

① $\dfrac{C}{C_x}l$ 　　　　　　② $\dfrac{2C_x}{C}l$

③ $\dfrac{C_x}{C}l$ 　　　　　　④ $\dfrac{C_x}{2C}l$

**정전 용량법** : 건전상의 정전 용량과 사고상의 정전 용량을 비교하여 고장점의 위치를 측정하는 방법

고장점까지 거리 $L$ = 선로길이 × $\dfrac{C_x}{C}$

$\therefore L = \dfrac{C_x}{C}l$

답 ③

## 011

전선의 자체 중량과 빙설의 종합 하중을 $W_1$, 풍압 하중을 $W_2$라 할 때 합성 하중은?

① $W_1 + W_2$ 　　　　　② $W_1 - W_2$

③ $\sqrt{W_1 - W_2}$ 　　　　④ $\sqrt{W_1^2 + W_2^2}$

**전선의 하중**
- 수직 하중 $W_i$(빙설 하중) : 저온계에서만 적용하는 하중
- 수평 하중 $W_w$(풍압 하중) : 철탑을 설계 시 가장 큰 하중
- 합성 하중 $W$ (총 하중)
$$W = \sqrt{(W_c + W_i)^2 + W_w^2}\ [kg/m]$$
($W_c$ : 전선의 자중(무게))
- 전선의 부하계수
$$부하계수 = \frac{합성\ 하중}{전선자중} = \frac{\sqrt{(W_c + W_i)^2 + W_w^2}}{W_c}$$

답 ④

## 012

송전선로의 정전용량은 등가 선간거리 $D$가 증가하면 어떻게 되는가?

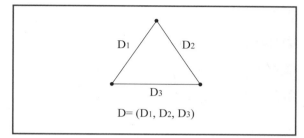

$D = (D_1, D_2, D_3)$

① 증가한다.

② 감소한다.

③ 변하지 않는다.

④ $D_2$에 반비례하여 감소한다.

정전 용량 $C = \dfrac{0.02413}{\log_{10}\dfrac{D}{r}}[\mu F/km]$에서

등가 선간 거리 $D$가 증가하면 정전 용량 $C$는 이에 반비례하여 감소한다.

📋 ②

## 013

반지름 0.6[$cm$]인 경동선을 사용하는 3상 1회선 송전 선에서 선간 거리를 2[$m$]로 정삼각형 배치할 경우, 각 선의 인덕턴스 [$mH/km$]는 약 얼마인가?

① 0.81  ② 1.21

③ 1.51  ④ 1.81

정삼각형 배치에서 등가 선간 거리

$D = \sqrt[3]{D_1 \times D_2 \times D_3} = \sqrt[3]{2 \times 2 \times 2} = 2[m]$

각 선의 인덕턴스 $L = 0.05 + 0.4605\log_{10}\dfrac{D}{r}$

$= 0.05 + 0.4605\log_{10}\dfrac{2}{0.6 \times 10^{-2}}$

$= 1.21[mH/km]$

📋 ②

## 014

정전 용량 0.01[$\mu F/km$], 길이 173.2[$km$] , 선간 전압 60[$kV$], 주파수 60[$Hz$]인 3상 송전 선로의 충전전류는 약 몇 [A] 인가?

① 6.3  ② 12.5

③ 22.6  ④ 37.2

**충전 전류**

$I_c = \omega C \dfrac{V}{\sqrt{3}}$

$= (2\pi \times 60) \times (0.01 \times 10^{-6} \times 173.2) \times \dfrac{60 \times 10^3}{\sqrt{3}}$

$= 22.6[A]$

📋 ③

## 015

선로 정수를 평형되게 하고, 근접 통신선에 대한 유도 장해를 줄일 수 있는 방법은?

① 연가를 시행한다.

② 전선으로 복도체를 사용한다.

③ 전선로의 이도를 충분하게 한다.

④ 소호 리액터 접지를 하여 중성점 전위를 줄여준다.

**연가의 목적**

• 선로 정수 평형
• 통신선에 대한 유도 장해 방지
• 전선로의 직렬 공진 방지

📋 ①

## 016

**연가에 의한 효과가 아닌 것은?**

① 직렬 공진의 방지

② 대지 정전 용량의 감소

③ 통신선의 유도 장해 감소

④ 선로 정수의 평형

> **연가의 목적**
> • 선로 정수 평형
> • 통신선에 대한 유도 장해 방지
> • 전선로의 직렬 공진 방지

🔑 ②

## 017

**그림과 같은 선로의 거리는 몇 [m]인가?**

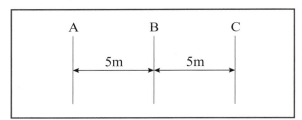

① 5
② $5\sqrt{2}$

③ $5\sqrt[3]{2}$
④ $10\sqrt[3]{2}$

> **등가 선간 거리**
> $D_0 = \sqrt[3]{D_1 D_2 D_3} = \sqrt[3]{5 \times 5 \times (2 \times 5)} = 5\sqrt[3]{2}\ [m]$

🔑 ③

## 018

**송배전 선로에서 도체의 굵기는 같게 하고 도체 간의 간격을 크게 하면 도체의 인덕턴스는?**

① 커진다.

② 작아진다.

③ 변함이 없다.

④ 도체의 굵기 및 도체 간의 간격과는 무관하다.

> 인덕턴스 $L = 0.05 + 0.4605\log_{10}\dfrac{D}{r}[mH/km]$ 에서 도체의 굵기(도체의 반지름 : $r[m]$)를 같게 하고(일정), 도체 간의 간격($D[m]$)을 크게 하면 인덕턴스 $L$은 증가한다.

🔑 ①

## 019

반지름 $r[m]$이고 소도체 간격 $S$인 4도체 송전선로에서 전선 $A,B,C$가 수평으로 배열되어 있다. 등가 선간 거리가 $D[m]$로 배치되고 완전 연가 된 경우 송전 선로의 인덕턴스는 몇 $[mH/km]$인가?

① $0.4605\log_{10}\dfrac{D}{\sqrt{rS^2}} + 0.0125$

② $0.4605\log_{10}\dfrac{D}{\sqrt[2]{rS}} + 0.025$

③ $0.4605\log_{10}\dfrac{D}{\sqrt[3]{rS^2}} + 0.0167$

④ $0.4605\log_{10}\dfrac{D}{\sqrt[4]{rS^3}} + 0.0125$

---

**다도체에서의 인덕턴스**

$$L_n = \frac{0.05}{n} + 0.4605\log_{10}\frac{D}{\sqrt[n]{rS^{n-1}}}$$

$$= \frac{0.05}{4} + 0.4605\log_{10}\frac{D}{\sqrt[4]{rS^{4-1}}}$$

$$= \frac{0.05}{4} + 0.4605\log_{10}\frac{D}{\sqrt[4]{rS^3}}$$

$$= 0.0125 + 0.4605\log_{10}\frac{D}{\sqrt[4]{rS^3}}\,[mH/km]$$

답 ④

## 020

3상 3선식 송전선에서 $L$을 작용 인덕턴스라 하고, $L_e$ 및 $L_m$은 대지를 귀로로 하는 1선의 자기 인덕턴스 및 상호 인덕턴스라고 할 때 이들 사이의 관계식은?

① $L = L_m - L_e$

② $L = L_e - L_m$

③ $L = L_m + L_e$

④ $L = \dfrac{L_m}{L_e}$

---

**작용 인덕턴스($L$)**
=자기 인덕턴스($L_e$)-상호 인덕턴스($L_m$)

답 ②

## 021

송전 선로에 복도체를 사용하는 주된 목적은?

① 인덕턴스를 증가시키기 위하여

② 정전 용량을 감소시키기 위하여

③ 코로나 발생을 감소시키기 위하여

④ 전선 표면의 전위 경도를 증가시키기 위하여

---

**복도체(다도체) 특징**
• **송전 용량 증가**: 인덕턴스와 리액턴스 감소 → 정전용량 증가
• **코로나 손 감소**: 전선 표면의 전위 경도 저감 → 코로나 임계 전압 상승
• **전력 계통 안정도 증대**

답 ③

## 022

복도체에서 2본의 전선이 서로 충돌하는 것을 방지하기 위하여 2본의 전선 사이에 적당한 간격을 두어 설치하는 것은?

① 아머로드
② 댐퍼
③ 아킹혼
④ 스페이서

**스페이서**
스페이서는 다(복)도체 방식에서 소도체들 간의 충돌을 방지하기 위해 적당한 간격으로 설치된다.

☑ **참고** 댐퍼: 전선의 진동 방지

답 ④

## 023

단도체 방식과 비교하여 복도체 방식의 송전 선로를 설명한 것으로 틀린 것은?

① 선로의 송전 용량이 증가된다.

② 계통의 안정도를 증진시킨다.

③ 전선의 인덕턴스가 감소하고, 정전 용량이 증가된다.

④ 전선 표면의 전위 경도가 저감되어 코로나 임계 전압을 낮출 수 있다.

복도체는 소도체 2개 이상으로 만든 전선으로서 공사비가 증가하고, 부속 장치인 스페이서를 부착하므로 시공이 어렵다.

**복도체(다도체) 특징**
• **송전 용량 증가**: 인덕턴스와 리액턴스 감소 → 정전용량 증가
• **코로나 손 감소**: 전선 표면의 전위 경도 저감 → 코로나 임계 전압 상승
• 전력 계통 안정도 증대

답 ④

## 024

전력선과 통신선과의 상호 인덕턴스에 의하여 발생되는 유도 장해는?

① 전력 유도 장해
② 전자 유도 장해
③ 정전 유도 장해
④ 고조파 유도 장해

**전자 유도 장해**: 전력선과 통신선 간의 상호 인덕턴스에 의한 영상 전류가 원인
**정전 유도 장해**: 전력선과 통신선 간의 상호 정전 용량에 의한 영상 전압이 원인

✓ **TIP** 인덕턴스 - 전자 유도 장해
정전 용량 - 정전 유도 장해

답 ②

## 025

비접지식 3상 송배전 계통에서 1선 지락 고장 시 고장 전류를 계산하는 데 사용되는 정전 용량은?

① 작용 정전 용량
② 대지 정전 용량
③ 합성 정전 용량
④ 선간 정전 용량

• **작용 정전 용량**: 정상 운전 중 충전 전류 계산
• **대지 정전 용량**: 1선 지락 전류 계산
• **선간 정전 용량**: 정전 유도 전압 계산

답 ②

## 026

154[$kV$] 2회선 송전선이 있다. 1회선만이 운전 중일 때 휴전 회선에 대한 정전 유도 전압[$V$]은 약 얼마인가?(단, 송전 중의 회선과 휴전 중 회선의 정전 용량 $C_a = 0.0001[\mu F]$, $C_b = 0.0006[\mu F]$, $C_c = 0.0004[\mu F]$ 이고, 휴전선의 1선 대지 정전 용량 $C_s = 0.0052[\mu F]$ 이다.)

① 615.72[$V$]  ② 10,655[$V$]

③ 1,065[$V$]  ④ 6,151.72[$V$]

---

정전 유도 전압

$$E_s = \frac{\sqrt{C_a(C_a - C_b) + C_b(C_b - C_c) + C_c(C_c - C_a)}}{C_a + C_b + C_c + C_d} \times \frac{V}{\sqrt{3}}$$

$$= \frac{\sqrt{0.0001(0.0001 - 0.0006) + 0.0006(0.0006 - 0.0004) + 0.0004(0.0004 - 0.0001)}}{0.0001 + 0.0006 + 0.0004 + 0.0052}$$

$$\times \frac{154 \times 10^3}{\sqrt{3}}$$

$$= 6,151.72[V]$$

답 ④

## 027

3상 3선식 송전 선로에서 각 선의 대지 정전 용량이 0.5096[$uF$] 이고, 선간 정전 용량이 0.1295[$\mu F$] 일 때, 1선의 작용 정전 용량은 약 몇[$\mu F$]인가?

① 0.6  ② 0.9

③ 1.2  ④ 1.8

---

작용 정전 용량

$$C = C_s + 3C_m [\mu F]$$

$$= 0.5096 + 3 \times 0.1295 ≒ 0.9[\mu F]$$

☑ 참고

• 단상 2선식 작용 정전 용량 $C = C_s + 2C_m [\mu F]$

• 3상 3선식 작용 정전 용량 $C = C_s + 3C_m [\mu F]$

  ($C_s$: 대지 정전 용량, $C_m$: 선간 정전 용량)

답 ②

## 028

다음 중 재점호가 가장 일어나기 쉬운 차단 전류는?

① 동상 전류  ② 지상 전류

③ 진상 전류  ④ 단락 전류

---

차단기의 재점호는 진상 전류(충전 전류)에 의해 발생하기 쉽다.

✎암기
√ TIP 재점호-ㅈ. 진상 전류-ㅈ

답 ③

## 029

차단기의 동작 채무에 의한 차단기를 재투입할 경우 전자 또는 기계력에 의한 반발력을 견뎌야 한다. 차단기의 정격 투입 전류는 정격 차단 전류의 몇 배 이상을 선정하여야 하는가?

① 1.2  ② 1.5

③ 2.2  ④ 2.5

---

차단기의 정격 투입 전류는 차단기를 재투입할 때 발생할 수 있는 전자 또는 기계력에 의한 반발력을 견딜 수 있도록 설정해야 한다. 보통 정격 차단 전류의 2.5배 이상으로 한다.

답 ④

## 030

$33[kV]$ 이하의 단거리 송배전 선로에 적용되는 비접지 방식에서 지락 전류는 다음 중 어느 것을 말하는가?

① 누설 전류      ② 충전 전류

③ 뒤진 전류      ④ 단락 전류

비접지 방식에서 1선 지락 시 흐르는 전류는 대지 정전 용량을 통해 흐르는 진상 전류로, 이는 충전 전류를 의미한다.

🔖 ②

## 031

다음 중 송전 선로의 코로나 임계 전압이 높아지는 경우가 아닌 것은?

① 날씨가 맑다.

② 기압이 높다

③ 상대 공기 밀도가 낮다.

④ 전선의 반지름과 선간 거리가 크다.

**코로나 임계 전압** : 코로나가 방전을 시작하는 개시 전압

코로나 임계 전압

$$E_0 = 24.3 m_0 m_1 \delta d \log_{10} \frac{D}{r} [kV]$$

- $m_0$ : 전선의 표면 계수
- $m_1$ : 날씨 계수
- $\delta$ : 상대 공기 밀도
- $(\delta = \frac{0.386b}{273 + t}$, $b$ : 기압$[mmHg]$, $D$ : 선간 거리)
- $d$ : 전선의 직경
- $r$ : 전선의 반지름
- $D$ : 선간 거리

전선 표면이 매끈할수록, 날씨가 맑을수록, 기압이 높고 온도가 낮을수록 임계 전압은 높아진다.

🔖 ③

## 032

전선의 표피 효과에 대한 설명으로 알맞은 것은?

① 전선이 굵을수록, 주파수가 높을수록 커진다.

② 전선이 굵을수록, 주파수가 낮을수록 커진다.

③ 전선이 가늘수록, 주파수가 높을수록 커진다.

④ 전선이 가늘수록, 주파수가 낮을수록 커진다.

**표피 효과** : 전류의 밀도가 도선 중심으로 들어갈수록 줄어드는 현상으로, 주파수, 투자율, 도전율이 높을수록, 전선이 굵을수록 커진다.

표피 효과 = $\sqrt{f \mu k \pi}$

($f$ : 주파수, $\mu$ : 투자율, $k$ : 도전율)

✓ **TIP** 루트 퍽유(fuku)

🔖 ①

## 033

정전 용량이 $C_1$이고, $V_1$의 전압에서 $Q_r$의 무효 전력을 발생하는 콘덴서가 있다. 정전 용량을 변화시켜 2배로 승압된 전압($2V_1$)에서도 동일한 무효 전력 $Q_r$을 발생시키고자 할 때, 필요한 콘덴서의 정전 용량 $C_2$는?

① $C_2 = 4C_1$      ② $C_2 = 2C_1$

③ $C_2 = \frac{1}{2} C_1$      ④ $C_2 = \frac{1}{4} C_1$

동일한 무효 전력(충전 용량)이므로

$Q_r = \omega C_1 V_1^2 = \omega C_2 (2V_1)^2$에서 $C_1 = 4C_2$

$\therefore C_2 = \frac{1}{4} C_1 [F]$

🔖 ④

## 034

3상 전원에 접속된 Δ결선의 커패시터를 Y결선으로 바꾸면 진상 용량 $Q_Y[kVA]$는? (단, $Q_Δ$는 Δ결선된 커패시터의 진상 용량이고, $Q_Y$는 Y결선된 커패시터의 진상 용량이다.)

① $Q_Y = \sqrt{3}\, Q_Δ$      ② $Q_Y = \frac{1}{3} Q_Δ$

③ $Q_Y = 3 Q_Δ$      ④ $Q_Y = \frac{1}{\sqrt{3}} Q_Δ$

Δ 결선 시 충전 용량
$$Q_Δ = 3\omega C V^2 \times 10^{-3}\,[kVA]$$
Y 결선 시 충전 용량
$$Q_Y = 3\omega C \left(\frac{V}{\sqrt{3}}\right)^2 = \omega C V^2 \times 10^{-3}\,[kVA]$$
$$\therefore Q_Y = \frac{1}{3} Q_Δ$$

답 ②

## 035

교류 배전선로에서 전압 강하 계산식은
$V_d = k(Rcos\theta + Xsin\theta)I$ 로 표현된다. 3상 3선식 배전 선로인 경우에 $k$는?

① $\sqrt{3}$      ② $\sqrt{2}$

③ 3      ④ 2

3상 3선식 배전선로에서의 전압 강하
$e = \sqrt{3}\,I(Rcos\theta + Xsin\theta)\,[V]$를 주어진 식으로
표현하면 $V_d = \sqrt{3}\,(Rcos\theta + Xsin\theta)I$
이므로 $k = \sqrt{3}$ 이다.

답 ①

## 036

송전단 전압이 100[V], 수전단 전압이 90[V]인 단거리 배전선로의 전압 강하율[%]은 약 얼마인가?

① 5      ② 11

③ 15      ④ 20

전압 강하율
$$\varepsilon = \frac{V_s - V_r}{V_r} \times 100 = \frac{100 - 90}{90} \times 100 \fallingdotseq 11$$

답 ②

## 037

배전 선로의 전압을 3[kV]에서 6[kV]로 승압하면 전압 강하율($\delta$)은 어떻게 되는가? (단, $\delta_{3kV}$는 전압이 3[kV]일 때 전압 강하율이고, $\delta_{6kV}$는 전압이 6[kV]일 때 전압 강하율이고, 부하는 일정하다고 한다.)

① $\delta_{6kV} = \frac{1}{2}\delta_{3kV}$      ② $\delta_{6kV} = \frac{1}{4}\delta_{3kV}$

③ $\delta_{6kV} = 2\delta_{3kV}$      ④ $\delta_{6kV} = 4\delta_{3kV}$

전압 강하율
$$\delta = \frac{V_s - V_r}{V_r} \times 100\,[\%] = \frac{e}{V_r} \times 100\,[\%]$$
$$= \frac{P}{V_r^2}(R + Xtan\theta) \times 100\,[\%]$$
전압 강하율($\delta$)는 전압의 제곱($V^2$)에 반비례하므로
$$\frac{\delta_{6kV}}{\delta_{3kV}} = \frac{\left(\frac{1}{6}\right)^2}{\left(\frac{1}{3}\right)^2} = \left(\frac{3}{6}\right)^2 = \frac{1}{4}$$
$$\therefore \delta_{6kV} = \frac{1}{4}\delta_{3kV}$$

답 ②

## 038

3상 3선식 송전선에서 한 선의 저항이 $10[\Omega]$, 리액턴스가 $20[\Omega]$이며, 수전단의 선간 전압이 $60[kV]$, 부하 역률이 0.8인 경우에 전압 강하율이 $10[\%]$라 하면 이 송전선로로는 약 몇 $[kW]$ 까지 수전할 수 있는가?

① 10,000       ② 12,000

③ 14,400       ④ 18,000

전압 강하율 $\varepsilon = \dfrac{P}{V_r^2}(R + X\tan\theta) \times 100\,[\%]$ 에서

$$P = \frac{\varepsilon V_r^2}{(R + X\tan\theta) \times 100}$$

$$= \frac{10 \times (60 \times 10^3)^2}{(10 + 20 \times \frac{0.6}{0.8}) \times 100} \times 10^{-3}$$

$$= 14,400\,[kW]$$

답 ③

## 039

송전 선로의 일반 회로 정수가 $A = 0.7$, $B = j190$, $D = 0.9$ 일 때 $C$의 값은?

① $-j1.95 \times 10^{-3}$       ② $j1.95 \times 10^{-3}$

③ $-j1.95 \times 10^{-4}$       ④ $j1.95 \times 10^{-4}$

4단자 정수 관계식 $AD - BC = 1$에서

$$C = \frac{AD - 1}{B} = \frac{0.7 \times 0.9 - 1}{j190} = j1.95 \times 10^{-3}$$

답 ②

## 040

일반 회로 정수가 같은 평형 2회선에서 $A$, $B$, $C$, $D$는 각각 1회선의 경우의 몇 배로 되는가?

① $A : 2$배, $B : 2$배, $C : \dfrac{1}{2}$배, $D : 1$배

② $A : 1$배, $B : 2$배, $C : \dfrac{1}{2}$배, $D : 1$배

③ $A : 1$배, $B : \dfrac{1}{2}$배, $C : 2$배, $D : 1$배

④ $A : 1$배, $B : \dfrac{1}{2}$배, $C : 2$배, $D : 2$배

평행 2회선 4단자 정수

$$\begin{bmatrix} A_0 & B_0 \\ C_0 & D_0 \end{bmatrix} = \begin{bmatrix} A_1 & \frac{1}{2}B_1 \\ 2C_1 & D_1 \end{bmatrix}$$

즉, 직렬 임피던스는 $\dfrac{1}{2}$ 배가 되고, 병렬 어드미턴스는 2배가 된다.

답 ③

## 041

부하 역률이 0.8인 선로의 저항 손실은 0.9인 선로의 저항 손실에 비해서 약 몇 배 정도 되는가?

① 0.97       ② 1.1

③ 1.27       ④ 1.5

저항 손실(전력 손실)과 역률의 관계 $P_l \propto \dfrac{1}{\cos^2\theta}$ 에서

$$\frac{P_{0.8}}{P_{0.9}} = \frac{\frac{1}{0.8^2}}{\frac{1}{0.9^2}} = \left(\frac{0.9}{0.8}\right)^2 = 1.27$$

답 ③

## 042

**%임피던스에 대한 설명으로 틀린 것은?**

① 단위를 갖지 않는다.

② 절대량이 아닌 기준량에 대한 비를 나타낸 것이다.

③ 기기 용량의 크기와 관계없이 일정한 범위의 값을 갖는다.

④ 변압기나 동기기의 내부 임피던스에만 사용할 수 있다.

> 임피던스는 변압기나 동기기의 내부 임피던스 뿐만 아니라 송전선로, 배전선로, 조상설비 등 모든 전력 기기에 사용된다.

답 ④

## 043

**%임피던스와 관련된 설명으로 틀린 것은?**

① 정격 전류가 증가하면 %임피던스는 감소한다.

② 직렬 리액터가 감소하면 %임피던스도 감소한다.

③ 전기 기계의 %임피던스가 크면 차단기의 용량은 작아진다.

④ 송전 계통에서는 임피던스의 크기를 옴값 대신에 %값으로 나타내는 경우가 많다.

> $\%Z = \dfrac{I_n Z}{E} \times 100 = \dfrac{I_n}{I_s} \times 100\,[\%]$ 이므로
>
> %임피던스는 정격 전류 및 정격 용량에는 비례하고, 차단 전류 및 차단 용량에는 반비례한다.
> 따라서, 정격 전류가 증가하면 %임피던스는 증가한다.

답 ①

## 044

**$30,000[kW]$의 전력을 $51[km]$ 떨어진 지점에 송전하는 데 필요한 전압은 약 몇 $[kV]$인가? (단, A-Still의 식에 의하여 산정한다.)**

① 22  ② 33

③ 66  ④ 100

> **Still의 식**
> 송전 전압 $V_s = 5.5\sqrt{0.6\,l + \dfrac{P}{100}}\,[kV]$ 에서
>
> (단, $l$ : 송전 거리$[km]$, $P$ : 송전 전력$[kW]$)
>
> $V_s = 5.5\sqrt{0.6\,l + \dfrac{P}{100}}$
>
> $= 5.5\sqrt{0.6 \times 51 + \dfrac{30,000}{100}} = 100\,[kV]$

답 ④

## 045

4단자 정수가 $A, B, C, D$인 선로에 임피던스가 $\dfrac{1}{Z_T}$인 변압기가 수전단에 접속된 경우 계통의 4단자 정수 중 $D_0$는?

① $D_0 = \dfrac{C + DZ_T}{Z_T}$　　② $D_0 = \dfrac{C + AZ_T}{Z_T}$

③ $D_0 = \dfrac{D + CZ_T}{Z_T}$　　④ $D_0 = \dfrac{B + AZ_T}{Z_T}$

$$\begin{bmatrix} A_0 & B_0 \\ C_0 & D_0 \end{bmatrix} = \begin{bmatrix} A & B \\ C & D \end{bmatrix} \begin{bmatrix} 1 & \dfrac{1}{Z_T} \\ 0 & 1 \end{bmatrix}$$

$$= \begin{bmatrix} A \times 1 + B \times 0 & A \times \dfrac{1}{Z_T} + B \times 1 \\ C \times 1 + D \times 0 & C \times \dfrac{1}{Z_T} + D \times 1 \end{bmatrix}$$

$$= \begin{bmatrix} A & \dfrac{A}{Z_T} + B \\ C & \dfrac{C}{Z_T} + D \end{bmatrix}$$

$$\therefore D_0 = \dfrac{C}{Z_T} + D = \dfrac{C + DZ_T}{Z_T}$$

답 ①

## 046

대용량 고전압의 안정 권선(Δ권선)이 있다. 이 권선의 설치 목적과 관계가 먼 것은?

① 고장 전류 저감　　② 제3고조파 제거

③ 조상설비 설치　　④ 소내용 전원 공급

조상 설비가 설치된 변전소에서는 $Y$-$Y$-$\Delta$ 결선 방식의 3권선 변압기를 사용한다. 이 변압기의 $\Delta$결선 측(3차측)에는 제3고조파를 제거하고, 변전소 내 소용량 전력(소내용 전력)을 공급하는 조상 설비가 설치된다.

답 ①

## 047

수전단의 전력원 방정식이
$P_r^2 + (Q_r + 400)^2 = 250{,}000$ 으로 표현되는 전력 계통에서 조상설비 없이 전압을 일정하게 유지하면서 공급할 수 있는 부하 전력은? (단, 부하는 무유도성이다.)

① 200　　　　　② 250

③ 300　　　　　④ 350

전력원 방정식 $P_r^{\,2} + (Q_r + 400)^2 = 250{,}000$ 에서 조상설비 없이 전압을 일정하게 유지하면서 공급하기 위해서는 $Q_r = 0$ 이다.

따라서 $P_r^{\,2} + (0 + 400)^2 = 250{,}000$ 에서

부하 전력 $P_r = \sqrt{250{,}000 - 400^2} = 300[kW]$

☑ **참고** 부하는 무유도성이므로 부하에서 소비하는 전력은 유효전력으로 $300[kW]$, 무효전력은 $400[kVar]$, 피상 전력은 $500[kVA]$이다.

답 ③

## 048

일반적으로 부하의 역률을 저하시키는 원인은?

① 전등의 과부하

② 선로의 충전 전류

③ 유도 전동기의 경부하 운전

④ 동기 전동기의 중부하 운전

유도 전동기의 경부하 운전은 역률을 저하시키는 주된 원인이다. 이는 유도성 부하에서 발생하는 지상 전류가 역률을 낮추기 때문이다.

답 ③

## 049

**전력 계통의 전압 조정설비에 대한 특징으로 틀린 것은?**

① 병렬 콘덴서는 진상 능력만을 가지며 병렬 리액터는 진상능력이 없다.

② 동기 조상기는 조정의 단계가 불연속적이나 직렬 콘덴서 및 병렬 리액터는 연속적이다.

③ 동기 조상기는 무효 전력의 공급과 흡수가 모두 가능하여 진상 및 지상 용량을 갖는다.

④ 병렬 리액터는 경부하 시에 계통 전압이 상승하는 것을 억제하기 위하여 초고압 송전선 등에 설치된다.

동기 조상기는 조정의 단계가 연속적이나, 직렬 콘덴서 및 병렬 리액터는 불연속적이다.

| 구분 | 동기 조상기 | 전력용 콘덴서 | 분로 리액터 |
|---|---|---|---|
| 무효 전력 | 지상, 진상 | 진상 | 지상 |
| 조정 형태 | 연속적 | 불연속적 (계단적) | 불연속적 (계단적) |
| 전압 유지 능력 | 크다 | 작다 | 작다 |
| 전력 손실 | 크다 | 작다 | 작다 |
| 시충전 | 가능 | 불가능 | 불가능 |

답 ②

## 050

**동기 조상기에 대한 설명으로 틀린 것은?**

① 시충전이 불가능하다.

② 전압 조정이 연속적이다.

③ 중부하 시에는 과여자로 운전하여 앞선 전류를 취한다.

④ 경부하 시에는 부족 여자로 운전하여 뒤진 전류를 취한다.

### 동기 조상기

암기
✓ **TIP** 뭐든지 과하면 진상이 된다.

• 경부하시 부족여자로 운전하여 지상 무효 전력 공급
• 중부하시 과여자로 운전하여 진상 무효 전력 공급
• 계통의 시충전 운전 가능
• 손실이 크고 시설비가 고가
• 전압 조정이 연속적

답 ①

## 051

**전력용 콘덴서에 비해 동기 조상기의 이점으로 옳은 것은?**

① 소음이 적다.

② 진상전류 이외에 지상전류를 취할 수 있다.

③ 전력손실이 적다.

④ 유지보수가 쉽다.

**동기 조상기**

✓ **TIP** 뭐든지 과하면 진상이 된다.

· 경부하시 부족여자로 운전하여 지상 무효 전력 공급
· 중부하시 과여자로 운전하여 진상 무효 전력 공급
· 계통의 시충전 운전 가능
· 손실이 크고 시설비가 고가
· 전압 조정이 연속적

답 ②

## 052

**송전 선로에서 고조파 제거 방법이 아닌 것은?**

① 변압기를 △ 결선한다.

② 능동형 필터를 설치한다.

③ 유도 전압 조정 장치를 설치한다.

④ 무효 전력 보상 장치를 설지한다.

**고조파 제거 방법**

· 제3고조파→△결선으로 제거
· 제5고조파→직렬 리액터 설치
· 고조파 제거 필터 설치
· 무효 전력 보상 장치 설치

답 ③

## 053

**주변압기 등에서 발생하는 제5고조파를 줄이는 방법으로 옳은 것은?**

① 전력용 콘덴서에 직렬 리액터를 연결한다.

② 변압기 2차 측에 분로 리액터를 연결한다.

③ 모선에 방전 코일을 연결한다.

④ 모선에 공심 리액터를 연결한다.

**고조파 제거 방법**

· 제3고조파→△결선으로 제거
· 제5고조파→직렬 리액터 설치
· 고조파 제거 필터 설치
· 무효 전력 보상 장치 설치

답 ①

## 054

**전력용 콘덴서를 변전소에 설치할 때 직렬 리액터를 설치하고자 한다. 직렬 리액터의 용량을 결정하는 계산식은? (단, $f_0$는 전원의 기본 주파수, $C$는 역률 개선용 콘덴서의 용량, $L$은 직렬 리액터의 용량이다.)**

① $L = \dfrac{1}{(2\pi f_0)^2 C}$
② $L = \dfrac{1}{(5\pi f_0)^2 C}$

③ $L = \dfrac{1}{(6\pi f_0)^2 C}$
④ $L = \dfrac{1}{(10\pi f_0)^2 C}$

직렬 리액터는 제5고조파를 제거하기 위해 설치한다.

직렬 리액터의 용량 $L = \dfrac{1}{\omega^2 C}$ 에서

제5고조파에 해당하는 주파수이므로

$$L = \frac{1}{(2\pi \times 5f_0)^2 \times C} = \frac{1}{(10\pi f_0)^2 C}$$

답 ④

## 055

**직렬 콘덴서를 선로에 삽입할 때의 이점이 아닌 것은?**

① 선로의 인덕턴스를 보상한다.

② 수전단의 전압 강하를 줄인다.

③ 정태 안정도를 증가한다.

④ 송전단의 역률을 개선한다.

---

역률을 개선하는 것은 병렬 콘덴서이다.

**직렬 콘덴서**

- 선로의 유도 리액턴스를 보상하여 전압 강하를 감소시킨다.
- 송전 용량이 증대한다.
- 부하 역률이 나쁠수록 효과가 크다.
- 단락 고장 시 과전압, 동기기 난조 및 자기 여자 등이 발생한다.
- 전력 손실이 적고, 안정도를 향상시킨다.
- 소음이 없고 보수가 용이하며, 가격이 싸다.

답 ④

## 056

**직류 송전방식에 대한 설명으로 틀린 것은?**

① 선로의 절연이 교류 방식보다 용이하다.

② 리액턴스 또는 위상각에 대해서 고려할 필요가 없다.

③ 케이블 송전일 경우 유전손이 없기 때문에 교류방식보다 유리하다.

④ 비동기 연계가 불가능하므로 주파수가 다른 계통 간의 연계가 불가능하다.

---

**직류 송전 방식 장점**

- 무효분이 없어 역률이 항상 1이며 송전 효율이 좋다.
- 파고치가 없으므로 절연 계급을 낮출 수 있다.
- 지중 케이블 송전 시 유전체손이 없다.
- 전압 강하와 전력 손실이 적다.
- 주파수가 다른 계통 간의 비동기 연계가 가능하다.
- 주파수가 0이므로 리액턴스 영향이 없어 안정도가 우수하다.

답 ④

## 057

**직류 송전 방식에 관한 설명으로 틀린 것은?**

① 교류 송전 방식보다 안정도가 낮다.

② 직류 계통과 연계 운전 시 교류 계통의 차단 용량은 작아진다.

③ 교류 송전 방식에 비해 절연 계급을 낮출 수 있다.

④ 비동기 연계가 가능하다.

---

**직류 송전 방식 장점**
- 무효분이 없어 역률이 항상 1이며 송전 효율이 좋다.
- 파고치가 없으므로 절연 계급을 낮출 수 있다.
- 지중 케이블 송전 시 유전체손이 없다.
- 전압 강하와 전력 손실이 적다.
- 주파수가 다른 계통 간의 비동기 연계가 가능하다.
- 주파수가 0이므로 리액턴스 영향이 없어 안정도가 우수하다.

답 ①

## 058

**단상 2선식 배전 선로의 말단에 지상 역률 $\cos\theta$ 인 부하 $P[kW]$가 접속되어 있고 선로 말단의 전압은 $V[V]$ 이다. 선로 한 가닥의 저항을 $R[\Omega]$이라 할 때 송전단의 공급 전력 $[kW]$은?**

① $P + \dfrac{P^2 R}{V\cos\theta} \times 10^3$  ② $P + \dfrac{2P^2 R}{V\cos\theta} \times 10^3$

③ $P + \dfrac{P^2 R}{V^2 \cos^2\theta} \times 10^3$  ④ $P + \dfrac{2P^2 R}{V^2 \cos^2\theta} \times 10^3$

---

단상 2선식 전력 손실

$$P_l = 2I^2 R = 2 \times \left(\frac{P}{V\cos\theta}\right)^2 R \, [W]$$

송전단 전력($P_s$)은 수전단 전력($P$)과 전력 손실($P_l$)의 합이므로

$$P_s = P + P_l = P + 2 \times \frac{P^2 R}{V^2 \cos^2\theta} \times 10^3 \, [kW]$$

☑ **참고**
전력의 제곱($P^2$)으로 계산되면서 단위도 제곱되어 $10^6$이 된다. 또한 문제에서 결과 단위를 [kW]로 요구했기 때문에, $10^2$이 약분되어 최종적으로 $10^3$만 남게 된다.

답 ④

## 059

송전 전력, 송전 거리, 전선의 비중 및 전력 손실률이 일정하다고 하면 전선의 단면적 $A[mm^2]$와 송전전압 $V[kV]$와의 관계로 옳은 것은?

① $A \propto V$　　　　　② $A \propto V^2$

③ $A \propto \dfrac{1}{\sqrt{V}}$　　　　④ $A \propto \dfrac{1}{V^2}$

전력 손실 $P_l = \dfrac{P^2}{V^2\cos^2\theta} R = \dfrac{P^2}{V^2\cos^2\theta} \times \rho\dfrac{l}{A}$

에서 전선의 단면적 $A = \dfrac{P^2\rho l}{V^2\cos^2\theta P_l}$ 이므로

$A \propto \dfrac{1}{V^2}$ 이다.

📄 ④

## 060

송전선의 특성 임피던스의 특징으로 옳은 것은?

① 선로의 길이가 길어질수록 값이 커진다.

② 선로의 길이가 길어질수록 값이 작아진다.

③ 선로의 길이에 따라 값이 변하지 않는다.

④ 부하 용량에 따라 값이 변한다.

**특성 임피던스**
$$Z_0 = \sqrt{\dfrac{Z}{Y}} = \sqrt{\dfrac{R+j\omega L}{G+j\omega C}} = \sqrt{\dfrac{L}{C}} \, [\Omega]$$
특성 임피던스는 $L$과 $C$의 단위 길이에 대한 값이므로 선로의 길이와 관계없이 일정하다.

📄 ③

## 061

송전선의 특성 임피던스와 전파 정수는 어떤 시험으로 구할 수 있는가?

① 뇌파 시험　　　　② 정격 부하 시험

③ 절연 강도 측정 시험　④ 무부하 시험과 단락 시험

✎암기
✓ **TIP** 시험에 무단 결석

특성 임피던스 $Z_0 = \sqrt{\dfrac{Z}{Y}}$

전파 정수 $\gamma = \sqrt{ZY}$

직렬 임피던스 $Z$는 단락 시험에 의해 산출되며, 병렬 어드미턴스 $Y$는 무부하(개방) 시험에 의해 산출된다. 따라서 송전선의 특성 임피던스와 전파 정수는 무부하시험과 단락시험으로 구할 수 있다.

☑ **참고**
• 단락시험: 송전선을 단락시킨 상태에서 전압과 전류를 측정하여 송전선의 직렬 임피던스($Z$)를 구한다.
• 무부하시험(개방시험): 송전선에 전압을 걸고 전류가 흐르지 않을 때의 상태를 측정하여 송전선의 병렬 어드미턴스($Y$)를 구한다.

📄 ④

## 062

송전단 전압을 $V_s$, 수전단 전압을 $V_r$, 선로의 리액턴스를 $X$ 라 할 때, 정상 시의 최대 송전 전력의 개략적인 값은?

① $\dfrac{V_s - V_r}{X}$

② $\dfrac{V_s^2 - V_r^2}{X}$

③ $\dfrac{V_s(V_s - V_r)}{X}$

④ $\dfrac{V_s V_r}{X}$

송전 용량 $P_s = \dfrac{V_s V_r}{X}\sin\delta\,[MW]$에서

최대값은 $\sin\delta = 1$인 경우이므로

최대 송전 전력은 $P_m = \dfrac{V_s V_r}{X}\,[MW]$이다.

답 ④

## 063

그림과 같은 2기 계통에 있어서 발전기에서 전동기로 전달되는 전력 $P$는? (단, $X = X_G + X_L + X_M$이고, $E_G$, $E_M$ 은 각각 발전기 및 전동기의 유기기전력, $\delta$ 는 $E_G$ 와 $E_M$ 간의 상차각이다.)

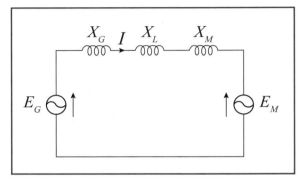

① $P = \dfrac{E_G}{XE_M}\sin\delta$

② $P = \dfrac{E_G E_M}{X}\sin\delta$

③ $P = \dfrac{E_G E_M}{X}\cos\delta$

④ $P = XE_G E_M \cos\delta$

전송 전력

$P = \dfrac{E_G E_M}{X}\sin\delta\,[MW]$

(단, $E_G[kV]$, $E_M[kV]$)

답 ②

## 064

동일 전력을 동일 선간 전압, 동일 역률로 동일 거리에 보낼 때 사용하는 전선의 총 중량이 같으면 3상 3선식인 때와 단상 2선식일 때는 전력 손실비는?

① 1

② $\dfrac{3}{4}$

③ $\dfrac{2}{3}$

④ $\dfrac{1}{\sqrt{3}}$

3상 3선식 전력 손실 $P_{l3} = 3I_3{}^2 R_3$

단상 2선식 전력 손실 $P_{l1} = 2I_1{}^2 R_1$ 이므로

전력 손실비는

$$\frac{P_{l3}}{P_{l1}} = \frac{3I_3{}^2 R_3}{2I_1{}^2 R_1} = \frac{3}{2} \times \left(\frac{I_3}{I_1}\right)^2 \times \frac{R_3}{R_1}$$

동일 전력, 동일 선간 전압, 동일 역률이므로

$\sqrt{3}\, VI_3 \cos\theta = VI_1 \cos\theta$ 에서 전류비는 $\dfrac{I_3}{I_1} = \dfrac{1}{\sqrt{3}}$

총 중량이 같으므로 $3A_3 l = 2A_l l$ 에서

전선 단면적비는 $\dfrac{A_1}{A_3} = \dfrac{3}{2}$ 이고,

저항은 단면적에 반비례하므로 $\left(\because R = \rho \dfrac{l}{A}\right)$

저항비는 $\dfrac{R_3}{R_1} = \dfrac{3}{2}$ 이다.

따라서

$$\frac{P_{l3}}{P_{l1}} = \frac{3}{2} \times \left(\frac{I_3}{I_1}\right)^2 \times \frac{R_3}{R_1} = \frac{3}{2} \times \left(\frac{1}{\sqrt{3}}\right)^2 \times \frac{3}{2} = \frac{3}{4}$$

답 ②

## 065

수전단을 단락한 경우 송전단에서 본 임피던스가 330[Ω]이고, 수전단을 개방한 경우 송전단에서 본 어드미턴스가 $1.875 \times 10^{-3}$[℧]일 때 송전단의 특성 임피던스는 약 몇 [Ω]인가?

① 120

② 220

③ 320

④ 420

특성 임피던스

$$Z_0 = \sqrt{\frac{Z}{Y}} = \sqrt{\frac{330}{1.875 \times 10^{-3}}} = 420\,[\Omega]$$

답 ④

## 066

송전선의 특성 임피던스는 저항과 누설 컨덕턴스를 무시하면 어떻게 표현되는가? (단, $L$은 선로의 인덕턴스, $C$는 선로의 정전 용량이다.)

① $\sqrt{\dfrac{L}{C}}$

② $\sqrt{\dfrac{C}{L}}$

③ $\dfrac{L}{C}$

④ $\dfrac{C}{L}$

특성 임피던스

$$Z_0 = \sqrt{\frac{Z}{Y}} = \sqrt{\frac{R + j\omega L}{G + j\omega C}} = \sqrt{\frac{L}{C}}\,[\Omega]$$

답 ①

## 067

송전선 중간에 전원이 없을 경우에 송전단의 전압 $E_s = AE_R + BI_R$ 이 된다. 수전단의 전압 $E_R$의 식으로 옳은 것은? (단, $I_s$, $I_R$는 송전단 및 수전단의 전류이다.)

① $E_R = AE_s + CI_s$  ② $E_R = BE_s + AI_s$

③ $E_R = DE_s - BI_s$  ④ $E_R = CE_s - DI_s$

4단자 정수로 표현한 송전단 전압 및 전류식

$E_s = AE_r + BI_r$
$I_s = CE_r + DI_r$

이를 행렬로 표현하면,

$\begin{bmatrix} E_s \\ I_s \end{bmatrix} = \begin{bmatrix} A & B \\ C & D \end{bmatrix} \begin{bmatrix} E_r \\ I_r \end{bmatrix}$

수전단 전압을 구하라고 했으므로 역행렬을 사용하면,

$\begin{bmatrix} E_r \\ I_r \end{bmatrix} = \begin{bmatrix} A & B \\ C & D \end{bmatrix} \begin{bmatrix} E_s \\ I_s \end{bmatrix} = \frac{1}{AD - BC} = \begin{bmatrix} D & -B \\ -C & A \end{bmatrix} \begin{bmatrix} E_s \\ I_s \end{bmatrix}$

$\begin{bmatrix} E_r \\ I_r \end{bmatrix} = \begin{bmatrix} D & -B \\ -C & A \end{bmatrix} \begin{bmatrix} E_s \\ I_s \end{bmatrix}$ ($\because AD - BC = 1$)

그러므로, 수전단 전압과 수전단 전류는

$E_r = DE_s - BI_s$
$I_r = -CE_s + AI_s$

답 ③

## 068

일반 회로 정수가 $A$, $B$, $C$, $D$이고 송전단 전압이 $E_s$인 경우 무부하 시 수전단 전압은?

① $\dfrac{E_s}{A}$  ② $\dfrac{E_s}{B}$

③ $\dfrac{A}{C} E_s$  ④ $\dfrac{C}{A} E_s$

송전단 전압 $E_s = AE_r + BI_r$
송전단 전류 $I_s = CE_r + DI_r$
이때 무부하 시 수전단 전류 $I_r = 0$ 이므로
$E_s = AE_r \rightarrow$ 수전단 전압 $E_r = \dfrac{E_s}{A}$

답 ①

## 069

4단자 정수 $A = 0.9918 + j0.0042$,
$B = 34.17 + j50.38$,
$C = (-0.006 + j3.247) \times 10^{-4}$ 인 송전 선로의 송전단에 66[kV]를 인가하고 수전단을 개방하였을 때 수전단 선간 전압은 약 몇 [kV]인가?

① $\dfrac{66.55}{\sqrt{3}}$  ② 62.5

③ $\dfrac{62.5}{\sqrt{3}}$  ④ 66.55

송전단 전압 $E_s = AE_r + BI_r$
송전단 전류 $I_s = CE_r + DI_r$
수전단을 개방하였으므로 수전단 전류 $I_r = 0$ 이다.
$E_s = AE_r \rightarrow$ 수전단 전압 $E_r = \dfrac{E_s}{A}$

$= \dfrac{66}{0.9918 + j0.0042}$

$= \dfrac{66}{\sqrt{0.9918^2 + 0.0042^2}}$

$= 66.55 [kV]$

답 ④

## 070

장거리 송선 선로의 수전단을 개방할 경우, 송전단 전류 $I_s$를 나타내는 식은?(단, 송전단 전압을 $V_s$, 선로의 임피던스를 $Z$, 선로의 어드미턴스를 $Y$라고 한다.)

① $I_s = \sqrt{\dfrac{Y}{Z}} \tanh\sqrt{ZY}\, V_s$

② $I_s = \sqrt{\dfrac{Z}{Y}} \tanh\sqrt{ZY}\, V_s$

③ $I_s = \sqrt{\dfrac{Y}{Z}} \coth\sqrt{ZY}\, V_s$

④ $I_s = \sqrt{\dfrac{Z}{Y}} \coth\sqrt{ZY}\, V_s$

장거리 송전 선로의 송전단 전압 $V_s$와 $I_s$는 다음과 같이 표현할 수 있다.

$V_s = \cosh\gamma l\, V_r + Z_0 \sinh\gamma l\, I_r$

$I_s = \dfrac{1}{Z_0} \sinh\gamma l\, V_r + \cosh\gamma l\, I_r$

문제에서 "수전단을 개방할 경우"라고 했으므로, 수전단 전류 $I_r = 0$이다. 이 조건을 위의 식에 대입해 보면

$V_s = \cosh\gamma l\, V_r$

$I_s = \dfrac{1}{Z_0} \sinh\gamma l\, V_r$

수전단 전압 $V_r$을 송전단 전압 $V_s$로 표현하여

$V_r = \dfrac{V_s}{\cosh\gamma l}$ 로 정리한 것을 위의 두 번째 식에 대입하면

$I_s = \dfrac{1}{Z_0} \sinh\gamma l\, V_r = \dfrac{1}{Z_0} \sinh\gamma l \times \dfrac{V_s}{\cosh\gamma l}$

$= \dfrac{1}{Z_0} \tanh\gamma l\, V_s$

특성 임피던스 $Z_0 = \sqrt{\dfrac{Z}{Y}}$ 와 전파 정수 $\gamma l = \sqrt{ZY}$ 를 대입하여 정리하면

$\therefore I_s = \dfrac{1}{\sqrt{\dfrac{Z}{Y}}} \tanh\sqrt{ZY}\, V_s = \sqrt{\dfrac{Y}{Z}} \tanh\sqrt{ZY}\, V_s$

☑ **참고** 이 문제가 어렵다면, 장거리 송전 선로에서 수전단이 개방될 때 송전단 전류를 구하는 공식으로 답을 암기해 두세요.

## 071

중거리 송전 선로의 $T$형 회로에서 송전단 전류 $I_s$는? (단 $Z, Y$는 선로의 직렬 임피던스와 병렬 어드미턴스이고, $E_r$은 수전단 전압, $I_r$은 수전단 전류이다.)

① $E_r\left(1 + \dfrac{ZY}{2}\right) + ZI_r$

② $I_r\left(1 + \dfrac{ZY}{2}\right) + E_r\, Y$

③ $E_r\left(1 + \dfrac{ZY}{2}\right) + ZI_r\left(1 + \dfrac{ZY}{4}\right)$

④ $I_r\left(1 + \dfrac{ZY}{2}\right) + E_r\, Y\left(1 + \dfrac{ZY}{4}\right)$

**중거리 T형 회로의 4단자 정수**

• 송전단 전압

$$E_s = \left(1 + \dfrac{ZY}{2}\right)E_r + Z\left(1 + \dfrac{ZY}{4}\right)I_r$$

• 송전단 전류 $I_s = YE_r + \left(1 + \dfrac{ZY}{2}\right)I_r$

답 ②

## 072

전력 계통의 전압을 조정하는 가장 보편적인 방법은?

① 발전기의 유효 전력 조정

② 부하의 유효 전력 조정

③ 계통의 주파수 조정

④ 계통의 무효 전력 조정

전력 계통의 전압을 조정하는 가장 보편적인 방법은 조상 설비를 이용하여 무효 전력을 조정하는 것이다.

• **전력 계통 전압 조정**: 무효 전력 조정
• **전력 계통 주파수 조정**: 유효 전력 조정

답 ④

답 ①

## 073

**각 전력 계통을 연계선으로 상호 연결하였을 때 장점으로 틀린 것은?**

① 건설비 및 운전 경비를 절감하므로 경제급전이 용이하다.

② 주파수의 변화가 작아진다.

③ 각 전력 계통의 신뢰도가 증가된다.

④ 선로 임피던스가 증가되어 단락 전류가 감소된다.

계통 연계 시 계통 임피던스가 감소하므로 단락 사고 발생 시 단락 전류 및 단락 용량이 증가한다.

**전력 계통 연계의 특징**
- 전체 전력 계통의 규모가 커져 공급 신뢰도가 향상
- 공급 예비력이 절감되어 부하 증가 시 종합 첨두 부하가 감소
- 계통 간에 연락할 수 있어 경제 급전이 용이
- 계통이 병렬 연결되어 합성 임피던스가 작아지고, 이에 따라 단락 용량은 증가해 고장 시 파급 효과가 큼

답 ④

## 074

**전력 원선도의 가로축과 세로축을 나타내는 것은?**

① 전압과 전류

② 전압과 전력

③ 전류와 전력

④ 유효 전력과 무효 전력

전력 원선도의 가로축은 유효 전력($P$), 세로축은 무효 전력($Q$)이다.

**전력 원선도에서 알 수 있는 사항**
- 송 · 수전할 수 있는 **최대** 전력
- 송 · 수전단 전압간의 **상차각**
- **전력** 손실 및 **송전** 효율
- 수전단 **역률** 및 **조상** 설비 용량
- 송 · 수전단의 유효 전력, 무효 전력, 피상 전력

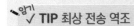

암기
✓ **TIP** 최상 전송 역조

**전력 원선도에서 알 수 없는 사항**
- 코로나 손실
- 과도 안정 극한 전력

답 ④

## 075

**전력 원선도에서 구할 수 없는 것은?**

① 송 · 수전할 수 있는 최대 전력

② 필요한 전력을 보내기 위한 송·수전단 전압 간의 상차각

③ 선로 손실과 송전 효율

④ 과도 극한 전력

---

**전력 원선도에서 알 수 있는 사항**
- 송 · 수전할 수 있는 **최대** 전력
- 송 · 수전단 전압간의 **상차각**
- **전력** 손실 및 **송전** 효율
- 수전단 **역률** 및 **조상** 설비 용량
- 송 · 수전단의 유효 전력, 무효 전력, 피상 전력

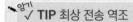
✓ **TIP** 최상 전송 역조

**전력 원선도에서 알 수 없는 사항**
- 코로나 손실
- 과도 안정 극한 전력

답 ④

## 076

**전력 원선도에서는 알 수 없는 것은?**

① 송 · 수전할 수 있는 최대 전력

② 선로 손실

③ 수전단 역률

④ 코로나손

---

**전력 원선도에서 알 수 있는 사항**
- 송 · 수전할 수 있는 **최대** 전력
- 송 · 수전단 전압간의 **상차각**
- **전력** 손실 및 **송전** 효율
- 수전단 **역률** 및 **조상** 설비 용량
- 송 · 수전단의 유효 전력, 무효 전력, 피상 전력

✓ **TIP** 최상 전송 역조

**전력 원선도에서 알 수 없는 사항**
- 코로나 손실
- 과도 안정 극한 전력

답 ④

## 077

수전단 전력 원선도의 전력 방정식이
$P_r^2 + (Q_r + 400)^2 = 250,000$ 으로 표현되는 전력 계통에서 가능한 최대로 공급할 수 있는 부하 전력($P_r$)과 이때 전압을 일정하게 유지하는데 필요한 무효전력($Q_r$)은 각각 얼마인가?

① $P_r = 500$, $Q_r = -400$

② $P_r = 400$, $Q_r = 500$

③ $P_r = 300$, $Q_r = 100$

④ $P_r = 200$, $Q_r = -300$

$P_r^2 + (Q_r + 400)^2 = 250,000$ 에서 부하 전력을 최대로 공급하려면 무효 전력을 없애야 한다.
즉, $Q_r = -400$ 이 되고, $P_r = \sqrt{250,000} = 500$ 이다.

답 ①

## 078

부하 역률이 $\cos\theta$인 경우 배전선로의 전력 손실은 같은 크기의 부하 전력으로 역률이 1인 경우의 전력 손실에 비하여 어떻게 되는가?

① $\dfrac{1}{\cos\theta}$  ② $\dfrac{1}{\cos^2\theta}$

③ $\cos\theta$  ④ $\cos^2\theta$

전력 손실
$P_l = I^2 R = \left(\dfrac{P}{V\cos\theta}\right)^2 R = \dfrac{P^2 R}{V^2\cos^2\theta}\,[W]$ 에서
전력 손실은 역률의 제곱에 반비례한다.
$\therefore P_l \propto \dfrac{1}{\cos^2\theta}$

답 ②

## 079

전압과 유효 전력이 일정할 경우 부하 역률이 70[%]인 선로에서의 저항 손실($P_{70\%}$)은 역률이 90[%]인 선로에서의 저항 손실($P_{90\%}$)과 비교하면 약 얼마인가?

① $P_{70\%} = 0.6P_{90\%}$  ② $P_{70\%} = 1.7P_{90\%}$

③ $P_{70\%} = 0.3P_{90\%}$  ④ $P_{70\%} = 2.7P_{90\%}$

저항 손실(전력 손실)과 역률의 관계 $P_l \propto \dfrac{1}{\cos^2\theta}$ 에서
$\dfrac{P_{0.7}}{P_{0.9}} = \dfrac{\dfrac{1}{0.7^2}}{\dfrac{1}{0.9^2}} = \left(\dfrac{0.9}{0.7}\right)^2 \fallingdotseq 1.7$

답 ②

## 080

송전 용량이 증가함에 따라 송전선의 단락 및 지락 전류도 증가하여 계통에 여러 가지 장해 요인이 되고 있다. 이들의 경감 대책으로 적합하지 않은 것은?

① 계통의 전압을 높인다.

② 고장 시 모선 분리 방식을 채용한다.

③ 발전기와 변압기의 임피던스를 작게 한다.

④ 송전선 또는 모선 간에 한류 리액터를 삽입한다.

송전 용량 증가로 인한 단락 및 지락 전류 증가를 경감시키기 위한 대책으로는, 계통의 전압을 높이고, 고장 시 모선 분리 방식, 한류 리액터를 삽입하는 등의 방법이 적합하다. 그러나 발전기와 변압기의 임피던스를 작게 하는 것은 단락 전류를 오히려 증가시킬 수 있어 적합하지 않다.

답 ③

## 081

케이블의 전력 손실과 관계가 없는 것은?

① 철손
② 유전체손
③ 시스손
④ 도체의 저항손

**전력 케이블의 손실**

유전체손
도체의 저항손
시스손(연피손)

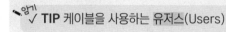

암기
√ **TIP** 케이블을 사용하는 유저스(Users)

답 ①

## 082

컴퓨터에 의한 전력 조류 계산에서 슬랙(Slack) 모선의 초기치로 지정하는 값은?(단, 슬랙 모선을 기준 모선으로 한다.)

① 유효 전력과 무효 전력
② 전압 크기와 유효 전력
③ 전압 크기와 위상각
④ 전압 크기와 무효 전력

**슬랙 모선 역할**

- **기지값**(Known Values): 슬랙 모선의 전압 크기와 위상각은 알고 있는 값으로 설정
- **미지값**(Unknown Values): 슬랙 모선의 유효 전력, 무효 전력, 계통 전손실은 계산 중에 결정됨

답 ③

## 083

전력계통의 안정도에서 안정도의 종류에 해당하지 않는 것은?

① 정태 안정도
② 상태 안정도
③ 과도 안정도
④ 동태 안정도

**안정도 종류**

- **정태 안정도**: 부하 불변 또는 완만한 부하 변화 시
- **과도 안정도**: 부하 급변 또는 사고(큰 외란) 발생 시
- **동태 안정도**: AVR, 조속기 고려 시

답 ②

## 084

송전 선로에서의 고장 또는 발전기 탈락과 같은 큰 외란에 대하여 계통에 연결된 각 동기기가 동기를 유지하면서 계속 안정적으로 운전할 수 있는지를 판별하는 안정도는?

① 동태 안정도
② 정태 안정도
③ 전압 안정도
④ 과도 안정도

**안정도 종류**

- **정태 안정도**: 부하 불변 또는 완만한 부하 변화 시
- **과도 안정도**: 부하 급변 또는 사고(큰 외란) 발생 시
- **동태 안정도**: AVR, 조속기 고려 시

답 ④

## 085

**송전선에서 재폐로 방식을 사용하는 목적은?**

① 역률 개선　　　　② 안정도 증진

③ 유도 장해의 경감　④ 코로나 발생 방지

> 재폐로 방식은 사고 발생 시 차단기를 즉시 개방시키고 사고 제거 후 다시 투입하는 동작을 자동으로 수행하여 전력 계통의 안정성을 높이는 기술

답 ②

## 086

**$A$, $B$ 및 $C$상 전류를 각각 $I_a$, $I_b$, 및 $I_c$라 할 때**
$$I_x = \frac{1}{3}\left(I_a + a^2 I_b + a I_c\right), \quad a = -\frac{1}{2} + j\frac{\sqrt{3}}{2}$$
**으로 표시되는 $I_x$는 어떤 전류인가?**

① 정상 전류

② 역상 전류

③ 영상 전류

④ 역상 전류와 영상 전류의 합

> **대칭분 전류**
> - **영상 전류**: $I_0 = \frac{1}{3}\left(I_a + I_b + I_c\right)\,[A]$
> - **정상 전류**: $I_1 = \frac{1}{3}\left(I_a + a I_b + a^2 I_c\right)\,[A]$
> - **역상 전류**: $I_2 = \frac{1}{3}\left(I_a + a^2 I_b + a I_c\right)\,[A]$

답 ②

## 087

**한류 리액터를 사용하는 가장 큰 목적은?**

① 충전 전류의 제한　② 접지 전류의 제한

③ 누설 전류의 제한　④ 단락 전류의 제한

> 한류리액터는 $I_s = \dfrac{100}{\%Z} I_n$ 에서 분모의 %임피던스 값을 증가시켜 단락 사고로 인한 단락 전류를 제한하여 기기 및 계통을 보호한다.

답 ④

## 088

**$500\,[kVA]$의 단상 변압기 상용 3대($\triangle$-$\triangle$결선), 예비 1대를 갖는 변전소가 있다. 부하의 증가로 인하여 예비 변압기까지 동원해서 사용한다면 응할 수 있는 최대 부하$[kVA]$는 약 얼마인가?**

① 2,000　　　　② 1,730

③ 1,500　　　　④ 830

> 예비 1대를 포함하여 단상 변압기가 총 4대이므로 V결선으로 2뱅크 운전 시 3상 전력을 최대로 공급할 수 있다.
> $$P_m = P_v \times 2 = \left(\sqrt{3}\,P_1\right) \times 2 = \sqrt{3} \times 500 \times 2$$
> $$\fallingdotseq 1,730\,[kVA]$$

답 ②

## 089

$66/22[kV]$, $2,000[kVA]$ 단상 변압기 3대를 1뱅크로 운전하는 변전소로부터 전력을 공급받는 어떤 수전점에서의 3상 단락 전류는 약 몇 $[A]$인가? (단, 변압기의 %리액턴스는 7[%]이고 선로의 임피던스는 0이다.)

① 750

② 1,570

③ 1,900

④ 2,250

**3상 단락 전류**

$$I_s = \frac{100}{\%X} I_n = \frac{100}{\%X} \times \frac{P}{\sqrt{3}\,V}$$

$$= \frac{100}{7} \times \frac{2,000 \times 3}{\sqrt{3} \times 22} = 2,250[A]$$

☑ **참고** 변전소의 수전점이 저압 측에 위치하기 때문에, 변압기의 저압 측 전압을 기준으로 단락 전류를 계산한다.

답 ④

## 090

3상 송전선로가 선간 단락(2선 단락)이 되었을 때 나타나는 현상으로 옳은 것은?

① 역상전류만 흐른다.

② 정상전류와 역상전류가 흐른다.

③ 역상전류와 영상전류가 흐른다.

④ 정상전류와 영상전류가 흐른다.

**각 사고별 대칭 좌표법 해석**
- 1선 지락 사고: 정상분, 역상분, 영상분
- 선간 단락 사고: 정상분, 역상분
- 3상 단락 사고: 정상분

✔ **TIP** 1선은 모두 포함! 정상은 항상 포함, 3상은 정상만!

답 ②

## 091

송배전 선로의 고장 전류 계산에서 영상 임피던스가 필요한 경우는?

① 3상 단락 계산

② 선간 단락 계산

③ 1선 지락 계산

④ 3선 단선 계산

**각 사고별 대칭 좌표법 해석**
- 1선 지락 사고: 정상분, 역상분, 영상분
- 선간 단락 사고: 정상분, 역상분
- 3상 단락 사고: 정상분

✔ **TIP** 1선은 모두 포함! 정상은 항상 포함, 3상은 정상만!

답 ③

## 092

**송전 계통의 안정도 향상 대책이 아닌 것은?**

① 전압 변동을 적게 한다.

② 고속도 재폐로 방식을 채용한다.

③ 고장 시간, 고장 전류를 적게 한다.

④ 계통의 직렬 리액턴스를 증가시킨다.

**안정도 향상 대책**
- 리액턴스 감소
  - 선로의 병렬 회선 수 증가
  - 복도체 또는 다도체 사용
  - 직렬 콘덴서 설치

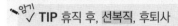 ✓ **TIP** 휴직 후, 선복직, 후퇴사

- 전압 변동 억제
  - 속응 여자 방식
  - 중간 조상 방식
  - 고속도 계전기, 고속도 차단기 설치
  - 계통 연계
  - 소호 리액터 접지

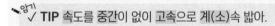 ✓ **TIP** 속도를 중간이 없이 고속으로 계(소)속 밟아.

- 계통 충격 경감
  - 재폐로 방식
  - 제동 저항기 설치
  - 단락비 크게 함
  - 조속기 신속히 동작

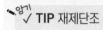 ✓ **TIP** 재제단조

답 ④

## 093

**계통의 안정도 증진 대책이 아닌 것은?**

① 발전기나 변압기의 리액턴스를 작게 한다.

② 선로의 회선 수를 감소시킨다.

③ 중간 조상 방식을 채용한다.

④ 고속도 재폐로 방식을 채용한다.

**안정도 향상 대책**
- 리액턴스 감소
  - 선로의 병렬 회선 수 증가
  - 복도체 또는 다도체 사용
  - 직렬 콘덴서 설치

✓ **TIP** 휴직 후, 선복직, 후퇴사

- 전압 변동 억제
  - 속응 여자 방식
  - 중간 조상 방식
  - 고속도 계전기, 고속도 차단기 설치
  - 계통 연계
  - 소호 리액터 접지

✓ **TIP** 속도를 중간이 없이 고속으로 계(소)속 밟아.

- 계통 충격 경감
  - 재폐로 방식
  - 제동 저항기 설치
  - 단락비 크게 함
  - 조속기 신속히 동작

✓ **TIP** 재제단조

답 ②

## 094

교류발전기의 전압조정 장치로 속응 여자 방식을 채택하는 이유로 틀린 것은?

① 전력계통에 고장이 발생할 때 발전기의 동기 화력을 증가시킨다.

② 송전 계통의 안정도를 높인다.

③ 여자기의 전압 상승률을 크게 한다.

④ 전압조정용 탭의 수동변환을 원활히 하기 위함이다.

속응 여자 방식은 발전기의 전압을 조정하는 속도를 빠르게 한다. 이 방식은 전력계통에 고장이 발생할 경우, 발전기의 동기화력을 증가시켜 계통의 안정도를 높인다. 또한, 여자기의 전압 상승률을 크게 하여 발전기의 전압조정 성능을 향상시킨다.
그러나 속응 여자 방식은 전압조정용 탭의 수동변환과는 관련이 없다.

답 ④

## 095

송전선에 직렬 콘덴서를 설치하였을 때의 특징으로 틀린 것은?

① 선로 중에서 일어나는 전압 강하를 감소시킨다.

② 송전 전력의 증가를 꾀할 수 있다.

③ 부하 역률이 좋을수록 설치 효과가 크다.

④ 단락 사고가 발생하는 경우 사고 전류에 의하여 과전압이 발생한다.

**직렬 콘덴서**
· 선로의 유도 리액턴스를 보상하여 전압 강하를 감소시킨다.
· 송전 용량이 증대한다.
· 부하 역률이 나쁠수록 효과가 크다.
· 단락 고장 시 과전압, 동기기 난조 및 자기 여자 등이 발생한다.
· 전력 손실이 적고, 안정도를 향상시킨다.
· 소음이 없고 보수가 용이하며, 가격이 싸다.

답 ③

## 096

선간 전압이 $V[kV]$이고 3상 정격 용량이 $P[kVA]$인 전력 계통에서 리액턴스가 $X[\Omega]$라고 할 때, 이 리액턴스를 %리액턴스로 나타내면?

① $\dfrac{XP}{10\,V}$

② $\dfrac{XP}{10\,V^2}$

③ $\dfrac{XP}{V^2}$

④ $\dfrac{10\,V^2}{XP}$

%리액턴스
$\%X = \dfrac{PX}{10\,V^2}$
(단, $P[kVA]$, $V[kV]$, $X[\Omega]$)

답 ②

## 097

기준 선간 전압 23[$kV$], 기준 3상 용량 5,000[$kVA$], 1선의 유도 리액턴스가 15[$\Omega$]일 때 %리액턴스는?

① 28.36[%]  ② 14.18[%]

③ 7.09[%]  ④ 3.55[%]

%리액턴스
$$\%X = \frac{PX}{10\,V^2} = \frac{5,000 \times 15}{10 \times 23^2} = 14.18\,[\%]$$
(단, $P[kVA]$, $V[kV]$, $X[\Omega]$)

답 ②

## 098

선간 전압이 154[$kV$]이고, 1상당의 임피던스가 $j8$[$\Omega$]인 기기가 있을 때, 기준 용량을 100[$MVA$]로 하면 %임피던스는 약 몇 [%]인가?

① 2.75  ② 3.15

③ 3.37  ④ 4.25

%임피던스
$$\%Z = \frac{PZ}{10\,V^2} = \frac{100 \times 10^3 \times 8}{10 \times 154^2} = 3.37\,[\%]$$
(단, $P[kVA]$, $V[kV]$, $Z[\Omega]$)

답 ③

## 099

그림과 같은 3상 송전 계통에 송전단 전압은 3,300[$V$]이다. 점 $P$에서 3상 단락 사고가 발생하였다면 발전기에 흐르는 단락 전류는 약 몇 [$A$]인가?

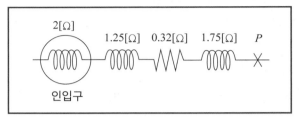

① 320  ② 330

③ 380  ④ 410

$P$ 점까지의 총 임피던스
$$Z = R + jX = j2 + j1.25 + 0.32 + j1.75$$
$$= 0.32 + j5\,[\Omega]$$

$P$ 점에서의 단락 전류
$$I_s = \frac{\dfrac{V}{\sqrt{3}}}{|Z|} = \frac{\dfrac{3,300}{\sqrt{3}}}{\sqrt{0.32^2 + 5^2}} = 380\,[A]$$

답 ③

## 100

그림과 같은 송전 계통에서 $S$점에 3상 단락 사고가 발생했을 때 단락 전류[$A$]는 약 얼마인가? (단, 선로의 길이와 리액턴스는 각각 50[$km$], 0.6[$\Omega/km$] 이다.)

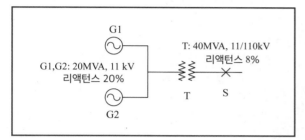

① 224          ② 324

③ 454          ④ 554

기준 용량 40[$MVA$]로 하고, %임피던스를 환산하자. 발전기 임피던스는 병렬 연결되어 있으므로

발전기
$$\%Z_g = \frac{\%Z_{g1} \times \%Z_{g2}}{\%Z_{g1} + \%Z_{g2}} = \frac{40 \times 40}{40 + 40} = 20[\%]$$

변압기
$$\%Z_t = 8[\%]$$

송전선
$$\%Z_l = \frac{PZ}{10V^2} = \frac{40 \times 10^3 \times 0.6 \times 50}{10 \times 110^2} = 9.92[\%]$$

전체 임피던스
$$\%Z = \%Z_g + \%Z_t + \%Z_l = 20 + 8 + 9.92 = 37.92[\%]$$

단락 전류
$$I_s = \frac{100}{\%Z}I_n = \frac{100}{\%Z} \times \frac{P_n}{\sqrt{3}\,V}$$
$$= \frac{100}{37.92} \times \frac{40 \times 10^6}{\sqrt{3} \times 110 \times 10^3} \fallingdotseq 554[A]$$

답 ④

## 101

원자로에서 중성자가 원자로 외부로 유출되어 인체에 위험을 주는 것을 방지하고 방열의 효과를 주기 위한 것은?

① 제어재          ② 차폐재

③ 반사체          ④ 구조재

**차폐재**
- **역할**: 원자로 내부의 방사선이 외부에 누출되는 것을 방지하기 위한 역할
- **재료**: 콘크리트, 물, 납 등

답 ②

## 102

원자로의 제어재가 구비하여야 할 조건으로 옳지 않은 것은?

① 중성자의 흡수 단면적이 적어야 한다.

② 높은 중성자 속에서 장시간 그 효과를 간직하여야 한다.

③ 내식성이 크고, 기계적 가공이 쉬워야 한다.

④ 열과 방사선에 안정적이어야 한다.

원자로의 제어재는 중성자를 잘 흡수해야 하므로, 중성자 흡수 단면적이 커야 한다.

답 ①

## 103

그림과 같이 전력선과 통신선 사이에 차폐선을 설치하였다. 이 경우에 통신선의 차폐 계수($K$)를 구하는 관계식은? 단, 차폐선을 통신선에 근접하여 설치한다.

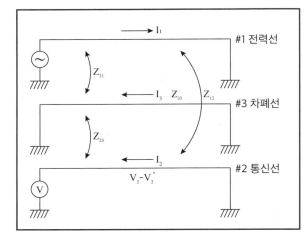

① $K = 1 + \dfrac{Z_{31}}{Z_{12}}$      ② $K = 1 - \dfrac{Z_{31}}{Z_{33}}$

③ $K = 1 - \dfrac{Z_{23}}{Z_{33}}$      ④ $K = 1 + \dfrac{Z_{23}}{Z_{33}}$

---

이 문제는 차폐선이 있는 경우와 없는 경우의 유도 전압을 비교하여 차폐 계수 $K$를 구하는 문제이다.

우선 그림을 보면서 각 요소를 이해해 보자.
- $I_1$ : 전력선 #1을 흐르는 전류
- $I_2$ : 통신선 #2를 흐르는 전류
- $I_3$ : 차폐선 #3을 흐르는 전류
- $Z_{12}$ : 전력선 #1과 통신선 #2 사이의 임피던스
- $Z_{23}$ : 통신선 #2와 차폐선 #3 사이의 임피던스
- $Z_{33}$ : 차폐선 #3의 임피던스
- $Z_{31}$ : 전력선 #1과 차폐선 #3 사이의 임피던스

☑ 차폐선이 없는 경우
전력선의 전류 $I_1$에 의해 통신선에 유도되는 전압
$$E_m = - I_1 Z_{12} \, [V]$$

☑ 차폐선을 설치한 경우
유도 전압은 차폐선의 전류 $I_3$에 의해 변경된다.
$$I_3 = \frac{I_1 Z_{31}}{Z_{33}}$$

$I_3$에 의해 통신선에 유도되는 전압
$$E_m{}' = - I_1 Z_{12} + I_3 Z_{23} = - I_1 Z_{12} + \frac{I_1 Z_{31}}{Z_{33}} Z_{23}$$

$$= - I_1 Z_{12} \left( 1 - \frac{Z_{23} Z_{31}}{Z_{12} Z_{33}} \right) [V]$$

여기서 $\left( 1 - \dfrac{Z_{23} Z_{31}}{Z_{12} Z_{33}} \right)$ 는 차폐 계수이다.

문제에서 차폐선을 통신선에 근접하여 설치한다고 했고, $Z_{31}$과 $Z_{12}$는 거의 동일하므로 차폐 계수는 $1 - \dfrac{Z_{23}}{Z_{33}}$ 이다.

답 ③

## 104

전력 계통의 중성점 다중 접지방식의 특징으로 옳은 것은?

① 통신선의 유도 장해가 적다.

② 합성 접지 저항이 매우 높다.

③ 건전상의 전위 상승이 매우 높다.

④ 지락 보호 계전기의 동작이 확실하다.

### 중성점 다중 접지 방식

- 접지 저항이 매우 적어 지락 사고 시 건전상의 전위 상승이 거의 없다.
- 보호 계전기의 신속한 동작으로 고장 선택 차단이 확실하다.
- 통신선에 대한 유도 장해가 크고, 과도 안정도가 나쁘다.
- 선로 및 기기의 절연 레벨을 경감시킬 수 있다.
- 피뢰기의 동작 책무가 경감된다.
- 대용량 차단기가 필요하다.

🖉 ④

## 105

가공선 계통은 지중선 계통보다 인덕턴스 및 정전 용량이 어떠한가?

① 인덕턴스, 정전 용량이 모두 작다.

② 인덕턴스, 정전 용량이 모두 크다.

③ 인덕턴스는 크고, 정전 용량은 작다.

④ 인덕턴스는 작고, 정전 용량은 크다.

가공선 계통은 지중선 계통보다 전선 간의 이격 거리($D$)가 크기 때문에 인덕턴스($L$)는 크고, 정전용량($C$)는 작다.

인덕턴스 $L = 0.05 + 0.4605 \log_{10} \dfrac{D}{r} \, [mH/km]$

정전 용량 $C = \dfrac{0.02413}{\log_{10} \dfrac{D}{r}} \, [\mu F]$

암기
✓ **TIP** 둘 중에 하나만 정확히 암기해 두면 되겠죠?
- 가공 전선로: $L{\uparrow}\, C{\downarrow}$
- 지중 전선로: $L{\downarrow}\, C{\uparrow}$

🖉 ③

## 106

소호 리액터를 송전 계통에 사용하면 리액터의 인덕턴스와 선로의 정전 용량이 어떤 상태로 되어 지락전류를 소멸시키는가?

① 병렬 공진          ② 직렬 공진

③ 고임피던스        ④ 저임피던스

### 소호 리액터

- L, C 병렬 공진을 이용하여 지락 전류를 소멸시킨다.
- 대지 정전 용량과 공진을 일으키는 유도성 리액터를 사용하여 접지한다.
- 지락 전류가 최소가 되어 통신선에 대한 유도 장해가 줄어든다.

🖉 ①

## 107

1상의 대지 정전 용량이 $0.5[\mu F]$, 주파수가 $60[Hz]$인 3상 송전선이 있다. 이 선로에 소호 리액터를 설치한다면, 소호 리액터의 공진 리액턴스는 약 몇 $[\Omega]$이면 되는가?

① 970                  ② 1,370

③ 1,770                ④ 3,570

---

**소호 리액터의 공진 리액턴스**

$$\omega L = \frac{1}{3\omega C} = \frac{1}{3 \times 2\pi f \times C}$$
$$= \frac{1}{3 \times 2\pi \times 60 \times 0.5 \times 10^{-6}} \fallingdotseq 1,770[\Omega]$$

답 ③

## 108

선로, 기기 등의 절연 수준 저감 및 전력용 변압기의 단절연을 모두 행할 수 있는 중성점 접지방식은?

① 직접 접지 방식        ② 소호 리액터 접지방식

③ 고저항 접지방식       ④ 비접지방식

---

**직접 접지 방식**

• 1선 지락 시 건전상의 전압 상승이 가장 낮다.
• 1선 지락 시 지락 전류가 최대이므로, 통신선 유도 장해가 가장 크다.
• 변압기 단절연이 가능하다.
• 선로 및 기기의 절연 레벨을 경감시킨다.
• 보호 계전기의 동작시 확실하다.
• 과도 안정도가 나쁘다.

답 ①

## 109

송전 선로에서 1선 지락 시에 건전상의 전압 상승이 가장 적은 접지방식은?

① 비접지방식            ② 직접 접지방식

③ 저항 접지방식         ④ 소호 리액터 접지방식

---

**직접 접지 방식**

• 1선 지락 시 건전상의 전압 상승이 가장 낮다.
• 1선 지락 시 지락 전류가 최대이므로, 통신선 유도 장해가 가장 크다.
• 변압기 단절연이 가능하다.
• 선로 및 기기의 절연 레벨을 경감시킨다.
• 보호 계전기의 동작시 확실하다.
• 과도 안정도가 나쁘다.

✓ **TIP** 지락 전류가 가장 적은 접지 방식은 소호 리액터 접지 방식이에요! 헷갈리지 마세요!
• 직접 접지식: 지락 전류가 가장 큰 송전 계통
• 소호 리액터 접지식: 지락 전류가 가장 작은 송전 계통

☑ **참고** 중성점 접지방식별 특징

| 중성점 접지 방식 | 전위 상승 | 지락 전류 | 유도 장해 | 과도 안정도 |
|---|---|---|---|---|
| 직접 접지 | 1.3배 | 최대 | 최대 | 최소 |
| 비접지 | $\sqrt{3}$ 배 | 작다 | 작다 | 크다 |
| 소호 리액터 접지 | $\sqrt{3}$ 배 이상 | 최소 | 최소 | 최대 |

답 ②

---

## 110

**직접 접지 방식에 대한 설명으로 틀린 것은?**

① 1선 지락 사고 시 건전상의 대지 전압이 거의 상승하지 않는다.

② 계통의 절연수준이 낮아지므로 경제적이다.

③ 변압기의 단절연이 가능하다.

④ 보호계전기가 신속히 동작하므로 과도 안정도가 좋다.

---

**직접 접지 방식**

• 1선 지락 시 건전상의 전압 상승이 가장 낮다.
• 1선 지락 시 지락 전류가 최대이므로, 통신선 유도 장해가 가장 크다.
• 변압기 단절연이 가능하다.
• 선로 및 기기의 절연 레벨을 경감시킨다.
• 보호 계전기의 동작시 확실하다.
• 과도 안정도가 나쁘다.

**중성점 접지방식별 특징**

| 중성점 접지 방식 | 전위 상승 | 지락 전류 | 유도 장해 | 과도 안정도 |
|---|---|---|---|---|
| 직접 접지 | 1.3배 | 최대 | 최대 | 최소 |
| 비접지 | $\sqrt{3}$ 배 | 작다 | 작다 | 크다 |
| 소호 리액터 접지 | $\sqrt{3}$ 배 이상 | 최소 | 최소 | 최대 |

답 ④

## 111

**1선 지락 시에 지락 전류가 가장 작은 송전 계통은?**

① 비접지식  ② 직접 접지식

③ 저항 접지식  ④ 소호리액터 접지식

---

**소호 리액터**

• L, C 병렬 공진을 이용하여 지락 전류를 소멸시킨다.
• 대지 정전 용량과 공진을 일으키는 유도성 리액터를 사용하여 접지한다.
• 지락 전류가 최소가 되어 통신선에 대한 유도 장해가 줄어든다.

**TIP** 소호의 '소'를 '작을 小' 라고 생각해 보세요!

• 직접 접지식: 지락 전류가 가장 큰 송전 계통
• 소호 리액터 접지식: 지락 전류가 가장 작은 송전 계통

**☑ 참고** 중성점 접지방식별 특징

| 중성점 접지 방식 | 전위 상승 | 지락 전류 | 유도 장해 | 과도 안정도 |
|---|---|---|---|---|
| 직접 접지 | 1.3배 | 최대 | 최대 | 최소 |
| 비접지 | $\sqrt{3}$ 배 | 작다 | 작다 | 크다 |
| 소호 리액터 접지 | $\sqrt{3}$ 배 이상 | 최소 | 최소 | 최대 |

답 ④

## 112

**배전 선로에 3상 3선식 비접지 방식을 채용할 경우 나타나는 현상은?**

① 1선 지락 고장 시 고장 전류가 크다.

② 1선 지락 고장 시 인접 통신선의 유도장해가 크다.

③ 고저압 혼촉 고장 시 저압선의 전위 상승이 크다.

④ 1선 지락 고장 시 건전상의 대지 전위 상승이 크다.

비접지 방식에서 1선 지락 사고가 발생하면 고장 상의 전압은 $0[V]$로 떨어지고, 건전상의 전위가 크게 상승한다.

답 ④

## 113

**변전소에서 접지를 하는 목적으로 적절하지 않은 것은?**

① 기기의 보호

② 근무자의 안전

③ 차단 시 아크의 소호

④ 송전 시스템의 중성점 접지

차단 시 아크의 소호는 차단기의 역할이다.

**변전소 접지 목적**
- 전력 계통의 변압기 중성점을 대지와 접지
- 이상 전압으로부터 전력 기기의 보호
- 근무자의 안전 확보

답 ③

## 114

**중성점 직접 접지방식의 발전기가 있다. 1선 지락 사고 시 지락전류는? (단, $Z_1$, $Z_2$, $Z_0$는 각각 정상, 역상, 영상 임피던스이며, $E_a$는 지락된 상의 무부하 기전력이다.**

① $\dfrac{E_a}{Z_0 + Z_1 + Z_2}$  ② $\dfrac{Z_1 E_a}{Z_0 + Z_1 + Z_2}$

③ $\dfrac{3E_a}{Z_0 + Z_1 + Z_2}$  ④ $\dfrac{Z_0 E_a}{Z_0 + Z_1 + Z_2}$

**1선 지락 사고 시 대칭분 전류**

$$I_0 = I_1 = I_2 = \frac{E_a}{Z_0 + Z_1 + Z_2} \, [A]$$

**1선 지락 사고 시 지락 전류**

$$I_g = 3I_0 = \frac{3E_a}{Z_0 + Z_1 + Z_2} \, [A]$$

답 ③

## 115

**정격 전압 $6,600[V]$, $Y$결선, 3상 발전기의 중성점을 1선 지락 시 지락 전류를 $100[A]$로 제한하는 저항기로 접지하려고 한다. 저항기의 저항 값은 약 몇 $[\Omega]$ 인가?**

① 44  ② 41

③ 38  ④ 35

지락 전류를 $100[A]$ 제한하려면

지락 전류 $I_g = \dfrac{E}{R} = 100\,[A]$에서

저항기의 저항값

$$R = \frac{E}{I_g} = \frac{\frac{6,600}{\sqrt{3}}}{100} = 38\,[\Omega]$$

답 ③

## 116

그림과 같은 선로에서 점 $F$에서의 1선 지락이 발생한 경우 영상 임피던스는?

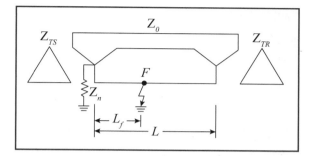

① $Z_{TS} + Z_n + 3Z_0$  ② $Z_{TS} + 3Z_n + Z_0$

③ $Z_{TS} + Z_n + Z_0\dfrac{L_f}{L}$  ④ $Z_{TS} + 3Z_n + Z_0\dfrac{L_f}{L}$

---

점 $F$에서 1선 지락이 발생했을 때의 영상 임피던스는 다음과 같이 계산된다.

$$Z_{영상} = Z_{TS} + 3Z_n + Z_0\frac{L_f}{L}$$

- $Z_{TS}$ : 변압기의 상간 임피던스
- $Z_n$ : 접지 임피던스, 영상 전류는 접지 임피던스를 통해 3배 흐르므로 3배로 계산
- $Z_0$ : 선로의 특성 임피던스
- $L_f$ : 고장점의 위치
- $L$ : 선로 전체 길이

✓ **TIP** 접지 임피던스 3배 + 고장점 위치 고려

📋 ④

## 117

피뢰기의 구비 조건이 아닌 것은?

① 상용 주파 방전 개시 전압이 낮을 것

② 충격 방전 개시 전압이 낮을 것

③ 속류 차단 능력이 클 것

④ 제한 전압이 낮을 것

---

**피뢰기**
- **목적** : 이상 전압을 대지로 방전시키고 속류 차단
- **구조** : 직렬갭+특성 요소
- **구비 조건**
  - 속류 차단 능력이 충분할 것
  - 상용 주파 방전 개시 전압이 높을 것
  - 충격 방전 개시 전압이 낮을 것
  - 방전 내량이 크고, 제한 전압이 낮을 것

✓ **TIP** 속상한 충제, 상(上)용 주파 방전 개시 전압 ↑(화살표 上 위로), "충격" 방전 개시 전압 ↓ (충격은 적을수록 좋지)

📋 ①

## 118

피뢰기의 충격 방전 개시 전압은 무엇으로 표시하는가?

① 직류 전압의 크기      ② 충격파의 평균치

③ 충격파의 최대치      ④ 충격파의 실효치

피뢰기의 충격 방전 개시 전압은 충격 전압이 피뢰기의 단자 사이에 인가될 때 방전이 시작되는 전압을 말한다. 이는 충격파의 최댓값에서 기기의 절연이 위협받을 가능성을 최대한 고려하여 표시해야 한다.

답 ③

## 119

이상 전압의 파고값을 저감시켜 전력 사용 설비를 보호하기 위하여 설치하는 것은?

① 초호환      ② 피뢰기

③ 계전기      ④ 접지봉

**피뢰기**(LA) : 이상 전압 내습 시 뇌전류를 대지로 방전하고 속류를 차단하여 기기를 보호한다.

답 ②

## 120

피뢰기의 충격 방전 개시 전압은 무엇으로 표시하는가?

① 직류전압의 크기      ② 충격파의 평균치

③ 충격파의 최대치      ④ 충격파의 실효치

피뢰기의 충격 방전 개시 전압은 충격 전압이 피뢰기의 단자 사이에 인가될 때 방전이 시작되는 전압을 말한다. 이는 충격파의 최댓값에서 기기의 절연이 위협받을 가능성을 최대한 고려하여 표시해야 한다.

답 ③

## 121

변전소, 발전소 등에 설치하는 피뢰기에 대한 설명 중 틀린 것은?

① 방전 전류는 뇌충격 전류의 파고값으로 표시한다.

② 피뢰기의 직렬갭은 속류를 차단 및 소호하는 역할을 한다.

③ 정격 전압은 상용 주파수 정현파 전압의 최고 한도를 규정한 순시값이다.

④ 속류란 방전 현상이 실질적으로 끝난 후에도 전력계통에서 피뢰기에 공급되어 흐르는 전류를 말한다.

**피뢰기의 정격 전압**
속류를 차단할 수 있는 최대 교류 전압의 실효치

답 ③

## 122

접지봉으로 탑각의 접지 저항값을 희망하는 접지 저항값까지 줄일 수 없을 때 사용하는 것은?

① 가공 지선      ② 매설 지선

③ 크로스본드선      ④ 차폐선

매설 지선은 탑각 접지저항값을 작게 하여 역섬락 사고를 방지한다.

답 ②

## 123

송전선로에 매설지선을 설치하는 목적은?

① 철탑 기초의 강도를 보강하기 위하여

② 직격뇌로부터 송전선을 차폐보호하기 위하여

③ 현수애자 1연의 전압 분담을 균일화하기 위하여

④ 철탑으로부터 송전선로로의 역섬락을 방지하기 위하여

> 매설 지선은 탑각 접지저항값을 작게 하여 역섬락 사고를 방지한다.

답 ④

## 124

송전 철탑에서 역섬락을 방지하기 위한 대책은?

① 가공 지선의 설치  ② 탑각 접지저항의 감소

③ 전력선의 연가  ④ 아크혼의 설치

> 매설 지선은 탑각 접지저항값을 작게 하여 역섬락 사고를 방지한다.

답 ②

## 125

직격뢰에 대한 방호 설비로 가장 적당한 것은?

① 복도체  ② 가공 지선

③ 서지 흡수기  ④ 정전 방전기

> • **가공 지선**: 직격뢰 및 유도뢰로부터 전력선 보호
> • **서지 흡수기**: 내부 이상 전압 억제

답 ②

## 126

아킹혼(Arcing Horn)의 설치 목적은?

① 이상 전압 소멸

② 전선의 진동 방지

③ 코로나 손실 방지

④섬락 사고에 대한 애자 보호

> **초호각(소호각, 아킹혼)**
> • 섬락으로부터 애자련의 보호
> • 애자련의 연능률 개선

답 ④

## 127

서지파(진행파)가 서지 임피던스 $Z_1$의 선로 측에서 서지 임피던스 $Z_2$의 선로 측으로 입사할 때 투과 계수(투과파 전압÷입사파 전압) $b$를 나타내는 식은?

① $b = \dfrac{Z_2 - Z_1}{Z_1 + Z_2}$  ② $b = \dfrac{2Z_2}{Z_1 + Z_2}$

③ $b = \dfrac{Z_1 - Z_2}{Z_1 + Z_2}$  ④ $b = \dfrac{2Z_1}{Z_1 + Z_2}$

> • 반사 계수 $a = \dfrac{Z_2 - Z_1}{Z_1 + Z_2}$
> • 투과 계수 $b = \dfrac{2Z_2}{Z_1 + Z_2}$

답 ②

## 128

임피던스 $Z_1$, $Z_2$ 및 $Z_3$을 그림과 같이 접속한 선로의 A 쪽에서 전압파 E가 진행해 왔을 때 접속점 B에서 무반사로 되기 위한 조건은?

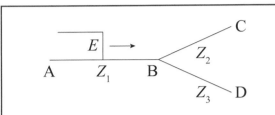

① $Z_1 = Z_2 + Z_3$

② $\dfrac{1}{Z_3} = \dfrac{1}{Z_1} + \dfrac{1}{Z_2}$

③ $\dfrac{1}{Z_1} = \dfrac{1}{Z_2} + \dfrac{1}{Z_3}$

④ $\dfrac{1}{Z_2} = \dfrac{1}{Z_1} + \dfrac{1}{Z_3}$

무반사 조건은 전선 접속점(B)의 좌측과 우측 전선의 임피던스가 같아야 한다. (입사=투과)

$Z_1 = \dfrac{Z_2 Z_3}{Z_2 + Z_3}$ 에서 역수를 취하면

$\dfrac{1}{Z_1} = \dfrac{Z_2 + Z_3}{Z_2 Z_3} = \dfrac{1}{Z_2} + \dfrac{1}{Z_3}$

답 ③

## 129

파동 임피던스 $Z_1 = 500\,[\Omega]$ 인 선로에 파동 임피던스 $Z_2 = 1,500\,[\Omega]$ 인 변압기가 접속되어 있다. 선로로부터 $600\,[kV]$ 의 전압파가 들어왔을 때, 접속점에서의 투과파 전압 $[kV]$ 은?

① 300

② 600

③ 900

④ 1,200

투과 계수 $\alpha = \dfrac{2Z_2}{Z_1 + Z_2} = \dfrac{2 \times 1,500}{500 + 1,500} = 1.5$

투과파 전압 $V = \alpha V_1 = 1.5 \times 600 = 900\,[kV]$

답 ③

## 130

가공 지선에 대한 설명 중 틀린 것은?

① 유도뢰 서지에 대하여도 그 가설 구간 전체에 사고방지의 효과가 있다.

② 직격뢰에 대하여 특히 유효하며 탑 상부에 시설하므로 뇌는 주로 가공 지선에 내습한다.

③ 송전선의 1선 지락 시 지락 전류의 일부가 가공 지선에 흘러 차폐 작용을 하므로 전자 유도 장해를 적게 할 수 있다.

④ 가공 지선 때문에 송전 선로의 대지 정전 용량이 감소하므로 대지 사이에 방전할 때 유도 전압이 특히 커서 차폐 효과가 좋다.

가공지선 설치로 송전 선로의 대지 정전 용량이 증가하므로 유도 전압이 감소하여 차폐 효과가 좋다.

### 가공지선 설치 목적

• 직격뢰 및 유도뢰로부터 전력선 보호

• 통신선의 전자 유도 장해 경감

☑ 참고 "철탑 접지 저항 경감"은 매설 지선의 목적이다. 틀린 보기로 나올 수 있으니 꼭 같이 암기하자.

답 ④

## 131

다음 중 송전 계통의 절연 협조에 있어서 절연 레벨이 가장 낮은 기기는?

① 피뢰기

② 단로기

③ 변압기

④ 차단기

### 절연 협조

계통의 절연 레벨이 큰 순서

선로 애자 > 차단기, 단로기 > 변압기 > 피뢰기

√ 암기 TIP 애차변피

답 ①

## 132

개폐 서지의 이상 전압을 감쇄할 목적으로 설치하는 것은?

① 단로기
② 차단기
③ 리액터
④ 개폐 저항기

개폐 저항기는 차단기와 병렬로 설치되며, 차단기의 차단 시 발생하는 개폐서지의 이상 전압을 억제한다.

답 ④

## 133

송전선에서 뇌격에 대한 차폐 등을 위해 가선하는 가공지선에 대한 설명으로 옳은 것은?

① 차폐각은 보통 15~30° 정도로 하고 있다.
② 차폐각이 클수록 벼락에 대한 차폐효과가 크다.
③ 가공지선을 2선으로 하면 차폐각이 적어진다.
④ 가공지선으로는 연동선을 주로 사용한다.

가공지선의 차폐각은 단독일 경우 30° ~ 45° 정도이며, 가공지선을 2선으로 하면 차폐각이 작아져 차폐효과가 크다. 가공지선은 ACSR을 사용한다.

답 ③

## 134

그림과 같은 이상 변압기에서 2차 측에 5[Ω]의 저항 부하를 연결하였을 때 1차 측에 흐르는 전류 $I$는 약 몇 [$A$]인가?

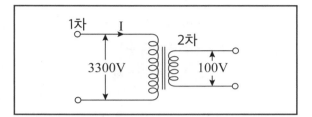

① 0.6
② 1.8
③ 20
④ 660

2차 측 전류 $I_2 = \dfrac{V_2}{R_2} = \dfrac{100}{5} = 20[A]$

권수비 $a = \dfrac{V_1}{V_2} = \dfrac{I_2}{I_1}$ 에서

$I_1 = \dfrac{V_2}{V_1} \times I_2 = \dfrac{100}{3,300} \times 20 = 0.6[A]$

답 ①

## 135

통신선과 평행인 주파수 60[$Hz$]의 3상 1회선 송전선이 있다. 1선 지락 때문에 영상 전류가 100[$A$] 흐르고 있다면 통신선에 유도되는 전자 유도 전압[$V$]은 약 얼마인가? (단, 영상 전류는 전 전선에 걸쳐서 같으며, 송전선과 통신선과의 상호 인덕턴스는 0.06[$mH/km$], 그 평행 길이는 40[$km$]이다.)

① 156.6
② 162.8
③ 230.2
④ 271.4

**전자 유도 전압**

$E_m = -j\omega Ml \times 3I_0$
$= -j(2\pi f)Ml \times 3I_0$
$= -j \times 2\pi \times 60 \times (0.06 \times 10^{-3} \times 40) \times 3 \times 100$
$= -j271.4[V]$
$\therefore |E_m| = 271.4[V]$

답 ④

## 136

**전력 계통에서 내부 이상 전압의 크기가 가장 큰 경우는?**

① 유도성 소전류 차단 시

② 수차 발전기의 부하 차단 시

③ 무부하 선로 충전 전류 차단 시

④ 송전 선로의 부하 차단기 투입 시

전력 계통에서 이상 전압이 가장 큰 경우는 무부하 송전 선로의 충전 전류를 차단할 때이다.

답 ③

## 137

**초고압 장거리 송전선로에 접속되는 1차 변전소에 분로 리액터를 설치하는 주된 목적은?**

① 페란티 현상의 방지

② 과도 안정도의 증대

③ 송전용량의 증가

④ 전력손실의 경감

장거리 송전 시 경부하 또는 무부하 상태에서 수전단 전압 $V_r$이 송전단 전압 $V_s$보다 높아지는 페란티 현상이 발생할 수 있다. 이를 방지하기 위해 분로 리액터를 설치해 전압을 안정시키는 역할을 한다.

✓ **TIP** 분로 리액터 설치 - 페란티 현상 방지

답 ①

## 138

**배전 계통에서 사용하는 고압용 차단기의 종류가 아닌 것은?**

① 기중 차단기(ACB)　　② 공기 차단기(ABB)

③ 진공 차단기(VCB)　　④ 유입 차단기(OCB)

기중 차단기(ACB)는 교류 저압용 차단기이다.

**고압용 차단기 종류**
- ABB(공기 차단기)
- OCB(유입 차단기)
- VCB(진공 차단기)
- GCB(가스 차단기)
- MBB(자기 차단기)

✓ **TIP** 공유라는 사람의 진가를 알아차리고 자기라고 부르고 싶다.

답 ①

## 139

**$SF_6$ 가스 차단기에 대한 설명으로 틀린 것은?**

① $SF_6$가스 자체는 불활성 기체이다.

② $SF_6$가스는 공기에 비하여 소호 능력이 약 100배 정도이다.

③ 절연 거리를 적게 할 수 있어 차단기 전체를 소형, 경량화 할 수 있다.

④ $SF_6$가스를 이용한 것으로서 독성이 있으므로 취급에 유의하여야 한다.

✓ **TIP** $SF_6$ 가스는 3無! 무색, 무취, 무독성!

**$SF_6$ 가스의 성질**
- 불활성 기체이다.
- 절연 성능이 뛰어나다.
- 무색, 무취, 무독성 기체이다.
- 공기에 비하여 소호 능력이 우수하다. (약 100배 정도)

답 ④

## 140

**변전소의 가스 차단기에 대한 설명으로 틀린 것은?**

① 근거리 차단에 유리하지 못하다.

② 불연성이므로 화재의 위험성이 적다.

③ 특고압 계통의 차단기로 많이 사용된다.

④ 이상 전압의 발생이 적고, 절연 회복이 우수하다.

**가스 차단기**(GCB)
- 밀폐된 구조로 소음이 없다.
- 근거리 차단에 우수한 차단 성능을 가진다.
- 이상 전압 발생이 적고, 절연 회복이 우수하다.
- 공기보다 절연 내력이 2~3배, 소호 능력이 100~200배 우수하다.
- 불연성 기체($SF_6$)가스 사용으로 화재의 위험성이 적다.
- 특고압 계통(22.9[$kV$])의 차단기로 사용된다.

답 ①

## 141

**다음 중 동작속도가 가장 느린 계전 방식은?**

① 전류 차동 보호 계전 방식

② 거리 보호 계전 방식

③ 전류 위상 비교 보호 계전 방식

④ 방향 비교 보호 계전 방식

거리 보호 계전 방식은 전압과 전류의 비율을 계산하여 동작하는데, 이 과정에서 시간이 걸려 동작 속도가 느리다.

답 ②

## 142

**단락 보호방식에 관한 설명으로 틀린 것은?**

① 방사상 선로의 단락 보호방식에서 전원이 양단에 있을 경우 방향 단락 계전기와 과전류 계전기를 조합시켜서 사용한다.

② 전원이 1단에만 있는 방사상 송전선로에서의 고장 전류는 모두 발전소로부터 방사상으로 흘러나간다.

③ 환상 선로의 단락 보호방식에서 전원이 두 군데 이상 있는 경우에는 방향 거리 계전기를 사용한다.

④ 환상 선로의 단락 보호방식에서 전원이 1단에만 있을 경우 선택 단락 계전기를 사용한다.

방향 거리 계전기는 주로 전원이 2개소 이상인 환상 선로의 단락 보호용으로 사용된다.

☑ **참고** 단락 보호 방식

| 전원 | 방사상 선로 | 환상 선로 |
|------|-------------|-----------|
| 1단 | 과전류 계전기 | 방향 단락 계전기 |
| 양단 | 방향 단락 계전기 과전류 계전기 | 방향 거리 계전기 |

답 ④

## 143

**전원이 양단에 있는 환상 선로의 단락 보호에 사용되는 계전기는?**

① 방향 거리 계전기    ② 부족 전압 계전기

③ 선택 접지 계전기    ④ 부족 전류 계전기

방향 거리 계전기는 주로 전원이 2개소 이상인 환상 선로의 단락 보호용으로 사용된다.

**송전 선로 단락 보호**
- **방사상 선로** : 과전류 계전기 사용
- **환상 선로** : 방향 단락 계전 방식, 방향 거리 계전 방식, 과전류 계전기와 방향 거리 계전기와의 조합

답 ①

## 144

**송전 선로의 보호 계전 방식이 아닌 것은?**

① 전류 위상 비교 방식

② 전류 차동 보호 계전 방식

③ 방향 비교 방식

④ 전압 균형 방식

**송전 선로의 보호 계전 방식**
• 전류 위상 비교 방식
• 전류 차동 방식
• 방향 비교 방식
• 거리 계전 방식
• 표시선 계전 방식
• 전력선 반송 계전 방식

답 ④

## 145

**과전류 계전기의 탭 값은 무엇으로 표시되는가?**

① 변류기의 권수비

② 계전기의 동작 시한

③ 계전기의 최대 부하 전류

④ 계전기의 최소 동작 전류

과전류 계전기의 탭 값은 계전기의 최소 동작 전류로 설정된다. 이는 계전기가 고장 발생 시 신속하게 동작하도록 하기 위한 설정이다.

답 ④

## 146

**모선 보호에 사용되는 계전 방식이 아닌 것은?**

① 위상 비교 방식

② 선택 접지 계전 방식

③ 방향 거리 계전 방식

④ 전류 차동 보호 방식

선택 접지 계전 방식은 송전 선로 지락 보호 계전 방식이다.

**모선(Bus) 보호 방식**
• 전류 차동 방식
• 전압 차동 방식
• 위상 비교 방식
• 방향 비교 방식
• 거리 방향 방식

답 ②

## 147

**변압기 등 전력 설비 내부 고장 시 변류기에 유입하는 전류와 유출하는 전류의 차로 동작하는 보호 계전기는?**

① 차동 계전기

② 지락 계전기

③ 과전류 계전기

④ 역상 전류 계전기

비율 차동 계전기(차동 계전기)는 전력 시스템에서 변압기, 발전기, 모터 등의 내부 고장을 보호하기 위해 사용되는 보호 장치이다. 유입하는 전류와 유출하는 전류의 차이를 감지하여 내부 고장을 탐지한다.

답 ①

## 148

발전기 또는 주변압기의 내부 고장 보호용으로 가장 널리 쓰이는 것은?

① 거리 계전기
② 과전류 계전기
③ 비율 차동 계전기
④ 방향 단락 계전기

비율 차동 계전기는 발전기나 변압기의 내부 고장 시, 양쪽의 전류 차이를 감지하여 차단기를 열어 차단한다. 즉, 발전기나 변압기의 내부 고장 보호용으로 사용한다.

답 ③

## 149

변압기 보호용 비율 차동 계전기를 사용하여 $\Delta - Y$ 결선의 변압기를 보호하려고 한다. 이때 변압기 1, 2차 측에 설치하는 변류기의 결선 방식은? (단, 위상 보정 기능이 없는 경우이다.)

① $\Delta - \Delta$
② $\Delta - Y$
③ $Y - \Delta$
④ $Y - Y$

**비율 차동 계전 방식**
$\Delta - Y$ 결선 변압기 1차 측과 2차 측의 위상차를 보정하기 위해 변류기는 변압기와 반대로 결선한다. 즉, 변압기 결선이 $\Delta - Y$ 이면, 변류기($CT$) 2차 결선은 $Y - \Delta$ 로 한다.

답 ③

## 150

3상 결선 변압기의 단상 운전에 의한 소손 방지 목적으로 설치하는 계전기는?

① 차동 계전기
② 역상 계전기
③ 단락 계전기
④ 과전류 계전기

3상 변압기에서 한 상이 결상되어 단상으로 운전되면 전류의 불평형이 발생한다. 이 불평형 상태에서는 역상 전류가 유기되므로, 변압기를 보호하기 위해 역상(결상) 계전기를 사용한다. 이 계전기는 변압기의 단상 운전의 소손을 방지하는 역할을 한다.

답 ②

## 151

전압 요소가 필요한 계전기가 아닌 것은?

① 주파수 계전기
② 동기탈조 계전기
③ 지락 과전류 계전기
④ 방향성 지락 과전류 계전기

**지락 과전류 계전기**(OCGR)
지락 사고 시 지락 전류에 의해서만 동작하므로 전류 요소인 영상 전류(지락 전류)가 필요하다.

답 ③

## 152

어느 일정한 방향으로 일정한 크기 이상의 단락 전류가 흘렀을 때 동작하는 보호 계전기의 약어는?

① ZR             ② UFR

③ OVR           ④ DOCR

DOCR(방향 과전류 계전기)은 일정한 방향으로 일정한 크기 이상의 단락 전류가 흐를 때 동작하는 계전기이다.

目 ④

## 153

$22.9[kV]$, $Y$결선된 자가용 수전 설비의 계기용 변압기의 2차측 정격 전압은 몇 $[V]$ 인가?

① 110           ② 220

③ $110\sqrt{3}$       ④ $220\sqrt{3}$

• PT(계기용 변압기) 2차 측 정격 전압: $110[V]$
• CT(변류기) 2차 측 정격 전류: $5[A]$

目 ①

## 154

고장 즉시 동작하는 특성을 갖는 계전기는?

① 순시 계전기        ② 정한시 계전기

③ 반한시 계전기      ④ 반한시성 정한시 계전기

**계전기 동작 시간에 의한 분류**
• **순한시(순시) 계전기**: 정정된 최소 동작 전류 이상의 전류가 흐르면 즉시 동작하는 계전기
• **정한시 계전기**: 정정된 값 이상의 전류가 흐르면 정해진 일정 시간 후에 동작하는 계전기
• **반한시 계전기**: 정정된 값 이상의 전류가 흐를 때 동작 시간은 전류값이 크면 동작 시간이 짧아지고, 전류값이 적으면 동작 시간이 길어진다.
• **반한시성 정한시 계전기**: 반한시 계전기와 정한시 계전기를 조합한 것으로 어느 전류값까지는 반한시성이지만 그 이상이 되면 정한시로 동작한다.

目 ①

## 155

동작 시간에 따른 보호 계전기의 분류와 이에 대한 설명으로 틀린 것은?

① 순한시 계전기는 설정된 최소 동작 전류 이상의 전류가 흐르면 즉시 동작한다.

② 반한시 계전기는 동작 시간이 전류값의 크기에 따라 변하는 것으로 전류값이 클수록 느리게 동작하고 반대로 전류값이 작아질수록 빠르게 동작하는 계전기이다.

③ 정한시 계전기는 설정된 값 이상의 전류가 흘렀을 때 동작 전류의 크기와는 관계없이 항상 일정한 시간 후에 동작하는 계전기이다.

④ 반한시·정한시 계전기는 어느 전류값까지는 반한시성이지만 그 이상이 되면 정한시로 동작하는 계전기이다.

> **계전기 동작 시간에 의한 분류**
> • **순한시(순시) 계전기** : 정정된 최소 동작 전류 이상의 전류가 흐르면 즉시 동작하는 계전기
> • **정한시 계전기** : 정정된 값 이상의 전류가 흐르면 정해진 일정 시간 후에 동작하는 계전기
> • **반한시 계전기** : 정정된 값 이상의 전류가 흐를 때 동작 시간은 전류값이 크면 동작 시간이 짧아지고, 전류값이 적으면 동작 시간이 길어진다.
> • **반한시성 정한시 계전기** : 반한시 계전기와 정한시 계전기를 조합한 것으로 어느 전류값까지는 반한시성이지만 그 이상이 되면 정한시로 동작한다.

답 ②

## 156

보호계전기의 반한시·정한시 특성은?

① 동작 전류가 커질수록 동작 시간이 짧게 되는 특성

② 최소 동작 전류 이상의 전류가 흐르면 즉시 동작하는 특성

③ 동작 전류의 크기에 관계없이 일정한 시간에 동작하는 특성

④ 동작 전류가 커질수록 동작 시간이 짧아지며, 어떤 전류 이상이 되면 동작 전류의 크기에 관계없이 일정한 시간에서 동작하는 특성

> **계전기 동작 시간에 의한 분류**
> • **순한시(순시) 계전기** : 정정된 최소 동작 전류 이상의 전류가 흐르면 즉시 동작하는 계전기
> • **정한시 계전기** : 정정된 값 이상의 전류가 흐르면 정해진 일정 시간 후에 동작하는 계전기
> • **반한시 계전기** : 정정된 값 이상의 전류가 흐를 때 동작 시간은 전류값이 크면 동작 시간이 짧아지고, 전류값이 적으면 동작 시간이 길어진다.
> • **반한시성 정한시 계전기** : 반한시 계전기와 정한시 계전기를 조합한 것으로 어느 전류값까지는 반한시성이지만 그 이상이 되면 정한시로 동작한다.

답 ④

## 157

차단기의 정격 차단 시간은?

① 고장 발생부터 소호까지의 시간

② 트립 코일 여자부터 소호까지의 시간

③ 가동 접촉자의 개극부터 소호까지의 시간

④ 가동 접촉자의 동작 시간부터 소호까지의 시간

> 차단기의 정격 차단 시간은 트립 코일이 작동된 순간부터 아크가 사라지기까지 걸리는 시간으로, 보통 약 3~8[cycle] 정도이다.

답 ②

## 158

부하 전류의 차단 능력이 없는 것은?

① DS

② NFB

③ OCB

④ VCB

**단로기 (DS)**
- 소호 장치가 없기 때문에 아크 소호 능력이 없고, 부하 전류와 고장 전류를 차단할 수 없음
- 무부하 상태에서만 개폐 가능

✓ **TIP** 무단 개폐

**차단기 (CB)**
- 소호 장치가 있어 부하 전류, 과전류 및 고장 전류 차단 가능
- 종류
  • NFB(No Fuse Breaker) : 배선용 차단기 (MCCB)
  • OCB(Oil Circuit Breaker) : 유입 차단기
  • VCB(Vacuum Circuit Breaker) : 진공 차단기

🔖 ①

## 159

부하전류가 흐르는 전로는 개폐할 수 없으나 기기의 점검이나 수리를 위하여 회로를 분리하거나, 계통의 접속을 바꾸는데 사용하는 것은?

① 차단기

② 단로기

③ 전력용 퓨즈

④ 부하 개폐기

**단로기 (DS)**
- 소호 장치가 없기 때문에 아크 소호 능력이 없고, 부하 전류와 고장 전류를 차단할 수 없음
- 무부하 상태에서만 개폐 가능

✓ **TIP** 무단 개폐

🔖 ②

## 160

인터록(Interlock)의 기능에 대한 설명으로 옳은 것은?

① 조작자의 의중에 따라 개폐되어야 한다.

② 차단기가 열려 있어야 단로기를 닫을 수 있다.

③ 차단기가 닫혀 있어야 단로기를 닫을 수 있다.

④ 차단기와 단로기를 별도로 닫고, 열 수 있어야 한다.

단로기는 소호 능력이 없으므로, 차단기를 먼저 조작하여 차단기가 열려 있는 상태에서만 단로기를 열거나 닫을 수 있다.

🔖 ②

## 161

진공 차단기의 특징이 아닌 것은?

① 전류 재단 현상이 있어 개폐 서지가 작다.

② 접점 소모가 적어 수명이 길다.

③ 화재 및 폭발의 위험이 없다.

④ 고속도 차단 성능이 우수하다.

진공 차단기는 고속 차단 성능이 우수하고, 접점 소모가 적어 수명이 길며, 화재 및 폭발의 위험이 없다는 특징이 있지만, 전류 재단 현상으로 인해 개폐 서지가 발생할 수 있다. 따라서 서지 흡수기를 설치해야 한다.

🔖 ①

## 162

**변류기 수리 시 2차측을 단락시키는 이유는?**

① 1차측 과전류 방지　② 2차측 과전류 방지

③ 1차측 과전압 방지　④ 2차측 과전압 방지

변류기 수리 시 2차측을 단락시키는 이유는 변류기 2차측이 개방되면 1차측의 전류가 2차측에 과도한 전압을 유기하여 절연이 파괴될 수 있기 때문이다. 따라서 2차측을 단락시켜 2차측의 과전압을 방지하고 변류기의 안전을 확보해야 한다.

답 ④

## 163

**비접지 계통의 지락 사고 시 계전기에 영상 전류를 공급하기 위하여 설치하는 기기는?**

① $PT$　　　　② $CT$

③ $ZCT$　　　④ $GPT$

ZCT : 지락 사고 발생 시 영상 전류를 검출하여 계전기에 공급

GPT : 지락 사고 발생 시 영상 전압을 검출하여 계전기에 공급

✓ **TIP** ZCT의 'C'는 전류(Current)의 약자입니다.

답 ③

## 164

**선택 지락 계전기의 용도를 옳게 설명한 것은?**

① 단일 회선에서 지락 고장 회선의 선택 차단

② 단일 회선에서 지락 전류의 방향 선택 차단

③ 병행 2회선에서 지락 고장 회선의 선택 차단

④ 병행 2회선에서 지락 고장의 지속 시간 선택 차단

**선택 지락 계전기**(SGR) : 다회선의 지락(접지) 사고를 선택하는 계전기

✓ **TIP** 회선이 2개 이상(다회선)은 있어야 "선택"을 할 수 있겠죠?

답 ③

## 165

**전력 퓨즈(Power Fuse)는 고압, 특고압기기의 주로 어떤 전류의 차단을 목적으로 설치하는가?**

① 충전 전류　　② 부하 전류

③ 단락 전류　　④ 영상 전류

전력 퓨즈는 단락 전류를 차단하기 위한 보호 장치이다.

답 ③

## 166

**차단기와 비교하여 전력 퓨즈에 대한 설명으로 적합하지 않은 것은?**

① 가격이 저렴하다.

② 보수가 간단하다.

③ 고속 차단을 할 수 있다.

④ 재투입을 할 수 있다.

**전력 퓨즈(PF)**
- 단락 보호용
- 소형 경량으로 차단 용량이 크다.
- 정전 용량이 적고, 가격이 저렴하다.
- 변성기가 필요없고, 유지 보수가 간단하다.
- 재투입이 불가능하다.
- 전차단/용단/단시간 허용 특성

 **TIP** 전용단

📖 ④

## 167

**최근에 우리나라에서 많이 채용되고 있는 가스 절연 개폐 설비(GIS)의 특징으로 틀린 것은?**

① 대기 절연을 이용한 것에 비해 현저하게 소형화 할 수 있으나 비교적 고가이다.

② 소음이 적고 충전부가 완전한 밀폐형으로 되어 있기 때문에 안정성이 높다.

③ 가스 압력에 대한 엄중 감시가 필요하며 내부 점검 및 부품 교환이 번거롭다.

④ 한랭지, 산악 지방에서도 액화 방지 및 산화 방지 대책이 필요 없다.

가스 절연 개폐 설비(GIS)에서 사용하는 SF6 가스는 한랭지에서 기온이 낮아지면 기체가 액체로 액화되므로 액화 방지를 위해 히터 장치가 필요하다.

**가스 절연 개폐 장치(GIS) 장단점**
- **장점** : 소형화, 고성능, 고신뢰성, 설치 공사 시간 단축, 유지 보수 간편, 무인 운전
- **단점** : 고비용, 육안 검사 불가능, 고장 시 임시 복구 불가, 대형 사고 주의 필요, 액화 및 산화 방지 대책 필요

📖 ④

## 168

**수전용 변전 설비의 1차측 차단기의 차단 용량은 주로 어느 것에 의하여 정해지는가?**

① 수전 계약 용량

② 부하설비의 단락용량

③ 공급 측 전원의 단락 용량

④ 수전 전력의 역률과 부하율

차단기의 차단 용량은 공급 측 전원의 단락 용량 이상의 값으로 정해진다.

📖 ③

## 169

3상용 차단기의 정격 차단 용량은?

① $\sqrt{3}$ ×정격 전압×정격 차단 전류

② $\sqrt{3}$ ×정격 전압×정격 전류

③ 3×정격 전압×정격 차단 전류

④ 3×정격 전압×정격 전류

**3상 차단기의 정격 차단 용량**

$P_s = \sqrt{3}\,V_n I_s\,[MVA]$

(단, $V_n$: 정격 전압$[kV]$, $I_s$: 정격 차단 전류$[kA]$)

답 ①

## 170

3상용 차단기의 정격 전압은 170$[kV]$이고 정격 차단 전류가 50$[kA]$일 때 차단기의 정격 차단 용량은 약 몇 $[MVA]$인가?

① 5,000　　　　② 10,000

③ 15,000　　　　④ 20,000

**3상 차단기의 정격 차단 용량**

$P_s = \sqrt{3}\,VI_s = \sqrt{3} \times 170 \times 50 =$ 약 15,000$[MVA]$

($V$: 정격 전압, $I_s$: 정격 차단 전류)

답 ③

## 171

정격 전압 7.2$[kV]$, 정격 차단 용량 100$[MVA]$인 3상 차단기의 정격 차단 전류는 약 몇 $[kA]$인가?

① 4　　　　② 6

③ 7　　　　④ 8

**3상 차단기의 정격 차단 용량**

$P_s = \sqrt{3}\,V_n I_s\,[MVA]$

(단, $V_n$: 정격 전압$[kV]$, $I_s$: 정격 차단 전류$[kA]$)

위 공식으로부터 정격 차단 전류는

$I_s = \dfrac{P_s}{\sqrt{3}\,V_n} = \dfrac{100 \times 10^3}{\sqrt{3} \times 7.2} = 8018.75\,[A] \fallingdotseq 8\,[kA]$

답 ④

## 172

단락 용량 3,000$[MVA]$인 모선의 전압이 154$[kV]$라면 등가 모선 임피던스$[\Omega]$는 약 얼마인가?

① 5.81　　　　② 6.21

③ 7.91　　　　④ 8.71

단락 용량 $P_s = \dfrac{V^2}{Z}\,[MVA]$에서

$Z = \dfrac{V^2}{P_s} = \dfrac{(154 \times 10^3)^2}{3,000 \times 10^6} = 7.91\,[\Omega]$

[해설2] 단락 용량 $P_s = \sqrt{3}\,VI_s\,[MVA]$

모선 임피던스 $Z = \dfrac{E}{I_s} = \dfrac{\dfrac{V}{\sqrt{3}}}{\dfrac{P_s}{\sqrt{3}\,V}} = \dfrac{V^2}{P_s}\,[\Omega]$

$Z = \dfrac{V^2}{P_s} = \dfrac{(154 \times 10^3)^2}{3,000 \times 10^6} = 7.91\,[\Omega]$

답 ③

## 173

10,000[$kVA$] 기준으로 등가 임피던스가 0.4[%]인 발전소에 설치될 차단기의 차단 용량은 몇 [$MVA$]인가?

① 1,000　　　　　② 1,500

③ 2,000　　　　　④ 2,500

**차단기의 차단 용량**

$$P_s = \frac{100}{\%Z} P_n = \frac{100}{0.4} \times 10,000 \times 10^{-3}$$
$$= 2,500[MVA]$$

답 ④

## 174

배전반에 접속되어 운전 중인 계기용 변압기($PT$) 및 변류기($CT$)의 2차 측 회로를 점검할 때 조치 사항으로 옳은 것은?

① $CT$만 단락시킨다.

② $PT$만 단락시킨다.

③ $CT$와 $PT$모두를 단락시킨다.

④ $CT$와 $PT$모두를 개방시킨다.

**PT 및 CT 점검 시 조치 사항**
- PT : 2차 측을 **개방**시킨 후 PT 점검
- CT : 2차 측을 **단락**시킨 후 CT 점검

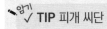
✓ **TIP** 피개 씨단

답 ①

## 175

변성기의 정격 부담을 표시하는 단위는?

① [$W$]　　　　　② [$S$]

③ [$dyne$]　　　　④ [$VA$]

변성기의 정격 부담은 변류기($CT$)나 계기용 변압기($PT$)의 2차 회로에 걸 수 있는 최대 부하 용량을 의미하며, 단위는 [$VA$]를 사용한다.

답 ④

## 176

고압 배전 선로 구성 방식 중, 고장 시 자동적으로 고장 개소의 분리 및 건전 선로에 폐로하여 전력을 공급하는 개폐기를 가지며, 수요 분포에 따라 임의의 분기선으로부터 전력을 공급하는 방식은?

① 환상식　　　　　② 망상식

③ 뱅킹식　　　　　④ 가지식(수지식)

**환상식 배전 방식**(loop system)
배전 선로를 루프 형태로 구성하여 고장 발생 시 자동으로 고장 부분을 분리하고, 건전한 선로로 전력을 공급할 수 있는 개폐기를 갖춘 방식이다. 이 방식은 수요 분포에 따라 임의의 분기선에서 전력을 공급할 수 있어 신뢰성이 높다.

답 ①

## 177

**다음 중 환상(루프) 방식과 비교할 때 방사상 배전 선로 구성 방식에 해당되는 사항은?**

① 전력 수요 증가 시 간선이나 분기선을 연장하여 쉽게 공급이 가능하다.

② 전압 변동 및 전력 손실이 작다.

③ 사고 발생 시 다른 간선으로의 전환이 쉽다.

④ 환상방식 보다 신뢰도가 높은 방식이다.

방사상 방식은 배전 선로를 부하 증설에 따라 간선이나 분기선을 추가하여 구성하는 배전 방식으로, 농어촌에 적합하다. 이 방식은 배전 선로가 간단하고 건설비가 저렴하지만, 전압 강하 및 전력 손실이 커서 공급 신뢰도가 낮다. 또한, 사고 시 정전 범위가 크다.

답 ①

## 178

**다음 중 그 값이 항상 1이상인 것은?**

① 부등률              ② 부하율

③ 수용률              ④ 전압 강하율

$$부등률 = \frac{개별 \ 수용 \ 가 \ 최대 \ 수용 \ 전력의 \ 합\,[kW]}{합성 \ 최대 \ 수용 \ 전력\,[kW]} \geq 1$$

답 ①

## 179

**최대 수용 전력이 3[kW]인 수용가가 3세대, 5[kW]인 수용가가 6세대라고 할 때, 이 수용가군에 전력을 공급할 수 있는 주상 변압기의 최소 용량[kVA]은? (단, 역률은 1, 수용가 간의 부등률은 1.3이다.)**

① 25              ② 30

③ 35              ④ 40

변압기 용량

$$P_t[kVA] = \frac{개별 \ 수용가 \ 최대 \ 수용 \ 전력의 \ 합\,[kW]}{부등률 \times cos\theta}$$

$$= \frac{3 \times 3 + 5 \times 6}{1.3 \times 1} = 30[kVA]$$

답 ②

## 180

**설비 용량이 360[kW], 수용률 0.8, 부등률 1.2 일 때 최대 수용 전력은 몇 [kW] 인가?**

① 120              ② 240

③ 360              ④ 480

$$최대 \ 수용 \ 전력 \ P_m[kW] = \frac{설비 \ 용량 \times 수용률}{부등률}$$

$$P_m = \frac{360 \times 0.8}{1.2} = 240[kW]$$

답 ②

## 181

**전력설비의 수용률을 나타낸 것은?**

① 수용률 $= \dfrac{\text{평균 전력}[kW]}{\text{부하 설비 용량}[kW]} \times 100[\%]$

② 수용률 $= \dfrac{\text{부하 설비 용량}[kW]}{\text{평균 전력}[kW]} \times 100[\%]$

③ 수용률 $= \dfrac{\text{최대 수용 전력}[kW]}{\text{부하 설비 용량}[kW]} \times 100[\%]$

④ 수용률 $= \dfrac{\text{부하 설비 용량}[kW]}{\text{최대 수용 전력}[kW]} \times 100[\%]$

**수용률**: 전력 소비 기기(부하)가 동시에 사용되는 정도를 나타내는 지표

✓ **TIP** 부수 평최총

부하율 $= \dfrac{\text{평균 부하 전력}[kW]}{\text{최대 수용 전력}[kW]} \times 100[\%]$

수용률 $= \dfrac{\text{최대 수용 전력}[kW]}{\text{총 부하 설비 용량}[kW]} \times 100[\%]$

✓ **TIP** 개최합합최

부등률 $= \dfrac{\text{개별 수용가 최대 수용 전력의 합}[kW]}{\text{합성 최대 수용 전력}[kW]} \geq 1$

답 ③

## 182

**어느 수용가의 부하 설비는 전등 설비가 $500[W]$, 전열 설비가 $600[W]$, 전동기 설비가 $400[W]$, 기타설비가 $100[W]$이다. 이 수용가의 최대 수용 전력이 $1,200[W]$이면 수용률은 몇 [%]인가?**

① 55  　　　　　 ② 65

③ 75  　　　　　 ④ 85

수용률 $= \dfrac{\text{최대 수용 전력}[kW]}{\text{총 부하 설비 용량}[kW]} \times 100[\%]$

$= \dfrac{1,200}{500+600+400+100} \times 100 = 75[\%]$

✓ **TIP** 부수 평최총

부하율 $= \dfrac{\text{평균 부하 전력}[kW]}{\text{최대 수용 전력}[kW]} \times 100[\%]$

수용률 $= \dfrac{\text{최대 수용 전력}[kW]}{\text{총 부하 설비 용량}[kW]} \times 100[\%]$

✓ **TIP** 개최합합최

부등률 $= \dfrac{\text{개별 수용가 최대 수용 전력의 합}[kW]}{\text{합성 최대 수용 전력}[kW]} \geq 1$

답 ③

## 183

**각 수용가의 수용설비 용량이 $50[kW]$, $100[kW]$, $80[kW]$, $60[kW]$, $150[kW]$ 이며, 각각의 수용률이 $0.6, 0.6, 0.5, 0.5, 0.4$ 일 때 부하의 부등률이 $1.3$이라면 변압기 용량은 약 몇 $[kVA]$가 필요한가?(단, 평균 부하 역률은 $80[\%]$라 한다.)**

① 142  　　　　　 ② 165

③ 183  　　　　　 ④ 212

변압기 용량$[kVA]$

$= \dfrac{\text{개별 수용가 최대 수용 전력의 합}[kW]}{\text{부등률} \times \text{역률} \times \text{효율}}$

$= \dfrac{50 \times 0.6 + 100 \times 0.6 + 80 \times 0.5 + 60 \times 0.5 + 150 \times 0.4}{1.3 \times 0.8 \times 1}$

$= 212[kVA]$

답 ④

## 184

단상 2선식 배전 선로의 선로 임피던스가 $2+j5[\Omega]$이고 무유도성 부하 전류 $10[A]$ 일 때 송전단 역률은? (단, 수전단 전압의 크기는 $100[V]$이고, 위상각은 $0°$이다.)

① $\dfrac{5}{12}$       ② $\dfrac{5}{13}$

③ $\dfrac{11}{12}$       ④ $\dfrac{12}{13}$

부하가 무유도성(저항 부하)이므로 부하 저항은

$R = \dfrac{V}{I} = \dfrac{100}{10} = 10[\Omega]$

따라서 합성 임피던스

$Z = R + Z_l = 10 + 2 + j5 = 12 + j5[\Omega]$

그러므로

$\cos\theta = \dfrac{R}{Z} = \dfrac{R}{\sqrt{R^2 + X^2}} = \dfrac{12}{\sqrt{12^2 + 5^2}} = \dfrac{12}{13}$

目 ④

## 185

단상 변압기 3대에 의한 $\Delta$결선에서 1대를 제거하고 동일 전력을 $V$결선으로 보낸다면 동손은 약 몇 배가 되는가?

① 0.67       ② 2.0

③ 2.7       ④ 3.0

동일 전력을 $V$결선으로 보낸다 하였으므로

$P_V = P_\Delta$이고, $\sqrt{3}\,VI_V = 3VI_\Delta$이다.

또한, 1상의 전류는 $I_V = \sqrt{3}\,I_\Delta$ 가 된다.

동손은 전류의 제곱과 변압기 수량에 비례하므로

$\dfrac{I_V^2 \times 2}{I_\Delta^2 \times 3} = \dfrac{(\sqrt{3}\,I_\Delta)^2 \times 2}{I_\Delta^2 \times 3} = 2$

즉, $V$결선에서의 동손은 $\Delta$결선에 비해 2배가 된다.

☑ **참고** $V$결선은 $\Delta$결선에서 변압기 1대를 제거한 형태이다.

目 ②

## 186

용량 $20[kVA]$인 단상 주상 변압기에 걸리는 하루 동안의 부하가 처음 14시간 동안은 $20[kW]$, 다음 10시간 동안은 $10[kW]$일 때, 이 변압기에 의한 하루 동안의 손실량$[Wh]$은? (단, 부하의 역률은 1로 가정하고, 변압기의 전 부하 동손은 $300[W]$, 철손은 $100[W]$이다.)

① 6,850       ② 7,200

③ 7,350       ④ 7,800

동손(부하손)

$W_c = \sum m^2 P_c \times t$
$= \left(\dfrac{20}{20}\right)^2 \times 300 \times 14 + \left(\dfrac{10}{20}\right)^2 \times 300 \times 10$
$= 4,950[Wh]$

철손(무부하손)

$W_i = P_i \times t = 100 \times 24 = 2,400[Wh]$

손실 합계(동손+철손)

$W_l = W_c + W_i = 4,950 + 2,400 = 7,350[Wh]$

目 ③

## 187

순저항 부하의 부하 전력 $P[kW]$, 전압 $E[V]$, 선로의 길이 $1[m]$, 고유 저항 $\rho \, [\Omega \cdot mm^2/m]$인 단상 2선식 선로에서 선로 손실을 $q[W]$라 하면, 전선의 단면적 $[mm^2]$은 어떻게 표현되는가?

① $\dfrac{\rho l P^2}{q E^2} \times 10^6$      ② $\dfrac{2\rho l P^2}{q E^2} \times 10^6$

③ $\dfrac{\rho l P^2}{2q E^2} \times 10^6$      ④ $\dfrac{2\rho l P^2}{q^2 E} \times 10^6$

단상 2선식 선로에서 선로 손실(전력 손실)

$P_l = 2I^2 R \, [W]$ 공식을 사용하여

$P_l = q = 2I^2 R = 2 \times \left(\dfrac{P \times 10^3}{E}\right)^2 \times \rho \dfrac{l}{A}$ 에서

전선의 단면적

$A = 2 \times \left(\dfrac{P \times 10^3}{E}\right)^2 \times \rho \dfrac{l}{q} = \dfrac{2\rho l P^2}{q E^2} \times 10^6 \, [mm^2]$

답 ②

## 188

전선의 굵기가 균일하고 부하가 송전단에서 말단까지 균일하게 분포되어 있을 때 배전선 말단에서 전압 강하는? (단, 배전선 전체 저항 $R$, 송전단의 부하 전류는 $I$이다.)

① $\dfrac{1}{2} RI$      ② $\dfrac{1}{\sqrt{2}} RI$

③ $\dfrac{1}{\sqrt{3}} RI$      ④ $\dfrac{1}{3} RI$

| 구분 | 전압 강하($e$) | 전력 손실($P_l$) |
|---|---|---|
| 말단에 집중 부하 | $IR$ | $I^2 R$ |
| 균등 부하 분포 | $\dfrac{1}{2} IR$ | $\dfrac{1}{3} I^2 R$ |

답 ①

## 189

선로에 따라 균일하게 부하가 분포된 선로의 전력 손실은 이들 부하가 선로의 말단에 집중적으로 접속되어 있을 때보다 어떻게 되는가?

① $\dfrac{1}{2}$ 로 된다.      ② $\dfrac{1}{3}$ 로 된다.

③ 2배로 된다.      ④ 3배로 된다.

| 구분 | 전압 강하($e$) | 전력 손실($P_l$) |
|---|---|---|
| 말단에 집중 부하 | $IR$ | $I^2 R$ |
| 균등 부하 분포 | $\dfrac{1}{2} IR$ | $\dfrac{1}{3} I^2 R$ |

답 ②

## 190

역률 개선용 콘덴서를 부하와 병렬로 연결하고자 한다. $\Delta$결선 방식과 $Y$결선 방식을 비교하면 콘덴서의 정전 용량$[\mu F]$의 크기는 어떠한가?

① $\Delta$결선 방식과 $Y$결선 방식은 동일하다.

② $Y$결선 방식이 $\Delta$결선 방식의 $\dfrac{1}{2}$ 이다.

③ $\Delta$결선 방식이 $Y$결선 방식의 $\dfrac{1}{3}$ 이다.

④ $Y$결선 방식이 $\Delta$결선 방식의 $\dfrac{1}{\sqrt{3}}$ 이다.

동일한 조건에서 정전 용량은 $C_\Delta = C_Y \times \dfrac{1}{3}$ 이다.

답 ③

## 191

400[$kVA$] 단상 변압기 3대를 $\Delta$ - $\Delta$결선으로 사용하다가 1대의 고장으로 $V$ - $V$결선을 하여 사용하면 약 몇 [$kVA$] 부하까지 걸 수 있겠는가?

① 400
② 566
③ 693
④ 800

> $\Delta$ - $\Delta$ 결선에서 단상변압기 하나가 고장나면, $V$ - $V$ 결선으로 변경하여 사용할 수 있다.
>
> $V$ - $V$ 결선에서 사용 가능한 부하 용량은
> $P_v = \sqrt{3}\,P_1 = \sqrt{3} \times 400 = 693[kVA]$
> ($P_v$: $V$결선 출력[$kVA$], $P_1$: 변압기 1대 용량[$kVA$])

답 ③

## 192

저압 배전 선로에 대한 설명으로 틀린 것은?

① 저압 뱅킹 방식은 전압 변동을 경감할 수 있다.

② 밸런서(Balancer)는 단상 2선식에 필요하다.

③ 부하율($F$)과 손실 계수($H$) 사이에는 $1 \geq F \geq H \geq F^2 \geq 0$의 관계가 있다.

④ 수용률이란 최대 수용 전력을 설비 용량으로 나눈 값을 퍼센트로 나타낸 것이다.

> 밸런서는 단상 3선식에서 전압 불평형을 방지하기 위해 설치한다.

답 ②

## 193

저압 뱅킹 방식에서 저전압의 고장에 의하여 건전한 변압기의 일부 또는 전부가 차단되는 현상은?

① 아킹(Arcing)
② 플리커(Flicker)
③ 밸런스(Balance)
④ 캐스케이딩(cascading)

> **캐스케이딩(Cascading)**: 저압 뱅킹 뱅식에서 어느 한 곳의 사고로 인해 건전한 변압기의 일부 또는 전부가 차단되는 현상
>
> **캐스케이딩 방지책**: 변압기 1차측에 퓨즈, 저압선의 중간에 구분 퓨즈 설치

답 ④

## 194

저압 뱅킹 배전방식에서 캐스케이딩 현상을 방지하기 위하여 인접 변압기를 연락하는 저압선의 중간에 설치하는 것으로 알맞은 것은?

① 구분 퓨즈
② 리클로저
③ 섹셔널라이저
④ 구분개폐기

> **캐스케이딩(Cascading)**: 저압 뱅킹 뱅식에서 어느 한 곳의 사고로 인해 건전한 변압기의 일부 또는 전부가 차단되는 현상
>
> **캐스케이딩 방지책**: 변압기 1차측에 퓨즈, 저압선의 중간에 구분 퓨즈 설치

답 ①

## 195

저압 배전 계통을 구성하는 방식 중 캐스케이딩(Cascading)을 일으킬 우려가 있는 방식은?

① 방사상 방식　　　　② 저압 뱅킹 방식

③ 저압 네크워크 방식　④ 스포트 네트워크 방식

**저압 뱅킹 방식**
- **공급 신뢰도 향상**: 고장 보호 방식이 적절할 때 신뢰도가 높아진다.
- **전압 강하 및 전력 손실이 적음**: 효율적인 전력 공급이 가능하다.
- **캐스케이딩 우려**: 선로의 사고가 다른 건전한 변압기나 선로에 영향을 미칠 수 있다. 이를 방지하기 위해 변압기의 1차측에 퓨즈를 설치하고, 저압선 중간에 구분 퓨즈를 배치한다.

답 ②

## 196

배전선의 전압 조정 장치가 아닌 것은?

① 승압기　　　　　　② 리클로저

③ 유도 전압 조정기　④ 주상 변압기 탭 절환 장치

**리클로저**: 배전선로에서 사고 발생 시 즉시 동작하여 고장 구간을 차단하고, 그 후에 다시 투입시키는 동작을 반복적으로 하는 자동 재폐로 차단기이다.

**배전선의 전압 조정 장치**
- 승압기
- 유도 전압 조정기
- 주상 변압기 탭 절환 장치

답 ②

## 197

배전 선로의 고장 또는 보수 점검 시 정전 구간을 축소하기 위하여 사용되는 것은?

① 단로기　　　　　② 컷아웃 스위치

③ 계자 저항기　　④ 구분 개폐기

**구분 개폐기**: 배전 선로의 고장 또는 보수 점검 시 정전 구간을 축소하기 위해 사용하는 개폐기

답 ④

## 198

배전선로의 주상 변압기에서 고압 측-저압 측에 주로 사용되는 보호 장치의 조합으로 적합한 것은?

① 고압 측 : 컷아웃 스위치, 저압 측 : 캐치 홀더

② 고압 측 : 캐치 홀더, 저압 측 : 컷아웃 스위치

③ 고압 측 : 리클로저, 저압 측 : 라인 퓨즈

④ 고압 측 : 라인 퓨즈, 저압 측 : 리클로저

**주상 변압기 보호 장치**
- **고압 측(1차 측)**: 컷아웃 스위치(COS), 피뢰기
- **저압 측(2차 측)**: 캐치 홀더, 중성점 접지

답 ①

## 199

**플리커 경감을 위한 전력 공급측의 방안이 아닌 것은?**

① 공급 전압을 낮춘다.

② 전용 변압기로 공급한다.

③ 단독 공급 계통을 구성한다.

④ 단락 용량이 큰 계통에서 공급한다.

**플리커 경감 대책**
- 공급 측의 대책
  - 공급 전압을 승압
  - 전용 변압기로 공급
  - 단독 공급 계통을 구성
  - 단락 용량이 큰 계통에서 공급

- 수용가 측의 대책
  - 전압 강하 보상
  - 전원 계통에 리액터분 보상
  - 부하의 무효 전력 변동분 흡수
  - 플리커 부하 전류의 변동분 억제

답 ①

## 200

**배전 선로에 사고 범위의 확대를 방지하기 위한 대책으로 적당하지 않은 것은?**

① 선택 접지 계전 방식 채택

② 자동 고장 검출 장치 설치

③ 진상 콘덴서를 설치하여 전압 보상

④ 특고압의 경우 자동 구분 개폐기 설치

진상 콘덴서 설치는 역률을 개선시켜 전압 강하 및 전력 손실을 감소시킨다. 사고 범위의 확대를 방지하는 대책과는 연관이 없다.

답 ③

## 201

**망상(Network) 배전 방식에 대한 설명으로 옳은 것은?**

① 전압 변동이 대체로 크다.

② 부하 증가에 대한 융통성이 적다.

③ 방사상 방식보다 무정전 공급의 신뢰도가 더 높다.

④ 인축에 대한 감전 사고가 적어서 농촌에 적합하다.

**망상 배전 방식**
- 무정전 공급 신뢰도가 높다.
- 전압 변동이 적고, 손실이 적다.
- 부하 증가에 대한 융통성이 크다.
- 부하 밀집 지역에 적당하다.
- 인축에 대한 감전 사고의 우려가 크다.
- 역류 개폐 장치가 필요하다.
- 건설비가 비싸다.

답 ③

## 202

**배전 선로의 역률 개선에 따른 효과로 적합하지 않은 것은?**

① 선로의 전력 손실 경감

② 선로의 전압 강하의 감소

③ 전원 측 설비의 이용률 향상

④ 선로 절연의 비용 절감

**역률 개선의 효과**
- 전력 손실 감소
- 전압 강하 감소
- 전기 요금 절감
- 설비 여유 증대(이용률 향상)

답 ④

## 203

다중접지 계통에 사용되는 재폐로 기능을 갖는 일종의 차단기로서 과부하 또는 고장 전류가 흐르면 순시동작 하고, 일정 시간 후에는 자동적으로 재폐로 하는 보호 기기는?

① 라인퓨즈　　　　② 리클로저

③ 섹셔널라이저　　④ 고장 구간 자동 개폐기

**리클로저**(Recloser) : 배전선로에서 사고 발생 시 즉 시 동작하여 고장 구간을 차단하고, 그 후에 다시 투 입시키는 동작을 반복적으로 하는 자동 재폐로 차단 기이다.

답 ②

## 204

공통 중성선 다중 접지 방식의 배전 선로에서 Recloser(R), Sectionalizer(S), Line fuse(F)의 보호 협조가 가장 적합한 배열은? (단, 보호 협조는 변 전소를 기준으로 한다.)

① $S - F - R$　　　　② $S - R - F$

③ $F - S - R$　　　　④ $R - S - F$

**보호 협조 배열 순서** : 리클로저(R) - 섹셔널라이저 (S) - 구분 퓨즈(F)

> ☑ **참고** 섹셔널라이저는 고장 발생 시 차단 능력이 없으므로 후비 보호 장치인 리클로저와 직렬로 조합 하여 사용한다.

답 ④

## 205

선로 고장 발생 시 고장 전류를 차단할 수 없어 리클로 저와 같이 차단 기능이 있는 후비 보호 장치와 함께 설 치되어야 하는 장치는?

① 배선용 차단기　　② 유입 개폐기

③ 컷아웃 스위치　　④ 섹셔널라이저

섹셔널라이저는 고장 발생 시 차단 능력이 없으므로 후비 보호 장치인 리클로저와 직렬로 조합하여 사용 한다.

**보호 협조 배열** : 리클로저(R) - 섹셔널라이저(S) - 구 분 퓨즈(F)

답 ④

## 206

사고, 정전 등의 중대한 영향을 받는 지역에서 정전과 동시에 자동적으로 예비 전원용 배전 선로로 전환하는 장치는?

① 차단기(Circuit Breaker)

② 리클로저(Recloser)

③ 섹셔널라이저(Sectionalizer)

④ 자동 부하 전환개폐기(Auto Load Transfer Switch)

**자동 부하 전환개폐기**(ALTS) : 사고나 정전 시에 즉 시 예비 전원으로 자동 전환되어 무정전 전원 공급을 수행하는 개폐기

> ☑ **참고** 리클로저(Recloser) : 배전선로에서 사고 발생 시 즉시 동작하여 고장 구간을 차단하고, 그 후 에 다시 투입시키는 동작을 반복적으로 하는 자동 재 폐로 차단기이다.

답 ④

## 207

**배전선의 전력 손실 경감 대책이 아닌 것은?**

① 다중 접지 방식을 채용한다.

② 역률을 개선한다.

③ 배전 전압을 높인다.

④ 부하의 불평형을 방지한다.

**배전 선로의 손실 경감 대책**
- 배전 전압을 높인다. (승압)
- 역률을 개선한다.
- 동량을 증가한다.
- 전력용 커패시터를 설치한다.
- 부하 설비의 불평형을 개선한다.
- 네트워크 배전 방식을 채택한다.

답 ①

## 208

**승압기에 의하여 전압 $V_e$에서 $V_h$로 승압할 때, 2차 정격전압 $e$, 자기 용량 $W$인 단상 승압기가 공급할 수 있는 부하 용량은?**

① $\dfrac{V_h}{e} \times W$  ② $\dfrac{V_e}{e} \times W$

③ $\dfrac{V_e}{V_h - V_e} \times W$  ④ $\dfrac{V_h - V_e}{V_e} \times W$

$$\frac{승압기 \, 자기 \, 용량 \, W}{부하 \, 용량 \, W_L} = \frac{eI}{V_h I} = \frac{e}{V_h}$$

$$부하 \, 용량 \, W_L = \frac{V_h}{e} \times W$$

답 ①

## 209

**한 대의 주상 변압기에 역률(뒤짐) $\cos\theta_1$, 유효전력 $P_1[kW]$의 부하와 역률(뒤짐) $\cos\theta_2$, 유효 전력 $P_2[kW]$의 부하가 병렬로 접속되어 있을 때 주상 변압기 2차 측에서 본 부하의 종합 역률은 어떻게 되는가?**

① $\dfrac{P_1 + P_2}{\dfrac{P_1}{\cos\theta_1} + \dfrac{P_2}{\cos\theta_2}}$

② $\dfrac{P_1 + P_2}{\dfrac{P_1}{\sin\theta_1} + \dfrac{P_2}{\sin\theta_2}}$

③ $\dfrac{P_1 + P_2}{\sqrt{(P_1 + P_2)^2 + (P_1\tan\theta_1 + P_2\tan\theta_2)^2}}$

④ $\dfrac{P_1 + P_2}{\sqrt{(P_1 + P_2)^2 + (P_1\sin\theta_1 + P_2\sin\theta_2)^2}}$

**합성 유효 전력**
$P = P_1 + P_2$

**합성 무효 전력**
$P_r = P_1\tan\theta_1 + P_2\tan\theta_2$

**합성 피상 전력**
$P_a = \sqrt{(P_1 + P_2)^2 + (P_1\tan\theta_1 + P_2\tan\theta_2)^2}$

**합성 종합 역률**
$\cos\theta = \dfrac{P}{P_a} = \dfrac{P_1 + P_2}{\sqrt{(P_1 + P_2)^2 + (P_1\tan\theta_1 + P_2\tan\theta_2)^2}}$

답 ③

## 210

불평형 부하에서 역률[%]은?

① $\dfrac{유효전력}{각\ 상의\ 피상전력의\ 산술합} \times 100$

② $\dfrac{무효전력}{각\ 상의\ 피상전력의\ 산술합} \times 100$

③ $\dfrac{무효전력}{각\ 상의\ 피상전력의\ 벡터합} \times 100$

④ $\dfrac{유효전력}{각\ 상의\ 피상전력의\ 벡터합} \times 100$

**불평형 부하의 역률**

$$\dfrac{유효\ 전력}{각\ 상의\ 피상\ 전력의\ 벡터합} \times 100\,[\%]$$

답 ④

## 211

역률 80[%], 500[kVA]의 부하 설비에 100[kVA]의 진상용 콘덴서를 설치하여 역률을 개선하면 수전점에서의 부하는 약 몇 [kVA]가 되는가?

① 400          ② 425

③ 450          ④ 475

**유효 전력**

$P = P_a \cos\theta = 500 \times 0.8 = 400\,[W]$

**무효 전력**

$Q = P_a \sin\theta = 500 \times 0.6 = 300\,[kVar]$

**역률 개선 후 수전 점의 부하(개선 후 피상 전력)**

$P_a' = \sqrt{P^2 + (Q - 진상용\ 콘덴서\ 용량)^2}$
$= \sqrt{400^2 + (300 - 100)^2} \fallingdotseq 450\,[kVA]$

답 ③

## 212

역률 0.8(지상)의 2,800[kW] 부하에 전력용 콘덴서를 병렬로 접속하여 합성 역률을 0.9로 개선하고자 할 경우, 필요한 전력용 콘덴서의 용량[kVA]은 약 얼마인가?

① 372          ② 558

③ 744          ④ 1,116

**역률 개선용 전력용 콘덴서 용량**

$Q_c = P(\tan\theta_1 - \tan\theta_2) = 2,800 \times \left( \dfrac{0.6}{0.8} - \dfrac{\sqrt{1 - 0.9^2}}{0.9} \right)$
$= 744\,[kVA]$

답 ③

## 213

3상 배전선로의 말단에 역률 60[%](늦음), 60[kW]의 평형 3상 부하가 있다. 부하점에 부하와 병렬로 전력용 콘덴서를 접속하여 선로 손실을 최소로 하고자 할 때 콘덴서 용량[kVA]은? (단, 부하단의 전압은 일정하다.)

① 40          ② 60

③ 80          ④ 100

**역률 개선용 콘덴서 용량**

$$Q_c = P(\tan\theta_1 - \tan\theta_2) = P\left( \dfrac{\sin\theta_1}{\cos\theta_1} - \dfrac{\sin\theta_2}{\cos\theta_2} \right)[kVA]$$

에서 선로 손실을 최소로 하려면 역률을 100%로 개선하여야 한다.

$$Q_c = P\left( \dfrac{\sin\theta_1}{\cos\theta_1} - \dfrac{\sin\theta_2}{\cos\theta_2} \right) = 60 \times \left( \dfrac{0.8}{0.6} - \dfrac{0}{1} \right) = 80\,[kVA]$$

답 ③

## 214

역률 0.8, 출력 320[$kVA$]인 부하에 전력을 공급하는 변전소에 역률 개선을 위해 전력용 콘덴서 140[$kVA$]를 설치했을 때 합성 역률은?

① 0.93

② 0.95

③ 0.97

④ 0.99

**부하의 무효 전력**

$$P_r = Ptan\theta = P \times \frac{\sin\theta}{\cos\theta}$$

$$= P \times \frac{0.6}{0.8} = 320 \times \frac{0.6}{0.8} = 240[kVar]$$

**콘덴서 설치 후 무효 전력**

$$P_r' = P_r - Q_c = 240 - 140 = 100[kVar]$$

**합성 역률**

$$\cos\theta = \frac{P}{\sqrt{P^2 + P_r'^2}} = \frac{320}{\sqrt{320^2 + 100^2}} = 0.95$$

답 ②

## 215

제5고조파 전류의 억제를 위해 전력용 커패시터에 직렬로 삽입하는 유도 리액턴스의 값으로 적당한 것은?

① 전력용 콘덴서 용량의 약 6[%] 정도

② 전력용 콘덴서 용량의 약 12[%] 정도

③ 전력용 콘덴서 용량의 약 18[%] 정도

④ 전력용 콘덴서 용량의 약 24[%] 정도

**이론** : 콘덴서 용량의 4[%] 정도의 리액터 설치

**실제** : 콘덴서 용량의 5~6[%] 정도의 리액터 설치

답 ①

## 216

송전전력, 선간전압, 부하역률, 전력손실 및 송전거리를 동일하게 하였을 경우 단상 2선식에 대한 3상 3선식의 총 전선량(중량)비는 얼마인가? (단, 전선은 동일한 전선이다.)

① 0.75

② 0.94

③ 1.15

④ 1.33

**전기적 특성 비교표**

| 종류 | 소요 전선비 |
|---|---|
| 단상 2선식 | $W_1$(100[%] 기준) |
| 단상 3선식 | $\frac{W_2}{W_1} = \frac{3}{8}$ (37.5[%]) |
| 3상 3선식 | $\frac{W_3}{W_1} = \frac{3}{4}$ (75[%]) |
| 3상 4선식 | $\frac{W_3}{W_1} = \frac{1}{3}$ (33.3[%]) |

답 ①

## 217

같은 선로와 같은 부하에서 교류 단상 3선식은 단상선식에 비하여 전압 강하와 배전 효율이 어떻게 되는가?

① 전압 강하는 적고, 배전 효율은 높다.

② 전압 강하는 크고, 배전 효율은 낮다.

③ 전압 강하는 적고, 배전 효율은 낮다.

④ 전압 강하는 크고, 배전 효율은 높다.

단상 3선식은 단상 2선식보다 전력이 2배 증가, 전압 강하와 전력 손실이 $\frac{1}{4}$ 감소, 소요 전선량이 $\frac{3}{8}$ 적어 배전 효율이 높다.

답 ①

## 218

송전 전력, 송전 거리, 전선로의 전력 손실이 일정하고, 같은 재료의 전선을 사용한 경우 단상 2선식에 대한 3상 4선식의 1선당 전력비는 약 얼마인가? (단, 중성선은 외선과 같은 굵기이다.)

① 0.7  
② 0.87  
③ 0.94  
④ 1.15

$$전력비 = \frac{P_{34}}{P_{12}} = \frac{\frac{\sqrt{3}}{4} VI}{\frac{1}{2} VI} = \frac{\sqrt{3}}{2} = 0.87$$

| 종류 | 총 공급 전력 | 1선당 전력 |
|---|---|---|
| 단상 2선식 | $P = VI_1$ | $P_1 = \frac{1}{2} VI_1$ |
| 단상 3선식 | $P = 2VI_2$ | $P_1 = \frac{2}{3} VI_2$ |
| 3상 3선식 | $P = \sqrt{3} VI_3$ | $P_1 = \frac{1}{\sqrt{3}} VI_3$ |
| 3상 4선식 | $P = \sqrt{3} VI_4$ | $P_1 = \frac{\sqrt{3}}{4} VI_4$ |

답 ②

## 219

옥내 배선을 단상 2선식에서 단상 3선식으로 변경하였을 때, 전선 1선당 공급 전력은 약 몇 배 증가하는가? (단, 선간 전압(단상 3선식의 경우는 중성선과 타선 간의 전압), 선로 전류(중성선의 전류 제외) 및 역률은 같다.)

① 0.71  
② 1.33  
③ 1.41  
④ 1.73

$$전력비 = \frac{P_{13}}{P_{12}} = \frac{\frac{2}{3} VI}{\frac{1}{2} VI} = \frac{4}{3} = 1.33$$

| 종류 | 총 공급 전력 | 1선당 전력 |
|---|---|---|
| 단상 2선식 | $P = VI_1$ | $P_1 = \frac{1}{2} VI_1$ |
| 단상 3선식 | $P = 2VI_2$ | $P_1 = \frac{2}{3} VI_2$ |
| 3상 3선식 | $P = \sqrt{3} VI_3$ | $P_1 = \frac{1}{\sqrt{3}} VI_3$ |
| 3상 4선식 | $P = \sqrt{3} VI_4$ | $P_1 = \frac{\sqrt{3}}{4} VI_4$ |

답 ②

## 220

3상 3선식에서 전선 한 가닥에 흐르는 전류는 단상 2선식의 경우의 몇 배가 되는가? (단, 송전 전력, 부하 역률, 송전 거리, 전력 손실 및 선간 전압이 같다.)

① $\dfrac{1}{\sqrt{3}}$

② $\dfrac{2}{3}$

③ $\dfrac{3}{4}$

④ $\dfrac{4}{9}$

동일 전력, 동일 선간 전압, 동일 역률이므로
$\sqrt{3}\,VI_3\cos\theta = VI_1\cos\theta$ 에서 전류비는 $\dfrac{I_3}{I_1} = \dfrac{1}{\sqrt{3}}$

### ☑ 참고

단상 2선식 $P = VI_1\cos\theta$

3상 3선식 $P = \sqrt{3}\,VI_3\cos\theta$

(단, $P$: 송전 전력, $V$: 선간 전압, $I$: 전류, $\cos\theta$: 역률)

**답** ①

## 221

배전용 변전소의 주변압기로 주로 사용되는 것은?

① 강압 변압기

② 체승 변압기

③ 단권 변압기

④ 3권선 변압기

• 발전소의 주변압기 : 체승 변압기
• **변전소의 주변압기** : **강압** 변압기

✏ᵃᵐᵏᵢ ✓ **TIP** 강변

**답** ①

## 222

배전전압을 $\sqrt{2}$ 배로 하였을 때 같은 손실률로 보낼 수 있는 전력은 몇 배가 되는가?

① $\sqrt{2}$

② $\sqrt{3}$

③ 2

④ 3

전력 손실률이 같을 경우, 전력은 전압의 제곱에 비례하므로 $\dfrac{P'}{P} = \left(\dfrac{V'}{V}\right)^2 = \left(\dfrac{\sqrt{2}\,V}{V}\right) = 2$

∴ $P' = 2P$

**답** ③

## 223

그림과 같이 "수류가 고체에 둘러싸여 있고 $A$로부터 유입되는 수량과 $B$로부터 유출되는 수량이 같다"고 하는 이론은?

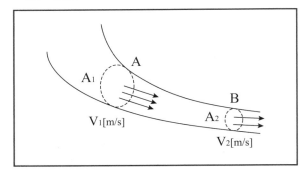

① 수두 이론      ② 연속의 원리

③ 베르누이의 정리      ④ 토리첼리의 정리

연속의 원리는 "완전히 밀폐된 수관에서 임의의 두 지점에 통과하는 물의 유량은 항상 같다"는 법칙이다.

**유량($Q$)**: 단위 시간당 수관을 통과하는 물의 부피이며, 단면적($A$)과 속도($V$)의 곱으로 표현할 수 있다.

$Q = AV[m^3/s]$

임의의 두 지점에서의 유량 비교
- $A_1$와 $V_1$: 첫 번째 지점의 단면적과 속도
- $A_2$와 $V_2$: 두 번째 지점의 단면적과 속도

연속성 원리에 따르면, 두 지점에서의 유량은 동일해야 한다.

따라서, $A_1 V_1 = A_2 V_2$ 이다.

답 ②

## 224

수압 철관의 안지름이 4[m]인 곳에서의 유속이 4[m/s]이다. 안지름이 3.5[m]인 곳에서의 유속[m/s]은 약 얼마인가?

① 4.2      ② 5.2

③ 6.2      ④ 7.2

연속의 원리에 따라 두 지점을 통과하는 물의 양은 항상 보존되어야 한다.

즉, 유량 $Q = A_1 V_1 = A_2 V_2$ 이므로

$$V_2 = \frac{A_1}{A_2} V_2 = \frac{\frac{\pi}{4} D_1^2}{\frac{\pi}{4} D_2^2} V_1 = \frac{D_1^2}{D_2^2} V_1 = \frac{4^2}{3.5^2} \times 4$$

$$= 5.2[m/s]$$

답 ②

## 225

유수(流水)가 갖는 에너지가 아닌 것은?

① 위치 에너지      ② 수력 에너지

③ 속도 에너지      ④ 압력 에너지

수두
- 위치 수두: $H[m]$
- 압력 수두: $H_p = \dfrac{P}{w} = \dfrac{P}{1000}[m]$
- 속도 수두: $H_v = \dfrac{v^2}{2g}$

(단, $H$: 물의 높이, $w$: 1[m³]의 물의 무게)

답 ②

## 226

**특유 속도가 가장 낮은 수치는?**

① 펠턴 수차  ② 사류 수차

③ 프로펠라 수차  ④ 프란시스 수차

펠턴 수차는 고낙차에서 사용되며, 특유 속도는 유효 낙차와 반비례 관계에 있기 때문에 고낙차에 적용되는 펠턴 수차가 가장 낮은 특유 속도를 가진다.

☑ **참고** 수차의 특유 속도($N_s$, 비속도)

$$N_s = N \times \frac{P^{\frac{1}{2}}}{H^{\frac{5}{4}}} \, [rpm]$$

(단, $N$: 실제 수차 회전수$[rpm]$, $P$: 출력$[kW]$, $H$: 유효 낙차$[m]$)

답 ①

## 227

**발전 용량 9,800$[kW]$의 수력 발전소 최대 사용 수량이 10$[m^3/s]$일 때, 유효 낙차는 몇 $[m]$인가?**

① 100  ② 125

③ 150  ④ 175

수력 발전소의 이론 출력 $P = 9.8QH[kW]$에서

유효 낙차 $H = \dfrac{P}{9.8Q} = \dfrac{9,800}{9.8 \times 10} = 100[m]$

답 ①

## 228

**1년 365일 중 185일은 이 양 이하로 내려가지 않는 유량은?**

① 평수량  ② 풍수량

③ 고수량  ④ 저수량

**유량의 종류**

✎암기 ✓ **TIP** 갈-저-평-풍, 백의 자리: 3-2-1-0

**갈수량**: 1년(365일) 중 355일은 이것보다 내려가지 않는 유량

**저수량**: 1년(365일) 중 275일은 이것보다 내려가지 않는 유량

**평수량**: 1년(365일) 중 185일은 이것보다 내려가지 않는 유량

**풍수량**: 1년(365일) 중 95일은 이것보다 내려가지 않는 유량

답 ①

## 229

**총 낙차 300$[m]$, 사용 수량 20$[m^3/s]$인 수력 발전소의 발전기 출력은 약 몇 $[kW]$인가? (단, 수차 및 발전기효율은 각각 90$[\%]$, 98$[\%]$라하고, 손실 낙차는 총 낙차의 6$[\%]$라고 한다.)**

① 48,750  ② 51,860

③ 54,170  ④ 54,970

**유효 낙차**

$H = H_0 - H_l = 300 - (300 \times 0.06) = 282[m]$

**발전기 출력**

$P = 9.8QH\eta = 9.8 \times 20 \times 282 \times 0.9 \times 0.98$
$= 48,750[kW]$

답 ①

## 230

유효 낙차 30[$m$], 출력 2,000[$kW$]의 수차 발전기를 전부하로 운전하는 경우 1시간당 사용 수량은 약 몇 [$m^3$]인가?(단, 수차 및 발전기의 효율은 각각 95[%], 82[%]로 한다.)

① 15,500      ② 22,500

③ 25,500      ④ 31,500

**수력 발전소 출력**

$P = 9.8QH\eta\,[kW]$ 에서

**유량**

$Q = \dfrac{P}{9.8H\eta} = \dfrac{2,000}{9.8 \times 30 \times 0.95 \times 0.82}$

$= 8.73\,[m^3/s]$

**1시간 동안의 사용 수량**

$Q = 8.73 \times 60 \times 60 = 31,428\,[m^3/h]$

> ☑ **참고** 유량[$m^3/s$]은 단위 시간당 흐르는 물의 양을 의미하며, 수량은 일정 시간 동안 흐르는 물의 총량을 의미한다.

답 ④

## 231

유효 낙차 100[$m$], 최대 사용 수량 20[$m^3/s$], 수차 효율 70[%]인 수력 발전소의 연간 발전 전력량은 약 몇 [$kWh$]인가? (단, 발전기의 효율은 85[%]라고 한다.)

① $2.5 \times 10^7$      ② $5 \times 10^7$

③ $10 \times 10^7$      ④ $20 \times 10^7$

**연간 발전 전력량**

$W = Pt = 9.8QH\eta \cdot t$

$= 9.8 \times 20 \times 100 \times 0.7 \times 0.85 \times (365 \times 24)$

$\fallingdotseq 10 \times 10^7\,[kWh]$

답 ③

## 232

유효 낙차 100[$m$], 최대 유량 20[$m^3/s$]의 수차가 있다. 낙차가 81[$m$]로 감소하면 유량[$m^3/s$]은? (단, 수차에서 발생되는 손실 등은 무시하며 수차 효율은 일정하다.)

① 15      ② 18

③ 24      ④ 30

**낙차($H$)와 유량($Q$)의 관계**

$\dfrac{Q_2}{Q_1} = \left(\dfrac{H_2}{H_1}\right)^{\frac{1}{2}}$ 에서

$Q_2 = Q_1 \times \left(\dfrac{H_2}{H_1}\right)^{\frac{1}{2}} = 20 \times \left(\dfrac{81}{100}\right)^{\frac{1}{2}} = 18\,[m^3/s]$

> ☑ **참고** 수차의 낙차 변화 특성
>
> • 유량 $\dfrac{Q_2}{Q_1} = \left(\dfrac{H_2}{H_1}\right)^{\frac{1}{2}}$
>
> • 출력 $\dfrac{P_2}{P_1} = \left(\dfrac{H_2}{H_1}\right)^{\frac{3}{2}}$
>
> • 회전 수 $\dfrac{N_2}{N_1} = \left(\dfrac{H_2}{H_1}\right)^{\frac{1}{2}}$

답 ②

## 233

**수력 발전소의 분류 중 낙차를 얻는 방법에 의한 분류 방법이 아닌 것은?**

① 댐식 발전소　　　② 수로식 발전소

③양수식 발전소　　④ 유역 변경식 발전소

> **취수 방법**
> • 댐식
> • 수로식
> • 댐 수로식
> • 유역 변경식
>
> **유량 사용 방법**
> • 유입식
> • 양수식(역조정지식)
> • 조정지식
> • 저수지식

답 ③

## 234

**다음 중 첨두 부하용 발전으로 적합한 것은?**

① 양수 발전　　　② 수로식 발전

③ 조류 발전　　　④ 유역 변경식 발전

> **양수식(역조정지식)** : 양수 발전은 전력 소비가 적은 시간에 물을 상부 저수지로 끌어올렸다가, 전력이 많이 필요한 시간대에 물을 내려보내 발전하는 방식으로, 첨두 부하(최대 전력 수요)를 충당하는 데 적합하다.

답 ①

## 235

**터빈(Turbine)의 임계 속도란?**

① 비상 조속기를 동작시키는 회전수

② 회전자의 고유 진동수와 일치하는 위험 회전수

③ 부하를 급히 차단하였을 때의 순간 최대 회전수

④ 부하 차단 후 자동적으로 정정된 회전수

> 터빈의 임계 속도란 회전자의 고유 진동수와 회전 속도가 일치하여 공진이 발생하는 위험한 회전 속도를 말합니다.

답 ②

## 236

**조속기의 폐쇄 시간이 짧을수록 나타나는 현상으로 옳은 것은?**

① 수격 작용은 작아진다.

② 발전기의 전압 상승률은 커진다.

③ 수차의 속도 변동률은 작아진다.

④ 수압관 내의 수압 상승률은 작아진다.

> 조속기의 폐쇄 시간이 짧아지면 조속기가 더 민감하게 반응하므로, 수차의 속도 상승이 줄어들어 속도 변동이 적어진다.
>
> ✏️암기
> ✓ **TIP** 조속기 짧은 폐쇄 시간 → 적은 속도 상승 → 적은 속도 변동률

답 ③

## 237

**댐의 부속 설비가 아닌 것은?**

① 수로　　　　　　　② 수조

③ 취수구　　　　　　④ 흡출관

흡출관은 수차의 밑부분에 설치되어, 중낙차 또는 저 낙차 상황에서 유효 낙차를 증대시키는 역할을 한다.

**댐의 부속 설비**
- 취수구
- 수조
- 수로

답 ④

## 238

**수력 발전 설비에서 흡출관을 사용하는 목적으로 옳은 것은?**

① 압력을 줄이기 위하여

② 유효 낙차를 늘리기 위하여

③ 속도 변동률을 적게 하기 위하여

④ 물의 유선을 일정하게 하기 위하여

흡출관은 수차의 밑부분에 설치되어, 중낙차 또는 저 낙차 상황에서 유효 낙차를 증대시키는 역할을 한다.

답 ②

## 239

**프란시스 수차의 특유속도[$m \cdot kW$]의 한계를 나타내는 식은? (단, $H[m]$는 유효낙차이다.)**

① $\dfrac{13,000}{H+50} + 10$　　② $\dfrac{13,000}{H+50} + 30$

③ $\dfrac{20,000}{H+20} + 10$　　④ $\dfrac{20,000}{H+20} + 30$

**프란시스 수차의 특유 속도 한계**
$$N_s \leq \frac{20,000}{H+20} + 30 \, [m \cdot kW]$$

답 ④

## 240

**그림과 같은 유황 곡선을 가진 수력 지점에서 최대 사용 수량 0C로 1년간 계속 발전하는 데 필요한 저수지의 용량은?**

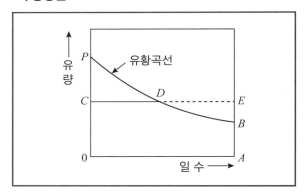

① 면적 0CPBA　　　　② 면적 0CDBA

③ 면적 DEB　　　　　④ 면적 PCD

최대 사용 수량이 0C이므로, D점 이후의 일수는 유량 이 면적 DEB만큼 부족하다. 즉, 면적 DEB만큼의 저 수지의 용량이 필요하다.

답 ③

## 241

유효낙차 90[$m$], 출력 104,500[$kW$], 비속도(특유속도) 210[$m \cdot kW$]인 수차의 회전속도는 약 몇 [$rpm$]인가?

① 150  ② 180

③ 210  ④ 240

**수차의 특유 속도(비속도)**

$$N_s = N \frac{P^{\frac{1}{2}}}{H^{\frac{5}{4}}} \text{ 에서}$$

($N_s$: 특유속도[$rpm$], $N$: 정격 회전수[$rpm$], $P$: 수차의 출력[$kW$], $H$: 유효 낙차[$m$])

**정격 속도**

$$N = N_s \frac{H^{\frac{5}{4}}}{P^{\frac{1}{2}}} = 210 \times \frac{90^{\frac{5}{4}}}{104,500^{\frac{1}{2}}} \fallingdotseq 180[rpm]$$

답 ②

## 242

화력 발전소에서 증기 및 급수가 흐르는 순서는?

① 절탄기 → 보일러 → 과열기 → 터빈 → 복수기

② 보일러 → 절탄기 → 과열기 → 터빈 → 복수기

③ 보일러 → 과열기 → 절탄기 → 터빈 → 복수기

④ 절탄기 → 과열기 → 보일러 → 터빈 → 복수기

**증기 및 급수 흐름 순서**
급수펌프→절탄기(급수 미리 예열)→보일러(물→습증기 변환)→과열기(습증기→과열 증기 변환)→터빈(과열 증기→습증기 변환)→복수기(습증기→급수 변환)→급수 펌프

답 ①

## 243

배기가스의 여열을 이용해서 보일러에 공급되는 급수를 예열함으로써 연료 소비량을 줄이거나 증발량을 증가시키기 위해서 설치하는 여열회수 장치는?

① 과열기  ② 공기 예열기

③ 절탄기  ④ 재열기

**절탄기**: 연도 중간에 설치되어, 배기가스의 여열을 이용해 보일러의 급수를 예열함으로써 연료 소비를 절감하는 설비이다.

답 ③

## 244

화력 발전소에서 절탄기의 용도는?

① 보일러에 공급되는 급수를 예열한다.

② 포화 증기를 과열한다.

③ 연소용 공기를 예열한다.

④ 석탄을 건조한다.

**절탄기**: 연도 중간에 설치되어, 배기가스의 여열을 이용해 보일러의 급수를 예열함으로써 연료 소비를 절감하는 설비이다.

답 ①

## 245

1[$kWh$]를 열량으로 환산하면 약 몇 [$kcal$] 인가?

① 800  ② 256

③ 539  ④ 860

전력량 $1[kWh] = 3.6 \times 10^{-6}[J] = 860[kcal]$

**🔍 돋보기**
$1[kWh] = 1,000 \times 60 \times 60[W \cdot sec] = 36 \times 10^5[J]$
$= 36 \times 10^5 \times 0.24[cal] = 864,000[cal] = 860[kcal]$

답 ④

## 246

**화력 발전소에서 가장 큰 손실은?**

① 소내용 동력　　　　② 송풍기 손실

③ 복수기에서의 손실　④ 연도 배출 가스 손실

복수기는 증기 터빈에서 나오는 습증기를 냉각수로 식혀서 다시 급수로 돌려보내는 장치이다. 이 과정에서 많은 열이 냉각수에 의해 빼앗기게 되고, 이 열손실은 화력 발전에서 가장 큰 손실로, 전체 열손실의 50[%]를 차지한다.

**답 ③**

## 247

**화력 발전소에서 재열기의 사용 목적은?**

① 증기를 가열한다.　　② 공기를 가열한다.

③ 급수를 가열한다.　　④ 석탄을 건조한다.

재열기의 사용 목적은 증기를 가열하여 열 효율을 높이는 것이다. 보일러에서 발생한 증기는 1차적으로 고압 터빈을 돌린 후 온도가 내려가고, 이 증기는 재열기를 통해 다시 가열된다. 이렇게 가열된 증기는 저압 터빈으로 보내져서 2차적으로 터빈을 돌리게 된다.

**답 ①**

## 248

**증기 사이클에 대한 설명 중 틀린 것은?**

① 랭킨 사이클의 열효율은 초기 온도 및 초기 압력이 높을수록 효율이 크다.

② 재열 사이클은 저압 터빈에서 증기가 포화 상태에 가까워졌을 때 증기를 다시 가열하여 고압 터빈으로 보낸다.

③ 재생 사이클은 증기 원동기 내에서 증기의 팽창 도중에서 증기를 추출하여 급수를 예열한다.

④ 재열 재생 사이클은 재생 사이클과 재열 사이클을 조합하여 병용하는 방식이다.

재열 사이클은 터빈에서 팽창된 증기를 재열기로 재가열시킨 후 다시 터빈에 공급하는 사이클이다.

**답 ②**

## 249

**증기 터빈 내에서 팽창 도중에 있는 증기를 일부 추기하여 그것이 갖는 열을 급수가열에 이용하는 열사이클은?**

① 랭킨 사이클　　　　② 카르노 사이클

③ 재생 사이클　　　　④ 재열 사이클

**화력 발전소의 열 사이클 종류**
- **랭킨 사이클** : 가장 기본적인 사이클
- **카르노 사이클** : 가장 이상적인 사이클(열 효율 가장 우수)
- **재생 사이클** : 터빈에서 증기를 일부 추기하여 그 열로 보일러에 공급되는 급수를 가열하여 열효율을 향상시킨 사이클
- **재열 사이클** : 터빈에서 팽창된 증기를 재열기로 재가열시킨 후 다시 터빈에 공급하는 사이클
- **재생재열 사이클** : 재열 사이클과 재생 사이클을 모두 채용한 사이클로, 화력 발전소에서 실현할 수 있는 가장 효율이 좋은 사이클

**답 ③**

## 250

어떤 화력 발전소의 증기 조건이 고온원 540[°C], 저온원 30[°C]일 때 이 온도 간에서 움직이는 카르노 사이클의 이론 열효율[%]은?

① 85.2      ② 80.5

③ 75.3      ④ 62.7

**카르노 사이클의 열효율**

$$\eta = 1 - \frac{T_C}{T_H}$$

(단, $T_C$: 저온원의 온도[K], $T_H$: 고온원의 온도[K])

온도를 절대온도[K]로 변환한 후 계산한다.

$$\eta = 1 - \frac{273+30}{273+540} = 0.627$$

답 ④

## 251

연료의 발열량이 430[kcal/kg]일 때, 화력 발전소의 열효율[%]은? (단, 발전기 출력은 $P_G$[kW], 시간당 연료의 소비량은 $B$[kg/h]이다.)

① $\frac{P_G}{B} \times 100$      ② $\sqrt{2} \times \frac{P_G}{B} \times 100$

③ $\sqrt{3} \times \frac{P_G}{B} \times 100$      ④ $2 \times \frac{P_G}{B} \times 100$

**화력 발전소의 열효율**

$\eta = \frac{860W}{BH} \times 100\,[\%]$에서

($W$: 발전 전력량[kWh], $B$: 연료량[kg], $H$: 연료 발열량[kcal/kg])

$$\eta = \frac{860W}{BH} \times 100 = \frac{860P_G}{B \times 430} \times 100$$
$$= 2 \times \frac{P_G}{B} \times 100\,[\%]$$

답 ④

## 252

어느 화력 발전소에서 40,000[kWh]를 발전하는 데 발열량 860[kcal/kg]의 석탄이 60톤 사용된다. 이 발전소의 열효율[%]은 약 얼마인가?

① 56.7      ② 66.7

③ 76.7      ④ 86.7

**화력 발전소의 열효율**

$\eta = \frac{860W}{BH} \times 100\,[\%]$에서

($W$: 발전 전력량[kWh], $B$: 연료량[kg], $H$: 연료 발열량[kcal/kg])

$$\eta = \frac{860W}{BH} \times 100$$
$$= \frac{860 \times 40,000}{60 \times 10^3 \times 860} \times 100 = 66.7\,[\%]$$

답 ②

## 253

증기 터빈 출력을 $P[kW]$, 증기량을 $W[t/h]$, 초압 및 배기의 증기 엔탈피를 각각 $i_0$, $i_1[kcal/kg]$이라 하면 터빈의 효율 $\eta_T[\%]$는?

① $\dfrac{860P \times 10^3}{W(i_0 - i_1)} \times 100$

② $\dfrac{860P \times 10^3}{W(i_1 - i_0)} \times 100$

③ $\dfrac{860P}{W(i_0 - i_1) \times 10^3} \times 100$

④ $\dfrac{860P}{W(i_1 - i_0) \times 10^3} \times 100$

**증기 터빈 효율**

$\eta_t = \dfrac{출력}{입력} \times 100[\%] = \dfrac{860P}{W(i_0 - i_1) \times 10^3} \times 100[\%]$

☑ **참고** 860은 전력 $P$를 $[kW]$ 단위에서 $[kcal/h]$ 단위로 변환하기 위한 상수이며, $i_0 - i_1$는 증기 터빈을 통과하면서 손실된 에너지이다.

圕 ③

## 254

원자력 발전소에서 비등수형 원자로에 대한 설명으로 틀린 것은?

① 연료로 농축 우라늄을 사용한다.

② 냉각재로 경수를 사용한다.

③ 물을 원자로 내에서 직접 비등시킨다.

④ 가압수형 원자로에 비해 노심의 출력 밀도가 높다.

**비등수형 원자로(BWR)의 특징**
• 물을 원자로 내에서 직접 비등시킨다.
• 연료는 저농축 우라늄을 사용한다.
• 냉각재는 경수를 사용한다.
• 노심의 출력 밀도가 낮기 때문에 같은 출력의 경우 노심 및 압력용기가 커진다.

圕 ④

## 255

비등수형 원자로의 특징에 대한 설명으로 틀린 것은?

① 증기 발생기가 필요하다.

② 저농축 우라늄을 연료로 사용한다.

③ 노심에서 비등을 일으킨 증기가 직접 터빈에 공급되는 방식이다.

④ 가압수형 원자로에 비해 출력밀도가 낮다.

비등수형 원자로는 직접 열전달 방식이므로 증기 발생기가 필요 없다.

**비등수형 원자로(BWR)의 특징**
• 물을 원자로 내에서 직접 비등시킨다.
• 연료는 저농축 우라늄을 사용한다.
• 냉각재는 경수를 사용한다.
• 노심의 출력 밀도가 낮기 때문에 같은 출력의 경우 노심 및 압력용기가 커진다.

圕 ①

## 256

다음 ( ㉮ ), ( ㉯ ), ( ㉰ )에 들어갈 내용으로 옳은 것은?

원자력이란 일반적으로 무거운 원자핵이 핵분열하여 가벼운 핵으로 바뀌면서 발생하는 핵분열 에너지를 이용하는 것이고, ( ㉮ )발전은 가벼운 원자핵을 (과) ( ㉯ )하여 무거운 핵으로 바꾸면서 ( ㉰ ) 전후의 질량 결손에 해당하는 방출 에너지를 이용하는 방식이다.

① ㉮ 원자핵 융합    ㉯ 융합    ㉰ 결합

② ㉮ 핵결합    ㉯ 반응    ㉰ 융합

③ ㉮ 핵융합    ㉯ 융합    ㉰ 핵반응

④ ㉮ 핵반응    ㉯ 반응    ㉰ 결합

핵융합 발전은 가벼운 원자핵을 융합하여 무거운 핵으로 바꾸면서 핵반응 전후의 질량 결손에 해당하는 에너지를 방출하는 방식이다.

- **핵융합**: 두 개의 가벼운 원자핵이 결합하여 더 무거운 원자핵을 형성한다.
- **핵반응**: 핵융합 과정에서 발생하는 에너지는 핵반응에 의해 방출된다.

답 ③

# MEMO

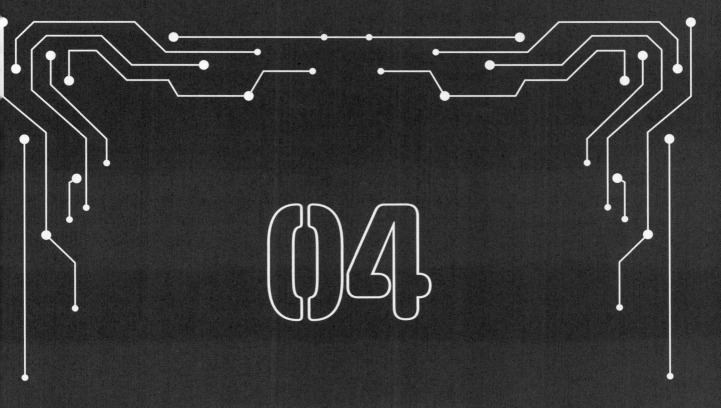

# 04

# 전기기기

문제 & 해설

# 전기기기

## 001

직류기에서 계자자속을 만들기 위하여 전자석의 권선에 전류를 흘리는 것을 무엇이라 하는가?

① 보극                    ② 여자

③ 보상권선                ④ 자화작용

**직류기에서의 여자**

직류기에서 계자 자속을 만들기 위해 전자석의 권선에 전류를 흘리는 과정을 여자라고 한다. 이 과정은 전자석이 자화되어 자속을 형성하게 하며, 직류기의 동작에 필수적이다.

답 ②

## 002

**직류기에 보극을 설치하는 목적은?**

① 정류 개선              ② 토크의 증가

③ 회전수 일정            ④ 기동 토크의 증가

**보극 설치 목적**
- 리액턴스 전압을 상쇄하여 정류 작용을 개선한다.
- 전기적 중성점의 이동을 방지한다.

답 ①

## 003

분권 발전기의 회전 방향을 반대로 하면 일어나는 현상은?

① 전압이 유기된다

② 발전기가 소손된다

③ 잔류 자기가 소멸된다

④ 높은 전압이 발생한다

분권 발전기는 역방향 운전에서는 잔류 자기가 소멸되어 발전이 불가능하다.

답 ③

## 004

**극수가 24일 때, 전기각 180°에 해당되는 기계각은?**

① 7.5°                   ② 15°

③ 22.5°                  ④ 30°

$$전기각 = 기계각 \times \frac{p}{2}$$

$$기계각 = 전기각 \times \frac{2}{p} = 180° \times \frac{2}{24} = 15°$$

답 ②

## 005

어떤 단상 변압기의 2차 무부하 전압이 240[$V$]이고 정격 부하시의 2차 단자 전압이 230[$V$]이다 전압 변동률은 약 몇 [%]인가?

① 4.35
② 5.15
③ 6.65
④ 7.35

전압 변동률

$$\varepsilon = \frac{V_0 - V_n}{V_n} \times 100 \,[\%] = \frac{240 - 230}{230} \times 100 \,[\%] = 4.35[\%]$$

**(단, $V_0$: 무부하 시 단자 전압[$V$], $V_n$: 정격 전압[$V$])**

답 ①

## 006

직류발전기의 병렬 운전에 있어서 균압선을 붙이는 발전기는?

① 타여자 발전기
② 직권 발전기와 분권 발전기
③ 직권 발전기와 복권 발전기
④ 분권 발전기과 복권 발전기

**직류 발전기의 병렬 운전 조건**
▪ 극성이 같을 것
▪ 단자 전압이 같을 것
▪ 수하 특성일 것
▪ 직권 및 과복권 발전기의 경우 병렬 운전이 어려우므로 균압선을 반드시 설치해야 함

☑ **참고** 용량, 중량과 무관

답 ③

## 007

직류 발전기의 유기 기전력이 230[$V$], 극수가 4, 정류자 편수가 162인 정류자 편간 평균 전압은 약 몇 [$V$]인가? (단, 권선법은 중권이다)

① 5.68
② 6.28
③ 9.42
④ 10.2

정류자 편간 평균 전압

$$e = \frac{pE}{K} = \frac{4 \times 230}{162} = 5.68 \,[V]$$

**(단, $p$: 극수, $E$: 유기 기전력, $K$: 정류자 편수)**

답 ①

## 008

직류 분권 전동기를 무부하로 운전 중 계자 회로에 단선이 생긴 경우 발생하는 현상으로 옳은 것은?

① 역전한다.
② 즉시 정지한다.
③ 과속도로 되어 위험하다.
④ 무부하이므로 서서히 정지한다.

직류 분권 전동기를 무부하로 운전 중 계자 회로에 단선이 생기면 자속이 상실되어 ($\phi = 0$) 회전수 식에서 분모가 0이 된다. 이로 인해 회전수가 무한히 증가하여 위험 속도에 도달할 수 있다. 따라서, 무여자 상태에서의 운전은 금지된다.

☑ **참고** 직류 전동기의 회전수(속도)

$$n = K \frac{V - I_a R_a}{\phi} \,[rps]$$

답 ③

## 009

**직류 전동기의 규약 효율을 나타낸 식으로 옳은 것은?**

① $\dfrac{출력\,[W]}{입력\,[W]} \times 100\,[\%]$

② $\dfrac{입력\,[W]}{입력\,[W] + 손실\,[W]} \times 100\,[\%]$

③ $\dfrac{출력\,[W]}{출력\,[W] + 손실\,[W]} \times 100\,[\%]$

④ $\dfrac{입력\,[W] - 손실\,[W]}{입력\,[W]} \times 100\,[\%]$

- 실측 효율 $\eta = \dfrac{출력\,[W]}{입력\,[W]} \times 100\,[\%]$

- 발전기 규약 효율

$\eta = \dfrac{출력\,[W]}{출력\,[W] + 손실\,[W]} \times 100\,[\%]$

- 전동기 규약 효율

$\eta = \dfrac{입력\,[W] - 손실\,[W]}{입력\,[W]} \times 100\,[\%]$

답 ④

## 010

**직류 전동기에서 정속도 전동기라고 볼 수 있는 전동기는?**

① 직권 전동기　　　② 타여자 전동기

③ 화동 복권 전동기　　④ 차동 복권 전동기

정속도 전동기는 속도 변동률이 적어 속도가 거의 일정한 전동기이다. 타여자 전동기 및 분권 전동기는 부하 변동에 의한 속도 변화가 작으므로 정속도 전동기라고 볼 수 있다.

답 ②

## 011

**직류기에서 정류 코일의 자기 인덕턴스를 $L$이라 할 때 정류 코일의 전류가 정류 주기 $T_c$ 사이에 $I_c$에서 $-I_c$로 변한다면 정류 코일의 리액턴스 전압[$V$]의 평균값은?**

① $L\dfrac{T_c}{2I_c}$　　　　② $L\dfrac{I_c}{2T_c}$

③ $L\dfrac{2I_c}{T_c}$　　　　④ $L\dfrac{I_c}{T_c}$

리액턴스 전압 : 정류를 방해하는 전압

$e_L = L\dfrac{di(t)}{dt} = L\dfrac{2I_c}{T_c}\,[V]$

(단, $L$: 인덕턴스[$H$], $T_c$: 정류 시간[sec], $I_c$: 정류된 전류[$A$])

답 ③

## 012

**직류를 다른 전압의 직류로 변환하는 전력 변환 기기는?**

① 초퍼　　　　　② 인버터

③ 사이클로 컨버터　　④ 브리지형 인버터

**전력 변환 기기의 종류**

- **컨버터** : 교류($AC$)를 직류($DC$)로 변환
- **인버터** : 직류($DC$)를 교류($AC$)로 변환
- **초퍼** : 직류($DC$)를 직류($DC$)로 직접 제어
- **사이클로 컨버터** : 교류($AC$)를 교류($AC$)로 변환

답 ①

## 013

와전류 손실을 패러데이 법칙으로 설명한 과정 중 틀린 것은?

① 와전류가 철심으로 흘러 발열

② 유기 전압 발생으로 철심에 와전류가 흐름

③ 시변 자속으로 강자성체 철심에 유기 전압 발생

④ 와전류 에너지 손실량은 전류 경로 크기에 반비례

와전류는 자속의 변화로 인해 철심 내에서 발생하는 전류이다. 와전류의 손실은 전류 크기의 제곱에 비례하며, 전류 경로가 클수록 손실이 커진다. 따라서, 와전류 손실을 줄이기 위해서는 변압기에 성층 철심을 사용하여 전류 경로를 줄여야 한다.

답 ④

## 014

직류 전동기의 전기자 전류가 10[$A$]일 때 5[$kg \cdot m$]의 토크가 발생하였다. 이 전동기의 계자속이 80[%]로 감소되고, 전기자 전류가 12[$A$]로 되면 토크는 약 몇 [$kg \cdot m$]인가?

① 5.2          ② 4.8

③ 4.3          ④ 3.9

직류 전동기의 토크 $T = \dfrac{pZ\phi I_a}{2\pi a}$ 에서

토크는 전기자 전류, 자속과 비례한다. ($T \propto I_a \propto \phi$)

$T' = T \times \dfrac{\phi'}{\phi} \times \dfrac{I_a{}'}{I_a} = 5 \times 0.8 \times \dfrac{12}{10} = 4.8[kg \cdot m]$

답 ②

## 015

일반적인 변압기의 무부하손 중 효율에 가장 큰 영향을 미치는 것은?

① 와전류손          ② 유전체손

③ 히스테리시스손      ④ 여자 전류 저항손

변압기의 무부하손(철손)은 히스테리시스손과 와전류손의 합으로 구성된다. 이 중 히스테리시스손이 약 80[%]를 차지하며 변압기 효율에 가장 큰 영향을 미친다.

답 ③

## 016

전기자 총 도체수 152, 4극, 파권인 직류 발전기가 전기자 전류를 100[$A$]로 할 때 매극당 감자 기자력 [$AT/$극]은 얼마인가? (단, 브러시의 이동각은 10°이다.)

① 33.6          ② 52.8

③ 105.6         ④ 211.2

감자 기자력 $AT_d = \dfrac{\alpha}{180} \times \dfrac{Z}{p} \times \dfrac{I_a}{a}$

$= \dfrac{10}{180} \times \dfrac{152}{4} \times \dfrac{100}{2} = 105.6\,[AT/극]$

☑ **참고** 문제에서 "파권"인 직류 발전기라고 했으므로 $a=2$를 대입한다.

답 ③

## 017

보극이 없는 직류 발전기에서 부하의 증가에 따라 브러시의 위치를 어떻게 하여야 하는가?

① 그대로 둔다.

② 계자극의 중간에 놓는다.

③ 발전기의 회전 방향으로 이동시킨다.

④ 발전기의 회전 방향과 반대로 이동시킨다.

> 보극이 없는 발전기는 부하가 증가하면 전기자 반작용으로 중성축이 회전 방향으로 이동한다. 따라서 중성축에 맞춰 브러시도 회전 방향으로 이동시켜야 한다.
> · **발전기**: 회전 방향으로 이동
> · **전동기**: 회전 반대 방향으로 이동

답 ③

## 018

직류 전동기의 속도 제어 방법이 아닌 것은?

① 계자 제어법
② 전압 제어법
③ 주파수 제어법
④ 직렬 저항 제어법

> **직류 전동기의 속도 제어법**
> · 전압 제어법
> · 저항 제어법
> · 계자 제어법

답 ③

## 019

직류 발전기가 90[%] 부하에서 최대 효율이 된다면 이 발전기의 전부하에 있어서 고정손과 부하손의 비는?

① 1.1
② 1.0
③ 0.9
④ 0.81

> 최대 효율 조건은 $P_i = a^2 P_c$ 이다.
> 주어진 조건에서 90[%]의 부하에서 최대 효율이 된다고 하였으므로 $a = 0.9$이다.
> 고정손과 부하손의 비 $\dfrac{P_i}{P_c} = a^2 = 0.9^2 = 0.81$

답 ④

## 020

직류 전동기의 회전수를 $\dfrac{1}{2}$ 로 하려면 계자 자속을 어떻게 해야 하는가?

① $\dfrac{1}{4}$ 로 감소시킨다.
② $\dfrac{1}{2}$ 로 감소시킨다.
③ 2배로 증가시킨다.
④ 4배로 증가시킨다.

> 직류 전동기의 역기전력 $E = \dfrac{pZ\phi N}{60a}$ [V]에서
> 회전수 $N$와 자속 $\phi$ 는 반비례 관계이므로
> 회전수 $N$를 $\dfrac{1}{2}$ 로 하려면 자속을 2배로 증가시켜야 한다.

답 ③

## 021

**교류 발전기의 고조파 발생을 방지하는 방법으로 틀린 것은?**

① 전기자 반작용을 크게 한다.

② 전기자 권선을 단절권으로 감는다.

③ 전기자 슬롯을 스큐 슬롯으로 한다.

④ 전기자 권선의 결선을 성형으로 한다.

**교류 발전기의 고조파 발생을 방지하는 방법**
- 전기자 반작용을 작게 한다.
- 전기자 권선을 분포권, 단절권, $Y$ 결선(성형)으로 한다.
- 전기자 슬롯을 스큐 슬롯(사구)으로 한다.

답 ①

## 022

**직류기의 철손에 관한 설명으로 틀린 것은?**

① 성층 철심을 사용하면 와전류손이 감소한다.

② 철손에는 풍손과 와전류손 및 저항손이 있다.

③ 철에 규소를 넣게 되면 히스테리시스손이 감소한다.

④ 전기자 철심에는 철손을 작게 하기 위해 규소 강판을 사용한다.

철손은 히스테리시스손과 와전류손의 합으로 구성된다. 히스테리시스손을 줄이기 위해서는 철에 규소를 함유하고, 와전류손을 줄이기 위해서는 얇은 강판을 사용한 성층 철심 구조를 적용한다.

답 ②

## 023

**직류 발전기의 유기 기전력과 반비례하는 것은?**

① 자속                    ② 회전수

③ 전체 도체수              ④ 병렬 회로수

직류 발전기의 유기 기전력 $E = \dfrac{pZ\phi N}{60a}\ [V]$에서 반비례하는 것은 병렬 회로수($a$)이다.

답 ④

## 024

**직류기의 온도 상승 시험 방법 중 반환 부하법의 종류가 아닌것은?**

① 카프법                  ② 홉킨슨법

③ 스코트법                ④ 블론델법

**온도 상승 시험법**
- 실부하법: 소형 기계
- 반환 부하법: 중용량 이상 기계(카프법, 홉킨슨법, 블론델법)

답 ③

## 025

**직류 발전기의 병렬 운전에서 부하 분담의 방법은?**

① 계자전류와 무관하다.

② 계자 전류를 증가하면 부하 분담은 감소한다.

③ 계자 전류를 증가하면 부하 분담은 증가한다.

④ 계자 전류를 감소하면 부하분담은 증가한다.

직류 발전기의 병렬 운전 시, 계자 전류를 증가시키면 자속이 증가하여 유기 기전력도 커진다. 그 결과 출력이 증가하며 부하 분담도 증가하게 된다.

답 ③

## 026

역률 100[%] 일 때의 전압 변동률 $\varepsilon$은 어떻게 표시되는 가?

① %저항 강하      ② %리액턴스 강하

③ %서셉턴스 강하     ④ %임피던스 강하

전압 변동률 $\varepsilon = p\cos\theta + q\sin\theta\,[\%]$에서
역률 $100\,[\%]$일 때 $\cos\theta = 1$이므로
$\varepsilon = p\cos\theta + q\sin\theta = p \times 1 + q \times 0 = p\,[\%]$이다.
즉 %저항 강하로 표시된다.

답 ①

## 027

직류 복권 발전기의 병렬운전에 있어 균압선을 붙이는 목적은 무엇인가?

① 손실을 경감한다.

② 운전을 안정하게 한다.

③ 고조파의 발생을 방지한다.

④ 직권 계자 간의 전류 증가를 방지한다.

직권 및 과복권 발전기의 경우 병렬 운전이 어려우므로 균압선을 반드시 설치해야 한다. 이는 운전을 안정하게 하기 위함이다.

답 ②

## 028

직류 발전기의 병렬 운전에서 균압 모선을 필요로 하지 않는 것은?

① 분권 발전기      ② 직권 발전기

③ 평복권 발전기     ④ 과복권 발전기

분권 발전기는 균압 모선을 필요로 하지 않는다.

**직류 발전기의 병렬 운전 조건**

• 극성이 같을 것
• 단자 전압이 같을 것
• 수하 특성일 것
• 직권 및 과복권 발전기의 경우 병렬 운전이 어려우므로 균압선을 반드시 설치해야 함

답 ①

## 029

직류 발전기를 3상 유도 전동기에서 구동하고 있다. 이 발전기에 $55[kW]$의 부하를 걸 때 전동기의 전류는 약 몇 $[A]$인가? (단, 발전기의 효율은 88[%], 전동기의 단자 전압은 $400[V]$, 전동기 효율은 88[%], 전동기의 역률은 82[%]로 한다.)

① 125      ② 225

③ 325      ④ 425

전동기의 출력은 발전기의 입력과 같다.

발전기 입력 $P_i = \dfrac{P_o}{\eta} = \dfrac{55}{0.88} = 62.5\,[kW]$

전동기 출력 $P_o = \sqrt{3}\,VI\cos\theta\eta\,[kW]$에서

전동기 전류 $I = \dfrac{P_o}{\sqrt{3}\,V\cos\theta\eta}$

$= \dfrac{62.5 \times 10^3}{\sqrt{3} \times 400 \times 0.82 \times 0.88} = 125\,[A]$

답 ①

## 030

$200[V]$, $10[kW]$의 직류 분권 전동기가 있다. 전기자 저항은 $0.2[\Omega]$, 계자 저항은 $40[\Omega]$이고 정격 전압에서 전류가 $15[A]$인 경우 $5[kg \cdot m]$의 토크를 발생한다. 부하가 증가하여 전류가 $25[A]$로 되는 경우 발생 토크$[kg \cdot m]$는?

① 2.5          ② 5

③ 7.5          ④ 10

분권 전동기에서 토크와 전기자 전류가 비례 관계인 점을 이용하여 문제를 풀 수 있다.

**부하 증가 전(전류 $15[A]$인 경우)**

계자 전류 $I_f = \dfrac{V}{R_f} = \dfrac{200}{40} = 5[A]$

전기자 전류 $I_a = I - I_f = 15 - 5 = 10[A]$

**부하 증가 후(전류 $25[A]$인 경우)**

전기자 전류 $I_a' = I - I_f = 25 - 5 = 20[A]$

전동기 토크 식 $T = \dfrac{60 E I_a}{2\pi N}[N \cdot m]$에서 $T \propto I_a$ 이므로

$\therefore$ 토크 $T' = T \times \dfrac{I_a'}{I_a} = 5 \times \dfrac{20}{10} = 10[kg \cdot m]$

---

☑ **참고 분권 전동기**

- 역기전력 $E = V - I_a R_a [V]$
- 전기자 전류 $I_a = I - I_f [A]$
- 토크 관계식 $T \propto I_a \propto \dfrac{1}{N}$

답 ④

## 031

$50[\Omega]$의 계자 저항을 갖는 직류 분권 발전기가 있다. 이 발전기의 출력이 $5.4[kW]$일 때 단자 전압은 $100[V]$, 유기기전력은 $115[V]$이다. 이 발전기의 출력이 $2[kW]$일 때 단자 전압이 $125[V]$라면 유기 기전력은 약 몇 $[V]$인가?

① 130          ② 145

③ 150          ④ 159

**발전기 출력이 $5.4[kW]$, 단자 전압 $100[V]$일 때**

전기자 전류 $I_a = I + I_f = \dfrac{P}{V} + \dfrac{V}{R_f}$

$\qquad = \dfrac{5.4 \times 10^3}{100} + \dfrac{100}{50} = 56[A]$

유기 기전력 $E = V + I_a R_a [V]$에서

전기자 저항 $R_a = \dfrac{E - V}{I_a} = \dfrac{115 - 100}{56} = 0.27[\Omega]$

**발전기 출력이 $2[kW]$, 단자 전압 $125[V]$일 때**

전기자 전류 $I_a = I + I_f = \dfrac{P}{V} + \dfrac{V}{R_f}$

$\qquad = \dfrac{2 \times 10^3}{125} + \dfrac{125}{50} = 18.5[A]$

유기 기전력 $E = V + I_a R_a$

$\qquad = 125 + 18.5 \times 0.27 \fallingdotseq 130[V]$

답 ①

## 032

**직류기의 손실 중에서 기계손으로 옳은 것은?**

① 풍손          ② 와류손

③ 표류 부하손          ④ 브러시의 전기손

**기계손**

- **풍손**: 전기자 회전에 의한 손실
- **마찰손**: 베어링 및 브러시의 마찰로 인한 손실

답 ①

## 033

다음 (          )에 알맞은 것은?

> 직류발전기에서 계자권선이 전기자에 병렬로 연결된 직류기는 (  ⓐ  ) 발전기라 하며, 전기자권선과 계자권선이 직렬로 접속된 직류기는 (  ⓑ  ) 발전기라 한다.

① ⓐ 분권, ⓑ 직권          ② ⓐ 직권, ⓑ 분권

③ ⓐ 복권, ⓑ 분권          ④ ⓐ 자여자, ⓑ 타여자

- **분권 발전기**: 계자 권선과 전기자 권선이 병렬로 연결된 발전기로, 역방향 운전 시 잔류 자기가 소멸되어 발전이 불가능한 특징이 있다.
- **직권 발전기**: 계자 권선과 전기자 권선이 직렬 연결된 발전기로, 무부하 시 전압이 확립되지 않아 발전이 불가능한 특징이 있다.

✓ **TIP** 분권-병렬 'ㅂ', 직권-직렬 'ㅈ'

답 ①

## 034

직류 발전기의 정류 초기에 전류 변화가 크며 이때 발생되는 불꽃 정류로 옳은 것은?

① 과정류          ② 직선 정류

③ 부족 정류        ④ 정현파 정류

> **정류**
> 전기자 권선의 전류 방향을 반대로 전환하여 교류 기전력을 직류로 변환

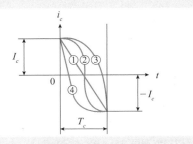

① **직선 정류**: 가장 이상적인 정류곡선
② **정현파 정류**: 양호한 정류 곡선
③ **부족 정류**: 브러시 말단 부분에서 불꽃 발생
④ **과정류**: 브러시 앞단 부분에서 불꽃 발생

답 ①

## 035

직류 분권 전동기가 전기자 전류 $100[A]$일 때 $50[kg \cdot m]$의 토크를 발생하고 있다. 부하가 증가하여 전기자 전류가 $120[A]$로 되었다면 발생 토크 $[kg \cdot m]$는 얼마인가?

① 60          ② 67

③ 88          ④ 160

> 직류 전동기 토크 식 $T = \dfrac{60EI_a}{2\pi N}[N \cdot m]$에서
>
> 토크 $T$는 전기자 전류 $I_a$와 비례 관계이므로
>
> 전기자 전류 $I_a$가 $120[A]$로 되었을 때
>
> 토크 $T' = T \times \dfrac{120}{100} = 50 \times \dfrac{120}{100} = 60[A]$

답 ①

## 036

$\frac{3}{4}$ 부하에서 효율이 최대인 주상 변압기의 전부하 시 철손과 동손의 비는?

① 8:4

② 4:8

③ 9:16

④ 16:9

최대 효율 조건은 $P_i = a^2 P_c$ 이다.

주어진 조건에서 $\frac{3}{4}$ 의 부하에서 최대 효율이 된다고

하였으므로 $a = \frac{3}{4}$ 이다.

고정손(철손)과 부하손(동손)의 비

$\frac{P_i}{P_c} = a^2 = \left(\frac{3}{4}\right)^2 = \frac{9}{16}$ 이므로

$\therefore P_i$(철손)$: P_c$(동손)$= 9:16$

답 ③

## 037

$100[V]$, $10[A]$, $1,500[rpm]$인 직류 분권 발전기의 정격 시의 계자 전류는 $2[A]$이다. 이 때 계자 회로에는 $10[\Omega]$의 외부 저항이 삽입되어 있다. 계자 권선의 저항$[\Omega]$은?

① 20

② 40

③ 80

④ 100

**분권 발전기**

계자 저항 $R_f = \frac{V}{I_f}[\Omega]$에서 $10[\Omega]$의 외부 저항이

삽입되어 있다고 하였으므로 $R_f + 10 = \frac{V}{I_f}[\Omega]$

$\therefore R_f = \frac{V}{I_f} - 10 = \frac{100}{2} - 10 = 40[\Omega]$

답 ②

## 038

직류 발전기의 외부 특성 곡선에서 나타내는 관계로 옳은 것은?

① 계자 전류와 단자 전압 ② 계자 전류와 부하 전류

③ 부하 전류와 단자 전압 ④ 부하 전류와 유기 기전력

**직류 발전기의 특성 곡선**

- **무부하 포화 곡선**: 계자 전류($I_f$)와 유기 기전력($E$) 의 관계를 나타냄
- **부하 포화 곡선**: 계자 전류($I_f$)와 단자 전압($V$)의 관계를 나타냄
- **외부 특성 곡선**: 부하 전류($I$)와 단자 전압($V$)의 관계를 나타냄

암기
✓ **TIP** 무계유, 부계단, 외부단

답 ③

## 039

직류 발전기의 특성 곡선에서 각 축에 해당하는 항목으로 틀린 것은?

① 외부 특성 곡선: 부하 전류와 단자 전압

② 부하 특성 곡선: 계자 전류와 단자 전압

③ 내부 특성 곡선 : 무부하 전류와 단자 전압

④ 무부하 특성 곡선 : 계자 전류와 유도 기전력

**직류 발전기의 특성 곡선**

- **무부하 포화 곡선**: 계자 전류($I_f$)와 유기 기전력($E$) 의 관계를 나타냄
- **부하 포화 곡선**: 계자 전류($I_f$)와 단자 전압($V$)의 관계를 나타냄
- **외부 특성 곡선**: 부하 전류($I$)와 단자 전압($V$)의 관계를 나타냄

암기
✓ **TIP** 무계유, 부계단, 외부단

답 ③

## 040

**직류기 발전기에서 양호한 정류(整流)를 얻는 조건으로 틀린 것은?**

① 정류 주기를 크게 할 것

② 리액턴스 전압을 크게 할 것

③ 브러시의 접촉 저항을 크게 할 것

④ 전기자 코일의 인덕턴스를 작게 할 것

> **양호한 정류 대책**
> • 리액턴스 전압을 작게 함
> • 브러시 접촉 저항을 크게 함
> • 보극 설치
> • 탄소 브러시 사용
> • 전기자 권선을 단절권 사용
> • 정류 주기를 길게 함

답 ②

## 041

**직류기에 관련된 사항으로 잘못 짝지어진 것은?**

① 보극 - 리액턴스 전압 감소

② 보상권선 - 전기자 반작용 감소

③ 전기자 반작용 - 직류 전동기 속도 감소

④ 정류 기간 - 전기자 코일이 단락되는 기간

> **전기자 반작용의 악영향**
> 계자 자속($\phi$) 감소 → 기전력($E$) 감소($\because E \propto \phi$) → 전동기 속도($N$) 증가 → 발전기 출력($P$) 감소

답 ③

## 042

**정격 전압 220[$V$], 무부하 단자 전압 230[$V$], 정격 출력이 40[$kW$]인 직류 분권 발전기의 계자 저항이 22[$\Omega$], 전기자 반작용에 의한 전압 강하가 5[$V$]라면 전기자 회로의 저항[$\Omega$]은 약 얼마인가?**

① 0.026              ② 0.028

③ 0.035              ④ 0.042

> 전기자 전류
> $$I_a = I + I_f = \frac{P}{V} + \frac{V}{R_f} = \frac{40 \times 10^3}{220} + \frac{220}{22} = 191.82\,[A]$$
>
> 단자 전압 $E = V + I_a R_a + e\,[V]$에서
>
> 전기자 저항 $R_a = \dfrac{E - V - e}{I_a} = \dfrac{230 - 220 - 5}{191.82}$
> $$= 0.026\,[\Omega]$$

답 ①

## 043

**직류 발전기에 직결한 3상 유도 전동기가 있다. 발전기의 부하 100[$kW$], 효율 90[%]이며 전동기 단자 전압 3,300[$V$], 효율 90[%], 역률 90[%]이다. 전동기에 흘러들어가는 전류는 약 몇 [$A$]인가?**

① 2.4              ② 4.8

③ 19               ④ 24

> 전동기의 출력은 발전기의 입력과 같다.
>
> 발전기 입력 $P_i = \dfrac{P_o}{\eta} = \dfrac{100}{0.9} = 111.11\,[kW]$
>
> 전동기 출력 $P_o = \sqrt{3}\,VI\cos\theta\eta\,[kW]$에서
>
> 전동기 전류 $I = \dfrac{P_o}{\sqrt{3}\,V\cos\theta\eta}$
> $$= \frac{111.11 \times 10^3}{\sqrt{3} \times 3,300 \times 0.9 \times 0.9} = 24\,[A]$$

답 ④

## 044

그림은 여러 직류 전동기의 속도 특성 곡선을 나타낸 것이다. 1부터 4까지 차례로 옳은 것은?

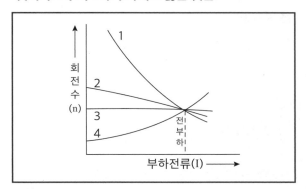

① 차동 복권, 분권, 가동 복권, 직권

② 직권, 가동 복권, 분권, 차동 복권

③ 가동복권, 차동 복권, 직권, 분권

④ 분권, 직권, 가동 복권, 차동 복권

속도 특성 곡선 순서
1. 직권
2. 가동 복권
3. 분권
4. 차동 복권

 **TIP** 직가분차

답 ②

## 045

정격 전압 $100[V]$, 정격 전류 $50[A]$인 분권 발전기의 유기 기전력은 몇 $[V]$인가? (단, 전기자 저항 $0.2[Ω]$, 계자 전류 및 전기자 반작용은 무시한다.)

① 110 　　　　　　② 120

③ 125 　　　　　　④ 127.5

분권 발전기의 유기 기전력
$E = V + I_a R_a = 100 + 50 × 0.2 = 110[V]$

답 ①

## 046

단자 전압 $110[V]$, 전기자 전류 $15[A]$, 전기자 회로의 저항 $2[Ω]$, 정격 속도 $1,800[rpm]$으로 전부하에서 운전하고 있는 직류 분권 전동기의 토크는 약 몇 $[N \cdot m]$인가?

① 6.0 　　　　　　② 6.4

③ 10.08 　　　　　④ 11.14

역기전력 $E = V - I_a R_a = 110 - 15 × 2 = 80[V]$
토크 $T = \dfrac{60 E I_a}{2\pi N} = \dfrac{60 × 80 × 15}{2\pi × 1,800} = 6.4[N \cdot m]$

☑ **참고**
전동기 역기전력
$E = \dfrac{pZ\phi N}{60a} = k\phi N = V - I_a R_a [V]$

답 ②

## 047

직류 발전기에 $P[N \cdot m/s]$의 기계적 동력을 주면 전력은 몇 $[W]$로 변환되는가? (단, 손실은 없으며, $i_a$는 전기자 도체의 전류, $e$는 전기자 도체의 유기 기전력, $Z$는 총 도체수이다.)

① $P = i_a e Z$ 　　　　② $P = \dfrac{i_a e}{Z}$

③ $P = \dfrac{i_a Z}{e}$ 　　　　④ $P = \dfrac{eZ}{i_a}$

직류 발전기에서 주어진 기계적 동력 $P$는 전기 에너지로 변환된다. 손실이 없다는 조건에서, 기계적 동력은 발전기에서 발생하는 전력과 같아진다.
$P = EI = eZ × i_a = i_a eZ[W]$

☑ **참고** 유기 기전력 $e$는 각 도체에서 발생하며, 총 도체수 $Z$를 곱하면 전체 유기 기전력을 계산할 수 있다.

답 ①

## 048

직류 전동기의 워드 레오너드 속도 제어 방식으로 옳은 것은?

① 전압 제어  ② 저항 제어

③ 계자 제어  ④ 직병렬 제어

**직류 전동기의 전압 제어법**: 정토크 제어, 효율 좋음
- **워드 레오너드 방식**(광범위한 속도 제어 가능)
- 일그너 방식: 부하 변동이 큰 경우 사용(플라이 휠 설치)
- 직 · 병렬 제어법은 직권 전동기에만 사용

답 ①

## 049

출력이 $20[kW]$인 직류 발전기의 효율이 $80[\%]$ 이면 전 손실은 약 몇 $[kW]$인가?

① 0.8  ② 1.25

③ 5  ④ 45

효율 $\eta = \dfrac{\text{출력}[W]}{\text{입력}[W]} \times 100[\%]$

$\quad = \dfrac{\text{출력}[W]}{\text{출력}[W] + \text{손실}[W]} \times 100[\%]$

손실 $= \dfrac{\text{출력} \times 100}{\eta} - \text{출력} = \dfrac{20 \times 100}{80} - 20 = 5[kW]$

답 ③

## 050

극수 8, 중권 직류기의 전기자 총 도체 수 960, 매극 자속 $0.04[Wb]$, 회전수 $400[rpm]$이라면 유기 기전력은 몇 $[V]$인가?

① 256  ② 327

③ 425  ④ 625

유기 기전력

$E = \dfrac{pZ\phi N}{60a} = \dfrac{8 \times 960 \times 0.04 \times 400}{60 \times 8} = 256[V]$

☑ **참고** 문제에서 "중권"인 직류 발전기라고 했으므로 $a = p = 8$ 을 대입한다.

답 ①

## 051

4극, 중권, 총 도체 수 500, 극당 자속이 $0.01[Wb]$인 직류 발전기가 $100[V]$의 기전력을 발생시키는데 필요한 회전수는 몇 $[rpm]$인가?

① 800  ② 1,000

③ 1,200  ④ 1,600

유기 기전력 $E = \dfrac{pZ\phi N}{60a}[V]$에서

회전수 $N = \dfrac{60aE}{pZ\phi} = \dfrac{60 \times 4 \times 100}{4 \times 500 \times 0.01} = 1,200[rpm]$

☑ **참고** 문제에서 "중권"인 직류 발전기라고 했으므로 $a = p = 4$ 을 대입한다.

답 ③

## 052

직류 가동 복권 발전기를 전동기로 사용하면 어느 전동기가 되는가?

① 직류 직권 전동기

② 직류 분권 전동기

③ 직류 가동 복권 전동기

④ 직류 차동 복권 전동기

직류 가동 복권 발전기를 전동기로 사용하면, 전기자 전류의 방향이 반대로 바뀌어 직권 계자 전류도 반대 방향이 된다. 이로 인해 분권 계자와 직권 계자가 서로 상쇄하는 차동 복권 전동기가 된다.

답 ④

## 053

용접용으로 사용되는 직류 발전기의 특성 중에서 가장 중요한 것은?

① 과부하에 견딜 것

② 전압 변동률이 적을 것

③ 경부하일 때 효율이 좋을 것

④ 전류에 대한 전압 특성이 수하 특성일 것

용접용 직류 발전기는 부하 전류가 증가할 때 전압이 크게 떨어지는 수하 특성이 중요하다. 이는 직권 계자 권선이 분권 계자의 자속을 억제하여 전압을 낮추고, 일정한 전류를 공급하는 특성을 의미하며, 용접 시 안정적인 전류를 유지하는 데 필수적이다.

답 ④

## 054

단면적 $10[cm^2]$인 철심에 200회의 권선을 감고, 이 권선에 $60[Hz]$, $60[V]$인 교류 전압을 인가하였을 때 철심의 최대 자속 밀도는 약 몇 $[Wb/m^2]$인가?

① $1.126 \times 10^{-3}$  ② $1.126$

③ $2.252 \times 10^{-3}$  ④ $2.252$

유기 기전력 $E = 4.44 f \phi_m N = 4.44 f B_m SN [V]$에서 최대 자속 밀도

$$B_m = \frac{E}{4.44 f SN}$$
$$= \frac{60}{4.44 \times 60 \times 10 \times 10^{-4} \times 200} = 1.126 [Wb/m^2]$$

답 ②

## 055

직류 발전기를 병렬 운전할 때 균압 모선이 필요한 직류기는?

① 직권 발전기, 분권 발전기

② 복권 발전기, 직권 발전기

③ 복권 발전기, 분권 발전기

④ 분권 발전기, 단극 발전기

**직류 발전기의 병렬 운전 조건**
- 극성이 같을 것
- 단자 전압이 같을 것
- 수하 특성일 것
- 직권 및 과복권 발전기의 경우 병렬 운전이 어려우므로 균압선을 반드시 설치해야 함

☑ **참고** 용량, 중량과 무관

답 ②

## 056

포화되지 않은 직류 발전기의 회전수가 4배로 증가되었을 때 기전력을 전과 같은 값으로 하려면 자속을 속도 변화 전에 비해 얼마로 하여야 하는가?

① $\dfrac{1}{2}$

② $\dfrac{1}{3}$

③ $\dfrac{1}{4}$

④ $\dfrac{1}{8}$

기전력 $E = \dfrac{pZ\phi N}{60a}$ [V]에서 $E \propto \phi N$ 이므로

회전수 $N$이 4배로 증가되었을 때 기전력 $E$가 동일하게 유지되려면 자속 $\phi$ 가 감소해야 한다.

즉, 자속 $\phi$ 는 기존의 $\dfrac{1}{4}$ 배로 해야 한다.

답 ③

## 057

직류기의 권선을 단중 파권으로 감으면 어떻게 되는가?

① 저압 대전류용 권선이다.

② 균압환을 연결해야 한다.

③ 내부 병렬 회로수가 극수만큼 생긴다.

④ 전기자 병렬 회로수가 극수에 관계없이 언제나 2이다.

### 단중 파권 직류기

• 단중 파권을 사용한 직류기에서는 전기자 병렬 회로가 항상 2개로 고정된다.
• 이 권선 방식은 고전압 소전류에 적합하며, 균압환을 연결할 필요가 없다.

☑ **참고** 파권과 중권 비교

| 구분 | 파권 | 중권 |
|---|---|---|
| 전기자 병렬회로수 ($a$) | 2개 | 극수($p$) |
| 브러시 수($b$) | 2개 또는 극수($p$) | 극수($p$) |
| 용도 | 고전압, 소전류 | 저전압, 대전류 |
| 균압환 | 불필요 | 필요 |

☑ **참고** 다중 중권의 경우 병렬 회로수 $a = mp$

(단, $m$: 다중도)

답 ④

## 058

**히스테리시스 전동기에 대한 설명으로 틀린 것은?**

① 유도 전동기와 거의 같은 고정자이다.

② 회전자 극은 고정자 극에 비하여 항상 각도 $\delta_h$ 만큼 앞선다.

③ 회전자가 부드러운 외면을 가지므로 소음이 적으며, 순조롭게 회전시킬 수 있다.

④ 구속 시부터 동기 속도만을 제외한 모든 속도 범위에서 일정한 히스테리시스 토크를 발생한다.

**히스테리시스 전동기**
- 고정자는 유도 전동기와 유사한 구조로 되어 있다.
- 회전자 극은 항상 고정자 극에 비해 각도 $\delta_h$ 만큼 뒤진다.
- 회전자는 강자성의 영구자석 합금과 비자성체 지지물로 이루어진 매끄러운 원통형으로, 소음이 적고 부드럽게 회전할 수 있다.
- 동기 속도를 제외한 모든 속도 범위에서 일정한 히스테리시스 토크를 발생시킨다.

답 ②

## 059

**극수 4이며 전기자 권선은 파권, 전기자 도체수가 250인 직류 발전기가 있다. 이 발전기가 1,200[$rpm$]으로 회전할 때 600[$V$]의 기전력을 유기하려면 1극당 자속은 몇 [$Wb$]인가?**

① 0.04　　　　　② 0.05

③ 0.06　　　　　④ 0.07

직류 발전기의 유기 기전력 $E = \dfrac{pZ\phi N}{60a}$ [$V$]에서

자속 $\phi = \dfrac{60aE}{pZN} = \dfrac{60 \times 2 \times 600}{4 \times 250 \times 1,200} = 0.06\,[Wb]$

☑ **참고** 문제에서 전기자 권선이 "파권"이라고 했으므로 $a=2$를 대입한다.

답 ③

## 060

**단자 전압 220[$V$], 부하 전류 50[$A$]인 분권 발전기의 유도 기전력은 몇 [$V$]인가? (단, 여기서 전기자 저항은 0.2[Ω]이며, 계자 전류 및 전기자 반작용은 무시한다.)**

① 200　　　　　② 210

③ 220　　　　　④ 230

**분권 발전기**
계자 전류를 무시하였으므로
$I_a = I + I_f = I + 0 = I\,[A]$에서 전기자 전류는 부하 전류와 같다.
유기 기전력
$E = V + I_a R_a = 220 + 50 \times 0.2 = 230\,[V]$

답 ④

## 061

**직류 발전기의 전기자 반작용에 대한 설명으로 틀린 것은?**

① 전기자 반작용으로 인하여 전기적 중성축을 이동시킨다.

② 정류자 편간 전압이 불균일하게 되어 섬락의 원인이 된다.

③ 전기자 반작용이 생기면 주자속이 왜곡되고 증가하게 된다.

④ 전기자 반작용이란, 전기자 전류에 의하여 생긴 자속이 계자에 의해 발생되는 주자속에 영향을 주는 현상을 말한다.

---

**전기자 반작용**

**원인**: 전기자 전류가 주자속(계자)에 영향을 주어 자속이 일그러지면서 감소하는 현상

**전기자 반작용의 악영향**

① 계자 자속($\phi$) 감소→기전력($E$) 감소($\because E \propto \phi$)→전동기 속도($N$) 증가→발전기 출력($P$) 감소
② 정류자 편간 전압 상승으로 불꽃 섬락 발생
③ 전기적 중성축 이동
  • **발전기**: 회전 방향으로 이동
  • **전동기**: 회전 반대 방향으로 이동

답 ③

## 062

**부하 전류가 크지 않을 때 직류 직권 전동기 발생 토크는? (단, 자기 회로가 불포화인 경우이다.)**

① 전류에 비례한다.

② 전류에 반비례한다.

③ 전류의 제곱에 비례한다.

④ 전류의 제곱에 반비례한다.

---

**직류 직권 전동기**: 무부하 운전 금지

① 역기전력 $E = V - I_a(R_a + R_s)\,[V]$
② 전기자 전류 $I_a = I = I_s\,[A]$
③ 토크 관계식 $T \propto I_a{}^2 \propto \dfrac{1}{N^2}$

✓ **TIP** 제곱이 포함되면 직권!

답 ③

## 063

**극수가 4극이고 전기자 권선이 단중 중권인 직류 발전기의 전기자 전류가 40[$A$]이면 전기자 권선의 각 병렬 회로에 흐르는 전류[$A$]는?**

① 4                     ② 6

③ 8                     ④ 10

---

전기자 권선이 중권인 직류 발전기이므로 병렬 회로수 $a$는 극수 와 같다. $\therefore a = p = 4$

전기자 권선의 각 병렬 회로에 흐르는 전류

$$I = \frac{I_a}{a} = \frac{40}{4} = 10\,[A]$$

답 ④

## 064

어떤 직류 전동기가 역기전력 200[$V$], 매분 1,200회 전으로 토크 158.76[$N \cdot m$]를 발생하고 있을 때의 전 기자 전류는 약 몇 [$A$]인가? (단, 기계손 및 철손은 무 시한다.)

① 90

② 95

③ 100

④ 105

전동기의 토크 $T = \dfrac{60EI_a}{2\pi N}\,[N \cdot m]$에서

전기자 전류

$I_a = \dfrac{2\pi NT}{60E} = \dfrac{2\pi \times 1,200 \times 158.76}{60 \times 200} = 100[A]$

답 ③

## 065

와전류 손실을 패러데이 법칙으로 설명한 과정 중 틀린 것은?

① 와전류가 철심 내에 흘러 발열 발생

② 유도 기전력 발생으로 철심에 와전류가 흐름

③ 와전류 에너지 손실량은 전류 밀도에 반비례

④ 시변 자속으로 강자성체 철심에 유도 기전력 발생

와전류 손실은 변화하는 자기장(시변 자속)에 의해 철심에 유도 기전력이 발생하고, 그로 인해 와전류가 흐르면서 철심에 발열이 발생하는 현상이다.

답 ③

## 066

부스트(Boost)컨버터의 입력 전압이 45[$V$]로 일정하고, 스위칭 주기가 20[$kHz$], 듀티비(Duty ratio)가 0.6, 부하 저항이 10[$\Omega$]일 때 출력 전압은 몇 [$V$]인가? (단, 인덕터에는 일정한 전류가 흐르고 커패시터 출력 전압의 리플 성분은 무시한다.)

① 27

② 67.5

③ 75

④ 112.5

부스트 컨버터는 입력된 직류 전압을 더 높은 직류 전압으로 승압시키는 $DC - DC$ 변환 장치이다.

전압 전달비 $G_V = \dfrac{V_o}{V_i} = \dfrac{1}{1-D}$에서

(단, $V_i$: 입력 전압, $V_o$: 출력 전압, $D$: 듀비티)

출력 전압 $V_0 = \dfrac{V_i}{1-D} = \dfrac{45}{1-0.6} = 112.5\,[V]$

답 ④

## 067

직류 직권 전동기에서 분류 저항기를 직권 권선에 병렬로 접속해 여자 전류를 가감시켜 속도를 제어하는 방법은?

① 저항 제어

② 전압 제어

③ 계자 제어

④ 직·병렬 제어

계자 제어 : 직류 직권 전동기에서 분류 저항기를 직권 계자 권선에 병렬로 연결하여, 여자 전류를 조절해 자속을 변화시키는 속도 제어 방법

답 ③

## 068

직류 분권 전동기의 전압이 일정할 때 부하 토크가 2배로 증가하면 부하 전류는 약 몇 배가 되는가?

① 1          ② 2

③ 3          ④ 4

직류 분권 전동기 토크 관계식 $T \propto I_a$ 이므로 부하 토크가 2배로 증가하면 부하 전류도 비례하여 2배가 된다.

답 ②

## 069

직류 분권 전동기의 기동 시에 정격 전압을 공급하면 전기자 전류가 많이 흐르다가 회전 속도가 점점 증가함에 따라 전기자 전류가 감소하는 원인은?

① 전기자 반작용의 증가

② 전기자 권선의 저항 증가

③ 브러시의 접촉 저항 증가

④ 전동기의 역기전력 상승

직류 분권 전동기의 기동 순간에는 회전 속도가 거의 없기 때문에 역기전력 $E$가 거의 발생하지 않는다. 따라서 전기자 전류 $I_a = \dfrac{V - E}{R_a}$ 식에서 $E$가 매우 작아 큰 전류가 흐르게 된다.

전동기가 회전하면서 역기전력 $E$가 점점 상승하게 된다. 이때, 역기전력이 커질수록 전기자 전류 $I_a$는 점점 감소하게 된다. 이는 기동 시 큰 전류가 흐르다가 속도가 증가함에 따라 전류가 감소하는 이유이다.

☑ **참고** 직류 전동기의 역기전력

$$E = \frac{pZ\phi N}{60a} = V - I_a R_a \, [V]$$

답 ④

## 070

단자 전압 $200[V]$, 계자 저항 $50[\Omega]$, 부하 전류 $50[A]$, 전기자 저항 $0.15[\Omega]$, 전기자 반작용에 의한 전압 강하 $3[V]$인 직류 분권 발전기가 정격 속도로 회전하고 있다. 이때 발전기의 유도 기전력은 약 몇 $[V]$인가?

① 211.1          ② 215.1

③ 225.1          ④ 230.1

**직류 분권 발전기**
전기자 전류

$$I_a = I + I_f = 50 + \frac{V}{R_f} = 50 + \frac{200}{50} = 54 \, [A]$$

유도 기전력

$$E = V + I_a R_a + e = 200 + 54 \times 0.15 + 3 = 211.1 \, [V]$$

답 ①

## 071

불꽃 없는 정류를 하기 위해 평균 리액턴스 전압($A$)과 브러시 접촉면 전압 강하($B$) 사이에 필요한 조건은?

① $A > B$          ② $A < B$

③ $A = B$          ④ $A$, $B$에 관계없다.

불꽃 없는 정류를 위해서는 평균 리액턴스 전압($A$)이 브러시 접촉면 전압 강하($B$)보다 작아야 한다.

리액턴스 전압 $\left( e = L\dfrac{2I_c}{T_c} \right)$이 높으면 전류의 급격한 변화에 영향을 미쳐 정류 과정에서 불꽃이나 아크가 발생할 수 있다.

답 ②

## 072

전부하 시의 단자 전압이 무부하 시의 단자전압보다 높은 직류발전기는?

① 분권 발전기　　　　② 평복권 발전기

③ 과복권 발전기　　　④ 차동복권 발전기

전부하 시의 단자 전압이 무부하 시의 단자 전압보다 높은 직류 발전기는 직권 발전기와 과복권 발전기이다.

**직류 발전기의 전압 변동률**

$$\varepsilon = \frac{V_0 - V_n}{V_n} \times 100 \, [\%]$$

(단, $V_0$: 무부하 시 단자 전압[$V$], $V_n$: 정격 전압[$V$])

- $\varepsilon\,(+)$: **직권·과복권** ($V_n > V_0$)
- $\varepsilon\,(0)$: **평복권** ($V_n = V_0$)
- $\varepsilon\,(-)$: **분권·차동복권** ($V_n < V_0$)

✏️암기
✓ **TIP** 직과분차

답 ③

## 073

직류기의 다중 중권 권선법에서 전기자 병렬 회로 수 $a$와 극수 $p$ 사이의 관계로 옳은 것은? (단, $m$은 다중도 이다.)

① $a=2$　　　　　　② $a=2m$

③ $a=p$　　　　　　④ $a=mp$

다중 중권의 경우이므로 병렬 회로수 $a=mp$
(단, $m$ : 다중도)

> ☑ **참고** 파권과 중권 비교

| 구분 | 파권 | 중권 |
|---|---|---|
| 전기자 병렬회로수 ($a$) | 2개 | 극수($p$) |
| 브러시 수($b$) | 2개 또는 극수($p$) | 극수($p$) |
| 용도 | 고전압, 소전류 | 저전압, 대전류 |
| 균압환 | 불필요 | 필요 |

답 ④

## 074

직류 분권 전동기에서 정출력 가변속도의 용도에 적합한 속도 제어법은?

① 계자 제어　　　　② 저항 제어

③ 전압 제어　　　　④ 극수 제어

**직류 전동기의 속도 제어법**
① **전압 제어법**: 정토크 제어, 효율 좋음
- 워드 레오너드 방식(광범위한 속도 제어 가능)
- 일그너 방식: 부하 변동이 큰 경우 사용(플라이 휠 설치)
- 직·병렬 제어법은 직권 전동기에만 사용
② **저항 제어법**: 손실이 크고 효율이 나쁨
③ **계자 제어법**: 정출력 제어

답 ①

## 075

직류 분권 전동기의 전기자전류가 10[$A$]일 때 5[$N \cdot m$]의 토크가 발생하였다. 이 전동기의 계자의 자속이 80[%]로 감소되고, 전기자전류가 12[$A$]로 되면 토크는 약 [$N \cdot m$] 인가?

① 3.9      ② 4.3

③ 4.8      ④ 5.2

토크 $T = \dfrac{pZ\phi I_a}{2\pi a}$ [$N \cdot m$]에서 $T \propto \phi \propto I_a$ 이므로 계자의 자속이 80[%] 감소되고, 전기자 전류가 12[$A$]로 되면

$$T' = 5 \times 0.8 \times \left(\frac{12}{10}\right) = 4.8 [N \cdot m]$$

답 ③

## 076

다음 (　　)안에 알맞은 내용은?
직류기의 회전 속도가 위험한 상태가 되지 않으려면 직권 전동기는 (　㉠　) 상태로, 분권 전동기는 (　㉡　)상태가 되지 않도록 해야 한다.

① ㉠ 무부하, ㉡ 무여자

② ㉠ 무여자, ㉡ 무부하

③ ㉠ 무여자, ㉡ 경부하

④ ㉠ 무부하, ㉡ 경부하

**분권 전동기**: 무여자 운전 금지
① 역기전력 $E = V - I_a R_a$ [$V$]
② 전기자 전류 $I_a = I - I_f$ [$A$]
③ 토크 관계식 $T \propto I_a \propto \dfrac{1}{N}$

**직권 전동기**: 무부하 운전 금지
① 역기전력 $E = V - I_a(R_a + R_s)$ [$V$]
② 전기자 전류 $I_a = I = I_s$ [$A$]
③ 토크 관계식 $T \propto I_a^2 \propto \dfrac{1}{N^2}$

답 ①

## 077

직류 발전기에서 회전속도가 빨라지면 정류가 힘든 이유는?

① 정류주기가 길어진다.

② 리액턴스 전압이 커진다.

③ 브러시 접촉저항이 커진다.

④ 정류자속이 감소한다.

리액턴스 전압은 $e_L = L\dfrac{di(t)}{dt} = L\dfrac{2I_c}{T_c}$ [$V$]로 표현되며, 정류 주기는 $T_c = \dfrac{b-\delta}{v}$ 로 나타낼 수 있다. 회전 속도 $v$ 가 빨라지면 $T_c$ 는 작아지며, 이는 정류가 이루어지는 시간 간격이 짧아진다는 것을 의미한다. 이로 인해 전압 변화가 더 급격하게 발생하게 되고, 리액턴스 전압의 영향이 커져 정류가 힘들어지며 정류 효율이 감소할 수 있다.

답 ②

## 078

직류 직권 전동기의 속도 제어에 사용되는 기기는?

① 초퍼      ② 인버터

③ 듀얼 컨버터      ④ 사이클로 컨버터

**초퍼**
- 직류($DC$)를 직류($DC$)로 직접 제어
- 직류 직권 전동기의 속도 제어에 사용

답 ①

## 079

**직류기에서 전류 용량이 크고 저전압 대전류에 가장 적합한 브러시 재료는?**

① 탄소질　　　　　② 금속 탄소질

③ 금속 흑연질　　　④ 전기 흑연질

> 금속 흑연질은 접촉 저항이 작아 저전압 대전류 용도에 적합하다. 특히 전류 용량이 큰 직류기에서는 금속 흑연질 브러시가 가장 효과적이다.

답 ③

## 080

**직류 분권 발전기의 브러시를 중성축에서 회전 방향 쪽으로 이동하면 전압은?**

① 상승한다.　　　　② 급격히 상승한다.

③ 변화하지 않는다.　④ 감소한다.

> 브러시를 중성축에서 회전 방향으로 이동하면 단락 전류가 발생해 불꽃이 생기고, 그 결과 전압 강하로 기전력이 감소한다.

답 ④

## 081

**동기기의 회전자에 의한 분류가 아닌 것은?**

① 원통형　　　　　② 유도자형

③ 회전 계자형　　　④ 회전 전기자형

> **동기기의 회전자에 의한 분류**
> - **회전 계자형**: 전기자 권선이 고정자, 계자 권선이 회전자인 구조 (동기 발전기에서 사용)
> - **회전 전기자형**: 계자 권선이 고정자, 전기자 권선이 회전자인 구조 (직류 발전기에서 사용)
> - **유도자형**: 계자와 전기자 권선이 고정자, 유도자가 회전자인 구조 (고주파 발전기에서 사용)

답 ①

## 082

**단락비가 큰 동기기의 특징으로 옳은 것은?**

① 안정도가 떨어진다.

② 전압 변동률이 크다.

③ 선로 충전 용량이 크다.

④ 단자 단락 시 단락 전류가 적게 흐른다.

> **단락비가 큰 발전기 특징**
> - 공극이 넓어 튼튼하다.
> - 송전 선로의 충전 용량이 크다.
> - 전압 변동률 및 전기자 반작용이 작다.
> - 중량 증가로 고가이다.
> - 철손 증가로 효율이 감소한다.

답 ③

## 083

**4극 3상 동기기가 48개의 슬롯을 가진다. 전기자 권선 분포 계수 $K_d$를 구하면 약 얼마인가?**

① 0.923　　　　　② 0.945

③ 0.957　　　　　④ 0.969

> 매극 매상당 슬롯수 $q = \dfrac{48}{4 \times 3} = 4$
>
> 분포권 계수
>
> $$K_d = \frac{\sin\dfrac{\pi}{2m}}{q\sin\dfrac{\pi}{2mq}} = \frac{\sin\dfrac{180°}{2 \times 3}}{4 \times \sin\dfrac{180°}{2 \times 3 \times 4}} = 0.957$$
>
> (단, $m$: 상수, $q$: 매극 매상당 슬롯수)

답 ③

## 084

3상 동기 발전기의 매극 매상의 슬롯수를 3이라 할 때 분포권 계수는?

① $6\sin\dfrac{\pi}{18}$  ② $3\sin\dfrac{\pi}{36}$

③ $\dfrac{1}{6\sin\dfrac{\pi}{18}}$  ④ $\dfrac{1}{12\sin\dfrac{\pi}{36}}$

분포권 계수

$$K_d = \frac{\sin\dfrac{\pi}{2m}}{q\sin\dfrac{\pi}{2mq}} = \frac{\sin\dfrac{180°}{2\times3}}{3\times\sin\dfrac{\pi}{2\times3\times3}}$$

$$= \frac{\dfrac{1}{2}}{3\sin\dfrac{\pi}{18}} = \frac{1}{6\sin\dfrac{\pi}{18}}$$

(단, $m$ : 상수, $q$ : 매극 매상당 슬롯수)

답 ③

## 085

원통형 회전자를 가진 동기 발전기는 부하각 $\delta$가 몇 도 일 때 최대 출력을 낼 수 있는가?

① $0°$  ② $30°$

③ $60°$  ④ $90°$

동기 발전기의 출력
· 원통기(비돌극기) : 부하각 $90°$ 에서 최대 출력
· 돌극기 : 부하각 $60°$ 에서 최대 출력

답 ④

## 086

동기 발전기의 단자 부근에서 단락이 일어났다고 하면 단락 전류는 어떻게 되는가?

① 전류가 계속 증가한다.

② 큰 전류가 증가와 감소를 반복한다.

③ 처음에는 큰 전류이나 점차 감소한다.

④ 일정한 큰 전류가 지속적으로 흐른다.

동기 발전기의 단자 부근에서 단락이 발생하면 초기에는 전기자 반작용이 없어서 큰 단락 전류가 흐른다. 하지만 시간이 지나면 전기자 반작용이 나타나면서 동기 리액턴스에 의해 단락 전류가 점차 감소하여 안정된 값으로 제한된다.

답 ③

## 087

역률 0.85의 부하 350[$kW$]에 50[$kW$]를 소비하는 동기 전동기를 병렬로 접속하여 합성 부하의 역률을 0.95로 개선하려면 진상 무효 전력은 약 몇 [$kVar$]인가?

① 68  ② 72

③ 80  ④ 85

역률 개선 후 유효 전력 $P_{개선후} = 350 + 50 = 400[W]$

$Q_c = P_{개선전}\tan_{개선전} - P_{개선후}P_{개선후}$

$= 350 \times \dfrac{\sqrt{1-0.85^2}}{0.85} - 400 \times \dfrac{\sqrt{1-0.95^2}}{0.95} = 85[kVar]$

답 ④

## 088

**3상 동기 발전기의 단락 곡선이 직선으로 되는 이유는?**

① 전기자 반작용으로   ② 무부하 상태이므로

③ 자기 포화가 있으므로  ④ 누설 리액턴스가 크므로

3상 동기 발전기가 단락 상태일 때 전기자 저항보다 전기자 리액턴스가 크므로 위상이 90° 뒤진 전류가 발생한다. 이로 인해 전기자 반작용이 발생하며, 자속이 매우 작아지게 되고 불포화 상태가 된다. 즉 자속의 변화가 계속되므로 단락 곡선이 직선 특성을 보인다.

답 ①

## 089

**정격출력 $5,000[kVA]$, 정격전압 $3.3[kV]$, 동기 임피던스가 매상 $1.8[\Omega]$인 상 동기 발전기의 단락비는 약 얼마인가?**

① 1.1       ② 1.2

③ 1.3       ④ 1.4

퍼센트 동기 임피던스

$$\%Z_s = \frac{PZ_s}{10V^2} = \frac{5,000 \times 1.8}{10 \times 3.3^2} = 82.64[\%]$$

단위법 동기 임피던스

$$Z_s' = \frac{\%Z_s}{100} = \frac{82.64}{100} = 0.8264$$

단락비

$$K_s = \frac{1}{Z_s'} = \frac{1}{0.8264} ≒ 1.2$$

답 ②

## 090

**동기 전동기에 대한 설명으로 옳은 것은?**

① 기동 토크가 크다.

② 역률 조정을 할 수 있다.

③ 가변속 전동기로서 다양하게 응용된다.

④ 공극이 매우 작아 설치 및 보수가 어렵다.

**동기 전동기의 장점**
- 속도가 일정하다. (동기 속도($N_s$)로 운전 가능)
- 역률을 항상 1로 운전할 수 있다. (역률 조절 가능)
- 공극이 넓고, 효율이 양호하다.

**동기 전동기의 단점**
- 속도 제어가 어렵다.
- 기동 토크가 작아 별도의 기동 장치(제동 권선, 유도 전동기)가 필요하다.
- 직류 여자 장치가 필요하다.
- 구조가 복잡하고 난조가 발생한다.

답 ②

## 091

**동기 발전기의 단락비가 1.2이면 이 발전기의 %동기 임피던스 $[p.u]$는?**

① 0.12       ② 0.25

③ 0.52       ④ 0.83

단락비 $K_s = \dfrac{1}{\%Z}$ 이므로

%동기 임피던스 $\%Z = \dfrac{1}{K_s} = \dfrac{1}{1.2} = 0.83[p.u]$

답 ④

## 092

동기 발전기의 안정도를 증진시키기 위한 대책이 아닌 것은?

① 속응 여자 방식을 사용한다.

② 정상 임피던스를 작게 한다.

③ 역상·영상 임피던스를 작게 한다.

④ 회전자의 플라이휠 효과를 크게 한다.

**동기 발전기의 안정도 향상 대책**
- 단락비를 크게 할 것
- 동기 임피던스를 작게 할 것(정상 리액턴스는 작고, 역상 리액턴스와 영상 리액턴스는 클 것)
- 조속기 동작을 신속히 할 것
- 속응 여자 방식을 채택할 것
- 관성 모멘트를 크게 할 것(플라이휠 설치)

답 ③

## 093

비돌극형 동기 발전기 한 상의 단자 전압을 $V$, 유기 기전력을 $E$, 동기 리액턴스를 $X_s$, 부하각이 $\delta$ 이고, 전기자 저항을 무시할 때 한 상의 최대출력[$W$]은?

① $\dfrac{EV}{X_s}$      ② $\dfrac{3EV}{X_s}$

③ $\dfrac{E^2 V}{X_s}\sin\delta$      ④ $\dfrac{EV^2}{X_s}\sin\delta$

**비돌극기(원통형) 동기 발전기는 부하각 90°에서 최대 출력이므로**

$$P = \frac{EV}{X}\sin\delta = \frac{EV}{X}\sin 90° = \frac{EV}{X}\,[W]$$

답 ①

## 094

동기 조상기의 여자 전류를 줄이면?

① 콘덴서로 작용      ② 리액터로 작용

③ 진상 전류로 됨      ④ 저항손의 보상

**부족 여자 운전**
- 지상 무효 전력 공급
- 리액터 작용

**과여자 운전**
- 진상 무효 전력 공급
- 콘덴서 작용

답 ②

## 095

전기자 저항 $r_a$=0.2[$\Omega$], 동기 리액턴스 $X_s$=20[$\Omega$]인 Y 결선의 3상 동기발전기가 있다. 3상 중 1상의 단자전압 $V$=4,400[$V$], 유도 기전력 $E$=6,600[$V$]이다. 부하각 $\delta$ =30°라고 하면 발전기의 출력은 약 몇 [$kW$]인가?

① 2,178      ② 3,251

③ 4,235      ④ 5,532

**3상 동기 발전기의 출력**

$$P = 3 \times \frac{EV}{X_s}\sin\delta$$

$$= 3 \times \frac{6,600 \times 4,400}{20} \times \sin 30°$$

$$= 2,178,000\,[W] = 2,178\,[kW]$$

답 ①

## 096

동기 전동기에서 전기자 반작용을 설명한 것 중 옳은 것은?

① 공급 전압보다 앞선 전류는 감자 작용을 한다.

② 공급 전압보다 뒤진 전류는 감자 작용을 한다.

③ 공급 전압보다 앞선 전류는 교차 자화 작용을 한다.

④ 공급 전압보다 뒤진 전류는 교차 자화 작용을 한다.

**동기 전동기의 전기자 반작용**
- **교차 자화 작용**: $I_a$와 $E$가 동위상($R$ 부하)일 때
- **감자 작용**: $I_a$가 $E$보다 90°앞선 진상 전류($C$ 부하)일 때
- **증자 작용**: $I_a$가 $E$보다 90°뒤진 지상 전류($L$ 부하)일 때

답 ①

## 097

부하 급변 시 부하각과 부하 속도가 진동하는 난조 현상을 일으키는 원인이 아닌 것은?

① 전기자 회로의 저항이 너무 큰 경우

② 원동기의 토크에 고조파가 포함된 경우

③ 원동기의 조속기 감도가 너무 예민한 경우

④ 자속의 분포가 기울어져 자속의 크기가 감소한 경우

**난조 발생 원인**
- 전기자 회로의 저항이 너무 큰 경우
- 원동기 토크에 고조파가 포함된 경우
- 원동기의 조속기 감도가 너무 예민한 경우
- 부하가 급격하게 변한 경우

답 ④

## 098

동기 발전기의 전기자 권선을 분포권으로 하면 어떻게 되는가?

① 난조를 방지한다.

② 기전력의 파형이 좋아진다.

③ 권선의 리액턴스가 커진다.

④ 집중권에 비하여 합성 유기 기전력이 증가한다.

**분포권 장점**
- 고조파를 감소시켜 파형 개선
- 누설 리액턴스 감소
- 기전력 감소

답 ②

## 099

동기 전동기에서 출력이 100[%]일 때 역률이 1이 되도록 계자 전류를 조정한 다음에 공급 전압 $V$ 및 계자 전류 $I_f$ 를 일정하게 하고, 전부하 이하에서 운전하면 동기 전동기의 역률은?

① 뒤진 역률이 되고, 부하가 감소할수록 역률은 낮아진다.

② 뒤진 역률이 되고, 부하가 감소할수록 역률을 좋아진다.

③ 앞선 역률이 되고, 부하가 감소할수록 역률은 낮아진다.

④ 앞선 역률이 되고, 부하가 감소할수록 역률을 좋아진다.

동기전동기에서 역률이 1이고, 공급 전압 및 계자 전류를 일정할 때, 전부하 이하에서 운전하면 전동기는 자속을 유지하기 위해 필요 이상의 자속을 생성하려고 한다. 이로 인해 전동기는 <mark>과여자 상태가 되어 앞선 역률이 되고, 부하가 감소할수록 역률이 낮아지게 된다.</mark>

### ☑ 참고

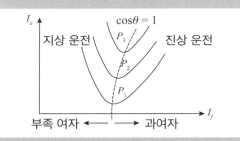

**부족 여자 운전(계자 전류 $I_f$ 를 감소)**
• 지상 무효 전력 공급(뒤진 역률)
• 리액터 작용
**과여자 운전(계자 전류 $I_f$ 를 증가)**
• 진상 무효 전력 공급(앞선 역률)
• 콘덴서 작용

답 ③

## 100

동기 전동기의 위상 특성 곡선($V$곡선)에 대한 설명으로 옳은 것은?

① 출력을 일정하게 유지할 때 부하 전류와 전기자 전류의 관계를 나타낸 곡선

② 역률을 일정하게 유지할 때 계자 전류와 전기자 전류의 관계를 나타낸 곡선

③ 계자 전류를 일정하게 유지할 때 전기자 전류와 출력 사이의 관계를 나타낸 곡선

④ 공급 전압 $V$와 부하가 일정할 때 계자 전류의 변화에 대한 전기자 전류의 변화를 나타낸 곡선

### 동기 전동기의 위상 특성 곡선($V$ 곡선)

공급 전압 $V$와 부하가 일정할 때 계자 전류 $I_f$의 변화에 대한 전기자 전류 $I_a$의 변화를 나타낸 곡선

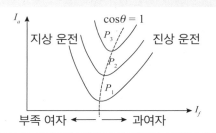

**부족 여자 운전(계자 전류 $I_f$를 감소)**
• 지상 무효 전력 공급(뒤진 역률)
• 리액터 작용
**과여자 운전(계자 전류 $I_f$를 증가)**
• 진상 무효 전력 공급(앞선 역률)
• 콘덴서 작용

답 ④

## 101

동기전동기의 공급 전압과 부하를 일정하게 유지하면서 역률을 1로 운전하고 있는 상태에서 여자 전류를 증가시키면 전기자 전류는?

① 앞선 무효 전류가 증가

② 앞선 무효 전류가 감소

③ 뒤진 무효 전류가 증가

④ 뒤진 무효 전류가 감소

동기 전동기를 역률 1로 운전하고 있는 상태에서 여자 전류를 증가시키면, 과여자 상태가 되어 앞선 무효 전류가 발생한다.

☑ **참고 동기 전동기의 위상 특성 곡선($V$ 곡선)**
공급 전압 $V$와 부하가 일정할 때 계자 전류 $I_f$의 변화에 대한 전기자 전류 $I_a$의 변화를 나타낸 곡선

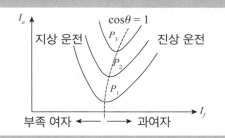

**부족 여자 운전(계자 전류 $I_f$를 감소)**
• 지상 무효 전력 공급(뒤진 역률)
• 리액터 작용

**과여자 운전(계자 전류 $I_f$를 증가)**
• 진상 무효 전력 공급(앞선 역률)
• 콘덴서 작용

답 ①

## 102

동기 전동기에 일정한 부하를 걸고 계자 전류를 0[$A$]에서부터 계속 증가시킬 때 관련 설명으로 옳은 것은? (단, $I_a$는 전기자 전류이다.)

① $I_a$는 증가하다가 감소한다.

② $I_a$가 최소일 때 역률이 1이다.

③ $I_a$가 감소 상태일 때 앞선 역률이다.

④ $I_a$가 증가 상태일 때 뒤진 역률이다.

**동기 전동기의 위상 특성 곡선($V$ 곡선)**

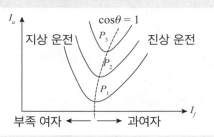

동기 전동기에서 계자 전류를 0[$A$]에서부터 증가시키면 전기자 전류 $I_a$는 처음에는 감소하고, 역률이 1일 때($\cos\theta = 1$) 전기자 전류는 최소가 된다.
이 상태를 기준으로 계자 전류 $I_f$가 더 증가하면 전기자 전류 $I_a$는 앞선 역률로 증가하고, 계자 전류 $I_f$가 감소하면 뒤진 역률이 나타난다.

답 ②

## 103

전압이 일정한 모선에 접속되어 역률 1로 운전하고 있는 동기 전동기를 동기 조상기로 사용하는 경우 여자 전류를 증가시키면 이 전동기는 어떻게 되는가?

① 역률은 앞서고, 전기자 전류는 증가한다.

② 역률은 앞서고, 전기자 전류는 감소한다.

③ 역률은 뒤지고, 전기자 전류는 증가한다.

④ 역률은 뒤지고, 전기자 전류는 감소한다.

---

동기 전동기를 역률 1로 운전하고 있는 상태에서 여자 전류를 증가시키면, 과여자 상태가 되어 역률은 앞서고, 전기자 전류는 증가한다.

> **☑ 참고 동기 전동기의 위상 특성 곡선($V$ 곡선)**
>
> 공급 전압 $V$와 부하가 일정할 때 계자 전류 $I_f$ 의 변화에 대한 전기자 전류 $I_a$의 변화를 나타낸 곡선
>
>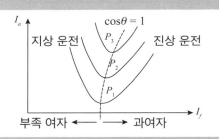
>
> **부족 여자 운전(계자 전류 $I_f$ 를 감소)**
> • 지상 무효 전력 공급(뒤진 역률)
> • 리액터 작용
> **과여자 운전(계자 전류 $I_f$ 를 증가)**
> • 진상 무효 전력 공급(앞선 역률)
> • 콘덴서 작용

답 ①

## 104

유도 기전력의 크기가 서로 같은 $A$, $B$ 2대의 동기발전기를 병렬 운전할 때, $A$ 발전기의 유기 기전력 위상이 $B$보다 앞설 때 발생하는 현상이 아닌 것은?

① 동기화력이 발생한다.

② 고조파 무효 순환 전류가 발생된다.

③ 유효 전류인 동기화 전류가 발생된다.

④ 전기자 동손을 증가시키며 과열의 원인이 된다.

---

**동기 발전기의 병렬 운전 조건**
• **기전력의 위상이 같을 것** : 위상이 다르면 유효 순환 전류(동기화 전류)가 흐른다.
• **기전력의 크기가 같을 것** : 크기가 다르면 무효 순환 전류(무효 횡류)가 흐른다.
• **기전력의 주파수가 같을 것** : 주파수가 다르면 고조파 순환 전류가 흐른다.
• **기전력의 파형이 같을 것** : 파형이 다르면 고조파 무효 순환 전류가 흐른다.
• **(3상의 경우) 기전력의 상회전 방향이 같을 것** : 상회전 방향이 다르면 발전기의 파손을 초래한다.

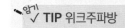

✓ **TIP** 위크주파방

답 ②

## 105

동기 발전기의 병렬 운전 중 위상차가 생기면 어떤 현상이 발생하는가?

① 무효 횡류가 흐른다.

② 무효 전력이 생긴다.

③ 유효 횡류가 흐른다.

④ 출력이 요동하고 권선이 가열된다.

동기 발전기의 병렬 운전 조건
• **기전력의 위상이 같을 것**: 위상이 다르면 유효 순환 전류(동기화 전류)가 흐른다.
• **기전력의 크기가 같을 것**: 크기가 다르면 무효 순환 전류(무효 횡류)가 흐른다.
• **기전력의 주파수가 같을 것**: 주파수가 다르면 고조파 순환 전류가 흐른다.
• **기전력의 파형이 같을 것**: 파형이 다르면 고조파 무효 순환 전류가 흐른다.
• **(3상의 경우) 기전력의 상회전 방향이 같을 것**: 상회전 방향이 다르면 발전기의 파손을 초래한다.

✓ **TIP** 위크주파방

답 ③

## 106

동기 발전기의 병렬운전 중 유도기전력의 위상차로 인하여 발생하는 현상으로 옳은 것은?

① 무효전력이 생긴다.

② 동기화 전류가 흐른다.

③ 고조파 무효순환전류가 흐른다.

④ 출력이 요동하고 권선이 가열된다.

동기 발전기의 병렬 운전 조건
• **기전력의 위상이 같을 것**: 위상이 다르면 유효 순환 전류(동기화 전류)가 흐른다.
• **기전력의 크기가 같을 것**: 크기가 다르면 무효 순환 전류(무효 횡류)가 흐른다.
• **기전력의 주파수가 같을 것**: 주파수가 다르면 고조파 순환 전류가 흐른다.
• **기전력의 파형이 같을 것**: 파형이 다르면 고조파 무효 순환 전류가 흐른다.
• **(3상의 경우) 기전력의 상회전 방향이 같을 것**: 상회전 방향이 다르면 발전기의 파손을 초래한다.

✓ **TIP** 위크주파방

답 ②

## 107

**동기 발전기를 병렬 운전하는 데 필요하지 않은 조건은?**

① 기전력의 용량이 같을 것

② 기전력의 파형이 같을 것

③ 기전력의 크기가 같을 것

④ 기전력의 주파수가 같을 것

**동기 발전기의 병렬 운전 조건**
- **기전력의 위상이 같을 것**: 위상이 다르면 유효 순환 전류(동기화 전류)가 흐른다.
- **기전력의 크기가 같을 것**: 크기가 다르면 무효 순환 전류(무효 횡류)가 흐른다.
- **기전력의 주파수가 같을 것**: 주파수가 다르면 고조파 순환 전류가 흐른다.
- **기전력의 파형이 같을 것**: 파형이 다르면 고조파 무효 순환 전류가 흐른다.
- **(3상의 경우) 기전력의 상회전 방향이 같을 것**: 상회전 방향이 다르면 발전기의 파손을 초래한다.

✓ **TIP** 위크주파방

답 ①

## 108

**그림은 동기 발전기의 구동 개념도이다. 그림에서 2를 발전기라 할 때 3의 명칭으로 적합한 것은?**

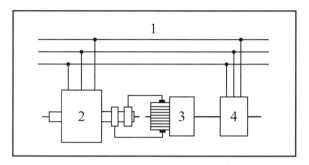

① 전동기　　　　② 여자기

③ 원동기　　　　④ 제동기

**동기 발전기의 구동 개념도**
1. 모선
2. 동기 발전기
3. 여자기
4. 유도 전동기

✓ **TIP** 동기 발전기의 구동 개념도 순서: GEM 발전기(Generator)-여자기(Exciter)-전동기(Motor)

답 ②

## 109

**동기기의 기전력의 파형 개선책이 아닌 것은?**

① 단절권　　　　② 집중권

③ 공극 조정　　　④ 자극 모양

**동기기의 기전력의 파형 개선책**
- 단절권, 분포권 채용
- 공극 조정
- 자극 모양 개선

답 ②

## 110

**유도자형 동기 발전기의 설명으로 옳은 것은?**

① 전기자만 고정되어 있다.

② 계자극만 고정되어 있다.

③ 회전자가 없는 특수 발전기이다.

④ 계자극과 전기자가 고정되어 있다.

**유도자형 동기 발전기**
계자와 전기자 권선이 고정자, 유도자가 회전자인 구조로 고주파 발전기에서 사용한다.

답 ④

## 111

**돌극형 동기 발전기에서 직축 동기 리액턴스를 $X_d$, 횡축 동기 리액턴스를 $X_q$라 할 때의 관계는?**

① $X_d < X_q$  ② $X_d > X_q$

③ $X_d = X_q$  ④ $X_d \ll X_q$

돌극형 동기 발전기에서 직축 동기 리액턴스 $X_d$는 횡축 동기 리액턴스 $X_q$보다 크다. ($X_d > X_q$)

답 ②

## 112

**3상 비돌극형 동기 발전기가 있다. 정격 출력 5,000[$kVA$], 정격 전압 6,000[$V$], 정격 역률 0.8이다. 여자를 정격 상태로 유지할 때 이 발전기의 최대 출력은 약 몇 [$kW$]인가? (단, 1상의 동기 리액턴스는 0.8[$p.u$]이며 저항은 무시한다.)**

① 7,500  ② 10,000

③ 11,500  ④ 12,500

이 문제는 동기 발전기의 최대 출력을 구하는 문제로, 단위법(p.u법)을 사용하여 계산한다.
단위법(p.u법)으로 계산할 때는 모든 값을 기준값에 대해 상대적으로 표현한다. 여기서 기준 전압(정격 전압)은 6,000[$V$]이고, 기준 출력(정격 출력)은 5,000[$kVA$]이므로 기준값은 1[$p.u$]로 간주된다.

단위법 유기 기전력
$$E = \sqrt{\cos\theta^2 + (\sin\theta + x)^2} = \sqrt{0.8^2 + (0.6 + 0.8)^2} = 1.61$$

비돌극형 동기 발전기의 최대 출력은 $\theta = 90°$일 때이므로

최대 출력 $P_m = \dfrac{EV}{X}\sin 90° = \dfrac{1.61 \times 1}{0.8} \times 1 = 2.02[p.u]$

2.02[$p.u$] 값을 실제 출력값으로 변환하면

$\therefore P_m = 2.02 \times 5,000 = 10,100 ≒ 10,000[kW]$

답 ②

## 113

동기 발전기의 전기자 권선법 중 집중권인 경우 매극 매상의 홈(slot) 수는?

① 1개  ② 2개

③ 3개  ④ 4개

**전기자 권선법**
- **집중권**: 매극 매상의 도체를 1개의 슬롯에 집중하여 권선하는 방법
- **분포권**: 매극 매상의 도체를 2개 이상의 슬롯에 분포하여 권선하는 방법

답 ①

## 114

동기 발전기의 단락비가 적을 때의 설명으로 옳은 것은?

① 동기 임피던스가 크고 전기자 반작용이 작다.

② 동기 임피던스가 크고 전기자 반작용이 크다.

③ 동기 임피던스가 작고 전기자 반작용이 작다.

④ 동기 임피던스가 작고 전기자 반작용이 크다.

단락비 $K_s = \dfrac{1}{\% Z_s}$ 에서 단락비 $K_s$ 는 동기 임피던스 $\% Z_s$ 와 반비례 관계이므로 단락비가 적을 때 동기 임피던스와 전기자 반작용이 크다.

☑ **참고** 단락비가 큰 발전기 특징
- 공극이 넓어 튼튼하다.
- 송전 선로의 충전 용량이 크다.
- 전압 변동률 및 전기자 반작용이 작다.
- 중량 증가로 고가이다.
- 철손 증가로 효율이 감소한다.

✓ **TIP** 단락비가 큰/작은 경우 1가지만 암기해 두면 편하다.

답 ②

## 115

동기 발전기에 회전 계자형을 사용하는 경우에 대한 이유로 틀린 것은?

① 기전력의 파형을 개선한다.

② 전기자가 고정자이므로 고압 대전류용에 좋고, 절연하기 쉽다.

③ 계자가 회전자지만 저압 소용량의 직류이므로 구조가 간단하다.

④ 전기자보다 계자극을 회전자로 하는 것이 기계적으로 튼튼하다.

회전 계자형은 유도 기전력에 고조파가 포함되어 비정현파(왜형파)가 발생한다. 이를 개선하기 위해 전기자 권선을 분포권 및 단절권으로 하여 기전력의 파형을 개선하므로 보기 ①은 틀린 설명이다.

☑ **참고** 동기기의 회전자에 의한 분류
- **회전 계자형**: 전기자 권선이 고정자, 계자 권선이 회전자인 구조 (동기 발전기에서 사용)
- **회전 전기자형**: 계자 권선이 고정자, 전기자 권선이 회전자인 구조 (직류 발전기에서 사용)
- **유도자형**: 계자와 전기자 권선이 고정자, 유도자가 회전자인 구조 (고주파 발전기에서 사용)

답 ①

## 116

동기 전동기가 무부하 운전 중에 부하가 걸리면 동기 전동기의 속도는?

① 정지한다.

② 동기 속도와 같다.

③ 동기 속도보다 빨라진다.

④ 동기 속도 이하로 떨어진다.

동기 전동기는 부하가 걸리더라도 속도가 변하지 않고 항상 동기 속도로 회전한다.(정속도 전동기) 따라서 무부하 운전 중에 부하가 걸리면 동기 전동기의 속도는 동기 속도와 같다.

답 ②

## 117

동기발전기의 돌발 단락 시 발생되는 현상으로 틀린 것은?

① 큰 과도 전류가 흘러 권선 소손

② 단락 전류는 전기자 저항으로 제한

③ 코일 상호간 큰 전자력에 의한 코일 파손

④ 큰 단락 전류 후 점차 감소하여 지속 단락 전류 유지

돌발 단락 시 동기 발전기에서 처음 발생하는 큰 단락 전류는 발전기의 누설 리액턴스에 의해 서서히 감소한다. 그러나 이때 전기자 저항은 거의 영향을 주지 않으므로, 단락 전류는 저항이 아닌 리액턴스에 의해 제한된다. 따라서 초기에는 매우 큰 전류가 흐르며, 이후 리액턴스의 영향으로 점차 감소하여 작은 지속 단락 전류가 유지된다.

답 ②

## 118

터빈 발전기의 냉각을 수소 냉각 방식으로 하는 이유로 틀린 것은?

① 풍손이 공기 냉각 시의 약 $\frac{1}{10}$ 로 줄어든다.

② 열전도율이 좋고 가스 냉각기의 크기가 작아진다.

③ 절연물의 산화 작용이 없으므로 절연 열화가 작아서 수명이 길다.

④ 반폐형으로 하기 때문에 이물질의 침입이 없고 소음이 감소한다.

수소 냉각 방식은 완전히 밀폐된 전폐형 구조로, 수소가 외부로 누설되는 것을 막고 이물질의 침입을 방지한다. 이로 인해 소음도 현저하게 줄어든다. 따라서 ④ "반폐형"은 틀린 설명이다.

답 ④

## 119

3상 20,000[$kVA$]인 동기 발전기가 있다. 이 발전기는 60[$Hz$]일 때는 200[$rpm$], 50[$Hz$]일 때는 약 167[$rpm$]으로 회전한다. 이 동기 발전기의 극수는?

① 18극                    ② 36극

③ 54극                    ④ 72극

동기 속도 $N_s = \dfrac{120f}{P}$ [$rpm$]에서

극수 $P = \dfrac{120f}{N_s} = \dfrac{120 \times 60}{200} = 36$ [극]

답 ②

## 120

전압 변동률이 작은 동기 발전기의 특성으로 옳은 것은?

① 단락비가 크다.

② 속도 변동률이 크다.

③ 동기 리액턴스가 크다.

④ 전기자 반작용이 크다.

**단락비가 큰 발전기 특징**
- 공극이 넓어 튼튼하다.
- 송전 선로의 충전 용량이 크다.
- 전압 변동률 및 전기자 반작용이 작다.
- 중량 증가로 고가이다.
- 철손 증가로 효율이 감소한다.

답 ①

## 121

정격 전압 $6,600[V]$인 3상 동기 발전기가 정격 출력(역률=1)으로 운전할 때 전압 변동률이 $12[\%]$이었다. 여자 전류와 회전수를 조정하지 않은 상태로 무부하 운전하는 경우 단자 전압$[V]$은?

① 6,433

② 6,943

③ 7,392

④ 7,842

전압 변동률 $\varepsilon = \dfrac{V_0 - V_n}{V_n} \times 100\,[\%]$ 에서

(단, $V_0$: 무부하 시 단자 전압$[V]$, $V_n$: 정격 전압$[V]$)

무부하 시 단자 전압 $V_0 = V_n\left(1 + \dfrac{\delta}{100}\right)$

$\qquad = 6,600 \times \left(1 + \dfrac{12}{100}\right) = 7,392\,[V]$

답 ③

## 122

동기 발전기에 설치된 제동 권선의 효과로 틀린 것은?

① 난조 방지

② 과부하 내량의 증대

③ 송전선의 불평형 단락 시 이상 전압 방지

④ 불평형 부하 시의 전류, 전압 파형의 개선

동기 발전기에 설치된 제동 권선은 난조 방지, 불평형 부하 시 전압 파형 개선, 단락 사고 시 이상 전압 억제 등의 역할을 한다. 이는 회전 속도의 변동을 막아 발전기를 안정적으로 운전하게 돕는다.

답 ②

## 123

동기기의 전기자 저항을 $r$, 전기자 반작용 리액턴스를 $X_a$, 누설 리액턴스를 $X_l$라고 하면 동기 임피던스를 표시하는 식은?

① $\sqrt{r^2 + \left(\dfrac{X_a}{X_l}\right)^2}$

② $\sqrt{r^2 + X_l^2}$

③ $\sqrt{r^2 + X_a^2}$

④ $\sqrt{r^2 + (X_a + X_l)^2}$

동기 임피던스 $Z_s = r + j(X_a + X_l)[\Omega]$
동기 임피던스 크기 $|Z_s| = \sqrt{r^2 + (X_a + X_l)^2}\,[\Omega]$

답 ④

## 124

**동기 발전기 단절권의 특징이 아닌 것은?**

① 코일 간격이 극 간격보다 작다.

② 전절권에 비해 합성 유기 기전력이 증가한다.

③ 전절권에 비해 코일 단이 짧게 되므로 재료가 절약된다.

④ 고조파를 제거해서 전절권에 비해 기전력의 파형이 좋아진다.

---

**단절권**: 코일 간격이 극 간격보다 짧은 경우의 권선법

**단절권 특징**
- 고조파를 감소시켜 파형 개선
- 권선 양 절약
- 기전력 감소

目 ②

## 125

**동기기의 안정도를 증진시키는 방법이 아닌 것은?**

① 단락비를 크게 할 것

② 속응 여자 방식을 채용할 것

③ 정상 리액턴스를 크게 할 것

④ 영상 및 역상 임피던스를 크게 할 것

---

**동기 발전기의 안정도 향상 대책**
- 단락비를 크게 할 것
- 동기 임피던스를 작게 할 것(정상 리액턴스는 작고, 역상 리액턴스와 영상 리액턴스는 클 것)
- 조속기 동작을 신속히 할 것
- 속응 여자 방식을 채택할 것
- 관성 모멘트를 크게 할 것(플라이휠 설치)

目 ③

## 126

**발전기 회전자에 유도자를 주로 사용하는 발전기는?**

① 수차 발전기    ② 엔진 발전기

③ 터빈 발전기    ④ 고주파 발전기

---

**동기 발전기의 회전자 종류**
- **회전 계자형**: 전기자 권선이 고정자, 계자 권선이 회전자인 구조 (동기 발전기에서 사용)
- **회전 전기자형**: 계자 권선이 고정자, 전기자 권선이 회전자인 구조 (직류 발전기에서 사용)
- **유도자형**: 계자와 전기자 권선이 고정자, 유도자가 회전자인 구조 (고주파 발전기에서 사용)

目 ④

## 127

**기전력(1상)이 $E_0$이고 동기 임피던스(1상)가 $Z_s$인 2대의 3상 동기발전기를 무부하로 병렬 운전시킬 때 각 발전기의 기전력 사이에 $\delta_s$ 의 위상차가 있으면 한쪽 발전기에서 다른 쪽 발전기로 공급되는 1상당의 전력 [$W$]은?**

① $\dfrac{E_0}{Z_s}\sin\delta_s$    ② $\dfrac{E_0}{Z_s}\cos\delta_s$

③ $\dfrac{E_0{}^2}{2Z_s}\sin\delta_s$    ④ $\dfrac{E_0{}^2}{2Z_s}\cos\delta_s$

---

2대의 동기 발전기가 병렬로 연결되면, 각 발전기의 기전력 사이에 위상차 $\delta_s$ 가 발생한다. 위상차가 존재하면 두 발전기는 서로 다른 위상을 갖게 되어 동기화 전류가 흐르게 되며, 이 전류는 두 발전기 간의 전력을 주고받는 역할을 한다.

이때 한쪽 발전기에서 다른 쪽 발전기로 공급되는 전력(수수 전력)은 다음과 같이 계산된다.

$$P = \frac{E_0{}^2}{2Z_s}\sin\delta_s\,[W]$$

目 ③

## 128

동기 리액턴스 $X_s$=10[Ω], 전기자 권선 저항 $r_a$=0.1[Ω], 3상 중 1상의 유도 기전력 $E$=6,400[$V$], 단자 전압 $V$=4,000[$V$], 부하각 $δ$ = 30°이다. 비철극기인 3상 동기 발전기의 출력은 약 몇 [$kW$]인가?

① 1,280       ② 3,840

③ 5,560       ④ 6,650

**3상 동기 발전기의 출력**

$$P = 3 \times \frac{EV}{X} \sin\delta$$

$$= 3 \times \frac{6,400 \times 4,000}{10} \times \sin 30°$$

$$= 3,840,000[W] = 3,840[kW]$$

답 ②

## 129

60[$Hz$], 6극의 3상 권선형 유도 전동기가 있다. 이 전동기의 정격 부하 시 회전수는 1,140[$rpm$]이다. 이 전동기를 같은 공급 전압에서 전부하 토크로 기동하기 위한 외부 저항은 몇 [Ω]인가? (단, 회전자 권선은 Y결선이며 슬립링 간의 저항은 0.1[Ω]이다.)

① 0.5       ② 0.85

③ 0.95       ④ 12

동기 속도 $N_s = \dfrac{120f}{P} = \dfrac{120 \times 60}{6} = 1,200\,[rpm]$

슬립 $s = \dfrac{N_s - N}{N_s} = \dfrac{1,200 - 1,140}{1,200} = 0.05$

2차 저항 $r_2 = \dfrac{\text{슬립링 간의 저항}}{2} = \dfrac{0.1}{2} = 0.05[Ω]$

권선형 유도 전동기의 비례 추이 $\dfrac{r_2}{s} = \dfrac{r_2 + R}{s'}$ 에서

$\dfrac{0.05}{0.05} = \dfrac{0.05 + R}{1}$ 이므로 외부저항 $R = 0.95\,[Ω]$ 이다.

☑ **참고** 슬립링 간의 저항은 두 상의 저항을 직렬로 연결한 것과 같으므로, 각 상의 저항은 슬립링 간 저항의 $\dfrac{1}{2}$ 이다.

답 ③

# 130

8극, 900[$rpm$] 동기 발전기와 병렬 운전하는 6극 동기 발전기의 회전수는 몇 [$rpm$]인가?

① 900

② 1,000

③ 1,200

④ 1,400

> 두 동기 발전기를 병렬 운전하려면 주파수가 같아야 한다.
>
> 8극 동기 발전기의 회전수로부터 주파수를 구하면
>
> 동기 속도 $N_s = \dfrac{120f}{P}[rpm]$에서
>
> 주파수 $f = \dfrac{N_s P}{120} = \dfrac{900 \times 8}{120} = 60[Hz]$
>
> 6극 동기 발전기의 회전수
>
> $\therefore N_s = \dfrac{120f}{P} = \dfrac{120 \times 60}{6} = 1,200[rpm]$

답 ③

# 131

동기 발전기에서 동기 속도와 극수와의 관계를 옳게 표시한 것은? (단, $N$: 동기 속도, $P$: 극수이다.)

①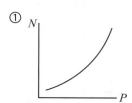

②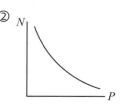

③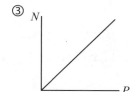

④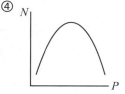

> 동기 속도 $N_s = \dfrac{120f}{p}[rpm]$에서
>
> 동기 속도 $N_s$는 극수 $p$와 반비례 관계이다.
> 따라서 극수 $p$가 증가할수록 동기 속도 $N_s$가 감소하는 형태의 ② 그래프가 답이 된다.

답 ②

# 132

**동기 전동기에 대한 설명으로 틀린 것은?**

① 동기 전동기는 주로 회전계자형이다.

② 동기 전동기는 무효 전력을 공급할 수 있다.

③ 동기 전동기는 제동 권선을 이용한 기동법이 일반적으로 많이 사용된다.

④ 3상 동기 전동기의 회전 방향을 바꾸려면 계자 권선 전류의 방향을 반대로 한다.

> 3상 동기 전동기의 회전 방향을 바꾸려면 전기자 권선의 3선 중 2선의 결선을 반대로 해야 한다.

답 ④

## 133

60[$Hz$], 600[$rpm$]의 동기 전동기에 직결된 기동용 유도 전동기의 극수는?

① 6 　　　　　　　② 8

③ 10 　　　　　　　④ 12

동기 속도 $N_s = \dfrac{120f}{P}$ [$rpm$]에서

극수 $P = \dfrac{120f}{N_s} = \dfrac{120 \times 60}{600} = 12$극

이때 기동용 유도 전동기는 동기 전동기보다 회전 속도가 $sN_s$ 만큼 느리기 때문에, 동기 전동기 극수보다 2극 적은 극수가 사용된다.

∴ $12 - 2 = 10$[극]

답 ③

## 134

**동기 조상기의 구조상 특징으로 틀린 것은?**

① 고정자는 수차 발전기와 같다.

② 안전 운전용 제동 권선이 설치된다.

③ 계자 코일이나 자극이 대단히 크다.

④ 전동기 축은 동력을 전달하는 관계로 비교적 굵다.

동기 조상기는 무부하로 운전되는 동기 전동기이다. 동기 전동기는 동력 전달 목적이 없기 때문에 전동기 축이 굵지 않다. 대신 계자 전류를 조정하여 송전 계통의 무효 전력을 제어하는 역할을 한다.

답 ④

## 135

3상 동기 발전기에서 그림과 같이 1상의 권선을 서로 똑같은 2조로 나누어 그 1조의 권선 전압을 $E[V]$, 각 권선의 전류를 $I[A]$라 하고 지그재그 $Y$형(Zigzag Star)으로 결선하는 경우 선간 전압[$V$], 선전류[$A$] 및 피상 전력[$VA$]은?

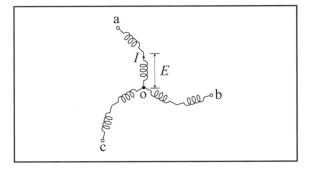

① $3E, \; I, \; \sqrt{3} \times 3E \times I = 5.2EI$

② $\sqrt{3}\,E, \; 2I, \; \sqrt{3} \times \sqrt{3}\,E \times 2I = 6EI$

③ $E, \; 2\sqrt{3}\,I, \; \sqrt{3} \times E \times 2\sqrt{3}\,I = 6EI$

④ $\sqrt{3}\,E, \; \sqrt{3}\,I, \; \sqrt{3} \times \sqrt{3}\,E \times \sqrt{3}\,I = 5.2EI$

지그재그 결선은 $Y$형 결선의 변형으로, 각 상의 권선을 두 개로 나누어 결선한다.

$Y$형 결선에서의 선간 전압 $E_Y = \sqrt{3}\,E$ 이다.

지그재그 결선에서는 두 배의 전압이 생성되므로

선간 전압 $E_{2Y} = \sqrt{3} \times \sqrt{3}\,E = 3E[V]$

지그재그 결선에서 상전류와 선전류는 같으므로

$I_{2Y} = I[A]$

피상 전력 $P_a = \sqrt{3}\,E_{2Y}I = \sqrt{3} \times 3E \times I = 5.2EI[VA]$

답 ①

## 136

동기기의 권선법 중 기전력의 파형을 좋게 하는 권선법은?

① 전절권, 2층권      ② 단절권, 집중권

③ 단절권, 분포권      ④ 전절권, 집중권

**단절권 특징**
- 고조파를 감소시켜 파형 개선
- 권선 양 절약
- 기전력 감소

**분포권 특징**
- 고조파를 감소시켜 파형 개선
- 누설 리액턴스 감소
- 기전력 감소

답 ③

## 137

3상 동기발전기의 여자전류 $10[A]$에 대한 단자전압이 $1,000\sqrt{3}\,[V]$, 3상 단락 전류가 $50[A]$인 경우 동기 임피던스는 몇 $[\Omega]$인가?

① 5      ② 11

③ 20      ④ 34

동기 발전기에서 동기 임피던스는 단자 전압과 단락 전류의 비율로 구할 수 있다.

동기 임피던스 $Z_s = \dfrac{E}{I_s} = \dfrac{\dfrac{1,000\sqrt{3}}{\sqrt{3}}}{50} = 20\,[\Omega]$

답 ③

## 138

동기 발전기에서 무부하 정격전압일 때의 여자전류를 $I_{fo}$, 정격부하 정격전압일 때의 여자전류를 $I_{f1}$, 3상 단락 정격전류에 대한 여자전류를 $I_{fs}$ 라 하면 정격속도에서의 단락비 $K$는?

① $K = \dfrac{I_{fs}}{I_{fo}}$      ② $K = \dfrac{I_{fo}}{I_{fs}}$

③ $K = \dfrac{I_{fs}}{I_{f1}}$      ④ $K = \dfrac{I_{f1}}{I_{fs}}$

단락비 $K_s = \dfrac{I_s}{I_n} = \dfrac{I_{fo}}{I_{fs}} = \dfrac{1}{\%Z}$

(단, $I_s$: 단락 전류, $I_n$: 정격 전류, $I_{fo}$: 무부하 정격 전압을 유도하는 데 필요한 여자 전류, $I_{fs}$: 3상 단락 상태에서 정격 전류를 흐르게 하는 데 필요한 여자 전류)

답 ②

## 139

극수 20, 주파수 60[$Hz$]인 3상 동기발전기의 전기자 권선이 2층 중권, 전기자 전 슬롯 수 180, 각 슬롯 내의 도체 수 10, 코일피치 7슬롯인 2중 성형결선으로 되어 있다. 선간전압 3,300[$V$]를 유도하는 데 필요한 기본파 유효자속은 약 몇 [$Wb$]인가? (단, 코일피치와 자극피치의 $\beta = \dfrac{7}{9}$ 이다)

① 0.004                    ② 0.062

③ 0.053                    ④ 0.07

**매극 매상당 슬롯수**

$$q = \frac{\text{총 슬롯 수}}{\text{극수} \times \text{상수}} = \frac{180}{20 \times 3} = 3$$

**1상당 권수**

$$W = \frac{\text{총 도체 수}}{2 \times \text{상수}}$$

$$= \frac{\text{슬롯 수} \times \text{슬롯 내 도체 수}}{2 \times \text{상수}} = \frac{180 \times 10}{2 \times 3} = 300$$

그러나 조건에서 2중 성형결선으로 주어졌으므로
1상당 권수 $W = \dfrac{300}{2} = 150$ 이 된다.

**분포권 계수**

$$K_d = \frac{\sin \dfrac{\pi}{2m}}{q \sin \dfrac{\pi}{2mq}} = \frac{\sin \dfrac{180^\circ}{2 \times 3}}{3 \sin \dfrac{180^\circ}{2 \times 3 \times 3}} = 0.96$$

(단, $m$ : 상수, $q$ : 매극 매상당 슬롯수)

**단절권 계수**

$$K_p = \sin \frac{\beta \pi}{2} = \sin \frac{\dfrac{7}{9} \times 180^\circ}{2} = 0.94$$

**동기 발전기의 유기 기전력**

$E = 4.44 K_d K_p f \phi W [V]$에서

(단, $K_d$ : 분포권 계수, $K_p$ : 단절권 계수, $\phi$ : 자속[$Wb$],
$W$ : 1상당 권수 [회])

**자속**

$$\phi = \frac{E}{4.44 K_d K_p f W} = \frac{\dfrac{3,300}{\sqrt{3}}}{4.44 \times 0.96 \times 0.94 \times 60 \times 150}$$

$$= 0.053 [Wb]$$

답 ③

## 140

동기 발전기의 돌발 단락 전류를 주로 제한하는 것은?

① 동기 리액턴스          ② 권선저항

③ 누설 리액턴스          ④ 동기 임피던스

동기 발전기의 단락 전류는 단락이 발생했을 때 처음에는 매우 큰 전류가 흐르지만, 누설 리액턴스의 작용으로 시간이 지남에 따라 점차 감소하여 최종적으로는 지속적인 단락 전류가 유지된다.

답 ③

## 141

동기기의 전기자 권선법으로 적합하지 않은 것은?

① 중권                    ② 2층권

③ 분포권                  ④ 환상권

**동기기의 전기자 권선법**
- 이층권
- 중권
- 분포권
- 단절권

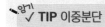
✓ **TIP** 이중분단

답 ④

## 142

단상 직권 정류자 전동기에서 보상 권선과 저항 도선의 작용을 설명한 것 중 틀린 것은?

① 보상 권선은 역률을 좋게 한다

② 보상 권선은 변압기의 기전력을 크게 한다

③ 보상 권선은 전기자 반작용을 제거해 준다

④ 저항 도선은 변압기 기전력에 의한 단락 전류를 작게 한다

> **보상 권선**: 전기자의 반작용을 상쇄하여 역률을 개선하고, 변압기의 기전력을 낮춰 정류 성능을 향상시킨다.
> **저항 도선**: 변압기의 기전력에 의해 발생하는 단락 전류를 줄여 정류 성능을 개선한다.

정답 ②

## 143

$5[kVA]$, $3,000/200[V]$의 변압기의 단락 시험에서 임피던스 전압 $120[V]$, 동손 $150[W]$라 하면 %저항 강하는 약 몇 [%]인가?

① 2        ② 3

③ 4        ④ 5

> 저항 강하 $\%R = \dfrac{P_c}{P} \times 100[\%] = \dfrac{150}{5 \times 10^3} \times 100 = 3[\%]$

정답 ②

## 144

변압기의 규약 효율 산출에 필요한 기본 요건이 아닌 것은?

① 파형은 정현파를 기준으로 한다

② 별도의 지정이 없는 경우 역률은 100[%] 기준이다

③ 부하손은 40[°C]를 기준으로 보정한 값을 사용한다

④ 손실은 각 권선에 대한 부하손의 합과 무부하손의 합이다

> 변압기 규약 효율에서 파형은 정현파를 기준으로 하고, 별도의 기준이 없는 경우 역률은 100[%], 부하손은 75[°C]를 기준으로 보정한 값을 사용한다.

정답 ③

## 145

변압기의 절연 내력 시험 방법이 아닌 것은?

① 가압 시험        ② 유도 시험

③ 무부하 시험        ④ 충격 전압 시험

> **변압기의 절연 내력 시험 방법**
> - 가압 시험
> - 유도 시험
> - 충격 전압 시험

정답 ③

## 146

3상 변압기를 병렬 운전하는 경우 불가능한 조합은?

① $\Delta - Y$ 와 $Y - \Delta$　　　② $\Delta - \Delta$ 와 $Y - Y$

③ $\Delta - Y$ 와 $\Delta - Y$　　　④ $\Delta - Y$ 와 $\Delta - \Delta$

보기 ④는 홀수 조합이므로 병렬 운전이 불가능하다.

☑ **참고** 병렬 운전 결선 조합
짝수 조합: 병렬 운전 가능
홀수 조합: 병렬 운전 불가능

| ① 병렬 운전 가능 | ② 병렬 운전 불가능 |
|---|---|
| $Y - Y$ 와 $Y - Y$ | |
| $\Delta - \Delta$ 와 $\Delta - \Delta$ | $Y - Y$ 와 $Y - \Delta$ |
| $Y - \Delta$ 와 $Y - \Delta$ | $Y - Y$ 와 $\Delta - Y$ |
| $\Delta - Y$ 와 $\Delta - Y$ | $\Delta - \Delta$ 와 $\Delta - Y$ |
| $\Delta - Y$ 와 $Y - \Delta$ | $\Delta - \Delta$ 와 $Y - \Delta$ |
| $\Delta - \Delta$ 와 $Y - Y$ | |

답 ④

## 147

변압기에 있어서 부하와는 관계없이 자속만을 발생시키는 전류는?

① 1차 전류　　　　　② 자화 전류

③ 여자 전류　　　　　④ 철손 전류

- **철손 전류**: 철손을 발생시키는 전류
$$I_i = \frac{P_i}{V_1} \, [A]$$
- **자화 전류**: 자속을 발생시키는 전류
$$I_\phi = \sqrt{I_0^{\,2} - I_i^{\,2}} \, [A]$$
- **여자 전류(무부하 전류)**: 철손 전류와 자화 전류를 합한 전류
$$I_0 = \sqrt{I_i^{\,2} + I_\phi^{\,2}} \, [A]$$

답 ②

## 148

부흐홀츠 계전기에 대한 설명으로 틀린 것은?

① 오동작의 가능성이 많다.

② 전기적 신호로 동작한다.

③ 변압기의 보호에 사용된다.

④ 변압기의 주탱크와 콘서베이터를 연결하는 관중에 설치한다.

**변압기의 내부 보호**
- **비율 차동 계전기**: 전기적 보호(내부 고장 보호)
- **브흐홀츠 계전기**: 기계적 보호, 변압기 본체와 콘서베이터 사이에 설치

답 ②

## 149

변압기 내부 고장 검출을 위해 사용하는 계전기가 아닌 것은?

① 과전압 계전기　　　② 비율 차동 계전기

③ 부흐홀츠 계전기　　　④ 충격 압력 계전기

**변압기의 내부 보호**
- **비율 차동 계전기**: 전기적 보호(내부 고장 보호)
- **브흐홀츠 계전기**: 기계적 보호, 변압기 본체와 콘서베이터 사이에 설치
- **충격 압력 계전기**

답 ①

## 150

주파수가 정격보다 3[%] 감소하고 동시에 전압이 정격보다 3[%] 상승된 전원에서 운전되는 변압기가 있다. 철손이 $f B_m^2$에 비례한다면 이 변압기 철손은 정격 상태에 비하여 어떻게 달라지는가? (단, $f$ :주파수, $B_m$ : 자속밀도 최대치이다.)

① 약 8.7[%] 증가      ② 약 8.7[%] 감소

③ 약 9.4[%] 증가      ④ 약 9.4[%] 감소

---

**변압기의 유기 기전력**

$E = 4.44 f \phi_m N = 4.44 f B_m S N [V]$ 에서 $B_m \propto \dfrac{E}{f}$ 이다.

$(\because \phi = B_m S [Wb])$

철손 $P_i = k f B_m^2 = k f \left( \dfrac{E}{f} \right)^2 = k \dfrac{E^2}{f} [W]$ 에서

$P_i \propto \dfrac{E^2}{f}$ 이다.

따라서 주파수가 정격보다 3[%] 감소하고 동시에 전압이 정격보다 3[%] 상승되었을 때

$P_i \propto \dfrac{E^2}{f} = \dfrac{1.03^2}{0.97} = 1.094$ 로 철손은 약 9.4[%] 증가한다.

🔲 ③

## 151

변압기의 무부하 시험, 단락 시험에서 구할 수 없는 것은?

① 철손             ② 동손

③ 절연 내력         ④ 전압 변동률

---

**등가 회로 작성에 필요한 시험과 측정 가능 성분**
- 저항 측정 시험
- **무부하 시험**: 철손, 여자(무부하) 전류, 여자 어드미턴스
- **단락 시험**: 동손, 임피던스 와트(전압 변동), 단락 전류

🔲 ③

## 152

변압기의 보호방식 중 비율차동 계전기를 사용하는 경우는?

① 고조파 발생을 억제하기 위하여

② 과여자 전류를 억제하기 위하여

③ 과전압 발생을 억제하기 위하여

④ 변압기 상간 단락 보호를 위하여

---

비율 차동 계전기는 변압기의 내부 고장(상간 단락, 권선 지락 등)으로부터 보호하기 위해 사용한다.

🔲 ④

## 153

정격 전압, 정격 주파수가 $6,600/220[V]$, $60[Hz]$, 와류손이 $720[W]$인 단상 변압기가 있다. 이 변압기를 $3,300[V]$, $50[Hz]$의 전원에 사용하는 경우 와류손은 약 몇 $[W]$인가?

① 120             ② 150

③ 180             ④ 200

---

와류손은 주파수와 무관하며, 전압의 제곱에 비례한다.

$$P_e' = P_e \times \left( \dfrac{E'}{E} \right)^2 = 720 \times \left( \dfrac{3,300}{6,600} \right)^2 = 180 [W]$$

🔲 ③

## 154

3,000/200[$V$]변압기의 1차 임피던스가 225[$\Omega$]이면, 차 환산 임피던스는 약 몇 [$\Omega$]인가?

① 1.0      ② 1.5

③ 2.1      ④ 2.8

변압비의 권수비 $a = \dfrac{E_1}{E_2} = \dfrac{3,000}{200} = 15$ 이다.

이때 2차 환산 임피던스는

$a = \sqrt{\dfrac{Z_1}{Z_2}}$ 에서 $Z_2 = \dfrac{Z_1}{a^2} = \dfrac{225}{15^2} = 1\,[\Omega]$ 이다.

> ☑ 참고
> 변압비의 권수비 $a = \dfrac{N_1}{N_2} = \dfrac{E_1}{E_2} = \dfrac{I_2}{I_1} = \sqrt{\dfrac{Z_1}{Z_2}}$

답 ①

## 155

변압기 결선 방식 중 3상에서 6상으로 변환할 수 없는 것은?

① 2중 성형      ② 환상 결선

③ 대각 결선      ④ 2중 6각 결선

> **3상 입력에서 6상 출력을 내는 결선법**
> - 포크 결선
> - 환상 결선
> - 대각 결선
> - 2중 성형 결선($Y$ 결선, Star 결선)
> - 2중 $\Delta$ 결선

답 ④

## 156

150[$kVA$]의 변압기의 철손이 1[$kW$], 전부하 동손이 2.5[$kW$]이다. 역률 80[%]에 있어서의 최대 효율은 약 몇 [%]인가?

① 95      ② 96

③ 97.4      ④ 98.5

최대 효율 조건은 $P_i = a^2 P_c$ 이다.

최대 효율이 되는 부하율 $a = \sqrt{\dfrac{P_i}{P_c}} = \sqrt{\dfrac{1}{2.5}} = 0.632$

변압기의 최대 효율 $\eta = \dfrac{\text{최대 효율 시 출력}}{\text{최대 효율 시 출력} + P_i + m^2 P_c}$

$= \dfrac{a \times P\cos\theta}{a \times P\cos\theta + P_i + m^2 P_c} \times 100\,[\%]$

$= \dfrac{0.632 \times 150 \times 0.8}{0.632 \times 150 \times 0.8 + 1 + 0.632^2 \times 2.5} \times 100\,[\%]$

$= 97.4\,[\%]$

답 ③

## 157

정격 부하에서 역률 0.8(뒤짐)로 운전될 때, 전압 변동률이 12[%]인 변압기가 있다. 이 변압기에 역률 100[%]의 정격 부하를 걸고 운전할 때의 전압 변동률은 약 몇 [%]인가? (단, %저항 강하는 %리액턴스 강하의 $\frac{1}{12}$ 이라고 한다.)

① 0.909

② 1.5

③ 6.85

④ 16.18

전압 변동률 $\varepsilon = p\cos\theta + q\sin\theta$ [%]에서
%저항 강하는 %리액턴스 강하의 $\frac{1}{12}$ 이라고 하였으
므로 $p = \frac{1}{12}q$ 이다.
전압 변동률 식에 대입하면
$12 = \frac{1}{12}q \times 0.8 + q \times 0.6 = \frac{2}{3}q$
$\therefore q = 18$ [%], $p = \frac{1}{12}q = \frac{1}{12} \times 18 = 1.5$ [%]
역률 100[%]일 때 전압 변동률은
$\therefore \varepsilon = p\cos\theta + q\sin\theta = 1.5 \times 1 + 18 \times 0 = 1.5$ [%]

답 ②

## 158

단상 변압기 3대를 이용하여 3상 $\Delta - Y$ 결선을 했을 때 1차와 2차 전압의 각변위(위상차)는?

① 0°

② 60°

③ 150°

④ 180°

1차와 2차 전압의 각변위(위상차)
• $Y - \Delta$, $\Delta - Y$ 결선: 30°, -30°(330°), 150°, 210°
• $\Delta - \Delta$, $Y - Y$ 결선: 0°, 180°

답 ③

## 159

부하 전류가 2배로 증가하면 변압기의 2차측 동손은 어떻게 되는가?

① $\frac{1}{4}$ 로 감소한다.

② $\frac{1}{2}$ 로 감소한다.

③ 2배로 증가한다.

④ 4배로 증가한다.

동손 $P_c = I^2 R$ [$W$]에서 $P_c \propto I^2$ 이므로 부하 전류가 2배로 증가하면 동손은 4배로 증가한다.

답 ④

## 160

이상적인 변압기의 무부하에서 위상 관계로 옳은 것은?

① 자속과 여자 전류는 동위상이다.

② 자속은 인가 전압 보다 90° 앞선다.

③ 인가 전압은 1차 유기 기전력 보다 90° 앞선다.

④ 1차 유기 기전력과 2차 유기 기전력의 위상은 반대이다.

이상적인 변압기는 손실이 없고 자기 포화도 고려하지 않은 변압기로, 자속과 여자 전류는 동위상이다.

답 ①

## 161

3상 변압기를 1차 $Y$, 2차 $\Delta$ 로 결선하고 1차에 선간 전압 3,300[$V$]를 가했을 때의 무부하 2차 선간 전압은 몇 [$V$]인가? (단, 전압비는 30:1 이다.)

① 63.5

② 110

③ 173

④ 190.5

1차 상전압 $E_{p1} = \dfrac{3,300}{\sqrt{3}} = 1905.26\,[V]$

2차 상전압 $E_{p2} = \dfrac{E_1}{a} = \dfrac{1905.26}{30} = 63.5\,[V]$

2차 선간 전압 $E_{l2} = E_{p2} = 63.5\,[V]\,(\because \Delta\,결선)$

☑ **참고** 변압기비의 권수비

$a = \dfrac{N_1}{N_2} = \dfrac{E_1}{E_2} = \dfrac{I_2}{I_1} = \sqrt{\dfrac{Z_1}{Z_2}}$

답 ①

## 162

변압기 보호 장치의 주된 목적이 아닌 것은?

① 전압 불평형 개선

② 절연 내력 저하 방지

③ 변압기 자체 사고의 최소화

④ 다른 부분으로의 사고 확산 방지

**변압기 보호 장치의 목적**
- 절연 내력 저하 방지
- 변압기 자체 사고의 최소화
- 다른 부분으로의 사고 확산 방지

답 ①

## 163

변압기의 권수를 $N$이라고 할 때 누설 리액턴스는?

① $N$에 비례한다.

② $N^2$에 비례한다.

③ $N$에 반비례한다.

④ $N^2$에 반비례한다.

변압기의 자기 인덕턴스 $L = \dfrac{\mu S N^2}{l}\,[H]$에서

누설 리액턴스 $X = \omega L = 2\pi f L = \dfrac{2\pi f \times \mu S N^2}{l}\,[\Omega]$

이므로 $X \propto N^2$ 이다.

답 ②

## 164

일반적인 변압기의 손실 중에서 온도 상승에 관계가 가장 적은 요소는?

① 철손

② 동손

③ 와류손

④ 유전체손

변압기 권선의 절연물에 의한 손실을 유전체손이라고 하며, 이는 다른 손실에 비해 크기가 매우 작아 온도 상승에 미치는 영향도 적다.

답 ④

## 165

1차 전압 6,600[$V$], 2차 전압 220[$V$], 주파수 60[$Hz$], 1차 권수 1,000회의 변압기가 있다. 최대 자속은 약 몇 [$Wb$]인가?

① 0.020

② 0.025

③ 0.030

④ 0.032

1차 유기 기전력 $E_1 = 4.44 f \phi_m N_1\,[V]$에서

최대 자속 $\phi_m = \dfrac{E_1}{4.44 f N_1}$

$= \dfrac{6,600}{4.44 \times 60 \times 1,000} = 0.025\,[Wb]$

답 ②

## 166

15[$kVA$], 3,000/200[$V$] 변압기의 1차측 환산 등가 임피던스가 5.4+$j$6[Ω]일 때, %저항 강하 $p$ 와 %리액턴스 강하 $q$는 각각 약 몇 [%]인가?

① $p = 0.9, q = 1$      ② $p = 0.7, q = 1.2$

③ $p = 1.2, q = 1$      ④ $p = 1.3, q = 0.9$

1차 전류 $I_1 = \dfrac{P}{V_1} = \dfrac{15 \times 10^3}{3,000} = 5[A]$

% 저항 강하 $p = \dfrac{IR}{V} \times 100 = \dfrac{5 \times 5.4}{3,000} \times 100 = 0.9[\%]$

% 리액턴스 강하 $q = \dfrac{IX}{V} \times 100 = \dfrac{5 \times 6}{3,000} \times 100 = 1[\%]$

답 ①

## 167

60[$Hz$]의 변압기에 50[$Hz$]의 동일 전압을 가했을 때의 자속 밀도는 60[$Hz$]일 때와 비교하였을 경우 어떻게 되는가?

① $\dfrac{5}{6}$ 로 감소      ② $\dfrac{6}{5}$ 으로 증가

③ $\left(\dfrac{5}{6}\right)^{1.6}$ 로 감소      ④ $\left(\dfrac{6}{5}\right)^2$ 으로 증가

$E_1 = 4.44f\phi_m N_1 = 4.44f B_m S N_1 [V]$

주파수 $f$와 자속 밀도 $B_m$는 반비례 관계이므로

$B_m{}' = \dfrac{60}{50} B_m = \dfrac{6}{5} B_m [Wb/m^2]$

답 ②

## 168

2대의 변압기로 $V$ 결선하여 3상 변압하는 경우 변압기 이용률은 약 몇 [%]인가?

① 57.8      ② 66.6

③ 86.6      ④ 100

- $V$ 결선 출력비 : $\dfrac{1}{\sqrt{3}} \times 100 = 57.7[\%]$

- $V$ 결선 이용률 : $\dfrac{\sqrt{3}}{2} \times 100 = 86.6[\%]$

답 ③

## 169

전력용 변압기에서 1차에 정현파 전압을 인가하였을 때, 2차에 정현파 전압이 유기되기 위해서는 1차에 흘러 들어가는 여자 전류는 기본파 전류 외에 주로 몇 고조파 전류가 포함되는가?

① 제2고조파      ② 제3고조파

③ 제4고조파      ④ 제5고조파

변압기의 철심에는 자속의 변화에 따라 히스테리시스 현상이 발생한다. 정현파 전압이 유기되기 위해서는 여자 전류에 기본파 전류 외에도 제3고조파가 포함된 첨두파가 필요하다.

답 ②

## 170

변압기에서 사용되는 변압기유의 구비 조건으로 틀린 것은?

① 점도가 높을 것　② 응고점이 낮을 것

③ 인화점이 높을 것　④ 절연 내력이 클 것

**변압기 절연유의 구비 조건**
- 절연 내력이 클 것
- 점도가 작을 것
- 인화점이 높고, 응고점이 낮을 것
- 화학 작용과 침전물이 없을 것

답 ①

## 171

단상 변압기의 병렬 운전 시 요구 사항으로 틀린 것은?

① 극성이 같을 것

② 정격 출력이 같을 것

③ 정격 전압과 권수비가 같을 것

④ 저항과 리액턴스의 비가 같을 것

**변압기 병렬 운전 조건**
- 극성이 같을 것
- 1차, 2차 정격 전압이 같고 권수비가 같을 것
- % 임피던스 강하가 같을 것
- 저항과 리액턴스 비가 같을 것
- (3상 변압기의 경우) 상회전 방향과 각 변위가 같을 것

답 ②

## 172

몰드 변압기의 특징으로 틀린 것은?

① 자기 소화성이 우수하다.

② 소형 경량화가 가능하다.

③ 건식 변압기에 비해 소음이 적다.

④ 유입 변압기에 비해 절연 레벨이 낮다.

몰드 변압기는 절연유 대신 에폭시 수지를 사용한 건식 변압기로, 자기 소화성이 우수하고 소형 경량화가 가능하다. 또한, 건식 변압기에 비해 소음이 적고, 유입 변압기에 비해 절연 레벨이 높다.

답 ④

## 173

단상 변압기를 병렬 운전하는 경우 각 변압기의 부하 분담이 변압기의 용량에 비례하려면 각각의 변압기의 % 임피던스는 어느 것에 해당되는가?

① 어떠한 값이라도 좋다.

② 변압기 용량에 비례하여야 한다.

③ 변압기 용량에 반비례하여야 한다.

④ 변압기 용량에 관계없이 같아야 한다.

**병렬 운전 시 부하 분담**
부하 분담비는 용량에 비례하고, %Z에 반비례한다.

부하 분담비 $\dfrac{P_a}{P_b} = \dfrac{P_A}{P_B} \times \dfrac{\%Z_b}{\%Z_a}$

답 ③

## 174

그림과 같은 변압기 회로에서 부하 $R_2$에 공급되는 전력이 최대로 되는 변압기의 권수비 $a$는?

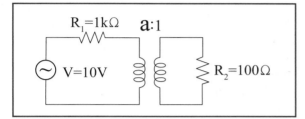

① $\sqrt{5}$

② $\sqrt{10}$

③ 5

④ 10

공급되는 전력이 최대가 되는 조건은 내부 저항 $R_1$과 1차로 환산한 부하 저항 $a^2 R_2$ 이 같을 때이므로 $R_1 = a^2 R_2$이다.

∴ 변압기의 권수비 $a = \sqrt{\dfrac{R_1}{R_2}} = \sqrt{\dfrac{1,000}{100}} = \sqrt{10}$

🖩 ②

## 175

변압기의 백분율 저항 강하가 3[%], 백분율 리액턴스 강하가 4[%]일 때 뒤진 역률 80[%]인 경우의 전압 변동률[%]은?

① 2.5

② 3.4

③ 4.8

④ −3.6

전압 변동률

$\varepsilon = p\cos\theta + q\sin\theta = 3 \times 0.8 + 4 \times 0.6 = 4.8[\%]$

☑ **참고** 전압 변동률

$\varepsilon = \dfrac{V_{20} - V_{2n}}{V_{2n}} \times 100[\%] = p\cos\theta \pm q\sin\theta\,[\%]$

(단, $+$: 지상(뒤진) 역률, $-$: 진상(앞선) 역률)

🖩 ③

## 176

1차 전압 $V_1$, 2차 전압 $V_2$ 인 단권 변압기를 $Y$결선했을 때, 등가 용량과 부하 용량의 비는? (단, $V_1 > V_2$ 이다.)

① $\dfrac{V_1 - V_2}{\sqrt{3}\,V_1}$

② $\dfrac{V_1 - V_2}{V_1}$

③ $\dfrac{V_1^2 - V_2^2}{\sqrt{3}\,V_1 V_2}$

④ $\dfrac{\sqrt{3}\,(V_1 - V_2)}{2\,V_1}$

**단권 변압기의 3상 결선**

• $Y$ 결선

$\dfrac{\text{자기용량}}{\text{부하용량}} = \dfrac{V_h - V_l}{V_h}$

(단, $V_h$: 고압 측 전압[$V$], $V_l$: 저압 측 전압[$V$])

• $\varDelta$ 결선

$\dfrac{\text{자기용량}}{\text{부하용량}} = \dfrac{V_h{}^2 - V_l{}^2}{\sqrt{3}\,V_h V_l}$

• $V$ 결선

$\dfrac{\text{자기용량}}{\text{부하용량}} = \dfrac{2(V_h - V_l)}{\sqrt{3}\,V_h}$

🖩 ②

## 177

변압기의 보호에 사용되지 않는 것은?

① 온도 계전기

② 과전류 계전기

③ 임피던스 계전기

④ 비율 차동 계전기

임피던스 계전기는 전압과 전류의 비율이 일정 값 이하일 때 동작하며, 송전 선로 보호를 위한 거리 계전기의 한 종류로 사용된다.

🖩 ③

## 178

용량 1[$kVA$], 3,000/200[$V$]의 단상 변압기를 단권 변압기로 결선해서 3,000/3,200[$V$]의 승압기로 사용할 때 그 부하 용량[$kVA$]은?

① $\dfrac{1}{16}$      ② 1

③ 15      ④ 16

$$\frac{\text{자기 용량}}{\text{부하 용량}} = \frac{V_h - V_l}{V_h} \text{에서}$$

(단, $V_h$: 고압 측 전압[$V$], $V_l$: 저압 측 전압[$V$])

$$\text{부하용량} = \frac{V_h}{V_h - V_l} \times \text{자기 용량}$$
$$= \frac{3,200}{3,200 - 3,000} \times 1 = 16[kVA]$$

(단, $V_h$: 고압 측 전압[$V$], $V_l$: 저압 측 전압[$V$])

답 ④

## 179

변압기의 %$Z$가 커지면 단락 전류는 어떻게 변화하는가?

① 커진다.      ② 변동 없다.

③ 작아진다.      ④ 무한대로 커진다.

퍼센트 임피던스 %$Z = \dfrac{I_n}{I_s} \times 100[\%]$ 에서

(단, $I_s$: 단락 전류, $I_n$: 정격 전류)

단락 전류 $I_s = \dfrac{100}{\%Z} I_n[A]$ 이므로 %$Z$ 가 커지면 단락 전류 $I_s$는 작아진다.

답 ③

## 180

단권 변압기의 설명으로 틀린 것은?

① 분로 권선과 직렬 권선으로 구분된다.

② 1차 권선과 2차 권선의 일부가 공통으로 사용된다.

③ 3상에는 사용할 수 없고 단상으로만 사용한다.

④ 분로 권선에서 누설 자속이 없기 때문에 전압 변동률이 작다.

단권 변압기는 단상 및 3상 모두 사용 가능하다.

☑ **참고** 단권 변압기 특징
- 1차와 2차 권선을 공통으로 연결한 변압기
- 동량이 적어 소형·경량, 효율이 높음
- 누설 임피던스가 작고, 여자 임피던스는 큼
- 한쪽 회로에서 단락 사고 시 다른 쪽에 큰 영향을 줌
- 단상 3선식에서 전압 불평형 방지용 밸런서로 많이 사용

답 ③

## 181

1차 전압 6,600[$V$], 권수비 30인 단상 변압기로 전등 부하에 30[$A$]를 공급할 때의 입력[$kW$]은? (단, 변압기의 손실은 무시한다.)

① 4.4      ② 5.5

③ 6.6      ④ 7.7

변압기의 권수비 $a = \dfrac{N_1}{N_2} = \dfrac{E_1}{E_2} = \dfrac{I_2}{I_1} = \sqrt{\dfrac{Z_1}{Z_2}}$ 에서

1차측(입력 측) 전류 $I_1 = \dfrac{I_2}{a} = \dfrac{30}{30} = 1[A]$

입력 $P_1 = V_1 I_1 = 6,600 \times 1 = 6,600[W] = 6.6[kW]$

답 ③

## 182

정격 전압 120[$V$], 60[$Hz$]인 변압기의 무부하 입력 80[$W$], 무부하 전류 1.4[$A$]이다. 이 변압기의 여자 리액턴스는 약 몇 [Ω]인가?

① 97.6       ② 103.7

③ 124.7      ④ 180

철손 전류 $I_i = \dfrac{P_i}{V_1} = \dfrac{80}{120} = 0.67[A]$

자화 전류 $I_\phi = \sqrt{I_0^2 - I_i^2} = \sqrt{1.4^2 - 0.67^2} = 1.23[A]$

여자 리액턴스 $x_0 = \dfrac{V_1}{I_\phi} = \dfrac{120}{1.23} = 97.6[\Omega]$

> ☑ **참고** 변압기의 무부하 입력은 변압기가 무부하 상태일 때 소모하는 전력이다. 이 전력의 대부분은 철손에 해당한다.

> ☑ **참고** 변압기의 여자 리액턴스는 변압기가 무부하 상태에서 코어를 자화시키는 데 필요한 리액턴스를 말한다.

답 ①

## 183

3상 변압기 2차측의 $E_W$상만을 반대로 하고, $Y-Y$ 결선을 한 경우, 2차 상전압이 $E_U$=70[$V$], $E_V$=70[$V$], $E_W$=70[$V$]라면 2차 선간 전압은 약 몇 [$V$] 인가?

① $V_{U-V} = 121.2[V]$, $V_{V-W} = 70[V]$, $V_{W-U} = 70[V]$

② $V_{U-V} = 121.2[V]$, $V_{V-W} = 210[V]$, $V_{W-U} = 70[V]$

③ $V_{U-V} = 121.2[V]$, $V_{V-W} = 121.2[V]$, $V_{W-U} = 70[V]$

④ $V_{U-V} = 121.2[V]$, $V_{V-W} = 121.2[V]$, $V_{W-U} = 121.2[V]$

> $E_W$상만을 반대로 연결한 경우이므로, $E_U$와 $E_V$는 정상 상태에서 $Y-Y$인 경우의 상호 선간 전압의 차이를 측정할 수 있다.
> 따라서 $V_{U-V} = \sqrt{3} \times 70 = 121.2[V]$이다.
> 반면에 $V_{V-W}$와 $V_{W-U}$의 전압은 상전압이 그대로 유지되어 70[$V$]이다.

> ☑ **참고**
> $Y-Y$ 결선에서 선간 전압 $V_l = \sqrt{3}\, V_p$
> (단, $V_l$ : 선간 전압, $V_p$ : 상전압)

답 ①

## 184

3[$kVA$], 3,000/200[$V$]의 변압기의 단락 시험에서 임피던스 전압 120[$V$], 동손 150[$W$]라 하면 %저항 강하는 몇 [%]인가?

① 1       ② 3

③ 5       ④ 7

% 저항 강하 $\%R = \dfrac{P_c}{P} \times 100 = \dfrac{150}{3 \times 10^3} \times 100 = 5[\%]$

> ☑ **참고** % 저항 강하
> $\%R = p = \dfrac{IR}{V} \times 100[\%] = \dfrac{I^2 R}{VI} \times 100[\%] = \dfrac{P_c}{P} \times 100[\%]$

답 ③

## 185

3,300/220[$V$] 변압기 $A$, $B$의 정격 용량이 각각 400[$kVA$], 300[$kVA$]이고, %임피던스 강하가 각각 2.4[%], 3.6[%]일 때 그 2대의 변압기에 걸 수 있는 합성 부하 용량은 몇 [$kVA$]인가?

① 550　　　　　　② 600

③ 650　　　　　　④ 700

부하 분담비 $\dfrac{P_a}{P_b} = \dfrac{P_A}{P_B} \times \dfrac{\%Z_b}{\%Z_a} = \dfrac{400}{300} \times \dfrac{3.6}{2.4} = 2$

이때 %$Z$가 작은 변압기 $P_a$는 높은 부하를 안정적으로 감당할 수 있기 때문에 부하를 전부 사용할 수 있다. 즉 $P_a = 400[kVA]$ 그대로 사용된다.

($\%Z_a < \%Z_b$)

$P_b$는 부하 분담비 $\dfrac{P_a}{P_b} = 2$ 에서

$P_b = \dfrac{P_a}{2} = \dfrac{400}{2} = 200[kVA]$ 이므로

합성 부하 용량 $P = P_a + P_b = 400 + 200 = 600[kVA]$

답 ②

## 186

3상 변압기의 병렬 운전 조건으로 틀린 것은?

① 각 군의 임피던스가 용량에 비례할 것

② 각 변압기의 백분율 임피던스 강하가 같을 것

③ 각 변압기의 권수비가 같고 1차와 2차의 정격 전압이 같을 것

④ 각 변압기의 상회전 방향 및 1차와 2차 선간 전압의 위상 변위가 같을 것

**변압기 병렬 운전 조건**
- 극성이 같을 것
- 1차, 2차 정격 전압이 같고 권수비가 같을 것
- % 임피던스 강하가 같을 것
- 저항과 리액턴스 비가 같을 것
- (3상 변압기의 경우) 상회전 방향과 각 변위가 같을 것

답 ①

## 187

단권 변압기에서 1차 전압 100[$V$], 2차 전압 110[$V$]인 단권 변압기의 자기 용량과 부하 용량의 비는?

① $\dfrac{1}{10}$　　　　　　② $\dfrac{1}{11}$

③ 10　　　　　　④ 11

$\dfrac{\text{자기용량}}{\text{부하용량}} = \dfrac{V_h - V_l}{V_h}$ 에서

(단, $V_h$: 고압 측 전압[$V$], $V_l$: 저압 측 전압[$V$])

$\therefore \dfrac{\text{자기용량}}{\text{부하용량}} = \dfrac{V_h - V_l}{V_h} = \dfrac{110 - 100}{110} = \dfrac{1}{11}$

답 ②

## 188

210/105[$V$]의 변압기를 그림과 같이 결선하고 고압 측에 200[$V$]의 전압을 가하면 전압계의 지시는 몇 [$V$]인가? (단, 변압기는 가극성이다.)

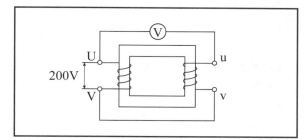

① 100                    ② 200

③ 300                    ④ 400

변압기의 권수비 $a = \dfrac{E_1}{E_2} = \dfrac{210}{105} = 2$

$V_1 = 200[V]$의 전압을 가했으므로 권수비 식을 이

용하여 $V_2 = \dfrac{V_1}{a} = \dfrac{200}{2} = 100[V]$

주어진 조건에서 변압기는 가극성이라고 하였으므로

전압계의 지시 $V = V_1 + V_2 = 200 + 100 = 300[V]$

답 ③

## 189

3,300/220[$V$]의 단상 변압기 3대를 $\varDelta - Y$ 결선하고 2차 측 선간에 15[$kW$]의 단상 전열기를 접속하여 사용하고 있다. 결선을 $\varDelta - \varDelta$로 변경하는 경우 이 전열기의 소비전력은 몇 [$kW$]로 되는가?

① 5                      ② 12

③ 15                     ④ 21

$P_\varDelta = \dfrac{1}{3}P_Y = \dfrac{1}{3} \times 15 = 5[kW]$

답 ①

## 190

1차 전압은 3,300[$V$]이고 1차 측 무부하 전류는 0.15[$A$], 철손은 330[$W$]인 단상 변압기의 자화 전류는 약 몇 [$A$]인가?

① 0.112                  ② 0.145

③ 0.181                  ④ 0.231

철손 전류 $I_i = \dfrac{P_i}{V_1} = \dfrac{330}{3,300} = 0.1[A]$

여자 전류(무부하 전류) $I_0 = \sqrt{{I_i}^2 + {I_\phi}^2}$ 에서

자화 전류 $I_\phi = \sqrt{{I_0}^2 - {I_i}^2} = \sqrt{0.15^2 - 0.1^2} = 0.112[A]$

답 ①

## 191

단상 변압기 2대를 병렬 운전할 경우, 각 변압기의 부하 전류를 $I_a$, $I_b$, 1차 측으로 환산한 임피던스를 $Z_a$, $Z_b$, 백분율 임피던스 강하를 $z_a$, $z_b$, 정격 용량을 $P_{an}$, $P_{bn}$이라 한다. 이때 부하 분담에 대한 관계로 옳은 것은?

① $\dfrac{I_a}{I_b} = \dfrac{Z_a}{Z_b}$           ② $\dfrac{I_a}{I_b} = \dfrac{P_{bn}}{P_{an}}$

③ $\dfrac{I_a}{I_b} = \dfrac{z_b}{z_a} \times \dfrac{P_{an}}{P_{bn}}$     ④ $\dfrac{I_a}{I_b} = \dfrac{Z_a}{Z_b} \times \dfrac{P_{an}}{P_{bn}}$

**병렬 운전 시 부하 분담**
부하 분담비는 용량에 비례하고, %Z에 반비례

답 ③

## 192

변압기에서 생기는 철손 중 와류손(Eddy Current Loss)은 철심의 규소 강판 두께와 어떤 관계에 있는가?

① 두께에 비례  ② 두께의 2승에 비례

③ 두께의 3승에 비례  ④ 두께의 $\frac{1}{2}$ 승에 비례

와류손 $P_e = kt^2 f^2 B_m^2 \, [W/m^3]$ 이므로

(단, $k$: 도전율, $t$: 강판의 두께, $f$: 주파수, $B_m$: 최대 자속 밀도)

$P_e \propto t^2$ 에서 와류손 $P_e$ 은 철심의 규소강판 두께 $t$의 2승에 비례한다.

답 ②

## 193

변압기 단락 시험에서 변압기의 임피던스 전압이란?

① 1차 전류가 여자 전류에 도달했을 때의 2차 측 단자전압

② 1차 전류가 정격 전류에 도달했을 때의 2차 측 단자전압

③ 1차 전류가 정격 전류에 도달했을 때의 변압기 내의 전압 강하

④ 1차 전류가 2차 단락 전류에 도달했을 때의 변압기 내의 전압 강하

변압기의 임피던스 전압은 변압기 2차측을 단락한 상태에서 1차측에 전압을 서서히 증가시켜 1차측에 정격 전류가 흐를 때, 변압기 내에서 발생하는 전압 강하를 말한다. 이는 변압기 내부의 임피던스에 의해 발생하는 전압 강하로, 매우 작은 전압이다.

답 ③

## 194

변압기의 주요 시험 항목 중 전압 변동률 계산에 필요한 수치를 얻기 위한 필수적인 시험은?

① 단락 시험  ② 내전압 시험

③ 변압비 시험  ④ 온도 상승 시험

등가 회로 작성에 필요한 시험과 측정 가능 성분
• 저항 측정 시험
• 무부하 시험: 철손, 여자(무부하) 전류, 여자 어드미턴스
• 단락 시험: 동손, 임피던스 와트(전압 변동), 단락 전류

답 ①

## 195

변압기의 등가회로 구성에 필요한 시험이 아닌 것은?

① 단락 시험  ② 부하 시험

③ 무부하 시험  ④ 권선저항 측정

등가 회로 작성에 필요한 시험과 측정 가능 성분
• 저항 측정 시험
• 무부하 시험: 철손, 여자(무부하) 전류, 여자 어드미턴스
• 단락 시험: 동손, 임피던스 와트(전압 변동), 단락 전류

답 ②

## 196

$100[kVA]$, $2,300/115[V]$, 철손 $1[kW]$, 전부하 동손 $1.25[kW]$의 변압기가 있다. 이 변압기는 매일 무부하로 10시간, $\frac{1}{2}$ 정격 부하 역률 1에서 8시간, 전부하 역률 0.8(지상)에서 6시간 운전하고 있다면 전일 효율은 약 몇 [%]인가?

① 93.3 　　　　② 94.3
③ 95.3 　　　　④ 96.3

주어진 문제에서 변압기가 $\frac{1}{2}$ 정격 부하와 전부하에서 각각 다른 시간 동안 운전되기 때문에, 각 부하에서 발생하는 출력을 따로 계산하여 더해줘야 한다.

**출력**

$P = \frac{1}{2} \times 100 \times 1 \times 8 + 1 \times 100 \times 0.8 \times 6$

$= 880[kWh]$

철손은 변압기에서 부하의 크기와 상관없이 일정하게 발생하는 손실이다. 변압기가 24시간 동안 운전되므로, 철손은 하루 전체(24시간) 동안의 손실을 계산해야 한다.

**철손**

$P_i = 1 \times 24 = 24[kWh]$

동손은 부하 전류에 의해 발생하는 손실로, 부하의 제곱에 비례한다. 문제에서 부하 상태가 다르므로 각 부하 상태에서 동손을 따로 계산한다.

**동손**

$P_c = \left(\frac{1}{2}\right)^2 \times 1.25 \times 8 + 1^2 \times 1.25 \times 6 = 10[kWh]$

**전일 효율**

$\eta = \dfrac{P}{P + P_i + P_c} \times 100 = \dfrac{880}{880 + 24 + 10} \times 100$

$= 96.3[\%]$

답 ④

## 197

변압기의 전압 변동률에 대한 설명으로 틀린 것은?

① 일반적으로 부하 변동에 대하여 2차 단자 전압의 변동이 작을수록 좋다.

② 전부하 시와 무부하 시의 2차 단자 전압이 서로 다른 정도를 표시하는 것이다.

③ 인가 전압이 일정한 상태에서 무부하 2차 단자 전압에 반비례한다.

④ 전압 변동률은 전등의 광도, 수명, 전동기의 출력 등에 영향을 미친다.

전압 변동률 $\varepsilon = \dfrac{V_0 - V_n}{V_n} \times 100\,[\%]$ 에서

(단, $V_0$: 무부하 시 단자 전압[V], $V_n$: 정격 전압[V])
전압 변동률 $\varepsilon$ 은 무부하 단자 전압 $V_0$에 비례한다.

답 ③

답

## 198

변압기에 임피던스 전압을 인가할 때의 입력은?

① 철손 　　　　② 와류손
③ 정격 용량 　　④ 임피던스 와트

**임피던스 와트**: 임피던스 전압을 걸 때의 입력으로 동손과 같다.

답 ④

## 199

회전자가 슬립 $s$로 회전하고 있을 때 고정자와 회전자의 실효 권수비를 $\alpha$ 라고 하면 고정자 기전력 $E_1$과 회전자 기전력 $E_{2s}$의 비는?

① $s\alpha$　　　　　　　　② $(1-s)\alpha$

③ $\dfrac{\alpha}{s}$　　　　　　　　④ $\dfrac{\alpha}{1-s}$

실효 권수비 $\alpha = \dfrac{E_1}{E_2}$

회전 시 유기 기전력 $E_{2s} = sE_2\,[V]$

$\therefore \dfrac{E_1}{E_{2s}} = \dfrac{E_1}{sE_2} = \dfrac{\alpha}{s}$

답 ③

답

## 200

단권 변압기 두 대를 $V$결선하여 전압을 $2{,}000[V]$에서 $2{,}200[V]$로 승압한 후 $200[kVA]$의 3상 부하에 전력을 공급하려고 한다. 이때 단권변압기 1대의 용량은 약 몇 $[kVA]$인가?

① $4.2$　　　　　　　　② $10.5$

③ $18.2$　　　　　　　　④ $21$

**단권 변압기의 $V$ 결선**

$\dfrac{자기용량}{부하용량} = \dfrac{2(V_h - V_l)}{\sqrt{3}\,V_h}$ 에서

자기용량 $= \dfrac{2(V_h - V_l)}{\sqrt{3}\,V_h} \times 부하용량$

$= \dfrac{2(2{,}200 - 2{,}000)}{\sqrt{3} \times 2{,}200} \times 200 = 21[kVA]$

단권변압기 1대의 용량 $= \dfrac{21}{2} = 10.5[kVA]$

답 ②

## 201

권수비 $a = \dfrac{6{,}600}{220}$, 주파수 $60[Hz]$, 변압기의 철심 단면적 $0.02[m^2]$, 최대 자속밀도 $1.2[Wb/m^2]$일 때 변압기의 1차 측 유도기전력은 약 몇 $[V]$인가?

① $1{,}407$　　　　　　　　② $3{,}521$

③ $42{,}198$　　　　　　　　④ $49{,}814$

변압기 1차 유도 기전력
$E_1 = 4.44f\phi N_1 = 4.44fBSN_1$
$= 4.44 \times 60 \times 1.2 \times 0.02 \times 6{,}600 = 42{,}197.76[V]$

답 ③

## 202

단상 변압기의 무부하 상태에서
$V_1 = 200\sin(\omega t + 30°)[V]$의 전압이 인가되었을 때
$I_0 = 3\sin(\omega t + 60°) + 0.7\sin(3\omega t + 180°)\,[A]$의 전류가 흘렀다. 이때 무부하손은 약 몇 $[W]$인가?

① $150$　　　　　　　　② $259.8$

③ $415.2$　　　　　　　　④ $512$

무부하손 $P_i = V_1 I_0 \cos\theta\,[W]$
이때 고조파 차수가 일치하는 전압의 실효값과 전류의 실효값을 곱해야 하며, 위상차를 고려하여야 한다.
$P_i = V_1 I_0 \cos\theta = \dfrac{200}{\sqrt{2}} \times \dfrac{3}{\sqrt{2}} \times \cos(30° - 60°)$

$= 259.8[W]$

답 ②

## 203

권수비가 $a$인 단상 변압기 3대가 있다. 이것을 1차에 $\Delta$, 2차에 $Y$로 결선하여 3상 교류 평형회로에 접속할 때 2차 측의 단자전압을 $V[V]$, 전류를 $I[A]$라고 하면 1차측의 단자전압 및 선전류는 얼마인가? (단, 변압기의 저항, 누설리액턴스, 여자전류는 무시한다.)

① $\dfrac{aV}{\sqrt{3}}[V]$, $\dfrac{\sqrt{3}\,I}{a}[A]$

② $\sqrt{3}\,aV[V]$, $\dfrac{I}{\sqrt{3}\,a}[A]$

③ $\dfrac{\sqrt{3}\,V}{a}[V]$, $\dfrac{aI}{\sqrt{3}}[A]$

④ $\dfrac{V}{\sqrt{3}\,a}[V]$, $\sqrt{3}\,aI[A]$

---

**1차 측 단자 전압 계산**

2차 측이 $Y$ 결선이므로 2차 측 선간 전압은 $V$이고, 상 전압은 $\dfrac{V}{\sqrt{3}}$ 이다.

따라서 권수비 $a = \dfrac{E_1}{E_2} = \dfrac{V_1}{\dfrac{V}{\sqrt{3}}}$ 에서

1차 측 단자 전압 $V_1 = \dfrac{aV}{\sqrt{3}}[V]$ 이다.

**1차 측 선전류 계산**

2차 측이 $Y$ 결선이므로 선전류(=상전류)는 $I$이고,

1차 측이 $\Delta$ 결선이므로 1차 측 상전류는 $\dfrac{I_1}{\sqrt{3}}$ 이다.

따라서 권수비 $a = \dfrac{I_2}{I_1} = \dfrac{I}{\dfrac{I_1}{\sqrt{3}}}$ 에서

1차 측 선전류 $I_1 = \dfrac{\sqrt{3}\,I}{a}[A]$ 이다.

답 ①

## 204

변압기의 습기를 제거하여 절연을 향상시키는 건조법이 아닌 것은?

① 열풍법      ② 단락법

③ 진공법      ④ 건식법

---

**변압기의 건조법**
- 열풍법
- 단락법
- 진공법

답 ④

## 205

$200[kVA]$의 단상 변압기가 있다. 철손이 $1.6[kW]$이고 전부하 동손이 $2.5[kW]$이다. 이 변압기의 역률이 0.8일 때 전부하시의 효율은 약 몇 [%]인가?

① 96.5      ② 97.0

③ 97.5      ④ 98.0

---

변압기의 효율 $\eta = \dfrac{P_a \cos\theta}{P_a \cos\theta + P_i + P_c} \times 100$
$$= \dfrac{200 \times 0.8}{200 \times 0.8 + 1.6 + 2.5} = 97.5[\%]$$

답 ③

## 206

변압기의 전일 효율이 최대가 되는 조건은?

① 하루 중의 무부하손의 합 = 하루 중의 부하손의 합

② 하루 중의 무부하손의 합 < 하루 중의 부하손의 합

③ 하루 중의 무부하손의 합 > 하루 중의 부하손의 합

④ 하루 중의 무부하손의 합 = 2×하루 중의 부하손의 합

---

**최대 효율 조건**
무부하손(고정손) = 부하손(가변손)

답 ①

## 207

단상 변압기에 정현파 유기 기전력을 유기하기 위한 여자 전류의 파형은?

① 정현파　　　　　② 삼각파

③ 왜형파　　　　　④ 구형파

단상 변압기에서 여자 전류는 무부하 상태에서 자속을 공급하기 위한 전류로, 주로 철손 전류와 자화 전류로 구성된다. 이 여자 전류에는 제3고조파가 포함되어 있어, 이러한 고조파의 영향으로 여자 전류의 파형이 왜형파가 된다.

답 ③

## 208

변압기유 열화 방지 방법 중 틀린 것은?

① 밀봉 방식　　　　② 흡착제 방식

③ 수소 봉입 방식　　④ 개방형 콘서베이터

**변압기유 열화 방지 방법**
- 밀봉 방식
- 흡착제 방식
- 개방형 콘서베이터

답 ③

## 209

변압기 온도 시험을 하는 데 가장 좋은 방법은?

① 실부하법　　　　② 반환 부하법

③ 단락 시험법　　　④ 내전압 시험법

변압기 온도 시험을 하는 데 가장 좋은 방법은 반환 부하법이다.

**온도 상승 시험법**
- **실부하법** : 소형 기계
- **반환 부하법** : 중용량 이상 기계(카프법, 홉킨슨법, 블론델법)

답 ②

## 210

$3,300/200[V]$, $50[kVA]$인 단상 변압기의 %저항, %리액턴스를 각각 2.4[%], 1.6[%]라 하면 이때의 임피던스 전압은 약 몇 [%]인가?

① 95　　　　　　② 100

③ 105　　　　　　④ 110

% 임피던스 강하
$$\%Z = \sqrt{p^2 + q^2} = \sqrt{2.4^2 + 1.6^2} = 2.88[\%]$$
임피던스 전압
$$V_s = \frac{\%Z \times V_{1m}}{100} = \frac{2.88 \times 3,300}{100} = 95[V]$$

답 ①

## 211

슬립 $s_t$ 에서 최대 토크를 발생하는 3상 유도전동기에 2차측 한 상의 저항을 $r_2$ 라 하면 최대 토크로 기동하기 위한 2차측 한 상에 외부로부터 가해 주어야 할 저항[Ω]은?

① $\dfrac{1-s_t}{s_t}r_2$  　　　　② $\dfrac{1+s_t}{s_t}r_2$

③ $\dfrac{r_2}{1-s_t}$  　　　　④ $\dfrac{r_2}{s_t}$

최대 토크를 발생할 때의 슬립을 $s_t$, 2차 저항을 $r_2$, 기동 시의 슬립을 $s_s$, 외부 삽입 저항을 $R$ 라고 할 때 이다.

기동 시 $s_s = 1$ 이므로 $\dfrac{r_2}{s_t} = \dfrac{r_2 + R}{1}$ 에서

$$\therefore R = \dfrac{r_2}{s_t} - r_2 = \left(\dfrac{1}{s_t} - 1\right)r_2 = \left(\dfrac{1-s_t}{s_t}\right)r_2 [\Omega]$$

**✓ TIP**

외부저항 $R = \dfrac{1-s}{s}r_2$

답 ①

## 212

일반적인 농형 유도전동기에 비하여 2중 농형 유도전동기의 특징으로 옳은 것은?

① 손실이 적다.  　　② 슬립이 크다.

③ 최대 토크가 크다.  　　④ 기동 토크가 크다.

2중 농형 유도 전동기는 두 종류의 권선을 갖고 있다.
- **기동용 권선**: 저항이 크고 리액턴스가 작다.
- **운전용 권선**: 저항이 작고 리액턴스가 크다.

이로 인해 일반적인 농형 유도 전동기보다 기동 전류는 작고, 기동 토크는 큰 특징을 가진다.

답 ④

## 213

유도전동기의 안정 운전의 조건은? (단, $T_m$: 전동기 토크, $T_L$:부하 토크, $n$:회전수)

① $\dfrac{dT_m}{dn} < \dfrac{dT_L}{dn}$  　　② $\dfrac{dT_m}{dn} = \dfrac{dT_L^2}{dn}$

③ $\dfrac{dT_m}{dn} > \dfrac{dT_L}{dn}$  　　④ $\dfrac{dT_m}{dn} \neq \dfrac{dT_L^2}{dn}$

유도 전동기의 안정 운전 조건은 부하 토크가 전동기 토크보다 더 빠르게 증가해야 한다. 부하 토크가 더 빠르게 증가해야 전동기가 부하 변화를 감당하면서 속도를 안정적으로 유지할 수 있기 때문이다.

답 ①

## 214

$60[Hz]$인 3상 8극 및 2극의 유도 전동기를 차동 종속으로 접속하여 운전할 때의 무부하 속도 $[rpm]$는?

① 720  　　　　② 900

③ 1,000  　　　　④ 1,200

**차동 종속법**

$$N = \dfrac{120f}{p_1 - p_2}[rpm] = \dfrac{120 \times 60}{8 - 2} = 1,200[rpm]$$

**☑ 참고 그 외 종속법**
- 직렬 종속법: $N = \dfrac{120f}{p_1 + p_2}[rpm]$
- 병렬 종속법: $N = \dfrac{240f}{p_1 + p_2}[rpm]$

답 ④

## 215

3상 직권 정류자 전동기에 중간(직렬) 변압기가 쓰이고 있는 이유가 아닌 것은?

① 정류자 전압의 조정

② 회전자 상수의 감소

③ 실효 권수비 선정 조정

④ 경부하 때 속도의 이상 상승 방지

**3상 직권 정류자 전동기에서 중간 변압기 사용 이유**
- 정류자 전압의 조정
- 회전자 상수의 증가
- 실효 권수비의 조정
- 경부하 시 속도의 이상 상승 방지

답 ②

## 216

단상 유도 전동기의 기동 방법 중 기동 토크가 가장 큰 것은?

① 반발 기동형
② 분상 기동형
③ 셰이딩 코일형
④ 콘덴서 분상 기동형

**단상 유도 전동기 종류(기동 토크가 큰 순서)**
① **반발 기동형**: 기동 토크가 가장 큼
② **콘덴서 기동형**: 역률과 효율이 우수
③ **분상 기동형**
④ **셰이딩 코일형**: 역회전 불가

✓ **TIP** 반기콘분셰

답 ①

## 217

3상 유도기에서 출력의 변환 식으로 옳은 것은?

① $P_0 = P_2 + P_{2c} = \dfrac{N}{N_s}P_2 = (2 - s)P_2$

② $(1 - s)P_2 = \dfrac{N}{N_s}P_2 = P_0 - P_{2c} = P_0 - sP_2$

③ $P_0 = P_2 - P_{2c} = P_2 - sP_2 = \dfrac{N}{N_s}P_2 = (1 - s)P_2$

④ $P_0 = P_2 + P_{2c} = P_2 + sP_2 = \dfrac{N}{N_s}P_2 = (1 + s)P_2$

2차 출력 $P_0 = P_2 - sP_2 = (1 - s)P_2\,[W]$
(단, $P_2$: 2차 입력, $sP_2$: 2차 동손)

답 ③

## 218

농형 유도전동기에 주로 사용되는 속도 제어법은?

① 극수 제어법
② 종속 제어법
③ 2차 여자 제어법
④ 2차 저항 제어법

**농형 유도 전동기의 속도 제어법**
- 주파수 변환법
- 극수 변환법
- 전압 제어법

답 ①

## 219

3상 권선형 유도 전동기에서 2차측 저항을 2배로 하면 그 최대 토크는 어떻게 되는가?

① 불변이다.　　　　② 2배 증가한다.

③ $\frac{1}{2}$ 로 감소한다.　　④ $\sqrt{2}$ 배 증가한다.

> **권선형 유도 전동기의 비례 추이 목적**
> • 기동 토크 증대
> • 기동 전류 감소
> • 속도 제어
> • 최대 토크 불변

답 ①

## 220

권선형 유도 전동기에서 비례 추이에 대한 설명으로 틀린 것은? (단, $s_m$은 최대 토크 시 슬립이다.)

① $r_2$를 크게 하면 $s_m$은 커진다.

② $r_2$를 삽입하면 최대 토크가 변한다.

③ $r_2$를 크게 하면 기동 토크도 커진다.

④ $r_2$를 크게 하면 기동 전류는 감소한다.

> **권선형 유도 전동기의 비례 추이 목적**
> • 기동 토크 증대
> • 기동 전류 감소
> • 속도 제어
> • 최대 토크 불변

답 ②

## 221

반발 기동형 단상 유도 전동기의 회전 방향을 변경하려면?

① 전원의 2선을 바꾼다.

② 주권선의 2선을 바꾼다.

③ 브러시의 접속선을 바꾼다.

④ 브러시의 위치를 조정한다.

> 반발 기동형 단상 유도 전동기는 기동 시 반발 전동기로 작동하다가 일정 속도에 도달하면 유도 전동기로 전환되는 전동기이다. 회전 방향을 바꾸려면 브러시의 위치를 조정하면 된다.

답 ④

## 222

$60[Hz]$의 3상 유도전동기를 동일 전압으로 $50[Hz]$에 사용할 때 ⓐ 무부하 전류, ⓑ 온도 상승, ⓒ 속도는 어떻게 변하겠는가?

① ⓐ $\frac{60}{50}$ 으로 증가, ⓑ $\frac{60}{50}$ 으로 증가, ⓒ $\frac{50}{60}$ 으로 감소

② ⓐ $\frac{60}{50}$ 으로 증가, ⓑ $\frac{50}{60}$ 으로 감소, ⓒ $\frac{50}{60}$ 으로 감소

③ ⓐ $\frac{50}{60}$ 으로 감소, ⓑ $\frac{60}{50}$ 으로 증가, ⓒ $\frac{50}{60}$ 으로 감소

④ ⓐ $\frac{50}{60}$ 으로 감소, ⓑ $\frac{60}{50}$ 으로 증가, ⓒ $\frac{60}{50}$ 으로 증가

ⓐ 무부하 전류는 철손에 비례하고, 철손(히스테리시스손)은 주파수에 반비례하므로 $I_0 \propto \frac{1}{f}$ 에서 $\frac{60}{50}$ 으로 증가한다.

ⓑ 온도 상승은 손실에 비례하고, 손실은 주파수에 반비례하므로 $\frac{60}{50}$ 으로 증가한다.

ⓒ 속도는 $N_s = \frac{120f}{P} [rpm]$ 에서 주파수에 비례하므로 $\frac{50}{60}$ 으로 감소한다.

답 ①

## 223

단상 직권 정류자 전동기의 전기자 권선과 계자권선에 대한 설명으로 틀린 것은?

① 계자권선의 권수를 적게 한다.

② 전기자 권선의 권수를 크게 한다.

③ 변압기 기전력을 적게 하여 역률 저하를 방지한다.

④ 브러시로 단락되는 코일 중의 단락 전류를 많게 한다.

**단상 직권 정류자 전동기의 권선 설계 및 전류 제한 방법**
- **역률 및 정류 개선** : 계자 권선의 권수를 적게 하고, 전기자 권선의 권수를 크게 설계
- **단락 전류 제한** : 변압기 기전력을 작게 조정
- **전기적 안전성** : 단락 전류를 제한하기 위해 고저항 도선 사용

답 ④

## 224

단상 직권 전동기의 종류가 아닌 것은?

① 직권형          ② 아트킨손형

③ 보상 직권형      ④ 유도 보상 직권형

**단상 반발 전동기 종류**
- 아트킨손형
- 톰슨형
- 데리형

답 ②

답

## 225

**권선형 유도전동기 저항 제어법의 단점 중 틀린 것은?**

① 운전 효율이 낮다.

② 부하에 대한 속도 변동이 작다.

③ 제어용 저항기는 가격이 비싸다.

④ 부하가 적을 때는 광범위한 속도 조정이 곤란하다.

> 권선형 유도 전동기의 저항 제어법은 구조가 간단하고 조작이 쉬운 장점이 있지만, 가격이 비싸고 운전 효율이 낮으며 저속에서 광범위한 속도 조정이 어렵다는 단점이 있다.

답 ②

## 226

**권선형 유도 전동기의 전부하 운전 시 슬립이 4[%]이고, 2차 정격 전압이 150[$V$]이면 2차 유도 기전력은 몇 [$V$]인가?**

① 9                    ② 8

③ 7                    ④ 6

> 회전 시 2차 유도 기전력
> $$E_{2s} = sE_2 = 0.04 \times 150 = 6[V]$$

답 ④

## 227

**3상 유도전동기의 슬립이 $s$일 때 2차 효율[%]은?**

① $(1-s) \times 100$              ② $(2-s) \times 100$

③ $(3-s) \times 100$              ④ $(4-s) \times 100$

> 2차 효율
> $$\eta = \frac{P_0}{P_2} \times 100[\%] = \frac{(1-s)P_2}{P_2} \times 100[\%]$$
> $$= (1-s) \times 100[\%]$$

답 ①

## 228

**유도 전동기의 2차 회로에 2차 주파수와 같은 주파수로 적당한 크기와 적당한 위상의 전압을 외부에서 가해주는 속도 제어법은?**

① 1차 전압 제어          ② 2차 저항 제어

③ 2차 여자 제어          ④ 극수 변환 제어

> **2차 여자법**: 회전자에 2차 주파수와 같은 슬립 주파수 전압($E_c$)을 공급하여 속도를 제어하는 방법으로 세르비우스 방식, 크레머 방식이 있다.

답 ③

## 229

**정격 출격 50[$kW$], 4극 220[$V$], 60[$Hz$]인 3상 유도 전 동기가 전부하 슬립 0.04, 효율 90[%]로 운전되고 있을 때 다음 중 틀린 것은?**

① 2차 효율=96[%]

② 1차 입력=55.56[$kW$]

③ 회전자 입력=47.9[$kW$]

④ 회전자 동손=2.08[$kW$]

> ① 2차 효율
> $$\eta = (1-s) \times 100 = (1-0.04) \times 100 = 96[\%]$$
> ② 1차 입력
> $$P_1 = \frac{P_o}{\eta} = \frac{50}{0.9} = 55.56[kW]$$
> ③ 회전자 입력
> $$P_2 = \frac{P_o}{1-s} = \frac{50}{1-0.04} = 52.08[kW]$$
> ④ 회전자 동손
> $$P_{c2} = sP_2 = 0.04 \times 52.08 = 2.08[W]$$

> ☑ **참고**
> 2차 출력 $P_o = P_2 - sP_2 = (1-s)P_2 [W]$로부터 회전자 입력 $P_2$ 유도

답 ③

## 230

**일반적인 3상 유도 전동기에 대한 설명 중 틀린 것은?**

① 불평형 전압으로 운전하는 경우 전류는 증가하나 토크는 감소한다.

② 원선도 작성을 위해서는 무부하 시험, 구속 시험, 1차 권선 저항 측정을 하여야 한다.

③ 농형은 권선형에 비해 구조가 견고하며 권선형에 비해 대형 전동기로 널리 사용된다.

④ 권선형 회전자의 3선중 1선이 단선되면 동기 속도의 50[%]에서 더 이상 가속되지 못하는 현상을 게르게스현상이라 한다.

**유도 전동기**
- **권선형 유도 전동기**: 대형에 적합, 기동 시 토크 특성 우수, 속도 제어 용이
- **농형 유도 전동기**: 소형에 적합, 구조 간단, 조작 용이, 가격 저렴, 속도 제어 어려움

답 ③

## 231

**3상 권선형 유도 전동기의 전부하 슬립 5[%], 2차 1상의 저항 0.5[Ω]이다. 이 전동기의 기동 토크를 전부하 토크와 같도록 하려면 외부에서 2차 삽입할 저항[Ω]은?**

① 8.5          ② 9

③ 9.5          ④ 10

**권선형 유도 전동기의 비례 추이**

$\dfrac{r_2}{s} = \dfrac{r_2 + R}{s'}$ 에서 주어진 조건을 대입하면

$\dfrac{0.5}{0.05} = \dfrac{0.5 + R}{1}$ 이므로

2차에 삽입할 저항 $R = 9.5[\Omega]$이다.

☑ **참고** 기동 시의 슬립 $s' = 1$

답 ③

## 232

**단상 직권 정류자 전동기에서 보상 권선과 저항 도선의 작용을 설명한 것으로 틀린 것은?**

① 역률을 좋게 한다.

② 변압기 기전력을 크게 한다.

③ 전기자 반작용을 감소시킨다.

④ 저항 도선은 변압기 기전력에 의한 단락 전류를 적게 한다.

**보상 권선**: 전기자의 반작용을 상쇄하여 역률을 개선하고, 변압기의 기전력을 낮춰 정류 성능을 향상시킨다.
**저항 도선**: 변압기의 기전력에 의해 발생하는 단락 전류를 줄여 정류 성능을 개선한다.

답 ②

## 233

**3상 농형 유도 전동기의 기동 방법으로 틀린 것은?**

① $Y-\Delta$ 기동          ② 전전압 기동

③ 리액터 기동          ④ 2차 저항에 의한 기동

보기 ④ 2차 저항에 의한 기동법은 권선형 유도 전동기의 기동법이다.

**농형 유도 전동기의 기동법**
- 전전압 기동(직입 기동)
- $Y-\Delta$ 기동
- 기동 보상기법
- 리액터 기동법
- 콘드로퍼 기동법

답 ④

## 234

유도 전동기의 2차 여자 제어법에 대한 설명으로 틀린 것은?

① 역률을 개선할 수 있다.

② 권선형 전동기에 한하여 이용된다.

③ 동기 속도의 이하로 광범위하게 제어할 수 있다.

④ 2차 저항손이 매우 커지며 효율이 저하된다.

> 2차 여자 제어법은 회전자에 슬립 주파수 전압($E_c$)을 공급하여 속도를 제어하는 방법으로 ② 권선형 유도 전동기에서 한하여 사용된다. ① 역률 개선과 ③ 광범위한 속도 제어가 가능하지만, ④ 2차 저항손이 커지는 것이 아니라 2차 제어를 통해 효율을 개선할 수 있다.

답 ④

## 235

10극 50[$Hz$] 3상 유도 전동기가 있다. 회전자도 3상이고 회전자가 정지할 때 2차 1상간의 전압이 150[$V$]이다. 이것을 회전 자계와 같은 방향으로 400[$rpm$]으로 회전시킬 때 2차 전압은 몇 [$V$]인가?

① 50  ② 75

③ 100  ④ 150

> 동기 속도 $N_s = \dfrac{120f}{p} = \dfrac{120 \times 50}{10} = 600[rpm]$
>
> 슬립 $s = \dfrac{N_s - N}{N_s} = \dfrac{600 - 400}{400} = \dfrac{1}{3}$
>
> 2차 전압 $E_{2s} = sE_2 = \dfrac{1}{3} \times 150 = 50[V]$

답 ①

## 236

3상 유도 전동기의 속도 제어법으로 틀린 것은?

① 1차 저항법  ② 극수 제어법

③ 전압 제어법  ④ 주파수 제어법

> **농형 유도 전동기의 속도 제어법**
> • 주파수 변환법
> • 극수 변환법
> • 전압 제어법
>
> **권선형 유도 전동기의 속도 제어법**
> • 2차 저항법
> • 2차 여자법
> • 종속법

답 ①

## 237

3상 유도 전동기의 기동법 중 전전압 기동에 대한 설명으로 틀린 것은?

① 기동 시에 역률이 좋지 않다.

② 소용량으로 기동 시간이 길다.

③ 소용량 농형 전동기의 기동법이다.

④ 전동기 단자에 직접 정격 전압을 가한다.

> 전전압 기동(직입 기동)은 정격 출력 5[$kW$] 이하의 소용량 전동기에 적합하며, 기동 시간이 짧다.

답 ②

## 238

유도 전동기의 속도 제어를 인버터 방식으로 사용하는 경우 1차 주파수에 비례하여 1차 전압을 공급하는 이유는?

① 역률을 제어하기 위해

② 슬립을 증가시키기 위해

③ 자속을 일정하게 하기 위해

④ 발생 토크를 증가시키기 위해

유도 전동기의 속도 제어를 인버터(VVVF) 방식으로 사용하는 경우, 1차 주파수에 비례하여 1차 전압을 공급하는 이유는 자속을 일정하게 유지하기 위해이다. 주파수와 전압의 비율을 일정하게 유지하면 자속이 일정하게 되어($E_1 = 4.44f\phi_m N_1$), 전동기의 토크가 일정하게 유지된다. 이는 유도 전동기의 성능을 안정적으로 유지하는 데 중요하다.

답 ③

## 239

3상 유도 전압 조정기의 원리를 응용한 것은?

① 3상 변압기

② 3상 유도전동기

③ 3상 동기 발전기

④ 3상 교류자 전동기

3상 유도 전압 조정기의 원리는 3상 유도 전동기와 유사하다. 유도 전압 조정기는 3상 회전 자계의 원리를 사용하며, 1차 권선과 2차 권선으로 구성된다. 이 원리를 응용하여 회전 자계에 의해 전자 유도 작용이 발생하는 것이 3상 유도 전동기이다.

답 ②

## 240

유도 전동기의 기동 시 공급하는 전압을 단권 변압기에 의해서 일시 강하시켜서 기동 전류를 제한하는 기동 방법은?

① $Y-\Delta$ 기동

② 저항 기동

③ 직접 기동

④ 기동 보상기에 의한 기동

**기동 보상기법**: 3상 단권 변압기를 이용하여 기동 전압을 감소시킴으로써 기동 전류를 감소시키는 방식

답 ④

## 241

비례 추이와 관계있는 전동기로 옳은 것은?

① 동기 전동기

② 농형 유도 전동기

③ 단상 정류자 전동기

④ 권선형 유도 전동기

**권선형 유도 전동기의 비례 추이**
**비례 추이**: 권선형 유도 전동기는 회전자 권선에 저항을 연결하여 2차 합성 저항을 조정함으로써 속도 및 토크를 제어하는 것

$$\frac{r_2}{s} = \frac{r_2 + R}{s'}$$

(단, $R$ : 2차에 삽입한 저항[$\Omega$])

답 ④

# 242

그림은 전원 전압 및 주파수가 일정할 때의 다상 유도 전동기의 특성을 표시하는 곡선이다. 1차 전류를 나타내는 곡선은 몇 번 곡선인가?

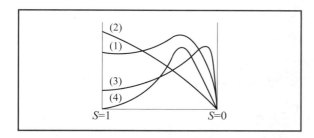

① (1)

② (2)

③ (3)

④ (4)

## 유도 전동기의 속도 특성 곡선

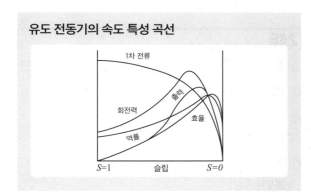

답 ②

# 243

유도 전동기로 동기 전동기를 기동하는 경우, 유도 전동기의 극수는 동기 전동기의 극수보다 2극 적은 것을 사용하는 이유로 옳은 것은? (단, $s$는 슬립이며 $N_s$는 동기 속도이다.)

① 같은 극수의 유도 전동기는 동기 속도보다 $sN_s$ 만큼 늦으므로

② 같은 극수의 유도 전동기는 동기 속도보다 $sN_s$ 만큼 빠르므로

③ 같은 극수의 유도 전동기는 동기 속도보다 $(1-s)N_s$ 만큼 늦으므로

④ 같은 극수의 유도 전동기는 동기 속도보다 $(1-s)N_s$ 만큼 빠르므로

- 동기기의 회전 속도 $N = N_s[rpm]$
- 유도기의 회전 속도 $N = (1-s)N_s = N_s - sN_s[rpm]$

위와 같이 유도 전동기는 동기 속도보다 $sN_s$만큼 늦으므로, 유도 전동기의 극수는 동기 전동기의 극수보다 2극 적은 것을 사용한다.

답 ①

## 244

$50[Hz]$로 설계된 3상 유도 전동기를 $60[Hz]$에 사용하는 경우 단자 전압을 110[%]로 높일 때 일어나는 현상으로 틀린 것은?

① 철손 불변

② 여자 전류 감소

③ 온도 상승 증가

④ 출력이 일정하면 유효 전류 감소

① 철손은 전압의 제곱에 비례하고, 주파수에 반비례하므로 $P_i \propto \dfrac{E^2}{f} = \dfrac{1.1^2}{\frac{60}{50}} = 1.0$ 이다.

이때 전압과 주파수가 비슷하게 변하면 철손은 크게 변하지 않으므로 불변으로 볼 수 있다.

② 여자 전류 $I_0 = \dfrac{V_1}{X_L} = \dfrac{V_1}{2\pi f L}[A]$ 에서 여자 전류는 전압에 비례하고, 주파수에 반비례하므로 $I_0 \propto \dfrac{V_1}{f} = \dfrac{1.1}{\frac{60}{50}} = \dfrac{11}{12}$ 이다. 따라서 여자 전류는 감소한다.

③ 철손이 불변하면 온도 역시 변하지 않는다. 철손은 전동기에서 발생하는 열의 주된 원인으로, 철손이 불변하면 전동기에서 발생하는 열도 일정하게 유지된다.

④ 전류는 전압과 반비례 관계이므로 $I \propto \dfrac{1}{V} = \dfrac{1}{1.1} = \dfrac{10}{11}$ 이다. 따라서 출력이 일정한 상황에서 전압이 110[%] 증가하면 전류가 감소한다.

답 ③

## 245

단상 유도 전동기의 토크에 대한 2차 저항을 어느 정도 이상으로 증가시킬 때 나타나는 현상으로 옳은 것은? (단, 2차 리액턴스는 일정하다.)

① 역회전 가능          ② 최대 토크 일정

③ 기동 토크 증가          ④ 토크는 항상 (+)

단상 유도 전동기에서 2차 저항을 어느 정도 이상으로 증가시키면, 회전자에서 발생하는 전류의 위상이 변하게 된다. 이로 인해 전동기 내부에서 회전 방향을 바꾸려는 역토크가 발생하게 되고, 전동기가 역회전할 수 있게 된다.

답 ①

## 246

단상 유도 전동기의 특징을 설명한 것으로 옳은 것은?

① 기동 토크가 없으므로 기동 장치가 필요하다.

② 기계손이 있어도 무부하 속도는 동기 속도보다 크다.

③ 권선형은 비례 추이가 불가능하며, 최대 토크는 불변이다.

④ 슬립은 $-1 < s < 0$ 이고 2보다 작으며 0이 되기 전에 토크가 0이 된다.

단상 유도 전동기는 기동 토크가 없기 때문에 기동 장치가 반드시 필요하다. 기동 장치가 없다면 자체적으로 회전을 시작할 수 없다.

답 ①

## 247

유도 전동기의 회전 속도를 $N[rpm]$, 동기 속도를 $N_s[rpm]$이라하고 순방향 회전 자계의 슬립을 $s$라고 하면, 역방향 회전 자계에 대한 회전자 슬립은?

① $s-1$　　　　② $1-s$

③ $s-2$　　　　④ $2-s$

---

유도 전동기의 슬립: $0 < s < 1$

· 기동 시: $N = 0$, $s = 1$

· 무부하 시: $N_0 = N_s$, $s = 0$

· 역회전 시 슬립의 범위: $1 < s < 2$ 또는 $2-s$

☑ 참고

| 유도 발전기 | | 유도 전동기 | | 제동기 |
|---|---|---|---|---|
| $s < 0$ | $s = 0$ | $0 < s < 1$ | $s = 1$ | $s > 1$ |

답 ④

## 248

유도 전동기의 슬립 $s$의 범위는?

① $s < -1$　　　　② $-1 < s < 0$

③ $0 < s < 1$　　　　④ $1 < s$

---

유도 전동기의 슬립: $0 < s < 1$

· 기동 시: $N = 0$, $s = 1$

· 무부하 시: $N_0 = N_s$, $s = 0$

· 역회전 시 슬립의 범위: $1 < s < 2$ 또는 $2-s$

· 참고

| 유도 발전기 | | 유도 전동기 | | 제동기 |
|---|---|---|---|---|
| $s < 0$ | $s = 0$ | $0 < s < 1$ | $s = 1$ | $s > 1$ |

답 ③

## 249

유도 발전기의 동작 특성에 관한 설명 중 틀린 것은?

① 병렬로 접속된 동기 발전기에서 여자를 취해야 한다.

② 효율과 역률이 낮으며 소출력의 자동 수력 발전기와 같은 용도에 사용된다.

③ 유도 발전기의 주파수를 증가하려면 회전 속도를 동기 속도 이상으로 회전시켜야 한다.

④ 선로에 단락이 생긴 경우에는 여자가 상실되므로 단락 전류는 동기 발전기에 비해 적고 지속시간도 짧다.

---

유도 발전기의 주파수는 전원의 주파수로 결정되며, 회전 속도와는 직접적인 관계가 없다. 따라서 보기 ③ 는 틀린 설명이다.
또한 유도 발전기는 구조가 간단하고 가격이 저렴하며, 효율과 역률이 낮아 소출력의 자동 수력 발전기 등에 사용된다.

답 ③

# 250

$E$를 전압, $r$을 1차로 환산한 저항, $x$ 를 1차로 환산한 리액터스라고 할 때 유도 전동기의 원선도에서 원의 지름을 나타내는 것은?

① $E \cdot r$

② $E \cdot x$

③ $\dfrac{E}{x}$

④ $\dfrac{E}{r}$

**원선도의 특성**

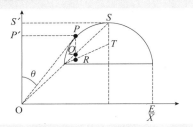

- 원선도의 지름: $\dfrac{E}{X}$ 에 비례
- 역률: $\cos\theta = \dfrac{\overline{OP'}}{\overline{OP}}$
- 2차 효율: $\eta_2 = \dfrac{\overline{PQ}}{\overline{PR}}$

답 ③

# 251

단상 유도 전동기의 분상 기동형에 대한 설명으로 틀린 것은?

① 보조 권선은 높은 저항과 낮은 리액턴스를 갖는다.

② 주권선은 비교적 낮은 저항과 높은 리액턴스를 갖는다.

③ 높은 토크를 발생시키려면 보조 권선에 병렬로 저항을 삽입한다.

④ 전동기가 기동하여 속도가 어느 정도 상승하면 보조 권선을 전원에서 분리해야 한다.

- 분상 기동형 단상 유도 전동기는 높은 저항을 가진 보조 권선(기동 권선)과 낮은 저항을 가진 주권선을 병렬로 연결하여 기동한다.
- 기동 시에는 보조 권선이 회전력을 발생시키며, 기동 후 일정 속도에 도달하면 보조 권선은 전원에서 분리된다.
- 더 큰 기동 토크를 얻기 위해서는 보조 권선에 직렬로 저항을 연결해야 한다.

답 ③

## 252

유도 전동기를 정격 상태로 사용 중, 전압이 10[%] 상승할 때 특성 변화로 틀린 것은? (단, 부하는 일정 토크라고 가정 한다.)

① 슬립이 작아진다.

② 역률이 떨어진다.

③ 속도가 감소한다.

④ 히스테리시스손과 와류손이 증가한다.

유도 전동기의 전압이 상승 시 특성 변화

①, ③ 슬립 감소, **속도 증가** : 슬립 $s \propto \dfrac{1}{V^2}$ 이므로 전압이 상승하면 슬립이 작아진다.

속도 $N = (1-s)N_s [rpm]$ 이므로 슬립이 작아지면 전동기의 회전 속도가 동기 속도에 가까워지므로, 전동기가 더 빠르게 회전하게 된다.

② **역률 저하** : 최대 자속 $\phi_m = \dfrac{V_1}{4.44 f N_1}$ 이므로 전압이 상승하면 자속이 증가하고, 과도한 자속으로 인해 자속의 위상 차이가 생겨 전동기의 역률이 저하된다.

④ **철손 증가** : 철손은 히스테리시스손과 와류손으로 구성된다. 철손 $P_h \propto \dfrac{E^2}{f}$ 이므로 전압이 상승하면 철손이 증가한다.

🔳 ③

## 253

단상 유도 전동기의 기동 시 브러시를 필요로 하는 것은?

① 분상 기동형

② 반발 기동형

③ 콘덴서 분상 기동형

④ 셰이딩 코일 기동형

반발 기동형 단상 유도 전동기는 기동 시에 브러시를 통해 회전자 권선을 단락시킨다. 이때 발생하는 반발력으로 인해 큰 기동 토크가 발생하여 전동기가 기동된다.

🔳 ②

## 254

단상 유도 전동기를 2전동기설로 설명하는 경우 정방향 회전 자계의 슬립이 0.2이면, 역방향 회전 자계의 슬립은 얼마인가?

① 0.2

② 0.8

③ 1.8

④ 2.0

역회전 시 슬립 $2-s = 2 - 0.2 = 1.8$

🔳 ③

## 255

유도 전동기에서 공급 전압의 크기가 일정하고 전원 주파수만 낮아질 때 일어나는 현상으로 옳은 것은?

① 철손이 감소한다.　　② 온도 상승이 커진다.

③ 여자 전류가 감소한다. ④ 회전 속도가 증가한다.

> ①, ③ 철손(히스테리시스손)은 주파수에 반비례하므로 증가한다. 또한 무부하 전류는 철손에 비례하므로 증가한다.
> ② 온도는 손실에 비례하고, 손실은 주파수에 반비례하므로 증가한다.
> ④ 속도는 $N_s = \dfrac{120f}{P}\,[rpm]$ 에서 주파수에 비례하므로. 주파수가 낮아지면 회전 속도는 감소한다.

답 ②

## 256

**단상 유도 전동기에 대한 설명으로 틀린 것은?**

① 반발 기동형 : 직류전동기와 같이 정류자와 브러시를 이용하여 기동한다.

② 분상 기동형 : 별도의 보조 권선을 사용하여 회전자계를 발생시켜 기동한다.

③ 커패시터 기동형 : 기동 전류에 비해 기동 토크가 크지만, 커패시터를 설치해야 한다.

④ 반발 유도형 : 기동 시 농형 권선과 반발 전동기의 회전자 권선을 함께 이용하나 운전 중에는 농형 권선만을 이용한다.

> 반발 유도형 전동기는 기동 시 농형 권선과 반발 전동기의 권선을 모두 사용하고, 기동 후에도 두 권선이 함께 사용된다.

답 ④

## 257

전부하로 운전하고 있는 $50[Hz]$, 4극의 권선형 유도 전동기가 있다. 전부하에서 속도를 $1,440[rpm]$에서 $1,000[rpm]$으로 변화시키자면 2차에 약 몇 $[\Omega]$의 저항을 넣어야 하는가? (단, 2차 저항은 $0.02[\Omega]$이다.)

① 0.145　　　　　　② 0.18

③ 0.02　　　　　　④ 0.024

> 동기 속도 $N_s = \dfrac{120f}{p} = \dfrac{120 \times 50}{4} = 1,500\,[rpm]$
>
> 슬립 $s = \dfrac{N_s - N}{N_s} = \dfrac{1,500 - 1,440}{1,440} = 0.04\,[\%]$
>
> 슬립 $s' = \dfrac{N_s - N'}{N_s} = \dfrac{1,500 - 1,000}{1,500} = 0.33\,[\%]$
>
> 권선형 유도 전동기의 비례 추이 $\dfrac{r_2}{s} = \dfrac{r_2 + R}{s'}$ 에서
>
> $\dfrac{0.02}{0.04} = \dfrac{0.02 + R}{0.33}$ 이므로
>
> $R = \dfrac{0.02 \times 0.33}{0.04} - 0.02 = 0.145$

답 ①

## 258

권선형 유도 전동기 2대를 직렬 종속으로 운전하는 경우 그 동기 속도는 어떤 전동기의 속도와 같은가?

① 두 전동기 중 적은 극수를 갖는 전동기

② 두 전동기 중 많은 극수를 갖는 전동기

③ 두 전동기의 극수의 합과 같은 극수를 갖는 전동기

④ 두 전동기의 극수의 합의 평균과 같은 극수를 갖는 전동기

### 권선형 유도 전동기의 속도 제어법(종속법)

- **직렬 종속법**: $N = \dfrac{120f}{p_1 + p_2}\,[rpm]$

- **차동 종속법**: $N = \dfrac{120f}{p_1 - p_2}\,[rpm]$

- **병렬 종속법**: $N = \dfrac{240f}{p_1 + p_2}\,[rpm]$

답 ③

## 259

전력의 일부를 전원 측에 반환할 수 있는 유도 전동기의 속도 제어법은?

① 극수 변환법　　　② 크레머 방식

③ 2차 저항 가감법　　④ 세르비우스 방식

### 세르비우스 방식의 유도 전동기 속도 제어

세르비우스 방식은 권선형 유도 전동기의 2차 기전력을 인버터로 변환하여 전원 측으로 전력을 변환하는 속도 제어법이다. 이를 통해 속도 조절이 가능하며, 전력의 일부를 회수하여 효율적인 운영이 가능하다.

☑ **참고** 2차 여자법: 회전자에 슬립 주파수 전압 $(E_c)$을 공급하여 속도를 제어하는 방법으로 세르비우스 방식, 크레머 방식이 있다.

답 ④

## 260

3상 유도 전동기의 기계적 출력 $P[kW]$, 회전수 $N[rpm]$인 전동기의 토크 $[kg \cdot m]$는?

① $0.46\dfrac{P}{N}$　　　② $0.855\dfrac{P}{N}$

③ $975\dfrac{P}{N}$　　　④ $9{,}549.3\dfrac{P}{N}$

### 전동기 토크

$$T = \frac{60EI_a}{2\pi N} = \frac{60}{2\pi} \times \frac{P \times 10^3}{N} = 9549.3\frac{P}{N}\,[N \cdot m]$$

답 ④

## 261

3상 권선형 유도 전동기 기동 시 2차 측에 외부 가변 저항을 넣는 이유는?

① 회전수 감소

② 기동 전류 증가

③ 기동 토크 감소

④ 기동 전류 감소와 기동 토크 증가

### 비례 추이 목적

- 기동 토크 증대
- 기동 전류 감소
- 속도 제어
- 최대 토크 불변

답 ④

## 262

3상 유도 전동기에서 회전자가 슬립 $s$로 회전하고 있을 때 2차 유기 전압 $E_{2s}$ 및 2차 주파수 $f_{2s}$와 $s$와의 관계는? (단, $E_2$는 회전자가 정지하고 있을 때 2차 유기 기전력이며 $f_1$은 1차 주파수이다.)

① $E_{2s} = sE_2,\ f_{2s} = sf_1$

② $E_{2s} = sE_2,\ f_{2s} = \dfrac{f_1}{s}$

③ $E_{2s} = \dfrac{E_2}{s},\ f_{2s} = \dfrac{f_1}{s}$

④ $E_{2s} = (1-s)E_2,\ f_{2s} = (1-s)f_1$

---

**회전 시 2차 주파수(슬립 주파수: $f_{2s}$)**

- 정지 시: $f_2 = f_1\ [Hz]$
- 회전 시: $f_{2s} = sf_1\ [Hz]$

(단, $f_1$: 1차 주파수[$Hz$])

**회전 시 2차 유기 기전력($E_{2s}$)**

- 정지 시 1차 유기 기전력: $E_1 = 4.44kf_1\phi N_1\ [V]$
- 정지 시 2차 유기 기전력: $E_2 = 4.44kf_1\phi N_2\ [V]$
- 회전 시 2차 유기 기전력: $E_{2s} = 4.44ksf_1\phi N_2\ [V]$

$$E_{2s} = sE_2\ [V]$$

**답** ①

## 263

**단상 유도 전압 조정기에서 단락 권선의 역할은?**

① 철손 경감　　　　② 절연 보호

③ 전압 강하 경감　　④ 전압 조정 용이

---

단상 유도 전압 조정기에서 단락 권선은 전압 강하를 경감하는 역할을 하며, 분로 권선과 직렬 권선 사이에 배치되어 직렬 권선의 누설 리액턴스를 줄인다. 이를 통해 조정기는 회전자의 위상각에 따라 안정적인 전압 출력을 유지할 수 있도록 돕는다.

**답** ③

## 264

$50[Hz]$, 12극의 3상 유도 전동기가 $10[HP]$의 정격출력을 내고 있을 때, 회전수는 약 몇 $[rpm]$인가? (단, 회전자 동손은 $350[W]$이고, 회전자 입력은 회전자 동손과 정격 출력의 합이다.)

① 468　　　　　　② 478

③ 488　　　　　　④ 500

---

2차 입력 $P_2 = P_0 + P_{c2} = 7,460 + 350 = 7,810\ [W]$

(단, $P_0$: 2차 출력[$W$], $P_{c2}$: 2차 동손[$W$])

동기 속도 $N_s = \dfrac{120f}{P} = \dfrac{120 \times 50}{12} = 500\ [rpm]$

2차 동손 $P_{c2} = sP_2\ [W]$에서

슬립 $s = \dfrac{P_{c2}}{P_2} = \dfrac{350}{7,810} = 0.0448$

회전수 $N = (1-s)N_s = (1 - 0.0448) \times 500 = 478\ [rpm]$

☑ **참고** $HP$는 Horsepower의 약자로 마력을 나타내며 출력의 단위이다.

- $1[HP] = 746\ [W]$
- $10[HP] = 10 \times 746 = 7,460\ [W]$

**답** ②

## 265

3상 농형 유도 전동기의 전전압 기동 토크는 전부하토크의 1.8배이다. 이 전동기에 기동 보상기를 사용하여 기동 전압을 전전압의 $\frac{2}{3}$ 로 낮추어 기동하면, 기동 토크는 전부하 토크 $T$ 와 어떤 관계인가?

① 3.0 $T$　　　　　　② 0.8 $T$

③ 0.6 $T$　　　　　　④ 0.3 $T$

유도 전동기의 토크 $T = 0.975\dfrac{P_2}{N_s}\,[kg \cdot m]$ 에서

토크 $T$ 는 전압의 제곱 $V^2$ 에 비례 관계이다.

$$T' = 1.8\,T \times \frac{\left(\frac{2}{3}V\right)^2}{V^2} = 0.8\,T$$

답 ②

## 266

$10[kW]$, 3상, $380[V]$유도 전동기의 전부하 전류는 약 몇 $[A]$인가? (단, 전동기의 효율은 85[%], 역률은 85[%]이다.)

① 15　　　　　　② 21

③ 26　　　　　　④ 36

3상 전동기의 출력 $P = \sqrt{3}\,VI\cos\theta\eta\,[W]$에서

전부하 전류

$$I = \frac{P}{\sqrt{3}\,V\cos\theta\eta} = \frac{10 \times 10^3}{\sqrt{3} \times 380 \times 0.85 \times 0.85} = 21[A]$$

답 ②

## 267

4극, 60[Hz]인 3상 유도 전동기가 있다. 1,725[rpm]으로 회전하고 있을 때, 2차 기전력의 주파수[Hz]는?

① 2.5　　　　　　② 5

③ 7.5　　　　　　④ 10

동기 속도 $N_s = \dfrac{120f}{P} = \dfrac{120 \times 60}{4} = 1,800\,[rpm]$

슬립 $s = \dfrac{N_s - N}{N_s} = \dfrac{1,800 - 1,725}{1,800} = 0.0417$

회전 시 2차 주파수 $f_{2s} = sf_1 = 0.0417 \times 60 = 2.5[Hz]$

답 ①

## 268

유도 전동기의 슬립을 측정하려고 한다. 다음 중 슬립의 측정법이 아닌 것은?

① 수화기법　　　　　② 직류밀리볼트계법

③ 스트로보스코프법　④ 프로니브레이크법

**유도 전동기의 슬립 측정법**

- 수화기법
- 스트로보스코프법
- 직류밀리볼트계법

답 ④

## 269

3상 유도 전동기에서 고조파 회전 자계가 기본파 회전 방향과 역방향인 고조파는?

① 제3고조파   ② 제5고조파

③ 제7고조파   ④ 제13고조파

**유도 전동기의 고조파 차수**

| | 1 | 3 | 5 |
|---|---|---|---|
| $n$차 고조파 | 7 | 9 | 11 |
| | 13 | 15 | 17 |
| 기본파 방향 | ⤷ | ⤷ | ⤶ |
| 회전 자계 방향 | ⤷ | 회전 자계 발생 × | ⤶ |
| 속도 | $\frac{1}{n}$ 배 감소한다. (단, $n$ : 고조파 차수) | | |

답 ②

## 270

1상의 유도 기전력이 $6,000[V]$인 동기 발전기에서 1분간 회전수를 $900[rpm]$에서 $1,800[rpm]$으로 하면 유도 기전력은 약 몇 $[V]$인가?

① 6,000   ② 12,000

③ 24,000   ④ 36,000

동기 속도 $N_s = \dfrac{120f}{P}\,[rpm]$에서 $N_s \propto f$

동기 발전기의 유도 기전력

$E = 4.44 K_d K_p f \phi W [V]$에서 $E \propto f$

따라서 $E \propto N_s$ 이므로

$\therefore E = 6,000 \times \dfrac{1,800}{900} = 12,000[V]$

답 ②

## 271

권선형 유도 전동기의 2차 여자법 중 2차 단자에서 나오는 전력을 동력으로 바꿔서 직류 전동기에 가하는 방식은?

① 회생 방식   ② 크레머 방식

③ 플러깅 방식   ④ 세르비우스 방식

**크레머 방식의 유도 전동기 속도 제어**

크레머 방식은 2차 단자에서 나오는 전력을 회수하여 동력으로 변환한 후, 직류 전동기에 전달하는 방식이다. 이는 유도 전동기의 속도를 제어하고 에너지를 효율적으로 사용하는 방법 중 하나이다.

☑ **참고 2차 여자법**: 회전자에 슬립 주파수 전압 ($E_c$)을 공급하여 속도를 제어하는 방법으로 세르비우스 방식, 크레머 방식이 있다.

답 ②

## 272

유도 전동기 1극의 자속을 $\phi$, 2차 유효전류 $I_2\cos\theta_2$, 토크 $\tau$ 의 관계로 옳은 것은?

① $\tau \propto \phi \times I_2\cos\theta_2$

② $\tau \propto \phi \times (I_2\cos\theta_2)^2$

③ $\tau \propto \dfrac{1}{\phi \times I_2\cos\theta_2}$

④ $\tau \propto \dfrac{1}{\phi \times (I_2\cos\theta_2)^2}$

2차 유기 기전력 $E_2 = 4.44f\phi N_2 \,[V]$

2차 입력 $P_2 = E_2 I_2\cos\theta_2 \,[W]$

이 식에 2차 유기 기전력을 대입하면

$P_2 = (4.44f\phi N_2)I_2\cos\theta_2 \,[W]$

토크 $\tau = \dfrac{60 P_2}{2\pi N} \,[N \cdot m]$

이 식에 2차 입력을 대입하면

$\tau = \dfrac{60}{2\pi N}(4.44f\phi N_2 I_2\cos\theta)\,[N \cdot m]$

이때 $\dfrac{60 \times 4.44f N_2}{2\pi N}$ 는 상수이므로, $k$ 로 정의하여

$\tau = k\phi I_2\cos\theta_2$ 가 된다.

따라서 토크는 자속과 유효 전력의 곱에 비례함을 알 수 있다.

$\therefore \tau \propto \phi \times I_2\cos\theta_2$

답 ①

## 273

슬립 $s_t$ 에서 최대 토크를 발생하는 3상 유도 전동기에 2차 측 한 상의 저항을 $r_2$ 라 하면 최대 토크로 기동하기 위한 2차측 한 상에 외부로부터 가해 주어야 할 저항[$\Omega$]은?

① $\left(\dfrac{1-s_t}{s_t}\right)r_2$      ② $\left(\dfrac{1+s_t}{s_t}\right)r_2$

③ $\dfrac{r_2}{1-s_t}$      ④ $\dfrac{r_2}{s_t}$

**등가 부하 저항**

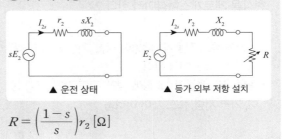

▲ 운전 상태      ▲ 등가 외부 저항 설치

$R = \left(\dfrac{1-s}{s}\right)r_2 \,[\Omega]$

답 ①

## 274

$380[V]$, $60[Hz]$, 4극, $10[kW]$인 3상 유도 전동기의 전부하 슬립이 4[%]이다. 전원 전압을 10[%]낮추는 경우 전부하 슬립은 약 몇 [%]인가?

① 3.3      ② 3.6

③ 4.4      ④ 4.9

유도 전동기 전부하 슬립 $s \propto \left(\dfrac{1}{V}\right)^2$ 이므로

전원 전압을 10[%] 낮추는 경우 전부하 슬립

$s' = s \times \dfrac{\left(\dfrac{1}{0.9V}\right)^2}{\left(\dfrac{1}{V}\right)^2} = 4 \times \left(\dfrac{1}{0.9}\right)^2 = 4.93[\%]$

답 ④

## 275

**일반적인 3상 유도전동기에 대한 설명으로 틀린 것은?**

① 불평형 전압으로 운전하는 경우 전류는 증가하나 토크는 감소한다.

② 원선도 작성을 위해서는 무부하시험, 구속시험, 1차 권선저항 측정을 하여야 한다.

③ 농형은 권선형에 비해 구조가 견고하며, 권선형에 비해 대형 전동기로 널리 사용된다.

④ 권선형 회전자의 3선 중 1선이 단선되면 동기속도의 50[%]에서 더 이상 가속되지 못하는 현상을 게르게스현상이라 한다.

- **권선형 유도 전동기**: 대형에 적합, 기동 시 토크 특성 우수, 속도 제어 용이
- **농형 유도 전동기**: 소형에 적합, 구조 간단, 조작 용이, 가격 저렴, 속도 제어 어려움

답 ③

## 276

**다음 중 3상 권선형 유도 전동기의 기동법은?**

① 2차 저항법 　　　② 전전압 기동법

③ 기동 보상기법 　　④ $Y-\varDelta$ 기동법

**권선형 유도 전동기의 기동법**
- 2차 저항 기동법
- 2차 임피던스 기동법
- 게르게스법

답 ①

## 277

**유도 전동기에 게르게스 현상이 발생하는 슬립은 대략 얼마인가?**

① 0.25 　　　　　　② 0.50

③ 0.70 　　　　　　④ 0.80

**게르게스법**: 2차 회로 중 한 선이 단선 시 슬립 $s = 50[\%]$ 근처에서 가속이 멈추는 현상을 이용한 기동법

답 ②

## 278

**대칭 3상 권선에 평형 3상 교류가 흐르는 경우 회전 자계의 설명으로 틀린 것은?**

① 발생 회전 자계 방향 변경 가능

② 발생 회전 자계는 전류와 같은 주기

③ 발생 회전 자계 속도는 동기 속도보다 늦음

④ 발생 회전 자계의 세기는 각 코일 최대 자계의 1.5배

발생 회전 자계 속도는 동기 속도와 일치한다.

답 ③

## 279

**4극 3상 유도 전동기가 있다. 전원 전압 $200[V]$로 전부하를 걸었을 때 전류는 $21.5[A]$이다. 이 전동기의 출력은 약 몇 $[W]$인가?(단, 전부하 역률 86[%], 효율 85[%]이다.**

① 5,029 　　　　　② 5,444

③ 5,820 　　　　　④ 6,103

**3상 전동기의 출력**
$$P = \sqrt{3}\, VIcos\theta\eta = \sqrt{3} \times 200 \times 21.5 \times 0.86 \times 0.85$$
$$= 5,444[W]$$

답 ②

## 280

**단상 반발 유도 전동기에 대한 설명으로 옳은 것은?**

① 역률은 반발 기동형보다 나쁘다.

② 기동 토크는 반발 기동형보다 크다.

③ 전부하 효율은 반발 기동형보다 좋다.

④ 속도의 변화는 반발 기동형보다 크다.

> 단상 반발 유도 전동기는 효율은 낮지만 역률이 좋다. 기동 시 토크는 반발 기동형 전동기보다 작으며, 운전 중 속도 변화는 반발 기동형보다 크다. 이로 인해 속도 조정이 어렵고, 부하에 따라 속도 변동이 큰 특징을 보인다.

📖 ④

## 281

**유도 전동기에서 공간적으로 본 고정자에 의한 회전 자계와 회전자에 의한 회전 자계는?**

① 항상 동상으로 회전한다.

② 슬립만큼의 위상각을 가지고 회전한다.

③ 역률각만큼의 위상각을 가지고 회전한다.

④ 항상 180° 만큼의 위상각을 가지고 회전한다.

> 3상 유도 전동기에서 고정자에 의한 회전 자계와 회전자에 유기된 전압에 의해 형성된 회전 자계는 공간적으로 항상 같은 방향(동상)으로 회전한다. 이는 고정자와 회전자가 대칭 3상 교류에 의해 동기화되기 때문이다.

📖 ①

## 282

**그림과 같은 회로에서 전원 전압의 실효치 200[V], 점호각 30°일 때 출력 전압은 약 몇 [V]인가? (단, 정상 상태이다.)**

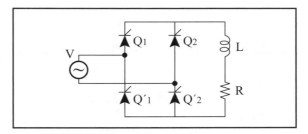

① 157.8　　　　② 168.0

③ 177.8　　　　④ 187.8

> SCR의 단상 전파 정류 회로 직류 전압
> $$E_d = 0.9E\left(\frac{1+\cos\alpha}{2}\right)$$
> $$= 0.9 \times 200 \times \left(\frac{1+\cos 30°}{2}\right) = 168[V]$$

📖 ②

## 283

**사이리스터에서 게이트 전류가 증가하면?**

① 순방향 저지 전압이 증가한다.

② 순방향 저지 전압이 감소한다.

③ 역방향 저지 전압이 증가한다.

④ 역방향 저지 전압이 감소한다.

> SCR(사이리스터)이 OFF 상태에서 ON 상태로 전환하는 전압을 순방향 저지 전압(순방향 브레이크 오버 전압)이라고 하며, 게이트 전류가 증가하면 더 많은 전하가 공급되어 SCR을 ON 상태로 전환하는 데 필요한 전압이 감소하게 된다.

📖 ②

## 284

**정류 회로에 사용되는 환류 다이오드(free wheeling diode)에 대한 설명으로 틀린 것은?**

① 순저항 부하의 경우 불필요하게 된다.

② 유도성 부하의 경우 불필요하게 된다.

③ 환류 다이오드 동작 시 부하 출력 전압은 약 0[$V$]가 된다.

④ 유도성 부하의 경우 부하 전류의 평활화에 유용하다.

환류 다이오드는 정류 회로에서 유도성 부하의 인덕터가 방전할 때 발생하는 역전류로 인해 기기가 손상되는 것을 방지하기 위해 병렬로 연결된다. 유도성 부하의 경우, 부하 전류를 평활화하며, 부하 출력 전압이 0[$V$]일 때에도 전류 흐름을 유지하는 역할을 한다.

답 ②

## 285

**일반적인 전동기에 비하여 리니어 전동기의 장점이 아닌 것은?**

① 구조가 간단하여 신뢰성이 높다.

② 마찰을 거치지 않고 추진력이 얻어진다.

③ 원심력에 의한 가속 제한이 없고 고속을 쉽게 얻을 수 있다.

④ 기어, 벨트 등 동력 변환 기구가 필요 없고 직접 원운동이 얻어진다.

**리니어 전동기**
- 회전 운동을 직선 운동으로 변환하는 모터
- 기어, 벨트 등의 동력 전달 기구 불필요
- 고속 구동 가능(원심력 제한 없음)
- 간단한 구조
- 부하 관성의 영향을 많이 받음
- 회전형보다 공극이 커 역률 및 효율 낮음
- 전원 상 순서 변경으로 이동 방향 조정 가능

답 ④

## 286

**교류 정류 자기에서 갭의 자속 분포가 정현파로 $\phi_m$=0.14[$Wb$], $P$=2, $a$=1, $Z$=200, $n$=1,200[$rpm$]인 경우 브러시 축이 자극축과 30°라면, 속도 기전력의 실효값 $E_s$는 약 몇 [$V$]인가?**

① 160      ② 400

③ 560      ④ 800

속도 기전력의 실효값 $E_s = \dfrac{1}{\sqrt{2}} \times \dfrac{pZ\phi N}{60a} \sin\theta$

$= \dfrac{1}{\sqrt{2}} \times \dfrac{2 \times 200 \times 0.14 \times 1,200}{60 \times 1} \sin 30°$

$= 396 ≒ 400[V]$

☑ **참고**
정현파의 실효값은 최대값의 $\dfrac{1}{\sqrt{2}}$ 배이다.

답 ②

## 287

**다이오드 2개를 이용하여 전파 정류를 하고, 순저항 부하에 전력을 공급하는 회로가 있다. 저항에 걸리는 직류분 전압이 90[$V$]라면 다이오드에 걸리는 최대 역전압[$V$]의 크기는?**

① 90      ② 242.8

③ 254.5      ④ 282.8

단상 전파 정류 회로(중간탭) 직류 전압

$E_d = \dfrac{2\sqrt{2}}{\pi} E = 0.9E$ 에서 직류분 전압이 90[$V$]라고

하였으므로 교류 전압 $E = \dfrac{E_d}{0.9} = \dfrac{90}{0.9} = 100[V]$이다.

최대 역전압 $PIV = 2\sqrt{2}\,E = 2\sqrt{2} \times 100 = 282.8[V]$

답 ④

## 288

다음 (　　) 안에 옳은 내용을 순서대로 나열한 것은?

> "SCR"에서는 게이트 전류가 흐르면 순방향의 저지 상태에서 (　　) 상태로 된다. 게이트 전류를 가하여 도통 완료까지의 시간을 (　　)시간이라 하고 이 시간이 길면 (　　)시의 (　　)이 많고 소자가 파괴된다."

① 온(On), 턴온(Turn on), 스위칭, 전력 손실
② 온(On), 턴온(Turn on), 전력 손실, 스위칭
③ 스위칭, 온(On), 턴온(Turn on), 전력 손실
④ 턴온(Turn on), 스위칭, 온(On), 전력 손실

> SCR은 게이트에 전류가 흐르면 ON 상태로 바뀌어 부하에 전력을 공급한다. 이때, 도통 완료까지의 시간 (전류가 흐르기 시작하는 시간)을 턴온(Turn on) 시간 이라고 하며, 이 시간이 길어지면 전력 손실이 커져 소자가 파괴될 수 있다.

답 ①

## 289

반도체 정류기에 적용된 소자 중 첨두 역방향 내전압이 가장 큰 것은?

① 셀렌 정류기　　　　② 실리콘 정류기
③ 게르마늄 정류기　　④ 아산화동 정류기

> 실리콘 정류기는 반도체 정류기 중에서 역방향 내전압이 가장 큰 소자이다.

답 ②

## 290

실리콘 제어 정류기(SCR)의 설명 중 틀린 것은?

① PNPN 구조로 되어 있다.
② 인버터 회로에 이용될 수 있다.
③ 고속도의 스위치 작용을 할 수 있다.
④ 게이트에 (+)와 (−)의 특성을 갖는 펄스를 인가하여 제어한다.

> 보기 ④은 GTO에 대한 설명이다.
> SCR은 PNPN 4층 구조로 이루어진 3단자 소자이며, 게이트에 (+)의 특성을 갖는 펄스를 인가하면 턴온 (Turn‐on)되는 고속 스위칭 소자이다. 이 소자는 인버터 회로에서도 사용된다.

답 ④

## 291

사이리스터 2개를 사용한 단상 전파 정류 회로에서 직류 전압 100[$V$]를 얻으려면 $PIV$가 약 몇 [$V$]인 다이오드를 사용하면 되는가?

① 111　　　　　　② 141
③ 222　　　　　　④ 314

> 단상 전파 정류 회로(중간탭)에서 직류 전압이 100[$V$]라고 하면 $E_d = \dfrac{2\sqrt{2}}{\pi}E = 100\,[V]$이다.
>
> 이때 교류 전압 $E = \dfrac{100\pi}{2\sqrt{2}}\,[V]$가 된다.
>
> 따라서 직류 전압 100[$V$]를 얻으려면
> $\therefore PIV = 2\sqrt{2}\,E = 2\sqrt{2} \times \dfrac{100\pi}{2\sqrt{2}} = 100\pi \doteqdot 314\,[V]$

답 ④

## 292

어떤 정류 회로의 부하 전압이 50[$V$]이고 맥동률 3[%]이면 직류 출력 전압에 포함된 교류분은 몇 [$V$]인가?

① 1.2        ② 1.5

③ 1.8        ④ 2.1

맥동률 $= \dfrac{교류분}{직류분} \times 100\,[\%]$ 에서

교류분 $=$ 맥동률 $\times$ 직류분 $= 0.03 \times 50 = 1.5\,[V]$

✓ **TIP** 교류분을 구하라고 하였으므로 주어진 부하 전압 50[$V$]는 직류분에 대입한다.

답 ②

## 293

3상 수은 정류기의 직류 평균 부하 전류가 50[$A$]가 되는 1상 양극 전류 실효값은 약 몇 [$A$]인가?

① 9.6        ② 17

③ 29        ④ 87

**수은 정류기의 전류비** $\dfrac{I_a}{I_d} = \dfrac{1}{\sqrt{m}}$ (단, $m$ : 상수)에서

전류 실효값 $I_a = \dfrac{I_d}{\sqrt{m}} = \dfrac{50}{\sqrt{3}} \fallingdotseq 29\,[A]$

답 ③

## 294

2방향성 3단자 사이리스터는 어느 것인가?

① SCR        ② SSS

③ SCS        ④ TRIAC

**사이리스터의 종류**
- 2단자 양방향: SSS, DIAC
- 3단자 단방향: SCR, GTO, LASCR
- 3단자 양방향: TRIAC
- 4단자 단방향: SCS

답 ④

## 295

정류 회로에서 상의 수를 크게 했을 경우 옳은 것은?

① 맥동 주파수와 맥동률이 증가한다.

② 맥동률과 맥동 주파수가 감소한다.

③ 맥동 주파수는 증가하고 맥동률은 감소한다.

④ 맥동률과 주파수는 감소하나 출력이 증가한다.

정류 회로에서 상의 수를 크게 했을 경우 맥동 주파수는 높아지고, 맥동률은 낮아진다. 이때 맥동 주파수는 높을수록, 맥동률은 낮을수록 좋으며 3상 전파(브리지) 회로가 가장 우수하다.

답 ③

## 296

그림과 같은 회로에서 $V$(전원 전압의 실효치)=100[$V$], 점호각 $\alpha$=30°인 때의 부하 시의 직류 전압 $E_d$[$V$]는 약 얼마인가? (단, 전류가 연속하는 경우이다.)

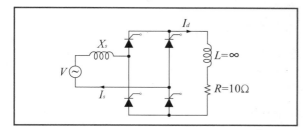

① 90

② 86

③ 77.9

④ 100

**SCR의 단상 전파 정류 회로 직류 전압**
문제에서 직류가 연속하는 경우라고 하였으므로
$E_d = 0.9E\cos\alpha$
$= 0.9 \times 100 \times \cos 30° = 77.9[V]$

> ☑ **참고** SCR의 단상 전파 정류 회로 직류 전압
> • (전류 연속) $E_d = 0.9E\cos\alpha$
> • (전류 단속) $E_d = 0.9E\cos\alpha\left(\dfrac{1+\cos\alpha}{2}\right)$

답 ③

## 297

가정용 재봉틀, 소형 공구, 영사기, 치과 의료용, 엔진 등에 사용하고 있으며, 교류, 직류 양쪽 모두에 사용되는 만능전동기는?

① 전기 동력계

② 3상 유도 전동기

③ 차동 복권 전동기

④ 단상 직권 정류자 전동기

**단상 직권 정류자 전동기**
① **원리**: 직류 직권 전동기
② 직류, 교류 모두 사용 가능(만능 전동기)
③ 역률 개선 방법
• 보상 권선 설치
• 고속도 운전
• 약계자, 강전기자형
④ **용도**: 가정용 재봉틀, 소형 공구, 치과 의료용 기기, 진공 청소기, 믹서, 엔진 등

답 ④

## 298

상전압 200[$V$]의 3상 반파 정류 회로의 각 상에 SCR을 사용하여 정류 제어 할 때 위상각을 $\dfrac{\pi}{6}$ 로 하면 순저항 부하에서 얻을 수 있는 직류 전압[$V$]은?

① 90

② 180

③ 203

④ 234

**SCR의 3상 반파 정류 회로의 직류 전압**
$E_d = 1.17E\cos\alpha = 1.17 \times 200 \times \cos\left(\dfrac{\pi}{6}\right) = 203[V]$

답 ③

## 299

스텝각이 2°, 스테핑 주파수(pulse rate)가 1,800[$pps$]인 스테핑 모터의 축속도[$rps$] 는?

① 8　　　　　　　② 10

③ 12　　　　　　　④ 14

**스테핑 모터의 축속도**

$$n = \frac{\beta \times f_p}{360°} = \frac{2 \times 1,800}{360°} = 10[rps]$$

답 ②

## 300

3상 직권 정류자전동기에 중간 변압기를 사용하는 이유로 적당하지 않은 것은?

① 중간 변압기를 이용하여 속도 상승을 억제할 수 있다.

② 회전자 전압을 정류 작용에 맞는 값으로 선정할 수 있다.

③ 중간 변압기를 사용하여 누설 리액턴스를 감소할 수 있다.

④ 중간 변압기의 권수비를 바꾸어 전동기 특성을 조정할 수 있다.

**3상 직권 정류자 전동기에서 중간 변압기 사용 이유**
- 정류자 전압의 조정
- 회전자 상수의 증가
- 실효 권수비의 조정
- 경부하 시 속도의 이상 상승 방지

답 ③

## 301

SCR의 특징으로 틀린 것은?

① 과전압에 약하다.

② 열용량이 적어 고온에 약하다.

③ 전류가 흐르고 있을 때의 양극 전압 강하가 크다.

④ 게이트에 신호를 인가할 때부터 도통할 때까지의 시간이 짧다.

**SCR 주요 특징**
- 작은 게이트 신호로 대전력을 제어 가능
- 교류와 직류 모두 제어가 가능
- 대전류용이며, 동작 시간이 짧음
- 아크가 생기지 않아 열 발생이 적음
- 역방향 내전압이 크고, 전류가 흐를 때 양극의 전압 강하가 작음
- 과전압에 약하며, 열용량이 적어 고온에 취약

답 ③

## 302

전력 변환 기기로 틀린 것은?

① 컨버터　　　　　② 정류기

③ 인버터　　　　　④ 유도 전동기

**전력 변환 기기의 종류**
- **컨버터**: 교류($AC$)를 직류($DC$)로 변환
- **인버터**: 직류($DC$)를 교류($AC$)로 변환
- **초퍼**: 직류($DC$)를 직류($DC$)로 직접 제어
- **사이클로 컨버터**: 교류($AC$)를 교류($AC$)로 변환

답 ④

## 303

정류자형 주파수 변환기의 회전자에 주파수 $f_1$의 교류를 가할 때 시계 방향으로 회전 자계가 발생하였다. 정류자 위의 브러시 사이에 나타나는 주파수 $f_c$를 설명한 것 중 틀린 것은? (단, $n$: 회전자의 속도, $n_s$: 회전 자계의 속도, $s$: 슬립이다.)

① 회전자를 정지시키면 $f_c = f_1$인 주파수가 된다.

② 회전자를 반시계 방향으로 $n = n_s$의 속도로 회전시키면, $f_c = 0 \, [Hz]$가 된다.

③ 회전자를 반시계 방향으로 $n < n_s$의 속도로 회전시키면, $f_c = sf_1 \, [Hz]$가 된다.

④ 회전자를 시계방향으로 $n < n_s$의 속도로 회전시키면, $f_c < f_1$인 주파수가 된다.

① 회전자를 정지시키면 :
회전자 속도가 $n = 0$이므로
슬립 $s = \dfrac{n_s - n}{n_s} = \dfrac{n_s - 0}{n_s} = 1$이 되어,
주파수는 $f_c = sf_1$에서 $f_c = f_1$이 된다.

② 회전자를 반시계 방향(정회전)으로 $n = n_s$의 속도로 회전시키면 :
슬립 $s = \dfrac{n_s - n}{n_s} = \dfrac{n_s - n_s}{n_s} = 0$이 되어,
주파수는 $f_c = sf_1 = 0 \, [Hz]$가 된다.

③ 회전자를 반시계 방향(정회전)으로 $n < n_s$의 속도로 회전시키면 :
슬립 $s = \dfrac{n_s - n}{n_s}$로 정의되며, 주파수는
$f_c = sf_1$로 계산된다.

④ 회전자를 시계 방향(역회전)으로 $n < n_s$의 속도로 회전시키면 :
슬립 $s = \dfrac{n_s + n}{n_s}$로 정의되며, 이때 $s > 1$이 되어 주파수 $f_c$는 $f_1$보다 커지게 된다.

답 ④

## 304

전원 전압이 100[V]인 단상 전파 정류제어에서 점호각이 30°일 때 직류 평균 전압은 약 몇 [V]인가?

① 54　　　　　② 64

③ 84　　　　　④ 94

단상 전파 정류 회로 직류 전압
$$E_d = 0.9 E \left( \dfrac{1 + \cos\alpha}{2} \right)$$
$$= 0.9 \times 100 \left( \dfrac{1 + \cos30°}{2} \right) = 83.97 \, [V]$$

답 ③

## 305

스텝 모터에 대한 설명으로 틀린 것은?

① 가속과 감속이 용이하다.

② 정 · 역 및 변속이 용이하다.

③ 위치 제어 시 각도 오차가 작다.

④ 브러시 등 부품수가 많아 유지 보수 필요성이 크다.

스텝 모터는 펄스 신호로 구동되는 전동기로, 정밀한 위치 제어와 정 · 역회전, 변속이 용이하다. 또한 가속과 감속이 용이하며, 브러시가 필요 없기 때문에 유지 보수가 거의 필요 없다.

답 ④

## 306

도통(on)상태에 있는 SCR을 차단(off) 상태로 만들기 위해서는 어떻게 하여야 하는가?

① 게이트 펄스 전압을 가한다.

② 게이트 전류를 증가시킨다.

③ 게이트 전압이 부(-)가 되도록 한다.

④ 전원 전압의 극성이 반대가 되도록 한다.

SCR의 턴오프(Turn-off) 조건
• 애노드 전류를 유지 전류 이하로 감소
• 애노드에 역전압을 인가
• 애노드 전압을 (0) 또는 (-)

정답 ④

## 307

3선 중 2선의 전원 단자를 서로 바꾸어서 결선하면 회전 방향이 바뀌는 기기가 아닌 것은?

① 회전 변류기　　　② 유도 전동기

③ 동기 전동기　　　④ 정류자형 주파수 변환기

정류자형 주파수 변환기는 외부 원동기에 의해 회전하는 기기이기 때문에 전원 단자를 서로 바꿔 결선해도 회전 방향이 바뀌지 않는다. 반면, 유도 전동기나 동기 전동기는 3선 중 2선의 전원 단자를 바꾸면 회전 방향이 바뀐다.

정답 ④

## 308

서보모터의 특징에 대한 설명으로 틀린 것은?

① 발생 토크는 입력 신호에 비례하고, 그 비가 클 것

② 직류 서보모터에 비하여 교류 서보모터의 시동 토크가 매우 클 것

③ 시동 토크는 크나 회전부의 관성 모멘트가 작고, 전기력 시정수가 짧을 것

④ 빈번한 시동, 정지, 역전 등의 가혹한 상태에 견디도록 견고하고, 큰 돌입 전류에 견딜 것

서보모터의 특징
• 서보모터는 정확한 위치 제어와 속도 제어가 가능하며, 시동 토크가 크고 전기적 시정수가 짧아야 한다.
• 직류 서보 모터는 교류 서보 모터보다 시동(기동) 토크가 크다. 이는 직류 서보 모터가 강한 자속을 제공할 수 있기 때문이다.
• 서보 모터는 관성 모멘트가 작고, 빈번한 시동, 정지, 역전 등의 가혹한 조건에 견딜 수 있어야 하며, 큰 돌입 전류를 견디는 견고한 특성이 요구된다.

정답 ②

## 309

IGBT(Insulated Gate Bipolar Transistor)에 대한 설명으로 틀린 것은?

① MOSFET와 같이 전압 제어 소자이다.

② GTO 사이리스터와 같이 역방향 전압 저지 특성을 갖는다.

③ 게이트와 에미터 사이의 입력 임피던스가 매우 낮아 BJT 보다 구동하기 쉽다.

④ BJT처럼 on-drop 이 전류에 관계없이 낮고 거의 일정하며, MOSFET보다 훨씬 큰 전류를 흘릴 수 있다.

IGBT는 MOSFET와 같이 전압 제어 소자이며, 게이트와 에미터 사이의 입력 임피던스가 매우 높아 BJT 보다 구동이 쉽다. 또한 GTO처럼 역방향 전압 저지 특성을 가지며, BJT처럼 전류에 관계없이 낮은 on-drop 특성을 지니고 있다.

답 ③

## 310

2상 교류 서보 모터를 구동하는데 필요한 2상 전압을 얻는 방법으로 널리 쓰이는 방법은?

① 2상 전원을 직접 이용하는 방법

② 환상 결선 변압기를 이용하는 방법

③ 여자 권선에 리액터를 삽입하는 방법

④ 증폭기 내에서 위상을 조정하는 방법

2상 교류 서보 모터는 제어 신호의 위상을 조정하여 필요한 2상 전압을 생성한다. 이때 주권선에는 상용 주파의 교류 전압 $E_r$, 제어 권선에는 증폭기에서 위상을 조정한 입력 신호 $E_c$가 공급된다. 이러한 방식으로 서보 모터는 제어 신호의 위상 변화에 따라 구동된다.

답 ④

## 311

취급이 간단하고 기동 시간이 짧아서 섬과 같이 전력 계통에서 고립된 지역, 선박 등에 사용되는 소용량 전원용 발전기는?

① 터빈 발전기       ② 엔진 발전기

③ 수차 발전기       ④ 초전도 발전기

엔진 발전기는 취급이 간단하고 기동 시간이 짧아 소용량 전원 공급에 적합하다.

답 ②

## 312

GTO 사이리스터의 특징으로 틀린 것은?

① 각 단자의 명칭은 SCR 사이리스터와 같다.

② 온(On) 상태에서는 양방향 전류 특성을 보인다.

③ 온(On) 드롭(Drop)은 약 2~4[$V$]가 되어 SCR 사이리스터보다 약간 크다.

④ 오프(Off) 상태에서는 SCR 사이리스터처럼 양방향 전압 저지 능력을 갖고 있다.

GTO(Gate Turn Off) 사이리스터
- GTO 사이리스터는 단방향 전류를 흐르게 하는 역 저지형 3단자 소자이다.
- 게이트에 (-) 신호를 주어 온(On) 상태에서 오프 (Off) 상태로 전환할 수 있다.
- 온(On) 상태에서는 SCR과 동일하게 단방향성 전류를 흐르게 하며, 오프(Off) 상태에서는 양방향 전압을 저지할 수 있다.

답 ②

## 313

평형 6상 반파 정류 회로에서 297[$V$]의 직류 전압을 얻기 위한 입력 측 각 상전압은 약 몇 [$V$]인가? (단, 부하는 순수 저항 부하이다.)

① 110          ② 220

③ 380          ④ 440

6상 반파 정류 회로는 3상 전파 정류 회로와 전압 특성이 비슷하다.
다상 정류 회로 직류 전압 $E_d = 1.35 E_a$에서

$$E_a = \frac{E_d}{1.35} = \frac{297}{1.35} = 220[V]$$

답 ②

## 314

3상 분권 정류자 전동기에 속하는 것은?

① 톰슨 전동기        ② 데리 전동기

③ 시라게 전동기      ④ 애트킨슨 전동기

**시라게 전동기**
• 정속도 및 가변 속도 전동기로 사용된다.
• 권선형 유도 전동기의 회전자에 정류자를 부착한 구조이다.
• 3상 분권 정류자 전동기 중에서 특성이 우수하며, 브러시 이동으로 속도 제어가 간편하다.

☑ **참고** 단상 반발 전동기 종류
• 아트킨손형
• 톰슨형
• 데리형

답 ③

## 315

사이클로 컨버터(Cyclo Converter)에 대한 설명으로 틀린 것은?

① DC – DC Buck 컨버터와 동일한 구조이다.

② 출력 주파수가 낮은 영역에서 많은 장점이 있다.

③ 시멘트 공장의 분쇄기 등과 같이 대용량 저속 교류전동기 구동에 주로 사용된다.

④ 교류를 교류로 직접 변환하면서 전압과 주파수를 동시에 가변하는 전력 변환기이다.

**전력 변환 기기의 종류**
• 컨버터 : 교류($AC$)를 직류($DC$)로 변환
• 인버터 : 직류($DC$)를 교류($AC$)로 변환
• 초퍼 : 직류($DC$)를 직류($DC$)로 직접 제어
• 사이클로 컨버터 : 교류($AC$)를 교류($AC$)로 변환

답 ①

## 316

**BJT에 대한 설명으로 틀린 것은?**

① Bipolar Junction Thyristor의 약자이다.

② 베이스 전류로 컬렉터 전류를 제어하는 전류 제어 스위치이다.

③ MOSFET, IGBT 등의 전압 제어 스위치보다 훨씬 큰 구동 전력이 필요하다.

④ 회로 기호 B, E, C는 각각 베이스(Base), 에미터(Emitter), 컬렉터(Collerctor)이다.

> BJT(Bipolar Junction Transistor)
> ▪ BJT는 Bipolar Junction Transistor의 약자로, 전류 제어 스위칭 소자이다.
> ▪ NPN형과 PNP형으로 구분되며, 각각의 도핑 형태에 따라 달라진다.
> ▪ 베이스 전류에 의해 컬렉터 전류를 제어하며, 활성 모드, 포화 모드, 차단 모드로 동작할 수 있다.
> ▪ BJT는 MOSFET, IGBT 등 전압 제어 스위치보다 더 큰 구동 전력이 필요하다.

답 ①

## 317

**전류계를 교체하기 위해 우선 변류기 2차측을 단락시켜야 하는 이유는?**

① 측정 오차 방지　　② 2차 측 절연 보호

③ 2차 측 과전류 보호　　④ 1차측 과전류 방지

> **변류기 2차측 단락 이유**
> 변류기 2차 측을 개방하면 1차 측의 부하 전류가 여자 전류로 변해 고전압이 유도되며, 이는 절연 파괴의 위험을 초래한다. 따라서 2차 측을 단락함으로써 유기되는 전압을 방지하고, 절연을 보호하여 변류기의 안전성을 높여야 한다.
>
> ☑ **참고** 변류기에서는 2차측을 단락하는 반면, 계기용 변압기에서는 2차측을 개방해야 한다.

## 318

**다이오드를 사용하는 정류 회로에서 과대한 부하 전류로 인하여 다이오드가 소손될 우려가 있을 때 가장 적절한 조치는 어느 것인가?**

① 다이오드를 병렬로 추가한다.

② 다이오드를 직렬로 추가한다.

③ 다이오드 양단에 적당한 값의 저항을 추가한다.

④ 다이오드 양단에 적당한 값의 커패시터를 추가한다.

> 과도한 부하 전류로 인해 다이오드가 손상될 우려가 있을 때, 다이오드를 병렬로 추가하면 전류가 분배되어 부하 전류가 감소한다.
>
> ✓ **TIP** 부하 전류가 많으면 병렬로 나누고, 전압이 높으면 직렬로 연결하여 보호
> ▪ 과전류로부터 보호: 다이오드 병렬 연결
> ▪ 과전압으로부터 보호: 다이오드 직렬 연결

답 ①

## 319

**일반적인 DC 서보모터의 제어에 속하지 않는 것은?**

① 역률 제어　　　② 토크 제어

③ 속도 제어　　　④ 위치 제어

> **서보모터**
> ① 토크, 속도 및 위치 제어용 모터
> ② 2상 서보모터 제어 방식
> 　▪ 전압 제어
> 　▪ 위상 제어
> 　▪ 전압, 위상 혼합 제어
> ③ 서보모터 특성
> 　▪ 기동 토크가 크다.
> 　▪ 가속, 감속 및 정회전, 역회전이 가능하다.
> 　▪ 관성 모멘트가 작다.
> 　▪ 토크-속도 곡선이 수하 특성을 가진다.

답 ①

답 ②

## 320

단상 정류자 전동기의 일종인 단상 반발 전동기에 해당되는 것은?

① 시라게 전동기          ② 반발 유도 전동기

③ 아트킨손형 전동기     ④ 단상 직권 정류자 전동기

**단상 반발 전동기 종류**
- 아트킨손형
- 톰슨형
- 데리형

답 ③

## 321

다이오드를 사용한 정류 회로에서 다이오드를 여러 개 직렬로 연결하면 어떻게 되는가?

① 전력 공급의 증대

② 출력 전압의 맥동률을 감소

③ 다이오드를 과전류로부터 보호

④ 다이오드를 과전압으로부터 보호

다이오드를 여러 개 직렬로 연결하면 각 다이오드에 걸리는 전압이 분배되어 과전압으로부터 보호할 수 있다.

✓ **TIP** 부하 전류가 많으면 병렬로 나누고, 전압이 높으면 직렬로 연결하여 보호
- 과전류로부터 보호: 다이오드 병렬 연결
- 과전압으로부터 보호: 다이오드 직렬 연결

답 ④

## 322

단상 반파 정류 회로에서 직류 전압의 평균값 210[$V$]를 얻는 데 필요한 변압기 2차 전압의 실효값은 약 몇 [$V$]인가? (단, 부하는 순 저항이고, 정류기의 전압강하 평균값은 15[$V$]로 한다.)

① 400          ② 433

③ 500          ④ 566

단상 반파 정류 회로 직류 전압 $E_d = 0.45E - e$ 에서 전압의 실효값 $E = \dfrac{E_d + e}{0.45}$ [$V$]이다.

직류 전압 평균값 210[$V$], 전압 강하 평균값 15[$V$] 이므로

$$\therefore E = \frac{E_d + e}{0.45} = \frac{210 + 15}{0.45} = 500\,[V]$$

답 ③

## 323

75[$W$] 이하의 소출력 단상 직권 정류자 전동기의 용도로 적합하지 않은 것은?

① 믹서          ② 소형 공구

③ 공작기계     ④ 치과 의료용

단상 직권 정류자 전동기는 주로 고속 회전과 기동 토크가 필요한 소형 가전 및 공구에 적합하다. 그러나 공작기계는 소출력 전동기보다 더 큰 출력과 정밀한 동력이 필요하므로, 75[$W$] 이하의 소출력 단상 직권 정류자 전동기의 용도로 적합하지 않다.

답 ③

## 324

SCR을 이용한 단상 전파 위상제어 정류회로에서 전원전압은 실효값이 220[$V$], 60[$Hz$]인 정현파이며, 부하는 순 저항으로 10[$\Omega$]이다. SCR의 점호각 $\alpha$ 를 60° 라 할 때 출력전류의 평균값[$A$]은?

① 7.54          ② 9.73

③ 11.43         ④ 14.85

---

**SCR의 단상 전파 정류 회로 직류 전압**

$$E_d = 0.9E\left(\frac{1+\cos\alpha}{2}\right)$$
$$= 0.9 \times 220 \times \left(\frac{1+\cos 60°}{2}\right) = 148.5[V]$$

출력 전류의 평균값 $I = \dfrac{E_d}{R} = \dfrac{148.5}{10} = 14.85[A]$

🔲 ④

---

## 325

정류기의 직류 측 평균 전압이 2,000[$V$]이고 리플률이 3[%]일 경우, 리플 전압의 실효값[$V$]은?

① 20          ② 30

③ 50          ④ 60

---

맥동률(리플률) = $\dfrac{\text{교 류 분}}{\text{직 류 분}} \times 100[\%]$에서

교류분(실효값) = 리플률 × 직류분
$$= 0.03 \times 2,000 = 60[V]$$

🔲 ④

---

## 326

회전형 전동기와 선형 전동기(Linear Motor)를 비교한 설명으로 틀린 것은?

① 선형의 경우 회전형에 비해 공극의 크기가 작다.

② 선형의 경우 직접적으로 직선 운동을 얻을 수 있다.

③ 선형의 경우 회전형에 비해 부하 관성의 영향이 크다.

④ 선형의 경우 전원의 상 순서를 바꾸어 이동 방향을 변경한다.

---

**선형 전동기(리니어 모터)**
- 회전 운동을 직선 운동으로 변환하는 모터
- 기어, 벨트 등의 동력 전달 기구 불필요
- 고속 구동 가능(원심력 제한 없음)
- 간단한 구조
- 부하 관성의 영향을 많이 받음
- 회전형보다 공극이 커 역률 및 효율 낮음
- 전원 상 순서 변경으로 이동 방향 조정 가능

🔲 ①

## 327

**스텝 모터(Step Motor)의 장점으로 틀린 것은?**

① 회전각과 속도는 펄스 수에 비례한다.

② 위치제어를 할 때 각도 오차가 적고 누적된다.

③ 가속, 감속이 용이하며 정·역전 및 변속이 쉽다.

④ 피드백 없이 오픈 루프로 손쉽게 속도 및
위치제어를 할 수 있다.

스텝 모터는 오픈 루프 시스템에서도 각도를 정확하게 제어할 수 있다. 각도 오차는 발생할 수 있지만 적고, 일반적으로 누적되지는 않는다.

> ☑ **참고** 스텝 모터는 펄스 신호로 구동되는 전동기로, 정밀한 위치 제어와 정·역회전, 변속이 용이하다. 또한 가속과 감속이 용이하며, 브러시가 필요 없기 때문에 유지보수가 거의 필요 없다.

**답 ②**

## 328

**그림은 단상 직권 정류자 전동기의 개념도이다. $C$를 무엇이라고 하는가?**

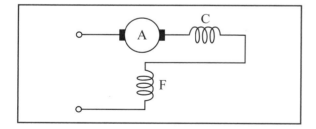

① 제어 권선          ② 보상 권선

③ 보극 권선          ④ 단층 권선

**단상 직권 정류자 전동기**
- A : 전기자
- B : 계자
- C : 보상 권선

**답 ②**

## 329

**반파 정류회로에서 순저항 부하에 걸리는 직류 전압의 크기가 200[$V$]이다. 다이오드에 걸리는 최대 역전압의 크기는 약 몇 [$V$]인가?**

① 400          ② 479

③ 512          ④ 628

반파 정류 회로 직류 전압 $E_d = \dfrac{\sqrt{2}}{\pi} E = 0.45E$ 에서

직류 전압이 $200[V]$라고 하였으므로

교류 전압 $E = \dfrac{E_d}{0.45} = \dfrac{200}{0.45} = 444.44[V]$이다.

최대 역전압 $PIV = \sqrt{2}\,E = \sqrt{2} \times 444.44 = 628[V]$

**답 ④**

## 330

**교류 정류자 전동기의 설명 중 틀린 것은?**

① 정류 작용은 직류기와 같이 간단히 해결된다.

② 구조가 일반적으로 복잡하여 고장이 생기기 쉽다.

③ 기동 토크가 크고 기동 장치가 필요 없는 경우가 많다.

④ 역률이 높은 편이며 연속적인 속도 제어가
가능하다.

교류 정류자 전동기는 정류자와 고정자를 갖고 있으며, 정류 작용이 직류기보다 복잡하여 고장이 생기기 쉽지만 해결하기 어렵다.

**답 ①**

## 331

PN 접합 구조로 되어 있고 제어는 불가능하나 교류를 직류로 변환하는 반도체 정류 소자는?

① IGBT
② 다이오드
③ MOSFET
④ 사이리스터

다이오드는 PN 접합 반도체의 특성을 이용하여, 양극(애노드)에서 음극(캐소드)으로는 전류가 흐르지만, 반대 방향으로는 전류가 흐르지 않도록 차단하는 소자이다.

답 ②

## 332

3상 반파 정류 회로에서 직류 전압의 파형은 전원 전압 주파수의 몇 배의 교류분을 포함하는가?

① 1
② 2
③ 3
④ 6

3상 반파 정류 회로의 맥동 주파수는 $180[Hz]$로 전원 전압 주파수의 3배의 교류분이 포함된다.

답 ③

## 333

어떤 IGBT의 열용량은 $0.02[J/\,°C]$, 열저항은 $0.625[°C/W]$이다. 이 소자에 직류 $25[A]$가 흐를 때 전압강하는 $3[V]$이다. 몇 $[°C]$의 온도 상승이 발생하는가?

① 1.5
② 1.7
③ 47
④ 52

열저항은 $1[W]$의 전력이 전달될 때 발생하는 온도 변화를 나타낸다. 이 IGBT 소자의 경우 전력은 전압강하와 전류의 곱으로 구할 수 있다.

전력 $P = 3 \times 25 = 75[W]$

온도 상승 $T = PR_\theta = 75 \times 0.625 = 46.88[°C]$

답 ③

# MEMO

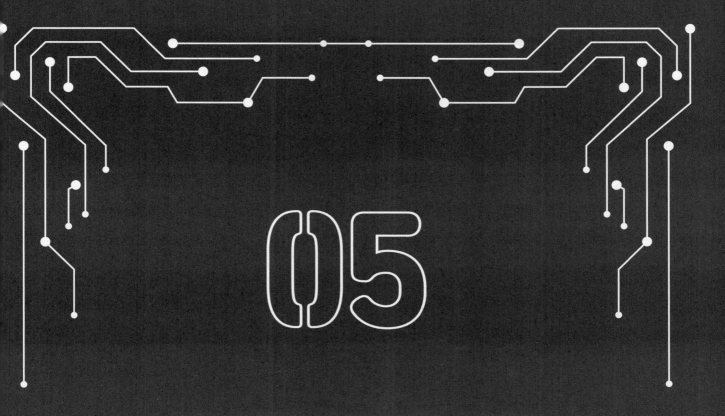

# 05

# 전기자기학

## 문제 & 해설

# 전기자기학

1

## 001

전위경도 $V$와 전계 $E$의 관계식은?

① $E = grad\ V$  ② $E = div\ V$

③ $E = -grad\ V$  ④ $E = -div\ V$

**전계의 세기**

$E = -grad\ V = -\nabla V [V/m]$

답 ③

## 002

전계 $E$의 $x$, $y$, $z$ 성분을 $E_x$, $E_y$, $E_z$ 라 할 때 $divE$ 는?

① $\dfrac{\partial E_x}{\partial x} + \dfrac{\partial E_y}{\partial y} + \dfrac{\partial E_z}{\partial z}$

② $i\dfrac{\partial E_x}{\partial x} + j\dfrac{\partial E_y}{\partial y} + k\dfrac{\partial E_z}{\partial z}$

③ $\dfrac{\partial^2 E_x}{\partial x^2} + \dfrac{\partial^2 E_y}{\partial y^2} + \dfrac{\partial^2 E_z}{\partial z^2}$

④ $i\dfrac{\partial^2 E_x}{\partial x^2} + j\dfrac{\partial^2 E_y}{\partial y^2} + k\dfrac{\partial^2 E_z}{\partial z^2}$

$divE$ 는 $E_x$, $E_y$, $E_z$ 각각의 성분을 $x$, $y$, $z$ 에 대해 미분한 값들의 합이다.

$divE = \nabla \cdot E = \left(i\dfrac{\partial}{\partial x} + j\dfrac{\partial}{\partial y} + k\dfrac{\partial}{\partial z}\right) \cdot (iE_x + jE_y + kE_z)$

$= \dfrac{\partial E_x}{\partial x} + \dfrac{\partial E_y}{\partial y} + \dfrac{\partial E_z}{\partial z}$

답 ①

## 003

진공 내의 점 (2, 2, 2)에 $10^{-9}[C]$의 전하가 놓여 있다. 점 (2, 5, 6)에서의 전계 $E$는 약 몇 $[V/m]$인가? (단, $a_y$, $a_z$ 는 단위벡터이다.)

① $0.278a_y + 2.888a_z$  ② $0.216a_y + 0.288a_z$

③ $0.288a_y + 0.216a_z$  ④ $0.291a_y + 0.288a_z$

**두 점 사이의 위치 벡터 계산**

$\dot{r} = (2-2)a_x + (5-2)a_y + (6-2)a_z = 3a_y + 4a_z$

**위치 벡터의 크기**

$|\dot{r}| = \sqrt{3^2 + 4^2} = 5$

**전계 E 계산**

$\dot{E} = \dfrac{Q}{4\pi\varepsilon_0 r^2} \times \dfrac{\dot{r}}{|\dot{r}|}[V/m]$

위 공식에서 $Q = 10^{-9}[C]$, $r = 5$를 대입하면

$\dot{E} = \dfrac{10^{-9}}{4\pi \times 8.854 \times 10^{-12} \times 5^2} \times \dfrac{3a_y + 4a_z}{5}$

$= 0.216a_y + 0.288a_z[V/m]$

답 ②

## 004

사이클로트론에서 양자가 매초 3×10¹⁵개의 비율로 가속되어 나오고 있다. 양자가 15[$MeV$]의 에너지를 가지고 있다고 할 때, 이 사이클로트론은 가속용 고주파 전계를 만들기 위해서 150[$kW$]의 전력을 필요로 한다면 에너지 효율[%]은?

① 2.8         ② 3.8

③ 4.8         ④ 5.8

> **에너지 보존 법칙**
>
> $W = QV = Pt\eta$
>
> **주어진 값**
> - 매초 가속되는 양자의 수 $n = 3 \times 10^{15}$ [개]
> - 한 양자의 에너지 $V = 15[MeV] = 15 \times 10^6 [eV]$
> - 전력 $P = 150[kW] = 150 \times 10^3 [W]$
> - 전자 하나의 전하 $e = 1.602 \times 10^{-19} [C]$
>
> **에너지 효율**
> $$\eta = \frac{QV}{Pt} \times 100 = \frac{neV}{Pt} \times 100$$
> $$= \frac{3 \times 10^{15} \times 1.602 \times 10^{-19} \times 15 \times 10^6}{150 \times 10^3 \times 1} \times 100 = 4.8[\%]$$

답 ③

## 005

다음 식 중에서 틀린 것은?

① $E = -\,grad\,V$

② $\displaystyle\int_s E \cdot n\,ds = \frac{Q}{\varepsilon_0}$

③ $grad\,V = i\dfrac{\partial^2 V}{\partial x^2} + j\dfrac{\partial^2 V}{\partial y^2} + k\dfrac{\partial^2 V}{\partial z^2}$

④ $V = \displaystyle\int_p^\infty E \cdot dl$

> 그라디언트는 스칼라 함수 $V(x,\,y,\,z)$의 변화율을 각 좌표 축에 대해 계산한 벡터로 표현된다.
> $$grad\,V = \nabla V = \frac{\partial V}{\partial x}i + \frac{\partial V}{\partial y}j + \frac{\partial V}{\partial z}k$$
> 이 식은 각 좌표 축 $x,\,y,\,z$에 대한 1차 편미분으로 구성되며, 보기 ③은 2차 편미분을 사용하여 틀렸다.

답 ③

## 006

다음 중 스토크스(Stokes)의 정리는?

① $\displaystyle\oint H \cdot ds = \iint_s (\nabla \cdot H) \cdot ds$

② $\displaystyle\int B \cdot ds = \int_s (\nabla \times H) \cdot ds$

③ $\displaystyle\oint H \cdot ds = \int (\nabla \cdot H) \cdot dl$

④ $\displaystyle\oint_c H \cdot dl = \int_s (\nabla \times H) \cdot ds$

> 스토크스 정리는 벡터장의 선적분을 면적분으로 변환하는 정리이다. 경로를 따라 벡터장을 적분한 값은 그 경로가 둘러싼 면에서 벡터장의 회전 값을 적분한 것과 같다.
> $$\oint_c H \cdot dl = \int_s (\nabla \times H) \cdot ds$$

답 ④

## 007

원통 좌표계에서 일반적으로 벡터가 $A = 5r\sin\phi a_z$ 로 표현될 때 점 $(2, \frac{\pi}{2}, 0)$에서 $curlA$를 구하면?

① $5a_r$

② $5\pi a_\phi$

③ $-5a_\phi$

④ $-5\pi a_\phi$

이 문제는 원통 좌표계에서 벡터 필드 $A$의 회전($curl$)을 구하는 문제이다.

**STEP 1** 원통 좌표계에서 $curl$ 계산

$curl\vec{A} = \nabla \vec{A}$

$= \left(\frac{1}{r}\frac{\partial A_z}{\partial \phi} - \frac{\partial A_\phi}{\partial z}\right)\vec{a_r} + \left(\frac{\partial A_r}{\partial z} - \frac{\partial A_z}{\partial r}\right)\vec{a_\phi} + \frac{1}{r}\left(\frac{\partial(rA_\phi)}{\partial r} - \frac{\partial A_r}{\partial \phi}\right)\vec{a_z}$

여기서 $A_r = 0$, $A_\phi = 0$, $A_z = 5r\sin\phi$ 이다.

($\because$ 주어진 벡터 $A$는 원통 좌표계의 $\vec{a_z}$ 성분만 가지며 $\vec{a_r}$ 및 $\vec{a_\phi}$ 성분은 존재$\times$)

**STEP 2** 주어진 벡터 필드에 대입하고 미분을 진행하면

$\vec{a_r}$ 성분: $\frac{1}{r}\frac{\partial A_z}{\partial \phi} = \frac{1}{r} \times 5r\cos\phi = 5\cos\phi$

$\vec{a_\phi}$ 성분: $-\frac{\partial A_z}{\partial r} = -\frac{\partial(5r\sin\phi)}{\partial r} = -5\sin\phi$

$\vec{a_z}$ 성분: $0$

**STEP 3** 주어진 점 $(r, \phi, z) = (2, \frac{\pi}{2}, 0)$에서의 값

$5\cos\phi a_r - 5\sin\phi a_\phi$

$= 5\cos90°\,a_r - 5\sin90°\,a_\phi = -5a_\phi$

답 ③

## 008

구좌표계에서 $\nabla^2 r$ 의 값은 얼마인가?

(단, $r = \sqrt{x^2 + y^2 + z^2}$)

① $\frac{1}{r}$

② $\frac{2}{r}$

③ $r$

④ $2r$

구 좌표계에서는 좌표가 $r$, $\theta$, $\phi$로 이루어져있다.

**구 좌표계에서의 라플라시안**

구 좌표계에서 스칼라 함수 $f$에 대한 라플라시안 $\nabla^2 f$는 다음과 같은 식으로 정의된다.

$\nabla^2 f = \frac{1}{r^2}\frac{\partial}{\partial r}\left(r^2\frac{\partial f}{\partial r}\right) + \frac{1}{r^2\sin\theta}\frac{\partial}{\partial \theta}\left(\sin\theta\frac{\partial f}{\partial \theta}\right) + \frac{1}{r^2\sin^2\theta}\frac{\partial^2 f}{\partial \phi^2}$

그러나 문제에서 $f=r$인 경우를 고려하고 있으므로 $r$에만 의존하는 함수이다. 따라서 $\theta$와 $\phi$에 대한 편미분항은 모두 0이 되어 무시할 수 있다.

$\nabla^2 r = \frac{1}{r^2}\frac{\partial}{\partial r}\left(r^2\frac{\partial r}{\partial r}\right) = \frac{1}{r^2}\frac{\partial}{\partial r}\left(r^2 \times 1\right)$

$= \frac{1}{r^2}\frac{\partial}{\partial r}\left(r^2\right) = \frac{1}{r^2} \times 2r = \frac{2}{r}$

답 ②

## 009

$1[\mu A]$의 전류가 흐르고 있을 때, 1초 동안 통과하는 전자 수는 약 몇 개 인가? (단, 전자 1개의 전하는 $1.602 \times 10^{-19}[C]$이다.)

① $6.24 \times 10^{10}$

② $6.24 \times 10^{11}$

③ $6.24 \times 10^{12}$

④ $6.24 \times 10^{13}$

**전하량**

$Q = It = 1 \times 10^{-6} \times 1 = 1 \times 10^{-6}[C]$

**1초 동안 통과하는 전자 수**

$n = \frac{Q}{e} = \frac{1 \times 10^{-6}}{1.602 \times 10^{-19}} = 6.24 \times 10^{12}[개]$

답 ③

## 010

**패러데이관(Faraday Tube)의 성질에 대한 설명으로 틀린 것은?**

① 패러데이관 중에 있는 전속수는 그 관속에 진전하가 없으면 일정하며 연속적이다.

② 패러데이관의 양단에는 양 또는 음의 단위 진전하가 존재하고 있다.

③ 패러데이관 한 개의 단위 전위차당 보유 에너지는 $\frac{1}{2}[J]$ 이다.

④ 패러데이관의 밀도는 전속밀도와 같지 않다.

---

**패러데이관**

- 패러데이관 내부에서 전속선 수는 일정하다.
- 패러데이관의 양 끝에는 (+), (−) 단위 전하가 존재한다.
- 패러데이관의 밀도는 전속 밀도와 같다.
- 전하가 없는 지점에서 패러데이관은 연속이다.
- 페러데이관의 단위 전위차당 보유 에너지는 $\frac{1}{2}[J]$ 이다.

📄 ④

## 011

**진공 중에 균일하게 대전된 반지름 $a[m]$인 선 전하 밀도 $\lambda_l\,[C/m]$의 원환이 있을 때, 그 중심으로부터 중심축상 $x\,[m]$의 거리에 있는 점의 전계의 세기는 몇 $[V/m]$인가?**

① $\dfrac{a\lambda_l x}{2\varepsilon_0\left(a^2+x^2\right)^{\frac{3}{2}}}$

② $\dfrac{a\lambda_l x}{\varepsilon_0\left(a^2+x^2\right)^{\frac{3}{2}}}$

③ $\dfrac{\lambda_l x}{2\varepsilon_0\left(a^2+x^2\right)^{\frac{3}{2}}}$

④ $\dfrac{\lambda_l x}{\varepsilon_0\left(a^2+x^2\right)^{\frac{3}{2}}}$

---

원환의 대칭성을 이용해, 중심축 상에서 전계의 세기를 구할 수 있다. 각 위치에서의 전계의 세기는 합성되어, 원환 중심축을 따라만 존재한다.

중심축상 $x\,[m]$거리에 있는 점에서 전계의 세기는 아래와 같이 구할 수 있다.

$$E=\frac{1}{4\pi\varepsilon_0}\times\frac{2\pi a\lambda_l x}{\left(a^2+x^2\right)^{\frac{3}{2}}}=\frac{a\lambda_l x}{2\varepsilon_0\left(a^2+x^2\right)^{\frac{3}{2}}}\,[V/m]$$

✏️암기
✓ **TIP** 쪼개서 암기하기

- $\dfrac{1}{4\pi\varepsilon_0}$ : 대부분의 전기장 문제에서 기본적으로 등장하는 쿨롱 상수이다.

- $2\pi a\lambda_l$ : 원의 둘레 공식 $2\pi a$ 에 전하 밀도 $\lambda_l$ 이 곱해진다고 생각하자.

- $\dfrac{x}{\left(a^2+x^2\right)^{\frac{3}{2}}}$ : 전계의 세기가 거리에 따라 약해진다는 것을 나타낸다. $\dfrac{3}{2}$ 도 잘 기억해두자.

📄 ①

## 012

$40[V/m]$인 전계 내의 $50[V]$되는 점에서 $1[C]$의 전하가 전계 방향으로 $80[cm]$ 이동하였을 때, 그 점의 전위는 몇 $[V]$인가?

① 18

② 22

③ 35

④ 65

주어진 전계의 세기 $E = 40[V/m]$이고,
전하는 $80[cm] = 0.8[m]$를 이동한다.
이때 전위차는 $V = Ed = 40 \times 0.8 = 32[V]$이다.
이동하기 전 점의 전위는 $50[V]$이었으므로
이동 후의 전위는 $V' = 50 - 32 = 18[V]$이다.

답 ①

## 013

전하 밀도 $\rho_s [C/m^2]$인 무한 판상 전하 분포에 의한 임의 점의 전장에 대하여 틀린 것은?

① 전장의 세기는 매질에 따라 변한다.

② 전장의 세기는 거리 $r$에 반비례한다.

③ 전장은 판에 수직 방향으로만 존재한다.

④ 전장의 세기는 전하 밀도 $\rho_s$에 비례한다.

**무한 평면 도체의 전계**

$$E = \frac{\rho}{2\varepsilon_0} [V/m]$$

이 식에서 중요한 점은 전장의 세기가 거리에 관계없이 일정하다는 점이다. 또한 전장은 판에 수직 방향으로만 존재하고, 전장의 세기는 매질에 변할 수 있다.

답 ②

## 014

유전율이 $\varepsilon$ 인 유전체 내에 있는 점 전하 $Q$ 에서 발산되는 전기력선의 수는 총 몇 개인가?

① $Q$

② $\dfrac{Q}{\varepsilon_0 \varepsilon_s}$

③ $\dfrac{Q}{\varepsilon_s}$

④ $\dfrac{Q}{\varepsilon_0}$

가우스 법칙에 따르면 전하 $Q$ 에서 발산되는 전기력선의 총수는 다음과 같이 구할 수 있다.

전기력선의 수 $= \dfrac{Q}{\varepsilon} = \dfrac{Q}{\varepsilon_0 \varepsilon_s}$

답 ②

## 015

진공 중에서 선 전하 밀도 $\rho_l = 6 \times 10^{-8}$ $[C/m]$인 무한히 긴 직선상 선 전하가 $x$ 축과 나란하고 $z=2[m]$ 점을 지나고 있다. 이 선 전하에 의하여 반지름 $5[m]$인 원점에 중심을 둔 구 표면 $S_0$를 통과하는 전기력선수는 약 몇 $[V/m]$인가?

① $3.1 \times 10^4$      ② $4.8 \times 10^4$

③ $5.5 \times 10^4$      ④ $6.2 \times 10^4$

가우스 법칙에 따르면 전하 $Q$ 에서 발산되는 전기력선의 총수는 다음과 같이 구할 수 있다.

전기력선 수 $N = \dfrac{Q}{\varepsilon_0}$ 개

주어진 조건에서 직선 전하는 $z=2[m]$을 지나가며, 구표면의 반지름은 $5[m]$이다.

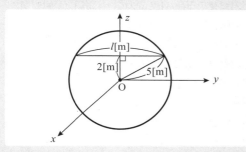

**구표면의 길이**

$l = 2 \times \sqrt{5^2 - 2^2} = 2 \times \sqrt{21} \fallingdotseq 9.16[m]$

**전기력선 수**

$N = \dfrac{Q}{\varepsilon_0} = \dfrac{\rho_l \times l}{\varepsilon_0} = \dfrac{6 \times 10^{-8} \times 9.16}{8.855 \times 10^{-12}}$
$= 62066.63 \fallingdotseq 6.2 \times 10^4 [$개$]$

답 ④

## 016

정전 에너지, 전속 밀도 및 유전 상수 $\varepsilon_r$ 의 관계에 대한 설명 중 틀린 것은?

① 굴절각이 큰 유전체는 $\varepsilon_r$ 이 크다.

② 동일 전속 밀도에서는 $\varepsilon_r$ 이 클수록 정전 에너지는 작아진다.

③ 동일 정전 에너지에서는 $\varepsilon_r$ 이 클수록 전속 밀도가 커진다.

④ 전속은 매질에 축적되는 에너지가 최대가 되도록 분포된다.

**전속과 매질 에너지 분포**
정전계는 전계 에너지가 최소가 되는 방향으로 전하를 분포시키려고 한다.

답 ④

## 017

3개의 점전하 $Q_1=3[C]$, $Q_2=1[C]$, $Q_3=-3[C]$을 점 $P_1(1, 0, 0)$, $P_2(2, 0, 0)$, $P_3(3, 0, 0)$에 어떻게 놓으면 원점에서 전계의 크기가 최대가 되는가?

① $P_1$에 $Q_1$, $P_2$에 $Q_2$, $P_3$에 $Q_3$

② $P_1$에 $Q_2$, $P_2$에 $Q_3$, $P_3$에 $Q_1$

③ $P_1$에 $Q_3$, $P_2$에 $Q_1$, $P_3$에 $Q_2$

④ $P_1$에 $Q_3$, $P_2$에 $Q_2$, $P_3$에 $Q_1$

• 원점에서 전기장의 크기를 최대로 만들기 위해서는 가장 큰 정(+)전하를 원점에 가장 가까운 위치에 배치해야 한다. 따라서 가장 큰 점전하인 $Q_1 = 3[C]$를 가장 가까운 $P_1(1, 0, 0)$에 배치해야 한다.
• 부(-)전하는 전기장을 감소시키므로, 가장 큰 부(-)전하는 원점에서 멀리 배치해야 한다. 따라서 $Q_3 = -3[C]$를 원점에서 가장 먼 $P_3(3, 0, 0)$에 배치해야 한다.

답 ①

## 018

**전기력선의 성질에 대한 설명으로 옳은 것은?**

① 전기력선은 등전위면과 평행하다.

② 전기력선은 도체 표면과 직교한다.

③ 전기력선은 도체 내부에 존재할 수 있다.

④ 전기력선은 전위가 낮은 점에서 높은 점으로 향한다.

**전기력선의 성질**

- 전기력선은 정(+)전하에서 나와 부(−)전하로 들어간다.
- 전기력선은 도체 표면에 수직으로 출입한다.
- 전기력선끼리는 서로 교차할 수 없다. (∵반발력)
- 전기력선은 등전위면과 수직이다.
- 전기력선의 방향은 전계의 방향과 일치한다.
- 전기력선의 밀도는 전계의 세기와 같다.
- 전기력선은 전위가 높은 곳에서 낮은 곳으로 향한다.
- 전기력선은 그 자신만으로 폐곡선을 만들지 못한다.
- 전기력선은 도체 내부에 존재하지 않고, 표면에만 분포한다.
- 전하 $Q$에서 나오는 전기력선의 개수는 $\dfrac{Q}{\varepsilon_0}$개다.

답 ②

## 019

**전기력선의 설명 중 틀린 것은?**

① 전기력선은 부전하에서 시작하여 정전하에서 끝난다.

② 단위 전하에서는 $\dfrac{1}{\varepsilon_0}$개의 전기력선이 출입한다.

③ 전기력선은 전위가 높은 점에서 낮은 점으로 향한다.

④ 전기력선의 방향은 그 점의 전계의 방향과 일치하며 밀도는 그 점에서의 전계의 크기와 같다.

**전기력선의 성질**

- 전기력선은 정(+)전하에서 나와 부(−)전하로 들어간다.
- 전기력선은 도체 표면에 수직으로 출입한다.
- 전기력선끼리는 서로 교차할 수 없다. (∵반발력)
- 전기력선은 등전위면과 수직이다.
- 전기력선의 방향은 전계의 방향과 일치한다.
- 전기력선의 밀도는 전계의 세기와 같다.
- 전기력선은 전위가 높은 곳에서 낮은 곳으로 향한다.
- 전기력선은 그 자신만으로 폐곡선을 만들지 못한다.
- 전기력선은 도체 내부에 존재하지 않고, 표면에만 분포한다.
- 전하 $Q$에서 나오는 전기력선의 개수는 $\dfrac{Q}{\varepsilon_0}$개다.

답 ①

## 020

진공 중에서 무한장 직선 도체에 선전하 밀도 $\rho_l = 2\pi \times 10^{-3} [C/m]$가 균일하게 분포된 경우 직선 도체에서 2[m]와 4[m]떨어진 두 점 사이의 전위차는 몇 [V]인가?

① $\dfrac{10^{-3}}{\pi\varepsilon_0}\ln 2$      ② $\dfrac{10^{-3}}{\varepsilon_0}\ln 2$

③ $\dfrac{1}{\pi\varepsilon_0}\ln 2$      ④ $\dfrac{1}{\varepsilon_0}\ln 2$

- 전위차 공식

$$V_{AB} = V_A - V_B = -\int_B^A E \cdot dr = \int_A^B E \cdot dr [V]$$

이때 무한장 직선 도체의 전계

$E = \dfrac{\rho_l}{2\pi\varepsilon_0 r} [V/m]$이다.

- 전위차 계산

$$V = \int_2^4 \frac{\rho_l}{2\pi\varepsilon_0 r} \cdot dr = \frac{\rho_l}{2\pi\varepsilon_0} \int_2^4 \frac{1}{r} \cdot dr$$

$$= \frac{\rho_l}{2\pi\varepsilon_0}[\ln r]_2^4 = \frac{\rho_l}{2\pi\varepsilon_0}(\ln 4 - \ln 2) = \frac{\rho_l}{2\pi\varepsilon_0}\ln\frac{4}{2}$$

$$= \frac{2\pi \times 10^{-3}}{2\pi\varepsilon_0}\ln 2 = \frac{10^{-3}}{\varepsilon_0}\ln 2 [V]$$

☑ **참고** 위 방법 외에도 두 점 사이의 전위차를 구하는 공식인 $V = \dfrac{\rho}{2\pi\varepsilon_0}\ln\dfrac{b}{a}[V]$를 사용할 수 있다.

$$V = \frac{\rho}{2\pi\varepsilon_0}\ln\frac{b}{a} = \frac{2\pi \times 10^{-3}}{2\pi\varepsilon_0}\ln\frac{4}{2} = \frac{10^{-3}}{\varepsilon_0}\ln 2 [V]$$

답 ②

## 021

진공 내의 점 $(3, 0, 0)[m]$에 $4 \times 10^{-9}[C]$의 전하가 있다. 이때 점 $(6, 4, 0)[m]$의 전계의 크기는 약 몇 $[V/m]$이며, 전계의 방향을 표시하는 단위벡터는 어떻게 표시되는가?

① 전계의 크기 : $\dfrac{36}{25}$, 단위벡터 : $\dfrac{1}{5}(3a_x + 4a_y)$

② 전계의 크기 : $\dfrac{36}{125}$, 단위벡터 : $3a_x + 4a_y$

③ 전계의 크기 : $\dfrac{36}{25}$, 단위벡터 : $a_x + a_y$

④ 전계의 크기 : $\dfrac{36}{125}$, 단위벡터 : $\dfrac{1}{5}(a_x + a_y)$

**두 점 사이의 거리 벡터 $r$ 계산**

$$\dot{r} = (6-3)a_x + (4-0)a_y + (0-0)a_z = 3a_x + 4a_y$$

**두 점 사이의 거리 벡터의 크기**

$$|\dot{r}| = \sqrt{3^2 + 4^2} = 5$$

전계의 방향은 거리 벡터 $r$에 따른 단위 벡터 $\dot{a}_r$로 나타낼 수 있다. 단위 벡터 $\dot{a}_r$는 거리 벡터를 크기로 나눈 값이다.

$$\dot{a}_r = \frac{1}{5}(3_a + 4a_y)$$

**쿨롱의 법칙에 의한 전계의 크기**

$$E = \frac{Q}{4\pi\varepsilon_0 r^2} = 9 \times 10^9 \times \frac{4 \times 10^{-9}}{5^2} = \frac{36}{25}[V/m]$$

답 ①

## 022

어떤 대전체가 진공 중에서 전속이 $Q[C]$이었다. 이 대전체를 비유전율 10인 유전체 속으로 가져갈 경우에 전속[$C$]은?

① $Q$

② $10Q$

③ $\dfrac{Q}{10}$

④ $10\varepsilon_0 Q$

대전체를 비유전율 $\varepsilon_r$이 10인 유전체 속으로 가져가더라도, 전하량 $Q$는 변하지 않으며 전속은 동일하게 유지된다. 즉, 전속은 유전체의 비유전율과 관계없이 일정하다.

☑ **참고** 가우스 법칙

· 전기력선의 개수 $N = \displaystyle\int \dot{E} \cdot d\dot{s} = \dfrac{Q}{\varepsilon_0}$

· 전속선의 개수 $\psi = \displaystyle\int \dot{D} \cdot d\dot{s} = Q$

답 ①

## 023

자계의 벡터 포텐셜을 $A$라 할 때 자계의 시간적 변화에 의하여 생기는 전계의 세기 $E$는?

① $E = rot\,A$

② $rot\,E = A$

③ $E = -\dfrac{\partial A}{\partial t}$

④ $rot\,E = -\dfrac{\partial A}{\partial t}$

**전계와 벡터포텐셜의 관계**
자계의 벡터포텐셜 $A$가 시간에 따라 변화하면 그에 따라 전계 $E$가 발생한다. 패러데이 법칙에 따르면 전계 $E$는 벡터포텐셜의 시간적 변화율과 관련이 있다.

$E = -\dfrac{\partial A}{\partial t}$

답 ③

## 024

진공 중에서 점 $P(1,\ 2,\ 3)$ 및 점 $Q(2,\ 0,\ 5)$에 각각 $300[\mu C]$, $-100[\mu C]$인 점전하가 놓여 있을 때 점전하 $-100[\mu C]$에 작용하는 힘은 몇 [$N$]인가?

① $10i - 20j + 20k$

② $10i + 20j - 20k$

③ $-10i + 20j + 20k$

④ $-10i + 20j - 20k$

**두 점 사이의 위치 벡터**
$\dot{r} = (2-1)i + (0-2)j + (5-3)k = i - 2j + 2k$

**두 점 사이의 거리**
$|\dot{r}| = \sqrt{1^2 + (-2)^2 + 2^2} = 3$

**힘 계산**
$\dot{F} = 9 \times 10^9 \times \dfrac{Q_1 Q_2}{r^2} \times \dfrac{\dot{r}}{|\dot{r}|}$

$= 9 \times 10^9 \times \dfrac{300 \times 10^{-6} \times (-100) \times 10^{-6}}{3^2} \times \dfrac{i - 2j + 2k}{3}$

$= -10i + 20j - 20k\,[N]$

답 ④

## 025

길이 $l[m]$인 동축 원통 도체의 내외 원통에 각각 $+\lambda$, $-\lambda[C/m]$의 전하가 분포되어 있다. 내외 원통 사이에 유전율 $\varepsilon$인 유전체가 채워져 있을 때, 전계의 세기[$V/m$]은? (단, $V$는 내외 원통 간의 전위차, $D$는 전속 밀도이고, $a$, $b$는 내외 원통의 반지름이며, 원통 중심에서의 거리 $r$은 $a < r < b$인 경우이다.)

① $\dfrac{V}{r\ln\dfrac{b}{a}}$

② $\dfrac{V}{\varepsilon\ln\dfrac{b}{a}}$

③ $\dfrac{D}{r\ln\dfrac{b}{a}}$

④ $\dfrac{D}{\varepsilon\ln\dfrac{b}{a}}$

**STEP 1 동축 원통 도체의 전계 세기**

$$E = \frac{\lambda}{2\pi\varepsilon r}\,[V/m]$$

**STEP 2 내외 원통 간의 전위차**

$$V = \frac{\lambda}{2\pi\varepsilon}\ln\frac{b}{a}\,[V]$$

**STEP 3 전계의 세기 $E$를 전위차로 변형**

$$\frac{\lambda}{2\pi\varepsilon} = rE$$

이 식을 전위차 $V$에 대입하면

$$V = rE\ln\frac{b}{a}$$

여기서 전계 세기 $E$를 구하기 위해 양변을 $r\ln\left(\dfrac{b}{a}\right)$로 나누면

$$E = \frac{V}{r\ln\dfrac{b}{a}}\,[V/m]$$

답 ①

---

## 026

**전위함수 $V = x^2 + y^2$ [V]일 때 점(3, 4)[m]에서의 등전위선의 반지름은 몇 [m]이며, 전기력선 방정식은 어떻게 되는가?**

① 등전위선의 반지름 : 3, 전기력선 방정식 : $y = \dfrac{3}{4}x$

② 등전위선의 반지름 : 4, 전기력선 방정식 : $y = \dfrac{4}{3}x$

③ 등전위선의 반지름 : 5, 전기력선 방정식 : $x = \dfrac{4}{3}y$

④ 등전위선의 반지름 : 5, 전기력선 방정식 : $x = \dfrac{3}{4}y$

---

**STEP 1 등전위선 반지름**

주어진 전위 함수는 원의 방정식 형태이다.

$$V = x^2 + y^2$$

이는 등전위선이 원의 형태를 이루고 있음을 의미한다. 점 (3, 4)에서의 등전위선을 구하기 위해 이 점을 대입하면

$$3^2 + 4^2 = 25 = r^2$$

따라서 등전위선의 반지름 $r$은

$$r = \sqrt{25} = 5\,[m]$$

**STEP 2 전기력선 방정식**

전기력선은 전계 방향과 일치하므로 전계를 구해야 한다. 전계 $E$는 전위 함수 $V$의 기울기(그라디언트)로 구할 수 있다.

$$E = -\nabla V = -(2xi + 2yj)$$

이때 전기력선 방정식은 다음과 같이 구한다.

$$\frac{dx}{E_x} = \frac{dy}{E_y}$$

즉 $\dfrac{dx}{-2x} = \dfrac{dy}{-2y} \;\rightarrow\; \dfrac{dx}{x} = \dfrac{dy}{y}$

이를 적분하면 $\displaystyle\int \frac{1}{x}dx = \int \frac{1}{y}dy$

$$\ln y = \ln x + C \;(C: \text{적분 상수})$$

$$e^{\ln x} = e^{\ln y + C} \;\rightarrow\; x = ye^C \;(\because e^{\ln x} = x)$$

이때 $e^C$는 그냥 또 다른 상수이므로 $C'$으로 두자.

따라서 방정식은 $x = C'y$ 가 된다.

주어진 점 (3, 4)을 이용해서 상수 $C'$을 구하면

$$3 = C' \times 4 \;\rightarrow\; C' = \frac{3}{4}$$

$$\therefore x = \frac{3}{4}y \;\text{또는}\; y = \frac{4}{3}x$$

답 ④

## 027

정전계 해석에 관한 설명으로 틀린 것은?

① 포아송 방정식은 가우스 정리의 미분형으로 구할 수 있다.

② 도체 표면에서의 전계의 세기는 표면에 대해 법선 방향을 갖는다.

③ 라플라스 방정식은 전극이나 도체의 형태에 관계없이 체적 전하 밀도가 0인 모든 점에서 $\nabla^2 V = 0$ 을 만족한다.

④ 라플라스 방정식은 비선형 방정식이다.

라플라스 방정식은 체적 전하 밀도 $\rho = 0$인 모든 영역에서 $\nabla^2 V = 0$을 만족하는 선형 방정식이다.

답 ④

## 028

면적이 매우 넓은 두 개의 도체판을 $d[m]$ 간격으로 수평하게 평행 배치하고, 이 평행 도체 판 사이에 놓인 전자가 정지하고 있기 위해서 그 도체 판 사이에 가하여야 할 전위차[$V$]는? (단, $g$는 중력 가속도이고, $m$은 전자의 질량이고, $e$는 전자의 전하량이다.)

① $mged$

② $\dfrac{ed}{mg}$

③ $\dfrac{mgd}{e}$

④ $\dfrac{mge}{d}$

**중력이 가하는 힘**

$F_{중력} = mg[N]$

**전기력이 가하는 힘**

$F_{전기} = eE = e\dfrac{V}{d}[N]$

**힘의 평형 조건**

$F_{중력} = F_{전기} \rightarrow mg = e\dfrac{V}{d}$

**전위차**

$V = \dfrac{mgd}{e}[V]$

답 ③

## 029

진공 중 3[$m$] 간격으로 두 개의 평행판 무한평판 도체에 각각 +4[$C/m^2$], -4[$C/m^2$]의 전하를 주었을 때, 두 도체 간의 전위차는 약 몇 [$V$]인가?

① $1.5 \times 10^{11}$

② $1.5 \times 10^{12}$

③ $1.36 \times 10^{11}$

④ $1.36 \times 10^{12}$

평행판 사이의 전계 $E = \dfrac{\rho}{\varepsilon_0}[V/m]$

전위차 $V = Ed = \dfrac{\rho d}{\varepsilon_0} = \dfrac{4 \times 3}{8.855 \times 10^{-12}}$

$= 1.36 \times 10^{12}[V]$

답 ④

## 030

정전계에서 도체에 정(+)의 전하를 주었을 때의 설명으로 틀린 것은?

① 도체 표면의 곡률 반지름이 작은 곳에 전하가 많이 분포한다.

② 도체 외측의 표면에만 전하가 분포한다.

③ 도체 표면에서 수직으로 전기력선이 출입한다.

④ 도체 내에 있는 공동면에도 전하가 골고루 분포한다.

---

정전계에서 도체에 정(+) 전하를 주면 전하의 분포는 다음과 같은 특성을 가진다.

- 도체 내부는 정전기적인 평형 상태이기 때문에, 전하는 도체 내부가 아닌 외측 표면에만 분포한다.
- 전하는 곡률이 큰(곡률 반지름이 작은) 곳에서 더 많이 밀집된다. 즉, 모서리나 뾰족한 부분에 전하가 많이 몰린다.
- 전기력선은 도체 표면에서 수직으로 출입한다. 이는 도체 표면이 등전위면이기 때문이다.

답 ④

## 031

정전 용량이 각각 $C_1 = 1[\mu F]$, $C_2 = 2[\mu F]$ 인 도체에 전하 $Q_1 = -5[\mu C]$, $Q_2 = 2[\mu C]$ 을 각각 주고 각 도체를 가는 철사로 연결하였을 때 $C_1$에서 $C_2$로 이동하는 전하 $Q[\mu C]$는?

① -4        ② -3.5

③ -3        ④ -1.5

---

총 전하 $Q = -5 + 2 = -3[\mu C]$

$C_1$에서의 전하

$Q_1 = \dfrac{C_1}{C_1 + C_2} Q = \dfrac{1}{1+2} \times (-3) = -1[\mu C]$

$C_2$에서의 전하

$Q_2 = \dfrac{C_2}{C_1 + C_2} Q = \dfrac{2}{1+2} \times (-3) = -2[\mu C]$

$C_2$ 콘덴서의 처음 전하량은 $2[\mu C]$였고, 최종 전하량은 $-2[\mu C]$이다. 따라서 $-4[\mu C]$의 전하가 $C_1$에서 $C_2$로 이동해야 한다.

답 ①

## 032

서로 같은 2개의 구 도체에 동일양의 전하로 대전시킨 후 20[cm] 떨어뜨린 결과 구 도체에 서로 $8.6 \times 10^{-4}$ [N]의 반발력이 작용하였다. 구 도체에 주어진 전하는 약 몇 [C]인가?

① $5.2 \times 10^{-8}$        ② $6.2 \times 10^{-8}$

③ $7.2 \times 10^{-8}$        ④ $8.2 \times 10^{-8}$

---

쿨롱의 법칙 $F = 9 \times 10^9 \times \dfrac{Q_1 Q_2}{r^2}[N]$

구 도체에 동일한 전하가 주어졌으므로 $Q_1 = Q_2 = Q$

$F = 9 \times 10^9 \times \dfrac{Q^2}{(20 \times 10^{-2})^2} = 8.6 \times 10^{-4}[N]$

전하 $Q = \sqrt{\dfrac{8.6 \times 10^{-4} \times (20 \times 10^{-2})^2}{9 \times 10^9}} = 6.2 \times 10^{-8}[C]$

답 ②

## 033

정전계 내 도체 표면에서 전계의 세기가

$E = \dfrac{a_x - 2a_y + 2a_z}{\varepsilon_0}$ [V/m]일 때 도체 표면상의 전하

밀도 $\rho_s$ [C/m²]를 구하면? 단, 자유공간이다.

① 1　　　　　　　② 2

③ 3　　　　　　　④ 5

---

전계의 세기

$E = \dfrac{\rho_s}{\varepsilon_0} [V/m]$

면 전하 밀도

$\rho_s = \varepsilon_0 E$

$= \varepsilon_0 \times \dfrac{a_x - 2a_y + 2a_z}{\varepsilon_0}$

$= \varepsilon_0 \times \dfrac{\sqrt{1^2(-2)^2 + 2^2}}{\varepsilon_0} = 3 [C/m^2]$

답 ③

## 034

다음 정전계에 관한 식 중에서 틀린 것은? (단, $D$는 전속 밀도, $V$는 전위, $\rho$는 공간(체적)전하밀도, $\varepsilon$은 유전율이다.)

① 가우스의 정리 : $div D = \rho$

② 포아송의 방정식 : $\nabla^2 V = \dfrac{\rho}{\varepsilon}$

③ 라플라스의 방정식 : $\nabla^2 V = 0$

④ 발산의 정리 : $\oint_s A \cdot ds = \oint_v div A \, dv$

---

포아송 방정식

$\nabla^2 V = -\dfrac{\rho}{\varepsilon}$

전위 $V$와 전하 밀도 $\rho$ 및 유전율 $\varepsilon$의 관계를 나타낸다. 보기 ②에서는 부호가 잘못되었으므로 틀린 식이다.

답 ②

## 035

질량 $m$이 $10^{-10}$[kg]이고, 전하량 $Q$가 $10^{-8}$[C]인 전하가 전기장에 의해 가속되어 운동하고 있다. 가속도가 $a = 10^2 i + 10^2 j$[m/s²]일 때 전기장의 세기 $E$[V/m]는?

① $E = 10^4 i + 10^5 j$　　　② $E = i + 10j$

③ $E = i + j$　　　　　　　④ $E = 10^{-6} i + 10^{-4} j$

---

전하 $Q$가 전기장 $E$에서 받는 힘 $F$은

$F = QE = ma$

$E = \dfrac{ma}{Q} = \dfrac{10^{-19}(10^2 i + 10^2 j)}{10^{-8}} = i + j [V/m]$

답 ③

## 036

간격이 3[cm]이고 면적이 30[cm²]인 평판의 공기 콘덴서에 220[V]의 전압을 가하면 두 판 사이에 작용하는 힘은 약 몇 [N]인가?

① $6.3 \times 10^{-5}$　　　　② $7.14 \times 10^{-7}$

③ $8 \times 10^{-5}$　　　　　④ $5.75 \times 10^{-4}$

---

전계의 세기

$E = \dfrac{V}{d} = \dfrac{220}{3 \times 10^{-2}} [V/m] \quad (\because V = Ed)$

단위 면적당 정전응력

$f = \dfrac{1}{2}\varepsilon_0 E^2 [N/m^2]$

전체 면적에 작용하는 힘

$F = fS = \dfrac{1}{2}\varepsilon_0 E^2 \times S$

$= \dfrac{1}{2} \times 8.854 \times 10^{12} \times \left(\dfrac{220}{3 \times 10^{-2}}\right)^2 \times 30 \times 10^{-4}$

$= 7.14 \times 10^{-7} [N]$

답 ②

## 037

전계 $\dot{E} = \dfrac{2}{x}\hat{x} + \dfrac{2}{y}\hat{y}\,[V/m]$에서 점$(3, 5)[m]$를 통과하는 전기력선의 방정식은? (단, $\hat{x}, \hat{y}$ 는 단위벡터이다.)

① $x^2 + y^2 = 12$  ② $y^2 - x^2 = 12$

③ $x^2 + y^2 = 16$  ④ $y^2 - x^2 = 16$

전기력선 방정식은 $\dfrac{E_y}{E_x} = \dfrac{dy}{dx}$ 로 표현된다.

주어진 전계에서 $E_x = \dfrac{2}{x}$ 와 $E_y = \dfrac{2}{y}$ 이므로

$$\dfrac{E_y}{E_x} = \dfrac{dy}{dx} = \dfrac{\dfrac{2}{y}}{\dfrac{2}{x}} = \dfrac{x}{y}$$

즉, $y\,dx = x\,dx$

이를 양변 적분하여

$$\dfrac{y^2}{2} = \dfrac{x^2}{2} + C$$

즉, $y^2 - x^2 = 2C$

점 $(3.5)$을 대입하여 $C$ 값을 구하면

$$\dfrac{5^2}{2} - \dfrac{3^2}{2} = 8 = C$$

$\therefore y^2 - x^2 = 16$

답 ④

## 038

공기 중에서 반지름 $0.03[m]$의 구도체에 줄 수 있는 최대 전하는 약 몇 $[C]$인가? (단, 이 구도체의 주위 공기에 대한 절연내력은 $5 \times 10^6[V/m]$이다.)

① $5 \times 10^{-7}$  ② $2 \times 10^{-6}$

③ $5 \times 10^{-5}$  ④ $2 \times 10^{-4}$

**구 도체의 전계**

구 도체의 전계 $E$는 구도체 표면에서 전하 $Q$와 반지름 $r$에 따라 $E = \dfrac{Q}{4\pi\varepsilon_0 r^2}[V/m]$이다.

**최대 전하 $Q$ 구하기**

구도체에 전하를 줄 때 공기의 절연내력 $E_{\max} = 5 \times 10^6[V/m]$을 넘지 않도록 해야 한다.

이때 전계를 $E_{\max}$로 두고, 최대 전하 $Q$를 구해보면

$Q = 4\pi\varepsilon_0 r^2 \times E$

$= 4\pi \times 8.854 \times 10^{-12} \times (0.03)^2 \times 5 \times 10^6$

$= 5 \times 10^{-7}[C]$

답 ①

## 039

그림과 같이 공기 중 2개의 동심 구도체에서 내구 $A$에만 전하 $Q$ 를 주고 외구$B$를 접지하였을 때 내구 $A$의 전위는?

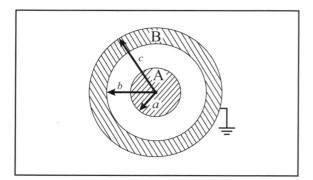

① $\dfrac{Q}{4\pi\varepsilon_0}\left(\dfrac{1}{a}-\dfrac{1}{b}+\dfrac{1}{c}\right)$  ② $\dfrac{Q}{4\pi\varepsilon_0}\left(\dfrac{1}{a}-\dfrac{1}{b}\right)$

③ $\dfrac{Q}{4\pi\varepsilon_0}\cdot\dfrac{1}{c}$    ④ 0

외구 $B$를 접지하면 외구 $B$의 전위는 0이 된다. 접지된 외구 $B$는 전하 $Q$ 의 영향을 차단하는 역할을 하기 때문에 외구 $B$의 내부 및 외부에는 전계가 존재하지 않는다. 이로 인해 전계는 내구 $A$와 외구 $B$ 사이에서만 형성된다.

구형 대칭인 전계에서 전계의 세기 $E=\dfrac{Q}{4\pi\varepsilon_0 r^2}$ 이며 여기서 $r$은 내구 $A$에서 외구 $B$까지의 거리이다.

전위 $V=-\displaystyle\int_b^a E dr=\int_b^a \dfrac{Q}{4\pi\varepsilon_0 r^2}dr=\dfrac{Q}{4\pi\varepsilon_0}\left(\dfrac{1}{a}-\dfrac{1}{b}\right)[V]$

답 ②

## 040

진공 중에서 점$(0, 1)[m]$의 위치에 $-2\times10^{-9}[C]$의 점전하가 있을 때, 점$(2, 0)[m]$에 있는 $1[C]$의 점전하에 작용하는 힘은 몇 $[N]$인가? (단, $\hat{x}$, $\hat{y}$ 은 단위벡터이다.)

① $-\dfrac{18}{3\sqrt{5}}\hat{x}+\dfrac{36}{3\sqrt{5}}\hat{y}$

② $-\dfrac{36}{5\sqrt{5}}\hat{x}+\dfrac{18}{5\sqrt{5}}\hat{y}$

③ $-\dfrac{36}{3\sqrt{5}}\hat{x}+\dfrac{18}{3\sqrt{5}}\hat{y}$

④ $\dfrac{36}{5\sqrt{5}}\hat{x}+\dfrac{18}{5\sqrt{5}}\hat{y}$

**두 점전하 사이의 거리 벡터**

$\vec{r}=(2-0)\hat{x}+(0-1)\hat{y}=2\hat{x}-\hat{y}[m]$

**거리 벡터의 크기**

$|\vec{r}|=\sqrt{2^2+(-1)^2}=\sqrt{5}[m]$

두 점전하 사이에 작용하는 힘 $\vec{F}$ 은 쿨롱의 법칙으로 계산한다.

$\vec{F}=9\times10^9\times\dfrac{Q_1Q_2}{r^2}\times\dfrac{\vec{r}}{|\vec{r}|}=9\times10^9\times\dfrac{Q_1Q_2}{|\vec{r}|^3}\times\vec{r}$

$=9\times10^9\times\dfrac{(-2\times10^{-9})\times1}{(\sqrt{5})^3}\times(2\hat{x}-\hat{y})$

$=\dfrac{-18\times10^0}{5\sqrt{5}}\times(2\hat{x}-\hat{y})=\dfrac{-36\hat{x}+18\hat{y}}{5\sqrt{5}}[N]$

답 ②

## 041

쌍극자 모멘트가 $M[C \cdot m]$인 전기 쌍극자에 의한 임의의 점 $P$에서의 전계의 크기는 전기 쌍극자의 중심에서 축방향과 점 $P$를 잇는 선분 사이의 각이 얼마일 때 최대가 되는가?

① 0

② $\dfrac{\pi}{2}$

③ $\dfrac{\pi}{3}$

④ $\dfrac{\pi}{4}$

### 전기쌍극자에 의한 전계의 세기

$$E = \frac{M}{4\pi\varepsilon_0 r^3}\sqrt{1 + 3\cos^2\theta}\,[V/m]$$

(단, $r$ : 전기쌍극자의 중심에서 점 $P$까지의 거리, $\theta$ : 전기쌍극자의 축방향과 점 $P$를 잇는 선분 사이의 각)

### 전계의 크기가 최대가 되는 각

전계 $E$가 최대가 되려면 $\cos^2\theta$가 최대가 되어야 하므로

- $\theta = 0°$일 때 $\cos\theta = 1$ 이므로 $E$는 최대값을 가진다.
- $\theta = 90°$일 때 $\cos\theta = 0$ 이므로 $E$는 최소값을 가진다.

따라서 전기쌍극자에 의한 전계의 크기가 최대가 되는 각은 $\theta = 0°$(또는 $0[rad]$)일 때이다.

답 ①

## 042

진공 중 한 변의 길이가 $0.1[m]$인 정삼각형의 3정점 $A$, $B$, $C$에 각각 $2.0 \times 10^{-6}[C]$의 점전하가 있을 때, 점 $A$의 전하에 작용하는 힘은 몇 $[N]$인가?

① $1.8\sqrt{2}$

② $1.8\sqrt{3}$

③ $3.6\sqrt{2}$

④ $3.6\sqrt{3}$

### 두 전하 사이의 힘 계산

점 전하 $A$가 점 전하 $B$와 $C$로부터 받는 힘 $F_{BA}$와 $F_{CA}$는 다음과 같이 계산된다.

여기서 $Q_1 = Q_2 = 2.0 \times 10^{-6}[C]$, $r = 0.1[m]$이므로

$$F_{BA} = F_{CA} = 9 \times 10^9 \times \frac{Q_1 Q_2}{r^2}$$

$$= 9 \times 10^9 \times \frac{(2.0 \times 10^{-6})^2}{0.1^2} = 3.6[N]$$

### 합력 계산

점 $A$가 받는 두 힘 $F_{BA}$와 $F_{CA}$는 각각 $60°$의 각도로 작용한다. (∵ 점 $A$, $B$, $C$는 정삼각형을 이룸)

$$F = 2F_{BA}\cos 30° = 2 \times 3.6 \times \frac{\sqrt{3}}{2} = 3.6\sqrt{3}[N]$$

☑ **참고** 두 힘 사이의 각도가 $60°$이므로, 각각의 힘은 합력의 방향(대칭축)과 $30°$의 각도를 이룬다.

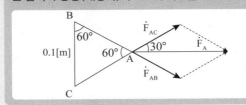

답 ④

## 043

진공 중에 무한 평면도체와 $d[m]$만큼 떨어진 곳에 선전하밀도 $\lambda[C/m]$의 무한 직선도체가 평행하게 놓여 있는 경우 직선 도체의 단위 길이당 받는 힘은 몇 [N/m]인가?

① $\dfrac{\lambda^2}{\pi\varepsilon_0 d}$

② $\dfrac{\lambda^2}{2\pi\varepsilon_0 d}$

③ $\dfrac{\lambda^2}{4\pi\varepsilon_0 d}$

④ $\dfrac{\lambda^2}{16\pi\varepsilon_0 d}$

무한 직선 도체의 선전하밀도를 $\lambda$라고 할 때, 평면 도체는 그로부터 거리가 $2d$ 떨어진 가상의 직선에 반대 부호의 전하를 가지는 것처럼 생각할 수 있다.

전계의 세기 $E = \dfrac{\lambda}{2\pi\varepsilon_0 (2d)}[V/m]$

직선 도체가 받는 단위 길이당 힘

$F = QE = -\lambda \times \left( \dfrac{\lambda}{2\pi\varepsilon_0 (2d)} \right) = -\dfrac{\lambda^2}{4\pi\varepsilon_0 d}[N/m]$

(-)부호는 흡인력을 의미한다.

답 ③

## 044

전기 쌍극자에 관한 설명으로 틀린 것은?

① 전계의 세기는 거리의 세제곱에 반비례한다.

② 전계의 세기는 주위 매질에 따라 달라진다.

③ 전계의 세기는 쌍극자 모멘트에 비례한다.

④ 쌍극자의 전위는 거리에 반비례한다.

④ 전기 쌍극자의 전위는 거리의 제곱에 반비례하며, 멀어질수록 빠르게 감소한다.

**전기 쌍극자**

· 쌍극자 모멘트 $M = Q\delta[C \cdot m]$

· 전기 쌍극자의 전계 $E = \dfrac{M}{4\pi\varepsilon_0 r^3}\sqrt{1 + 3\cos^2\theta}[V/m]$

· 전기 쌍극자의 전위 $V = \dfrac{M}{4\pi\varepsilon_0 r^2}\cos\theta[V]$

(단, $\delta$ : 두 점 전하 간의 거리[m],

$r$ : 쌍극자 중심에서 특정 지점까지의 거리[m],

$\theta$ : 쌍극자 평면과 특점 지점이 만드는 각[°])

답 ④

## 045

진공 중에서 $+q[C]$과 의 $-q[C]$점 전하가 미소 거리 $a[m]$만큼 떨어져 있을 때 이 쌍극자가 $P$점에 만드는 전계$[V/m]$와 전위 $[V]$의 크기는?

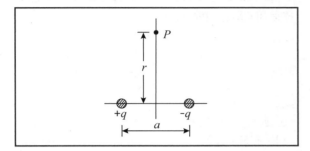

① $E = \dfrac{qa}{4\pi\varepsilon_0 r^2}$, $\quad V = 0$

② $E = \dfrac{qa}{4\pi\varepsilon_0 r^3}$, $\quad V = 0$

③ $E = \dfrac{qa}{4\pi\varepsilon_0 r^2}$, $\quad V = \dfrac{qa}{4\pi\varepsilon_0 r}$

④ $E = \dfrac{qa}{4\pi\varepsilon_0 r^3}$, $\quad V = \dfrac{qa}{4\pi\varepsilon_0 r^2}$

---

**전기 쌍극자의 전계**

$$E = \frac{M}{4\pi\varepsilon_0 r^3}\sqrt{1 + 3\cos^2\theta}$$

$$= \frac{qa}{4\pi\varepsilon_0 r^3}\sqrt{1 + 3\cos^2 90°} = \frac{qa}{4\pi\varepsilon_0 r^3}\,[V/m]$$

(단, $M(=q \cdot a)$ : 쌍극자 모멘트,

$r$ : $P$점에서 쌍극자 중심까지의 거리,

$\theta = 90°$ : 그림에서 $P$점이 쌍극자 축에 수직하게 위치함)

**전기 쌍극자의 전위**

$$V = \frac{M}{4\pi\varepsilon_0 r^2}\cos\theta = \frac{M}{4\pi\varepsilon_0 r^2}\cos 90° = 0\,[V]$$

🔖 ②

## 046

모든 전기 장치를 접지시키는 근본적 이유는?

① 영상 전하를 이용하기 때문에

② 지구는 전류가 잘 통하기 때문에

③ 편의상 지면의 전위를 무한대로 보기 때문에

④ 지구의 용량이 커서 전위가 거의 일정하기 때문에

---

모든 전기 장치를 접지시키는 이유는 지구의 용량이 매우 커서 전위가 거의 일정하게 유지되기 때문이다.

🔖 ④

## 047

우주선 중에 $10^{20}[eV]$의 정전 에너지를 가진 하전 입자가 있다고 할 때, 이 에너지는 약 몇 $[J]$인가?

① 2　　　　　　　② 9

③ 16　　　　　　　④ 91

---

에너지 $W = QV$

여기서 전하 $Q$가 전자의 전하 $e$일 경우 $W = eV$로 나타낼 수 있다.

전자의 전하는 $e = 1.602 \times 10^{-19}[C]$이므로

$W = eV = e \times 10^{20} = 1.602 \times 10^{-19} \times 10^{20} = 16\,[J]$

🔖 ③

## 048

공기 중에 있는 지름 6[$cm$]인 단일 도체구의 정전용량은 몇 [$pF$]인가?

① 0.34        ② 0.67

③ 3.34        ④ 6.71

**구 도체의 정전 용량**

$C = 4\pi\varepsilon_0 a = 4\pi \times 8.854 \times 10^{-12} \times 3 \times 10^{-2}$
$= 3.34 \times 10^{-12}[F] = 3.34[pF]$

> ☑ **참고** 구 도체
> - 구 도체 표면의 전위
>   $V = \dfrac{Q}{4\pi\varepsilon_0 a}[V]$
> - 구 도체의 정전 용량
>   $C = \dfrac{Q}{V} = \dfrac{Q}{\dfrac{Q}{4\pi\varepsilon_0 a}} = 4\pi\varepsilon_0 a[F]$

🔲 ③

## 049

내압 1,000[$V$] 정전 용량 1[$\mu F$], 내압 750[$V$] 정전 용량 2[$\mu F$], 내압 500[$V$] 정전 용량 5[$\mu F$]인 콘덴서 3개를 직렬로 접속하고 인가 전압을 서서히 높이면 최초로 파괴되는 콘덴서는?

① 1[$\mu F$]        ② 2[$\mu F$]

③ 5[$\mu F$]        ④ 동시에 파괴된다.

콘덴서 3개를 직렬로 접속할 경우, 모든 콘덴서에 걸리는 전하는 동일하다. 이때 정전 용량이 작은 콘덴서일수록 더 큰 전압이 걸리게 되므로, 인가 전압이 서서히 증가하면 내압이 낮은 콘덴서부터 파괴될 가능성이 높다.

$Q_1 = C_1 V_1 = 1 \times 10^{-6} \times 1,000 = 1 \times 10^{-3}[C]$

$Q_2 = C_2 V_2 = 2 \times 10^{-6} \times 750 = 1.5 \times 10^{-3}[C]$

$Q_3 = C_3 V_3 = 5 \times 10^{-6} \times 500 = 2.5 \times 10^{-3}[C]$

따라서 1[$\mu F$] 콘덴서가 먼저 파괴된다.

🔲 ①

## 050

동심 구형 콘덴서의 내외 반지름을 각각 5배로 증가시키면 정전 용량은 몇 배로 증가하는가??

① 5 ② 10
③ 15 ④ 20

동심구 도체의 정전 용량 $C = \dfrac{4\pi\varepsilon_0 ab}{b-a}[F]$

내외 반지름을 모두 5배 증가시켰으므로
새로운 내반지름, 외반지름은 $5a$, $5b$가 된다.

$$C' = \frac{4\pi\varepsilon_0 \times 5a \times 5b}{5b - 5a} = \frac{25 \times 4\pi\varepsilon_0 \times ab}{5(b-a)}$$

$$= 5 \times \frac{4\pi\varepsilon_0 ab}{b-a} = 5C$$

☑ **참고** 동심구 도체

중심이 동일한 두 개의 구로 구성

- a와 b 사이의 전위차

$$V = \frac{Q}{4\pi\varepsilon_0}\left(\frac{1}{a} - \frac{1}{b}\right)[V]$$

- 동심구 도체의 정전 용량

$$C = \frac{4\pi\varepsilon_0}{\dfrac{1}{a} - \dfrac{1}{b}} = \frac{4\pi\varepsilon_0 ab}{b-a}[F]$$

(단, $a$: 내부 구체의 반지름, $b$: 외부 구체의 반지름)

답 ①

## 051

유전율 $\varepsilon$, 전계의 세기 $E$인 유전체의 단위 체적에 축적되는 에너지는?

① $\dfrac{E}{2\varepsilon}$ ② $\dfrac{\varepsilon E}{2}$

③ $\dfrac{\varepsilon E^2}{2}$ ④ $\dfrac{\varepsilon^2 E^2}{2}$

단위 체적당 축적되는 에너지 밀도

$$w = \frac{D^2}{2\varepsilon_0} = \frac{1}{2}\varepsilon_0 E^2 = \frac{1}{2}ED[J/m^3]$$

답 ③

## 052

평행판 콘덴서에 어떤 유전체를 넣었을 때 전속 밀도가 $2.4\times10^{-7}[C/m^2]$이고, 단위 체적 중의 에너지가 $5.3\times10^{-3}[J/m^2]$이었다. 이 유전체의 유전율은 약 몇 $[F/m]$인가?

① $2.17\times10^{-11}$ ② $5.43\times10^{-11}$
③ $5.17\times10^{-12}$ ④ $5.43\times10^{-12}$

단위 체적당 에너지

$$w = \frac{1}{2}ED = \frac{1}{2}\varepsilon E^2 = \frac{D^2}{2\varepsilon}[J/m^3]$$

위 식을 유전율 $\varepsilon$에 대해 정리하면

$$\varepsilon = \frac{D^2}{2w} = \frac{(2.4\times10^{-7})^2}{2\times5.3\times10^{-3}} = 5.43\times10^{-12}[F/m]$$

답 ④

## 053

유전율이 $\varepsilon$, 도전율이 $\sigma$, 반경이 $r_1$, $r_2(r_1 < r_2)$ 길이가 $l$인 동축 케이블에서 저항 $R$은 얼마인가?

① $\dfrac{2\pi r l}{\ln \dfrac{r_2}{r_1}}$

② $\dfrac{2\pi \varepsilon l}{\dfrac{1}{r_1} - \dfrac{1}{r_2}}$

③ $\dfrac{1}{2\pi \sigma l} \ln \dfrac{r_2}{r_1}$

④ $\dfrac{1}{2\pi r l} \ln \dfrac{r_2}{r_1}$

**동심 원통(동축 케이블) 도체의 정전 용량**

$$C = \frac{2\pi \varepsilon l}{\ln \dfrac{r_2}{r_1}} [F]$$

저항 $R$과 정전 용량 $C$의 관계 $RC = \varepsilon \rho$ 에서

$$R = \frac{\varepsilon \rho}{C} = \varepsilon \rho \times \frac{\ln \dfrac{r_2}{r_1}}{2\pi \varepsilon l} = \rho \times \frac{\ln \dfrac{r_2}{r_1}}{2\pi l} [\Omega]$$

이때 도전율 $\sigma = \dfrac{1}{\rho}$ 를 적용하여 정리하면

$$R = \frac{1}{2\pi \sigma l} \ln \frac{r_2}{r_1} [\Omega]$$

답 ③

## 054

4[A]전류가 흐르는 코일과 쇄교하는 자속수가 4[Wb]이다. 이 전류 회로에 축척되어 있는 자기 에너지[J]는?

① 4

② 7

③ 8

④ 16

**인덕턴스(코일)에 축적되는 에너지**

$$W = \frac{1}{2} L I^2 = \frac{1}{2} \phi I = \frac{1}{2} \times 4 \times 4 = 8 [J]$$

(단, $\phi$ : 자속[Wb], $L$ : 자기 인덕턴스[H], $I$ : 전류[A])

답 ③

## 055

평행판 콘덴서의 극간 전압이 일정한 상태에서 극간에 공기가 있을 때의 흡인력을 $F_1$, 극판 사이에 극판 간격의 $\frac{2}{3}$ 두께의 유리판($\varepsilon_r = 10$)을 삽입할 때의 흡인력을 $F_2$라 하면 $\frac{F_2}{F_1}$ 는?

① 0.6        ② 0.8

③ 1.5        ④ 2.5

**STEP 1** 공기 중에서의 흡인력 $F_1$

공기만 있을 때 콘덴서의 정전 용량 $C_0 = \dfrac{\varepsilon_0 S}{d}$

**STEP 2** 유리판을 삽입한 경우 $F_2$

콘덴서의 정전 용량을 두 부분으로 나눌 수 있다.

- 유리판이 없는 $\frac{1}{3}$ 공간(공기 부분)

$$C_1 = \frac{\varepsilon_0 S}{\frac{1}{3}d} = 3 \times \frac{\varepsilon_0 S}{d} = 3C_0$$

- 유리판이 있는 $\frac{2}{3}$ 공간(유전체 부분)

$$C_2 = \frac{\varepsilon_0 \varepsilon_s S}{\frac{2}{3}d} = \frac{\varepsilon_0 \times 10 \times S}{\frac{2}{3}d} = 15 \times \frac{\varepsilon_0 S}{d} = 15C_0$$

**STEP 3** 전체 정전 용량 $C$

전체 정전 용량은 $C_1$과 $C_2$가 직렬로 연결된 것으로 계산할 수 있다.

$$C = \frac{C_1 C_2}{C_1 + C_2} = \frac{3C_0 \times 15C_0}{3C_0 + 15C_0} = \frac{45{C_0}^2}{18C_0} = \frac{5}{2}C_0$$

**STEP 4** 흡인력 비율

흡인력은 정전 용량에 비례하므로

$$\therefore \frac{F_2}{F_1} = \frac{C}{C_0} = \frac{5}{2} = 2.5$$

답 ④

## 056

반지름 $a[m]$의 구 도체에 전하 $Q[C]$가 주어질 때 구 도체 표면에 작용하는 정전응력은 몇 $[N/m^2]$인가?

① $\dfrac{9Q^2}{16\pi^2 \varepsilon_0 a^6}$      ② $\dfrac{9Q^2}{32\pi^2 \varepsilon_0 a^6}$

③ $\dfrac{Q^2}{16\pi^2 \varepsilon_0 a^4}$      ④ $\dfrac{Q^2}{32\pi^2 \varepsilon_0 a^4}$

**단위 면적당 정전응력**

$$f = \frac{1}{2}ED = \frac{1}{2}\varepsilon_0 E^2 = \frac{1}{2}\varepsilon_0 \left(\frac{Q}{4\pi\varepsilon_0 a^2}\right)^2 = \frac{Q^2}{32\pi^2 \varepsilon_0 a^4}[N/m^2]$$

답 ④

## 057

정전 용량이 각각 $C_1$, $C_2$, 그 사이의 상호 유도계수가 $M$인 절연된 두 도체가 있다. 두 도체를 가는 선으로 연결할 경우, 정전 용량은 어떻게 표현되는가?

① $C_1 + C_2 - M$      ② $C_1 + C_2 + M$

③ $C_1 + C_2 + 2M$      ④ $2C_1 + 2C_2 + M$

**개별 도체의 전하**

$$Q_1 = q_{11}V_1 + q_{12}V_2 = C_1 V + MV$$
$$Q_2 = q_{21}V_1 + q_{22}V_2 = C_2 V + MV$$

**전체 전하**
$$Q = Q_1 + Q_2$$
$$= (C_1 + M)V + (C_2 + M)V = (C_1 + C_2 + 2M)V$$

**전체 정전 용량**

$$C = \frac{Q}{V} = C_1 + C_2 + 2M$$

답 ③

## 058

정전 용량이 $1[\mu F]$ 이고 판의 간격이 $d$인 공기 콘덴서가 있다. 두께 $\dfrac{1}{2}d$, 비유전율 $\varepsilon_r = 2$ 유전체를 그 콘덴서의 한 전극면에 접촉하여 넣었을 때 전체의 정전용량$[\mu F]$은?

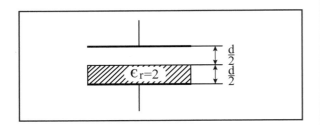

① 2

② $\dfrac{1}{2}$

③ $\dfrac{4}{3}$

④ $\dfrac{5}{3}$

STEP 1  공기만 있을 때 콘덴서의 정전 용량(주어짐)

$$C_0 = \frac{\varepsilon_0 d}{d} = 1[\mu F]$$

STEP 2  유전체가 삽입된 경우

유전체가 콘덴서 판의 절반 두께 $\left(\dfrac{1}{2}d\right)$ 만큼 삽입되었으므로 콘덴서를 두 부분으로 나눌 수 있다.

• 공기 부분 $C_1 = \dfrac{\varepsilon_0 S}{\dfrac{d}{2}} = 2 \times \dfrac{\varepsilon_0 S}{d} = 2C_0$

• 유전체 부분 $C_2 = \dfrac{2\varepsilon_0 S}{\dfrac{d}{2}} = 4 \times \dfrac{\varepsilon_0 S}{d} = 4C_0$

STEP 3  전체 정전 용량

전체 정전 용량은 직렬 연결된 콘덴서로 계산할 수 있다.

$$C = \frac{C_1 C_2}{C_1 + C_2} = \frac{2C_0 \times 4C_0}{2C_0 + 4C_0} = \frac{8{C_0}^2}{6C_0} = \frac{4}{3}C_0[\mu F]$$

여기서 $C_0 = 1[\mu F]$이므로 전체 정전 용량은

$$C = \frac{4}{3}[\mu F]$$

✓ 암기 TIP 유리판을 전극에 평행하게 넣을 때 새로운 콘덴서 정전 용량 공식을 외워두면 편해요.

$$C = \frac{2C_0}{1 + \dfrac{1}{\varepsilon_r}} = \frac{2 \times 1}{1 + \dfrac{1}{2}} = \frac{4}{3}[\mu F]$$

답 ③

## 059

그림과 같이 내부 도체구 $A$에 $+Q$ $[C]$, 외부 도체구 $B$에 $-Q$ $[C]$를 부여한 동심 도체구 사이의 정전용량 $C[F]$는?

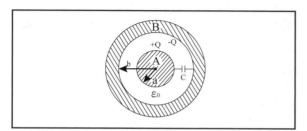

① $4\pi\varepsilon_0(b-a)$

② $\dfrac{4\pi\varepsilon_0 ab}{b-a}$

③ $\dfrac{ab}{4\pi\varepsilon_0(b-a)}$

④ $4\pi\varepsilon_0\left(\dfrac{1}{a}-\dfrac{1}{b}\right)$

### 동심구 도체
중심이 동일한 두 개의 구로 구성
- a와 b 사이의 전위차 $V=\dfrac{Q}{4\pi\varepsilon_0}\left(\dfrac{1}{a}-\dfrac{1}{b}\right)[V]$
- 동심구 도체의 정전 용량
$$C=\dfrac{4\pi\varepsilon_0}{\dfrac{1}{a}-\dfrac{1}{b}}=\dfrac{4\pi\varepsilon_0 ab}{b-a}[F]$$
(단, $a$ : 내부 구체의 반지름, $b$ : 외부 구체의 반지름)

답 ②

## 060

면적이 $S[m^2]$이고 극간의 거리가 $d[m]$인 평행판 콘덴서에 비유전율이 $\varepsilon_r$인 유전체를 채울 때 정전 용량 $[F]$은? (단, $\varepsilon_0$ 는 진공의 유전율이다.)

① $\dfrac{2\varepsilon_0\varepsilon_r S}{d}$

② $\dfrac{\varepsilon_0\varepsilon_r S}{\pi d}$

③ $\dfrac{\varepsilon_0\varepsilon_r S}{d}$

④ $\dfrac{2\pi\varepsilon_0\varepsilon_r S}{d}$

### 평행판 콘덴서의 정전 용량
$$C=\dfrac{\varepsilon S}{d}=\dfrac{\varepsilon_0\varepsilon_r S}{d}[F]$$

답 ③

## 061

2장의 무한 평판 도체를 4$[cm]$의 간격으로 놓은 후 평판 도체 간에 일정한 전계를 인가하였더니 평판 도체 표면에 2$[\mu C/m^2]$의 전하 밀도가 생겼다. 이때 평행 도체 표면에 작용하는 정전응력은 약 몇 $[N/m^2]$인가?

① 0.057

② 0.226

③ 0.57

④ 2.26

### 단위 면적당 정전응력
$$f=\dfrac{1}{2}ED=\dfrac{1}{2}\varepsilon_0 E^2=\dfrac{\rho^2}{2\varepsilon_0}$$
$$=\dfrac{(2\times10^{-6})^2}{2\times8.854\times10^{-12}}=0.226[N/m^2]$$

답 ②

## 062

반지름이 30[cm]인 원판 전극의 평행판 콘덴서가 있다. 전극의 간격이 0.1[cm]이며 전극 사이 유전체의 비유전율이 4.0이라 한다. 이 콘덴서의 정전 용량은 약 몇 [μF]인가?

① 0.01      ② 0.02

③ 0.03      ④ 0.04

---

**평행판 콘덴서의 정전 용량**

$$C = \frac{\varepsilon S}{d} = \frac{\varepsilon_0 \varepsilon_s S}{d} = \frac{8.854 \times 10^{12} \times 4.0 \times (30 \times 10^{-2})^2 \times \pi}{0.1 \times 10^{-2}}$$
$$= 1 \times 10^{-8}[F] = 0.01[\mu F]$$

답 ①

## 063

내부 원통의 반지름이 $a$, 외부 원통의 반지름이 $b$인 동축 원통 콘덴서의 내외 원통 사이에 공기를 넣었을 때 정전 용량이 $C_1$이었다. 내외 반지름을 모두 3배로 증가시키고 공기 대신 비유전율이 3인 유전체를 넣었을 경우의 정전 용량 $C_2$는?

① $C_2 = \dfrac{C_1}{9}$      ② $C_2 = \dfrac{C_1}{3}$

③ $C_2 = 3C_1$      ④ $C_2 = 9C_1$

---

**동심 원통(동축 케이블) 도체의 정전 용량**

$$C_1 = \frac{2\pi \varepsilon l}{\ln \dfrac{b}{a}} [F]$$

내외 반지름을 3배로 증가, 공기 대신 비유전율이 3인 유전체를 사용하면

$$C_2 = \frac{2\pi \varepsilon_0 \times 3l}{\ln \dfrac{3b}{3a}} = 3 \times \frac{2\pi \varepsilon_0 l}{\ln \dfrac{b}{a}} = 3C_1 [F]$$

답 ③

## 064

커패시터를 제조하는 데 4가지(A, B, C, D)의 유전재료가 있다. 커패시터 내의 전계를 일정하게 하였을 때, 단위체적당 가장 큰 에너지 밀도를 나타내는 재료부터 순서대로 나열한 것은? (단, 유전재료 A, B, C, D의 비유전율은 각각 $\varepsilon_{rA} = 8, \varepsilon_{rB} = 10, \varepsilon_{rC} = 2, \varepsilon_{rD} = 4$ 이다.)

① $C > D > A > B$      ② $B > A > D > C$

③ $D > A > C > B$      ④ $A > B > D > C$

---

에너지 밀도 $w = \dfrac{1}{2} \varepsilon E^2 [J/m^3]$

위 공식에서 에너지 밀도 $w$는 유전율 $\varepsilon$에 비례한다.

즉, 유전율 $\varepsilon$이 클수록 에너지 밀도 $w$가 커진다.

문제에서 주어진 비유전율을 기준으로 유전재료를 비교해 보면 $\varepsilon_{rB} > \varepsilon_{rA} > \varepsilon_{rD} > \varepsilon_{rC}$

따라서 에너지 밀도가 큰 재료부터 나열하면

$\therefore B > A > D > C$

답 ②

## 065

정상전류계에서 $\nabla \cdot i = 0$에 대한 설명으로 틀린 것은?

① 도체 내에 흐르는 전류는 연속이다.

② 도체 내에 흐르는 전류는 일정하다.

③ 단위 시간당 전하의 변화가 없다.

④ 도체 내에 전류가 흐르지 않는다.

---

정상전류란 시간에 따라 변하지 않는 전류를 의미하며, 이때 전류의 연속 방정식은 $\nabla \cdot i = 0$이다.

$\nabla \cdot i = 0$은 도체 내에서 전류가 연속적으로 흐르며, 전류가 끊기지 않음을 의미한다.

또한 단위 시간당 전하의 변화가 없다는 뜻으로, 도체 내 전하가 일정하게 유지된다.

답 ④

## 066

내구의 반지름이 $2[cm]$, 외구의 반지름이 $3[cm]$인 동심구 도체 간의 고유저항이 $1.884 \times 10^2 [\Omega \cdot m]$인 저항 물질로 채워져 있을 때, 내외구 간의 합성 저항은 약 몇 $[\Omega]$인가?

① 2.5      ② 5.0

③ 250      ④ 500

**동심구 도체의 정전 용량**

$$C = \frac{4\pi\varepsilon}{\frac{1}{a} - \frac{1}{b}} = \frac{4\pi\varepsilon ab}{b-a} [F]$$

**접지저항과 접지극에 작용하는 정전 용량의 관계**

$RC = \varepsilon\rho$ 에서 $R = \dfrac{\varepsilon\rho}{C}$ 이다.

**합성 저항**

$$R = \frac{\varepsilon\rho}{C} = \frac{\varepsilon\rho}{\frac{4\pi\varepsilon ab}{b-a}} = \frac{\rho(b-a)}{4\pi ab}$$

$$= \frac{1.884 \times 10^2 \times (3 \times 10^{-2} - 2 \times 10^{-2})}{4\pi \times 2 \times 10^{-2} \times 3 \times 10^{-2}} = 250[\Omega]$$

답 ③

## 067

공기 중에 있는 반지름 $a[m]$의 독립 금속구의 정전용량은 몇 $[F]$인가?

① $2\pi\varepsilon_0 a$      ② $4\pi\varepsilon_0 a$

③ $\dfrac{1}{2\pi\varepsilon_0 a}$      ④ $\dfrac{1}{4\pi\varepsilon_0 a}$

반지름 $a$인 금속구에 전하 $Q$가 있을 때 금속구 표면에서 전위 $V$는 다음과 같이 계산된다.

$$V = \frac{Q}{4\pi\varepsilon_0 a} [V]$$

**정전 용량 계산**

$$C = \frac{Q}{V} = \frac{Q}{\frac{Q}{4\pi\varepsilon_0 a}} = 4\pi\varepsilon_0 a [F]$$

답 ②

## 068

간격이 $d[m]$이고 면적이 $S[m^2]$인 평행판 커패시터의 전극 사이에 유전율이 $\varepsilon$인 유전체를 넣고 전극 간에 $V[V]$의 전압을 가했을 때, 이 커패시터의 전극판을 떼어내는 데 필요한 힘의 크기$[N]$는?

① $\dfrac{1}{2\varepsilon} \dfrac{V^2}{d^2 S}$      ② $\dfrac{1}{2\varepsilon} \dfrac{d V^2}{S}$

③ $\dfrac{1}{2} \varepsilon \dfrac{V}{d} S$      ④ $\dfrac{1}{2} \varepsilon \dfrac{V^2}{d^2} S$

전극판 사이의 정전 응력 $f = \dfrac{1}{2}\varepsilon E^2 [N/m^2]$

전계의 세기 $E$는 전극판 사이에 전압 $V$가 걸려 있을 때, 전압과 간격 $d$에 의해 결정된다.

$$E = \frac{V}{d} [V/m] \quad (\because V = Ed)$$

전극판을 떼어내기 위해 필요한 힘의 크기

$$F = fS = \frac{1}{2}\varepsilon E^2 \times S = \frac{1}{2}\varepsilon \left(\frac{V}{d}\right)^2 S = \frac{1}{2}\varepsilon \frac{V^2}{d^2} S [N]$$

답 ④

## 069

내압이 2.0[$kV$]이고 정전 용량이 각각 0.01[$\mu F$], 0.02[$\mu F$], 0.04[$\mu F$]인 3개의 커패시터를 직렬로 연결했을 때 전체 내압은 몇 [$V$]인가?

① 1,750
② 2,000
③ 3,500
④ 4,000

**직렬 연결 시 각 커패시터의 특성**
커패시터를 직렬로 연결하면 각 커패시터에는 동일한 전하량이 흐르지만, 정전용량이 작은 커패시터일수록 더 높은 전압이 걸린다. 직렬 연결 시 전체 내압은 각 커패시터에 걸리는 전압의 합으로 계산된다.

**주어진 커패시터의 정전용량과 내압**
- $C_1 = 0.01[\mu F]$, 내압 $V_1 = 2,000[V]$
- $C_2 = 0.02[\mu F]$
- $C_3 = 0.04[\mu F]$

**각 커패시터에 걸리는 전압 계산**
- $C_2$에 걸리는 전압

$$V_2 = \frac{C_1}{C_2} \times V_1 = \frac{0.01}{0.02} \times 2,000 = 1,000[V]$$

- $C_3$에 걸리는 전압

$$V_3 = \frac{C_1}{C_3} \times V_1 = \frac{0.01}{0.04} \times 2,000 = 500[V]$$

**전체 내압 계산**
각 커패시터에 걸리는 전압의 합이 전체 내압이므로

$$V = V_1 + V_2 + V_3 = 2,000 + 1,000 + 500 = 3,500[V]$$

답 ③

## 070

내부 원통 도체의 반지름이 $a[m]$, 외부 원통 도체의 반지름이 $b[m]$인 동축 원통 도체에서 내외 도체 간 물질의 도전율이 $\sigma [\mho/m]$일 때 내외 도체 간의 단위 길이당 컨덕턴스[$\mho/m$]는?

① $\dfrac{2\pi\sigma}{\ln\dfrac{b}{a}}$

② $\dfrac{2\pi\sigma}{\ln\dfrac{a}{b}}$

③ $\dfrac{4\pi\sigma}{\ln\dfrac{b}{a}}$

④ $\dfrac{4\pi\sigma}{\ln\dfrac{a}{b}}$

**동축 원통 도체의 정전 용량**

$$C = \frac{2\pi\varepsilon}{\ln\dfrac{b}{a}}[F/m]$$

**컨덕턴스 계산**
컨덕턴스 $G$는 저항 $R$의 역수로 정의된다.

$$R = \frac{\varepsilon\rho}{C} \rightarrow G = \frac{1}{R} = \frac{C}{\varepsilon\rho}$$

이때 비저항 $\rho$는 도전율 $\sigma$의 역수이므로

$$G = \frac{C}{\varepsilon\rho} = \frac{C\sigma}{\varepsilon} = \frac{2\pi\varepsilon}{\ln\dfrac{b}{a}} \times \frac{\sigma}{\varepsilon} = \frac{2\pi\sigma}{\ln\dfrac{b}{a}}[\mho/m]$$

 답 ①

## 071

진공 중 반지름이 $a[m]$인 무한 길이의 원통 도체 2개가 간격 $d[m]$로 평행하게 배치되어 있다. 두 도체 사이의 정전 용량 $C$을 나타낸 것으로 옳은 것은?

① $\pi\varepsilon_0\ln\dfrac{d-a}{a}$

② $\dfrac{\pi\varepsilon_0}{\ln\dfrac{d-a}{a}}$

③ $\pi\varepsilon_0\ln\dfrac{a}{d-a}$

④ $\dfrac{\pi\varepsilon_0}{\ln\dfrac{a}{d-a}}$

---

**두 평행 원통 도체의 단위 길이당 정전 용량**

$$C=\dfrac{\pi\varepsilon_0}{\ln\dfrac{d-a}{a}}\,[F/m]$$

(단, $d$ : 두 원통 도체의 중심 간 거리, $a$ : 원통 도체의 반지름)

☑ **참고** 거리 $d$가 반지름 $a$보다 훨씬 큰 경우($d \gg a$) 두 원통 도체 간의 간격 $d$가 반지름 $a$보다 매우 클 경우, $d-a \approx d$ 로 근사할 수 있다. 이 경우, 정전 용량 공식은 다음과 같이 단순화된다.

$$C=\dfrac{\pi\varepsilon_0}{\ln\dfrac{d}{a}}\,[F/m]$$

🔲 답 ②

## 072

그림과 같이 점 $O$를 중심으로 반지름이 $a[m]$인 구도체 1과 안쪽 반지름이 $b[m]$이고 바깥쪽 반지름이 $c[m]$인 구도체 2가 있다. 이 도체계에서 전위계수 $P_{11}[1/F]$에 해당하는 것은?

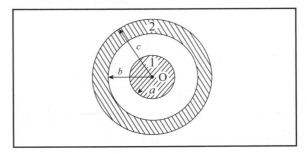

① $\dfrac{1}{4\pi\varepsilon}\left(\dfrac{1}{a}\right)$

② $\dfrac{1}{4\pi\varepsilon}\left(\dfrac{1}{a}-\dfrac{1}{b}\right)$

③ $\dfrac{1}{4\pi\varepsilon}\left(\dfrac{1}{b}-\dfrac{1}{c}\right)$

④ $\dfrac{1}{4\pi\varepsilon}\left(\dfrac{1}{a}-\dfrac{1}{b}+\dfrac{1}{c}\right)$

---

구도체 1에 전하 $Q$ 가 존재한다고 가정하고, 그로 인해 구도체 1의 표면에서 발생하는 전위를 계산한다. 구도체 1의 표면에서 구도체 2까지의 전위를 계산하면 다음과 같다.

$$V=\dfrac{Q}{4\pi\varepsilon}\left(\dfrac{1}{a}-\dfrac{1}{b}+\dfrac{1}{c}\right)[V]$$

전위계수 $P_{11}$는 전위 $V$를 전하 $Q$ 로 나눈 값이다.

$$P_{11}=\dfrac{V}{Q}=\dfrac{1}{4\pi\varepsilon}\left(\dfrac{1}{a}-\dfrac{1}{b}+\dfrac{1}{c}\right)[1/F]$$

🔲 답 ④

## 073

다음 회로도의 2[$\mu F$]콘덴서에 100[$\mu C$]의 전하가 축적되었을 때, 3[$\mu F$]콘덴서 양단에 걸리는 전위차[$V$]는?

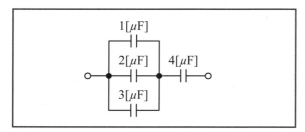

① 50        ② 70

③ 100       ④ 150

---

2[$\mu F$]콘덴서의 전압

$$V_2 = \frac{Q}{C} = \frac{100 \times 10^{-6}}{2 \times 10^{-6}} = 50[V]$$

병렬 연결에 의한 전압

회로에서 2[$\mu F$] 콘덴서와 3[$\mu F$] 콘덴서는 병렬로 연결되어 있다. 병렬 연결된 콘덴서들은 동일한 전압이 걸리므로 3[$\mu F$]에도 50[$V$]의 전위차가 걸린다.

답 ①

## 074

유전율이 $\varepsilon_1$, $\varepsilon_1$ [$F/m$], 유전체 경계면에 단위 면적당 작용하는 힘은 몇 [$N/m^2$]인가? (단, 전계가 경계면에 수직인 경우이며, 두 유전체의 전속밀도 $D_1 = D_2 = D$이다.)

① $2\left(\dfrac{1}{\varepsilon_1} - \dfrac{1}{\varepsilon_2}\right)D^2$      ② $2\left(\dfrac{1}{\varepsilon_1} + \dfrac{1}{\varepsilon_2}\right)D^2$

③ $\dfrac{1}{2}\left(\dfrac{1}{\varepsilon_1} + \dfrac{1}{\varepsilon_2}\right)D^2$      ④ $\dfrac{1}{2}\left(\dfrac{1}{\varepsilon_2} - \dfrac{1}{\varepsilon_1}\right)D^2$

---

유전체 경계면에 작용하는 힘

• 경계면에 작용하는 힘

$$f = \frac{D^2}{2\varepsilon_0} = \frac{1}{2}\varepsilon_0 E^2 = \frac{1}{2}ED[N/m^2]$$

• 전계가 경계면에 수평으로 입사한 경우

$$f = \frac{1}{2}(\varepsilon_1 - \varepsilon_2)E^2[N/m^2]$$

• 전계가 경계면에 수직으로 입사한 경우

$$f = \frac{1}{2}\left(\frac{1}{\varepsilon_2} - \frac{1}{\varepsilon_1}\right)[N/m^2]$$

답 ④

## 075

공기 중에서 코로나 방전이 $3.5[kV/mm]$ 전계에서 발생한다고 하면, 이때 도체의 표면에 작용하는 힘은 약 몇 $[N/m^2]$인가?

① 27

② 54

③ 81

④ 108

---

**표면에 작용하는 힘**

$$f = \frac{1}{2}ED = \frac{1}{2}\varepsilon_0 E^2$$

$$= \frac{1}{2} \times 8.854 \times 10^{-12} \times \left(3.5 \times \frac{10^3}{10^{-3}}\right)^2 = 54[N/m^2]$$

☑ **참고** 전계의 세기는 $3.5[kV/mm]$로 주어져있으므로 $[V/m]$로 변환해야 한다.

$3.5[kV] = 3.5 \times 10^3[V]$, $1[mm] = 10^{-3}[m]$

이므로

$$E = 3.5 \times \frac{10^3[V]}{10^{-3}[m]} = 3.5 \times 10^6[V/m]$$

답 ②

## 076

$x > 0$ 인 영역에 $\varepsilon_1 = 3$ 인 유전체, $x < 0$ 인 영역에 $\varepsilon_2 = 5$ 인 유전체가 있다. 유전율 $\varepsilon_2$ 인 영역에서 전계가 $E_2 = 20a_x + 30a_y - 40a_z[V/m]$ 일 때, 유전율 $\varepsilon_1$ 인 영역에서의 전계 $E_1[V/m]$은?

① $\frac{100}{3}a_x + 30a_y - 40a_z$

② $20a_x + 90a_y - 40a_z$

③ $100a_x + 10a_y - 40a_z$

④ $60a_x + 30a_y - 40a_z$

---

**STEP 1** 경계 조건 분석

• **접선 성분**: 유전체의 경계에서 접선 방향 $y$, $z$축의 성분은 연속적이다. 즉, $E_{1y} = E_{2y}$와 $E_{1z} = E_{2z}$가 성립한다.

• **법선 성분**: 유전체의 경계에서 법선 방향 $x$ 축의 전속밀도 $D$는 연속적이다. 즉, $D_{1x} = D_{2x}$가 성립한다.

**STEP 2** 유전체 2에서의 전계

$E_1 = 20a_x + 30a_y - 40a_z[V/m]$

**STEP 3** 접선 성분에서의 전계

$E_{1y} = E_{2y} = 30[V/m]$, $E_{1z} = E_{2z} = -40[V/m]$

**STEP 4** 법선 성분에서의 전계

$D_1 = D_2$에서 $\varepsilon_1 E_1 = \varepsilon_2 E_2$

$\therefore E_{1x} = \frac{\varepsilon_2}{\varepsilon_1} \times E_{2x} = \frac{5\varepsilon_0}{3\varepsilon_0} \times 20 = \frac{100}{3}[V/m]$

따라서 유전체 1에서의 전계 $E_1$는

$$E_1 = \frac{100}{3}a_x + 30a_y - 40a_z[V/m]$$

답 ①

## 077

**서로 다른 두 유전체 사이의 경계면에 전하 분포에 없다면 경계면 양쪽에서의 전계 및 전속 밀도는?**

① 전계 및 전속 밀도의 접선 성분은 서로 같다.

② 전계 및 전속 밀도의 법선 성분은 서로 같다.

③ 전계의 법선 성분이 서로 같고, 전속 밀도의 접선 성분이 서로 같다.

④ 전계의 접선 성분이 서로 같고, 전속 밀도의 법선 성분이 서로 같다.

---

**유전체의 경계면 조건**

· 유전체 경계면에서의 접선(수평) 성분은 같다.

$$E_1 \sin\theta = E_2 \sin\theta_2$$

· 유전체 경계면에서 법선(수직) 성분은 같다.

$$D_1 \cos\theta_1 = D_2 \cos\theta_2$$

· 유전체 경계면에서 각도와 유전율의 관계

$$\frac{\varepsilon_1}{\varepsilon_2} = \frac{\tan\theta_1}{\tan\theta_2}$$

답 ④

## 078

**상이한 매질의 경계면에서 전자파가 만족해야 할 조건이 아닌 것은? (단, 경계면은 두 개의 무손실 매질 사이이다.)**

① 경계면의 양측에서 전계의 접선 성분은 서로 같다.

② 경계면의 양측에서 자계의 접선 성분은 서로 같다.

③ 경계면의 양측에서 자속 밀도의 접선 성분은 서로 같다.

④ 경계면의 양측에서 전속 밀도의 법선 성분은 서로 같다.

---

**경계면 조건**

· 유전체 경계면에서의 전계와 자계의 접선(수평) 성분은 같다.

· 유전체 경계면에서 전속 밀도의 법선(수직) 성분은 같다.

답 ③

## 079

**비유전율 $\varepsilon_r$이 4인 유전체의 분극률은 진공의 유전율의 몇 배인가?**

① 1          ② 3

③ 9          ④ 12

---

분극률 $\chi = \varepsilon_0(\varepsilon_r - 1) = \varepsilon_0(4-1) = 3\varepsilon_0$
따라서 분극률은 진공의 유전율에 대해 3배이다.

답 ②

## 080

분극의 세기 $P$, 전계 $E$, 전속 밀도 $D$의 관계를 나타낸 것으로 옳은 것은? (단, $\varepsilon_0$ 는 진공의 유전율이고, $\varepsilon_r$ 은 유전체의 비유전율이고, $\varepsilon$ 은 유전체의 유전율이다.)

① $P = \varepsilon_0(\varepsilon + 1)E$     ② $E = \dfrac{D+P}{\varepsilon_0}$

③ $P = D - \varepsilon_0 E$     ④ $\varepsilon_0 = D - E$

> **분극의 세기**
> $P = D - \varepsilon_0 E [C/m^2]$
> ($\because$ 유전체 내의 전속밀도 $D = \varepsilon_0 E + P [C/m^2]$)

답 ③

## 081

평등 전계 중에 유전체 구에 의한 전속 분포가 그림과 같이 되었을 때 $\varepsilon_1$과 $\varepsilon_2$의 크기 관계는?

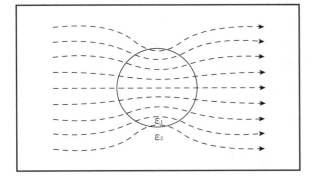

① $\varepsilon_1 > \varepsilon_2$     ② $\varepsilon_1 < \varepsilon_2$

③ $\varepsilon_1 = \varepsilon_2$     ④ $\varepsilon_1 \leq \varepsilon_2$

> **유전율과 전속선의 관계**
> 유전체의 경계면 조건에 따르면, 전속은 유전율이 큰 쪽으로 집중되는 성질이 있다. 따라서 $\varepsilon_1 > \varepsilon_2$ 관계가 성립한다.

답 ①

## 082

전계 $E[V/m]$가 두 유전체의 경계면에 평행으로 작용하는 경우 경계면에 단위면적당 작용하는 힘의 크기는 몇 $[N/m^2]$인가? (단, $\varepsilon_1$, $\varepsilon_2$ 는 각 유전체의 유전율이다.)

① $f = E^2(\varepsilon_1 - \varepsilon_2)$     ② $f = \dfrac{1}{E^2}(\varepsilon_1 - \varepsilon_2)$

③ $f = \dfrac{1}{2}E^2(\varepsilon_1 - \varepsilon_2)$     ④ $f = \dfrac{1}{2E^2}(\varepsilon_1 - \varepsilon_2)$

> **유전체 경계면에 작용하는 힘**
> • 경계면에 작용하는 힘
> $$f = \frac{D^2}{2\varepsilon_0} = \frac{1}{2}\varepsilon_0 E^2 = \frac{1}{2}ED[N/m^2]$$
> • 전계가 경계면에 수평으로 입사한 경우
> $$f = \frac{1}{2}(\varepsilon_1 - \varepsilon_2)E^2[N/m^2]$$
> • 전계가 경계면에 수직으로 입사한 경우
> $$f = \frac{1}{2}\left(\frac{1}{\varepsilon_2} - \frac{1}{\varepsilon_1}\right)[N/m^2]$$

답 ③

# 083

그림과 같이 극판의 면적이 $S[m^2]$인 평행판 커패시터에 유전율이 각각 $\varepsilon_1 = 4$, $\varepsilon_2 = 2$ 인 유전체를 채우고 $a$, $b$ 양단에 $V[V]$의 전압을 인가했을 때 $\varepsilon_1$, $\varepsilon_2$ 인 유전체 내부의 전계의 세기 $E_1$과 $E_2$의 관계식은? (단, $\sigma[C/m^2]$는 면전하밀도이다.)

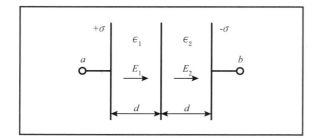

① $E_1 = 2E_2$          ② $E_1 = 4E_2$

③ $2E_1 = E_2$          ④ $E_1 = E_2$

그림에서 유전체가 경계면에서 수직으로 만나므로, 양쪽 유전체의 전속 밀도 $D$는 서로 같아야 한다.

$D_1 = D_2$

$\varepsilon_1 E_1 = \varepsilon_2 E_2$

$4E_1 = 2E_2$

따라서 유전체 내부의 전계의 관계는 $2E_1 = E_2$이다.

달 ③

# 084

면적이 $0.02[m^2]$, 간격이 $0.03[m]$이고, 공기로 채워진 평행평판의 커패시터에 $1.0 \times 10^{-6}[C]$의 전하를 충전시킬 때, 두 판 사이에 작용하는 힘의 크기는 약 몇 $[N]$인가?

① 1.13          ② 1.41

③ 1.89          ④ 2.82

**정전 응력**

$f = \dfrac{D^2}{2\varepsilon_0} = \dfrac{1}{2\varepsilon_0}\left(\dfrac{Q}{S}\right)^2 [N/m^2]$

**두 판 사이에 작용하는 힘**

$F = fS = \dfrac{1}{2\varepsilon_0}\left(\dfrac{Q}{S}\right)^2 \times S = \dfrac{Q^2}{2\varepsilon_0 S}$

$= \dfrac{(1.0 \times 10^{-6})^2}{2 \times 8.854 \times 10^{-12} \times 0.02} = 2.82[N]$

달 ④

# 085

전계가 유리에서 공기로 입사할 때 입사각 $\theta_1$과 굴절각 $\theta_2$의 관계와 유리에서의 전계 $E_1$과 공기에서의 전계 $E_2$의 관계는?

① $\theta_1 > \theta_2$, $E_1 > E_2$     ② $\theta_1 < \theta_2$, $E_1 > E_2$

③ $\theta_1 > \theta_2$, $E_1 < E_2$     ④ $\theta_1 < \theta_2$, $E_1 < E_2$

**유전체 경계면에서 각도와 유전율의 관계**

- $\varepsilon_1 > \varepsilon_2$ 이면 $\theta_1 > \theta_2$ 이다.
- $\varepsilon_1 > \varepsilon_2$ 이면 $D_1 > D_2$ 이다.
- $\varepsilon_1 > \varepsilon_2$ 이면 $E_1 < E_2$ 이다.
- $\dfrac{\varepsilon_1}{\varepsilon_2} = \dfrac{\tan\theta_1}{\tan\theta_2}$

달 ③

## 086

평행 극판 사이에 유전율이 각각 $\varepsilon_1$, $\varepsilon_2$ 인 유전체를 그림과 같이 채우고, 극판 사이에 일정한 전압을 걸었을 때 두 유전체 사이에 작용하는 힘은? (단, $\varepsilon_1 > \varepsilon_2$)

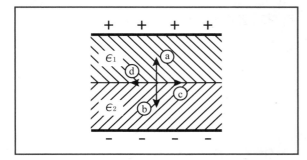

① ⓐ의 방향      ② ⓑ의 방향

③ ⓒ의 방향      ④ ⓓ의 방향

유전율 $\varepsilon_1$ 이 $\varepsilon_2$보다 크므로, 전계는 유전율이 작은쪽 ($\varepsilon_2$)으로 더 집중된다. 결과적으로 두 유전체 사이에는 유전율이 큰 쪽에서 작은 쪽으로 힘이 작용하게 된다.

📖 ②

## 087

정전 용량이 $20[\mu F]$인 공기의 평행판 커패시터에 $0.1[C]$의 전하량을 충전하였다. 두 평행판 사이에 비유전율이 10인 유전체를 채웠을 때 유전체 표면에 나타나는 분극 전하량$[C]$은?

① 0.009      ② 0.01

③ 0.09      ④ 0.1

**분극의 세기**

분극의 세기 $P$는 유전체 내에서 발생하는 분극 전하량 $Q'$을 유전체의 표면적 $S$로 나눈 값이다.

$$P = \frac{Q'}{S}[C/m^2]$$

또한 분극의 세기는 $P = D - \varepsilon_0 E[C/m^2]$로도 정의할 수 있다.

따라서 $P = \dfrac{Q'}{S} = D - \varepsilon_0 E = \varepsilon_0 \varepsilon_s E - \varepsilon_0 E[C/m^2]$

**분극 전하량**

$$Q' = PS = \varepsilon_0 \varepsilon_s ES - \varepsilon_0 ES = \varepsilon_0 ES - \frac{\varepsilon_0 ES}{\varepsilon_s}$$

여기서 $\varepsilon_0 ES$ 는 원래 공기(또는 진공) 상태에서 커패시터에 저장된 전하량 $Q$ 와 같다.

$$Q' = \varepsilon_0 ES\left(1 - \frac{1}{\varepsilon_s}\right) = Q\left(1 - \frac{1}{\varepsilon_s}\right)$$

$$= 0.1 \times \left(1 - \frac{1}{10}\right) = 0.09[C]$$

📖 ③

## 088

**분극 중 온도의 영향을 받는 분극은?**

① 전자분극(electronic polariztion)

② 이온분극(ionic polariztion)

③ 배향분극(orientational polariztion)

④ 전자분극과 이온분극

배향분극은 전기장이 분자 내의 영구 쌍극자를 일정한 방향으로 정렬시키면서 발생한다. 이때 온도가 높아지면 열 에너지가 증가하여 쌍극자들이 무질서하게 움직이려는 성질이 강해지므로 배향이 방해받는다. 즉, 배향분극은 전기장뿐만 아니라 온도의 영향을 받는다.

답 ③

## 089

**판 간격이 $d$인 평행판 공기 콘덴서 중에 두께가 $t$이고, 비유전율이 $\varepsilon_s$ 인 유전체를 삽입하였을 경우에 공기의 절연 파괴를 발생하지 않고 가할 수 있는 판 간의 전위차[$V$]는?(단, 유전체가 없을 때 가할 수 있는 전압을 $V$ 라 하고, 공기의 절연 내력은 $\varepsilon_0$ 라 한다.)**

① $V\left(1 - \dfrac{t}{\varepsilon_s d}\right)$

② $\dfrac{Vt}{d}\left(1 - \dfrac{1}{\varepsilon_s}\right)$

③ $V\left(1 + \dfrac{t}{\varepsilon_s d}\right)$

④ $V\left\{1 - \dfrac{t}{d}\left(1 - \dfrac{1}{\varepsilon_s}\right)\right\}$

**유전체 삽입 전 콘덴서의 정전 용량**

유전체가 없는 공기 콘덴서의 정전 용량은 다음과 같다.

$$C_0 = \frac{\varepsilon_0 S}{d}[F]$$

**유전체 삽입 후 콘덴서의 정전 용량**

유전체를 삽입한 경우, 콘덴서는 공기 부분과 유전체 부분으로 나뉜다.

• 공기 부분 $C_1 = \dfrac{\varepsilon_0 S}{d - t}[F]$

• 유전체 부분 $C_2 = \dfrac{\varepsilon_0 \varepsilon_s S}{t}[F]$

**전체 콘덴서의 합성 정전 용량**

두 부분이 직렬로 연결된 것으로 간주하여 합성 용량은 다음과 같이 계산된다.

$$\frac{1}{C} = \frac{1}{C_1} + \frac{1}{C_2} = \frac{d - t}{\varepsilon_0 S} + \frac{t}{\varepsilon_0 \varepsilon_s S} = \frac{\varepsilon_s(d - t) + t}{\varepsilon_0 \varepsilon_s S}$$

이를 정리하면, $C = \dfrac{\varepsilon_0 \varepsilon_s S}{\varepsilon_s(d - t) + t}[F]$

**가할 수 있는 최대 전위차**

콘덴서에 가해지는 전하량은 일정하므로 $C_0 V = C V'$ 를 만족한다. 따라서 $V'$ 은 다음과 같이 구할 수 있다.

$$V' = \frac{C_0}{C} V = \frac{\varepsilon_s(d - t) + t}{\varepsilon_0 d} V$$

$$= V\left(1 - \frac{t}{d} + \frac{t}{\varepsilon_s d}\right) = V\left\{1 - \frac{t}{d}\left(1 - \frac{1}{\varepsilon_s}\right)\right\}$$

따라서 유전체가 삽입된 평행판 공기 콘덴서에 가할 수 있는 최대 전위차는 $V\left\{1 - \dfrac{t}{d}\left(1 - \dfrac{1}{\varepsilon_s}\right)\right\}$ 이다.

답 ④

## 090

비유전율 $\varepsilon_{r1}$, $\varepsilon_{r2}$ 인 두 유전체가 나란히 무한 평면으로 접하고 있고, 이 경계면에 평행으로 유전체의 비유전율 $\varepsilon_{r1}$ 내에 경계면으로부터 $d[m]$인 위치에 선 전하 밀도 $\rho[C/m]$인 선상 전하가 있을 때, 이 선전하와 유전체 $\varepsilon_{r2}$ 간의 단위 길이당의 작용력은 몇 $[N/m]$인가?

① $9 \times 10^9 \times \dfrac{\rho^2}{\varepsilon_{r2}d} \times \dfrac{\varepsilon_{r1}+\varepsilon_{r2}}{\varepsilon_{r1}-\varepsilon_{r2}}$

② $2.25 \times 10^9 \times \dfrac{\rho^2}{\varepsilon_{r2}d} \times \dfrac{\varepsilon_{r1}-\varepsilon_{r2}}{\varepsilon_{r1}+\varepsilon_{r2}}$

③ $9 \times 10^9 \times \dfrac{\rho^2}{\varepsilon_{r1}d} \times \dfrac{\varepsilon_{r1}-\varepsilon_{r2}}{\varepsilon_{r1}+\varepsilon_{r2}}$

④ $2.25 \times 10^9 \times \dfrac{\rho^2}{\varepsilon_{r1}d} \times \dfrac{\varepsilon_{r1}-\varepsilon_{r2}}{\varepsilon_{r1}+\varepsilon_{r2}}$

**STEP 1** 영상 전하 계산

영상 전하 $\rho'$는 다음 식으로 구할 수 있다.

$$\rho' = \frac{\varepsilon_1-\varepsilon_2}{\varepsilon_1+\varepsilon_2}\rho = \frac{\varepsilon_{r1}-\varepsilon_{r2}}{\varepsilon_{r1}+\varepsilon_{r2}}\rho \,[C/m]$$

이 영상 전하는 유전체 경계면 반대편에 위치한 유전체에서 발생하는 전하의 효과를 고려한 값이다.

**STEP 2** 힘 계산

전계의 세기는 $\dfrac{\rho}{2\pi\varepsilon_1 d}$ 로 계산되며, 힘은 전하 밀도에 전계의 세기를 곱한 값으로 구한다.

이때 실제 전하 $\rho$ 는 경계면으로부터 $d$만큼 떨어져 있으며, 영상 전하 $\rho'$는 경계면 반대편에 있다. 즉, 영상 전하는 실제 전하와 경계면을 사이에 두고 대칭적으로 위치해 있기 때문에, 두 전하 간의 실제 거리는 $2d$가 된다.

$$F = QE = \rho'E = \frac{\varepsilon_{r1}-\varepsilon_{r2}}{\varepsilon_{r1}+\varepsilon_{r2}}\rho \times \frac{\rho}{2\pi\varepsilon_1(2d)}$$

$$= \frac{\rho^2}{4\pi\varepsilon_0\varepsilon_{r1}d} \times \frac{\varepsilon_{r1}-\varepsilon_{r2}}{\varepsilon_{r1}+\varepsilon_{r2}} = 9\times10^9 \times \frac{\rho^2}{\varepsilon_{r1}d} \times \frac{\varepsilon_{r1}-\varepsilon_{r2}}{\varepsilon_{r1}+\varepsilon_{r2}}$$

답 ③

## 091

평면 도체 표면에서 $d[m]$ 거리에 점 전하 $Q[C]$이 있을 때 이 전하를 무한 원점까지 운반하는 데 필요한 일 $[J]$은?

① $\dfrac{Q^2}{4\pi\varepsilon_0 d}$  ② $\dfrac{Q^2}{8\pi\varepsilon_0 d}$

③ $\dfrac{Q^2}{16\pi\varepsilon_0 d}$  ④ $\dfrac{Q^2}{32\pi\varepsilon_0 d}$

**전기 영상법에 의한 점 전하와 평면 도체 간 쿨롱의 힘**

$$F = -\frac{Q^2}{16\pi\varepsilon_0 a^2}[N]$$

**운반하는 데 필요한 일 계산**

$$W = \int_d^\infty F \cdot dr$$
$$= \int_d^\infty -\frac{Q^2}{16\pi\varepsilon_0 d^2} \cdot dr = -\frac{Q^2}{16\pi\varepsilon_0}\int_d^\infty \frac{1}{d^2} \cdot dr$$
$$= \frac{Q^2}{16\pi\varepsilon_0}\left[-\frac{1}{d}\right]_d^\infty = \frac{Q^2}{16\pi\varepsilon_0}\left(-\frac{1}{\infty}-\left(-\frac{1}{d}\right)\right)$$
$$= \frac{Q^2}{16\pi\varepsilon_0}\left(0+\frac{1}{d}\right) = \frac{Q^2}{16\pi\varepsilon_0 d}[J]$$

답 ③

## 092

대지면에 높이 $h[m]$로 평행하게 가설된 매우 긴 선 전하가 지면으로부터 받는 힘은?

① $h$에 비례
② $h$에 반비례
③ $h^2$에 비례
④ $h^2$에 반비례

**전기 영상법에 의한 직선 전하와 평면 도체 간 쿨롱의 힘**

$$F = QE = -\rho \times \frac{\rho}{2\pi\varepsilon_0 r} = -\rho \times \frac{\rho}{2\pi\varepsilon_0 (2h)}$$

$$= -\frac{\rho^2}{4\pi\varepsilon_0 h}[N/m]$$

(단, $r$ : 직선 전하와 영상 전하 사이의 거리 $[m]$
$(r = 2h)$,
$d$ : 평면 도체와 전하 사이의 거리$[m]$)
따라서 $F \propto \dfrac{1}{h}$ 이다.

🔖 ②

## 093

접지된 구도체와 점전하 간에 작용하는 힘은?

① 항상 흡인력이다.
② 항상 반발력이다.
③ 조건적 흡인력이다.
④ 조건적 반발력이다.

전기 영상법에 따르면 점전하 $Q$에 의해 유도된 가상 전하 $Q'$는 다음과 같이 표현된다.

$$Q' = -\frac{a}{d}Q[C]$$

(단, $a$ : 구도체의 반지름, $d$ : 점전하와 구도체 중심 사이의 거리, $Q$ : 점전하의 크기)
이때 유도된 전하 $Q'$는 점전하와 반대 부호를 가지기 때문에, 두 전하 간에 항상 흡인력이 작용하며 두 전하는 서로 끌어당긴다.

🔖 ①

## 094

직교하는 무한 평판도체와 점전하에 의한 영상전하는 몇 개 존재하는가?

① 2
② 3
③ 4
④ 5

**영상 전하의 개수 계산**

$$n = \frac{360°}{\theta} - 1$$

두 평판 도체가 이루는 각 $\theta = 90°$ 이므로

$$n = \frac{360°}{90°} - 1 = 4 - 1 = 3[개]$$

따라서 직교하는 두 평판 도체와 점전하가 있을 때 영상 전하는 총 3개이다.

🔖 ②

## 095

공기 중 무한 평면도체의 표면으로부터 $2[m]$ 떨어진 곳에 $4[C]$의 점전하가 있다. 이 점전하가 받는 힘은 몇 N인가?

① $\dfrac{1}{\pi\varepsilon_0}$

② $\dfrac{1}{4\pi\varepsilon_0}$

③ $\dfrac{1}{8\pi\varepsilon_0}$

④ $\dfrac{1}{16\pi\varepsilon_0}$

**전기 영상법**

평면 도체가 있는 경우, 점전하에 의해 생성되는 전계를 쉽게 계산하기 위해 전기 영상법을 사용한다. 이 방법에서는 평면 도체의 반대편에 점전하와 같은 크기지만 부호가 반대인 영상 전하를 두어, 마치 두 전하 사이에 작용하는 쿨롱의 힘처럼 계산할 수 있다.

**쿨롱의 힘 계산**

점전하와 평면 도체 사이의 거리 $a = 2[m]$이므로 평면 도체 반대편에 위치한 영상 전하의 위치는 점전하로부터 $2a = 4[m]$ 떨어진 곳에 위치하게 된다.

$$F = \frac{Q_1 Q_2}{4\pi\varepsilon_0 r^2} = \frac{Q \times (-Q)}{4\pi\varepsilon_0 (2a)^2} = -\frac{Q^2}{16\pi\varepsilon_0 a^2}$$

$$= -\frac{4^2}{16\pi\varepsilon_0 \times 2^2} = -\frac{1}{4\pi\varepsilon_0}[N]$$

이때 부호가 음수인 이유는 점전하와 영상 전하 사이에 흡인력이 작용하기 때문이다. 따라서 점전하가 받는 힘의 크기는 $\dfrac{1}{4\pi\varepsilon_0}[N]$이다.

답 ②

## 096

반지름이 $a[m]$인 접지된 구도체와 구도체의 중심에서 거리 $d[m]$떨어진 곳에 점전하가 존재할 때, 점 전하에 의한 접지된 구도체에서의 영상 전하에 대한 설명으로 틀린 것은?

① 영상 전하는 구도체 내부에 존재한다.

② 영상 전하는 점 전하와 구도체 중심을 이은 직선상에 존재한다.

③ 영상 전하의 전하량과 점전하의 전하량은 크기는 같고 부호는 반대이다.

④ 영상 전하의 위치는 구도체의 중심과 점 전하 사이 거리 $d[m]$와 구도체의 반지름 $a[m]$에 의해 결정된다.

- 영상 전하의 크기 $Q' = -\dfrac{a}{d}Q[C]$

- 영상 전하의 위치 $x = \dfrac{a^2}{d}[m]$

영상전하의 전하량 $Q'$은 점전하와 부호는 반대지만, 크기는 $\dfrac{a}{d}$ 배만큼 줄어든 값이다.

답 ③

## 097

유전율이 $\varepsilon_1$ 과 $\varepsilon_2$ 인 두 유전체가 경계를 이루어 평행하게 접하고 있는 경우 유전율이 $\varepsilon_1$ 인 영역에 전하 $Q$ 가 존재할 때 이 전하와 $\varepsilon_2$ 인 유전체 사이에 작용하는 힘에 대한 설명으로 옳은 것은?

① $\varepsilon_1 > \varepsilon_2$ 인 경우 반발력이 작용한다.

② $\varepsilon_1 > \varepsilon_2$ 인 경우 흡인력이 작용한다.

③ $\varepsilon_1$ 과 $\varepsilon_2$ 에 상관없이 반발력이 작용한다.

④ $\varepsilon_1$ 과 $\varepsilon_2$ 에 상관없이 흡인력이 작용한다.

### 영상 전하의 크기와 부호 계산
전기영상법에 따라 유전율이 $\varepsilon_2$ 인 유전체에 나타나는 영상 전하 $Q'$ 는 다음과 같이 계산된다.

$$Q' = \frac{\varepsilon_1 - \varepsilon_2}{\varepsilon_1 + \varepsilon_2} Q [C]$$

### 유전율 관계에 따른 영상 전하의 부호
- 만약 $\varepsilon_1 > \varepsilon_2$ 이면 분자 $(\varepsilon_1 - \varepsilon_2)$가 양수이므로 $Q'$ 의 부호는 실제 전하 $Q$ 와 동일하게 된다.
- 반대로 $\varepsilon_1 < \varepsilon_2$ 이면 분자 $(\varepsilon_1 - \varepsilon_2)$가 음수가 되어 $Q'$ 는 실제 전하 $Q$ 와 반대 부호를 갖게 된다.

### 작용하는 힘의 방향
- $\varepsilon_1 > \varepsilon_2$ 인 경우 실제 전하 $Q$ 와 영상 전하 $Q'$ 의 부호가 같으므로 반발력이 발생한다.
- $\varepsilon_1 < \varepsilon_2$ 인 경우 실제 전하 $Q$ 와 영상 전하 $Q'$ 의 부호가 반대이므로 흡인력이 작용한다.

답 ①

## 098

대지의 고유저항이 $\rho [\Omega \cdot m]$일 때 반지름 $a[m]$인 그림과 같은 반구 접지극의 접지 저항[$\Omega$]은?

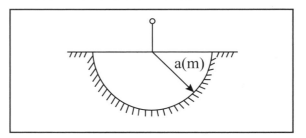

① $\dfrac{\rho}{4\pi a}$  ② $\dfrac{\rho}{2\pi a}$

③ $\dfrac{2\pi\rho}{a}$  ④ $2\pi\rho a$

구의 정전 용량이 $C = 4\pi\varepsilon a [F]$ 이므로
반구의 정전 용량은 $C = 2\pi\varepsilon a [F]$ 이다.
접지 저항과 접지극에 작용하는 정전 용량의 관계
$RC = \varepsilon\rho$ 에서
접지 저항 $R = \dfrac{\varepsilon\rho}{C} = \dfrac{\varepsilon\rho}{2\pi\varepsilon a} = \dfrac{\rho}{2\pi a} [\Omega]$

답 ②

## 099

평행판 콘덴서의 극판 사이에 유전율 $\varepsilon$, 저항률 $\rho$인 유전체를 삽입하였을 때, 두 전극 간의 저항 $R$과 정전 용량 $C$의 관계는?

① $R = \rho\varepsilon C$  ② $RC = \dfrac{\varepsilon}{\rho}$

③ $RC = \rho\varepsilon$  ④ $RC\rho\varepsilon = 1$

- 접지저항과 접지극에 작용하는 정전 용량의 관계
  $RC = \varepsilon\rho$
- 접지극에 흐르는 누설전류
  $I = \dfrac{V}{R} = \dfrac{V}{\dfrac{\varepsilon\rho}{C}} = \dfrac{CV}{\varepsilon\rho} [A]$

답 ③

## 100

도전율 $\sigma$ 인 도체에서 전장 $E$에 의해 전류 밀도 $J$가 흘렀을 때 이 도체에서 소비되는 전력을 표시한 식은?

① $\int_v E \cdot J dv$

② $\int_v E \times J dv$

③ $\dfrac{1}{\sigma}\int_v E \cdot J dv$

④ $\dfrac{1}{\sigma}\int_v E \times J dv$

- 기본식

  전력 $P = VI$

  전류와 전류 밀도의 관계 $I = JS$

  전압과 전기장의 관계 $V = Ed$

- 전력 공식으로 표현

  $P = VI = EdJS = EJdS$

여기서 $S \cdot d = dv$ 로 도체의 미소 부피 요소를 나타낸다. 따라서 전력은 다음과 같은 부피 적분으로 표현할 수 있다.

$P = \int_v E \cdot J dv$

답 ①

## 101

$10[mm]$의 지름을 가진 동선에 $50[A]$의 전류가 흐르고 있을 때 단위 시간 동안 동선의 단면을 통과하는 전자의 수는 약 몇 개인가?

① $7.85 \times 10^{16}$

② $20.45 \times 10^{15}$

③ $31.21 \times 10^{19}$

④ $50 \times 10^{19}$

전류와 전하의 관계

전류 $I = \dfrac{Q}{t} = \dfrac{ne}{1}$

(단, $Q$: 전하량, $n$: 전자의 개수, $e$: 전자의 전하량)

전자 개수

$n = \dfrac{I}{e} = \dfrac{50}{1.602 \times 10^{-19}} = 31.21 \times 10^{19}$ [개]

답 ③

## 102

$20[^\circ C]$에서 저항의 온도 계수가 0.002인 니크롬선의 저항이 $100[\Omega]$이다. 온도가 $60[^\circ C]$로 상승되면 저항은 몇 $[\Omega]$이 되겠는가?

① 108

② 112

③ 115

④ 120

온도 변화에 따른 저항값

$R_t = R_0\{1 + \alpha(t_2 - t_1)\}$

$= 100\{1 + 0.002(60 - 20)\} = 108[\Omega]$

(단, $R_t$: 새로운 저항값, $R_0$: 원래 저항값,

$\alpha$: 온도 계수. $t_1, t_2$: 변화 전, 후의 전선의 온도)

답 ①

## 103

구리의 고유 저항은 $20[^\circ C]$에서 $1.69 \times 10^{-8}[\Omega \cdot m]$이고 온도 계수는 0.00393이다. 단면적이 $2[mm^2]$이고 $100[m]$인 구리선의 저항값은 $40[^\circ C]$에서 약 몇 $[\Omega]$인가?

① $0.91 \times 10^{-3}$

② $1.89 \times 10^{-3}$

③ 0.91

④ 1.89

$20[^\circ C]$에서의 저항 $R_0$ 계산

$R_0 = \rho\dfrac{l}{S} = 1.69 \times 10^{-8} \times \dfrac{100}{2 \times 10^{-6}} = 0.845[\Omega]$

$40[^\circ C]$에서의 저항 $R_t$ 계산

$R_t = R_0\{1 + \alpha(t_2 - t_1)\}$

$= 0.845\{1 + 0.00393(40 - 20)\} = 0.91[\Omega]$

(단, $R_t$: 새로운 저항값, $R_0$: 원래 저항값,

$\alpha$: 온도 계수. $t_1, t_2$: 변화 전, 후의 전선의 온도)

답 ③

## 104

반지름이 $a[m]$, $b[m]$인 두 개의 구 형상 도체 전극이 도전율 $k$인 매질 속에 거리 $r[m]$만큼 떨어져 있다. 양 전극 간의 저항 $[\Omega]$은? (단, $r \gg a$, $r \gg b$ 이다.)

① $4\pi k \left( \dfrac{1}{a} + \dfrac{1}{b} \right)$      ② $4\pi k \left( \dfrac{1}{a} - \dfrac{1}{b} \right)$

③ $\dfrac{1}{4\pi k} \left( \dfrac{1}{a} + \dfrac{1}{b} \right)$      ④ $\dfrac{1}{4\pi k} \left( \dfrac{1}{a} - \dfrac{1}{b} \right)$

**기본 개념 및 공식**

- 반지름 $r[m]$인 구 도체 정전 용량 $C = 4\pi\varepsilon_0 r [F]$
- 저항과 정전 용량의 관계식 $RC = \varepsilon\rho = \dfrac{\varepsilon}{k}$

**각 구 전극의 저항 계산**

$$R_1 = \frac{\varepsilon}{kC} = \frac{\varepsilon}{k \times 4\pi\varepsilon a} = \frac{1}{4\pi ka} [\Omega]$$

마찬가지로, $R_2 = \dfrac{1}{4\pi kb} [\Omega]$

**양 전극 간의 저항**

두 전극이 직렬 연결된 것으로 보고 전체 저항을 계산하면

$$R = R_1 + R_2 = \frac{1}{4\pi ka} + \frac{1}{4\pi kb} = \frac{1}{4\pi k}\left(\frac{1}{a} + \frac{1}{b}\right)[\Omega]$$

따라서 양 전극 간의 저항은 $\dfrac{1}{4\pi k}\left(\dfrac{1}{a} + \dfrac{1}{b}\right)[\Omega]$이다.

답 ③

## 105

동일한 금속 도선의 두 점 사이에 온도차를 주고 전류를 흘렸을 때 열의 발생 또는 흡수가 일어나는 현상은?

① 펠티에(Peltier) 효과      ② 볼타(Volta) 효과

③ 제백(Seebeck) 효과      ④ 톰슨(Thomson) 효과

**열전 효과**

- **펠티에(Peltier) 효과** : 서로 다른 금속체를 접합하여 폐회로를 만들고, 이 폐회로로 전류를 흐르게 하면 접합점에서 열의 흡수 및 발생이 일어나는 현상이다. 제벡 효과와 반대 방향으로 작용한다.
- **제벡(Seebeck) 효과** : 서로 다른 금속체를 접합하여 폐회로를 만들고, 두 접합점에 온도차를 주면 열기전력이 발생하는 현상이다.
- **톰슨(Thomson) 효과** : 동일한 금속체를 접합하여 폐회로를 만들었을 때도, 온도차가 있으면 열기전력이 발생하는 현상이다. 제벡 효과와 유사하나, 동일한 금속 내에서도 이러한 현상이 발생할 수 있다는 점이 다르다.

답 ④

## 106

도체나 반도체에 전류를 흘리고 이것과 직각 방향으로 자계를 가하면 이 두 방향과 직각 방향으로 기전력이 생기는 현상을 무엇이라 하는가?

① 홀 효과      ② 핀치 효과

③ 볼타 효과      ④ 압전 효과

**홀(Hall) 효과**

전류가 흐르는 도체에 자계를 가하면, 플레밍의 왼손 법칙에 의해 도체 측면에 전위차가 발생하는 현상이다.

답 ①

## 107

압전 효과를 이용하지 않은 것은?

① 수정 발진기 　　② 마이크로폰

③ 초음파 발생기 　　④ 자속계

---

**압전 효과를 이용한 기기**
- 수정 발진기
- 마이크로폰
- 초음파 발생기
- 크리스탈 픽업

답 ④

## 108

압전기 현상에서 전기 분극이 기계적 응력에 수직한 방향으로 발생하는 현상은?

① 종효과 　　② 횡효과

③ 역효과 　　④ 직접 효과

---

압전효과는 기계적 압력을 가할 때 전위차가 밸생하거나, 반대로 전위차로 인해 기계적 변형이 일어나는 현상이다.
- **종효과** : 힘을 가하는 방향과 전위차가 발생하는 방향이 같은 경우
- **횡효과** : 힘을 가하는 방향과 전위차가 발생하는 방향이 수직인 경우

이 문제는 전기 분극(전위차 발생)이 기계적 응력에 수직한 방향으로 일어나는 상황을 묻고 있으므로, 답은 횡효과이다.

답 ②

## 109

임의의 방향으로 배열되었던 강자성체의 자구가 외부 자기장의 힘이 일정치 이상이 되는 순간에 급격히 회전하여 자기장의 방향으로 배열되고 자속밀도가 증가하는 현상을 무엇이라 하는가?

① 자기여효(magnetic aftereffect)

② 바크하우젠 효과(Barkhausen effect)

③ 자기왜현상(magneto-striction effect)

④ 핀치 효과(pinch effect)

---

- **바크하우젠 효과** : 강자성체의 내부 자속이 외부 자계에 의해 불연속적으로 변화하는 현상
- **자기여효** : 강자성체에 자계를 인가했을 때, 자화가 시간적으로 늦게 일어나는 현상
- **자기왜현상** : 강자성체가 자기장 안에서 일그러지는 현상
- **핀치 효과** : 전류가 흐르는 액체 도체가 수축하거나 이완하는 현상

답 ②

## 110

점 전하에 의한 전계는 쿨롱의 법칙을 사용하면 되지만 분포되어 있는 전하에 의한 전계를 구할 때는 무엇을 이용하는가?

① 렌츠의 법칙　　　② 가우스의 정리

③ 라플라스의 방정식　　④ 스토크스의 정리

점 전하에 의한 전계를 구할 때는 쿨롱의 법칙을 사용하면 되지만, 전하가 공간에 분포되어 있는 경우에는 가우스의 정리를 이용한다.

가우스의 정리는 전하 분포에 따른 전속과 자기장 사이의 관계를 설명하며, 임의의 폐곡면을 통과하는 전기력선의 개수는 그 폐곡면 내에 포함된 총 전하량에 비례한다.

특히 대칭적인 전하 분포(구 대칭, 원통 대칭)에서는 가우스의 정리를 통해 전기장의 크기를 간단하게 구할 수 있으며, 이 법칙은 전하가 일정하게 분포된 경우에 전기장을 계산하는 데 유용하다.

> ☑ **참고** 가우스의 법칙
> - 전기력선의 개수
> $$N = \int E \cdot ds = \frac{Q}{\varepsilon_0}$$
> - 전속선의 개수
> $$\psi = \int D \cdot ds = Q$$

답 ②

## 111

그림과 같이 반지름 $a[m]$의 한 번 감긴 원형 코일이 균일한 자속 밀도 $B[Wb/m^2]$인 자계에 놓여 있다. 지금 코일면에 자계와 나란하게 전류 $I[A]$를 흘리면 원형 코일이 자계로부터 받는 회전 모멘트는 몇 $[N \cdot m/rad]$인가?

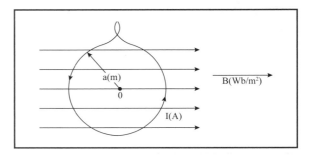

① $\pi a B I$　　　② $2\pi a B I$

③ $\pi a^2 B I$　　　④ $2\pi a^2 B I$

주어진 문제에서 원형 코일이 균일한 자속밀도 $B$인 자계 내에 놓여 있을 때, 코일에 전류 $I$가 흐르면 자계로부터 회전 모멘트를 받는다.

**주어진 값**
- 코일이 한 번 감겼으므로 $N=1$
- 면적 $S$는 원형 코일의 면적이므로 $S=\pi a^2$
- 코일면이 자계와 나란하게 위치하고 있어 $\theta = 0°$이므로 $\cos\theta = 1$

**회전 모멘트 공식**
$$T = NBIS\cos\theta = 1 \times BI \times \pi a^2 \times 1$$
$$= \pi a^2 BI[N \cdot m/rad]$$

답 ③

## 112

다음 조건들 중 초전도체에 부합되는 것은? (단, $\mu_r$ 은 비투자율, $\chi_x$ 은 비자화율, $B$는 자속 밀도이며 작동 온도는 임계 온도 이하라 한다.

① $\chi_m = -1$, $\mu_r = 0$, $B = 0$

② $\chi_m = 0$, $\mu_r = 0$, $B = 0$

③ $\chi_m = 1$, $\mu_r = 0$, $B = 0$

④ $\chi_m = -1$, $\mu_r = 1$, $B = 0$

초전도체의 주요 특성 중 하나는 내부에서 자속 밀도 $B$가 0이 되는 마이스너 효과이다. 이를 통해 외부 자기장을 완전히 배제하는 성질을 가진다. 이러한 초전도체의 특성을 고려하여 각 조건에 대해 설명하면 다음과 같다.

- **비투자율($\mu_r$)** : 초전도체의 비투자율 $\mu_r = 0$이다. 이는 자기장이 초전도체 내부로 침투하지 않음을 나타낸다.
- **비투자율($\chi_m$)** : 초전도체는 외부 자기장을 완전히 배제하기 때문에 비투자율 $\chi_m = -1$이다. 이는 초전도체가 자기장을 반발하는 성질을 의미한다.
- **자속 밀도($B$)** : 초전도체 내부에서 자속 밀도 $B = 0$이다. 이는 마이스너 효과에 의해 외부 자기장이 내부로 침투하지 않는 것을 의미한다.

图 ①

## 113

한 변의 길이가 10[$cm$]인 정사각형 회로에 직류 전류 10[$A$]가 흐를 때, 정사각형의 중심에서의 자계 세기는 몇 [$A/m$] 인가?

① $\dfrac{100\sqrt{2}}{\pi}$  ② $\dfrac{200\sqrt{2}}{\pi}$

③ $\dfrac{300\sqrt{2}}{\pi}$  ④ $\dfrac{400\sqrt{2}}{\pi}$

**정사각형 중심의 자계**

$$H = \frac{2\sqrt{2}\,I}{\pi l} = \frac{2\sqrt{2} \times 10}{\pi \times 0.1} = \frac{200\sqrt{2}}{\pi}\,[AT/m]$$

图 ②

## 114

한 변의 길이가 $l[m]$인 정사각형 도체 회로에 전류 $I[A]$를 흘릴 때 회로의 중심점에서 자계의 세기는 몇 [$AT/m$]인가?

① $\dfrac{2I}{\pi l}$  ② $\dfrac{I}{\sqrt{2}\,\pi l}$

③ $\dfrac{\sqrt{2}\,I}{\pi l}$  ④ $\dfrac{2\sqrt{2}\,I}{\pi l}$

**정$n$각형 중심의 자계**

- 정삼각형 : $H = \dfrac{9I}{2\pi l}\,[AT/m]$

- 정사각형(정방형) : $H = \dfrac{2\sqrt{2}\,I}{\pi l}\,[AT/m]$

- 정육각형 : $H = \dfrac{\sqrt{3}\,I}{\pi l}\,[AT/m]$

图 ④

## 115

공기 중에서 $1[m]$ 간격을 가진 두 개의 평행 도체 전류의 단위 길이에 작용하는 힘은 몇 $[N]$인가? (단, 전류는 $1[A]$라고 한다.)

① $2 \times 10^{-7}$   ② $4 \times 10^{-7}$

③ $2\pi \times 10^{-7}$   ④ $4\pi \times 10^{-7}$

**평행 도선 사이에 작용하는 힘**

$$F = \frac{\mu_0 I_1 I_2}{2\pi d} = \frac{4\pi \times 10^{-7} \times 1 \times 1}{2\pi \times 1} = 2 \times 10^{-7} [N/m]$$

답 ①

## 116

무한장 직선 전류에 의한 자계의 세기$[AT/m]$는?

① 거리 $r$에 비례한다.   ② 거리 $r^2$에 비례한다.

③ 거리 $r$에 반비례한다.   ④ 거리 $r^2$에 반비례한다.

**무한장 직선 전류에 의한 자계**

$$H = \frac{I}{2\pi r} [A/m]$$

자계의 세기는 거리 $r$에 반비례한다. 이는 전류가 흐르는 직선으로부터의 거리가 멀어질수록 자계의 세기가 약해진다는 것을 의미한다.

답 ③

## 117

전계 $E = \sqrt{2} E_e \sin\omega\left(t - \frac{x}{c}\right) [V/m]$의 평면 전자파가 있다. 진공 중에서 자계의 실효값은 몇 $[A/m]$인가?

① $0.707 \times 10^{-3} E_e$   ② $1.44 \times 10^{-3} E_e$

③ $2.65 \times 10^{-3} E_e$   ④ $5.37 \times 10^{-3} E_e$

**진공 중 전계와 자계의 관계**

$$H_e = \sqrt{\frac{\varepsilon_0}{\mu_0}} E_e = \frac{1}{377} E_e = 2.65 \times 10^{-3} E_e [A/m]$$

답 ③

## 118

Biot-Savart의 법칙에 의하면, 전류소에 의해서 임의의 한 점 $P$에 생기는 자계의 세기를 구할 수 있다. 다음 중 설명으로 틀린 것은?

① 자계의 세기는 전류의 크기에 비례한다.

② MKS 단위계를 사용할 경우 비례 상수는 $\frac{1}{4\pi}$ 이다.

③ 자계의 세기는 전류소와 점 $P$와의 거리에 반비례한다.

④ 자계의 방향은 전류소 및 이 전류소와 점 $P$를 연결하는 직선을 포함하는 면에 법선 방향이다.

**비오-사바르의 법칙**

$$dH = \frac{Idl\sin\theta}{4\pi r^2} [AT/m]$$

(단, $I$ : 전류의 크기, $dl$ : 도선의 미소 길이,
$\theta$ : 전류 소자와 점 $P$ 사이의 각도,
$r$ : 전류 소자와 점 $P$ 사이의 거리)

자계의 세기는 거리에 반비례하는 것이 아니라, 거리의 제곱에 반비례한다.

답 ③

## 119

판자석의 세기가 $0.01[Wb/m^2]$, 반지름이 $5[cm]$인 원형 판자석이 있다. 자석의 중심에서 축상 $10[cm]$인 점에서의 자위의 세기는 몇 $[A]$인가?

① 100          ② 175

③ 370          ④ 420

**판자석(자기 이중층)에서의 자위**

• 주어진 값

  자석의 세기 $M = 0.01[Wb/m]$

  자석의 반지름 $a = 5[cm] = 0.05[m]$

  축상에서의 거리 $r = 10[cm] = 0.1[m]$

• 자위의 세기 공식

$$U = \frac{M}{4\pi\mu_0}\omega = \frac{M}{2\mu_0}\left(1 - \frac{r}{\sqrt{a^2 + r^2}}\right)$$
$$= \frac{0.01}{2 \times 4\pi \times 10^{-7}} \times \left(1 - \frac{0.1}{\sqrt{0.05^2 + 0.1^2}}\right) = 420[A]$$

☑ **참고** 입체각 $\omega = 2\pi(1 - \cos\theta)[sr]$

답 ④

## 120

비투자율 1,000인 철심이 든 환상 솔레노이드의 권수가 600회, 평균 지름 $20[cm]$, 철심의 단면적 $10[cm^2]$이다. 이 솔레노이드에 $2[A]$의 전류가 흐를 때 철심 내의 자속은 약 몇 $[Wb]$인가?

① $1.2 \times 10^{-3}$        ② $1.2 \times 10^{-4}$

③ $2.4 \times 10^{-3}$        ④ $2.4 \times 10^{-4}$

**환상 솔레노이드의 자계**

$$H = \frac{NI}{2\pi a}[AT/m]$$

**자속**

$$\phi = BS = \mu HS = \mu_0\mu_s \times \frac{NI}{2\pi a} \times S[Wb]$$
$$= 4\pi \times 10^{-7} \times 1,000 \times \frac{600 \times 2}{2\pi \times \frac{20}{2} \times 10^{-2}} \times 10 \times 10^{-4}$$
$$= 2.4 \times 10^{-3}[Wb]$$

답 ③

## 121

유전율이 $\varepsilon = 4\varepsilon_0$ 이고 투자율이 $\mu_0$ 인 비도전성 유전체에서 전자파 전계의 세기가 $\dot{E}(z, t) = a_y 377\cos(10^9 t - \beta z) \, [V/m]$일 때의 자계의 세기 $H$는 몇 $[A/m]$인가?

① $-a_z 2\cos(10^9 t - \beta z)$

② $-a_x 2\cos(10^9 t - \beta z)$

③ $-a_z 7.1 \times 10^4 \cos(10^9 t - \beta z)$

④ $-a_x 7.1 \times 10^4 \cos(10^9 t - \beta z)$

전자파에서 자계 $H$는 전계 $E$와 다음 관계를 가진다.

$$H = \sqrt{\frac{\varepsilon_0}{\mu_0}} \, E$$

문제에서 유전율 $\varepsilon = 4\varepsilon_0$,

전계의 세기 $E = 377\cos(10^9 t - \beta z) \, [V/m]$로 주어졌으므로

$$H = \sqrt{\frac{4\varepsilon_0}{\mu_0}} \, E = \sqrt{4} \times \frac{1}{377} \times E = 2 \times \frac{1}{377} \times 377$$

$$= 2 \, [AT/m]$$

따라서 자계의 크기는 $2\cos(10^9 t - \beta z) \, [A/m]$이다.

전자파에서 전계와 자계는 서로 직교한다.

문제에서 전계 $E$가 $y$ 방향이므로 자계 $H$는 $x$ 방향이나 $-x$ 방향이 된다.

따라서 자계의 세기 $\dot{H} = -a_x 2\cos(10^9 t - \beta z) \, [AT/m]$이다.

답 ②

## 122

$q[C]$의 전하가 진공 중에서 $v[m/s]$의 속도로 운동하고 있을 때, 이 운동 방향과 $\theta$의 각으로 $r[m]$떨어진 점의 자계의 세기$[AT/m]$는?

① $\dfrac{q\sin\theta}{4\pi r^2 v}$

② $\dfrac{v\sin\theta}{4\pi r^2 q}$

③ $\dfrac{qv\sin\theta}{4\pi r^2}$

④ $\dfrac{v\sin\theta}{4\pi r^2 q^2}$

**비오-사바르의 법칙**

도선에 전류 $I[A]$가 흐를 때, 도선의 미소 부분 $dl$에서 $r[m]$ 떨어진 점 $P$에서의 자계의 세기 $dH$는 다음의 식과 같다.

$$dH = \frac{Idl\sin\theta}{4\pi r^2} \, [AT/m] = \frac{qv\sin\theta}{4\pi r^2} \, [AT/m]$$

(단, $\theta$: 전류의 방향과 $r$이 이루는 각)

답 ③

## 123

원형 선전류 $I[A]$의 중심축상 점 $P$의 자위[$A$]를 나타내는 식은? (단, $\theta$는 점 $P$에서 원형 전류를 바라보는 평면각이다.)

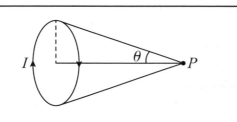

① $\dfrac{I}{2}(1-\cos\theta)$      ② $\dfrac{I}{4}(1-\cos\theta)$

③ $\dfrac{I}{2}(1-\sin\theta)$      ④ $\dfrac{I}{4}(1-\sin\theta)$

---

원형 전류가 중심축 상 점 $P$에서 발생하는 자위

$$U = \frac{I}{4\pi}\omega = \frac{I}{4\pi} \times 2\pi(1-\cos\theta) = \frac{I}{2}(1-\cos\theta)[A]$$

☑ **참고** 입체각 $\omega = 2\pi(1-\cos\theta)[sr]$

답 ①

## 124

균일한 자장 내에 놓여 있는 직선 도선에 전류 및 길이를 각각 2배로 하면 이 도선에 작용하는 힘은 몇 배가 되는가?

① 1                 ② 2

③ 4                 ④ 8

---

- 직선 도선에 작용하는 힘

  $$F = BIl\sin\theta[N]$$

- 전류 $I$와 도선의 길이 $l$을 각각 2배로 하면

  $$I' = 2I, \ l' = 2l$$

- 새로운 힘 $F'$은 다음과 같이 계산된다.

  $$F' = B \times 2I \times 2l\sin\theta = 4BIl\sin\theta = 4F[N]$$

  즉, 도선에 작용하는 힘은 기존 힘의 4배이다.

답 ③

## 125

그림과 같이 전류가 흐르는 반원형 도선이 평면 $z = 0$ 상에 놓여 있다. 이 도선이 자속 밀도 $B = 0.6a_x - 0.5a_y + a_z \, [Wb/m^2]$ 인 균일 자계 내에 놓여 있을 때 도선의 직선 부분에 작용하는 힘[N]은?

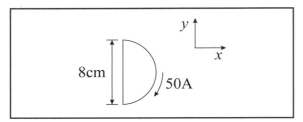

① $4a_x + 2.4a_z$

② $4a_x - 2.4a_z$

③ $5a_x - 3.5a_z$

④ $-5a_x + 3.5a_z$

플레밍의 왼손 법칙 $F = I(l \times B)$

전류 $I = 50[A]$, 자속 밀도 $0.6a_x - 0.5a_y + a_z \, [Wb/m^2]$, 그리고 도선의 직선 부분이 $y$축 방향으로 배치되어 있으므로 직선 도선의 길이 $l = 0.08a_y \, [m]$로 표현된다.

### 벡터 곱 계산

우선, 도선의 방향 벡터 $l = 0.08a_y$와 자속 밀도 $B$를 벡터곱으로 계산한다.

$l \times B = 0.08a_y \times (0.6a_x - 0.5a_y + a_z)$

벡터 곱을 계산하면

• $0.08a_y \times 0.6a_x = -0.048a_z$ (**규칙**: $a_y \times a_x = -a_z$)

• $0.08a_y \times a_y = 0$ (**규칙**: 동일한 방향 벡터끼리의 곱은 0이다.)

• $0.08a_y \times a_z = 0.08a_x$ (**규칙**: $a_y \times a_z = a_x$)

따라서 $l \times B = 0.08a_x - 0.048a_z$

### 힘 계산

$F = I(l \times B) = 50(0.08a_x - 0.048a_z) = 4a_x - 2.4a_z \, [N]$

> ☑ **참고** 벡터곱 공식
> 벡터곱을 계산할 때는 각 성분끼리의 곱을 구하고, 방향에 따라 결과를 정리한다.
>
> $\hat{a}_x \times \hat{a}_y = \hat{a}_z$
>
> $\hat{a}_y \times \hat{a}_z = \hat{a}_x$
>
> $\hat{a}_z \times \hat{a}_x = \hat{a}_y$
>
> 벡터를 곱할 때 순서에 따라 부호가 달라진다.
>
> $\hat{a}_y \times \hat{a}_x = -\hat{a}_z$
>
> $\hat{a}_z \times \hat{a}_y = -\hat{a}_x$
>
> $\hat{a}_x \times \hat{a}_z = -\hat{a}_y$

답 ②

## 126

평행한 두 도선 간의 전자력은? (단, 두 도선간의 거리는 $r[m]$라 한다.)

① $r$에 비례
② $r^2$에 비례
③ $r$에 반비례
④ $r^2$에 반비례

**평행한 두 도선 간의 전자력**

$$F = \frac{\mu_0 I_1 I_2}{2\pi d}[N/m]$$

위 공식에서 알 수 있듯이, 두 도선 사이의 힘 $F$은 두 도선 사이의 거리 $r$에 반비례한다.

답 ③

## 127

단면적 $4[cm^2]$의 철심에 $6 \times 10^{-4}[Wb]$의 자속을 통하게 하려면 $2,800[AT/m]$의 자계가 필요하다. 이 철심의 비투자율은 약 얼마인가?

① 346
② 375
③ 407
④ 426

**자속 밀도 $B$ 계산**

$$B = \frac{\phi}{S} = \frac{6 \times 10^{-4}}{4 \times 10^{-4}} = 1.5[Wb/m^2] \ (\because \phi = BS)$$

자속 밀도와 자계 사이의 관계 $B = \mu H = \mu_0 \mu_s H$ 에서

비투자율 $\mu_s = \dfrac{B}{\mu_0 H} = \dfrac{1.5}{4\pi \times 10^{-7} \times 2,800} = 426$

답 ④

## 128

자극의 세기가 $8 \times 10^{-6}[Wb]$, 길이가 $3[cm]$인 막대자석을 $120[AT/m]$의 평등자계 내에 자력선과 30°의 각도로 놓으면 이 막대자석이 받는 회전력은 몇 $[N \cdot m]$인가?

① $1.44 \times 10^{-4}$
② $1.44 \times 10^{-5}$
③ $3.02 \times 10^{-4}$
④ $3.02 \times 10^{-5}$

**막대 자석의 회전력(토크)**

$$T = |\dot{M} \times \dot{H}| = MH\sin\theta = mlH\sin\theta$$
$$= 8 \times 10^{-6} \times 3 \times 10^{-2} \times 120 \times \sin 30°$$
$$= 1.44 \times 10^{-5}[N \cdot m]$$

답 ②

## 129

그림과 같이 평행한 무한장 직선도선에 $I[A]$, $4I[A]$인 전류가 흐른다. 두 선 사이의 점 $P$에서 자계의 세기가 0이라고 하면 $\frac{a}{b}$ 는?

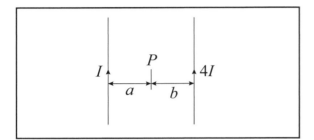

① 2

② 4

③ $\frac{1}{2}$

④ $\frac{1}{4}$

**자계의 세기 공식**

$H = \frac{I}{2\pi r}[A\,T/m]$

(단, $I$ : 전류[A], $r$ : 도선에서 점$P$까지의 거리[m])

**각 도선이 만드는 자계의 세기**

• 왼쪽 도선에 흐르는 전류 $I$가 $P$점에서 만드는 자계

$H_a = \frac{I}{2\pi a}[A\,T/m]$

• 오른쪽 도선에 흐르는 전류 $I$가 $P$점에서 만드는 자계

$H_b = \frac{4I}{2\pi b}[A\,T/m]$

자계가 0이 되는 조건 $H_a = H_b$

이를 식으로 표현하면 $\frac{I}{2\pi a} = \frac{4I}{2\pi b}$

따라서 두 도선 사이의 거리 비율은 $\frac{a}{b} = \frac{1}{4}$

답 ④

## 130

자속 밀도가 $0.3[Wb/m^2]$인 평등자계 내에 $5[A]$의 전류가 흐르는 길이 $2[m]$인 직선도체가 있다. 이 도체를 자계 방향에 대하여 60°의 각도로 놓았을 때 이 도체가 받는 힘은 약 몇 [N]인가?

① 1.3

② 2.6

③ 4.7

④ 5.2

**자계 내에서 전류가 흐르는 도체가 받는 힘**

$F = BIl\sin\theta = 0.3 \times 5 \times 2 \times \sin 60° = 2.6[N]$

(단, $\theta$ : 도체와 자계가 이루는 각도[°],

$l$ : 도체의 길이[m])

답 ②

## 131

무한장 직선형 도선에 $I[A]$의 전류가 흐를 경우 도선으로부터 $R[m]$ 떨어진 점의 자속 밀도 $B[Wb/m^2]$는?

① $B = \frac{\mu I}{2\pi R}$

② $B = \frac{I}{2\pi \mu R}$

③ $B = \frac{\mu I}{4\pi R}$

④ $B = \frac{I}{4\pi \mu R}$

**무한장 직선 전류에 의한 자계**

$H = \frac{I}{2\pi R}[A/m]$

**자속 밀도 계산**

$B = \mu H = \frac{\mu I}{2\pi R}[Wb/m^2]$

답 ①

## 132

전하 $q[C]$가 진공 중의 자계 $H[AT/m]$에 수직 방향으로 $v[m/s]$의 속도로 움직일 때 받는 힘은 몇 $[N]$인가? (단, 진공 중의 투자율은 $\mu_0$ 이다.)

① $qvH$      ② $\mu_0 qH$

③ $\pi qvH$      ④ $\mu_0 qvH$

**로렌츠의 힘**

$$F = Bqv\sin\theta\,[N]$$
$$= \mu_0 Hqv\sin\theta\,(\because B = \mu_0 H)$$
$$= \mu_0 Hqv\sin90° = \mu_0 qvH\,[N]$$

답 ④

## 133

공기 중에 있는 무한히 긴 직선 도선에 10$[A]$의 전류가 흐르고 있을 때 도선으로부터 2$[m]$ 떨어진 점에서의 자속 밀도는 몇 $[Wb/m^2]$인가?

① $10^{-5}$      ② $0.5\times10^{-6}$

③ $10^{-6}$      ④ $2\times10^{-6}$

**직선 도선에서의 자계의 세기**

$$H = \frac{I}{2\pi r}\,[AT/m]$$

**자속 밀도**

$$B = \mu_0 H = \frac{\mu_0 I}{2\pi r} = \frac{4\pi \times 10^{-7} \times 10}{2\pi \times 2} = 10^{-6}\,[Wb/m^2]$$

답 ③

## 134

반지름 $a[m]$인 무한장(원통형) 도체에 전류가 균일하게 흐를 때 도체 내부에서 자계의 세기$[AT/m]$는?

① 원통 중심축으로부터 거리에 비례한다.

② 원통 중심축으로부터 거리에 반비례한다.

③ 원통 중심축으로부터 거리의 제곱에 비례한다.

④ 원통 중심축으로부터 거리의 제곱에 반비례한다.

**원통 도체 내부의 자계의 세기**

$$H = \frac{r_1 I}{2\pi a^2}\,[A/m]$$

(단, $r_1$ : 중심축으로부터의 거리, $a$ : 도체의 반지름)

☑ **참고** 원주 도체(원통 도체)에서의 자계

① 내부($r_1 < a$): $H = \dfrac{r_1 I}{2\pi a^2}\,[A/m]$

② 표면($r = a$): $H = \dfrac{I}{2\pi a}\,[A/m]$

③ 외부($r_2 > a$): $H = \dfrac{I}{2\pi r^2}\,[A/m]$

답 ①

## 135

**평등 자계 내에 전자가 수직으로 입사하였을 때 전자의 운동에 대한 설명으로 옳은 것은?**

① 원심력은 전자 속도에 반비례한다.

② 구심력은 자계의 세기에 반비례한다.

③ 원 운동을 하고, 반지름은 자계의 세기에 비례한다.

④ 원 운동을 하고, 반지름은 전자의 회전속도에 비례한다.

---

전자가 자계에 수직으로 입사하면 자계에 의해 로렌츠 힘을 받는다.

$$F_H = Q|\dot{v} \times \dot{B}| = evB[N]$$

전자는 자계의 영향으로 원운동을 하며, 이때 원심력이 작용한다.

$$F_{원심력} = \frac{mv^2}{r}$$

원운동을 할 때, 로렌츠 힘과 원심력은 평형을 이룬다.

$$evB = \frac{mv^2}{r}$$

위 식을 $r$에 대해 정리하면 $r = \dfrac{mv}{eB}[m]$

즉, 원운동의 반지름 $r$은 전자의 속도 $v$에 비례하고, 자계의 세기 $B$에는 반비례한다.

답 ④

## 136

**그림과 같은 직사각형의 평면 코일이**
$$B = \frac{0.05}{\sqrt{2}}(a_x + a_y)[Wb/m^2]$$**인 자계에 위치하고 있다.**

**이 코일에 흐르는 전류가 $5[A]$일 때 $z$ 축에 있는 코일에서의 토크는 약 몇 $[N \cdot m]$인가?**

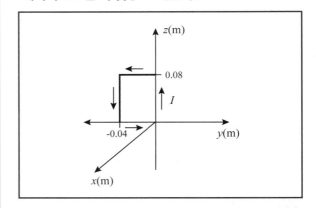

① $2.66 \times 10^{-4} a_x$  ② $5.66 \times 10^{-4} a_x$

③ $2.66 \times 10^{-4} a_z$  ④ $5.66 \times 10^{-4} a_z$

---

**면적 벡터 $S$:** 직사각형 코일의 면적은 $0.04 \times 0.08[m^2]$로, 방향은 $a_x$ 방향이다.

$$S = 0.04 \times 0.08 a_x = 0.0032 a_x [m^2]$$

**토크 계산**

$$T = I(S \times B) = 5 \times 0.0032 a_x \times \left(\frac{0.05}{\sqrt{2}}(a_x + a_y)\right)$$

$$= 5 \times 0.0032 \times \frac{0.05}{\sqrt{2}}(a_x \times a_x + a_x \times a_y)$$

벡터 곱을 구할 때 $a_x \times a_x = 0$, $a_x \times a_y = a_z$이므로

$$T = 5 \times 0.032 \times \frac{0.05}{\sqrt{2}} a_z = 5.66 \times 10^{-4} a_z [N \cdot m]$$

답 ④

## 137

평행 도선에 같은 크기의 왕복 전류가 흐를 때 두 도선 사이에 작용하는 힘에 대한 설명으로 옳은 것은?

① 흡인력이다.

② 전류의 제곱에 비례한다.

③ 주위 매질의 투자율에 반비례한다.

④ 두 도선 사이 간격의 제곱에 반비례한다.

- 두 도선에 같은 크기의 왕복 전류가 흐를 때, 전류가 같은 방향으로 흐르면 흡인력(서로 끌어당기는 힘)이 발생하고, 반대 방향으로 흐르면 반발력(서로 밀어내는 힘)이 발생한다.
- 이 힘은 전류의 제곱에 비례한다.
- 두 도선 사이에 작용하는 힘은 두 도선 사이 간격에 반비례한다.

☑ **참고** 평행 도선 사이에 작용하는 힘

$$F = \frac{\mu_0 I_1 I_2}{2\pi d} \, [N/m]$$

답 ②

## 138

반지름이 $5[mm]$, 길이가 $15[mm]$, 비투자율이 50인 자성체 막대에 코일을 감고 전류를 흘려서 자성체 내의 자속 밀도를 $50[Wb/m^2]$으로 하였을 때 자성체 내에서의 자계의 세기는 몇 $[A/m]$인가?

① $\dfrac{10^7}{\pi}$  ② $\dfrac{10^7}{2\pi}$

③ $\dfrac{10^7}{4\pi}$  ④ $\dfrac{10^7}{8\pi}$

**자속 밀도**

$$B = \mu H = \mu_0 \mu_s H [Wb/m^2]$$

위 공식을 $H$에 대해 정리하면

**자계의 세기**

$$H = \frac{B}{\mu_0 \mu_s} = \frac{50}{4\pi \times 10^{-7} \times 50} = \frac{10^7}{4\pi} [AT/m]$$

답 ③

## 139

전류 $I$가 흐르는 무한 직선 도체가 있다. 이 도체로부터 수직으로 $0.1[m]$ 떨어진 점에서 자계의 세기가 $180[AT/m]$이다. 도체로부터 수직으로 $0.3[m]$떨어진 점에서 자계의 세기$[AT/m]$는?

① 20  ② 60

③ 180  ④ 540

무한 직선 도체의 자계 $H = \dfrac{I}{2\pi r} [AT/m]$

문제에서 $r = 0.1[m]$일 때, 자계 $H = 180[AT/m]$이다.

즉, $H_{r=0.1} = \dfrac{I}{2\pi \times 0.1} = 180 [AT/m]$

이제 $r = 0.3[m]$일 때, 자계를 구하면

$$H_{r=0.3} = \frac{I}{2\pi \times 0.3} = \frac{I}{2\pi \times 0.1} \times \frac{1}{3}$$

$$= 180 \times \frac{1}{3} = 60 [AT/m]$$

답 ②

## 140

진공 중에서 2[$m$] 떨어진 두 개의 무한 평행 도선에 단위 길이 당 $10^{-7}$[$N$]의 반발력이 작용할 때 각 도선에 흐르는 전류의 크기와 방향은? (단, 각 도선에 흐르는 전류의 크기는 같다.)

① 각 도선에 2[$A$]가 반대 방향으로 흐른다.

② 각 도선에 2[$A$]가 같은 방향으로 흐른다.

③ 각 도선에 1[$A$]가 반대 방향으로 흐른다.

④ 각 도선에 1[$A$]가 같은 방향으로 흐른다.

---

두 평행 도선 사이에 작용하는 힘 $F = \dfrac{\mu_0 I_1 I_2}{2\pi d}$[$N/m$]

문제에서 두 도선에 동일한 크기의 전류가 흐른다고 하였으므로 $I_1 = I_2 = I$로 설정하자.

$F = \dfrac{\mu_0 I^2}{2\pi d} = \dfrac{4\pi \times 10^{-7} \times I^2}{2\pi \times 2} = 10^{-7}$[$N/m$]

$\therefore I = 1$[$A$]

또한 문제에서 반발력이 작용한다고 했으므로, 두 도선에 흐르는 전류는 반대 방향이어야 한다.

답 ③

## 141

반지름이 $a$[$m$]인 원형 도선 2개의 루프가 $z$ 축 상에 그림과 같이 놓인 경우 $I$[$A$]의 전류가 흐를 때 원형 전류 중심축 상의 자계 $H$[$AT/m$]는? (단, $a_z$, $a_\phi$ 는 단위벡터이다.)

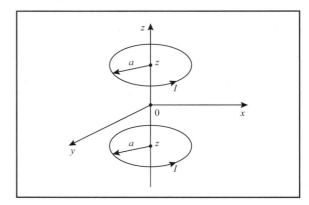

① $H = \dfrac{a^2 I}{(a^2 + z^2)^{\frac{3}{2}}} a_\phi$   ② $H = \dfrac{a^2 I}{(a^2 + z^2)^{\frac{3}{2}}} a_z$

③ $H = \dfrac{a^2 I}{2(a^2 + z^2)^{\frac{3}{2}}} a_\phi$   ④ $H = \dfrac{a^2 I}{2(a^2 + z^2)^{\frac{3}{2}}} a_z$

---

**원형 전류 루프의 중심축상 자계**

반지름 $a$인 단일 원형 도선이 $I$의 전류를 흐를 때, 중심축 $z$ 위치에서의 자계는 다음과 같이 계산된다.

$H = \dfrac{Ia^2}{2(a^2 + z^2)^{\frac{3}{2}}}$   ($z$축 위에서)

**두 루프의 자계 합산**

문제에서 주어진 상황은 두 개의 동일한 원형 도선이 $z$ 축을 따라 놓여 있고, 두 도선 모두 같은 방향으로 전류가 흐르고 있다. 암페어의 오른손 법칙에 따라, 두 루프가 만드는 자계는 $z$ 축 방향($+ a_z$)으로 더해진다.

$H = 2 \times \dfrac{Ia^2}{2(a^2 + z^2)^{\frac{3}{2}}} a_z = \dfrac{Ia^2}{(a^2 + z^2)^{\frac{3}{2}}} a_z$[$AT/m$]

답 ②

## 142

비투자율 $\mu_r$=800, 원형 단면적이 $S$=10[$cm^2$], 평균 자로 길이 $l$=16$\pi$×10$^{-2}$[$m$]의 환상 철심에 600회의 코일을 감고 이 코일에 1[$A$]의 전류를 흘리면 환상 철심 내부의 자속은 몇 [$Wb$]인가?

① 1.2×10$^{-3}$　　　② 1.2×10$^{-5}$

③ 2.4×10$^{-3}$　　　④ 2.4×10$^{-5}$

**자계의 세기**

$$H = \frac{NI}{l}[A/m]$$

**자속 밀도**

$$B = \mu H = \frac{\mu NI}{l} = \frac{\mu_0 \mu_r NI}{l}$$

**자속**

$$\phi = BS = \frac{\mu_0 \mu_r NIS}{l}$$

$$= \frac{4\pi \times 10^{-7} \times 800 \times 600 \times 1 \times 10 \times 10^{-4}}{16\pi \times 10^{-2}}$$

$$= 1.2 \times 10^{-3}[Wb]$$

답 ①

## 143

**와전류가 이용되고 있는 것은?**

① 수중 음파 탐지기

② 레이더

③ 자기 브레이크(magnetic brake)

④ 사이클로트론(cyclotron)

와전류는 도체 내부에 변화하는 자기장이 생길 때 발생하는 소용돌이 전류이다. 자기 브레이크, 적산 전력계, 고주파 유도 가열, 비파괴 검사 등에서 활용되며, 자기 브레이크에서는 와전류가 발생하여 회전 운동을 감속시키는 역할을 한다.

답 ③

## 144

**평등자계와 직각방향으로 일정한 속도로 발사된 전자의 원운동에 관한 설명으로 옳은 것은?**

① 플레밍의 오른손법칙에 의한 로렌츠의 힘과 원심력의 평행 원운동이다.

② 원의 반지름은 전자의 발사속도와 전계의 세기의 곱에 반비례한다.

③ 전자의 원운동 주기는 전자의 발사 속도와 무관하다.

④ 전자의 원운동 주파수는 전자의 질량에 비례한다.

전자가 속도 $v$로 자속밀도 $B$ 방향과 직각으로 진입하면, 전자는 로렌츠 힘 $F = eBv$를 받게 된다. 이 힘이 전자를 운동하게 만드는데, 원운동을 할 때는 원심력 $F = \frac{mv^2}{r}$가 작용한다.

로렌츠 힘과 원심력이 평형을 이루면 $eBv = \frac{mv^2}{r}$

위 식을 원의 반지름 $r$에 대해 정리하면 $r = \frac{mv}{eB}$

원운동의 주기는 전자가 한 바퀴를 도는 시간이다.

각속도는 $\omega = \frac{v}{r} = \frac{eB}{m}$로 정의되며

여기서 주기 $T$는 $\omega = \frac{2\pi}{T}$이므로 $T = \frac{2\pi m}{eB}$

따라서 주기 $T$는 발사 속도와 무관하고, 전자의 질량 $m$, 전하 $e$, 자속밀도 $B$에만 의존한다.

답 ③

## 145

한 변의 길이가 $4[m]$인 정사각형의 루프에 $1[A]$의 전류가 흐를 때, 중심점에서의 자속 밀도 $B$는 약 몇 $[Wb/m^2]$인가?

① $2.83 \times 10^{-7}$       ② $5.65 \times 10^{-7}$

③ $11.31 \times 10^{-7}$      ④ $14.14 \times 10^{-7}$

**정사각형 중심의 자계**

$$H = \frac{2\sqrt{2}\,I}{\pi l}\,[A/m]$$

**자속 밀도**

$$B = \mu_0 H = \frac{2\sqrt{2}\,\mu_0 I}{\pi l}$$

$$= \frac{2\sqrt{2} \times 4\pi \times 10^{-7} \times 1}{\pi \times 4}$$

$$= 2.83 \times 10^{-7}\,[Wb/m^2]$$

답 ①

## 146

전계 $E = \sqrt{2}\,E_c \sin\omega\left(t - \dfrac{x}{c}\right)\,[V/m]$의 평면 전자파가 있다. 진공 중에서 자계의 실효값은 몇 $[A/m]$인가?

① $\dfrac{1}{4\pi}E_c$      ② $\dfrac{1}{36\pi}E_c$

③ $\dfrac{1}{120\pi}E_c$      ④ $\dfrac{1}{360\pi}E_c$

**전계의 실효값**

주어진 전계가 $E = \sqrt{2}\,E_c \sin\omega\left(t - \dfrac{x}{c}\right)$일 때, 최대 전계는 $E_{\max} = \sqrt{2}\,E_c$ 이며 실효값은 최대값을 $\sqrt{2}$ 로 나눈 값이므로 $E_{rms} = \dfrac{E_{\max}}{\sqrt{2}} = \dfrac{\sqrt{2}\,E_c}{\sqrt{2}} = E_c$

따라서, 전계의 실효값은 $E_c$이다.

**자계와 전계의 관계**

$$H = \frac{E}{\eta}$$

여기서 $\eta = 377 = 120\pi$ 이다.

**자계의 실효값**

$$H_{rms} = \frac{E_c}{377} = \frac{1}{120\pi}E_c\,[A/m]$$

☑ **참고**

$$P = EH = \sqrt{\frac{\varepsilon_0}{\mu_0}}\,E^2 = \frac{1}{377}E^2$$

답 ③

## 147

반지름이 $r[m]$인 반원형 전류 $I[A]$에 의한 반원의 중심($O$)에서 자계의 세기$[AT/m]$는?

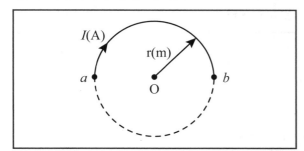

① $\dfrac{2I}{r}$

② $\dfrac{I}{r}$

③ $\dfrac{I}{2r}$

④ $\dfrac{I}{4r}$

**원형 코일의 중심에서 자계의 세기**

$$H = \frac{I}{2r}[AT/m]$$

**반원형 코일의 자계**

반원형 코일은 원형 코일의 절반에 해당하므로 중심에서의 자계도 원형 코일의 절반이다. 따라서 반원형 전류가 생성하는 자계의 세기는

$$H = \frac{I}{2r} \times \frac{1}{2} = \frac{I}{4r}[AT/m]$$

답 ④

## 148

자계의 세기를 나타내는 단위가 아닌 것은?

① $[A/m]$

② $[N/Wb]$

③ $[H \cdot A/m^2]$

④ $[Wb/H \cdot m]$

① 자계의 세기 $H$의 기본 단위는 $[A/m]$ 또는 $[AT/m]$이다.

② $H = \dfrac{F}{m} [N/Wb]$

④ 솔레노이드에서 자계의 세기는 $H = \dfrac{NI}{l}$이다.

$LI = N\phi$ 관계를 통해 $I = \dfrac{N\phi}{L}$이므로

$$H = \frac{N^2\phi}{Ll} [Wb/H \cdot m]$$

답 ③

## 149

반지름이 $2[m]$이고, 권수가 120회인 원형코일 중심에서의 자계의 세기를 $30[AT/m]$로 하려면 원형코일에 몇 $[A]$의 전류를 흘려야 하는가?

① 1

② 2

③ 3

④ 4

**원형 코일 중심에서의 자계**

$$H = \frac{NI}{2a}[AT/m]$$

**원형 코일의 전류**

$$I = \frac{2aH}{N} = \frac{2 \times 2 \times 30}{120} = 1[A]$$

답 ①

## 150

반지름 $a[m]$, 단위 길이당 권수 $N$, 전류 $I[A]$인 무한 솔레노이드 내부 자계의 세기 $[A/m]$는?

① $NI$

② $\dfrac{NI}{2\pi a}$

③ $\dfrac{2\pi NI}{a}$

④ $\dfrac{aNI}{2\pi}$

---

**무한장 솔레노이드의 자계 세기**

$H = NI[AT/m]$

**철심 외부의 자계 세기**

무한히 긴 솔레노이드의 경우, 자계는 대부분 내부에 집중되고 외부로는 거의 누설되지 않으므로 솔레노이드 외부의 자계 세기 $H$는 0으로 간주할 수 있다.

$H = 0[AT/m]$

따라서 무한 솔레노이드 내부의 자계 세기는 다음과 같다. $H = NI[AT/m]$

답 ①

## 151

공기 중에 있는 무한 직선 도체에 전류 $I[A]$가 흐르고 있을 때 도체에서 $r[m]$ 떨어진 점에서의 자속 밀도는 몇 $[Wb/m^2]$인가?

① $\dfrac{I}{2\pi r}$

② $\dfrac{2\mu_0 I}{\pi r}$

③ $\dfrac{\mu_0 I}{r}$

④ $\dfrac{\mu_0 I}{2\pi r}$

---

무한 직선 도체의 자계 $H = \dfrac{I}{2\pi r}[AT/m]$

자속 밀도 $B = \mu_0 H = \mu_0 \times \dfrac{I}{2\pi r} = \dfrac{\mu_0 I}{2\pi r}[Wb/m^2]$

답 ④

## 152

그림과 같이 전류 $I[A]$가 흐르는 반지름 $a[m]$인 원형 코일의 중심으로부터 $x[m]$인 점 $P$의 자계의 세기는 몇 $[AT/m]$인가?(단, $\theta$는 각 $APO$라고 한다.)

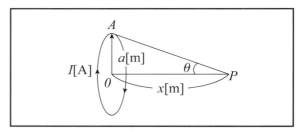

① $\dfrac{I}{2a}\cos^2\theta$

② $\dfrac{I}{2a}\sin^3\theta$

③ $\dfrac{I}{2a}\cos^3\theta$

④ $\dfrac{I}{2a}\sin^2\theta$

---

원형 코일로부터 직각 방향으로 떨어진 점 $P$에서의 자계 세기

$H = \dfrac{a^2 I}{2(a^2 + x^2)^{\frac{3}{2}}}[AT/m]$

삼각형 $APO$에서 $\sin\theta = \dfrac{a}{\sqrt{a^2 + x^2}}$ 와 같이 표현되므로

$\sin^3\theta = \left(\dfrac{a}{\sqrt{a^2 + x^2}}\right)^3 = \dfrac{a^3}{(a^2 + x^2)^{\frac{3}{2}}}$ 이다.

따라서 $H$식을 $\sin^3\theta$를 이용하여 정리하면

$H = \dfrac{a^2 I}{2(a^2 + x^2)^{\frac{3}{2}}} = \dfrac{I}{2a}\sin^3\theta[AT/m]$

답 ②

## 153

역자성체에서 비투자율($\mu_s$)은 어느 값을 갖는가?

① $\mu_s = 1$

② $\mu_s < 1$

③ $\mu_s > 1$

④ $\mu_s = 0$

**자성체의 종류**
- **강자성체**($\mu_s \gg 1$): 철(Fe), 니켈(Ni), 코발트(Co)
- **상자성체**($\mu_s > 1$): 백금(Pt), 알루미늄(Al), 공기
- **반(역)자성체**($\mu_s < 1$): 은(Ag), 구리(Cu), 비스무트(Bi), 물

📖 ②

## 154

내부 장치 또는 공간을 물질로 포위시켜 외부 자계의 영향을 차폐시키는 방식을 자기 차폐라 한다. 다음 중 자기 차폐에 가장 좋은 것은?

① 비투자율이 1보다 작은 역자성체

② 강자성체 중에서 비투자율이 큰 물질

③ 강자성체 중에서 비투자율이 작은 물질

④ 비투자율에 관계없이 물질의 두께에만 관계되므로 되도록 두꺼운 물질

자기 차폐는 외부 자기장의 영향을 차단하기 위해 물질로 내부 공간을 포위하는 방식이다. 자기 차폐에 가장 효과적인 방법은 자속이 비투자율이 큰 물질을 통해 쉽게 모이는 성질을 이용하는 것이다. 비투자율이 큰 물질은 자속을 잘 끌어들이기 때문에 철, 니켈, 코발트와 같은 강자성체 중에서 비투자율이 큰 물질이 자기 차폐에 적합하다.

📖 ②

## 155

$x = 0$ 인 무한평면을 경계면으로 하여 $x < 0$ 인 영역에는 비유전율 $\varepsilon_{r1} = 2$, $x > 0$ 인 영역에는 $\varepsilon_{r2} = 4$ 인 유전체가 있다.

$\varepsilon_{r1}$ 인 유전체 내에서 전계 $E_1 = 20a_x - 10a_y + 5a_z[V/m]$ 일 때 $x > 0$ 인 영역에 있는 $\varepsilon_{r2}$ 인 유전체 내에서 전속밀도 $D_2[C/m^2]$ 는? 단, 경계면상에는 자유 전하가 없다고 한다.

① $D_2 = \varepsilon_0(20a_x - 40a_y + 5a_z)$

② $D_2 = \varepsilon_0(40a_x - 40a_y + 20a_z)$

③ $D_2 = \varepsilon_0(80a_x - 20a_y + 10a_z)$

④ $D_2 = \varepsilon_0(40a_x - 20a_y + 20a_z)$

**STEP 1** 경계 조건 분석
- **접선 성분**: 유전체의 경계에서 접선 방향 $y$, $z$축의 성분은 연속적이다. 즉, $E_{1y} = E_{2y}$ 와 $E_{1z} = E_{2z}$ 가 성립한다.
- **법선 성분**: 유전체의 경계에서 법선 방향 $x$ 축의 전속밀도 $D$는 연속적이다. 즉, $D_{1x} = D_{2x}$ 가 성립한다.

**STEP 2** 유전체 1에서의 전계
$E_1 = 20a_x - 10a_y + 5a_z[V/m]$

**STEP 3** 접선 성분에서의 전계
$E_{1y} = E_{2y} = -10[V/m]$, $E_{1z} = E_2 = 5[V/m]$

**STEP 4** 법선 성분에서의 전계
$D_1 = D_2$에서 $\varepsilon_1 E_1 = \varepsilon_2 E_2$
$\therefore E_{2x} = \dfrac{\varepsilon_1}{\varepsilon_2} \times E_{1x} = \dfrac{2\varepsilon_0}{4\varepsilon_0} \times 20 = 10[V/m]$

따라서 유전체 2에서의 전계 $E_2$는
$E_2 = 10a_x - 10a_y + 5a_z[V/m]$

**STEP 5** 전속밀도 $D_2$ 계산
$D_2 = \varepsilon_0 \varepsilon_s E_2$
$\varepsilon_0 \times 4(10a_x - 10a_y + 5a_z)$
$= \varepsilon_0(40a_x - 40a_y + 20a_z)[C/m^2]$

📖 ②

## 156

매질 1의 $\mu_1$ =500, 매질 2의 $\mu_2$ =1,000이다. 매질 2에서 경계면에 대하여 45° 각도로 자계가 입사한 경우 매질 1에서 경계면과 자계의 각도에 가장 가까운 것은?

① 20°  ② 30°

③ 60°  ④ 80°

### 자성체 경계면에서 각도와 투자율과의 관계

$$\frac{\tan\theta_1}{\tan\theta_2} = \frac{\mu_1}{\mu_2}$$

$$\frac{\tan\theta_1}{\tan 45°} = \frac{500}{1,000}$$

$$\tan\theta_1 = \frac{500}{1,000} \times \tan 45° = \frac{1}{2}$$

$$\theta_1 = \tan^{-1}\left(\frac{1}{2}\right) = 26.57°$$

$\theta_1$은 자계와 경계면의 수직 방향(법선)과 자계가 이루는 각도이다. 하지만 문제에서 묻는 것은 경계면과 자계가 이루는 각도이므로, 90°에서 $\theta_1$을 빼야 한다.

$\theta = 90° - 26.57° = 63.43° \fallingdotseq 60°$

답 ③

## 157

히스테리시스 곡선에서 히스테리시스 손실에 해당하는 것은?

① 보자력의 크기

② 잔류 자기의 크기

③ 보자력과 잔류 자기의 곱

④ 히스테리시스 곡선의 면적

### 히스테리시스 곡선의 특징

- 잔류 자기($B_r$) : 자계를 제거해도 남아있는 자속 밀도
- 보자력($H_c$) : 잔류 자기를 없애기 위해 필요한 자계의 세기
- 히스테리시스 손실($P_h$) : 곡선 면적에 해당하는 에너지가 열로 소비됨

$$P_h = k_h f V B_m^{1.6} [W]$$

(단, $k_h$ : 히스테리시스 상수, $f$ : 주파수, $V$ : 자성체 체적, $B_m$ : 최대 자속 밀도)

- 와류손($P_e$) : 자성체 내부에서 발생하는 기전력에 의해 발생하는 손실

$$P_e = k_e f^2 B_m^2 t^2 [W/m^3]$$

(단, $k_e$ : 와류손 상수, $t$ : 두께)

답 ④

## 158

자기 회로에서 키르히호프의 법칙으로 알맞은 것은?(단, $R$: 자기저항, $\phi$: 자속, $N$: 코일 권수, $I$: 전류이다.)

① $\sum_{i=1}^{n} \phi_i = \infty$　　② $\sum_{i=1}^{n} N_i \phi_i = 0$

③ $\sum_{i=1}^{n} R_i \phi_i = \sum_{i=1}^{n} N_i I_i$　④ $\sum_{i=1}^{n} R_i \phi_i = \sum_{i=1}^{n} N_i L_i$

자기 회로에서 키르히호프의 법칙은 전기 회로의 키르히호프 전압법칙(KVL)과 유사하다. 전기 회로에서 저항과 전압이 연관되는 것처럼 자기 회로에서는 자기 저항과 자속이 연관된다.
키르히호프 법칙에 따르면 폐자기 회로에서의 자기 저항과 자속의 곱(즉, 각 구간의 자속 강도)은 전체 회로에 걸린 기자력(코일 권수와 전류의 곱)과 같다.

> ☑ **참고** 전기 회로와 자기 회로의 대응 관계

| 전기 회로 | | 자기 회로 | |
|---|---|---|---|
| 기전력 | $E = IR[V]$ | 기자력 | $F = NI[AT]$ |
| 전류 | $I = \dfrac{E}{R}[A]$ | 자속 | $\phi = \dfrac{F}{R_m}[Wb]$ |
| 전기 저항 | $R = \rho\dfrac{l}{S} = \dfrac{l}{kS}[\Omega]$ | 자기 저항 | $R = \dfrac{l}{\mu S}[AT/Wb]$ |
| 도전율 | $k[\mho/m]$ | 투자율 | $\mu[H/m]$ |

답 ③

## 159

자성체 경계면에 전류가 없을 때의 경계 조건으로 틀린 것은?

① 자계 $H$의 접선 성분 $H_{1T} = H_{2T}$

② 자속 밀도 $B$의 법선 성분 $B_{1N} = B_{2N}$

③ 경계면에서 자력선의 굴절 $\dfrac{\tan\theta_1}{\tan\theta_2} = \dfrac{\mu_1}{\mu_2}$

④ 전속 밀도 $D$의 법선 성분 $D_{1N} = D_{2N} = \dfrac{\mu_2}{\mu_1}$

전속 밀도 $D$는 자성체 경계면에서 투자율과 관련이 없다. 전속 밀도 $D$의 법선 성분에 대한 조건은 유전율과 관련되어야 한다.

> ☑ **참고** 자성체의 경계면 조건
> • 자계는 경계면에서 수평(접선) 성분이 같다.
> • 자속밀도는 경계면에서 수직(법선) 성분이 같다.
> • 자성체 경계면에서 각도와 투자율의 관계
> $$\dfrac{\tan\theta_1}{\tan\theta_2} = \dfrac{\mu_1}{\mu_2}$$

답 ④

## 160

길이 $l[m]$, 지름 $d[m]$인 원통이 길이 방향으로 균일하게 자화되어 자화의 세기가 $J[Wb/m^2]$인 경우 원통 양단에서의 전자극의 세기$[Wb]$는?

① $\pi d^2 J$　　　　　② $\pi d J$

③ $\dfrac{4J}{\pi d^2}$　　　　　④ $\dfrac{\pi d^2 J}{4}$

자화의 세기 $J = \dfrac{m}{S}[Wb/m^2]$

전자극의 세기 $m = SJ = \pi r^2 J = \pi\left(\dfrac{d}{2}\right)^2 J = \dfrac{\pi d^2 J}{4}[Wb]$

✓ **TIP** 문제에서 지름이 아닌 반지름 $r$이 주어진 경우
전자극의 세기 $m = \pi^2 r^2 J[Wb]$

답 ④

## 161

와류손에 대한 설명으로 틀린 것은? (단, $f$ : 주파수, $B_m$ : 최대 자속 밀도, $t$ : 두께, $\rho$ : 저항률이다.)

① $t^2$에 비례한다.　　② $f^2$에 비례한다.

③ $\rho^2$에 비례한다.　　④ $B_m{}^2$에 비례한다.

**와류손 공식**

$P_e = k_e f^2 B_m{}^2 t^2 = \dfrac{1}{\rho} f^2 B_m{}^2 t^2 [W/m^3]$에서

(단, $f$ : 주파수, $B_m$ : 최대 자속 밀도,
$t$ : 도체의 두께, $\rho$ : 저항률)

와류손은 저항률 $\rho$에 반비례한다. 따라서 저항률이 클수록 도체 내부의 전류 흐름이 어려워져 와류손이 감소한다.

답 ③

## 162

자기 회로의 자기 저항에 대한 설명으로 옳은 것은?

① 투자율에 반비례한다.

② 자기 회로의 단면적에 비례한다.

③ 자기 회로의 길이에 반비례한다.

④ 단면적에 반비례하고, 길이의 제곱에 비례한다.

자기 저항 $R_m = \dfrac{l}{\mu S}[AT/Wb]$

(단, $l$ : 철심 내 자속이 통과하는 평균 자로 길이$[m]$,
$\mu$ : 철심의 투자율($\mu = \mu_0 \mu_s [H/m]$)
$S$ : 철심의 단면적$[m^2]$)

답 ①

## 163

다음의 관계식 중 성립할 수 없는 것은? (단, $\mu$는 투자율, $\chi$는 자화율, $\mu_0$는 진공의 투자율, $J$는 자화의 세기이다.)

① $J = \chi B$　　　　　② $B = \mu H$

③ $\mu = \mu_0 + \chi$　　　④ $\mu_s = 1 + \dfrac{\chi}{\mu_0}$

**자화의 세기**

$J = B - \mu_0 H = \mu_0 \mu_s H - \mu_0 H = \mu_0 (\mu_s - 1) H$
$= \chi H [Wb/m^2]$

자화율 $\chi$는 자계 $H$와 비례하며, 자속 밀도 $B$와는 직접적으로 관계가 없다. 자속 밀도 $B$는 투자율과 자계의 곱으로 나타낸다.

답 ①

## 164

**대전된 도체의 특징으로 틀린 것은?**

① 가우스 정리에 의해 내부에는 전하가 존재한다.

② 전계는 도체 표면에 수직인 방향으로 진행된다.

③ 도체에 인가된 전하는 도체 표면에만 분포한다.

④ 도체 표면에서의 전하 밀도는 곡률이 클수록 높다.

> ①, ③ 대전된 도체에서 전하는 도체 표면에만 존재하며, 도체 내부에는 전하가 존재하지 않는다. 도체 내부의 전기장은 0이기 때문에 내부에 전하가 분포할 수 없다는 것을 의미한다.
> ② 도체 표면에서 전기장은 항상 표면에 수직으로 나온다. 이는 전기장이 도체 표면에서 수직이 아닐 경우, 전하가 이동하여 전류가 흐르지만 정전 상태에서는 전류가 흐르지 않기 때문이다.
> ④ 도체 표면의 곡률이 클수록 전하밀도가 높아진다. 즉, 뾰족한 부분일수록 전하가 집중된다.

답 ①

## 165

**단면적 $S$, 길이 $l$, 투자율 $\mu$ 인 자성체의 자기 회로에 권선을 $N$회 감아서 $I$의 전류를 흐르게 할 때 자속은?**

① $\dfrac{\mu SI}{Nl}$

② $\dfrac{\mu NI}{Sl}$

③ $\dfrac{NIl}{\mu S}$

④ $\dfrac{\mu SNI}{l}$

> 자속 $\phi = \dfrac{F}{R_m} = \dfrac{NI}{R_m}[Wb]$ 에서 자기 저항
>
> $R_m = \dfrac{l}{\mu S}[AT/Wb]$ 이므로
>
> 자속 $\phi = \dfrac{NI}{R_m} = \dfrac{NI}{\dfrac{l}{\mu S}} = \dfrac{\mu SNI}{l}[Wb]$

답 ④

## 166

**자기 회로와 전기 회로의 대응으로 틀린 것은?**

① 자속↔전류

② 기자력↔기전력

③ 투자율↔유전율

④ 자계의 세기↔전계의 세기

### 전기 회로와 자기 회로의 대응 관계

| 전기 회로 | | 자기 회로 | |
|---|---|---|---|
| 기전력 | $E = IR[V]$ | 기자력 | $F = NI[AT]$ |
| 전류 | $I = \dfrac{E}{R}[A]$ | 자속 | $\phi = \dfrac{F}{R_m}[Wb]$ |
| 전기 저항 | $R = \rho\dfrac{l}{S} = \dfrac{l}{kS}[\Omega]$ | 자기 저항 | $R = \dfrac{l}{\mu S}[AT/Wb]$ |
| 도전율 | $k[\mho/m]$ | 투자율 | $\mu[H/m]$ |

답 ③

## 167

**강자성체의 세 가지 특성에 포함되지 않는 것은?**

① 자기포화 특성

② 와전류 특성

③ 고투자율 특성

④ 히스테리시스 특성

> ① **자기포화 특성** : 강자성체는 자계를 계속해서 증가시켜도 어느 한계에 도달하면 더 이상 자화가 증가하지 않는 자기포화 특성을 가진다.
> ② **와전류 특성(틀린 선택지)** : 와전류 특성은 전도체에서 나타나는 현상으로 자계가 변화할 때 도체 내부에 유도 전류가 흐르는 특성이다.
> ③ **고투자율 특성** : 강자성체는 고투자율(높은 $\mu_s$)을 갖는다.
> ④ **히스테리시스 특성** : 강자성체는 외부 자계를 제거해도 일정한 자화를 유지하는 히스테리시스 특성을 가진다.

답 ②

## 168

단면적 $15[cm^2]$의 자석 근처에 같은 단면적을 가진 철편을 놓을 때 그 곳을 통하는 자속이 $3×10^{-4}[Wb]$이면 철편에 작용하는 흡인력은 약 몇 $[N]$인가?

① 12.2
② 23.9
③ 36.6
④ 48.8

**자속 밀도 계산**

$B = \dfrac{\phi}{S} = \dfrac{3 \times 10^{-4}}{15 \times 10^{-4}} = 0.2[Wb/m^2]$ $(\because \phi = BS)$

**전자석의 흡입력 공식**

$f = \dfrac{1}{2}BH = \dfrac{1}{2}\mu_0 H^2 = \dfrac{B^2}{2\mu_0}[N/m^2]$

이를 철판의 단면적 $S$에 곱하면 철판에 작용하는 총 흡인력 $F$를 구할 수 있다.

$F = fS = \dfrac{B^2}{2\mu_0}S = \dfrac{0.2^2}{2 \times 4\pi \times 10^{-7}} \times 15 \times 10^{-4} = 23.9[N]$

답 ②

## 169

**전기 저항에 대한 설명으로 틀린 것은?**

① 저항의 단위는 옴[Ω]을 사용한다.
② 저항률($\rho$)의 역수를 도전율($\sigma$)이라고 한다.
③ 금속선의 저항 $R$은 길이 $l$에 반비례한다.
④ 전류가 흐르고 있는 금속선에 있어서 임의 두 점간의 전위차는 전류에 비례한다.

저항 공식 $R = \rho\dfrac{l}{S} = \dfrac{l}{kS}[\Omega]$에서

(단, $\rho$ : 저항률, $k$ : 도전율, $S$ : 도선의 단면적, $l$ : 도선의 길이)

금속선의 저항 $R$은 길이 $l$에 비례한다.

답 ③

## 170

환상철심의 평균 자계의 세기가 $3,000[AT/m]$이고, 비투자율이 600인 철심 중의 자화의 세기는 약 몇 $[Wb/m^2]$인가?

① 0.75
② 2.26
③ 4.52
④ 9.04

자속 밀도 $B = \mu_0 H + J[Wb/m^2]$

자화의 세기 $J$는 자속 밀도 $B$에서 진공의 자속 밀도 $\mu_0 H$를 뺀 값이다.

$J = B - \mu_0 H = \mu_0 \mu_s H - \mu_0 H = \mu_0(\mu_s - 1)H$
$= 4\pi \times 10^{-7} \times (600 - 1) \times 3,000 = 2.26[Wb/m^2]$

답 ②

## 171

**반자성체의 비투자율($\mu_r$) 값의 범위는?**

① $\mu_r = 1$
② $\mu_r < 1$
③ $\mu_r > 1$
④ $\mu_r = 0$

**자성체의 종류**

- 강자성체($\mu_s \gg 1$): 철(Fe), 니켈(Ni), 코발트(Co)
- 상자성체($\mu_s > 1$): 백금(Pt), 알루미늄(Al), 공기
- 반(역)자성체($\mu_s < 1$): 은(Ag), 구리(Cu), 비스무트(Bi), 물

답 ②

## 172

자성체 내의 자계의 세기가 $H[AT/m]$이고 자속 밀도가 $B[Wb/m^2]$일 때, 자계 에너지 밀도$[J/m^3]$는?

① $HB$

② $\dfrac{1}{2\mu}H^2$

③ $\dfrac{\mu}{2}B^2$

④ $\dfrac{1}{2\mu}B^2$

---

**자계 에너지 밀도**

$$W = \frac{1}{2}BH = \frac{1}{2}\mu H^2 = \frac{B^2}{2\mu}\,[J/m^3]$$

답 ④

## 173

영구자석 재료로 사용하기에 적합한 특성은?

① 잔류 자기와 보자력이 모두 큰 것이 적합하다.

② 잔류 자기는 크고 보자력은 작은 것이 적합하다.

③ 잔류 자기는 작고 보자력은 큰 것이 적합하다.

④ 잔류 자기와 보자력이 모두 작은 것이 적합하다.

---

영구자석의 재료로는 잔류자기와 보자력이 모두 큰 것이 적합하다.
- 잔류자기는 자석이 외부 자기장이 없어도 유지하는 자기의 크기를 말한다.
- 보자력은 자성을 없애기 위해 필요한 자기장의 세기로, 보자력이 클수록 자석의 자성을 쉽게 잃지 않는다.

답 ①

## 174

자기 회로와 전기 회로에 대한 설명으로 틀린 것은?

① 자기저항의 역수를 컨덕턴스라고 한다.

② 자기회로의 투자율은 전기회로의 도전율에 대응된다.

③ 전기회로의 전류는 자기회로의 자속에 대응된다.

④ 자기저항의 단위는 $[AT/Wb]$이다.

---

- 자기저항의 역수는 퍼미언스라고 하며, 컨덕턴스는 전기 저항의 역수이다.
- 자기회로의 투자율은 자성체가 자기장을 얼마나 잘 통과시키는지를 나타내며, 이는 전기회로에서 도전율에 대응된다.
- 전기회로에서 전류는 자기회로의 자속에 대응된다.
- 자기저항 $R_m = \dfrac{l}{\mu S}[AT/Wb]$

답 ①

## 175

저항의 크기가 $1[\Omega]$인 전선이 있다. 전선의 체적을 동일하게 유지하면서 길이를 2배로 늘였을 때 전선의 저항$[\Omega]$은?

① 0.5

② 1

③ 2

④ 4

---

**전선의 저항**

$$R = \rho\frac{l}{S} = 1\,[\Omega]$$

전선의 길이를 2배로 늘리면, 동일한 체적을 유지하기 위해 단면적은 $\dfrac{1}{2}$배가 된다.

**최종 저항**

$$R = \rho\frac{2l}{\frac{1}{2}S} = 4 \times \rho\frac{l}{S} = 4 \times 1 = 4\,[\Omega]$$

답 ④

## 176

진공 중의 평등자계 $H_0$ 중에 반지름이 $a[m]$이고, 투자율이 $\mu$인 구 자성체가 있다. 이 구 자성체의 감자율은? (단, 구 자성체 내부의 자계는 $H = \dfrac{3\mu_0}{2\mu_0 + \mu} H_0$ 이다.)

① 1

② $\dfrac{1}{2}$

③ $\dfrac{1}{3}$

④ $\dfrac{1}{4}$

**감자율**: 감자율 $N$ $(0 \leq N \leq 1)$은 자성체 내부의 자계가 외부 자계에 의해 얼마나 줄어드는지를 나타내는 값이다. 구 자성체의 경우 감자율은 $\dfrac{1}{3}$ 값으로 고정된다.

☑ **참고** 환상 솔레노이드의 감자율 $N=0$

답 ③

## 177

비투자율이 350인 환상철심 내부의 평균 자계의 세기가 $342[AT/m]$일 때 자화의 세기는 약 몇 $[Wb/m^2]$인가?

① 0.12

② 0.15

③ 0.18

④ 0.21

**자화의 세기**
$$J = \mu_0(\mu_r - 1)H$$
$$= 4\pi \times 10^{-7} \times (350 - 1) \times 342 = 0.15[Wb/m^2]$$

답 ②

## 178

길이가 $10[cm]$이고 단면의 반지름이 $1[cm]$인 원통형 자성체가 길이 방향으로 균일하게 자화되어 있을 때 자화의 세기가 $0.5[Wb/m^2]$이라면 이 자성체의 자기 모멘트$[Wb \cdot m]$는?

① $1.57 \times 10^{-5}$

② $1.57 \times 10^{-4}$

③ $1.57 \times 10^{-3}$

④ $1.57 \times 10^{-2}$

**자기 모멘트**
자기 모멘트 $m$은 자화의 세기 $J$와 자성체의 부피 $V$를 곱하여 구할 수 있다.
이때 원통형 자성체의 부피 $V = \pi r^2 l$ 이므로
$$m = J \times V = J \times \pi r^2 l$$
$$= 0.5 \times \pi \times (1 \times 10^{-2})^2 \times 10 \times 10^{-2}$$
$$= 1.57 \times 10^{-5}[Wb \cdot m]$$

답 ①

## 179

다음 중 기자력(magnetomotive force)에 대한 설명으로 틀린 것은?

① SI 단위는 암페어$[A]$이다.

② 전기회로의 기전력에 대응한다.

③ 기회로의 자기저항과 자속의 곱과 동일하다.

④ 코일에 전류를 흘렸을 때 전류밀도와 코일의 권수의 곱의 크기와 같다.

기자력($F_m$)은 자기 회로에서 자속을 발생시키는 원동력으로, 전기 회로의 기전력과 유사한 역할을 한다.
$$F_m = R_m \phi = NI[A], [AT]$$
④ 기자력은 전류 밀도가 아닌 전류 $I$와 권수 $N$의 곱으로 표현된다.

답 ④

## 180

투자율이 $\mu\,[H/m]$, 단면적이 $S[m^2]$, 길이가 $l[m]$인 자성체에 권선을 $N$회 감아서 $I[A]$의 전류를 흘렸을 때 이 자성체의 단면적 $S[m^2]$를 통과하는 자속$[Wb]$은?

① $\mu\dfrac{I}{Nl}S$

② $\mu\dfrac{NI}{Sl}$

③ $\dfrac{NI}{\mu S}l$

④ $\mu\dfrac{NI}{l}S$

---

자속 $\phi = \dfrac{NI}{R_m} = \dfrac{NI}{\dfrac{l}{\mu S}} = \dfrac{\mu SNI}{l} = \mu\dfrac{NI}{l}S\,[Wb]$

(단, 자기 저항 $R_m = \dfrac{l}{\mu S}[AT/Wb]$)

답 ④

## 181

비투자율이 $\mu_r$ 인 철제 무한 솔레노이드가 있다. 평균 자로의 길이를 $l[m]$라 할 때 솔레노이드에 공극 $l_0[m]$를 만들어 자기 저항을 원래의 2배로 하려면 얼마만한 공극을 만들면 되는가?(단, $\mu_r \gg 1$ 이고, 자기력은 일정하다고 한다.)

① $l_0 = \dfrac{l}{2}$

② $l_0 = \dfrac{l}{\mu_r}$

③ $l_0 = \dfrac{l}{2\mu_r}$

④ $l_0 = 1 + \dfrac{l}{\mu_r}$

---

**공극이 없을 때의 자기 저항**

$R = \dfrac{l}{\mu_0\mu_r S}$

**공극이 있을 때의 자기 저항**

공극이 생긴 경우, 전체 자기 저항 $R_m$은 철 부분과 공기 부분의 자기 저항의 합으로 표현된다.

$R_m = \dfrac{l}{\mu_0\mu_r S} + \dfrac{l_0}{\mu_0 S} = \dfrac{l}{\mu_0\mu_r S}\left(1 + \dfrac{l_0}{l}\mu_r\right) = R\left(1 + \dfrac{l_0}{l}\mu_r\right)$

**자기 저항이 2배가 되는 조건**

문제에서 $R_m = 2R$이 되어야 하므로 다음과 같은 관계식이 성립한다.

$2R = R\left(1 + \dfrac{l_0}{l}\mu_r\right)$

이를 $R$로 나누고 정리하면

$2 = 1 + \dfrac{l_0}{l}\mu_r$

$\dfrac{l_0}{l}\mu_r = 1$

$\therefore l_0 = \dfrac{l}{\mu_r}$

답 ②

## 182

자속 밀도 10[$Wb/m^2$]자계 중에 10[$cm$] 도체를 자계와 30°의 각도로 30[$m/s$]로 움직일 때, 도체에 유기되는 기전력은 몇 [$V$]인가?

① 15

② $15\sqrt{3}$

③ 1,500

④ $1,500\sqrt{3}$

---

**자계에서 움직이는 도체에 유기된 기전력 계산**

$e = vBl\sin\theta = 30 \times 10 \times 10 \times 10^{-2} \times \sin30° = 15[V]$

☑ **참고** 플레밍의 유기 기전력 공식

$e = vBl\sin\theta\,[V]$

(단, $l$ : 도체의 길이[$m$],

$\theta$ : 도체와 자계(자속 밀도)가 이루는 각도[°])

**답** ①

## 183

그림과 같이 단면적 $S$=10[$cm^2$], 자로의 길이 $l$=20$\pi$ [$cm$], 비투자율 $\mu_s$=1,000인 철심에 $N_1$=$N_2$=100인 두 코일을 감았다. 두 코일 사이의 상호 인덕턴스는 몇 [$mH$]인가?

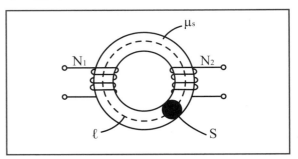

① 0.1

② 1

③ 2

④ 20

---

**환상 솔레노이드에서 두 코일 간 상호 인덕턴스 계산**

환상 솔레노이드의 자기 인덕턴스

$$L_1 = \frac{\mu SN_1^2}{l}\,[H], \quad L_2 = \frac{\mu SN_2^2}{l}\,[H]$$

상호 인덕턴스 $M$는 결합 계수 $k = 1$일 때 다음과 같은 식으로 계산된다.

$$M = k\sqrt{L_1L_2} = \sqrt{\frac{\mu SN_1^2}{l} \times \frac{\mu SN_2^2}{l}} = \frac{\mu SN_1 N_2}{l}$$

$$= \frac{4\pi \times 10^{-7} \times 1,000 \times 10 \times 10^{-4} \times 100 \times 100}{20\pi \times 10^{-2}}$$

$$= 0.02[H] = 20[mH]$$

☑ **참고**

• 투자율 $\mu = \mu_0\mu_s = 4 \times 10^{-7} \times 1,000$

• 단면적 $S = 10 \times 10^{-4}\,[m^2]$

• 자로의 길이 $l = 20\pi \times 10^{-2}\,[m]$

• 코일을 감은 수 $N_1 = N_2 = 100\,[회]$

**답** ④

## 184

다음 (가), (나)에 대한 법칙으로 알맞은 것은?

전자유도에 의하여 회로에 발생되는 기전력은 쇄교 자속수의 시간에 대한 감소비율에 비례한다는 ( 가 )에 따르고 특히, 유도된 기전력의 방향은 ( 나 )에 따른다.

① (가) 패러데이의 법칙, (나) 렌츠의 법칙

② (가) 렌츠의 법칙, (나) 패러데이의 법칙

③ (가) 플레밍의 왼손 법칙, (나) 패러데이의 법칙

④ (가) 패러데이의 법칙, (나) 플레밍의 왼손법칙

- 패러데이 법칙은 유도 기전력의 크기를 결정하는 법칙이다. 회로에 발생하는 유도 기전력은 쇄교 자속의 변화율에 비례하며, 자속이 빠르게 변화할수록 더 큰 기전력이 유도된다. 따라서 유도 기전력의 크기는 자속의 시간에 따른 변화 속도에 의해 결정된다.
- 렌츠의 법칙은 유도 기전력의 방향을 결정하는 법칙이다. 회로에 유도된 기전력은 외부에서 가해진 자속의 변화를 방해하려는 방향으로 흐르게 된다.

답 ①

## 185

도전도 $k = 6 \times 10^{17} [\mho/m]$, 투자율 $\mu = \dfrac{6}{\pi} \times 10^{-7} [H/m]$ 인 평면도체 표면에 $10[kHz]$의 전류가 흐를 때, 침투 깊이 $\delta[m]$은?

① $\dfrac{1}{6} \times 10^{-7}$

② $\dfrac{1}{8.5} \times 10^{-7}$

③ $\dfrac{36}{\pi} \times 10^{-6}$

④ $\dfrac{36}{\pi} \times 10^{-10}$

**표피 두께(침투 깊이)**

$$\delta = \frac{1}{\sqrt{f \mu k \pi}}$$

$$= \frac{1}{\sqrt{10 \times 10^3 \times \dfrac{6}{\pi} \times 10^{-7} \times 6 \times 10^{17} \times \pi}}$$

$$= \frac{1}{60000000} = \frac{1}{6} \times 10^{-7} [m]$$

답 ①

## 186

송전선의 전류가 0.01초 사이에 $10[kA]$ 변화될 때 이 송전선에 나란한 통신선에 유도되는 유도 전압은 몇 $[V]$인가? (단, 송전선과 통신선 간의 상호 유도계수는 $0.3[mH]$이다.)

① 30

② 300

③ 3,000

④ 30,000

**유도 전압**

$$e = -M\frac{di}{dt} = -0.3 \times 10^{-3} \times \frac{10 \times 10^3}{0.01} = -300[V]$$

이때 (−)기호는 유도 전압의 방향이 송전선 전류 변화와 반대 방향임을 의미한다.

답 ②

## 187

자속 밀도 $B[Wb/m^2]$의 평등 자계 내에서 길이 $l[m]$ 인 도체 $ab$가 속도 $v[m/s]$로 그림과 같이 도선을 따라서 자계와 수직으로 이동할 때, 도체 $ab$에 의해 유기된 기전력의 크기 $e[V]$와 폐회로 $abcd$ 내 저항 $R$에 흐르는 전류의 방향은? (단, 폐회로 $abcd$ 내 도선 및 도체의 저항은 무시한다.)

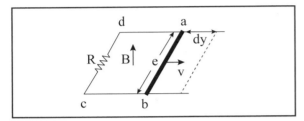

① $e = Blv$, 전류방향 : $c{\rightarrow}d$

② $e = Blv$, 전류방향 : $d{\rightarrow}c$

③ $e = Blv^2$, 전류방향 : $c{\rightarrow}d$

④ $e = Blv^2$, 전류방향 : $d{\rightarrow}c$

유기 기전력 $e = vBl\sin\theta = vBl[V]$
전류의 방향을 결정하기 위해 플레밍의 오른손 법칙을 사용한다. 오른손을 펼친 상태에서
- **엄지** : 도체의 이동 방향 $v$
- **검지** : 자속 밀도 $B$의 방향(자계 방향)
- **중지** : 유기된 전류의 방향
그림에 따르면
- 엄지는 오른쪽으로 (도체의 속도 방향)
- 검지는 위쪽으로 (자계 방향)
따라서 중지는 c→d방향으로 흐른다.

답 ①

## 188

주파수가 $100[MHz]$일 때 구리의 표피두께(Skin Depth)는 약 몇 $[mm]$인가? (단, 구리의 도전율은 $5.9{\times}10^7\ [\mho/m]$이고, 비투자율은 0.99이다.)

① $3.3{\times}10^{-2}$

② $6.6{\times}10^{-2}$

③ $3.3{\times}10^{-3}$

④ $6.6{\times}10^{-3}$

**표피 두께(침투 깊이)**

$$\delta = \frac{1}{\sqrt{f\mu k\pi}}$$

$$= \frac{1}{\sqrt{100\times10^6\times4\pi\times10^{-7}\times0.99\times5.9\times10^7\times\pi}}$$

$$= 6.6\times10^{-6}[m] = 6.6\times10^{-3}[mm]$$

답 ④

## 189

전하 $e[C]$, 질량 $m[kg]$인 전자가 전계 $E[V/m]$ 내에 놓여 있을 때 최초에 정지하고 있었다면 $t$초 후에 전자의 속도$[m/s]$는?

① $\frac{meE}{t}$

② $\frac{me}{E}t$

③ $\frac{mE}{e}t$

④ $\frac{Ee}{m}t$

**전자에 작용하는 힘과 가속도**
전자가 전기장 $E$ 내에 있을 때, 전기장이 전자에 가하는 힘 $F$는 다음과 같다.
$$F = QE = eE[N]$$
이 힘은 전자에 가속도를 발생시키며, 뉴턴의 제2법칙에 따라 $F=ma$이므로
$$a = \frac{F}{m} = \frac{eE}{m}[m/s^2]$$

**전자의 속도 계산**
전자는 처음에 정지 상태였으므로 초기 속도 $v_0 = 0$이다. 등가속도 운동 방정식에 따라 속도는
$$\therefore v = v_0 + at = 0 + \frac{eE}{m}\times t = \frac{eE}{m}t\ [m/s]$$

답 ④

## 190

자속 밀도가 $10[Wb/m^2]$인 자계 중에 $10[cm]$ 도체를 자계와 $60°$의 각도로 $30[m/s]$로 움직일 때, 이 도체에 유기되는 기전력은 몇 $[V]$인가?

① 15

② $15\sqrt{3}$

③ 1,500

④ $1,500\sqrt{3}$

플레밍의 오른손 법칙에 따르면, 도체가 자계 속에서 움직일 때 유도되는 기전력은 다음과 같이 계산된다.

$e = vBl\sin\theta$
$= 30 \times 10 \times 10 \times 10^{-2} \times \sin60° = 15\sqrt{3}\,[V]$

$(\because \sin60° = \dfrac{\sqrt{3}}{2})$

답 ②

## 191

어떤 도체에 교류 전류가 흐를 때 도체에서 나타나는 표피 효과에 대한 설명으로 틀린 것은?

① 도체 중심부보다 도체 표면부에 더 많은 전류가 흐르는 것을 표피 효과라 한다.

② 전류의 주파수가 높을수록 표피 효과는 작아진다.

③ 도체의 도전율이 클수록 표피 효과는 커진다.

④ 도체의 투자율이 클수록 표피 효과는 커진다.

**표피 두께(침투 깊이)**

$f$, $\mu$, $k$가 클수록 표피 두께는 얇아지고, 표피 현상은 심해진다.

$\delta = \dfrac{1}{\sqrt{f\mu k\pi}}$

(단, $f$ : 주파수$[Hz]$, $\mu$ : 투자율$[H/m]$,

$k$ : 도전율$[℧/m]$, $\rho$ : 고유저항$[\Omega \cdot m]$)

답 ②

## 192

전류에 의한 자계의 방향을 결정하는 법칙은?

① 렌츠의 법칙

② 플레밍의 왼손 법칙

③ 플레밍의 오른손 법칙

④ 암페어의 오른나사 법칙

암페어의 오른나사 법칙은 전류에 의해 발생하는 자계의 방향을 결정하는 법칙이다.

**☑ 참고**

• 렌츠의 법칙: 유도 전류의 방향을 결정하는 법칙으로, 자속의 변화를 방해하는 방향으로 유도 전류가 흐름

• 플레밍의 왼손 법칙: 자기력의 방향을 결정하는 법칙으로, 전류가 흐를 때 힘의 방향을 예측하는 데 사용

• 플레밍의 오른손 법칙: 발전기에서 유도 전류의 방향을 결정하는 법칙

답 ④

## 193

균일하게 원형 단면을 흐르는 전류 $I[A]$에 의한 반지름 $a[m]$, 길이 $l[m]$, 비투자율 $\mu_s$인 원통 도체의 내부 인덕턴스는 몇 $[H]$인가?

① $10^{-7}\mu_s l$

② $3 \times 10^{-7}\mu_s l$

③ $\dfrac{1}{4a} \times 10^{-7}\mu_s l$

④ $\dfrac{1}{2} \times 10^{-7}\mu_s l$

**원주(원통)도체 인덕턴스**

$L = \dfrac{\mu l}{8\pi} = \dfrac{\mu_0 \mu_s l}{8\pi} = \dfrac{4\pi \times 10^{-7}\mu_s l}{8\pi} = \dfrac{1}{2} \times 10^{-7}\mu_s l\,[H]$

답 ④

## 194

$N$회 감긴 환상 코일의 단면적이 $S[m^2]$이고 평균 길이가 $l[m]$이다. 이 코일의 권수를 2배로 늘이고 인덕턴스를 일정하게 하려고 할 때, 다음 중 옳은 것은?

① 길이를 2배로 한다.

② 단면적을 $\frac{1}{4}$ 배로 한다.

③ 비투자율을 $\frac{1}{2}$ 배로 한다.

④ 전류의 세기를 4배로 한다.

### 환상 솔레노이드의 자기 인덕턴스

$$L = \frac{N\phi}{I} = \frac{\mu SN^2}{2\pi a} = \frac{\mu SN^2}{l}[H]$$

- 권수를 2배로 늘리면 : $L \propto N^2$ 이므로 인덕턴스 $L$은 $(2N)^2 = 4N^2$로 증가한다.
- 인덕턴스를 일정하게 유지하려면 : 권수를 2배로 늘렸을 때, 인덕턴스가 4배로 증가하지 않도록 다른 변수들을 조정해야 한다. 만약 단면적 $S$를 $\frac{1}{4}$ 로 줄이면, 인덕턴스는 $\frac{1}{4}$ 배가 되어 권수를 2배로 늘려 생긴 인덕턴스 증가를 상쇄시킬 수 있다.

답 ②

## 195

무한장 솔레노이드에 전류가 흐를 때 발생되는 자장에 관한 설명으로 옳은 것은?

① 내부 자장은 평등 자장이다.

② 외부 자장은 평등 자장이다.

③ 내부 자장의 세기는 0이다.

④ 외부와 내부의 자장의 세기는 같다.

### 무한장 솔레노이드의 철심 내부 자속

$$\phi = BS = \mu HS = \mu n IS[Wb]$$

### 무한장 솔레노이드의 내부 자장

$$B = \mu n I[W/m^2]$$

위 공식에서 보듯이 자장 $B$는 솔레노이드 내부에서 코일의 길이, 위치, 방향에 관계없이 항상 일정한 값이다. 따라서 평등 자장이 된다. 또한 외부 자장은 거의 없으며, 내부와 외부의 자장 세기는 다르다.

답 ①

## 196

내부 도체의 반지름이 $a[m]$이고, 외부 도체의 내반지름이 $b[m]$, 외반지름이 $c[m]$인 동축 케이블의 단위 길이당 자기 인덕턴스 몇 $[H/m]$ 인가?

① $\dfrac{\mu_0}{2\pi} \ln \dfrac{b}{a}$  ② $\dfrac{\mu_0}{\pi} \ln \dfrac{b}{a}$

③ $\dfrac{2\pi}{\mu_0} \ln \dfrac{b}{a}$  ④ $\dfrac{\pi}{\mu_0} \ln \dfrac{b}{a}$

### 동축 케이블의 자기 인덕턴스 기본식

$L = \dfrac{\mu_0 l}{2\pi} \ln \dfrac{b}{a} [H]$ 에서 단위 길이당 자기 인덕턴스는 전체 길이가 아닌 길이 $1[m]$당 인덕턴스를 나타낸다. 따라서 전체 길이를 $l$로 나눈 값인 $L = \dfrac{\mu_0}{2\pi} \ln \dfrac{b}{a} [H]$ 가 답이 된다.

> ☑ **참고** 동심 원통 도체(동축 케이블)
> - 내부 도체 인덕턴스 $L = \dfrac{\mu l}{8\pi} [H]$
> - 내부 도체와 외부 도체 사이의 인덕턴스
> - $L = \dfrac{\mu_0 l}{2\pi} \ln \dfrac{b}{a} [H]$
>   (단, $a$: 내부 도체의 반지름$[m]$,
>   $b$: 외부 도체의 반지름$[m]$)

🔲 ①

## 197

자기 인덕턴스 $L_1$, $L_2$와 상호 인덕턴스 $M$ 사이의 결합 계수는? (단, 단위는 $[H]$이다.)

① $\dfrac{M}{L_1 L_2}$  ② $\dfrac{L_1 L_2}{M}$

③ $\dfrac{M}{\sqrt{L_1 L_2}}$  ④ $\dfrac{\sqrt{L_1 L_2}}{M}$

### 결합 계수

$k = \dfrac{M}{\sqrt{L_1 L_2}}$

$k = 0$: 무결합(두 코일 간의 쇄교 자속이 전혀 없는 상태)

$k = 1$: 완전 결합(누설 자속이 전혀 없이 자속이 전부 쇄교되는 상태)

🔲 ③

## 198

그 양이 증가함에 따라 무한장 솔레노이드의 자기 인덕턴스 값이 증가하지 않는 것은 무엇인가?

① 철심의 반경  ② 철심의 길이

③ 코일의 권수  ④ 철심의 투자율

### 무한장 솔레노이드의 자기 인덕턴스

$L = \dfrac{n\phi}{I} = \mu S n^2 = \mu \pi a^2 n^2 [H/m]$

① 철심의 반경 $a$이 커지면 $S = \pi a^2$ 이 증가하여, 자기 인덕턴스 $L$도 증가한다.
② 철심의 길이는 자기 인덕턴스 공식에 포함되지 않는다. 따라서 철심의 길이가 증가해도 자기 인덕턴스 값에는 영향을 미치지 않는다.
③ 코일의 권수 $n$는 자기 인덕턴스에 제곱으로 비례한다.
④ 철심의 투자율 $\mu$은 자기 인덕턴스에 비례한다.

🔲 ②

## 199

단면적 $S[m^2]$, 단위 길이당 권수가 $n_0[회/m]$인 무한히 긴 솔레노이드의 자기 인덕턴스$[H/m]$는?

① $\mu S n_0$
② $\mu S n_0^2$
③ $\mu S^2 n_0$
④ $\mu S n_0^2$

**무한장 솔레노이드의 자기 인덕턴스 기본식**

$L = \dfrac{\mu S N^2}{l}[H]$에서 단위 길이당 자기 인덕턴스는 전체 길이가 아닌 길이 1$[m]$당 인덕턴스를 나타낸다. 따라서 전체 길이를 $l$로 나눈 값인

$\dfrac{\mu S (n_0 \times l)^2}{l^2} = \mu S n_0^2[H/m]$가 답이 된다.

☑ **참고** $N = n_0 \times l$
(단, $N$: 전체 코일의 권수, $n_0$: 단위 길이당 권수)

답 ②

## 200

환상 철심에 권수 3,000회 $A$코일과 권수 200회 $B$코일이 감겨져 있다. $A$코일의 자기 인덕턴스가 360$[mH]$일 때 $A$, $B$ 두 코일의 상호 인덕턴스는 몇 $[mH]$인가? (단, 결합 계수는 1이다.)

① 16
② 24
③ 36
④ 72

$A$코일의 자기 인덕턴스가 360$[mH]$라고 하였으므로

$L_A = \dfrac{\mu S N_A^2}{l} = 360[mH]$

$B$ 코일의 자기 인덕턴스 계산

$L_B = L_A \times \left(\dfrac{N_B}{N_A}\right)^2 = 360 \times \left(\dfrac{200}{3,000}\right)^2 = 1.6[mH]$

상호 인덕턴스 계산(결합 계수 $k=1$)

$M = k\sqrt{L_A L_B} = 1\sqrt{360 \times 1.6} = 24[mH]$

답 ②

## 201

어떤 환상 솔레노이드의 단면적이 $S$이고, 자로의 길이가 $l$, 투자율이 $\mu$ 라고 한다. 이 철심에 균등하게 코일을 $N$회 감고 전류를 흘렸을 때 자기 인덕턴스에 대한 설명으로 옳은 것은?

① 투자율 $\mu$에 반비례한다.
② 권선수 $N^2$에 비례한다.
③ 자로의 길이 $l$에 비례한다.
④ 단면적 $S$에 반비례한다.

**환상 솔레노이드의 자기 인덕턴스**

$L = \dfrac{\mu S N^2}{l}[H]$

위 공식에서 볼 수 있듯이 자기 인덕턴스 $L$은 권선수 $N^2$에 비례한다. 즉, 코일을 더 많이 감을수록 인덕턴스는 제곱으로 증가한다.

답 ②

## 202

자기 인덕턴스의 성질을 옳게 표현한 것은?

① 항상 0이다.
② 항상 정(正)이다.
③ 항상 부(負)이다.
④ 유도되는 기전력에 따라 정(正)도 되고 부(負)도 된다.

자기 인덕턴스는 코일의 권수, 철심의 모양과 재질에 따라 결정되며, 그 값은 항상 양수이다.

• **코일의 권수**: 코일에 전류가 여러번 감길수록 자기 인덕턴스가 커진다.
• **철심의 모양과 재질**: 철심이 자기장을 잘 모을 수 있는 재질일수록 인덕턴스가 커진다.

답 ②

## 203

자기 인덕턴스와 상호 인덕턴스와의 관계에서 결합 계수 $k$ 의 범위는?

① $0 \le k \le \dfrac{1}{2}$  　　② $0 \le k \le 1$

③ $1 \le k \le 2$  　　④ $1 \le k \le 10$

### 결합 계수

$k = \dfrac{M}{\sqrt{L_1 L_2}} \ (0 \le k \le 1)$

$k = 0$: 무결합(두 코일 간의 쇄교 자속이 전혀 없는 상태)

$k = 1$: 완전 결합(누설 자속이 전혀 없이 자속이 전부 쇄교되는 상태)

답 ②

## 204

자기유도계수 $L$의 계산 방법이 아닌 것은?
(단, $N$: 권수, $\phi$ : 자속[$WB$], $I$: 전류[$A$],
$A$: 벡터 퍼텐셜[$Wb/m$], $\mathrm{I}$: 전류 밀도[$A/m^2$],
$B[Wb/m^2]$, $H$: 자계의 세기[$AT/m$]이다.

① $L = \dfrac{N\phi}{I}$ 　　② $L = \dfrac{\displaystyle\int_v A \cdot i\, dv}{I^2}$

③ $L = \dfrac{\displaystyle\int_v B \cdot H dv}{I^2}$ 　　④ $L = \dfrac{\displaystyle\int_v A \cdot i\, dv}{I}$

자기유도계수(인덕턴스) $L = \dfrac{N\phi}{I} [H]$

자기장에 저장된 에너지 $W = \dfrac{1}{2} L I^2 [J]$

위 식을 변형하면 $L = \dfrac{2W}{I^2} [H]$

자기장 에너지 $W$ 는 자속 밀도와 자계 세기를 이용해 적분으로 표현할 수 있다.

$W = \dfrac{1}{2} \displaystyle\int_v B \cdot H dv [J]$

따라서 자기유도계수 $L$은

$L = \dfrac{2W}{I^2} = \dfrac{2 \times \dfrac{1}{2} \displaystyle\int_v B \cdot H dv}{I^2} = \dfrac{\displaystyle\int_v B \cdot H dv}{I^2} [H]$

또한 자기유도계수 $L$은 벡터 퍼텐셜 $A$와 전류 밀도 $i$로도 구할 수 있다.

$L = \dfrac{\displaystyle\int A \cdot i\, dv}{I^2} [H]$

답 ④

## 205

그림에서 $N = 1000$[회], $I = 100[cm]$, $S = 10[cm^2]$ 인 환상 철심의 자기 회로에 전류 $I = 10\,[A]$를 흘렸을 때 축적되는 자계 에너지는 몇 [J]인가? (단, 비투자율 $\mu_r = 100$ 이다.)

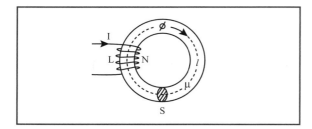

① $2\pi \times 10^{-3}$     ② $2\pi \times 10^{-2}$

③ $2\pi \times 10^{-1}$     ④ $2\pi$

**환상 솔레노이드의 인덕턴스**

$$L = \frac{\mu S N^2}{l} \frac{\mu_0 \mu_r S N^2}{l}$$

$$= \frac{4\pi \times 10^{-7} \times 100 \times 10 \times 10^{-4} \times 1{,}000^2}{100 \times 10^{-2}}$$

$$= 4\pi \times 10^{-2}\,[H]$$

**자계에 축적되는 에너지**

$$W = \frac{1}{2}LI^2 = \frac{1}{2} \times 4\pi \times 10^{-2} \times 10^2 = 2\pi\,[J]$$

답 ④

## 206

그림과 같이 단면적 $S[m^2]$가 균일한 환상철심에 권수 $N_1$인 $A$코일과 권수 $N_2$인 $B$코일이 있을 때, $A$코일의 자기 인덕턴스가 $L_1[H]$이라면 두 코일의 상호 인덕턴스 $M[H]$는? (단, 누설 자속은 0이다.)

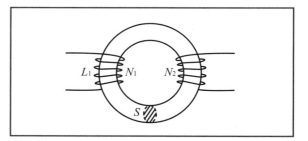

① $\dfrac{L_1 N_2}{N_1}$     ② $\dfrac{N_1}{L_1 N_1}$

③ $\dfrac{L_1 N_1}{N_2}$     ④ $\dfrac{N_1}{L_1 N_2}$

**환상 솔레노이드의 인덕턴스 공식**

$$L = \frac{\mu S N^2}{l}\,[H]$$

**$A$ 코일의 자기 인덕턴스**

$$L_1 = \frac{\mu S N_1^2}{2\pi a}\,[H]$$

**$B$ 코일의 자기 인덕턴스**

$$L_2 = \frac{\mu S N_2^2}{2\pi a} = L_1 \times \frac{N_2^2}{N_1^2}\,[H]$$

**상호 인덕턴스 계산**

누설 자속이 0일 경우 $k = 1$이므로

$$M = k\sqrt{L_1 L_2} = \sqrt{L_1 L_2} = \sqrt{L_1 \times \frac{N_2^2}{N_1^2} \times L_1} = \frac{L_1 N_2}{N_1}\,[H]$$

답 ①

## 207

단면적이 균일한 환상철심에 권수 1,000회인 $A$코일과 권수 $N_B$회인 $B$코일이 감겨져 있다. $A$코일의 자기 인덕턴스가 100[$mH$]이고, 두 코일 사이의 상호 인덕턴스가 20[$mH$]이고, 결합계수가 1일 때, $B$코일의 권수 $N_B$는 몇 회인가?

① 100      ② 200

③ 300      ④ 400

결합계수 일 때의 상호 인덕턴스

$$M = k\sqrt{L_A L_B} = \sqrt{L_A L_B}\,[H]$$

상호 인덕턴스를 통해 권수 계산

$$M = \frac{L_A N_B}{N_A} = \frac{L_B N_A}{N_B}\,[H]$$

$$N_B = \frac{M \times N_A}{L_A} = \frac{20 \times 10^{-3} \times 1,000}{100 \times 10^{-3}} = 200\,[회]$$

답 ②

## 208

인덕턴스[H]의 단위를 나타낸 것으로 틀린 것은?

① $[\Omega \cdot s]$      ② $[Wb/A]$

③ $[J/A^2]$      ④ $[N/A \cdot m]$

① 유도 기전력 $e = L\dfrac{di}{dt}$ 에서 $L = \dfrac{e}{\dfrac{di}{dt}}$

이때 $e$의 단위는 $[V]$, $\dfrac{di}{dt}$ 의 단위는 $[A/s]$이므로

$$\left[\frac{V}{A/s}\right] = [V \cdot s/A] = [\Omega \cdot s]$$

② 인덕턴스 $L = \dfrac{N\phi}{I}\,[Wb/A]\ (\because LI = N\phi)$

(단, $\phi$ : 자속$[Wb]$, $I$ : 전류$[A]$)

③ 자기 에너지 $W = \dfrac{1}{2}LI^2$ 에서 $L = \dfrac{2W}{I^2}\left[\dfrac{J}{A^2}\right]$

답 ④

## 209

평균 자로의 길이가 10[$cm$], 평균 단면적이 2[$cm^2$]인 환상 솔레노이드의 자기 인덕턴스를 5.4[$mH$] 정도로 하고자 한다. 이때 필요한 코일의 권선수는 약 몇 회인가? (단, 철심의 비투자율은 15,000이다)

① 6      ② 12

③ 24      ④ 29

환상 솔레노이드의 자기 인덕턴스

$$L = \frac{\mu_0 \mu_s S N^2}{l}\,[H]$$

권선수

$$N = \sqrt{\frac{Ll}{\mu_0 \mu_s S}}$$

$$= \sqrt{\frac{5.4 \times 10^{-3} \times 10 \times 10^{-2}}{4\pi \times 10^{-7} \times 15,000 \times 2 \times 10^{-4}}} \doteqdot 12\,[회]$$

답 ②

## 210

임의의 단면을 가진 2개의 원주상의 무한히 긴 평행도체가 있다. 지금 도체의 도전률을 무한대라고 하면 $C$, $L$, $\varepsilon$ 및 $\mu$ 사이의 관계는?(단, $C$는 두 도체간의 단위길이당 정전 용량, $L$은 두 도체를 한 개의 왕복 회로로 한 경우의 단위길이당 자기 인덕턴스, $\varepsilon$ 은 두 도체 사이에 있는 매질의 유전율, $\mu$ 는 두 도체 사이에 있는 매질의 투자율이다.)

① $\dfrac{C}{\varepsilon} = \dfrac{L}{\mu}$  ② $\dfrac{1}{LC} = \varepsilon\mu$

③ $C\varepsilon = L\mu$  ④ $LC = \varepsilon\mu$

**무한히 긴 평행 도체 간의 정전용량과 인덕턴스**

• 정전 용량 $C = \dfrac{\pi\varepsilon}{\ln\dfrac{d}{a}}\,[F/m]$

• 자기 인덕턴스 $L = \dfrac{\mu}{\pi}\ln\dfrac{d}{a}\,[H/m]$

**관계식 도출**

정전 용량와 인덕턴스의 곱을 계산해보면 $LC = \varepsilon\mu$ 관계가 성립함을 알 수 있다.

$$LC = \dfrac{\mu}{\pi}\ln\dfrac{d}{a} \times \dfrac{\pi\varepsilon}{\ln\dfrac{d}{a}} = \varepsilon\mu$$

✓ **TIP** 암기

$LC = \varepsilon\mu$ 관계식은 자주 쓰이니 꼭 암기해 두세요!

답 ④

## 211

평면파 전파가 $E = 30\cos(10^9 t + 20z)j\,[V/m]$ 로 주어 졌다면 이 전자파의 위상 속도는 몇 $[m/s]$ 인가?

① $5 \times 10^7$  ② $\dfrac{1}{3} \times 10^3$

③ $10^9$  ④ $\dfrac{3}{2}$

전자파의 일반적인 파동 방정식은 $E = E_0\cos(\omega t + \beta z)j\,[V/m]$이므로 주어진 전자파 방정식에서 각주파수 $\omega = 10^9$, 위상 정수 $\beta = 20$ 이다.

위상 속도 $v = \dfrac{\omega}{\beta} = \dfrac{10^9}{20} = 5 \times 10^7\,[m/s]$

답 ①

## 212

반지름 $a[m]$의 원형 단면을 가진 도선에 전도 전류 $i_c = I_c\sin 2\pi f t\,[A]$가 흐를 때 변위 전류 밀도의 최대값 $J_d$는 몇 $[A/m^2]$가 되는가? (단, 도전율은 $\sigma\,[S/m]$이고, 비유전율은 $\varepsilon_r$ 이다.)

① $\dfrac{f\varepsilon_r I_c}{4\pi \times 10^9 \sigma a^2}$  ② $\dfrac{\varepsilon_r I_c}{4\pi f \times 10^9 \sigma a^2}$

③ $\dfrac{f\varepsilon_r I_c}{9\pi \times 10^9 \sigma a^2}$  ④ $\dfrac{f\varepsilon_r I_c}{18\pi \times 10^9 \sigma a^2}$

전도 전류 밀도는 실효값을 고려하여

$$i_c = \frac{I_c}{\sqrt{2}\times S} = \frac{I_c}{\sqrt{2}\times\pi a^2}\,[A/m^2]$$

전도 전류 밀도와 전기장의 관계 $i_c = \sigma E\,[A/m^2]$에서

$$E = \frac{i_c}{\sigma}\,[V/m]$$

위에서 구한 전류 밀도 $i_c = \dfrac{I_c}{\sqrt{2}\times\pi a^2}\,[A/m^2]$를

대입하면 $E = \dfrac{I_c}{\sqrt{2}\times\pi a^2\times\sigma}\,[V/m]$

변위 전류 밀도

$$i_d = \omega\varepsilon E = 2\pi f\varepsilon_0\varepsilon_r E\,[A/m^2]$$

변위 전류 밀도의 최대값

$$J_d = \sqrt{2}\,i_d = \sqrt{2}\times 2\pi f\varepsilon_0\varepsilon_r E$$
$$= \sqrt{2}\times 2\pi f\varepsilon_0\varepsilon_r\times\frac{I_c}{\sqrt{2}\times\pi a^2\times\sigma}$$
$$= 2f\varepsilon_0\varepsilon_r\times\frac{I_c}{a^2\times\sigma} = \frac{f\varepsilon_r I_c}{18\pi\times 10^9 \sigma a^2}\,[A/m^2]$$

✓ **TIP** 해당 문제는 고난이도 유형으로, 문제와 답을 암기하시는 것을 추천드립니다. "분모에 18이 들어간다"고 기억해 두시면 도움이 될 것 같아요.

답 ④

## 213

대전 도체 표면 전하 밀도는 도체 표면의 모양에 따라 어떻게 분포하는가?

① 표면 전하 밀도는 뾰족할수록 커진다.

② 표면 전하 밀도는 평면일 때 가장 크다.

③ 표면 전하 밀도는 곡률이 크면 작아진다.

④ 표면 전하 밀도는 표면의 모양과 무관하다.

도체 표면의 곡률(뾰족한 정도)에 따라 전하의 분포가 달라지는데, 특히 뾰족한 부분에서는 전하가 더 많이 모이게 된다.

- **뾰족한 부분**: 전기장이 강해져서 전하가 집중되기 때문에 표면 전하 밀도가 더 커진다.
- **평면 또는 곡률이 작은 부분**: 전하가 고르게 분포되며, 전하 밀도는 상대적으로 작다.

답 ①

## 214

일정 전압의 직류 전원에 저항을 접속하여 전류를 흘릴 때, 저항값을 20[%] 감소시키면 흐르는 전류는 처음 저항에 흐르는 전류의 몇 배가 되는가?

① 1.0배  ② 1.1배

③ 1.25배  ④ 1.5배

옴의 법칙에 따른 원래 저항 $R$에서의 전류

$I = \dfrac{V}{R}\,[A]$ (이때 $V$는 일정한 전압이다.)

저항을 20[%] 감소시키면, 새로운 저항 $R' = 0.8R$이 된다. 따라서 새로운 저항에서의 전류는

$$I' = \frac{V}{0.8R} = 1.25\times\frac{V}{R} = 1.25I\,[A]$$

답 ③

## 215

$\sigma = 1[\mho/m]$, $\varepsilon_s = 6$, $\mu = \mu_0$ 인 유전체에 교류 전압을 가할 때 변위 전류와 전도 전류의 크기가 같아지는 주파수는 약 몇 [$Hz$] 인가?

① $3.0 \times 10^9$      ② $4.2 \times 10^9$

③ $4.7 \times 10^9$      ④ $5.1 \times 10^9$

전도 전류 밀도 $i_c = \sigma E [A/m^2]$

변위 전류 밀도 $i_d = \omega \varepsilon E [A/m^2]$

변위 전류와 전도 전류가 같아지는 조건

$\sigma E = \omega \varepsilon E$

이를 정리하면

$\sigma = \omega \varepsilon$

즉, $\sigma = \omega \varepsilon = 2\pi f \varepsilon_0 \varepsilon_s$ 이다.

주파수 계산

$f = \dfrac{\sigma}{2\pi \varepsilon_0 \varepsilon_s} = \dfrac{1}{2\pi \times 8.855 \times 10^{-12} \times 6} = 3 \times 10^9 [Hz]$

답 ①

## 216

맥스웰의 전자 방정식에 대한 의미를 설명한 것으로 틀린 것은?

① 자계의 회전은 전류 밀도와 같다.

② 자계는 발산하며, 자극은 단독으로 존재한다.

③ 전계의 회전은 자속 밀도의 시간적 감소율과 같다.

④ 단위 체적 당 발산 전속 수는 단위 체적 당 공간 전하 밀도와 같다.

$div B = 0$ 이기 때문에 자기장은 발산하지 않으며, 자극은 단독으로 존재하지 않는다.

☑ **참고** 맥스웰 방정식

• 맥스웰의 제1 기본 방정식

$rot\, E = -\dfrac{\partial B}{\partial t} = -\mu \dfrac{\partial H}{\partial t}$

• 맥스웰의 제2 기본 방정식

$rot\, E = -\dfrac{\partial B}{\partial t} = -\mu \dfrac{\partial H}{\partial t}$

• 맥스웰의 제3 방정식(정전계의 가우스 미분형)

$div D = \rho$

(단, $\rho$: 체적 전하 밀도[$C/m^3$])

• 맥스웰의 제4 방정식(정자계의 가우스 미분형)

$div B = 0$

답 ②

## 217

맥스웰 방정식 중 틀린 것은?

① $\oint_s B \cdot dS = \rho_s$

② $\oint_s D \cdot dS = \int_v \rho \cdot dv$

③ $\oint_c E \cdot dI = -\int_s \frac{\partial B}{\partial t} \cdot dS$

④ $\oint_c H \cdot dI = I + \int_s \frac{\partial D}{\partial t} \cdot dS$

자속 밀도 $B$와 전하 밀도는 직접적으로 연결되지 않는다. 대신 자속 밀도 $B$는 $\oint_s B \cdot dS = 0$와 같은 방정식으로 설명된다.

☑ **참고** 맥스웰 방정식
- 맥스웰의 제1 기본 방정식
  $rot\,E = -\frac{\partial B}{\partial t} = -\mu \frac{\partial H}{\partial t}$
- 맥스웰의 제2 기본 방정식
  $rot\,E = -\frac{\partial B}{\partial t} = -\mu \frac{\partial H}{\partial t}$
- 맥스웰의 제3 방정식 (정전계의 가우스 미분형)
  $div\,D = \rho$
  (단, $\rho$: 체적 전하 밀도 $[C/m^3]$)
- 맥스웰의 제4 방정식 (정자계의 가우스 미분형)
  $div\,B = 0$

답 ①

## 218

비투자율 $\mu_s = 1$, 비유전율 $\varepsilon_s = 90$ 인 매질 내의 고유 임피던스는 약 몇 $[\Omega]$인가?

① 32.5      ② 39.7

③ 42.3      ④ 45.6

**고유 임피던스**

$$Z_0 = \sqrt{\frac{\mu}{\varepsilon}} = \sqrt{\frac{\mu_0 \mu_s}{\varepsilon_0 \varepsilon_s}} = \sqrt{\frac{\mu_0}{\varepsilon_0}} \times \sqrt{\frac{\mu_s}{\varepsilon_s}}$$

$$= 377 \times \sqrt{\frac{\mu_s}{\varepsilon_s}} = 377 \times \sqrt{\frac{1}{90}} = 39.7[\Omega]$$

답 ②

## 219

정상 전류계에서 옴의 법칙에 대한 미분형은? (단, $i$는 전류 밀도, $k$는 도전율, $\rho$는 고유저항, $E$는 전계의 세기이다.)

① $i = kE$      ② $i = \frac{E}{k}$

③ $i = \rho E$      ④ $i = -kE$

- **옴의 법칙에 의한 전도 전류**
  $$I_c = \frac{V}{R} = \frac{El}{\rho \frac{l}{S}} = \frac{ES}{\rho} = kES[A]$$

- **전도 전류 밀도**
  $$i_c = \frac{kES}{S} = kE[A/m^2]$$
  (단, $V$ : 전위$[V]$, $E$ : 전계$[V/m]$)

답 ①

## 220

진공 중에서 빛의 속도와 일치하는 전자파의 전파 속도를 얻기 위한 조건으로 옳은 것은?

① $\varepsilon_r = 0, \ \mu_r = 0$      ② $\varepsilon_r = 1, \ \mu_r = 1$

③ $\varepsilon_r = 0, \ \mu_r = 1$      ④ $\varepsilon_r = 1, \ \mu_r = 0$

**전자파의 전파 속도**

$$v = \frac{\omega}{\beta} = \frac{1}{\sqrt{\varepsilon \mu}} = \frac{1}{\sqrt{\varepsilon_0 \mu_0 \times \varepsilon_r \mu_r}} \ [m/s]$$

**진공에서의 빛의 속도**

$$c = \frac{1}{\sqrt{\varepsilon_0 \mu_0}} \ [m/s]$$

**빛의 속도와 일치하는 전파 속도 조건**

진공에서의 전파 속도와 빛의 속도가 같으려면, 매질의 상대 유전율 $\varepsilon_r = 1$ 이고, 상대 투자율 $\mu_r = 1$ 이어야 한다.

답 ②

## 221

전속 밀도 $D = X^2 i + Y^2 j + Z^2 k \ [C/m^2]$를 발생시키는 점 (1, 2, 3)에서의 체적 전하 밀도는 몇 $[C/m^3]$인가?

① 12                 ② 13

③ 14                 ④ 15

전속 밀도 $D$의 발산은 체적 전하밀도 $\rho$와 같다.

$$div D = \nabla \cdot D = \rho$$

이때 $D = X^2 i + Y^2 j + Z^2 k \ [C/m^2]$로 주어졌다.

**전속 밀도의 발산 계산**

$$\nabla \cdot D = \frac{\partial}{\partial x}(X^2) + \frac{\partial}{\partial y}(Y^2) + \frac{\partial}{\partial z}(Z^2)$$
$$= 2X + 2Y + 2Z = 2 \times 1 + 2 \times 2 + 2 \times 3 = 12$$

답 ①

## 222

전자파의 특성에 대한 설명으로 틀린 것은?

① 전자파의 속도는 주파수와 무관하다.

② 전파 $E_x$를 고유 임피던스로 나누면 자파 $H_y$가 된다.

③ 전파 $E_x$와 자파 $H_y$의 진동 방향은 진행 방향에 수평인 종파이다.

④ 매질이 도전성을 갖지 않으면 전파 $E_x$와 자파 $H_y$는 동위상이 된다.

① 전자파의 속도는 매질의 유전율 $\varepsilon$ 과 투자율 $\mu$ 에 따라 결정되며, 주파수와는 무관하다.

$$v = \frac{1}{\sqrt{\varepsilon \mu}}$$

② 고유 임피던스는 전계 $E$와 자계 $H$의 비율로 정의된다.

$$Z = \frac{E}{H} = \sqrt{\frac{\mu}{\varepsilon}}$$

따라서 $H = \dfrac{E}{Z}$

③ 전자파는 횡파로, 전계 $E$와 자계 $H$는 진행 방향에 수직으로 진동한다. 종파는 진동 방향이 진행 방향과 같은 파동(예 소리)이며, 이는 전자파에 적용되지 않는다.

④ 도전성이 없는 매질에서는 전계 $E$와 자계 $H$는 동위상으로 진행한다. 즉, 같은 위상으로 전파된다.

답 ③

## 223

변위 전류와 가장 관계가 깊은 것은?

① 도체                  ② 반도체

③ 유전체               ④ 자성체

변위 전류는 유전체에서 발생하는 전류로 실제로 전하가 이동하는 것이 아닌, 전속 밀도의 시간적 변화에 의해 발생하는 전류이다.

답 ③

## 224

전계 및 자계의 세기가 각각 $E[V/m]$, $H[AT/m]$일 때, 포인팅 벡터 $P[W/m^2]$의 표현으로 옳은 것은?

① $P=\dfrac{1}{2}EH$　　　② $P=Erot\,H$

③ $P=EH$　　　　　④ $P=Hrot\,E$

---

**포인팅 벡터**

$$P=EH=\sqrt{\frac{\mu_0}{\varepsilon_0}}\,H^2=\sqrt{\frac{\varepsilon_0}{\mu_0}}\,E^2=377H^2=\frac{1}{377}E^2$$

답 ③

## 225

비유전율 3, 비투자율 3인 매질에서 전자기파의 진행 속도 $v\,[m/s]$와 진공에서의 속도 $v_0\,[m/s]$의 관계는?

① $v=\dfrac{1}{9}v_0$　　　② $v=\dfrac{1}{3}v_0$

③ $v=3v_0$　　　　④ $v=9v_0$

---

**전자파의 전파 속도**

$$v=\frac{1}{\sqrt{\varepsilon\mu}}=\frac{1}{\sqrt{\varepsilon_0\mu_0\times\varepsilon_r\mu_r}}=v_0\times\frac{1}{\sqrt{3\times3}}=\frac{1}{3}v_0\,[m/s]$$

답 ②

## 226

공기 중에서 $2[V/m]$의 전계의 세기에 의한 변위 전류 밀도의 크기를 $2[A/m^2]$으로 흐르게 하려면 전계의 주파수는 약 몇 $[MHz]$가 되어야 하는가?

① 9,000　　　　② 18,000

③ 36,000　　　　④ 72,000

---

**변위 전류 밀도**

$$i_d=\frac{I_d}{S}=\frac{\partial D}{\partial t}=\varepsilon_0\frac{\partial E}{\partial t}=\omega\varepsilon_0E=2\pi f\varepsilon_0E[A/m^2]$$

**전계의 주파수**

$$f=\frac{i_d}{2\pi\varepsilon_0E}=\frac{2}{2\pi\times8.854\times10^{-12}\times2}=1.8\times10^{-10}$$

$$=1.8\times10^{10}\,[Hz]=1.8\times10^4\,[MHz]=18,000[MHz]$$

답 ②

## 227

방송국 안테나 출력이 $W[W]$이고 이로부터 진공 중에 $r[m]$떨어진 점에서 자계의 세기의 실효치는 약 몇 $[AT/m]$인가?

① $\dfrac{1}{r}\sqrt{\dfrac{W}{377\pi}}$  ② $\dfrac{1}{2r}\sqrt{\dfrac{W}{377\pi}}$

③ $\dfrac{1}{2r}\sqrt{\dfrac{W}{188\pi}}$  ④ $\dfrac{1}{r}\sqrt{\dfrac{2W}{377\pi}}$

### 포인팅 벡터와 자계의 세기 관계

안테나에서 방출된 전력은 포인팅 벡터

$P = EH = \sqrt{\dfrac{\mu_0}{\varepsilon_0}}\,H^2 = 377H^2$ 로 표현되며, 진공

에서 $P = 377H^2$ 로 간단히 나타낼 수 있다.

### 전력과 자계의 세기 관계

안테나 출력 $W$는 구면 상의 면적 $S = 4\pi r^2$에 걸친 포인팅 벡터로 표현할 수 있다.

$W = PS = 377H^2 \times 4\pi r^2\,[W]$

### 자계의 세기 계산

$H = \sqrt{\dfrac{W}{377 \times 4\pi r^2}} = \dfrac{1}{2r}\sqrt{\dfrac{W}{377\pi}}\,[AT/m]$

답 ②

## 228

진공 중에 서로 떨어져 있는 두 도체 $A$, $B$가 있다. 도체 $A$에만 $1[C]$의 전하를 줄 때, 도체 $A$, $B$의 전위가 각각 $3[V]$, $2[V]$이었다. 지금 도체 $A$, $B$에 각각 $1[C]$과 $2[C]$의 전하를 주면 도체 $A$의 전위는 몇 $[V]$인가?

① 6  ② 7

③ 8  ④ 9

### 전위 계산 공식

$V_1 = P_{11}Q_1 + P_{12}Q_2$

$V_2 = P_{21}Q_1 + P_{22}Q_2$

도체 $A$에만 $Q_1 = 1[C]$전하를 주고, 도체 $B$에는 전하 $Q_2 = 0[C]$인 경우를 고려해 보자.

도체 $A$의 전위 $V_1 = 3[V]$

$V_1 = P_{11} \times 1 + P_{12} \times 0 = 3[V]$에서 $P_{11} = 3$

도체 $B$의 전위 $V_2 = 2[V]$

$V_2 = P_{21} \times 1 + P_{22} \times 0 = 2[V]$에서 $P_{21} = P_{12} = 2$

따라서 $Q_1 = 1[C]$, $Q_2 = 2[C]$일 때 도체 $A$의 전위

$V_1 = P_{11}Q_1 + P_{12}Q_2 = 3 \times 1 + 2 \times 2 = 7[V]$

☑ **참고** 왜 $P_{21}{=}P_{12}$인가?

$P_{21}$은 도체 $A$의 전하가 도체 $B$의 전위에 미치는 영향, $P_{12}$는 도체 $B$의 전하가 도체 $A$의 전위에 미치는 영향이다. 도체 $A$와 $B$가 떨어져 있는 상태에서는 각 도체가 다른 도체에 미치는 전위 영향이 동일하게 나타낸다.

답 ②

## 229

공기 중에서 전자기파의 파장이 3[$m$]라면 그 주파수는 몇 [$MHz$]인가?

① 100

② 300

③ 1,000

④ 3,000

### 기본 관계식

전자기파의 속도 $c$와 주파수 $f$, 파장 $\lambda$ 사이의 관계는 다음과 같다.

$f\lambda = c$

여기서 공기 중에서의 전자기파 속도 $c$는 약 $3 \times 10^8[m/s]$이다.

### 주파수 계산

$$f = \frac{c}{\lambda} = \frac{3 \times 10^8}{3} = 1 \times 10^8[Hz] = 100[MHz]$$

> ☑ **참고** 파장
>
> $$\lambda = \frac{v}{f} = \frac{1}{f\sqrt{\varepsilon_0 \mu_0 \times \varepsilon_s \mu_s}} = 3 \times 10^8 \frac{1}{f\sqrt{\varepsilon_s \mu_s}}[m]$$

답 ①

## 230

간격 $d$[$m$], 면적 $S$[$m^2$]의 평행판 전극 사이에 유전율이 $\varepsilon$인 유전체가 있다. 전극 간에 $v(t) = V_m \sin\omega t$ [$V$]의 전압을 가했을 때, 유전체 속의 변위전류밀도[$A/m^2$]는?

① $\dfrac{\varepsilon \omega V_m}{d}\cos\omega t$

② $\dfrac{\varepsilon \omega V_m}{d}\sin\omega t$

③ $\dfrac{\varepsilon V_m}{\omega d}\cos\omega t$

④ $\dfrac{\varepsilon V_m}{\omega d}\sin\omega t$

**변위 전류 밀도** $i_d = \dfrac{\partial D}{\partial t}[A/m^2]$

**전속 밀도** $D = \varepsilon E[C/m^2]$

**전계** $E = \dfrac{v(t)}{d}[V/m]$ $(\because V = Ed)$

문제에서 전극에 가해진 전압이

$v(t) = V_m \sin\omega t$ [$V$]이므로

$$E = \frac{v(t)}{d} = \frac{V_m \sin\omega t}{d}[V/m]$$

**변위 전류 밀도 계산**

$$i_d = \frac{\partial D}{\partial t} = \varepsilon \frac{\partial E}{\partial t} = \varepsilon \frac{\partial}{\partial t}\left(\frac{V_m \sin\omega t}{d}\right)$$

$$= \frac{\varepsilon}{d}V_m \omega \cos\omega t = \frac{\varepsilon \omega V_m}{d}\cos\omega t[A/m^2]$$

> ✓ **TIP** $v(t) = V_m \sin\omega t$ [$V$]를 시간에 대한 미분한 값이 포함된 보기를 찾으면 정답입니다.

답 ①

## 231

유전율이 $\varepsilon = 2\varepsilon_0$ 이고 투자율이 $\mu_0$ 인 비도전성 유전체에서 전자파의 전계의 세기가

$E(z,t) = 120\pi \cos(10^9 t - \beta z)\hat{y}$ $[V/m]$일 때, 자계의 세기 $H[A/m]$는? (단, $\hat{x}, \hat{y}$ 는 단위벡터이다.)

① $-\sqrt{2}\cos(10^9 t - \beta z)\hat{x}$

② $\sqrt{2}\cos(10^9 t - \beta z)\hat{x}$

③ $-2\cos(10^9 t - \beta z)\hat{x}$

④ $2\cos(10^9 t - \beta z)\hat{x}$

**전자파의 고유(파동)임피던스**

$\eta = \dfrac{E}{H} = \sqrt{\dfrac{\mu}{\varepsilon}} = \sqrt{\dfrac{\mu_0 \mu_s}{\varepsilon_0 \varepsilon_s}} = 377\sqrt{\dfrac{\mu_s}{\varepsilon_s}}$ $[\Omega]$

주어진 유전체의 유전율은 $\varepsilon = 2\varepsilon_0$ 이고 투자율은 $\mu = \mu_0$ 이므로

$\eta = 377\sqrt{\dfrac{\mu_s}{\varepsilon_s}} = 377\sqrt{\dfrac{1}{2}} = \dfrac{377}{\sqrt{2}}$ $[\Omega]$

**자계의 세기**

$H = \dfrac{E}{\eta} = \dfrac{120\pi \cos(10^9 t - \beta z)}{\dfrac{377}{\sqrt{2}}}$

$= \dfrac{120\pi\sqrt{2}}{377}\cos(10^9 t - \beta z) = \sqrt{2}\cos(10^9 t - \beta z)[A/m]$

**자계의 방향**

주어진 전자파는 $z$ 방향으로 진행하고, 전계 $E$는 $\hat{y}$ 방향이다. 전자파의 진행 방향과 전계 방향에 따라 자계 $H$는 $-\hat{x}$ 방행이 된다.

$\therefore H = -\sqrt{2}\cos(10^9 t - \beta z)\hat{x}[A/m]$

☑ **참고** 오른손 법칙에 따르면 엄지, 검지, 중지가 각각 파의 진행 방향, 전계, 자계 방향을 나타낸다. 엄지를 $+z$ 방향으로 검지를 $\hat{y}$ 방향으로 맞추면, 중지가 가리키는 방향이 $-\hat{x}$ 방향이 된다.

답 ①

## 232

극판 간격 $d[m]$, 면적 $S[m^2]$, 유전율 $\varepsilon$ $[F/m]$이고 정전 용량이 $C[F]$인 평행판 콘덴서에 $v = V_m \sin\omega t$ $[V]$의 전압을 가할 때의 변위 전류$[A]$는?

① $\omega C V_m \cos\omega t$

② $C V_m \sin\omega t$

③ $-C V_m \sin\omega t$

④ $-\omega C V_m \cos\omega t$

**변위 전류 밀도**

$i_d = \dfrac{\partial D}{\partial t} = \varepsilon \dfrac{\partial E}{\partial t} = \varepsilon \dfrac{\partial \left(\dfrac{v}{d}\right)}{\partial t}$

$= \dfrac{\varepsilon}{d} \dfrac{\partial (V_m \sin\omega t)}{\partial t} = \dfrac{\varepsilon}{d} V_m \omega \cos\omega t [A/m^2]$

**변위 전류**

$I_d = i_d \times S = \dfrac{\varepsilon}{d} V_m \omega \cos\omega t \times S[A]$

이때 평행판 콘덴서의 정전 용량은 $C = \dfrac{\varepsilon S}{d}$ $[F]$이므로, 이를 이용해 $S = \dfrac{Cd}{\varepsilon}$ 로 나타낼 수 있다.

따라서 변위 전류는 $I_d = \omega C V_m \cos\omega t$ $[A]$이다.

✓ **TIP** $v = V_m \sin\omega t$ $[V]$를 시간에 대한 미분한 값이 포함된 보기를 찾으면 정답입니다.

답 ④

## 233

전계 $6[V/m]$, 주파수 $10[MHz]$인 전자파에서 포인팅 벡터는 몇 $[W/m^2]$인가?

① $9.5 \times 10^{-3}$

② $9.5 \times 10^{-2}$

③ $1.5 \times 10^{-3}$

④ $1.5 \times 10^{-2}$

포인팅 벡터의 크기 $P = EH$

자유 공간에서 자계 $H$는 전계 $E$와 특성 임피던스 $\eta \fallingdotseq 377[\Omega]$의 관계로 계산할 수 있다.

$P = EH = E \times \dfrac{E}{377} = \dfrac{E^2}{377} = \dfrac{6^2}{377} = 9.5 \times 10^{-2} [W/m^2]$

답 ②

## 234

다음 금속 중 저항률이 가장 작은 것은?

① 은          ② 철

③ 백금        ④ 알루미늄

저항률(비저항)은 전류가 물질을 통과할 때 전류의 흐름을 방해하는 정도를 나타내는 값이다. 저항률이 작을수록 전류가 잘 흐르는 물질이며, 이는 전기전도도가 높은 금속을 의미한다.

**각 금속의 저항률**

- 금: $2.4 \times 10^{-8} [\Omega \cdot m]$
- 은: $1.62 \times 10^{-8} [\Omega \cdot m]$ (가장 낮은 저항률)
- 동(구리): $1.69 \times 10^{-8} [\Omega \cdot m]$
- 알루미늄: $2.8 \times 10^{-8} [\Omega \cdot m]$
- 철: $10 \times 10^{-8} [\Omega \cdot m]$
- 백금: $10.5 \times 10^{-8} [\Omega \cdot m]$

답 ①

# MEMO

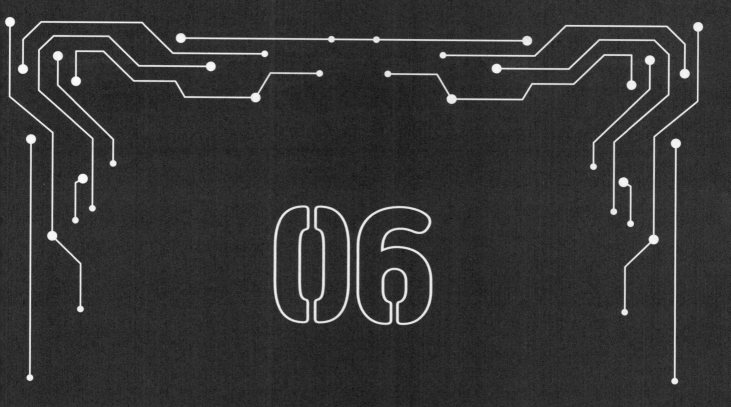

# 06

# 전기설비기술기준

문제 & 해설

# 전기설비기술기준

## 001

**전로에 대한 설명 중 옳은 것은?**

① 통상의 사용 상태에서 전기를 절연한 곳

② 통상의 사용 상태에서 전기를 접지한 곳

③ 통상의 사용 상태에서 전기가 통하고 있는 곳

④ 통상의 사용 상태에서 전기가 통하고 있지 않은 곳

> **전로**: 통상의 사용 상태에서 전기가 통하고 있는 곳

目 ③

## 002

**최대 사용전압 23[kV]의 권선으로 중성점 접지식 전로(중성선을 가지는 것으로 그 중성선에 다중 접지를 하는 전로)에 접속되는 변압기는 몇 [V]의 절연내력 시험전압에 견디어야 하는가?**

① 21,160　　　　② 25,300

③ 37,750　　　　④ 34,500

> 중성선에 **다중 접지**를 하는 경우이므로
> $23,000 \times 0.92 = 21,160[V]$

✓암기 **TIP** 다중 접지 × 0.92 = 다구리

☑ **참고** 전로 및 기구의 절연내력시험전압
고압 및 특고압의 전로, 변압기, 차단기, 기타 기구는 충전부분과 대지 사이에 연속 10분간 절연내력시험 전압을 가하였을 때 다음 표와 같이 견뎌야 한다.
(직류 인가시 2배 적용)

| 최대사용전압 | 접지방식 | 배수 | 최저시험전압 |
|---|---|---|---|
| 7[kV] 이하 | – | 1.5배 | 500[V] |
| 7[kV] 초과 25[kV] 이하 | 다중접지 | 0.92배 | – |
| 7[kV] 초과 60[kV] 이하 | 비접지 | 1.25배 | 10,500[V] |
| 60[kV] 초과 | 비접지 | 1.25배 | – |
| | 접지 | 1.1배 | 75,000[V] |
| 60[kV] 초과 170[kV] 이하 | 중성점 직접접지 | 0.72배 | – |
| 170[kV] 초과 | 중성점 직접접지 | 0.64배 | – |

目 ①

## 003

접지공사의 접지극을 시설할 때 동결 깊이를 감안하여 지하 몇 [cm] 이상의 깊이로 매설해야 하는가?

① 60                    ② 75

③ 90                    ④ 100

**접지도체**
- 접지극은 지하 0.75[m] 이상으로 매설할 것
- 접지선을 철주 등 금속체를 따라서 시설하는 경우에는 접지극을 철주의 밑면으로부터 0.3[m] 이상의 깊이에 매설하거나 접지극을 지중에서 그 금속체로부터 1[m] 이상 떼어 매설하여야 한다.
- 접지선에는 절연전선 또는 케이블을 사용할 것
- 접지선의 지하 0.75[m] 로부터 지표상 2[m] 까지의 부분은 합성수지관(두께 2[mm] 이상의 합성수지제 전선관 및 난연성이 있는 콤바인덕트관) 또는 몰드로 덮을 것
- 접지선을 시설한 지지물에는 피뢰침용 지지선을 시설하지 않을 것

답 ②

## 004

지중전선로를 직접매설식에 의하여 시설하는 경우에 차량 기타 중량물의 압력을 받을 우려가 없는 장소의 매설 깊이는 몇 [cm] 이상이어야 하는가?

① 60                    ② 100

③ 120                   ④ 150

**지중전선로의 시설**

| 지중전선로의 매설 깊이 | | |
|---|---|---|
| 전선은 케이블을 사용하고,<br>직접매설식, 관로식, 암거식으로 시공한다. | | |
| 직접매설식,<br>관로식 | 중량물의 압력이 있는 경우 | 1.0[m] 이상 |
| | 중량물의 압력이 없는 경우 | 0.6[m] 이상 |

답 ①

## 005

전로의 사용전압이 200[V]인 저압 전로의 전선 상호 간 및 전로 대지 간의 절연저항 값은 몇 [MΩ]이상이어야 하는가?

① 0.1                   ② 1.0

③ 0.3                   ④ 0.5

**절연저항**

| 전로의 사용전압<br>[V] | DC시험전압<br>[V] | 절연저항<br>[MΩ] |
|---|---|---|
| SELV 및 PELV | 250 | 0.5 |
| FELV 및<br>500[V] 이하 | 500 | 1.0 |
| 500[V] 초과 | 1,000 | 1.0 |

답 ②

## 006

최대 사용전압이 220[V]인 전동기의 절연내력시험을 하고자 할 때 시험전압은 몇 [V]인가?

① 300                   ② 330

③ 450                   ④ 500

$$시험전압 = 220 \times 1.5 = 330[V]$$
500[V] 미만인 경우의 시험 전압은 최저 시험 전압인 500[V] 로 한다.

**☑ 참고 회전기 절연내력**

| 종류 | 최대<br>사용전압 | 배수 | 최저<br>시험전압 | 시험<br>방법 |
|---|---|---|---|---|
| 무효전력<br>보상장치 | 7[kV] 이하 | 1.5배 | 500[V] | 권선<br>과<br>대지<br>간 |
| 발전기<br>전동기 | 7[kV] 초과 | 1.25배 | 10,500[V] | |
| 회전<br>변류기 | - | 1배 | 500[V] | |

답 ④

## 007

지중전선로에 있어서 폭발성 가스가 침입할 우려가 있는 장소에 시설하는 지중함은 크기가 몇 [$m^3$]이상일 때 가스를 방산시키기 위한 장치를 시설하여야 하는가?

① 0.25

② 0.5

③ 0.75

④ 1.0

**지중함의 시설**

• 압력에 견디는 구조일 것

• 물을 제거할 수 있는 구조일 것

• 폭발성 또는 연소성의 가스가 침입할 우려가 있는 것에 시설하는 지중함으로 그 크기가 1[$m^3$] 이상인 것에는 통풍장치 기타 가스를 발산시키기 위한 적당한 장치를 시설할 것

• 지중함의 뚜껑은 시설자 이외의 자가 쉽게 열 수 없도록 시설할 것

답 ④

## 008

최대 사용전압 22.9[$kV$]인 3상 4선식 다중 접지방식의 지중전선로의 절연내력 시험을 직류로 할 경우 시험전압은 몇 [$V$]인가?

① 16,448

② 21,068

③ 32,796

④ 42,136

중성선에 **다중 접지**를 하는 경우이므로

$22,900 \times 0.92 = 21,068[V]$

단, 직류 인가 시에는 2배를 적용하므로

$\therefore 21,068 \times 2 = 42,136[V]$

**암기** ✓ **TIP** 다중 접지 + 0.92 = 다구리

☑ **참고** 전로 및 기구의 절연내력시험전압

고압 및 특고압의 전로, 변압기, 차단기, 기타 기구는 충전부분과 대지 사이에 연속 10분간 절연내력시험전압을 가하였을 때 다음 표와 같이 견뎌야 한다.
(직류 인가시 2배 적용)

| 최대사용전압 | 접지방식 | 배수 | 최저시험전압 |
|---|---|---|---|
| 7[$kV$] 이하 | – | 1.5배 | 500[$V$] |
| 7[$kV$] 초과 25[$kV$] 이하 | 다중접지 | 0.92배 | – |
| 7[$kV$] 초과 60[$kV$] 이하 | 비접지 | 1.25배 | 10,500[$V$] |
| 60[$kV$] 초과 | 비접지 | 1.25배 | – |
| | 접지 | 1.1배 | 75,000[$V$] |
| 60[$kV$] 초과 170[$kV$] 이하 | 중성점 직접접지 | 0.72배 | – |
| 170[$kV$] 초과 | 중성점 직접접지 | 0.64배 | – |

답 ④

## 009

지중전선로에 사용하는 지중함의 시설기준으로 틀린 것은?

① 조명 및 세척이 가능한 적당한 장치를 시설할 것

② 견고하고 차량 기타 중량물의 압력에 견디는 구조일 것

③ 그 안의 고인 물을 제거할 수 있는 구조로 되어 있는 것

④ 뚜껑은 시설자 이외의 자가 쉽게 열 수 없도록 시설할 것

**지중함의 시설**
- 압력에 견디는 구조일 것
- 물을 제거할 수 있는 구조일 것
- 폭발성 또는 연소성의 가스가 침입할 우려가 있는 것에 시설하는 지중함으로 그 크기가 1[$m^3$] 이상인 것에는 통풍장치 기타 가스를 발산시키기 위한 적당한 장치를 시설할 것
- 지중함의 뚜껑은 시설자 이외의 자가 쉽게 열 수 없도록 시설할 것

답 ①

## 010

연료전지 및 태양전지 모듈의 절연내력시험을 하는 경우 충전부분과 대지 사이에 인가하는 시험전압은 얼마인가? (단, 연속하여 10분간 가하여 견디는 것이어야 한다.)

① 최대사용전압의 1.25배의 직류전압 또는 1배의 교류전압 (500[$V$] 미만으로 되는 경우에는 500[$V$])

② 최대사용전압의 1.25배의 직류전압 또는 1.25배의 교류 전압 (500[$V$] 미만으로 되는 경우에는 500[$V$])

③ 최대사용전압의 1.5배의 직류전압 또는 1배의 교류전압 (500[$V$] 미만으로 되는 경우에는 500[$V$])

④ 최대사용전압의 1.5배의 직류전압 또는 1.25배의 교류 전압 (500[$V$] 미만으로 되는 경우에는 500[$V$])

**연료전지/태양전지 모듈의 절연내력시험**

| 직류전압 | 1.5배 |
|---|---|
| 교류전압 | 1배 |

답 ③

## 011

440[$V$] 옥내 배선에 연결된 전동기 회로의 절연저항 최소값은 몇 [$M\Omega$]인가?

① 0.3  ② 0.5

③ 1.0  ④ 1.5

**절연저항**

| 전로의 사용전압[$V$] | DC시험전압 [$V$] | 절연저항 [$M\Omega$] |
|---|---|---|
| SELV 및 PELV | 250 | 0.5 이상 |
| FELV 및 500[V] 이하 | 500 | 1.0 이상 |
| 500[$V$] 초과 | 1,000 | 1.0 이상 |

답 ③

## 012

**중성점 직접 접지식 전로에 접속되는 최대사용전압 161[kV] 인 3상 변압기 권선(성형결선)의 절연내력시험을 할 때 접지시켜서는 안 되는 것은?**

① 철심 및 외함

② 시험되는 변압기의 부싱

③ 시험되는 권선의 중성점 단자

④ 시험되지 않는 각 권선(다른 권선이 2개 이상 있는 경우에는 각 권선의 임의의 1단자)

**변압기 전로의 절연내력**
접지는 다음과 같은 위치에 한다.
- 시험되는 권선의 중성점 단자
- 다른 권선(다른 권선이 2개 이상 있는 경우에는 각 권선)의 임의의 1단자
- 철심 및 외함

답 ②

## 013

**발전기, 전동기, 조상기, 기타 회전기(회전변류기 제외)의 절연내력 시험전압은 어느 곳에 가하는가?**

① 권선과 대지 사이     ② 외함과 권선 사이

③ 외함과 대지 사이     ④ 회전자와 고정자 사이

**회전기 절연내력**

| 종류 | 최대 사용전압 | 배수 | 최저 시험전압 | 시험 방법 |
|---|---|---|---|---|
| 무효전력 보상장치 발전기 전동기 | 7[kV] 이하 | 1.5배 | 500[V] | |
| | 7[kV] 초과 | 1.25배 | 10,500[V] | 권선과 대지간 |
| 회전 변류기 | - | 1배 | 500[V] | |

답 ①

## 014

**조상설비 내부고장, 과전류 또는 과전압이 생긴 경우 자동적으로 차단되는 장치를 해야하는 전력용 커패시터의 최소 뱅크용량은 몇 인가?**

① 10,000            ② 12,000

③ 13,000            ④ 15,000

**무효전력 보상장치의 보호장치**

| 조상설비 | 뱅크용량 | 보호장치시설 |
|---|---|---|
| 전력용 커패시터 및 분로 리액터 | 500[kVA] 초과 15,000[kVA] 미만 | 내부에 고장이 생긴 경우 과전류가 생긴 경우 |
| | 15,000[kVA] 이상 | 내부에 고장이 생긴 경우 과전류가 생긴 경우 과전압이 생긴 경우 |
| 무효전력 보상장치 (조상기) | 15,000[kVA] 이상 | 내부에 고장이 생긴 경우 |

답 ④

## 015

접지공사에 사용하는 접지선을 사람이 접촉할 우려가 있는 곳에 시설하는 경우, 「전기용품 및 생활용품 안전관리법」을 적용받는 합성수지관(두께 2[$mm$] 미만의 합성수지제 전선관 및 난연성이 없는 콤바인덕트관을 제외한다)으로 덮어야 하는 범위로 옳은 것은?

① 접지선의 지하 30[$cm$]로부터 지표상 1[$m$]까지의 부분

② 접지선의 지하 50[$cm$]로부터 지표상 1.2[$m$]까지의 부분

③ 접지선의 지하 60[$cm$]로부터 지표상 1.8[$m$]까지의 부분

④ 접지선의 지하 75[$cm$]로부터 지표상 2[$m$]까지의 부분

### 접지도체

- 접지극은 지하 0.75[$m$] 이상으로 매설할 것
- 접지선을 철주 등 금속체를 따라서 시설하는 경우에는 접지극을 철주의 밑면으로부터 0.3[$m$] 이상의 깊이에 매설하거나 접지극을 지중에서 그 금속체로부터 1[$m$] 이상 떼어 매설하여야 한다.
- 접지선에는 절연전선 또는 케이블을 사용할 것
- 접지선의 지하 0.75[$m$] 로부터 지표상 2[$m$] 까지의 부분은 합성수지관(두께 2[$mm$] 이상의 합성수지제 전선관 및 난연성이 있는 콤바인덕트관) 또는 몰드로 덮을 것
- 접지선을 시설한 지지물에는 피뢰침용 지지선을 시설하지 않을 것

답 ④

## 016

저압의 전선로 중 절연 부분의 전선과 대지 간의 절연저항은 사용전압에 대한 누설전류가 최대 공급전류의 얼마를 넘지 않도록 유지하여야 하는가?

① $\dfrac{1}{1,000}$  ② $\dfrac{1}{2,000}$

③ $\dfrac{1}{3,000}$  ④ $\dfrac{1}{4,000}$

### 최대누설전류 한도

누설전류 $I_g \leq$ 최대공급전류 $\times \dfrac{1}{2,000}[A]$ 이하를 넘지 않도록 유지하여야 한다. 정전이 어려워 절연저항 측정이 곤란한 경우에는 1[$mA$] 이하가 유지되도록 할 것

답 ②

## 017

최대사용전압이 7[$kV$]를 초과하는 회전기의 절연내력 시험은 최대사용전압의 몇 배의 전압 (10,500[$V$] 미만으로 되는 경우에는 10,500[$V$])에서 10분간 견디어야 하는가?

① 0.92  ② 1

③ 1.1  ④ 1.25

### 회전기 절연내력

| 종류 | 최대 사용전압 | 배수 | 최저 시험전압 | 시험 방법 |
|---|---|---|---|---|
| 무효전력 보상장치 발전기 전동기 | 7[$kV$] 이하 | 1.5배 | 500[V] | 권선과 대지간 |
| | 7[$kV$] 초과 | 1.25배 | 10,500[V] | |
| 회전 변류기 | - | 1배 | 500[V] | |

답 ④

## 018

"리플프리(Ripple-free)직류"란 교류를 직류로 변환할 때 리플성분의 실효값이 몇 [%] 이하로 포함된 직류를 말하는가?

① 3 ② 5
③ 10 ④ 15

**리플프리직류**: 교류를 직류로 변환할 때 리플 성분의 실효값이 10[%] 이하로 포함된 직류

답 ③

## 019

저압 전로에서 정전이 어려운 경우 등 절연저항 측정이 곤란한 경우 저항성분의 누설전류가 몇 [$mA$]이하이면 그 전로의 절연성능은 적합한 것으로 보는가?

① 1 ② 2
③ 3 ④ 4

**최대누설전류 한도**

누설전류 $I_g \leq$ 최대공급전류$\times \dfrac{1}{2,000}[A]$이하를 넘지 않도록 유지하여야 한다. 정전이 어려워 절연저항 측정이 곤란한 경우에는 1[$mA$] 이하가 유지되도록 할 것

답 ①

## 020

금속제 가요전선관 공사에 의한 저압 옥내배선의 시설기준으로 틀린 것은?

① 가요전선관 안에는 전선에 접속점이 없도록 한다.

② 옥외용 비닐절연전선을 제외한 절연전선을 사용한다.

③ 점검할 수 없는 은폐된 장소에는 1종 가요전선관을 사용할 수 있다.

④ 2종 금속제 가요전선관을 사용하는 겨울에 습기 많은 장소에 시설하는 때에는 비닐피복 2종 가요전선관으로 한다.

**금속제 가요전선관공사**

- 전선은 절연전선(옥외용 비닐절연전선 제외)으로 연선일 것. 단, 짧고 가는 관에 넣은 것 또는 단면적 10[$mm^2$] 이하(알루미늄선은 단면적 16[$mm^2$] 이하)의 것은 단선 사용 가능
- 가요전선관 안에는 전선의 접속점이 없도록 할 것
- 가요전선관은 2종 금속제 가요전선관일 것. 다만, 전개된 장소 또는 점검할 수 있는 은폐된 장소(옥내배선의 사용전압이 400[$V$] 초과인 경우에는 전동기에 접속하는 부분으로서 가요성을 필요로 하는 부분에 사용한 것에 한한다)에는 1종 가요전선관(습기가 많은 장소 또는 물기가 있는 장소에는 비닐피복 1종 가요전선관에 한한다)을 사용할 수 있다.

답 ③

## 021

저압전로의 보호도체 및 중선선의 접속방식에 따른 접지계통의 분류가 아닌 것은?

① IT 계통 ② TN 계통
③ TT 계통 ④TC 계통

**계통접지 구성**
- TN 계통
- TT 계통
- IT 계통

답 ④

## 022

전기설비기술기준에서 정하는 안전원칙에 대한 내용으로 틀린 것은?

① 전기설비는 감전, 화재 그 밖에 사람에게 위해를 주거나 물건에 손상을 줄 우려가 없도록 시설하여야 한다.

② 전기설비는 다른 전기설비, 그 밖의 물건의 기능에 전기적 또는 자기적인 장해를 주지 않도록 시설하여야 한다.

③ 전기설비는 경쟁과 새로운 기술 및 사업의 도입을 촉진함으로써 전기사업의 건전한 발전을 도모하도록 시설하여야 한다.

④ 전기설비는 사용목적에 적절하고 안전하게 작동하여야 하며, 그 손상으로 인하여 전기공급에 지장을 주지 않도록 시설하여야 한다.

**안전원칙**
• 전기설비는 감전, 화재 그 밖에 사람에게 위해를 주거나 물건에 손상을 줄 우려가 없도록 시설하여야 한다.
• 전기설비는 사용목적에 적절하고 안전하게 작동하여야 하며, 그 손상으로 인하여 전기 공급에 지장을 주지 않도록 시설하여야 한다.
• 전기설비는 다른 전기설비, 그 밖의 물건의 기능에 전기적 또는 자기적인 장해를 주지 않도록 시설하여야 한다.

답 ③

## 023

하나 또는 복합하여 시설하여야 하는 접지극의 방법으로 틀린 것은?

① 지중 금속구조물

② 토양에 매설된 기초 접지극

③ 케이블의 금속외장 및 그 밖에 금속피복

④ 대지에 매설된 강화콘크리트의 용접된 금속 보강재

**접지극의 시설**
접지극은 다음의 방법 중 하나 또는 복합하여 시설한다.
• 콘크리트에 매입된 기초 접지극
• 토양에 매설된 기초 접지극
• 토양에 수직 또는 수평으로 직접 매설된 금속전극 (봉, 전선, 테이프, 배관, 판 등)
• 케이블의 금속외장 및 그 밖의 금속피복
• 지중 금속구조물(배관 등)
• 대지에 매설된 철근콘크리트의 용접된 금속 보강재(강화콘크리트 제외)

답 ④

## 024

돌침, 수평도체, 메시도체의 요소 중에 한 가지 또는 이를 조합한 형식으로 시설하는 것은?

① 접지극시스템    ② 수뢰부시스템

③ 내부피뢰시스템    ④ 인하도선시스템

**수뢰부시스템**
• **요소**: 돌침, 수평도체, 메시도체
• **배치**: 보호각법, 회전구체법, 그물망법

답 ②

## 025

전압의 종별에서 교류 600[V]는 무엇으로 분류하는 가?

① 저압                    ② 고압

③ 특고압                   ④ 초고압

### 전압의 구분

| 저압 | 직류 1500[$V$] 이하, 교류 1000[$V$] 이하 |
|------|------------------------------------------|
| 고압 | 직류 1500[$V$] 초과,<br>교류 1000[$V$] 초과하고 7[$kV$] 이하 |
| 특고압 | 7[$kV$] 초과 |

답  ①

## 026

최대 사용전압이 1차 22,000[$V$], 2차 6,600[$V$]의 권선으로서 중성점 비접지식 전로에 접속하는 변압기의 특고압측 절연내력 시험전압은?

① 24,000[$V$]              ② 27,500[$V$]

③ 33,000[$V$]              ④ 44,000[$V$]

### 전로의 절연내력 시험전압

$$22,000 \times 1.25 = 27,500[V]$$

☑ **참고** 전로 및 기구의 절연내력시험전압
고압 및 특고압의 전로, 변압기, 차단기, 기타 기구는 충전부분과 대지 사이에 연속 10분간 절연내력시험전압을 가하였을 때 다음 표와 같이 견뎌야 한다.
(직류 인가시 2배 적용)

| 최대사용전압 | 접지방식 | 배수 | 최저시험전압 |
|------|------|------|------|
| 7[$kV$] 이하 | – | 1.5배 | 500[$V$] |
| 7[$kV$] 초과<br>25[$kV$] 이하 | 다중접지 | 0.92배 | – |
| 7[$kV$] 초과<br>60[$kV$] 이하 | 비접지 | 1.25배 | 10,500[$V$] |
| 60[$kV$] 초과 | 비접지 | 1.25배 | – |
| | 접지 | 1.1배 | 75,000[$V$] |
| 60[$kV$] 초과<br>170[$kV$] 이하 | 중성점<br>직접접지 | 0.72배 | – |
| 170[$kV$] 초과 | 중성점<br>직접접지 | 0.64배 | – |

답  ②

## 027

**가공전선로의 지지물로 볼 수 없는 것은?**

① 철주　　　　　② 지선

③ 철탑　　　　　④ 철근 콘크리트주

**가공전선로의 지지물**
가공전선로의 지지물에는 **목주, 철주, 철탑, 철근콘크리트주**가 있다.

> ☑ **참고** 지선: 지지물의 강도를 보강하고자 할 때 사용하는 것

🗒 ②

## 028

**큰 고장전류가 구리 소재의 접지도체를 통하여 흐르지 않을 경우 접지도체의 최소 단면적은 몇 [$mm^2$]이상이어야 하는가? (단, 접지도체에 피뢰시스템이 접속되지 않는 경우이다.)**

① 0.75　　　　　② 2.5

③ 6　　　　　　④ 16

**접지도체 선정**
① 큰 고장전류가 접지도체를 통하여 흐르지 않을 경우 접지도체의 최소 단면적
　• 6[$mm^2$] 이상의 구리
　• 50[$mm^2$] 이상의 철제
② 접지도체에 피뢰시스템이 접속되는 경우 접지도체의 단면적
　• 16[$mm^2$] 이상의 구리
　• 50[$mm^2$] 이상의 철제

🗒 ③

## 029

**한국전기설비규정에 따른 용어의 정의에서 감전에 대한 보호 등 안전을 위해 제공되는 도체를 말하는 것은?**

① 접지도체　　　　② 보호도체

③ 수평도체　　　　④ 접지극도체

보호도체란 **감전에 대한 보호** 등 안전을 위해 제공되는 도체를 말한다.

> ☑ **참고** 헷갈리기 쉬운 부분
> • 보호도체는 감전 방지를 위해 사람을 보호하는 목적
> • 접지도체는 계통, 설비 또는 기기의 한 점과 접지극 사이에 있는 도전성 경로로, 전기를 안전하게 지면으로 방출하는 역할

🗒 ②

## 030

**전압의 구분에 대한 설명으로 옳은 것은?**

① 직류에서의 저압은 1,000[$V$]이하의 전압을 말한다.

② 교류에서의 저압은 1,500[$V$]이하의 전압을 말한다.

③ 직류에서의 고압은 3,500[$V$]를 초과하고 7,000[$V$]이하인 전압을 말한다.

④ 특고압은 7,000[$V$]를 초과하는 전압을 말한다.

**전압의 구분**

| 저압 | 직류 1500[V] 이하, 교류 1000[V] 이하 |
|---|---|
| 고압 | 직류 1500[$V$] 초과,<br>교류 1000[$V$] 초과하고 7[$kV$] 이하 |
| 특고압 | 7[$kV$] 초과 |

🗒 ④

## 031

전로를 대지로부터 반드시 절연하여야 하는 것은?

① 시험용 변압기

② 저압 가공전선로의 접지 측 전선

③ 전로의 중성점에 접지공사를 하는 경우의 접지점

④ 계기용 변성기의 차 측 전로에 접지공사를 하는 경우의 접지점

전로는 다음의 경우를 제외하고 대지로부터 절연
• 저압전로에 접지공사를 하는 경우의 접지점
• 전로의 중성점에 접지공사를 하는 경우의 접지점
• 계기용변성기의 2차측 전로에 접지공사를 하는 경우의 접지점
• 절연이 기술상 곤란한 경우

답 ②

## 032

정류기의 전로로 대지전압이 220[V]라고 한다. 이 전로의 절연저항 값으로 옳은 것은?

① 0.5[MΩ] 미만으로 유지하여야 한다.

② 1.0[MΩ] 미만으로 유지하여야 한다.

③ 0.5[MΩ] 이상으로 유지하여야 한다.

④ 1.0[MΩ] 이상으로 유지하여야 한다.

절연저항

| 전로의 사용전압[V] | DC시험전압 [V] | 절연저항 [MΩ] |
| --- | --- | --- |
| SELV 및 PELV | 250 | 0.5 |
| FELV 및 500[V] 이하 | 500 | 1.0 |
| 500[V] 초과 | 1,000 | 1.0 |

답 ④

## 033

고·저압 혼촉 시에 저압전로의 대지전압이 150[V]를 넘는 경우로서 1초를 넘고 2초 이내에 자동 차단장치가 되어 있는 고압전로의 1선 지락 전류가 30[A]인 경우, 이에 결합된 변압기 저압 측의 중성점 접지저항 값은 몇 [Ω] 이하로 유지하여야 하는가?

① 10        ② 50

③ 100       ④ 200

변압기의 중성점 접지
1초를 넘고 2초 이내에 자동차단장치를 설치한 경우이므로
$$R = \frac{300[V]}{1선\ 지락전류(I_g)} = \frac{300}{30} = 10[\Omega]\ 이하$$

☑ 참고 변압기의 중성점 접지

| 접지대상 | 접지저항값 |
| --- | --- |
| 일반사항 | $\frac{150[V]}{1선\ 지락전류(I_g)}[\Omega]$ 이하 |
| 고압/특고압측 전로 또는 사용전압이 35[kV] 이하의 특고압전로가 저압측 전로와 혼촉하고 저압전로의 대지전압이 150[V]를 초과하는 경우 | $\frac{300[V]}{1선\ 지락전류(I_g)}[\Omega]$ 이하 (단, 1초를 넘고 2초 이내에 자동차단장치 설치시) |
|  | $\frac{600[V]}{1선\ 지락전류(I_g)}[\Omega]$ 이하 (단, 1초 이내에 자동차단장치 설치시) |

답 ①

## 034

저압 옥상전선로를 전개된 장소에 시설하는 내용으로 틀린 것은?

① 전선은 절연전선일 것

② 전선은 지름 2.5[mm] 이상의 경동선일 것

③ 전선과 그 저압 옥상전선로를 시설하는 조영재와의 이격거리는 2[m] 이상일 것

④ 전선은 조영재에 내수성이 있는 애자를 사용하여 지지하고 그 지지점 간의 거리는 15[m] 이하일 것

**옥상전선로의 시설**
① 저압 옥상전선로
 · 2.6[mm] 이상 경동선
 · 지지점간의 거리 : 15[m] 이하
 · 조영재와의 이격거리 : 2[m] 이상
② 고압 옥상전선로와 타시설물과의 이격거리 : 60[cm] 이상
③ 특고압 옥상전선로는 특고압 인입선의 옥상부분을 제외하고 시설하여서는 안 된다.

답 ②

## 035

무대, 무대마루 밑, 오케스트라 박스, 영사실 기타 사람이나 무대 도구가 접촉할 우려가 있는 곳에 시설하는 저압 옥내배선, 전구선 또는 이동전선은 사용전압이 몇 [V] 이하이어야 하는가?

① 60  ② 110

③ 220  ④ 400

**전시회, 쇼 및 공연장의 전기설비**
사용전압은 400[V] 이하이며, 그 전로에는 전용 개폐기 및 과전류차단기 시설

답 ④

## 036

저압 옥측전선로에서 목조의 조영물에 시설할 수 있는 공사 방법은?

① 금속관공사

② 버스덕트공사

③ 합성수지관공사

④ 연피 또는 알루미늄 케이블공사

**옥측전선로의 시설**
① 애자사용공사(전개된 장소에 한함)
 · 4[mm²] 이상 연동선
 · 2[mm] 이상 경동선
② 금속관공사(목조 이외의 조영물에 시설하는 경우에 한함)
③ 케이블공사(목조 이외의 조영물에 시설하는 경우에 한함)
④ 합성수지관
⑤ 버스덕트공사(목조 이외의 조영물에 시설하는 경우에 한함)

답 ③

## 037

**케이블 트레이공사에 사용하는 케이블트레이의 시설 기준으로 틀린 것은?**

① 케이블트레이 안전율은 1.3 이상이어야 한다.

② 비금속제 케이블트레이는 난연성 재료의 것이어야 한다.

③ 전선의 피복 등을 손상시킬 돌기 등이 없이 매끈해야 한다.

④ 금속제 트레이는 접지공사를 하여야 한다.

**케이블트레이공사**
① **안전율**: 1.5 이상
② **종류**: 사다리형, 바닥밀폐형, 펀칭형, 그물망형, 채널형 등
③ **조건**
• 전선의 피복을 손상시킬 돌기 등이 없어야 하고, 표면이 매끈해야 한다.
• 금속제 케이블 트레이는 적절한 방식 처리를 했거나 내식성 재료로 제작되어야 한다.
• 금속제 케이블 트레이 계통은 기계적 및 전기적으로 완전하게 접속되어야 한다.
• 비금속제 케이블 트레이는 난연성 재료로 제작되어야 한다.

답 ①

## 038

**저압 옥내 간선에서 분기하여 전기 사용 기계 기구에 이르는 저압 옥내 전로는 분기점에서 전선의 길이가 몇 [m] 이하인 곳에 개폐기 및 과전류 차단기를 시설하여야 하는가?**

① 2 　　　　　② 3

③ 4 　　　　　④ 5

**분기회로의 시설**
단락 및 화재의 위험이 최소화 되도록 시설된 경우 저압 옥내간선과의 분기점에서 전선의 길이가 3[m] 이하인 곳에 개폐기 및 과전류차단기를 시설하여야 한다.

답 ②

## 039

**금속덕트 공사에 의한 저압 옥내배선공사 시설에 대한 설명으로 틀린 것은?**

① 저압 옥내배선 덕트에 접지공사를 한다.

② 금속덕트는 두께 1.0[$mm$]이상인 철판으로 제작하고 덕트 상호간에 완전하게 접속한다.

③ 덕트를 조영재에 붙이는 경우 덕트 지지점간의 거리를 3[$m$]이하로 견고하게 붙인다.

④ 금속덕트에 넣은 전선의 단면적의 합계가 덕트의 내부 단면적의 20[%] 이하가 되도록 한다.

**금속덕트공사**
- 전선은 절연전선(옥외용 비닐절연전선 제외)일 것
- 금속덕트에 넣는 전선의 단면적(절연 피복 포함)의 합계는 덕트 내부 단면적의 20[%] (전광표시장치, 출퇴근표시등, 제어회로용 배선만을 넣는 경우 50[%]) 이하일 것
- 덕트 안에는 전선의 접속점이 없어야 하나 전선을 분기하는 경우에 그 접속점을 쉽게 점검할 수 있는 경우는 접속 가능
- 덕트는 폭이 4[$cm$] 이하, 두께가 1.2[$mm$] 이상일 것
- 덕트의 지지점간 거리는 3[$m$] 이하일 것. 단, 수직으로 붙이는 경우 6[$m$] 이하일 것

답 ②

## 040

**애자사용공사에 의한 저압 옥내배선 시설 중 틀린 것은?**

① 전선은 인입용 비닐절연전선일 것

② 전선 상호 간의 간격은 6[$cm$]이상일 것

③ 전산의 지지점 간의 거리는 전선을 조영재의 윗면에 따라 붙일 경우에는 2[$m$]이하일 것

④ 전선과 조영재 사이의 이격거리는 사용 전압이 400[$V$]미만인 경우에는 2.5[$cm$]이상일 것

**애자사용공사**
- **전선의 종류**: 절연전선
  (단, 옥외용 비닐절연전선 및 인입용 비닐절연전선 제외)
- 애자사용공사의 이격거리

| 전압 | | 전선과 조영재와의 이격거리 | | 전선 상호 간격 | 지지점간의 이격거리 | |
|---|---|---|---|---|---|---|
| | | | | | 조영재의 상면 또는 측면을 따른 경우 | 조영재에 따라 시설하지 않는 경우 |
| 저압 | 400[$V$] 이하 | 2.5[$cm$] 이상 | | | 2[$m$] 이상 | – |
| | 400[$V$] 초과 | 건조한 장소 | 2.5[$cm$] 이상 | 6[$cm$] 이상 | | 6[$m$] 이하 |
| | | 기타의 장소 | 4.5[$cm$] 이상 | | | |
| 고압 | | 5[$cm$] 이상 | | 8[$cm$] 이상 | | |

답 ①

## 041

저압 및 고압 가공전선의 높이는 도로를 횡단하는 경우와 철도를 횡단하는 경우에 각각 몇 이상이어야 하는가?

① 도로 : 지표상 5, 철도 : 레일면상 6

② 도로 : 지표상 5, 철도 : 레일면상 6.5

③ 도로 : 지표상 6, 철도 : 레일면상 6

④ 도로 : 지표상 6, 철도 : 레일면상 6.5

### 가공전선의 높이

| 설치장소 | 저·고압 가공전선의 높이 |
|---|---|
| 도로횡단 | 지표상 6[m] 이상 |
| 철도, 궤도횡단 | 레일면상 6.5[m] 이상 |
| 횡단보도교 위 | 노면상 3.5[m] 이상 (단, 저압가공전선에 절연전선, 케이블 사용 : 3[m] 이상) |
| 도로를 따라 시설 | 지표상 5[m] 이상 (단, 교통에 지장이 없는 경우 지표상 4[m] 이상) |

답 ④

## 042

전기울타리용 전원 장치에 전기를 공급하는 전로의 사용전압은 몇 [V] 이하이어야 하는가?

① 150          ② 200

③ 250          ④ 300

### 전기울타리의 시설

- 사용전압은 250[V] 이하
- 전선은 인장강도 1.38[kN] 이상 또는 지름 2[mm] 이상의 경동선일 것
- 전선과 기둥 사이 이격거리는 2.5[cm] 이상
- 전선과 수목 사이의 이격거리는 30[cm] 이상

답 ③

## 043

가반형의 용접 전극을 사용하는 아크 용접장치의 용접 변압기의 1차측 전로의 대지전압은 몇 [V] 이하이어야 하는가?

① 60          ② 150

③ 300          ④ 400

### 아크 용접기의 시설

- 1차측 전로의 대지전압은 300[V] 이하
- 전선은 용접용케이블 또는 캡타이어케이블(단, 1종 캡타이어케이블 및 비닐캡타이어케이블 제외)

답 ③

## 044

샤워시설이 있는 욕실 등 인체가 물에 젖어있는 상태에서 전기를 사용하는 장소에 콘센트를 시설할 경우 인체감전보호용 누전차단기의 정격감도전류는 몇 [mA]이하인가?

① 5          ② 10

③ 15          ④ 30

### 콘센트의 시설

욕조나 샤워시설이 있는 욕실 또는 화장실 등 인체가 물에 젖어있는 상태에서 전기를 사용하는 장소에 콘센트를 시설하는 경우에는 다음에 따라 시설하여야 한다.

- 누전차단기(정격감도전류 15[mA] 이하, 동작시간 0.03초 이하의 전류동작형의 것에 한함)
- 콘센트는 접지극이 있는 방적형 콘센트를 사용하여 접지하여야 한다.
- 가로등, 경기장, 공장, 아파트 단지 등의 일반조명을 위하여 시설하는 고압방전등은 그 효율이 70 [lm/W] 이상의 것

답 ③

## 045

( ) 안에 들어갈 내용으로 옳은 것은?

> 유희용 전차에 전기를 공급하는 전로의 사용전압은 직류의 경우는 ( Ⓐ )V 이하, 교류의 경우는 ( Ⓑ )V 이하이어야 한다.

① Ⓐ 60, Ⓑ 40　　② Ⓐ 40, Ⓑ 60

③ Ⓐ 30, Ⓑ 60　　④ Ⓐ 60, Ⓑ 30

### 유희용 전차
- 사용전압은 직류 60[V] 이하, 교류 40[V] 이하
- 접촉전선은 제3레일 방식
- 변압기의 1차 전압은 400[V] 이하
- 변압기의 2차 전압은 150[V] 이하
- 누설전류 1[km]에 100[mA]를 넘지 않도록 할 것

답 ①

## 046

금속덕트공사에 적당하지 않은 것은?

① 전선은 절연전선을 사용한다.

② 덕트의 끝부분은 항시 개방시킨다.

③ 덕트 안에는 전선의 접속점이 없도록 한다.

④ 덕트의 안쪽 면 및 바깥 면에는 산화 방지를 위하여 아연도금을 한다.

### 금속덕트공사
① 전선은 절연전선(옥외용 비닐절연전선 제외)일 것
② 금속덕트에 넣는 전선의 단면적(절연 피복 포함)의 합계는 덕트 내부 단면적의 20[%] (전광표시장치, 출퇴근표시등, 제어회로용 배선만을 넣는 경우 50[%]) 이하일 것
③ 덕트의 끝부분은 막을 것
④ 덕트의 뚜껑은 쉽게 열리지 않도록 할 것
⑤ 덕트 안에는 전선의 접속점이 없어야 하나 전선을 분기하는 경우에 그 접속점을 쉽게 점검할 수 있는 경우는 접속 가능
⑥ 덕트는 폭이 4[cm] 이하, 두께가 1.2[mm] 이상일 것
⑦ 덕트의 지지점간 거리는 3[m] 이하일 것. 단, 수직으로 붙이는 경우 6[m] 이하일 것

답 ②

## 047

교통이 번잡한 도로를 횡단하여 저압 가공전선을 시설하는 경우 지표상 높이는 몇 [m] 이상으로 하여야 하는가?

① 4.0　　　　　　② 5.0

③ 6.0　　　　　　④ 6.5

### 가공전선의 높이

| 설치장소 | 저·고압 가공전선의 높이 |
|---|---|
| 도로횡단 | 지표상 6[m] 이상 |
| 철도, 궤도횡단 | 레일면상 6.5[m] 이상 |
| 횡단보도교 위 | 노면상 3.5[m] 이상 (단, 저압가공전선에 절연전선, 케이블 사용 : 3[m] 이상) |
| 도로를 따라 시설 | 지표상 5[m] 이상 (단, 교통에 지장이 없는 경우 지표상 4[m] 이상) |

답 ③

## 048

관광숙박업 또는 숙박업을 하는 객실의 입구등에 조명용 전등을 설치할 때는 몇 분 이내에 소등되는 타임스위치를 시설하여야 하는가?

① 1　　　　　　② 3

③ 5　　　　　　④ 10

### 점멸기의 시설

- 가정용 전등은 매 등기구마다 점멸이 가능하도록 할 것. 다만, 장식용 등기구 및 발코니 등기구 예외 가능
- 관광숙박업 또는 숙박업(여인숙업 제외)에 이용되는 객식의 입구등은 1분 이내에 소등되는 것
- 일반주택 및 아파트 각 호실의 현관등은 3분 이내 소등되는 것

답 ①

## 049

저고압 가공전선과 가공약전류 전선 등을 동일 지지물에 시설하는 기준으로 틀린 것은?

① 가공전선을 가공약전류전선 등의 위로하고 별개의 완금류에 시설할 것

② 전선로의 지지물로서 사용하는 목주의 풍압하중에 대한 안전율은 1.5이상일 것

③ 가공전선과 가공약전류전선 등 사이의 이격거리는 저압과 고압 모두 75[cm]이상일 것

④ 가공전선이 가공약전류전선에 대하여 유도작용에 의한 통신상의 장해를 줄 우려가 있는 경우에는 가공전선을 적당한 거리에서 연가할 것

### 가공전선과 가공약전류전선 등의 공용설치

① 저압 가공전선 또는 고압 가공전선과 가공약전류 전선 등의 공가
- 가공전선을 가공약전류전선 등의 위로하고 별개의 완금류에 시설할 것
- 전선로의 지지물로서 사용하는 목주의 풍압하중에 대한 안전율은 1.5 이상일 것

② 특고압 가공전선과 가공 약전류전선 등의 공가
- 사용전압 35[kV] 이하에 한하여 공가할 것
- 전선로는 제2종 특고압 보안공사에 의할 것
- 특고압 가공전선은 케이블인 경우 이외에는 단면적이 50[mm²] 이상인 경동연선 인장강도 또는 21.67[kN] 이상의 연선 이상으로 가공약전선 위에 별개의 완금류에 시설할 것

③ 이격거리

| 저압가공전선과 약전류전선 공가 | 0.75[m] 이상 |
|---|---|
| 고압가공전선과 약전류전선 공가 | 1.5[m] 이상 |
| 35[kV] 이하 특고압가공전선과 약전류전선 병가 | 2[m] 이상 |

답 ③

## 050

수중조명등에 사용되는 절연 변압기의 2차 측 전로의 사용전압이 몇 [$V$]를 초과하는 경우에는 그 전로에 지락이 생겼을 때에 자동적으로 전로를 차단하는 장치를 하여야 하는가?

① 30
② 60
③ 150
④ 300

**수중조명등**
- 1차 사용전압 400[$V$] 이하, 2차측 150[$V$] 이하의 절연변압기를 사용할 것(절연변압기 2차측 전로는 비접지)
- 절연변압기는 그 2차측 전로의 사용전압이 30[$V$] 이하인 경우에는 1차 권선과 2차 권선 사이에 금속제의 혼촉방지판을 설치하고, 30[$V$]를 초과하는 경우 누전이 발생하면 자동적으로 전로를 차단하는 정격감도전류 30[$mA$] 이하의 누전차단기를 시설할 것

답 ①

## 051

석유류를 저장하는 장소의 전등배선에 사용하지 않는 공사방법은?

① 케이블 공사
② 금속관 공사
③ 애자사용 공사
④ 합성수지관 공사

**위험물 등이 있는 곳에서의 배선공사**
셀룰로이드·성냥·석유류 등 타기 쉬운 위험한 물질을 제조하거나 저장하는 곳에 시설하는 배선공사 방법은 금속관공사, 케이블공사, 합성수지관공사(경질비닐관공사)

답 ③

## 052

농사용 저압 가공전선로의 시설 기준으로 틀린 것은?

① 사용전압이 저압일 것
② 전선로의 경간은 40[$m$] 이하일 것
③ 저압 가공전선의 인장강도는 1.38[$kN$]이상일 것
④ 저압 가공전선의 지표상 높이는 3.5[$m$]이상일 것

**농사용전선로의 시설**
- 저압일 것
- **전선 굵기**: 지름 2[$mm$] 이상 경동선
- **높이**: 3.5[$m$] 이상(단, 저압 가공전선을 사람이 쉽게 출입하지 아니하는 곳에 시설하는 경우: 3[$m$] 이상)
- **목주의 굵기**: 위쪽 끝의 지름 9[$cm$] 이상
- **지지물 간 거리**: 30[$m$] 이하

답 ②

## 053

라이팅덕트 공사에 의한 저압 옥내배선 공사 시설 기준으로 틀린 것은?

① 덕트의 끝부분은 막을 것
② 덕트는 조영재에 견고하게 붙일 것
③ 덕트는 조영재를 관통하여 시설할 것
④ 덕트의 지지점 간의 거리는 2[$m$]이하로 할 것

**라이팅덕트**
- 라이팅덕트 지지점간의 거리는 2[$m$] 이하일 것
- 라이팅 덕트는 조영재를 관통하여 시설하지 말 것

답 ③

## 054

금속덕트공사에 의한 저압 옥내배선에서, 금속덕트에 넣은 전선의 단면적의 합계는 일반적으로 덕트 내부 단면적의 몇 [%]이하이어야 하는가? (단, 전광표시 장치·출퇴표시등 기타 이와 유사한 장치 또는 제어회로 등의 배선만을 넣는 경우에는 50[%])

① 20      ② 30

③ 40      ④ 50

**금속덕트공사**
- 전선은 절연전선(옥외용 비닐절연전선 제외)일 것
- 금속덕트에 넣는 전선의 단면적(절연 피복 포함)의 합계는 덕트 내부 단면적의 20[%] (전광표시장치, 출퇴근표시등, 제어회로용 배선만을 넣는 경우 50[%]) 이하일 것
- 덕트의 끝부분은 막을 것
- 덕트의 뚜껑은 쉽게 열리지 않도록 할 것
- 덕트 안에는 전선의 접속점이 없어야 하나 전선을 분기하는 경우에 그 접속점을 쉽게 점검할 수 있는 경우는 접속 가능
- 덕트는 폭이 4[cm] 이하, 두께가 1.2[mm] 이상일 것
- 덕트의 지지점간 거리는 3[m] 이하일 것. 단, 수직으로 붙이는 경우 6[m] 이하일 것

답 ①

## 055

저압 옥상전선로의 시설에 대한 설명으로 틀린 것은?

① 전선은 절연전선을 사용한다.

② 전선은 지름 2.6[mm]이상의 경동선을 사용한다.

③ 전선은 상시 부는 바람 등에 의하여 식물에 접촉하지 않도록 시설한다.

④ 전선과 옥상전선로를 시설하는 조영재와의 이격거리를 0.5[m]로 한다.

**옥상전선로의 시설**
- 전선은 절연전선일 것
- 2.6[mm] 이상 연동선 또는 인장강도 2.30[kN] 이상
- **지지점간의 거리** : 15[m] 이하
- **조영재와의 이격거리** : 2[m](전선이 고압 절연전선, 특고압절연전선 또는 케이블인 경우에는 1[m]) 이상
- 전선은 상시 부는 바람 등에 의하여 식물에 접촉하지 않도록 시설할 것

답 ④

## 056

옥내에 시설하는 전동기가 소손되는 것을 방지하기 위한 과부하 보호 장치를 하지 않아도 되는 것은?

① 정격 출력이 7.5[$kW$]이상인 경우

② 정격 출력이 0.2[$kW$]이하인 경우

③ 정격 출력이 2.5[$kW$]이며, 과전류 차단기가 없는 경우

④ 전동기 출력이 4[$kW$]이며, 취급자가 감시할 수 없는 경우

**전동기 과부하 보호장치를 생략할 수 있는 경우**
① 0.2[$kW$] 이하의 전동기인 경우
② 전동기가 단상의 것으로 그 전원측 전로에 시설하는 배선용차단기의 정격전류가 20[$A$] 이하인 경우
③ 전동기가 단상의 것으로 그 전원측 전로에 시설하는 과전류차단기의 정격전류가 16[$A$] 이하인 경우

답 ②

## 057

폭연성 분진 또는 화약류의 분말이 존재하는 곳의 저압 옥내배선은 어느 공사에 의하는가?

① 금속관 공사
② 애자사용 공사
③ 합성수지관 공사
④ 캡타이어 케이블 공사

**먼지가 많은 장소**
폭연성 먼지, 화약류 분말이 존재하는 곳, 가연성의 가스 또는 인화성 물질의 증기가 새거나 체류하는 곳의 전기 공작물은 금속관 공사 또는 케이블공사(캡타이어케이블 제외)

✓ **TIP** 먼지가 많은 곳은 금을 케기가 어려움.

답 ①

## 058

저압 옥내전로의 인입구에 가까운 곳으로서 쉽게 개폐할 수 있는 곳에 개폐기를 시설하여야 한다. 그러나 사용전압이 400[$V$] 이하인 옥내전로로서 다른 옥내전로에 접속하는 길이가 몇 [$m$] 이하인 경우는 개폐기를 생략할 수 있는가? (단, 정격전류가 16[$A$] 이하인 과전류 차단기 또는 정격전류가 16[$A$]를 초과하고 20[$A$]이하인 배선용 차단기로 보호되고 있는 것에 한한다.)

① 15
② 20
③ 25
④ 30

**저압전로 중의 개폐기 및 과전류 차단기의 시설**
사용전압이 400[$V$] 이하인 옥내전로로서 다른 옥내전로(정격전류가 16[$A$] 이하인 과전류 차단기 또는 정격전류가 16[$A$]를 초과하고 20[$A$] 이하인 배선용 차단기로 보호되고 있는 것에 한한다)에 접속하는 길이 15[$m$] 이하의 전로에서 전기를 공급받을 때 개폐기를 생략할 수 있다.

답 ①

## 059

일반주택 및 아파트 각 호실의 현관등은 몇 분 이내에 소등되는 타임스위치를 시설하여야 하는가?

① 1분
② 3분
③ 5분
④ 10분

**점멸기의 시설**
• 가정용 전등은 매 등기구마다 점멸이 가능하도록 할 것. 다만, 장식용 등기구 및 발코니 등기구 예외 가능
• 관광숙박업 또는 숙박업(여인숙업 제외)에 이용되는 객식의 입구등은 1분 이내에 소등되는 것
• 일반주택 및 아파트 각 호실의 현관등은 3분 이내 소등되는 것

답 ②

## 060

**저압 수상전선로에 사용되는 전선은?**

① 옥외 비닐 케이블

② 600[$V$] 비닐절연전선

③ 600[$V$] 고무절연전선

④ 클로로프렌 캡타이어 케이블

**수상 전선로의 시설**
① 전선
  • **저압**: 클로로프렌 캡타이어케이블
  • **고압**: 고압용 캡타이어케이블
② 수상전선로의 전선과 가공전선로의 접속점의 높이
  • **접속점이 육상에 있는 경우**: 5[$m$] 이상(단, 저압 시 4[$m$] 이상)
  • **접속점이 수상면에 있는 경우**: 저압: 4[$m$] 이상, 고압: 5[$m$] 이상

답 ④

## 061

**전개된 장소에서 저압 옥상전선로의 시설기준으로 적합하지 않은 것은?**

① 전선은 절연전선을 사용하였다.

② 전선 지지점 간의 거리를 20[$m$]로 하였다.

③ 전선은 지름 2.6[$mm$]의 경동선을 사용하였다.

④ 저압 절연전선과 그 저압 옥상전선로를 시설하는 조영재와의 이격거리를 2[$m$]로 하였다.

**옥상전선로의 시설**
• 전선은 절연전선일 것
• 2.6[$mm$] 이상 연동선 또는 인장강도 2.30[$kN$] 이상
• **지지점간의 거리**: 15[$m$] 이하
• **조영재와의 이격거리**: 2[$m$](전선이 고압 절연전선, 특고압절연전선 또는 케이블인 경우에는 1[$m$]) 이상
• 전선은 상시 부는 바람 등에 의하여 식물에 접촉하지 않도록 시설할 것

답 ②

## 062

케이블트레이공사에 사용하는 케이블트레이에 적합하지 않은 것은?

① 비금속제 케이블 트레이는 난연성 재료가 아니어도 된다.

② 금속재의 것은 적절한 방식처리를 한 것이거나 내식성 재료의 것이어야 한다.

③ 금속제 케이블트레이 계통은 기계적 및 전기적으로 완전 하게 접속하여야 한다.

④ 케이블 트레이가 방화구획의 벽 등을 관통하는 경우에 관통부는 불연성의 물질로 충전하여야 한다.

### 케이블트레이공사
① **안전율** : 1.5 이상
② **종류** : 사다리형, 바닥밀폐형, 펀칭형, 그물망형, 채널형 등
③ **조건**
  • 전선의 피복을 손상시킬 돌기 등이 없어야 하고, 표면이 매끈해야 한다.
  • 금속제 케이블 트레이는 적절한 방식 처리를 했거나 내식성 재료로 제작되어야 한다.
  • 금속제 케이블 트레이 계통은 기계적 및 전기적으로 완전하게 접속되어야 한다.
  • 비금속제 케이블 트레이는 **난연성 재료**로 제작되어야 한다.

답 ①

## 063

이동형의 용접전극을 사용하는 아크 용접장치의 용접변압기의 1차 측 전로의 대지전압은 몇 [V] 이하이어야 하는가?

① 60  ② 150

③ 300  ④ 400

### 아크 용접기의 시설
• 1차측 전로의 **대지전압**은 **300[V] 이하**
• 전선은 용접용케이블 또는 캡타이어케이블(단, 1종 캡타이어케이블 및 비닐캡타이어케이블 제외)

답 ③

## 064

전기온상용 발열선은 그 온도가 몇 [℃]를 넘지 않도록 시설하여야 하는가?

① 50  ② 60

③ 80  ④ 100

### 전기온상
• 대지전압은 300[V] 이하
• 발열선은 그 온도가 80[℃]를 넘지 않도록 시설할 것

답 ③

## 065

사용전압이 440[$V$]인 이동기중기용 접촉전선을 애자공사에 의하여 옥내의 전개된 장소에 시설하는 경우 사용하는 전선으로 옳은 것은?

① 인장강도가 3.44[$kN$]이상인 것 또는 지름 2.6[$mm$]의 경동선으로 단면적이 8[$mm^2$]이상인 것

② 인장강도가 3.44[$kN$]이상인 것 또는 지름 3.2[$mm$]의 경동선으로 단면적이 18[$mm^2$]이상인 것

③ 인장강도가 11.2[$kN$]이상인 것 또는 지름 6[$mm$]의 경동선으로 단면적이 28[$mm^2$]이상인 것

④ 인장강도가 11.2[$kN$]이상인 것 또는 지름 8[$mm$]의 경동선으로 단면적이 18[$mm^2$]이상인 것

**옥내에 시설하는 저압 접촉전선 배선**
- 전선은 인장강도 11.2[$kN$] 이상 또는 지름 6[$mm$] 경동선(단면적 28[$mm^2$] 이상)을 사용해야 한다.
- 단, 사용전압 400[$V$] 이하인 경우에는 인장강도 3.44[$kN$]이상 또는 지름 3.2[$mm$] 경동선(단면적 8[$mm^2$] 이상)을 사용할 수 있다.

답 ③

## 066

**저압 가공전선으로 사용할 수 없는 것은?**

① 케이블　　　　② 절연전선

③ 다심형 전선　　④ 나동복 강선

**저압 가공 전선의 굵기 및 종류**
저압 가공 전선은 나전선(중성선에 한함), 절연 전선, 다심형 전선 또는 케이블을 사용해야 한다.

답 ④

## 067

사용전압이 400[$V$]이하인 저압 가공전선은 케이블인 경우를 제외하고는 지름이 몇 [$mm$]이상이어야 하는가? (단, 절연전선은 제외한다.)

① 3.2　　　　　　② 3.6

③ 4.0　　　　　　④ 5.0

**가공전선의 굵기**

| 전압 | 전선의 굵기 | | 인장강도 |
|------|------|------|------|
| 400[$V$] 이하 | 절연 전선 | 지름 2.6[$mm$] 이상 경동선 | 2.30[$kN$] 이상 |
| | 기타 (나전선) | 지름 3.2[$mm$] 이상 경동선 | 3.43[$kN$] 이상 |
| 400[$V$] 초과 저압 또는 고압 | 시가지 외 | 지름 4.0[$mm$] 이상 경동선 | 5.26[$kN$] 이상 |
| | 시가지 | 지름 5.0[$mm$] 이상 경동선 | 8.01[$kN$] 이상 |

답 ①

## 068

옥내에 시설하는 저압전선에 나전선을 사용할 수 있는 경우는?

① 버스덕트 공사에 의하여 시설하는 경우

② 금속덕트 공사에 의하여 시설하는 경우

③ 합성수지관 공사에 의하여 시설하는 경우

④ 후강전선관 공사에 의하여 시설하는 경우

**나전선의 사용 제한**
① 애자사용공사에 의하여 전개된 곳에 다음의 전선을 시설하는 경우
  • 전기로용 전선
  • 전선의 피복 절연물이 부식하는 장소에 시설하는 전선
  • 취급자 이외의 자가 출입할 수 없도록 설비한 장소에 시설하는 전선
② 버스덕트공사에 의하여 시설하는 경우
③ 라이팅덕트공사에 의하여 시설하는 경우
④ 접촉 전선을 시설하는 경우

답 ①

## 069

목장에서 가축의 탈출을 방지하기 위하여 전기울타리를 시설하는 경우 전선은 인장강도가 몇 [kN] 이상의 것이어야 하는가?

① 1.38          ② 2.78

③ 4.43          ④ 5.93

**전기울타리의 시설**
① 사용전압은 250[V] 이하
② 전선은 인장강도 1.38[kN] 이상 또는 지름 2[mm] 이상의 경동선일 것
③ 전선과 기둥 사이 이격거리는 2.5[cm] 이상
④ 전선과 수목 사이의 이격거리는 30[cm] 이상

답 ①

## 070

금속제 외함을 가진 저압의 기계기구로서 사람이 쉽게 접촉될 우려가 있는 곳에 시설하는 경우 전기를 공급받는 전로에 지락이 생겼을 때 자동적으로 전로를 차단하는 장치를 설치하여야 하는 기계기구의 사용전압이 몇 [V]를 초과하는 경우인가?

① 30          ② 50

③ 100          ④ 150

**누전차단기의 시설**
금속제 외함을 가지는 사용전압이 50[V]를 초과하는 저압의 기계 기구로서 사람이 쉽게 접촉할 우려가 있는 곳에 시설하는 것에 전기를 공급하는 전로

답 ②

## 071

버스덕트공사에 의한 저압 옥내배선 시설공사에 대한 설명으로 틀린 것은?

① 덕트(환기형의 것을 제외)의 끝부분은 막지 말 것

② 덕트 상호 간 및 전선 상호 간은 견고하고 또한 전기적으로 완전하게 접속할 것

③ 덕트(환기형의 것을 제외)의 내부에 먼지가 침입하지 아니하도록 할 것

④ 덕트를 조영재에 붙이는 경우에는 덕트의 지지점 간의 거리를 3[m] 이하로 하고 또한 견고하게 붙일 것

**버스덕트공사**
• 버스덕트의 지지점간의 거리는 3[m] 이하일 것. 단, 수직으로 붙이는 경우 6[m] 이하일 것
• 덕트(환기형의 것 제외)의 끝부분은 막을 것

답 ①

## 072

전격살충기의 전격격자는 지표 또는 바닥에서 몇 [$m$] 이상의 높은 곳에 시설하여야 하는가?

① 1.5　　　　　② 2

③ 2.8　　　　　④ 3.5

### 전기살충기

지표 또는 바닥에서 3.5[$m$] 이상으로 설치할 것 (단, 2차측 개방전압이 7[$kV$] 이하인 절연변압기를 사용하는 경우에는 1.8[$m$] 이상의 높이에 설치할 수 있음)

답 ④

## 073

저압 옥내배선에 사용하는 연동선의 최소 굵기는 몇 [$mm^2$]인가?

① 1.5　　　　　② 2.5

③ 4.0　　　　　④ 6.0

### 저압 옥내배선의 전선

① 단면적이 2.5[$mm^2$] 이상의 연동선 사용

② 단, 옥내배선의 사용전압이 400[$V$] 이하인 경우 다음에 의하여 시설

- 전광표시장치 · 출퇴표시등 기타 이와 유사한 장치 또는 제어회로 등의 배선에 단면적 1.5[$mm^2$] 이상의 연동선 사용

- 전광표시장치 · 출퇴표시등 기타 이와 유사한 장치 또는 제어회로 등의 배선에 단면적 0.75[$mm^2$] 이상의 다심케이블 또는 다심캡타이어케이블을 사용하고 또한 과전류가 생겼을 때에 자동적으로 전로에서 차단하는 장치를 시설하는 경우

- 진열장 안에는 단면적 0.75[$mm^2$] 이상인 코드, 캡타이어케이블을 사용

답 ②

## 074

저압 절연전선으로 「전기용품 및 생활용품 안전관리법」의 적용을 받는 것 이외에 KS에 적합한 것으로서 사용할 수 없는 것은?

① 450/750[$V$] 고무절연전선

② 450/750[$V$] 비닐절연전선

③ 450/750[$V$] 알루미늄절연전선

④ 450/750[$V$] 저독성 난연 폴리올레핀절연전선

### 절연전선

① 저압 절연전선은 「전기용품 및 생활용품 안전관리법」의 적용을 받는 것 이외에는 KS에 적합한 것으로서 다음을 사용하여야 한다.

- 450/750[$V$] 비닐절연전선
- 450/750[$V$] 저독성 난연 폴리올레핀절연전선
- 450/750[$V$] 저독성 난연 가교폴리올레핀절연전선
- 가교폴리올레핀절연전선 고무절연전선

② 고압 · 특고압 절연전선은 KS에 적합한 또는 동등 이상의 전선을 사용하여야 한다.

답 ③

## 075

교통신호등 회로의 사용전압이 몇 [V]를 넘는 경우는 전로에 지락이 생겼을 경우 자동적으로 전로를 차단하는 누전차단기를 시설하는가?

① 60

② 150

③ 300

④ 450

**교통신호등의 시설**

- 사용전압은 300[V] 이하
- 지표상 높이는 2.5[m] 이상
- 전선이 케이블인 경우 외에는 공칭단면적 2.5[mm²] 이상 연동선
- 제어장치의 전원측에는 전용개폐기 및 과전류차단기를 시설하고 150[V]를 넘는 경우는 누전차단장치를 시설

🔑 ②

## 076

플로어덕트공사에 의한 저압 옥내배선에서 연선을 사용하지 않아도 되는 전선(동선)의 단면적은 최대 몇 [mm²]인가?

① 2

② 4

③ 6

④ 10

**플로어덕트공사**

- 전선은 절연전선(옥외용 비닐절연전선 제외)으로 연선일 것. 다만, 짧고 가는 관에 넣는 것 또는 단면적 10[mm²] 이하의 것은 단선을 사용할 수 있음. (알루미늄선은 단면적 16[mm²] 이하일 경우 가능)
- 덕트의 끝부분은 막을 것
- 덕트는 접지공사를 할 것

🔑 ④

## 077

아파트 세대 욕실에 "비데용 콘센트"를 시설하고자 한다. 다음의 시설방법 중 적합하지 않은 것은?

① 콘센트는 접지극이 없는 것을 사용한다.

② 습기가 많은 장소에 시설하는 콘센트는 방습장치를 하여야 한다.

③ 콘센트를 시설하는 경우에는 절연변압기(정격용량 3[kVA]이하인 것에 한한다.)로 보호된 전로에 접속하여야 한다.

④ 콘센트를 시설하는 경우에는 인체감전보호용 누전차단기(정격감도전류 15[mA]이하, 동작시간 0.03초 이하의 전류동작형의 것에 한한다.)로 보호된 전로에 접속하여야 한다.

**콘센트의 시설**

욕조나 샤워시설이 있는 욕실 또는 화장실 등 인체가 물에 젖어있는 상태에서 전기를 사용하는 장소에 콘센트를 시설하는 경우에는 다음에 따라 시설하여야 한다.

- 누전차단기(정격감도전류 15[mA] 이하, 동작시간 0.03초 이하의 전류동작형의 것에 한함)
- 콘센트는 접지극이 있는 방적형 콘센트를 사용하여 접지하여야 한다.
- 가로등, 경기장, 공장, 아파트 단지 등의 일반조명을 위하여 시설하는 고압방전등은 그 효율이 70[lm/W] 이상의 것

🔑 ①

## 078

옥내 배선공사 중 반드시 절연전선을 사용하지 않아도 되는 공사방법은? (단, 옥외용 비닐절연전선은 제외한다.)

① 금속관공사      ② 버스덕트공사

③ 합성수지관공사      ④ 플로어덕트공사

**나전선의 사용 제한**
① 애자사용공사에 의하여 전개된 곳에 다음의 전선을 시설하는 경우
  • 전기로용 전선
  • 전선의 피복 절연물이 부식하는 장소에 시설하는 전선
  • 취급자 이외의 자가 출입할 수 없도록 설비한 장소에 시설하는 전선
② 버스덕트공사에 의하여 시설하는 경우
③ 라이팅덕트공사에 의하여 시설하는 경우
④ 접촉 전선을 시설하는 경우

답 ②

## 079

일반 주택의 저압 옥내배선을 점검하였더니 다음과 같이 시설되어 있었을 경우 시설기준에 적합하지 않은 것은?

① 합성수지관의 지지점 간의 거리를 2[m]로 하였다.

② 합성수지관 안에서 전선의 접속점이 없도록 하였다.

③ 금속관공사에 옥외용 비닐절연전선을 제외한 절연전선을 사용하였다.

④ 인입구에 가까운 곳으로서 쉽게 개폐할 수 있는 곳에 개폐기를 각 극에 시설하였다.

**합성수지관공사**
• 전선은 절연전선(옥외용 비닐절연전선 제외)으로 연선일 것. 다만, 짧고 가는 관에 넣는 것 또는 단면적 10[mm²] 이하의 것은 단선을 사용할 수 있음. (알루미늄선은 단면적 16[mm²] 이하일 경우 가능)
• 전선은 합성수지관 안에서 접속점이 없도록 할 것
• 관 상호간 및 관과 박스와는 관의 삽입하는 깊이를 관 외경의 1.2배(단, 접착제를 사용하는 경우 0.8배 이상)으로 접속할 것
• 관의 지지점간의 거리는 1.5[m] 이하로 할 것
• **관의 두께**: 2.0[mm] 이상

답 ①

## 080

**저압 옥상전선로의 시설기준으로 틀린 것은?**

① 전개된 장소에 위험의 우려가 없도록 시설할 것

② 전선은 지름 2.6[mm] 이상의 경동선을 사용할 것

③ 전선은 절연전선(옥외용 비닐절연전선은 제외)을 사용할 것

④ 전선은 상시 부는 바람 등에 의하여 식물에 접촉하지 아니하도록 시설하여야 한다.

**옥상전선로의 시설**
- 전선은 절연전선일 것
- 2.6[mm] 이상 경동선 또는 인장강도 2.30[kN] 이상
- **지지점간의 거리** : 15[m] 이하
- **조영재와의 이격거리** : 2[m](전선이 고압 절연전선, 특고압절연전선 또는 케이블인 경우에는 1[m]) 이상
- 전선은 상시 부는 바람 등에 의하여 식물에 접촉하지 않도록 시설할 것

답 ③

## 081

**이동형의 용접 전극을 사용하는 아크용접장치의 시설기준으로 틀린 것은?**

① 용접변압기는 절연변압기일 것

② 용접변압기의 1차 측 전로의 대지전압은 300[V] 이하일 것

③ 용접변압기의 2차 측 전로에는 용접변압기에 가까운 곳에 쉽게 개폐할 수 있는 개폐기를 시설할 것

④ 용접변압기의 2차 측 전로 중 용접변압기로부터 용접전극에 이르는 부분의 전로는 용접 시 흐르는 전류를 안전하게 통할 수 있는 것일 것

**아크 용접기의 시설**
- 용접변압기는 절연변압기일 것
- 1차측 전로의 대지전압은 300[V] 이하
- 전선은 용접용케이블 또는 캡타이어케이블(단, 1종 캡타이어케이블 및 비닐캡타이어케이블 제외)
- 용접변압기의 1차 측 전로에는 용접변압기에 가까운 곳에 쉽게 개폐할 수 있는 개폐기를 시설할 것
- 용접변압기의 2차 측 전로 중 용접변압기로부터 용접전극에 이르는 부분 및 용접변압기로부터 피용접재에 이르는 부분(전기기계기구 안의 전로를 제외)의 전로는 용접 시 흐르는 전류를 안전하게 통할 수 있는 것일 것

답 ③

# 082

점멸기의 시설에서 센서등(타임스위치 포함)을 시설하여야 하는 곳은?

① 공장　　　　　　　② 상점

③ 사무실　　　　　　④ 아파트 현관

**점멸기의 시설**
- 가정용 전등은 매 등기구마다 점멸이 가능하도록 할 것. 다만, 장식용 등기구 및 발코니 등기구 예외 가능
- 관광숙박업 또는 숙박업(여인숙업 제외)에 이용되는 객실의 입구등은 1분 이내에 소등되는 것
- 일반주택 및 아파트 각 호실의 현관등은 3분 이내 소등되는 것

답 ④

# 083

전주외등의 시설 시 사용하는 공사방법으로 틀린 것은?

① 애자공사　　　　　② 케이블공사

③ 금속관공사　　　　④ 합성수지관공사

**전주외등 배선**
배선은 단면적 2.5$[mm^2]$ 이상의 절연전선 또는 이와 동등 이상의 절연성능이 있는 것을 사용하고 다음 공사방법 중에서 시설하여야 한다.
- 금속관 공사
- 케이블 공사
- 합성수지관 공사

답 ①

# 084

저압 옥측전선로에서 목조의 조영물에 시설할 수 있는 공사 방법은?

① 금속관공사

② 버스덕트공사

③ 합성수지관공사

④ 케이블공사(무기물절연(MI) 케이블을 사용하는 경우)

**옥측전선로의 시설**
① 애자사용공사(전개된 장소에 한함)
- 4$[mm^2]$ 이상 연동선
- 2$[mm]$ 이상 경동선
② 금속관공사
③ 케이블공사
④ 합성수지관
⑤ 버스덕트공사

☑ **참고** 금속관 공사, 케이블 공사, 버스 덕트 공사는 목조 이외의 조영물에 시설하는 경우에 한한다.

답 ③

# 085

케이블트레이 공사에 사용할 수 없는 케이블은?

① 연피 케이블　　　　② 난연성 케이블

③ 캡타이어 케이블　　④ 알루미늄피 케이블

**케이블트레이공사**
전선은 연피 케이블, 알루미늄피 케이블 등 난연성 케이블 또는 기타 케이블(적당한 간격으로 연소 방지 조치를 하여야 한다) 또는 금속관 혹은 합성수지관 등에 넣은 절연전선을 사용하여야 한다.

답 ③

## 086

저압 가공전선이 안테나와 접근상태로 시설될 때 상호 간의 이격거리는 몇 [cm] 이상이어야 하는가? (단, 전선이 고압 절연전선, 특고압 절연전선 또는 케이블이 아닌 경우이다.)

① 60                    ② 80

③ 100                   ④ 120

**가공전선과 타시설물(가공전선, 약전류전선, 안테나, 삭도, 기타 등)과 접근 또는 교차**

| 구분 | | 이격거리 |
|------|------|------|
| 저압 | 나전선 | 0.6[m] 이상 |
| | 케이블 | 0.3[m] 이상 |
| 고압 | 나전선 | 0.8[m] 이상 |
| | 케이블 | 0.4[m] 이상 |
| 22.9[kV] | 나전선 | 2[m] 이상 |
| | 절연전선 | 1.5[m] 이상 |
| | 케이블 | 0.5[m] 이상 |

답 ①

## 087

진열장 내의 배선으로 사용전압 400[V]이하에 사용하는 코드 또는 캡타이어 케이블의 최소 단면적은 몇 [mm²]인가?

① 1.25                  ② 1.0

③ 0.75                  ④ 0.5

**저압 옥내배선의 전선**

① 단면적이 2.5[mm²] 이상의 연동선 사용
② 단, 옥내배선의 사용전압이 400[V] 이하인 경우 다음에 의하여 시설
  • 전광표시장치·출퇴표시등 기타 이와 유사한 장치 또는 제어회로 등의 배선에 단면적 1.5[mm²] 이상의 연동선 사용
  • 전광표시장치·출퇴표시등 기타 이와 유사한 장치 또는 제어회로 등의 배선에 단면적 0.75[mm²] 이상의 다심케이블 또는 다심캡타이어케이블을 사용하고 또한 과전류가 생겼을 때에 자동적으로 전로에서 차단하는 장치를 시설하는 경우
  • 진열장 안에는 단면적 0.75[mm²] 이상인 코드, 캡타이어케이블을 사용

✓ **TIP** "코드"는 무조건 0.75 기억하기

답 ③

## 088

**플로어덕트 공사에 의한 저압 옥내배선 공사 시 시설 기준으로 틀린 것은?**

① 덕트의 끝부분은 막을 것

② 옥외용 비닐절연전선을 사용할 것

③ 덕트 안에는 전선에 접속점이 없도록 할 것

④ 덕트 및 박스 기타의 부속품은 물이 고이는 부분이 없도록 시설하여야 한다.

### 플로어덕트공사
- 전선은 절연전선(옥외용 비닐절연전선 제외)으로 연선일 것. 다만, 짧고 가는 관에 넣는 것 또는 단면적 10[$mm^2$] 이하의 것은 단선을 사용할 수 있음. (알루미늄선은 단면적 16[$mm^2$] 이하일 경우 가능)
- 덕트의 끝부분은 막을 것
- 덕트는 접지공사를 할 것

답 ②

## 089

**애자공사에 의한 저압 옥측전선로는 사람이 쉽게 접촉될 우려가 없도록 시설하고, 전선의 지지점 간의 거리는 몇 [$m$]이하이어야 하는가?**

① 1      ② 1.5

③ 2      ④ 3

### 옥측전선로의 시설
① 애자사용공사(전개된 장소에 한함)
- 4[$mm^2$] 이상 연동선
- 2[$mm$] 이상 경동선
- **지지점 간의 거리 : 2[$m$] 이하**

② 금속관공사

③ 케이블공사

④ 합성수지관

⑤ 버스덕트공사

☑ **참고** 금속관 공사, 케이블 공사, 버스 덕트 공사는 목조 이외의 조영물에 시설하는 경우에 한한다.

답 ③

## 090

**저압 가공전선로의 지지물이 목주인 경우 풍압하중의 몇 배의 하중에 견디는 강도를 가지는 것이어야 하는가?**

① 1.2      ② 1.5

③ 2      ④ 3

### 저압 가공 전선로의 지지물의 강도
저압 가공 전선로의 지지물은 목주인 경우에는 풍압 하중의 1.2배의 하중, 기타의 경우에는 풍압 하중에 견디는 강도를 가지는 것이어야 한다.

답 ①

## 091

네온방전등의 관등회로의 전선을 애자공사에 의해 자기 또는 유리제 등의 애자로 견고하게 지지하여 조영재의 아랫면 또는 옆면에 부착한 경우 전선 상호 간의 이격거리는 몇 [$mm$]이상이어야 하는가?

① 30          ② 60

③ 80          ④ 100

---

**네온방전등**
- 전선은 네온전선일 것
- 전선은 조영재의 옆면 또는 아랫면에 붙일 것
- 전선의 지지점간의 거리는 1[$m$] 이하일 것
- 전선 상호간의 간격은 6[$cm$] 이상일 것
- 네온변압기의 외함에는 접지공사를 할 것

📖 ②

## 092

합성수지관 및 부속품의 시설에 대한 설명으로 틀린 것은?

① 관의 지지점 간의 거리는 1.5[$m$]이하로 할 것

② 합성수지제 가요전선관 상호 간은 직접 접속할 것

③ 접착제를 사용하여 관 상호 간을 삽입하는 깊이는 관의 바깥지름의 0.8배 이상으로 할 것

④ 접착제를 사용하지 않고 관 상호 간을 삽입하는 깊이는 관의 바깥지름의 1.2배 이상으로 할 것

---

**합성수지관공사**
- 전선은 절연전선(옥외용 비닐절연전선 제외)으로 연선일 것. 다만, 짧고 가는 관에 넣는 것 또는 단면적 10[$mm^2$] 이하의 것은 단선을 사용할 수 있음. (알루미늄선은 단면적 16[$mm^2$] 이하일 경우 가능)
- 전선은 합성수지관 안에서 접속점이 없도록 할 것
- 관 상호간 및 관과 박스와는 관의 삽입하는 깊이를 관 외경의 1.2배(단, 접착제를 사용하는 경우 0.8배 이상)으로 접속할 것
- 관의 지지점간의 거리는 1.5[$m$] 이하로 할 것
- 관의 두께 : 2.0[$mm$] 이상

📖 ②

## 093

가요전선관 및 부속품의 시설에 대한 내용이다. 다음 (    )에 들어갈 내용으로 옳은 것은?

1종 금속제 가요전선관에는 단면적 (      )[$mm^2$] 이상의 나연동선을 전체 길이에 걸쳐 삽입 또는 첨가하여 그 나연동선과 1종 금속제가요전선관을 양쪽 끝에서 전기적으로 완전하게 접속할 것. 다만, 관의 길이가 4[m] 이하인 것을 시설하는 경우에는 그러하지 아니하다.

① 0.75　　　　　② 1.5

③ 2.5　　　　　④ 4

**가요전선관 및 부속품의 시설**
1종 금속제 가요전선관에는 단면적 2.5[$mm^2$] 이상의 나연동선을 전체 길이에 걸쳐 삽입 또는 첨가하여 그 나연동선과 1종 금속제가요전선관을 양쪽 끝에서 전기적으로 완전하게 접속할 것. 다만, 관의 길이가 4[m] 이하인 것을 시설하는 경우에는 그러하지 아니하다.

답 ③

## 094

사용전압이 400[V]이하인 저압 옥측전선로를 애자공사에 의해 시설하는 경우 전선 상호 간의 간격은 몇 [m]이상이어야 하는가? (단, 비나 이슬에 젖지 않는 장소에 사람이 쉽게 접촉될 우려가 없도록 시설한 경우이다.)

① 0.025　　　　　② 0.045

③ 0.06　　　　　④ 0.12

**옥측전선로**

| 시설장소 | 전선 상호 간의 간격 | |
|---|---|---|
| | 사용전압 400[V] 이하 | 사용전압 400[V] 초과 |
| 비나 이슬에 젖지 않는 장소 | 0.06[m] | |
| 비나 이슬에 젖는 장소 | 0.06[m] | 0.12[m] |

답 ③

## 095

과전류차단기로 저압전로에 사용하는 범용의 퓨즈 (「전기용품 및 생활용품 안전관리법」에서 규정하는 것을 제외한다.)의 정격전류가 16[$A$]인 경우 용단전류는 정격전류의 몇 배인가? (단, 퓨즈(gG)인 경우이다.)

① 1.25

② 1.5

③ 1.6

④ 1.9

### 저압전로에 사용하는 퓨즈

| 용단 특성 | | | |
|---|---|---|---|
| 정격전류의 구분 | 시간(분) | 정격전류의 배수 | |
| | | 불용단전류 | 용단전류 |
| 4[$A$] 이하 | 60 | 1.5배 | 2.1배 |
| 4[$A$] 초과 16[$A$] 미만 | 60 | 1.5배 | 1.9배 |
| 16[$A$] 이상 63[$A$] 이하 | 60 | 1.25배 | 1.6배 |
| 63[$A$] 초과 160[$A$] 이하 | 120 | 1.25배 | 1.6배 |
| 160[$A$] 초과 400[$A$] 이하 | 180 | 1.25배 | 1.6배 |
| 400[$A$] 초과 | 240 | 1.25배 | 1.6배 |

답 ③

## 096

저압으로 수전하는 경우 수용가 설비의 인입구로부터 조명까지의 전압강하는 몇 [%] 이하이어야 하는가?

① 3

② 5

③ 8

④ 6

### 수용가 설비에서의 전압강하

| 설비 유형 | 조명 | 기타 |
|---|---|---|
| A - 저압으로 수전하는 경우 | 3 | 5 |
| B - 고압 이상으로 수전하는 경우 | 6 | 8 |

최종 회로 내의 전압강하는 가능한 A 유형의 값을 넘지 않도록 하는 것이 바람직하다. 사용자의 배선설비가 100[$m$]를 초과하는 경우, 전압강하는 미터당 0.005[%] 증가할 수 있으나 이러한 증가분은 0.5[%]를 넘지 않아야 한다.

답 ①

## 097

의료장소에서 인접하는 의료장소와의 바닥면적 합계가 몇 [$m^2$] 이하인 경우 등전위본딩 바를 공용으로 사용할 수 있는가?

① 30

② 50

③ 80

④ 100

### 의료장소 내의 접지 설비

의료장소마다 그 내부 또는 근처에 등전위본딩 바를 설치할 것. 다만, 인접하는 의료장소와의 바닥면적 합계가 50[$m^2$] 이하인 경우에는 등전위본딩 바를 공용할 수 있다.

답 ②

## 098

옥외용 비닐절연전선을 사용한 저압 가공전선이 횡단 보도교 위에 시설되는 경우에 그 전선의 노면상 높이는 몇 [$m$] 이상으로 하여야 하는가?

① 2.5  ② 3.0

③ 3.5  ④ 4.0

### 가공전선의 높이

| 설치장소 | 저·고압 가공전선의 높이 |
|---|---|
| 도로횡단 | 지표상 6[$m$] 이상 |
| 철도, 궤도횡단 | 레일면상 6.5[$m$] 이상 |
| 횡단보도교위 | 노면상 3.5[$m$] 이상<br>(단, 저압가공전선에 절연전선, 케이블 사용 : 3[$m$] 이상) |
| 도로를 따라 시설 | 지표상 5[$m$] 이상<br>(단, 교통에 지장이 없는 경우 지표상 4[$m$] 이상) |

답 ②

## 099

저압 옥내배선의 사용전선으로 틀린 것은?

① 단면적 2.5[$mm^2$] 이상의 연동선

② 사용전압이 400[$V$] 이하의 전광표시장치 배선 시 단면적 0.75[$mm^2$] 이상의 다심 캡타이어케이블

③ 사용전압이 400[$V$] 이하의 전광표시장치 배선 시 단면적 1.5[$mm^2$] 이상의 연동선

④ 사용전압이 400[$V$] 이하의 전광표시장치 배선 시 단면적 0.5[$mm^2$] 이상의 다심 케이블

### 저압 옥내배선의 전선

① 단면적이 2.5[$mm^2$] 이상의 연동선 사용

② 단, 옥내배선의 사용전압이 400[$V$] 이하인 경우 다음에 의하여 시설

· 전광표시장치·출퇴표시등 기타 이와 유사한 장치 또는 제어회로 등의 배선에 단면적 1.5[$mm^2$] 이상의 연동선 사용

· 전광표시장치·출퇴표시등 기타 이와 유사한 장치 또는 제어회로 등의 배선에 단면적 0.75[$mm^2$] 이상의 다심케이블 또는 다심캡타이어케이블을 사용하고 또한 과전류가 생겼을 때에 자동적으로 전로에서 차단하는 장치를 시설하는 경우

· 진열장 안에는 단면적 0.75[$mm^2$] 이상인 코드, 캡타이어케이블을 사용

답 ④

## 100

전기욕기에 전기를 공급하기 위한 전원장치에 내장되어 있는 전원변압기의 2차 측 전로의 사용전압은 몇 [V] 이하인 것을 사용하여야 하는가?

① 5      ② 10
③ 20      ④ 30

**전기욕기 전원장치**
- 전기욕기에 전기를 공급하는 전기욕기용 전원장치는 내장된 전원 변압기의 2차 측 전로의 사용전압이 10[V] 이하인 것에 한하여, 전기용품 및 생활용품 안전관리법에 따른 안전기준에 적합해야 한다.
- 전기욕기용 전원장치는 욕실 이외의 건조한 곳에 설치해야 하며, 취급자 이외의 자가 쉽게 접촉할 수 없는 위치에 시설해야 한다.

답 ②

## 101

과전류차단기로 시설하는 퓨즈 중 고압전로에 사용하는 포장퓨즈는 정격전류의 몇 배의 전류에 견디어야 하는가?

① 1.1      ② 1.25
③ 1.3      ④ 1.6

**고압전로 퓨즈의 용단 특성**

| 포장퓨즈 | 정격전류 1.3배의 전류에 견디고 2배의 전류로 120분 안에 용단될 것 |
|---|---|
| 비포장퓨즈 | 정격전류 1.25배의 전류에 견디고 2배의 전류로 2분 안에 용단될 것 |

답 ③

## 102

특고압을 직접 저압으로 변성하는 변압기를 시설하여서는 아니 되는 변압기는?

① 광산에서 물을 양수하기 위한 양수기용 변압기
② 전기로 등 전류가 큰 전기를 소비하기 위한 변압기
③ 교류식 전기철도용 신호회로에 전기를 공급하기 위한 변압기
④ 발전소, 변전소, 개폐소 또는 이에 준하는 곳의 소내용 변압기

**특고압을 직접 저압으로 변성하는 변압기의 시설**
- 전기로 등 전류가 큰 전기를 소비하기 위한 변압기
- 발전소, 변전소, 개폐소 또는 이에 준하는 곳의 소내용 변압기
- 25[kV] 이하 중성점 다중 접지식 전로에 접속하는 변압기
- 사용전압이 35[kV] 이하인 변압기로서 그 특고압 측 권선과 저압측 권선이 혼촉한 경우 변압기를 전로로부터 차단하기 위한 자동장치를 설치한 것
- 사용전압이 100[kV] 이하인 변압기로서 그 특고압 측 권선과 저압측 권선 사이에 접지공사를 한 금속제의 혼촉방지판이 있는 것(단, 접지저항값이 10[Ω] 이하인 것에 한함)
- 교류식 전기철도용 신호회로에 전기를 공급하기 위한 변압기

답 ①

## 103

고압 가공전선으로 경동선 또는 내열 동합금선을 사용할 때 그 안전율은 최소 얼마 이상이 되는 이도로 시설하여야 하는가?

① 2.0 　　　　　② 2.2

③ 2.5 　　　　　④ 3.3

**안전율의 종류**
- **지지물 기초 안전율**: 2.0 이상
- **이상시상정하중에 대한 철탑의 기초 안전율**: 1.33 이상
- **경동선 및 내열 동합금선**: 2.2 이상
- **AL선**: 2.5 이상
- **지지선**: 2.5 이상

답 ②

## 104

고압 보안공사에서 지지물이 A종 철주인 경우 경간은 몇 [m] 이하 인가?

① 100 　　　　　② 150

③ 250 　　　　　④ 400

**표준 지지물 간 거리([m] 이하)**

| 지지물 | 표준 지지물 간 거리 | 보안공사 | | |
|--------|------|------|------|------|
| | | 저·고압 | 특고압 | |
| | | | 제1종 | 제2·3종 |
| A종/목주 | 150[m] | 100[m] | – | 100[m] |
| B종 | 250[m] | 150[m] | 150[m] | 200[m] |
| 철탑 | 600[m] | 400[m] | 400[m] | 400[m] |

답 ①

## 105

가공전선로 지지물의 승탑 및 승주 방지를 위한 발판 볼트는 지표상 몇 [m] 미만에 시설하여서는 아니 되는가?

① 1.2 　　　　　② 1.5

③ 1.8 　　　　　④ 2.0

**가공전선로 지지물의 철탑오름 및 전주오름 방지**
가공전선로의 지지물에 취급자가 오르고 내리는데 사용하는 발판 볼트 등을 지표상 1.8[m] 미만에 시설하여서는 안 된다.

답 ③

## 106

사용전압이 60[kV] 이하인 경우 전화선로의 길이 12[km] 마다 유도전류는 몇 [μA]를 넘지 않도록 하여야 하는가?

① 1 　　　　　② 2

③ 3 　　　　　④ 5

**가공약전류전선의 유도장해 방지**

| 유도전류 제한 | | |
|------|------|------|
| 사용전압 | 전화선로의 길이 | 유도전류 |
| 60[kV] 이하 | 12[km] | 2[μA] 이하 |
| 60[kV] 초과 | 40[km] | 3[μA] 이하 |

답 ②

## 107

발전소, 변전소, 개폐소 또는 이에 준하는 곳에서 개폐기 또는 차단기에 사용하는 압축공기장치의 공기압축기는 최고 사용압력의 1.5배의 수압을 연속하여 몇 분간 가하여 시험을 하였을 때에 이에 견디고 또한 새지 아니하여야 하는가?

① 5      ② 10

③ 15      ④ 20

**가압장치의 시설**
- 유압(수압) : 1.5배를 연속하여 10분간 가하여 견디는 것
- 기압 : 1.25배를 연속하여 10분간 가하여 견디는 것

답 ②

## 108

그림은 전력선 반송 통신용 결합장치의 보안장치를 나타낸 것이다. S의 명칭으로 옳은 것은?

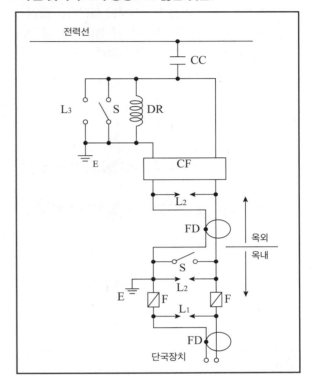

① 동축 케이블      ② 결합 콘덴서

③ 접지용 개폐기      ④ 구상용 방전갭

**전력선 반송 통신용 결합장치의 보안장치**

| | |
|---|---|
| **FD** | 동축케이블 |
| **F** | 정격전류 10[$A$] 이하의 포장 퓨즈 |
| **DR** | 전류 용량 2[$A$] 이상의 배류 선륜 |
| **L₁** | 교류 300[$V$] 이하에서 동작하는 피뢰기 |
| **L₂** | 동작전압이 교류 1300[$V$]을 초과하고 1600[$V$] 이하로 조정된 방전캡 |
| **L₃** | 동작전압이 교류 2[$kV$]를 초과하고 3[$kV$] 이하로 조정된 구상 방전캡 |
| **S** | 접지용 개폐기 |
| **CF** | 결합 필터 |
| **CC** | 결합 커패시터(결합 안테나를 포함한다.) |
| **E** | 접지 |

답 ③

## 109

사용전압이 22.9[kV]인 특고압 가공전선로(중성선 다중접지식의 것으로서 전로의 지락이 생겼을 때에 2초 이내에 자동적으로 이를 전로로부터 차단하는 장치가 되어 있는 것에 한한다.)가 상호 간 접근 또는 교차하는 경우 사용전선이 양쪽 모두 케이블인 경우 이격거리는 몇 [m]이상인가?

① 0.25        ② 0.5

③ 0.75        ④ 1.0

### 15[kV] 초과 25[kV] 이하 특고압 가공전선로 이격거리

| 사용전선의 종류 | 이격거리 |
|---|---|
| 한쪽 또는 양쪽이 나전선 | 1.5[m] |
| 양쪽이 특고압 절연전선 | 1.0[m] |
| 한쪽이 케이블이고<br>다른 쪽이 케이블 또는 특고압 절연전선 | 0.5[m] |

답 ②

## 110

고압 가공인입선이 케이블 이외의 것으로서 그 전선의 아래쪽에 위험표시를 하였다면 전선의 지표상 높이는 몇 [m]까지로 감할 수 있는가?

① 2.5        ② 3.5

③ 4.5        ④ 5.5

### 가공 인입선의 높이

| 설치장소 | 저압 | 고압 | 특고압 35[kV] 이하 | 특고압 35[kN] 초과 |
|---|---|---|---|---|
| 도로횡단 | 5[m] 이상 | 6[m] 이상 | 6[m] 이상 | |
| 철도 또는 궤도 횡단 | 6.5[m] 이상 | | | |
| 횡단보도교위 위험표시 | 3[m] 이상 | 3.5[m] 이상 | 4[m] 이상 | 5[m] 이상 |

답 ②

## 111

특고압의 기계기구 · 모선 등을 옥외에 시설하는 변전소의 구내에 취급자 이외의 자가 들어가지 못하도록 시설하는 울타리 · 담 등의 높이는 몇 [m]이상으로 하여야 하는가?

① 2        ② 2.2

③ 2.5        ④ 3

### 발전소 등의 울타리 · 담 등 지표상 높이

| 울타리·담 등의 높이 | 2[m] 이상 |
|---|---|
| 지표면과 울타리·담 등의 하단사이의 간격 | 15[cm] 이하 |

답 ①

## 112

특고압을 옥내에 시설하는 경우 그 사용전압의 최대한도는 몇 [kV] 이하인가? (단, 케이블 트레이 공사는 제외)

① 25        ② 80

③ 100        ④ 160

### 특고압 옥내 전기설비의 시설

- **전선** : 케이블
- **사용전압** : 100[kV] 이하(단, 케이블 트레이 공사에 의하여 시설하는 경우 : 35[kV] 이하)
- **이격거리** : 특고압 배선과 저고압선 60[cm] 이격 (약전류 전선 또는 수관, 가스관과 접촉하지 않도록 시설)

답 ③

# 113

철탑의 강도 계산을 할 때 이상 시 상정하중이 가하여지는 경우 철탑의 기초에 대한 안전율은 얼마 이상이어야 하는가?

① 1.33
② 1.83
③ 2.25
④ 2.75

**가공전선로의 지지물 기초 안전율**

가공전선로의 지지물에 하중이 가하여지는 경우에 그 하중을 받는 지지물의 기초의 안전율은 2 이상이어야 한다. 단, 이상 시 상정하중에 대한 철탑의 기초에 대하여는 1.33 이상이어야 한다.

目 ①

# 114

발전기를 자동적으로 전로로부터 차단하는 장치를 반드시 시설하지 않아도 되는 경우는?

① 발전기에 과전류나 과전압이 생긴 경우

② 용량 5,000[$kVA$] 이상인 발전기의 내부에 고장이 생긴 경우

③ 용량 500[$kVA$] 이상의 발전기를 구동하는 수차의 압유 장치의 유압이 현저히 저하한 경우

④ 용량 2,000[$kVA$] 이상인 수차 발전기의 스러스트 베어링의 온도가 현저히 상승하는 경우

**발전기 등의 보호장치**

발전기에는 다음 각 호의 경우에 자동적으로 이를 전로로부터 차단하는 장치를 시설하여야 한다.

• 발전기에 과전류나 과전압이 생긴 경우(용량과 관계 없음)

• 10,000[$kW$]를 초과하는 증기터빈은 그 스러스트 베어링이 현저하게 마모되거나 그의 온도가 현저히 상승한 경우

• 10,000[$kVA$] 이상인 발전기의 내부에 고장이 생긴 경우

• 2,000[$kVA$] 이상인 수차발전기의 스러스트베어링의 온도가 현저히 상승한 경우

• 500[$kVA$] 이상의 발전기를 구동하는 수차의 압유 장치의 유압이 현저하게 저하한 경우

• 100[$kVA$] 이상인 발전기를 구동하는 풍차의 압유 장치의 유압, 압축공기장치의 공기압 또는 전동식 브레이드 제어장치의 전원전압이 현저히 저하한 경우

目 ②

## 115

66[$kV$] 가공전선과 6[$kV$] 가공전선을 동일 지지물에 병가하는 경우에 특고압 가공전선은 케이블인 경우를 제외하고는 단면적이 몇 [$mm^2$]이상인 경동연선을 사용하여야 하는가?

① 22                    ② 38

③ 50                    ④ 100

35[$kV$]를 초과하고 100[$kV$] 미만인 특고압가공전선과 저압 또는 고압가공전선의 병가

• 특고압 가공전선로는 제2종 특고압 보안공사에 의할 것
• 특고압 가공전선은 케이블인 경우를 제외하고 단면적이 50[$mm^2$] 이상인 경동연선 또는 인장강도 21.67[$kN$] 이상의 연선일 것

답 ③

## 116

발전소의 개폐기 또는 차단기에 사용하는 압축공기장치의 주 공기탱크에 시설하는 압력계의 최고 눈금의 범위로 옳은 것은?

① 사용압력의 1배 이상 2배 이하

② 사용압력의 1.15배 이상 2배 이하

③ 사용압력의 1.5배 이상 3배 이하

④ 사용압력의 2배 이상 3배 이하

**압축공기계통**
발전소 · 변전소 · 개폐소 등에서 사용하는 압축공기장치의 주 공기탱크에 시설하는 압력계의 최고 눈금 범위는 사용 압력의 1.5배 이상 3배 이하이다.

답 ③

## 117

고압 가공전선로의 지지물로서 사용하는 목주의 풍압하중에 대한 안전율은 얼마 이상이어야 하는가?

① 1.2                    ② 1.3

③ 2.2                    ④ 2.5

**고압 가공전선로 지지물의 강도 기준**
고압 가공전선로의 지지물로 사용하는 목주는 다음에 따라 시설하여야 한다.
• 풍압하중에 대한 안전율은 1.3 이상일 것
• 굵기는 말구(末口) 지름 0.12[$m$] 이상일 것

답 ②

## 118

다음 그림에서 $L_1$은 어떤 크기로 동작하는 기기의 명칭인가?

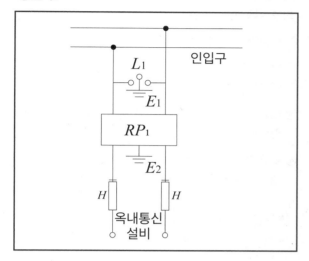

① 교류 1,000[$V$] 이하에서 동작하는 단로기

② 교류 1,000[$V$] 이하에서 동작하는 피뢰기

③ 교류 1,500[$V$] 이하에서 동작하는 단로기

④ 교류 1,500[$V$] 이하에서 동작하는 피뢰기

---

특고압 가공 전선로 첨가 통신선의 시가지 인입 제한
- $RP_1$ : 교류 300[$V$] 이하에서 동작하고, 최소 감도 전류가 3[$A$] 이하로서 최소 감도 전류 때의 응동 시간이 1사이클 이하이고 또한 전류 용량이 50[$A$], 20초 이상인 자복성이 있는 릴레이 보안기
- $L_1$ : 교류 1[$kV$] 이하에서 동작하는 피뢰기

정답 ②

## 119

특고압용 타냉식 변압기의 냉각장치에 고장이 생긴 경우를 대비하여 어떤 보호장치를 하여야 하는가?

① 경보장치              ② 속도조정장치

③ 온도시험장치          ④ 냉매흐름장치

---

**특고압용 변압기의 보호장치**
특고압용 변압기에는 그 내부에 고장이 생겼을 경우에 보호하는 장치를 다음과 같이 시설하여야 한다.

| 5000[$kVA$] 이상 10000[$kVA$] 미만인 변압기 내부고장 시 | 자동차단장치 또는 경보장치 시설 |
|---|---|
| 10000[$kVA$] 이상인 변압기 내부고장 시 | 자동차단장치 시설 |
| 냉각장치에 고장 또는 변압기의 온도가 현저히 상승하는 경우 | 경보장치 시설 |

정답 ①

## 120

특고압 옥외 배전용 변압기가 1대일 경우 특고압 측에 일반적으로 시설하여야 하는 것은?

① 방전기              ② 계기용 변류기

③ 계기용 변압기        ④ 개폐기 및 과전류차단기

---

**특고압 배전용 변압기의 시설장소**
① 변압기의 1차 전압은 35[$kV$] 이하, 2차 전압은 저압 또는 고압일 것
② 변압기의 특고압측에 개폐기 및 과전류차단기를 시설할 것
③ 변압기의 2차 전압이 고압인 경우에는 고압측에 개폐기를 시설하고 또한 쉽게 개폐할 수 있도록 할 것

정답 ④

## 121

가공전선로에 사용하는 지지물의 강도계산에 적용하는 갑종 풍압하중을 계산할 때 구성재의 수직 투영면적 1[$m^2$]에 대한 풍압의 기준으로 틀린 것은?

① 목주 : 588[$Pa$]

② 원형 철주 : 588[$Pa$]

③ 원형 철근콘크리트주 : 882[$Pa$]

④ 강관으로 구성(단주는 제외)된 철탑 : 1,255[$Pa$]

**풍압하중**
① 목주, 지지물의 원형 : 588[$Pa$]
② 철주
 • 삼각형, 마름모형 : 1,412[$Pa$]
 • 강관으로 구성된 것 : 1,117[$Pa$]
③ 철탑
 • 강관으로 구성된 것 : 1,255[$Pa$]
④ 전선
 • 다도체 : 666[$Pa$]
 • 단도체 : 745[$Pa$]
⑤ 애자장치 : 1,039[$Pa$]

답 ③

## 122

3상 4선식 22.9[$kV$], 중성선 다중접지 방식의 특고압 가공전선 아래에 통신선을 첨가 하고자 한다. 특고압 가공전선과 통신선과의 이격거리는 몇 [$cm$]이상인가?

① 60  ② 75

③ 100  ④ 120

**전력보안통신선의 시설 높이와 이격거리**
• 통신선은 특고압 가공전선 아래에 시설해야 하며, 통신선과 사용전압이 25[$kV$] 이하인 특고압 가공전선 사이의 이격거리는 0.75[$m$] 이상이어야 한다.
• 다만, 특고압 가공전선이 절연 전선 또는 케이블일 경우 0.3[$m$] 이상으로 할 수 있다.

답 ②

## 123

특고압 가공전선이 도로 등과 교차하는 경우에 특고압 가공전선이 도로 등의 위에 시설되는 때에 설치하는 보호망에 대한 설명으로 옳은 것은?

① 보호망은 접지공사를 하지 않는다.

② 보호망을 구성하는 금속선의 인장강도는 6[$kN$] 이상으로 한다.

③ 보호망을 구성하는 금속선은 지름 1.0[$mm$]이상의 경동선을 사용한다.

④ 보호망을 구성하는 금속선 상호의 간격은 가로, 세로 각 1.5[$m$]이하로 한다.

**특고압 가공 전선과 도로 등의 접근 또는 교차**
• 특고압 가공 전선로는 제2종 특고압 보안 공사에 의할 것
• 보호망을 구성하는 금속선 상호의 간격은 가로, 세로 각 1.5[$m$] 이상일 것

답 ④

## 124

옥내에 시설하는 고압용 이동전선으로 옳은 것은?

① 6[$mm$] 연동선

② 비닐외장케이블

③ 옥외용 비닐절연전선

④ 고압용의 캡타이어케이블

**옥내 고압용 이동 전선의 시설**
• 전선은 고압용의 캡타이어 케이블일 것
• 이동 전선과 전기 사용 기계 기구와는 볼트 조임 방법에 의하여 견고하게 접속할 것

답 ④

## 125

사용전압이 $22.9[kV]$인 특고압 가공전선이 도로를 횡단하는 경우, 지표상 높이는 최소 몇 $[m]$이상인가?

① 4.5      ② 5

③ 5.5      ④ 6

**특고압 가공전선의 높이**

| 사용전압 | 설치장소 | 높이 |
|---|---|---|
| 35[kV] 이하 | 일반장소 | 5.0[m] 이상 |
| | 도로횡단 | 6.0[m] 이상 |
| | 철도 또는 궤도횡단 | 6.5[m] 이상 |
| | 횡단보도교 | 4.0[m] 이상 |

답 ④

## 126

지중전선로의 매설방법이 아닌 것은?

① 관로식      ② 인입식

③ 암거식      ④ 직접 매설식

**지중전선로의 시설**

| 지중전선로의 매설 깊이 | | |
|---|---|---|
| 전선은 케이블을 사용하고, 직접매설식, 관로식, 암거식으로 시공한다. | | |
| 직접매설식, 관로식 | 중량물의 압력이 있는 경우 | 1.0[m] 이상 |
| | 중량물의 압력이 없는 경우 | 0.6[m] 이상 |

답 ②

## 127

특고압용 변압기로서 그 내부에 고장이 생긴 경우에 반드시 자동 차단되어야 하는 변압기의 뱅크용량은 몇 $[kVA]$이상인가?

① 5,000      ② 10,000

③ 50,000      ④ 100,000

**특고압용 변압기의 보호장치**

특고압용 변압기에는 그 내부에 고장이 생겼을 경우에 보호하는 장치를 다음과 같이 시설하여야 한다.

| 5000[kVA] 이상 10000[kVA] 미만인 변압기 내부고장 시 | 자동차단장치 또는 경보장치 시설 |
|---|---|
| 10000[kVA] 이상인 변압기 내부고장 시 | 자동차단장치 시설 |
| 냉각장치에 고장 또는 변압기의 온도가 현저히 상승하는 경우 | 경보장치 시설 |

답 ②

## 128

사용전압이 154[kV]인 가공송전선의 시설에서 전선과 식물과의 이격거리는 일반적인 경우에 몇 [m]이상으로 하여야 하는가?

① 2.8      ② 3.2

③ 3.6      ④ 4.2

60[kV]를 초과하는 경우의 가공전선과 식물과의 이격거리이므로

이격거리 $= 2[m] +$ 단수 $\times 0.12[m]$ 이상이다.

단수 $= \dfrac{154-60}{10} = 9.4 \rightarrow$ 절상 : 10

∴ 이격거리 $= 2 + 10 \times 0.12 = 3.2[m]$ 이상

> ☑ **참고** 가공전선과 타시설물(가공전선, 약전류전선, 안테나, 삭도, 식물, 수목 등)과의 접근 또는 교차 안테나와의 이격거리

| 구분 | | 이격거리 |
|---|---|---|
| 저압 | 나전선 | 0.6[m] 이상 |
| | 케이블 | 0.3[m] 이상 |
| 고압 | 나전선 | 0.8[m] 이상 |
| | 케이블 | 0.4[m] 이상 |
| 22.9[kV] | 나전선 | 2[m] 이상 |
| | 절연전선 | 1.5[m] 이상 |
| | 케이블 | 0.5[m] 이상 |

| 구분 | 이격거리 |
|---|---|
| 60[kV] 이하 | 2[m] 이상 |
| 60[kV] 초과 | 이격거리 $= 2[m] +$ 단수 $\times 0.12[m]$ 이상<br>단수 $= \dfrac{\text{사용전압}[kV] - 60[kV]}{10}$<br>(단, 단수의 소수점 첫째자리는 절상한다.) |

🔲 ②

## 129

고압 가공전선로에 시설하는 피뢰기의 접지 도체가 접지공사 전용의 것인 경우에 접지저항 값은 몇 [Ω]까지 허용되는가?

① 20      ② 30

③ 50      ④ 75

**피뢰기의 접지**
- 피뢰기의 접지저항은 일반적으로 고압 및 특고압 전로에서는 10[Ω] 이하여야 한다.
- 그러나 고압 가공전선로에 피뢰기를 시설할 때, 접지 도체가 전용 접지공사일 경우에 접지저항 값은 30[Ω] 이하까지 허용된다.

🔲 ②

## 130

고압 옥측전선로에 사용할 수 있는 전선은?

① 케이블      ② 나경동선

③ 절연전선      ④ 다심형 전선

**고압 옥측전선로의 시설**
고압 옥측 전선로의 전선은 케이블일 것

🔲 ①

## 131

고압 옥내배선이 수관과 접근하여 시설되는 경우에는 몇 [cm]이상 이격시켜야 하는가?

① 15
② 30
③ 75
④ 60

**고압옥내배선과 타 시설물과의 이격거리**

| | |
|---|---|
| 다른 고압 옥내배선, 저압 옥내전선, 관등회로의 배선, 약전류전선, 수관, 가스관이나 이와 유사한 것과 접근하거나 교차하는 경우 | 15[cm] 이상 |
| 애자사용공사에 의하여 시설하는 저압 옥내전선인 경우 | 30[cm] 이상 |
| 가스계량기 및 가스관의 이음부와 전력량계 및 개폐기 | 60[cm] 이상 |

답 ①

## 132

철탑의 강도 계산에 사용하는 이상 시 상정하중을 계산하는데 사용되는 것은?

① 미진에 의한 요동과 철구조물의 인장하중

② 뇌가 철탑에 가하여졌을 경우의 충격하중

③ 이상전압이 전선로에 내습하였을 때 생기는 충격하중

④ 풍압이 전선로에 직각 방향으로 가하여지는 경우의 하중

**이상 시 상정하중**
풍압이 전선로에 직각 방향으로 가하여지는 경우의 이상 시 상정 하중은 수직 하중, 수평 횡하중, 수평 종 하중으로 한다.

답 ④

## 133

무선용 안테나 등을 지지하는 철탑의 기초 안전율은 얼마 이상이어야 하는가?

① 1.0
② 1.5
③ 2.0
④ 2.5

**무선용 안테나**

| | |
|---|---|
| 목주의 안전율 | 1.5 이상 |
| 철주, 철근콘크리트주 또는 철탑의 기초 안전율 | 1.5 이상 |

답 ②

## 134

사용전압 66[kV]의 가공전선로를 시가지에 시설할 경우 전선의 지표상 최소 높이는 몇 [m]인가?

① 6.48
② 8.36
③ 10.48
④ 12.36

$$단수 = \frac{66-35}{10} = 3.1 → 절상 : 4$$

$$\therefore 지표상의 높이 = 10 + 4 \times 0.12 = 10.48[m] \ 이상$$

**☑ 참고** 170[kV] 이하 특고압 가공전선로 높이

| 사용전압 | 지표상의 높이 |
|---|---|
| 35[kV] 이하 | 10[m]<br>(단, 특고압 절연전선인 경우 8[m]) |
| 35[kV] 초과 | $10[m] + 단수 \times 0.12[m]$ 이상<br>$단수 = \dfrac{사용전압[kV] - 35[kV]}{10}$<br>(단, 단수의 소수점 첫째자리는 절상한다.) |

답 ③

## 135

가공전선로의 지지물에 시설하는 지선의 시설 기준으로 옳은 것은?

① 지선의 안전율은 2.2 이상이어야 한다.

② 연선을 사용할 경우에는 소선(素線) 3가닥 이상이어야 한다.

③ 도로를 횡단하여 시설하는 지선의 높이는 지표상 4[$m$]이상으로 하여야 한다.

④ 지중 부분 및 지표상 20[$cm$]까지의 부분에는 내식성이 있는 것 또는 아연도금을 한다.

**지지선의 시설**
- 소선은 지름 2.6[$mm$] 이상의 금속선
- 소선 3가닥 이상의 연선
- 안전율 : 2.5 이상
- 허용 인장하중 : 4.3[$kN$] 이상
- 지중의 부분 및 지표상 30[$cm$]까지는 내식성이 있는 것 또는 아연 도금 철봉 사용

답 ②

## 136

특고압 가공전선로의 지지물로 사용하는 B종 철주에서 각도형은 전선로 중 몇 도를 넘는 수평 각도를 이루는 곳에 사용되는가?

① 1　　　　　② 2

③ 3　　　　　④ 5

**철탑의 종류에 따른 용도**

| 직선형 | 직선부분 3도 이하 |
|---|---|
| 각도형 | 전선로중 3도 초과 |
| 잡아당김형 | 잡아당김하는 곳 |
| 내장형 | 지지물 간 거리의 차가 큰 곳 |
| 보강형 | 직선부분 보강식 |

답 ③

## 137

빙설의 정도에 따라 풍압하중을 적용하도록 규정하고 있는 내용 중 옳은 것은? (단, 빙설이 많은 지방 중 해안지방 기타 저온계절에 최대 풍압이 생기는 지방은 제외한다.)

① 빙설이 많은 지방에서는 고온계절에는 갑종 풍압하중, 저온계절에는 을종 풍압하중을 적용한다.

② 빙설이 많은 지방에서는 고온계절에는 을종 풍압하중, 저온계절에는 갑종 풍압하중을 적용한다.

③ 빙설이 적은 지방에서는 고온계절에는 갑종 풍압하중, 저온계절에는 을종 풍압하중을 적용한다.

④ 빙설이 적은 지방에서는 고온계절에는 을종 풍압하중, 저온계절에는 갑종 풍압하중을 적용한다.

**풍압하중의 적용**

| 지역 | | 고온계절 | 저온계절 |
|---|---|---|---|
| 빙설이 많은 지역 이외의 지역 | | 갑종 | 병종 |
| 빙설이 많은 지역 | 일반지역 | 갑종 | 을종 |
| | 해안지방, 기타 저온 계절에 최대 풍압이 생기는 지역 | 갑종 | 갑종, 을종 중 큰 값 선정 |
| 인가가 많이 이웃연결되어 있는 장소 | | 병종 | |

답 ①

## 138

고압 가공전선로에 사용하는 가공지선으로 나경동선을 사용할 때의 최소 굵기[mm]는?

① 3.2                ② 3.5

③ 4.0                ④ 5.0

### 고압 및 특고압 가공전선로의 가공지선

| 전압 | 전선의 굵기 | 인장강도 |
|------|-----------|---------|
| 고압 | 지름 4[mm] 이상의 나경동선 | 5.26[kN] 이상 |
| 특고압 | 지름 5[mm] 이상의 나경동선 | 8.01[kN] 이상 |

답 ③

## 139

차량 기타 중량물의 압력을 받을 우려가 있는 장소에 지중전선로를 직접 매설식으로 시설하는 경우 매설깊이는 몇 [m] 이상이어야 하는가?

① 0.6                ② 0.8

③ 1.0                ④ 1.2

### 지중전선로의 시설

| 지중전선로의 매설 깊이 | | |
|------|------|------|
| 전선은 케이블을 사용하고,<br>직접매설식, 관로식, 암거식으로 시공한다. | | |
| 직접매설식,<br>관로식 | 중량물의 압력이 있는 경우 | 1.0[m] 이상 |
| | 중량물의 압력이 없는 경우 | 0.6[m] 이상 |

답 ③

## 140

고압용 기계기구를 시설하여서는 안 되는 경우는?

① 시가지 외로서 지표상 3[m]인 경우

② 발전소, 변전소, 개폐소 또는 이에 준하는 곳에 시설하는 경우

③ 옥내에 설치한 기계기구를 취급자 이외의 사람이 출입할 수 없도록 설치한 곳에 시설하는 경우

④ 공장 등의 구내에서 기계기구의 주위에 사람이 쉽게 접촉할 우려가 없도록 적당한 울타리를 설치하는 경우

### 고압 및 특고압용 기계기구의 시설

| 구분 | | 높이 |
|------|------|------|
| 고압용<br>기계기구 | 시가지외 | 4[m] 이상 |
| | 시가지 | 4.5[m] 이상 |
| 특고압용 기계기구 | | 5[m] 이상 |

답 ①

## 141

특고압용 변압기의 보호장치인 냉각장치에 고장이 생긴 경우 변압기의 온도가 현저하게 상승한 경우에 이를 경보하는 장치를 반드시 하지 않아도 되는 경우는?

① 유입 풍냉식          ② 유입 자냉식

③ 송유 풍냉식          ④ 송유 수냉식

### 냉강 방식에 따른 변압기 경보 장치 필요성

• 유입 자냉식(ONAN)은 냉각 매체가 자연적으로 순환하여 열을 방출하므로 냉각장치의 고장 가능성이 낮아 경보 장치가 필수는 아니다.

• 반면에 유입 풍냉식(ONAF), 송유 풍냉식(OFAF), 송유 수냉식(OFWF)은 냉각을 돕기 위해 펜이나 펌프 같은 장치를 사용하여 강제로 냉각 매체를 순환시킨다. 따라서 냉각 장치 고장 시 온도 상승 위험이 커져 경보 장치가 반드시 필요하다.

답 ②

## 142

어떤 공장에서 케이블을 사용하는 사용전압이 22[kV] 인 가공전선을 건물 옆쪽에서 1차 접근상태로 시설하는 경우, 케이블과 건물의 조영재 이격거리는 몇 [cm] 이상이어야 하는가?

① 50　　　　　　　② 80

③ 100　　　　　　④ 120

| 35[kV] 이하 특고압 가공전선과 건조물의 접근 및 교차 | | | 이격거리 |
|---|---|---|---|
| 건조물 | 상부 조영재의 옆쪽 또는 아래쪽 | 나전선인 경우 | 1.5[m] 이상 |
| | | 사람이 쉽게 접촉할 우려가 없는 경우 | 1.0[m] 이상 |
| | | 케이블인 경우 | 0.5[m] 이상 |

답 ①

## 143

고압 가공전선로의 지지물로 철탑을 사용한 경우 최대 경간은 몇 [m] 이하이어야 하는가?

① 300　　　　　　② 400

③ 500　　　　　　④ 600

| 가공 전선로의 표준 지지물 간 거리([m] 이하) | | | | |
|---|---|---|---|---|
| 지지물 | 표준 지지물 간 거리 | 보안공사 | | |
| | | 저·고압 | 특고압 | |
| | | | 제1종 | 제2·3종 |
| A종/목주 | 150[m] | 100[m] | – | 100[m] |
| B종 | 250[m] | 150[m] | 150[m] | 200[m] |
| 철탑 | 600[m] | 400[m] | 400[m] | 400[m] |

답 ④

## 144

사용전압 35,000[V]인 기계기구를 옥외에 시설하는 개폐소의 구내에 취급자 이외의 자가 들어가지 않도록 울타리를 설치할 때 울타리와 특고압의 충전 부분이 접근하는 경우에는 울타리의 높이와 울타리로부터 충전 부분까지의 거리의 합은 최소 몇 [m]이상이어야 하는가?

① 4　　　　　　　② 5

③ 6　　　　　　　④ 7

| 울타리·담 등의 높이($x$)와 울타리·담 등으로부터 충전부분까지의 거리($y$)의 합계($x+y$) | |
|---|---|
| 사용전압 | 거리의 합계 ($x+y$) |
| 35[kV] 이하 | 5[m] 이상 |
| 35[kV] 초과 160[kV] 이하 | 6[m] 이상 |
| 160[kV] 이하 | $6[m] + 단수 \times 0.12[m]$ 이상 $$단수 = \frac{사용전압[kV] - 160[kV]}{10}$$ (단, 단수의 소수점 첫째자리는 절상한다.) |

답 ②

## 145

다음의 ⓐ, ⓑ에 들어갈 내용으로 옳은 것은?

> 과전류차단기로 시설하는 퓨즈 중 고압전로에 사용하는 비포장퓨즈는 정격전류의 ( ⓐ )배의 전류에 견디고 또한 2배의 전류로 ( ⓑ )분 안에 용단되는 것이어야 한다.

① ⓐ 1.1, ⓑ 1    ② ⓐ 1.2, ⓑ 1

③ ⓐ 1.25, ⓑ 2    ④ ⓐ 1.3, ⓑ 2

### 고압전로 퓨즈의 용단 특성

| 포장퓨즈 | 정격전류 1.3배의 전류에 견디고<br>2배의 전류로 120분 안에 용단될 것 |
| --- | --- |
| 비포장퓨즈 | 정격전류 1.25배의 전류에 견디고<br>2배의 전류로 2분 안에 용단될 것 |

답 ③

## 146

저압 가공전선이 건조물의 상부 조영재 옆쪽으로 접근하는 경우 저압 가공전선과 건조물의 조영재 사이의 이격거리는 몇 [m]이상이어야 하는가? (단, 전선에 사람이 쉽게 접촉할 우려가 없도록 시설한 경우와 전선이 고압 절연전선, 특고압 절연전선 또는 케이블인 경우는 제외한다.)

① 0.6    ② 0.8

③ 1.2    ④ 2.0

### 가공전선과 건조물/타시설물과의 이격거리

| 저·고압 가공전선과<br>건조물의 접근 및 교차 | | 이격거리 |
| --- | --- | --- |
| 건조물 | 상부<br>조영재의<br>옆쪽 또는<br>아래쪽 | 나전선인 경우 | 1.2[m] 이상 |
| | | 사람이 쉽게 접촉할<br>우려가 없는 경우 | 0.8[m] 이상 |
| | | 케이블인 경우 | 0.4[m] 이상 |

답 ③

## 147

변압기의 고압 측 전로와의 혼촉에 의하여 저압 측 전로의 대지전압이 150[V]를 넘는 경우에 2초 이내에 고압 전로를 자동 차단하는 장치가 되어 있는 6,600/200[V]배전선로에 있어서 1선 지락 전류가 2[A]이면 변압기 중성점 접지저항 값의 최대는 몇 [Ω]인가?

① 50    ② 75

③ 150    ④ 300

### 변압기 중성점 접지
2초 이내에 고압 전로를 자동으로 차단하는 장치를 설치한 경우이므로

$$R = \frac{300[V]}{1선 \ 지락전류(I_g)} = \frac{300}{2} = 150[\Omega] \ 이하$$

> ☑ **참고** 변압기의 중성점 접지

| 접지대상 | 접지저항값 |
| --- | --- |
| 일반사항 | $\dfrac{150[V]}{1선 \ 지락전류(I_g)}[\Omega]$ 이하 |
| 고압/특고압측<br>전로 또는<br>사용전압이<br>35[kV] 이하의<br>특고압전로가 저<br>압측 전로와 혼<br>촉하고 저압전로<br>의 대지전압이<br>150[V]를 초과<br>하는 경우 | $\dfrac{300[V]}{1선 \ 지락전류(I_g)}[\Omega]$ 이하<br>(단, 1초를 넘고 2초 이내에<br>자동차단장치 설치시)<br><br>$\dfrac{600[V]}{1선 \ 지락전류(I_g)}[\Omega]$ 이하<br>(단, 1초 이내에 자동차단장치<br>설치시) |

답 ③

## 148

지중전선로는 기설 지중약전류 전선로에 대하여 다음의 어느 것에 의하여 통신상의 장해를 주지 아니하도록 기설 약전류 전선로로부터 충분히 이격시키는가?

① 충전전류 또는 표피작용

② 충전전류 또는 유도작용

③ 누설전류 또는 표피작용

④ 누설전류 또는 유도작용

**지중약전선로의 유도장해 방지**

지중전선로는 기설 지중약전류 전선로에 대하여 누설전류 또는 유도작용에 의하여 통신상의 장해를 주지 아니하도록 기설 약전류 전선로로부터 충분히 이격시키거나 기타 적당한 방법으로 시설하여야 한다.

답 ④

## 149

발전소에서 장치를 시설하여 계측하지 않아도 되는 것은?

① 발전기의 회전자 온도

② 특고압용 변압기의 온도

③ 발전기의 전압 및 전류 또는 전력

④ 주요 변압기의 전압 및 전류 또는 전력

**계측장치**

발전소·변전소에는 다음에 해당하는 계측장치를 시설하여야 한다. 단, 태양전지 발전소는 연계하는 전력계통에 그 발전소 이외의 전원이 없는 것에 대하여는 그러지 아니하다.

① 발전기, 주변압기, 동기 무효전력보상장치의 전압, 전류, 전력

② 발전기, 동기 무효전력보상장치의 베어링 및 고정자 온도

③ 특고압용 변압기의 유온

④ 동기 발전기 용량이 연계하는 전력계통의 용량보다 현저하게 작은 경우에는 동기검정장치를 생략할 수 있다.

답 ①

## 150

66,000[$V$] 가공전선과 6,000[$V$] 가공전선을 동일 지지물에 병가하는 경우, 특고압 가공전선으로 사용하는 경동연선의 굵기는 몇 [$mm^2$]이상이어야 하는가?

① 22
② 38
③ 50
④ 100

35[$kV$]를 초과하고 100[$kV$] 미만인 특고압가공전선과 저압 또는 고압가공전선의 병가
• 특고압 가공전선로는 제2종 특고압 보안공사에 의할 것
• 특고압 가공전선은 케이블인 경우를 제외하고 단면적이 50[$mm^2$] 이상인 경동연선 또는 인장강도 21.67[$kN$] 이상의 연선일 것

답 ③

## 151

저압 또는 고압의 가공전선로와 기설 가공약전류 전선로가 병행할 때 유도작용에 의한 통신상의 장해가 생기지 않도록 전선과 기설 약전류 전선간의 이격거리는 몇 [$m$] 이상이어야 하는가? (단, 전기 철도용 급전선로는 제외한다.)

① 2
② 3
③ 4
④ 6

**가공약전류전선의 유도장해 방지**
가공약전류전선 간의 이격거리 : 2[$m$]이상

답 ①

## 152

가공전선로의 지지물에 하중이 가하여지는 경우에 그 하중을 받는 지지물의 기초 안전율은 특별한 경우를 제외하고 최소 얼마 이상인가?

① 1.5
② 2
③ 2.5
④ 3

**가공전선로의 지지물 기초 안전율**
가공전선로의 지지물에 하중이 가하여지는 경우에 그 하중을 받는 지지물의 기초의 안전율은 2 이상이어야 한다. (단, 이상 시 상정하중에 대한 철탑의 기초에 대하여는 1.33 이상이어야 한다.)

답 ②

## 153

**수소냉각식 발전기 등의 시설기준으로 틀린 것은?**

① 발전기 안 또는 조상기 안의 수소의 온도를 계측하는 장치를 시설할 것

② 발전기 축의 밀봉부로부터 수소가 누설될 때 누설된 수소를 외부로 방출하지 않을 것

③ 발전기 안 또는 조상기 안의 수소의 순도가 85[%] 이하로 저하한 경우에 이를 경보하는 장치를 시설할 것

④ 발전기 또는 조상기는 수소가 대기압에서 폭발하는 경우에 생기는 압력에 견디는 강도를 가지는 것일 것

**상주 감시를 하지 아니하는 변전소의 시설**

① 다음의 경우에는 변전제어소 또는 기술원이 상주하는 장소에 **경보장치**를 시설할 것
  - 운전조작에 필요한 차단기가 자동적으로 차단한 경우(차단기가 연결한 경우를 제외)
  - 주요 변압기의 전원측 전로가 무전압으로 된 경우
  - 제어회로의 전압이 현저히 저하한 경우
  - 옥내변전소에 화재가 발생한 경우
  - 출력 3,000[kVA]를 초과하는 특고압용 변압기는 그 온도가 현저히 상승한 경우
  - 특고압용 타냉식 변압기는 그 냉각장치가 고장난 경우
  - 무효전력보상장치는 내부에 고장이 생긴 경우
  - 수소냉각식 무효전력보상장치는 그 무효전력보상장치 안의 수소의 순도가 90[%] 이하로 저하한 경우, 수소의 압력이 현저히 변동한 경우 또는 수소의 온도가 현저히 상승한 경우
  - 가스절연기기(압력의 저하에 의하여 절연파괴 등이 생길 우려가 없는 경우를 제외)의 절연가스의 압력이 현저히 저하한 경우

② 수소냉각식 무효전력보상장치를 시설하는 변전소는 그 무효전력보상장치 안의 수소의 순도가 85[%] 이하로 저하한 경우에 그 무효전력보상장치를 전로로부터 **자동적으로 차단하는 장치**를 시설할 것

답 ②

## 154

**가공전선로의 지지물의 강도계산에 적용하는 풍압하중은 빙설이 많은 지방 이외의 지방에서 저온계절에는 어떤 풍압하중을 적용하는가? (단, 인가가 연접되어 있지 않다고 한다.)**

① 갑종 풍압하중

② 을종 풍압하중

③ 병종 풍압하중

④ 을종과 병종 풍압하중을 혼용

**풍압하중의 적용**

| 지역 | | 고온계절 | 저온계절 |
|---|---|---|---|
| 빙설이 많은 지역 이외의 지역 | | 갑종 | 병종 |
| 빙설이 많은 지역 | 일반지역 | 갑종 | 을종 |
| | 해안지방, 기타 저온 계절에 최대 풍압이 생기는 지역 | 갑종 | 갑종, 을종 중 큰 값 선정 |
| 인가가 많이 이웃연결되어 있는 장소 | | 병종 | |

답 ③

## 155

**가공전선로의 지지물에 시설하는 지선으로 연선을 사용할 경우 소선은 최소 몇 가닥 이상이어야 하는가?**

① 3  ② 5

③ 7  ④ 9

**지지선의 시설**
- 소선은 지름 2.6[mm] 이상의 금속선
- 소선 3가닥 이상의 연선
- 안전율: 2.5 이상
- 허용 인장하중: 4.3[kN] 이상
- 지중의 부분 및 지표상 30[cm]까지는 내식성이 있는 것 또는 아연 도금 철봉 사용

답 ①

## 156

지중전선로를 직접 매설식에 의하여 시설할 때, 중량물의 압력을 받을 우려가 있는 장소에 저압 또는 고압의 지중전선을 견고한 트라프 기타 방호물에 넣지 않고도 부설할 수 있는 케이블은?

① PVC 외장케이블

② 콤바인덕트 케이블

③ 염화비닐 절연케이블

④ 폴리에틸렌 외장케이블

### 지중전선로의 직접매설식 시설 기준
직접매설식에 의하여 시설하는 경우 지중 전선은 견고한 트로프 기타 방호물에 넣어 시설하여야 한다. 단, 다음의 경우에는 예외로 한다.
- 저압 또는 고압의 지중전선에 **콤바인덕트케이블** 또는 개장한 케이블을 사용하여 시설하는 경우
- 지중전선에 파이프형 압력케이블을 사용하고 또한 지중전선의 위를 견고한 판 또는 몰드 등으로 덮어 시설하는 경우

🔲 ②

## 157

특고압 가공전선로의 지지물에 첨가하는 통신선 보안장치에 사용되는 피뢰기의 동작전압은 교류 몇 [$V$] 이하인가?

① 300 　　　　② 600

③ 1,000 　　　④ 1,500

### 특고압 가공 전선로 첨가 통신선의 시가지 인입 제한
- $RP_1$: 교류 300[$V$] 이하에서 동작하고, 최소 감도 전류가 3[$A$] 이하로서 최소 감도 전류 때의 응동 시간이 1사이클 이하이고 또한 전류 용량이 50[$A$], 20초 이상인 자복성이 있는 릴레이 보안기
- $L_1$: **교류 1[$kV$] 이하에서 동작하는 피뢰기**

🔲 ③

## 158

345[$kV$] 송전선을 사람이 쉽게 들어가지 않는 산지에 시설할 때 전선의 지표상 높이는 몇 [$m$]이상으로 하여야 하는가?

① 7.28 　　　　② 7.56

③ 8.28 　　　　④ 8.56

$$단수 = \frac{345 - 160}{10} = 18.5 \to 절상 : 19$$

$$\therefore 지표상의 높이 = 5 + 19 \times 0.12 = 7.28[m] \ 이상$$

🔲 **참고** 시가지 외 특고압 가공전선의 높이

| 사용전압 | 설치장소 | 높이 |
|---|---|---|
| 35[$kV$] 이하 | 일반장소 | 5.0[$m$] 이상 |
| | 도로횡단 | 6.0[$m$] 이상 |
| | 철도 또는 궤도횡단 | 6.5[$m$] 이상 |
| | 횡단보도교 | 4.0[$m$] 이상 |
| 35[$kV$] 초과 160[$kV$] 미만 | 산지 | 5.0[$m$] 이상 |
| | 평지 | 6.0[$m$] 이상 |
| 160[$kV$] 초과 | 산지 | $5[m] + 단수 \times 0.12[m]$ 이상<br>$단수 = \frac{사용전압[kV] - 160[kV]}{10}$<br>(단, 단수의 소수점 첫째자리는 절상한다.) |
| | 평지 | $6[m] + 단수 \times 0.12[m]$ 이상<br>$단수 = \frac{사용전압[kV] - 160[kV]}{10}$<br>(단, 단수의 소수점 첫째자리는 절상한다.) |

🔲 ①

## 159

변전소에서 오접속을 방지하기 위하여 특고압 전로의 보기 쉬운 곳에 반드시 표시해야 하는 것은?

① 상별표시
② 위험표시
③ 최대전류
④ 정격전압

**특고압전로의 상 및 접속 상태 표시**
- 보기 쉬운 곳에 상별표시를 한다.
- 접속상태를 모의모선 등으로 표시한다. 단, 단일모선으로 회선수가 2 이하의 간단한 것은 예외로 한다.

답 ①

## 160

전력 보안 가공통신선의 시설 높이에 대한 기준으로 옳은 것은?

① 철도의 궤도를 횡단하는 경우에는 레일면상 5[m] 이상

② 횡단보도교 위에 시설하는 경우에는 그 노면상 3[m] 이상

③ 도로(차도와 도로의 구별이 있는 도로는 차도) 위에 시설하는 경우에는 지표상 2[m] 이상

④ 교통에 지장을 줄 우려가 없도록 도로(차도와 도로의 구별이 있는 도로는 차도) 위에 시설하는 경우에는 지표상 2[m] 까지로 감할 수 있다.

**통신선의 높이 규정**

| 시설 장소 | | 가공 통신선 | 전선첨가 통신선 | |
|---|---|---|---|---|
| | | | 저·고압 | 특고압 |
| 도로 (차도) 위 | 일반적 경우 | 5[m] 이상 | 6[m] 이상 | 6[m] 이상 |
| | 교통에 지장을 안 주는 경우 | 4.5[m] 이상 | 5[m] 이상 | - |
| 철도횡단 | | 6.5[m] 이상 | 6.5[m] 이상 | 6.5[m] 이상 |
| 횡단보도교 위 (노면상) | | 3[m] 이상 | 3.5[m] 이상 | 5[m] 이상 |
| 횡단보도교 (통신선에 절연전선과 동등 이상의 절연효력이 있는 것 또는 케이블을 사용시) | | - | 3[m] 이상 | 4[m] 이상 |
| 기타 장소 (도로, 철도, 횡단보도교 이외의 장소) | | 3.5[m] 이상 | 4[m] 이상 | 5[m] 이상 |

답 ②

## 161

사용전압이 154[kV]인 가공전선로를 제1종 특고압 보안공사로 시설할 때 사용되는 경동연선의 단면적은 몇 [mm²] 이상이어야 하는가?

① 52
② 100
③ 150
④ 200

### 제1종 특고압 보안공사

| 전선 굵기 | | 인장강도 |
|---|---|---|
| 100[kV] 미만 | 55[mm²] 이상의 경동연선 | 21.67[kN] 이상 |
| 100[kV] 이상 | 150[mm²] 이상의 경동연선 | 58.84[kN] 이상 |
| 300[kV] 이상 | 200[mm²] 이상의 경동연선 | 77.47[kN] 이상 |

답 ③

## 162

고압용 기계기구를 시가지에 시설할 때 지표상 몇 [m] 이상의 높이에 시설하고, 또한 사람이 쉽게 접촉할 우려가 없도록 하여야 하는가?

① 4.0
② 4.5
③ 5.0
④ 5.5

### 고압 및 특고압용 기계기구의 시설

| 구분 | | 높이 |
|---|---|---|
| 고압용 기계기구 | 시가지외 | 4[m] 이상 |
| | 시가지 | 4.5[m] 이상 |
| 특고압용 기계기구 | | 5[m] 이상 |

답 ②

## 163

특고압 지중전선이 지중약전류전선 등과 접근하거나 교차하는 경우에 상호 간의 이격거리가 몇 [cm] 이하인 때에만 두 전선이 직접 접촉하지 아니하도록 하여야 하는가?

① 15
② 20
③ 30
④ 60

### 지중전선로의 이격거리

| 지중전선과 지중전선 | 이격거리 |
|---|---|
| 저압 지중전선과 고압 지중전선 | 15[cm] 이상 |
| 저·고압 지중전선과 특고압 지중전선 | 30[cm] 이상 |

| 지중전선과 지중약전류전선 | 이격거리 |
|---|---|
| 저·고압 지중전선과 약전류전선 | 30[cm] 이상 |
| 특고압 지중전선과 약전류전선 | 60[cm] 이상 |

답 ④

## 164

고압 옥내배선의 공사방법으로 틀린 것은?

① 케이블공사
② 합성수지관공사
③ 케이블트레이공사
④ 애자사용공사(건조한 장소로서 전개된 장소에 한한다.)

### 고압옥내배선의 시설
- 애자사용공사(건조한 장소로서 전개된 장소에 한함)
- 케이블공사
- 케이블트레이공사

암기
✓ TIP 애케케

답 ②

## 165

옥내에 시설하는 사용 전압이 400[$V$]초과, 1,000[$V$] 이하인 전개된 장소로서 건조한 장소가 아닌 기타의 장소의 관등회로 배선공사로서 적합한 것은?

① 애자공사      ② 금속몰드공사

③ 금속덕트공사      ④ 합성수지몰드공사

**관등회로의 배선**
관등회로의 사용전압이 400[$V$] 초과이고, 1[$kV$] 이하인 전개된 장소로서 건조한 장소가 아닌 기타의 장소의 관등회로는 애자공사를 하여야 한다.

답 ①

## 166

특고압 가공전선로 중 지지물로서 직선형의 철탑을 연속하여 10기 이상 사용하는 부분에는 몇 기 이하마다 내장 애자장치가 되어 있는 철탑 또는 이와 동등 이상의 강도를 가지는 철탑 1기를 시설하여야 하는가?

① 3      ② 5

③ 7      ④ 10

**특고압 가공전선로의 내장형 등의 지지물 시설**
• B종 철주, B종 콘크리트 주를 사용하는 직선부분은 10기 이하마다 장력에 견디는 형태의 철주 1기 또는 5기마다 보강형 1기를 시설
• 철탑을 사용하는 직선부분은 10기 이하마다 장력에 견디는 애자장치를 갖는 철탑 1기를 시설

답 ④

## 167

사람이 상시 통행하는 터널 안의 배선(전기기계기구 안의 배선, 관등회로의 배선, 소세력 회로의 전선 및 출퇴표시등 회로의 전선은 제외)의 시설기준에 적합하지 않은 것은? (단, 사용전압이 저압의 것에 한한다.)

① 애자공사로 시설하였다.

② 공칭단면적 2.5[$mm^2$]의 연동선을 사용하였다.

③ 애자사용공사 시 전선의 높이는 노면상 2[$m$]로 시설하였다.

④ 전로에는 터널의 입구 가까운 곳에 전용 개폐기를 시설하였다.

**사람이 상시 통행하는 터널 안 전선로**
• 전선은 공칭 단면적 2.5[$mm^2$]의 연동선과 동등 이상의 세기 및 굵기의 절연전선(옥외용 제외)을 사용하여 애자 공사에 의하여 시설하고 또한 이를 노면상 2.5[$m$] 이상의 높이로 시설할 것
• 전로에는 터널의 입구에 가까운 곳에 전용 개폐기를 시설할 것

답 ③

## 168

그림은 전력선 반송 통신용 결합장치의 보안장치이다. 여기에서 $CC$는 어떤 커패시터인가?

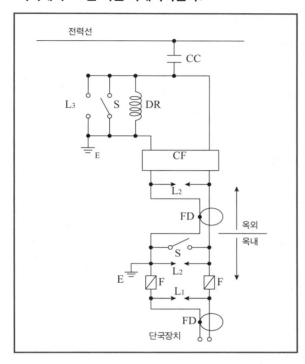

① 결합 커패시터  ② 전력용 커패시터

③ 정류용 커패시터  ④ 축전용 커패시터

### 전력선 반송 통신용 결합장치의 보안장치

| | |
|---|---|
| $FD$ | 동축케이블 |
| $F$ | 정격전류 10[$A$] 이하의 포장 퓨즈 |
| $DR$ | 전류 용량 2[$A$] 이상의 배류 선륜 |
| $L_1$ | 교류 300[$V$] 이하에서 동작하는 피뢰기 |
| $L_2$ | 동작전압이 교류 1300[$V$]을 초과하고 1600[$V$] 이하로 조정된 방전갭 |
| $L_3$ | 동작전압이 교류 2[$kV$]를 초과하고 3[$kV$] 이하로 조정된 구상 방전갭 |
| $S$ | 접지용 개폐기 |
| $CF$ | 결합 필터 |
| $CC$ | 결합 커패시터(결합 안테나를 포함한다.) |
| $E$ | 접지 |

답 ①

## 169

교량의 윗면에 시설하는 고압 전선로는 전선의 높이를 교량의 노면상 몇 [$m$] 이상으로 하여야 하는가?

① 3  ② 4

③ 5  ④ 6

### 교량(다리)에 시설하는 전선로

| 윗면에 시설시 | 노면상 5[$m$] 이상 |
|---|---|
| 아랫면에 시설시 | 금속관 공사,<br>케이블 공사,<br>합성수지관 공사<br>가요전선관 공사<br>에 의하여 시설할 것 |

답 ③

## 170

사용전압이 $35,000[V]$이하인 특고압 가공전선과 가공약전류 전선을 동일 지지물에 시설하는 경우, 특고압 가공전선로의 보안공사로 적합한 것은?

① 고압 보안공사

② 제1종 특고압 보안공사

③ 제2종 특고압 보안공사

④ 제3종 특고압 보안공사

### 특고압 가공전선과 가공 약전류전선 등의 공가

• 사용전압 35[$kV$] 이하에 한하여 공가할 것
• 전선로는 제2종 특고압 보안공사에 의할 것
• 특고압 가공전선은 케이블인 경우 이외에는 단면적이 50[$mm^2$] 이상인 경동연선 인장강도 또는 21.67[$kN$] 이상의 연선 이상으로 가공약전선 위에 별개의 완금류에 시설할 것

답 ③

## 171

과전류차단기로 시설하는 퓨즈 중 고압전로에 사용하는 비포장 퓨즈는 정격전류 2배 전류 시 몇 분 안에 용단되어야 하는가?

① 1분      ② 2분

③ 5분      ④ 10분

### 고압전로 퓨즈의 용단 특성

| 포장퓨즈 | 정격전류 1.3배의 전류에 견디고 2배의 전류로 120분 안에 용단될 것 |
|---|---|
| 비포장퓨즈 | 정격전류 1.25배의 전류에 견디고 2배의 전류로 2분 안에 용단될 것 |

답 ②

## 172

발전소에서 계측하는 장치를 시설하여야 하는 사항에 해당하지 않는 것은?

① 특고압용 변압기의 온도

② 발전기의 회전수 및 주파수

③ 발전기의 전압 및 전류 또는 전력

④ 발전기의 베어링(수중 메탈을 제외한다) 및 고정자의 온도

### 계측장치

발전소변전소에는 다음에 해당하는 계측장치를 시설하여야 한다. 단, 태양전지 발전소는 연계하는 전력계통에 그 발전소 이외의 전원이 없는 것에 대하여는 그러지 아니하다.

① 발전기, 주변압기, 동기 무효전력보상장치의 전압, 전류, 전력

② 발전기, 동기 무효전력보상장치의 베어링 및 고정자 온도

③ 특고압용 변압기의 유온

④ 동기 발전기 용량이 연계하는 전력계통의 용량보다 현저하게 작은 경우에는 동기검정장치를 생략할 수 있다.

## 173

수소냉각식 발전기 및 이에 부속하는 수소냉각장치의 시설에 대한 설명으로 틀린 것은?

① 발전기 안의 수소의 밀도를 계측하는 장치를 시설할 것

② 발전기 안의 수소의 순도가 85[%] 이하로 저하한 경우에 이를 경보하는 장치를 시설할 것

③ 발전기 안의 수소의 압력을 계측하는 장치 및 그 압력이 현저히 변동한 경우에 이를 경보하는 장치를 시설할 것

④ 발전기는 기밀구조의 것이고 또한 수소가 대기압에서 폭발하는 경우에 생기는 압력에 견디는 강도를 가지는 것일 것

### 상주 감시를 하지 아니하는 변전소의 시설

① 다음의 경우에는 변전제어소 또는 기술원이 상주하는 장소에 경보장치를 시설할 것
- 운전조작에 필요한 차단기가 자동적으로 차단한 경우(차단기가 연결한 경우를 제외)
- 주요 변압기의 전원측 전로가 무전압으로 된 경우
- 제어회로의 전압이 현저히 저하한 경우
- 옥내변전소에 화재가 발생한 경우
- 출력 3000[$kVA$]를 초과하는 특고압용 변압기는 그 온도가 현저히 상승한 경우
- 특고압용 타냉식 변압기는 그 냉각장치가 고장난 경우
- 무효전력보상장치는 내부에 고장이 생긴 경우
- 수소냉각식 무효전력보상장치는 그 무효전력보상장치 안의 수소의 순도가 90[%] 이하로 저하한 경우, 수소의 압력이 현저히 변동한 경우 또는 수소의 온도가 현저히 상승한 경우
- 가스절연기기(압력의 저하에 의하여 절연파괴 등이 생길 우려가 없는 경우를 제외)의 절연가스의 압력이 현저히 저하한 경우

② 수소냉각식 무효전력보상장치를 시설하는 변전소는 그 무효전력보상장치 안의 수소의 순도가 85[%] 이하로 저하한 경우에 그 무효전력보상장치를 전로로부터 자동적으로 차단하는 장치를 시설할 것

답 ①

## 174

고압 가공전선로에 사용하는 가공지선은 지름 몇 이상 [$mm$]의 나경동선을 사용하여야 하는가?

① 2.6      ② 3.0

③ 4.0      ④ 5.0

**고압 및 특고압 가공전선로의 가공지선**

| 전압 | 전선의 굵기 | 인장강도 |
|------|-----------|---------|
| 고압 | 지름 4[$mm$] 이상의 나경동선 | 5.26[$kN$] 이상 |
| 특고압 | 지름 5[$mm$] 이상의 나경동선 | 8.01[$kN$] 이상 |

답 ③

## 175

사용전압이 22.9[$kV$]인 가공전선로의 다중접지한 중성선과 첨가 통신선의 이격거리는 몇 [$cm$] 이상이어야 하는가? (단, 특고압 가공전선로는 중성선 다중접지식의 것으로 전로에 지락이 생긴 경우 2초 이내에 자동적으로 이를 전로로부터 차단하는 장치가 되어 있는 것으로 한다.)

① 60      ② 75

③ 100      ④ 120

**전력보안통신선의 시설 높이와 이격거리**
① 통신선은 특고압 가공전선 아래에 시설해야 한다.
② 통신선과 사용전압이 25[$kV$] 이하인 특고압 가공전선 사이의 이격거리는 0.75[$m$] 이상이어야 한다.
③ 다만, 특고압 가공전선이 절연 전선 또는 케이블일 경우 0.3[$m$] 이상으로 할 수 있다.
④ 통신선과 저압 가공전선 또는 특고압 가공전선로의 다중접지를 한 중성선 사이의 이격거리는 0.6[$m$] 이상이어야한다.
⑤ 통신선과 고압 가공전선 사이의 이격거리는 0.6[$m$] 이상이어야 한다.

답 ①

## 176

사용전압이 154[$kV$]인 모선에 접속되는 전력용 커패시터에 울타리를 시설하는 경우 울타리의 높이와 울타리로부터 충전부분까지 거리의 합계는 몇 [$m$] 이상 되어야 하는가?

① 2      ② 3

③ 5      ④ 6

**울타리 · 담 등의 높이($x$)와 울타리 · 담 등으로부터 충전부분까지의 거리($y$)의 합계($x+y$)**

| 사용전압 | 거리의 합계 ($x+y$) |
|---------|------------------|
| 35[$kV$] 이하 | 5[$m$] 이상 |
| 35[$kV$] 초과 160[$kV$] 이하 | 6[m] 이상 |
| 160[$kV$] 이하 | $6[m] + 단수 \times 0.12[m]$ 이상<br>$단수 = \dfrac{사용전압[kV] - 160[kV]}{10}$<br>(단, 단수의 소수점 첫째자리는 절상한다.) |

답 ④

## 177

사용전압이 $22.9[kV]$인 가공전선이 삭도와 제1차 접근상태로 시설되는 경우, 가공전선과 삭도 또는 삭도용 지주 사이의 이격거리는 몇 $[m]$이상으로 하여야 하는가? (단, 전선으로는 특고압 절연전선을 사용한다.)

① 0.5                    ② 1

③ 2                      ④ 2.12

### 특고압 가공전선과 삭도의 접근 또는 교차

| 구분 | | 이격거리 |
|---|---|---|
| 35[kV] 이하 | 일반 | 2[m] 이상 |
| | 특고압 절연전선 | 1[m] 이상 |
| | 케이블 | 0.5[m] 이상 |
| 35[kV] 초과 60[kV] 이하 | 2[m] 이상 | |
| 60[kV] 초과 | 이격거리 $= 2[m] +$ 단수 $\times 0.12[m]$ 이상<br>단수 $= \dfrac{\text{사용전압}[kV] - 60[kV]}{10}$<br>(단, 단수의 소수점 첫째자리는 절상한다.) | |

**답 ②**

## 178

사용전압이 $22.9[kV]$인 가공전선로를 시가지에 시설하는 경우 전선의 지표상 높이는 몇 $[m]$이상인가? (단, 전선은 특고압 절연전선을 사용한다.)

① 6                      ② 7

③ 8                      ④ 10

### 170[kV] 이하 특고압 가공전선로 높이

| 사용전압 | 지표상의 높이 |
|---|---|
| 35[kV] 이하 | 10[m]<br>(단, 특고압 절연전선인 경우 8[m]) |
| 35[kV] 초과 | $10[m] +$ 단수 $\times 0.12[m]$ 이상<br>단수 $= \dfrac{\text{사용전압}[kV] - 35[kV]}{10}$<br>(단, 단수의 소수점 첫째자리는 절상한다.) |

**답 ③**

## 179

터널 안의 전선로의 저압전선이 그 터널 안의 다른 저압전선(관등회로의 배선은 제외한다) · 약전류전선 등 또는 수관 · 가스관이나 이와 유사한 것과 접근하거나 교차하는 경우, 저압전선을 애자공사에 의하여 시설하는 때에는 이격거리가 몇 $[cm]$이상이어야 하는가? (단, 전선이 나전선이 아닌 경우이다)

① 10                     ② 15

③ 20                     ④ 25

**터널 안 전선로의 전선과 약전류전선 등 또는 관 사이의 이격거리**

터널 안의 전선로의 저압전선이 그 터널 안의 다른 저압전선(관등회로의 배선은 제외한다) · 약전류전선 등 또는 수관 · 가스관이나 이와 유사한 것과 접근하거나 교차하는 경우, 저압전선을 애자공사에 의하여 시설하는 때에는 이격거리가 0.1[m](전선이 나전선인 경우에 0.3[m]) 이상이어야 한다.

**답 ①**

## 180

**전기철도의 설비를 보호하기 위해 시설하는 피뢰기의 시설기준으로 틀린 것은?**

① 피뢰기는 변전소 인입 측 및 급전선 인출 측에 설치하여야 한다.

② 피뢰기는 가능한 한 보호하는 기기와 가깝게 시설하되, 누설전류 측정이 용이하도록 지지대와 절연하여 설치한다.

③ 피뢰기는 개방형을 사용하고 유효 보호거리를 증가시키기 위하여 방전개시전압 및 제한전압이 낮은 것을 사용한다.

④ 피뢰기는 가공전선과 직접 접속하는 지중케이블에서 낙뢰에 의해 절연파괴의 우려가 있는 케이블 단말에 설치하여야 한다.

### 피뢰기의 시설 장소

피뢰기는 가능한 한 보호하는 기기와 가깝게 시설하되 누설전류 측정이 용이하도록 지지대와 절연하여 설치한다. 피뢰기를 시설하는 장소는 다음과 같다.

- 가공 및 지중전선로의 접속부분
- 고압 및 특고압 가공전선로로부터 공급을 받는 수용장소의 인입구
- 발전소·변전소 또는 이에 준하는 장소의 가공전선 인입구 및 인출구
- 가공전선로에 접속하는 배전용 변압기의 고압측 및 특고압측

### 피뢰기의 선정

- 피뢰기는 밀봉형을 사용하고 유효 보호거리를 증가시키기 위하여 방전개시전압 및 제한전압이 낮은 것을 사용
- 유도뢰서지에 대하여 2선 또는 3선의 피뢰기 동시 동작이 우려되는 변전소 근처의 단락 전류가 큰 장소에는 속류차단 능력이 크고 또한 차단성능이 회로조건의 영향을 받을 우려가 적은 것을 사용

답 ③

## 181

**전선의 단면적이 38[$mm^2$]인 경동연선을 사용하고 지지물로는 B종 철주 또는 B종 철근 콘크리트주를 사용하는 특고압 가공전선로를 제3종 특고압 보안공사에 의하여 시설하는 경우 경간은 몇 [$m$]이하이어야 하는가?**

① 100  ② 150

③ 200  ④ 250

**표준 지지물 간 거리([$m$] 이하)**

| 지지물 | 표준 지지물 간 거리 | 보안공사 | | |
|---|---|---|---|---|
| | | 저·고압 | 특고압 | |
| | | | 제1종 | 제2·3종 |
| A종/목주 | 150[$m$] | 100[$m$] | – | 100[$m$] |
| B종 | 250[$m$] | 150[$m$] | 150[$m$] | 200[$m$] |
| 철탑 | 600[$m$] | 400[$m$] | 400[$m$] | 400[$m$] |

답 ③

## 182

**특고압용 타냉식 변압기의 냉각장치에 고장이 생긴 경우를 대비하여 어떤 보호장치를 하여야 하는가?**

① 경보장치  ② 속도조정장치

③ 온도시험장치  ④ 냉매흐름장치

### 특고압용 변압기의 보호장치

특고압용 변압기에는 그 내부에 고장이 생겼을 경우에 보호하는 장치를 다음과 같이 시설하여야 한다.

| 5000[kVA] 이상 10000[kVA] 미만인 변압기 내부고장 시 | 자동차단장치 또는 경보장치 시설 |
|---|---|
| 10000[kVA] 이상인 변압기 내부고장 시 | 자동차단장치 시설 |
| 냉각장치에 고장 또는 변압기의 온도가 현저히 상승하는 경우 | 경보장치 시설 |

답 ①

## 183

변전소의 주요 변압기에 계측장치를 시설하여 측정하여야 하는 것이 아닌 것은?

① 역률        ② 전압

③ 전력        ④ 전류

### 계측장치

발전소변전소에는 다음에 해당하는 계측장치를 시설하여야 한다. 단, 태양전지 발전소는 연계하는 전력계통에 그 발전소 이외의 전원이 없는 것에 대하여는 그러지 아니하다.

- 발전기, 주변압기, 동기 무효전력보상장치의 전압, 전류, 전력
- 발전기, 동기 무효전력보상장치의 베어링 및 고정자 온도
- 특고압용 변압기의 유온
- 동기 발전기 용량이 연계하는 전력계통의 용량보다 현저하게 작은 경우에는 동기검정장치를 생략할 수 있다.

답 ①

## 184

사용전압이 $170[kV]$이하의 변압기를 시설하는 변전소로서 기술원이 상주하여 감시하지는 않으나 수시로 순회하는 경우, 기술원이 상주하는 장소에 경보장치를 시설하지 않아도 되는 경우는?

① 옥내변전소에 화재가 발생한 경우

② 제어회로의 전압이 현저히 저하한 경우

③ 운전조작에 필요한 차단기가 자동적으로 차단한 후 재폐로한 경우

④ 수소냉각식 조상기는 그 조상기 안의 수소의 순도가 90[%] 이하로 저하한 경우

### 상주 감시를 하지 아니하는 변전소의 시설

다음의 경우에는 변전제어소 또는 기술원이 상주하는 장소에 경보장치를 시설할 것

- 운전조작에 필요한 차단기가 자동적으로 차단한 경우(차단기가 연결한 경우를 제외)
- 주요 변압기의 전원측 전로가 무전압으로 된 경우
- 제어회로의 전압이 현저히 저하한 경우
- 옥내변전소에 화재가 발생한 경우
- 출력 3,000[kVA]를 초과하는 특고압용 변압기는 그 온도가 현저히 상승한 경우
- 특고압용 타냉식 변압기는 그 냉각장치가 고장난 경우
- 무효전력보상장치는 내부에 고장이 생긴 경우
- 수소냉각식 무효전력보상장치는 그 무효전력보상장치 안의 수소의 순도가 90[%] 이하로 저하한 경우, 수소의 압력이 현저히 변동한 경우 또는 수소의 온도가 현저히 상승한 경우
- 가스절연기기(압력의 저하에 의하여 절연파괴 등이 생길 우려가 없는 경우를 제외)의 절연가스의 압력이 현저히 저하한 경우

답 ③

## 185

특고압 가공전선로의 지지물로 사용하는 B종 철주, B종 철근콘크리트주 또는 철탑의 종류에서 전선로의 지지물 양쪽의 경간의 차가 큰 곳에 사용하는 것은?

① 각도형          ② 인류형

③ 내장형          ④ 보강형

**철탑의 종류에 따른 용도**

| 직선형 | 직선부분 3도 이하 |
|---|---|
| 각도형 | 전선로중 3도 초과 |
| 잡아당김형 | 잡아당김하는 곳 |
| 내장형 | 지지물 간 거리의 차가 큰 곳 |
| 보강형 | 직선부분 보강시 |

답 ③

## 186

시가지에 시설하는 사용전압 170[kV] 이하인 특고압 가공전선로의 지지물이 철탑이고 전선이 수평으로 2 이상 있는 경우에 전선 상호 간의 간격이 4[m] 미만인 때에는 특고압 가공전선로의 경간은 몇 [m] 이하이어야 하는가?

① 100          ② 150

③ 200          ④ 250

**표준 지지물 간 거리([m] 이하)**

| 지지물 | 표준 지지물 간 거리 | 보안공사 | | |
|---|---|---|---|---|
| | | 저·고압 | 특고압 제1종 | 특고압 제2·3종 |
| A종/목주 | 150[m] | 100[m] | – | 100[m] |
| B종 | 250[m] | 150[m] | 150[m] | 200[m] |
| 철탑 | 600[m] | 400[m] | 400[m] | 400[m] |

(단, 전선이 수평으로 2 이상 있는 경우에 전선 상호 간의 간격이 4[m] 미만일 경우에는 250[m] 이하로 시공한다.)

답 ④

## 187

다음 (      )에 들어갈 내용으로 옳은 것은?

동일 지지물에 저압 가공전선(다중접지된 중성선은 제외한다.)과 고압 가공전선을 시설하는 경우 고압 가공전선을 저압 가공전선의 ( ㉠ )로 하고, 별개의 완금류에 시설해야 하며, 고압 가공전선과 저압 가공전선 사이의 이격거리는 ( ㉡ )[m] 이상으로 한다.

① ㉠ 아래 ㉡ 0.5          ② ㉠ 아래 ㉡ 1

③ ㉠ 위 ㉡ 0.5          ④ ㉠ 위 ㉡ 1

고압 가공전선과 저압가공전선의 병행설치(병가) 동일 지지물에 시설하는 경우에는 별개의 완금류에 의하여 고압측 전선을 저압측 위로 시설(저압가공전선의 다중 접지된 중성선은 제외)

**전력선의 병행설치(병가) 이격거리**

| 고압가공전선과 저압가공전선 | 0.5[m] 이상 |
|---|---|
| 고압가공전선(케이블 사용)과 저압가공전선 | 0.3[m] 이상 |
| 22.9[kV] 가공전선과 저·고압가공전선 | 1.0[m] 이상 |
| 35[kV] 이하 특고압가공전선과 저·고압가공전선 | 1.2[m] 이상 |
| 35[kV] 초과 ~ 100[kV] 미만 특고압가공전선과 저·고압가공전선 | 2[m] 이상 |

답 ③

## 188

사용전압이 15[kV] 초과 25[kV] 이하인 특고압 가공 전선로가 상호 간 접근 또는 교차하는 경우 사용전선이 양쪽 모두 나전선이라면 이격거리는 몇 [m]이상이어야 하는가? (단, 중성선 다중접지 방식의 것으로서 전로에 지락이 생겼을 때에 2초 이내에 자동적으로 이를 전로로부터 차단하는 장치가 되어 있다.)

① 1.0  ② 1.2

③ 1.5  ④ 1.75

15[kV] 초과 25[kV] 이하 특고압 가공전선로 이격거리

| 사용전선의 종류 | 이격거리 |
|---|---|
| 한쪽 또는 양쪽이 나전선 | 1.5[m] |
| 양쪽이 특고압 절연전선 | 1.0[m] |
| 한쪽이 케이블이고 다른 쪽이 케이블 또는 특고압 절연전선 | 0.5[m] |

답 ③

## 189

순시조건($t \leq 0.5$초)에서 교류 전기철도 급전시스템에서의 레일 전위의 최대 허용접촉전압(실효값)으로 옳은 것은?

① 60[V]  ② 65[V]

③ 440[V]  ④ 670[V]

레일 전위의 위험에 대한 보호

| 시간 조건 | 최대 허용 접촉전압 (실효값) |
|---|---|
| 순시조건($t \leq 0.5$초) | 670[V] |
| 일시적 조건 ($0.5$초 $\leq t \leq 300$초) | 65[V] |
| 영구적 조건($t > 300$초) | 60[V] |

단, 작업장 및 이와 유사한 장소에서는 최대 허용 접촉전압이 25[V](실효값)를 초과하지 않아야 한다.

답 ④

## 190

전기저장장치의 이차전지에 자동으로 전로로부터 차단하는 장치를 시설하여야 하는 경우로 틀린 것은?

① 과저항이 발생한 경우

② 과전압이 발생한 경우

③ 제어장치에 이상이 발생한 경우

④ 이차전지 모듈의 내부 온도가 급격히 상승할 경우

제어 및 보호 장치
• 전기저장장치의 이차전지는 다음에 따라 자동으로 전로로부터 차단하는 장치를 시설하여야 한다.
• 과전압 또는 과전류가 발생한 경우
• 제어장치에 이상이 발생한 경우
• 이차전지 모듈의 내부 온도가 급격히 상승할 경우

답 ①

## 191

특고압 가공전선로에서 발생하는 극저주파 전계는 지표상 1[m]에서 몇 [kV/m] 이하이어야 하는가?

① 2.0  ② 2.5

③ 3.0  ④ 3.5

유도 장해 방지
• 교류 특고압 가공 전선로 : 지표면 1[m]에서 전계 3.5[kV/m] 이하, 자계가 83.3[μT] 이하가 되도록 시설
• 직류 특고압 가공 전선로 : 직류 전계는 지표면에서 25[kV/m] 이하, 직류 자계는 지표면 1[m]에서 400,000[μT] 이하가 되도록 시설

답 ④

## 192

단면적 55[$mm^2$]인 경동연선을 사용하는 특고압 가공전선로의 지지물로 장력에 견디는 형태의 B종 철근 콘크리트주를 사용하는 경우, 허용 최대 경간은 몇 [$m$]인가?

① 150      ② 250

③ 300      ④ 500

### 가공전선로 및 보안공사의 장 지지물 간 거리

특고압 가공전선로의 전선에 인장강도 21.67[$kN$] 이상의 것 또는 단면적 50[$mm^2$] 이상인 경동연선을 사용하는 경우 그 전선로의 경간은 그 지지물에 목주 · A종 철주 · A종 철근 콘크리트주를 사용하는 경우에는 300[$m$] 이하, B종 철주 또는 B종 철근 콘크리트주를 사용하는 경우에는 500[$m$] 이하여야 한다.

답 ④

## 193

시가지에 시설하는 154[$kV$] 가공전선로를 도로와 제1차 접근상태로 시설하는 경우, 전선과 도로와의 이격거리는 몇 [$m$]이상이어야 하는가?

① 4.4      ② 4.8

③ 5.2      ④ 5.6

$$단수 = \frac{154-35}{10} = 11.9 \rightarrow 절상 : 12$$

$$이격거리 = 3 + 12 \times 0.15 = 4.8[m]$$

### 가공전선과 도로와의 이격거리

| 35[$kV$] 이하 특고압 가공전선과 도로와의 이격거리 | | |
| --- | --- | --- |
| 구분 | 저압 가공전선 | 고압 가공전선 |
| 도로·횡단보도교 철도 또는 궤도 | 3[$m$] 이상 | |
| 삭도가 그 지주 또는 저압 전차선 | 0.6[$m$] 이상 | 0.8[$m$] 이상 |
| | 전선이 고압 절연전선, 특고압 절연전선, 케이블인 경우 0.3[$m$] 이상 | 특고압 절연전선 또는 케이블인 경우 0.4[$m$] 이상 |
| | | 저압 전차선로의 지지물 0.6[$m$] 이상 |

| 35[kV] 초과 특고압 가공전선과 건조물의 접근 및 교차 |
| --- |
| 이격거리 = 3[$m$] + 단수 × 0.15[$m$] 이상 |
| $$단수 = \frac{사용전압[kV] - 35[kV]}{10}$$ |
| (단, 단수의 소수점 첫째자리는 절상한다.) |

답 ②

## 194

변전소에 울타리 · 담 등을 시설할 때, 사용전압이 345[$kV$]이면 울타리 · 담 등의 높이와 울타리 · 담 등으로부터 충전부분까지의 거리의 합계는 몇 [$m$] 이상으로 하여야 하는가?

① 8.16 　　　　　② 8.28

③ 8.40 　　　　　④ 9.72

$$단수 = \frac{345 - 160}{10} = 18.5 \rightarrow 단수 : 19$$

$$\therefore 6 + 19 \times 0.12 = 8.28[m]$$

☑ **참고** 울타리·담 등의 높이($x$)와 울타리·담 등으로부터 충전부분까지의 거리($y$)의 합계($x+y$)

| 사용전압 | 거리의 합계 ($x+y$) |
|---|---|
| 35[$kV$] 이하 | 5[$m$] 이상 |
| 35[$kV$] 초과 160[$kV$] 이하 | 6[$m$] 이상 |
| 160[$kV$] 이하 | $6[m] + 단수 \times 0.12[m]$ 이상 <br> $단수 = \dfrac{사용전압[kV] - 160[kV]}{10}$ <br> (단, 단수의 소수점 첫째자리는 절상한다.) |

답 ②

## 195

전력보안 가공통신선을 횡단보도교 위에 시설하는 경우 그 노면상 높이는 몇 [$m$]이상인가? (단, 가공전선로의 지지물에 시설하는 통신선 또는 이에 직접 접속하는 가공통신선은 제외한다.)

① 3 　　　　　② 4

③ 5 　　　　　④ 6

**통신선의 높이 규정**

| 시설 장소 | | 가공통신선 | 전선첨가 통신선 | |
|---|---|---|---|---|
| | | | 저·고압 | 특고압 |
| 도로 (차도) 위 | 일반적 경우 | 5[$m$] 이상 | 6[$m$] 이상 | 6[$m$] 이상 |
| | 교통에 지장을 안 주는 경우 | 4.5[$m$] 이상 | 5[$m$] 이상 | - |
| 철도횡단 | | 6.5[$m$] 이상 | 6.5[$m$] 이상 | 6.5[$m$] 이상 |
| 횡단보도교 위 (노면상) | | 3[$m$] 이상 | 3.5[$m$] 이상 | 5[$m$] 이상 |
| 횡단보도교 (통신선에 절연전선과 동등 이상의 절연효력이 있는 것 또는 케이블을 사용시) | | - | 3[$m$] 이상 | 4[$m$] 이상 |
| 기타 장소 (도로, 철도, 횡단보도교 이외의 장소) | | 3.5[$m$] 이상 | 4[$m$] 이상 | 5[$m$] 이상 |

답 ①

## 196

고압 가공전선으로 사용한 경동선은 안전율이 얼마 이상인 이도로 시설하여야 하는가?

① 2.0　　　　　　② 2.2

③ 2.5　　　　　　④ 3.0

안전율의 종류
- 지지물 기초 안전율: 2.0 이상
- 이상시상정하중에 대한 철탑의 기초 안전율: 1.33 이상
- **경동선** 및 내열 동합금선: 2.2 이상
- AL선: 2.5 이상
- 지지선: 2.5 이상

답 ②

## 197

사용전압이 22.9[kV]인 특고압 가공전선과 그 지지물·완금류·지주 또는 지선 사이의 이격거리는 몇 [cm] 이상이어야 하는가?

① 15　　　　　　② 20

③ 25　　　　　　④ 30

**특고압가공전선과 지지물과의 이격거리**

| 사용전압 | 이격거리 |
|---|---|
| 15[kV] 미만 | 15[cm] 이상 |
| 15[kV] 이상 25[kV] 미만 | 20[cm] 이상 |
| 25[kV] 이상 35[kV] 미만 | 25[cm] 이상 |
| 35[kV] 이상 50[kV] 미만 | 30[cm] 이상 |
| 50[kV] 이상 60[kV] 미만 | 35[cm] 이상 |
| 60[kV] 이상 70[kV] 미만 | 40[cm] 이상 |

답 ②

## 198

교류 전차선 등 충전부와 식물 사이의 이격거리는 몇 [m] 이상이어야 하는가? (단, 현장여건을 고려한 방호벽 등의 안전조치를 하지 않은 경우이다.)

① 1　　　　　　② 3

③ 5　　　　　　④ 10

**전차선 등과 식물 사이의 이격거리**
교류 전차선 등 충전부와 식물 사이의 이격거리는 5[m] 이상이어야 한다. 다만, 5[m] 이상 확보하기 곤란한 경우에는 현장여건을 고려하여 방호벽 등 안전조치를 하여야 한다.

답 ③

## 199

**고장보호에 대한 설명으로 틀린 것은?**

① 고장보호는 일반적으로 직접접촉을 방지하는 것이다.

② 고장보호는 인축의 몸을 통해 고장전류가 흐르는 것을 방지하여야 한다.

③ 고장보호는 인축의 몸에 흐르는 고장전류를 위험하지 않은 값 이하로 제한하여야 한다.

④ 고장보호는 인축의 몸에 흐르는 고장전류의 지속시간을 위험하지 않은 시간까지로 제한하여야 한다.

### 감전에 대한 보호

고장보호는 일반적으로 기본절연의 고장에 의한 간접접촉을 방지하는 것이다. 즉, 노출도전부에 인축이 접촉하여 일어날 수 있는 위험을 방지하는 것이 목적이다. 고장보호는 다음 중 어느 하나에 적합하여야 한다.

- 인축의 몸을 통해 고장전류가 흐르는 것을 방지
- 인축의 몸에 흐르는 고장전류를 위험하지 않는 값 이하로 제한
- 인축의 몸에 흐르는 고장전류의 지속시간을 위험하지 않은 시간까지로 제한

답 ①

## 200

**수소냉각식 발전기에서 사용하는 수소 냉각 장치에 대한 시설 기준으로 틀린 것은?**

① 수소를 통하는 관으로 동관을 사용할 수 있다.

② 수소를 통하는 관은 이음매가 있는 강판이어야 한다.

③ 발전기 내부의 수소의 온도를 계측하는 장치를 시설하여야 한다.

④ 발전기 내부의 수소의 순도가 85[%]이하로 저하한 경우에 이를 경보하는 장치를 시설하여야 한다.

### 수소 냉각식 발전기 등의 시설

수소를 통하는 관은 동관 또는 이음매 없는 강판이어야 하며 또한 수소가 대기압에서 폭발하는 경우에 생기는 압력에 견디는 강도의 것일 것

답 ②

## 201

**전력보안통신설비인 무선통신용 안테나 등을 지지하는 철주의 기초 안전율은 얼마 이상이어야 하는가? (단, 무선용 안테나 등이 전선로의 주위상태를 감시할 목적으로 시설되는 것이 아닌 경우이다.)**

① 1.3  ② 1.5

③ 1.8  ④ 2.0

### 무선용 안테나

| 목주의 안전율 | 1.5 이상 |
|---|---|
| 철주, 철근콘크리트주 또는 철탑의 기초 안전율 | 1.5 이상 |

답 ②

## 202

강관으로 구성된 철탑의 갑종 풍압하중은 수직 투영 면적 1[$m^2$]에 대한 풍압을 기초로 하여 계산한 값이 몇 [$Pa$]인가? (단, 단주는 제외한다.)

① 1,255
② 1,412
③ 1,627
④ 2,157

**풍압하중**
① 목주, 지지물의 원형 : 588[$Pa$]
② 철주
 • 삼각형, 마름모형 : 1,412[$Pa$]
 • 강관으로 구성된 것 : 1,117[$Pa$]
③ 철탑
 • 강관으로 구성된 것 : 1,255[$Pa$]
④ 전선
 • 다도체 : 666[$Pa$]
 • 단도체 : 745[$Pa$]
⑤ 애자장치 : 1,039[$Pa$]

답 ①

## 203

통신상의 유도 장해방지 시설에 대한 설명이다. 다음 (　　　)에 들어갈 내용으로 옳은 것은?

> 교류식 전기철도용 전차선로는 기설 가공약전류 전선로에 대하여 (　　　)에 의한 통신상의 장해가 생기지 않도록 시설하여야 한다.

① 정전작용
② 유도작용
③ 가열작용
④ 산화작용

**통신상의 유도 장해 방지 시설**
교류식 전기철도용 전차선로는 기설가공약전류 전선로에 대하여 유도 작용에 의한 통신상의 장해가 생기지 않도록 시설하여야 한다.

답 ②

## 204

사용전압이 22.9[$kV$]인 가공전선이 철도를 횡단하는 경우, 전선의 레일면상의 높이는 몇 [$m$]이상인가?

① 5
② 5.5
③ 6
④ 6.5

**특고압 가공전선의 높이**

| 사용전압 | 설치장소 | 높이 |
|---|---|---|
| 35[$kV$] 이하 | 일반장소 | 5.0[$m$] 이상 |
| | 도로횡단 | 6.0[$m$] 이상 |
| | 철도 또는 궤도횡단 | 6.5[$m$] 이상 |
| | 횡단보도교 | 4.0[$m$] 이상 |

✓ **TIP** 철도를 횡단하는 경우 통신선, 가공전선, 가공 인입선 높이 규정이 모두 6.5[$m$] 이상이에요!

답 ④

## 205

가공전선로의 지지물에 시설하는 통신선 또는 이에 직접 접속하는 가공 통신선이 철도 또는 궤도를 횡단하는 경우 그 높이는 레일면상 몇 [m]이상으로 하여야 하는가?

① 3

② 3.5

③ 5

④ 6.5

### 통신선의 높이 규정

| 시설<br>장소 | | 가공<br>통신선 | 전선첨가 통신선 | |
|---|---|---|---|---|
| | | | 저·고압 | 특고압 |
| 도로<br>(차도)<br>위 | 일반적<br>경우 | 5[m]<br>이상 | 6[m]<br>이상 | 6[m]<br>이상 |
| | 교통에 지장을<br>안 주는 경우 | 4.5[m]<br>이상 | 5[m]<br>이상 | – |
| 철도횡단 | | 6.5[m]<br>이상 | 6.5[m]<br>이상 | 6.5[m]<br>이상 |
| 횡단보도교 위<br>(노면상) | | 3[m]<br>이상 | 3.5[m]<br>이상 | 5[m]<br>이상 |
| 횡단보도교<br>(통신선에 절연전선과<br>동등 이상의 절연효력<br>이 있는 것 또는<br>케이블을 사용시) | | – | 3[m]<br>이상 | 4[m]<br>이상 |
| 기타 장소<br>(도로, 철도, 횡단보도<br>교 이외의 장소) | | 3.5[m]<br>이상 | 4[m]<br>이상 | 5[m]<br>이상 |

✓ **TIP** 철도를 횡단하는 경우 통신선, 가공전선, 가공 인입선 높이 규정이 모두 6.5[m] 이상이에요!

답 ④

## 206

전력보안통신설비의 조가선은 단면적 몇 $[mm^2]$이상의 아연도강연선을 사용하여야 하는가?

① 16

② 38

③ 50

④ 55

**전력보안통신설비의 조가선 시설기준**
조가선은 단면적 $38[mm^2]$ 이상의 아연도강연선을 사용하여야 한다.

답 ②

## 207

시가지 또는 그 밖에 인가가 밀집한 지역에 $154[kV]$ 가공전선로의 전선을 케이블로 시설하고자 한다. 이때 가공전선을 지지하는 애자장치의 충격섬락전압 값이 그 전선의 근접한 다른 부분을 지지하는 애자장치 값의 몇 [%] 이상이어야 하는가?

① 75

② 100

③ 105

④ 110

**시가지 등에서 특고압가공전선로의 시설**
• 시가지에는 지지물로 목주를 사용할 수 없다.
• 50[%] 충격불꽃방전 전압값이 다른 부분을 지지하는 애자장치 값의 110[%] 이상일 것(사용전압이 $130[kV]$를 초과하는 경우는 105[%] 이상)
• 사용전압이 $100[kV]$를 초과하는 특고압 가공전선에 누전 또는 단락 발생시 1초 이내에 자동적으로 차단하는 장치를 시설할 것

답 ③

## 208

가공공동지선에 의한 접지공사에 있어 가공공동지선과 대지 간의 합성 전기저항 값은 몇 [kV]를 지름으로 하는 지역 안마다 규정하는 접지 저항값을 가지는 것으로 하여야 하는가?

① 0.4      ② 0.6

③ 0.8      ④ 1.0

**가공공동지선의 시설**
- 가공공동지선의 굵기: 4.0[mm] 이상
- 시설범위: 지름 400[m] 이내
- 가공공동지선과 대지 사이 합성전기저항값 측정범위: 지름 1[km] 이내 변압기 접지저항값을 만족해야 함
- 각 접지선과 대지 사이 전기저항값: 300[Ω] 이하

답 ④

## 209

사용전압이 25[kV] 이하인 특고압 가공전선이 상부 조영재의 위쪽에 시설되는 경우, 특고압 가공전선과 건조물의 조영재 사이의 간격(이격거리)은 몇 [m] 이상이어야 하는가?(단, 전선의 종류는 특고압 절연전선이라고 한다.)

① 0.5      ② 1.2

③ 2.5      ④ 3.0

| 35[kV] 이하 특고압 가공전선과 건조물의 접근 및 교차 | | 이격거리 |
|---|---|---|
| 건조물 | 상부 조영재의 위쪽 나전선인 경우 | 3[m] 이상 |
| | 절연전선인 경우 | 2.5[m] 이상 |
| | 케이블인 경우 | 1.2[m] 이상 |

답 ③

## 210

특고압 가공전선이 건조물과 제1차 접근 상태로 시설되는 경우에 특고압 가공전선로는 어떤 보안공사를 하여야 하는가?

① 고압 보안공사

② 제1종 특고압 보안공사

③ 제2종 특고압 보안공사

④ 제3종 특고압 보안공사

**특고압 가공전선과 저고압 가공전선 등 상호 접근 교차할 경우 보안공사의 시설**

| 제1차 접근상태시 | 제3종 특고압 보안공사 |
|---|---|
| 제2차 접근상태시 | 제2종 특고압 보안공사 (단, 보호망시설을 하는 경우는 보안공사를 아니할 수 있다.) |

답 ④

## 211

고압 가공인입선이 케이블 이외의 것으로서 그 전선의 아래쪽에 위험표시를 하였다면 전선의 지표상 높이는 몇 [m]까지로 감할 수 있는가?

① 2.5      ② 3.5

③ 4.5      ④ 5.5

**고압 가공인입선의 시설**
- 인장강도 8.01[kN] 이상의 고압 절연전선 또는 지름 5[mm] 이상의 경동선 사용해야 한다.
- 전선의 아래쪽에 위험표시를 한 경우에 고압 가공인입선의 높이는 3.5[m]까지 감할 수 있다.
- 고압 이웃 연결(연접)인입선은 시설하여서는 안 된다.

답 ②

## 212

전력보안 가공통신선(광섬유 케이블은 제외)을 조가할 경우 조가선(조가용선)은?

① 금속으로 된 단선　　② 강심 알루미늄 연선

③ 금속선으로 된 연선　　④ 알루미늄으로 된 단선

**전력보안통신설비의 조가선 시설기준**
조가선은 단면적 $38[mm^2]$ 이상의 아연도강연선을 사용하여야 한다.

　☑ **참고** 아연도강연선은 금속으로 된 연선이다.

📖 ③

## 213

가섭선에 의하여 시설하는 안테나가 있다. 이 안테나 주위에 경동연선을 사용한 고압 가공전선이 지나가고 있다면 수평 간격(이격거리)은 몇 $[cm]$ 이상이어야 하는가?

① 40　　　　　　　② 60

③ 80　　　　　　　④ 100

**가공전선과 타시설물(가공전선, 약전류전선, 안테나, 삭도, 식물, 수목 등)과의 접근 또는 교차안테나와의 이격거리**

| 구분 | | 이격거리 |
|---|---|---|
| 저압 | 나전선 | $0.6[m]$ 이상 |
| | 케이블 | $0.3[m]$ 이상 |
| 고압 | 나전선 | $0.8[m]$ 이상 |
| | 케이블 | $0.4[m]$ 이상 |
| 22.9$[kV]$ | 나전선 | $2[m]$ 이상 |
| | 절연전선 | $1.5[m]$ 이상 |
| | 케이블 | $0.5[m]$ 이상 |

📖 ③

## 214

어떤 공장에서 케이블을 사용하는 사용전압이 $22[kV]$인 가공전선을 건물 옆쪽에서 1차 접근상태로 시설하는 경우, 케이블과 건물의 조영재 간격(이격거리)은 몇 $[cm]$ 이상이어야 하는가?

① 50　　　　　　　② 80

③ 100　　　　　　　④ 120

| $35[kV]$ 이하 특고압 가공전선과 건조물의 접근 및 교차 | | 이격거리 |
|---|---|---|
| 건조물 | 상부 조영재의 <u>옆쪽</u> 또는 아래쪽 | 나전선인 경우 | $1.5[m]$ 이상 |
| | | 사람이 쉽게 접촉할 우려가 없는 경우 | $1.0[m]$ 이상 |
| | | 케이블인 경우 | $0.5[m]$ 이상 |

📖 ①

## 215

**철도·궤도 또는 자동차도 전용터널 안 전선로의 시설 방법으로 옳은 것은?**

① 저압 전선은 지름 2.6[mm]의 경동선의 절연전선을 사용하였다.

② 고압 전선은 절연전선을 사용하여 합성수지관 공사로 하였다.

③ 저압 전선을 애자사용공사에 의하여 시설하고 이를 레일면상 또는 노면상 2.2[m]의 높이로 시설하였다.

④ 고압전선을 금속관공사에 의하여 시설하고 이를 레일면상 또는 노면상 2.4[m]의 높이로 시설하였다.

**철도, 궤도 또는 자동차 전용 터널 내 전선로**

| 전압 | 전선의 종류 | 시공방법 | 애자 사용공사 시 높이 |
|---|---|---|---|
| 저압 | 2.6[mm] 이상의 경동선 또는 인장강도 2.30[kN] 이상의 절연전선 | 금속관공사 케이블공사 합성수지관공사 가요전선관공사 애자사용공사 | 2.5[m] 이상 |
| 고압 | 4[mm] 이상의 경동선 또는 인장강도 5.26[kN] 이상의 것 | 케이블공사 애자사용공사 | 3[m] 이상 |

답 ①

## 216

**다음 (        )에 들어갈 내용으로 옳은 것은?**

> 전차선로는 무선설비의 기능에 계속적이고 또한 중대한 장해를 주는 (        )가 생길 우려가 있는 경우에는 이를 방지하도록 시설하여야 한다.

① 전파                  ② 혼촉

③ 단락                  ④ 정전기

**전파 장해의 방지**
전차 선로는 무선 설비의 기능에 계속적이고 또한 중대한 장해를 주는 전파가 생길 우려가 있는 경우에는 이를 방지하도록 시설하여야 한다.

답 ①

## 217

**전기철도차량에 전력을 공급하는 전차선의 가선방식에 포함되지 않는 것은?**

① 가공방식                  ② 강체방식

③ 제3레일방식                  ④ 지중조가선방식

**전차선 가선 방식**
• 가공방식
• 강체방식
• 제3레일방식

답 ④

## 218

전식방지대책에서 매설금속체 측의 누설전류에 의한 전식의 피해가 예상되는 곳에 고려하여야 하는 방법으로 틀린 것은?

① 절연코팅　　　　② 배류장치 설치

③ 변전소 간 간격 축소　　④ 저준위 금속체를 접속

**전기부식 방지**

① 전기철도측의 전기부식방식 또는 전기부식 예방
 • 변전소 간 간격 축소
 • 레일본드의 양호한 시공
 • 장대레일채택
 • 절연도상 및 레일과 침목사이에 절연층의 설치

② 매설금속체측의 누설전류에 의한 전기부식의 피해가 예상되는 곳
 • 배류장치 설치
 • 절연코팅
 • 매설금속체 접속부 절연
 • 저준위 금속체 접속
 • 궤도와의 이격거리 증대
 • 금속판 등의 도체로 차폐

**답** ③

## 219

순시조건($t \leq 0.5$초)에서 교류 전기철도 급전시스템에서의 레일 전위의 최대 허용접촉전압(실효값)으로 옳은 것은?

① 60[$V$]　　　　② 65[$V$]

③ 440[$V$]　　　④ 670[$V$]

**레일 전위의 위험에 대한 보호**

| 시간 조건 | 최대 허용 접촉전압 (실효값) |
|---|---|
| 순시조건($t \leq 0.5$초) | 670[V] |
| 일시적 조건 ($0.5$초 $\leq t \leq 300$초) | 65[V] |
| 영구적 조건($t > 300$초) | 60[V] |

단, 작업장 및 이와 유사한 장소에서는 최대 허용 접촉전압이 25[$V$](실효값)를 초과하지 않아야 한다.

**답** ④

## 220

**귀선로에 대한 설명으로 틀린 것은?**

① 나전선을 적용하여 가공식 가설을 원칙으로 한다.

② 사고 및 지락 시에도 충분한 허용전류용량을 갖도록 하여야 한다.

③ 비절연보호도체, 매설접지도체, 레일 등으로 구성하여 단권변압기 중성점과 공통접지에 접속한다.

④ 비절연보호도체의 위치는 통신유도장해 및 레일전위의 상승의 경감을 고려하여 결정하여야 한다.

**귀선로**
- 귀선로는 비절연보호도체, 매설접지도체, 레일 등으로 구성하여 단권 변압기 중성점과 공통접지에 접속한다.
- 비절연보호도체의 위치는 통신유도장해 및 레일전위의 상승의 경감을 고려하여 결정하여야 한다.
- 귀선로는 사고 및 지락 시에도 충분한 허용전류용량을 갖도록 하여야 한다.

🗐 ①

## 221

**급전선에 대한 설명으로 틀린 것은?**

① 급전선은 비절연보호도체, 매설접지도체, 레일 등으로 구성하여 단권변압기 중성점과 공통접지에 접속한다.

② 가공식은 전차선의 높이 이상으로 전차선로 지지물에 병가하며, 나전선의 접속은 직선접속을 원칙으로 한다.

③ 선상승강장, 인도교, 과선교 또는 교량 하부 등에 설치할 때에는 최소 절연이격거리 이상을 확보하여야 한다.

④ 신설 터널 내 급전선을 가공으로 설계할 경우 지지물의 취부는 C찬넬 또는 매입전을 이용하여 고정하여야 한다.

**귀선로**는 비절연보호도체, 매설접지도체, 레일 등으로 구성하여 단권변압기 중성점과 공통으로 접속한다.

**☑ 참고** 알아두면 좋은 전기철도 용어 정의
- 궤도: 레일침목 및 도상과 이들의 부속품으로 구성된 시설
- 전차선: 전기철도차량의 집전장치와 접촉하여 전력을 공급하기 위한 전선
- 급전선: 전기철도차량에 사용할 전기를 변전소로부터 전차선에 공급하는 전선
- 급전선로: 급전선 및 이를 지지하거나 수용하는 설비를 총괄한 것

🗐 ①

## 222

시스템 종류는 단상교류이고, 전차선과 급전선이 동적일 경우 최소 높이는 몇 [mm] 이상이어야 하는가?

① 4,100
② 4,300
③ 4,500
④ 4,800

**전차선 및 급전선의 높이**

| 시스템 종류 | 공칭전압 [V] | 동적 [mm] | 정적 [mm] |
|---|---|---|---|
| 직류 | 750 | 4,800 | 4,400 |
| | 1,500 | | |
| 단상교류 | 25,000 | | 4,570 |

답 ④

## 223

다음 (    )의 ㉠, ㉡에 들어갈 내용으로 옳은 것은?

전기철도용 급전선이란 전기철도용 (  ㉠  )(으)로부터 다른 전기철도용 (  ㉠  ) 또는 (  ㉡  )에 이르는 전선을 말한다.

① ㉠: 급전소 ㉡: 개폐소
② ㉠: 궤전선 ㉡: 변전소
③ ㉠: 변전소 ㉡: 전차선
④ ㉠: 전차선 ㉡: 급전소

**용어 정의**
- **급전소**: 전력계통 운용에 관한 지시를 하는 곳
- **개폐소**: 개폐소 안에 시설한 개폐기 및 기타 장치에 의하여 전로를 개폐하는 곳으로 발전소, 변전소 및 수용장소 이외의 곳

답 ③

## 224

태양전지 모듈의 시설에 대한 설명으로 옳은 것은?

① 충전 부분은 노출하여 시설할 것
② 출력 배선은 극성별로 확인 가능토록 표시할 것
③ 전선은 공칭단면적 1.5[mm²]이상의 연동선을 사용할 것
④ 전선을 옥내에 시설할 경우에는 애자공사에 준하여 시설할 것

**전기저장장치의 전기배선**
전선은 공칭단면적 2.5[mm²] 이상의 연동선 또는 이와 동등 이상의 세기 및 굵기의 것일 것

답 ②

## 225

발전용 수력 설비에서 필댐의 축제재료로 필댐의 본체에 사용하는 토질재료로 적합하지 않은 것은?

① 묽은 진흙으로 되지 않을 것
② 댐의 안정에 필요한 강도 및 수밀성이 있을 것
③ 유기물을 포함하고 있으며 광물성분은 불용성일 것
④ 댐의 안전에 지장을 줄 수 있는 팽창성 또는 수축성이 없을 것

**필댐 축제재료**
- **묽은 진흙 금지**: 구조적 안정성을 해칠 수 있음
- **강도 및 수밀성**: 댐의 안전성 확보를 위해 필요함
- **유기물 포함 금지**: 유기물은 분해되어 안정성을 저해할 수 있음
- **팽창성 및 수축성 없음**: 안정성에 영향을 주지 않아야 함

답 ③

## 226

전력계통의 일부가 전력계통의 전원과 전기적으로 분리된 상태에서 분산형 전원에 의해서만 가압되는 상태를 무엇이라 하는가?

① 계통 연계　　　　② 접속 설비

③ 단독 운전　　　　④ 단순 병렬 운전

**단독 운전** : 전력 계통의 일부가 전력 계통의 전원과 전기적으로 분리된 상태에서 분산형 전원에 의해서만 가압되는(운전되는) 상태

📖 ③

## 227

방전등용 안정기를 저압의 옥내배선과 직접 접속하여 시설할 경우 옥내전로의 대지전압은 최대 몇 [$V$]인가?

① 100　　　　② 150

③ 300　　　　④ 450

**옥내전로의 대지전압 제한**
백열 전등 또는 방전등에 전기를 공급하는 옥내전로의 대지전압은 300[$V$] 이하이다.

📖 ③

## 228

백열전등 또는 방전등에 전기를 공급하는 옥내전로의 대지전압은 몇 [$V$]이하이어야 하는가?

① 440　　　　② 380

③ 300　　　　④ 100

**옥내전로의 대지전압 제한**
백열 전등 또는 방전등에 전기를 공급하는 옥내전로의 대지전압은 300[$V$] 이하이다.

📖 ③

## 229

태양전지 발전소에 시설하는 태양전지 모듈, 전선 및 개폐기 기타 기구의 시설기준에 대한 내용으로 틀린 것은?

① 충전부분은 노출되지 아니하도록 시설할 것

② 옥내에 시설하는 경우에는 전선을 케이블공사로 시설할 수 있다.

③ 태양전지 모듈의 프레임은 지지물과 전기적으로 완전하게 접속하여야 한다.

④ 태양전지 모듈을 병렬로 접속하는 전로에는 과전류차단기를 시설하지 않아도 된다.

**태양광발전설비의 시설**
- 태양전지 모듈, 전선, 개폐기 및 기타 기구는 충전부분이 노출되지 않도록 시설하여야 한다.
- 배선설비공사는 옥내에 시설할 경우에는 금속관공사, 금속제 가요전선관공사, 케이블공사, 합성수지관공사에 준하여 시설하여야 한다.
- 태양전지 모듈의 프레임은 지지물과 전기적으로 완전하게 접속하여야 한다.
- 모듈을 병렬로 접속하는 전로에는 그 전로에 단락전류가 발생할 경우에 전로를 보호하는 과전류차단기 또는 기타 기구를 시설하여야 한다. 단, 그 전로가 단락전류에 견딜 수 있는 경우에 그러하지 아니한다.

📖 ④

## 230

태양광설비에 시설하여야 하는 계측기의 계측대상에 해당하는 것은?

① 전압과 전류
② 전력과 역률
③ 전류와 역률
④ 역률과 주파수

**태양광 설비의 계측 장치**
태양광 설비에는 전압과 전류 또는 전압과 전력을 계측하는 장치를 시설하여야 한다.

🔖 ①

## 231

풍력터빈에 설비의 손상을 방지하기 위하여 시설하는 운전상태를 계측하는 계측장치로 틀린 것은?

① 조도계
② 압력계
③ 온도계
④ 풍속계

**풍력터빈 계측장치의 시설**
풍력터빈에는 설비의 손상을 방지하기 위하여 운전상태를 계측하는 다음의 계측장치를 시설하여야 한다.
- 회전속도계
- 나셀 내의 진동을 감시하기 위한 진동계
- 풍속계
- 압력계
- 온도계

🔖 ①

## 232

중앙급전 전원과 구분되는 것으로서 전력 소비지역 부근에 분산하여 배치 가능한 신·재생에너지 발전설비 등의 전원으로 정의되는 용어는?

① 임시전력원
② 분전반전원
③ 분산형전원
④ 계통연계전원

분산형 전원이란 중앙급전 전원과 구분되는 것으로 전력 소비지역 부근에 분산하여 배치할 수 있는 전원을 말한다. 이는 신·재생에너지 발전설비(태양광, 풍력 등), 전기 저장장치(ESS) 등을 포함한다.

🔖 ③

## 233

전기저장장치를 전용건물에 시설하는 경우에 대한 설명이다. 다음 (      )에 들어갈 내용으로 옳은 것은?

전기저장장치 시설장소는 주변 시설(도로, 건물, 가연물질 등)로부터 (   ㉠   )[m] 이상 이격하고 다른 건물의 출입구나 피난계단 등 이와 유사한 장소로 부터는 (   ㉡   )[m] 이상 이격하여야 한다.

① ㉠: 3, ㉡: 1          ② ㉠: 2, ㉡: 1.5

③ ㉠: 1, ㉡: 2          ④ ㉠: 1.5, ㉡: 3

**전용건물에 시설하는 경우**
- 전기저장장치를 일반인이 출입하는 건물과 분리된 별도의 장소에 시설하는 경우에는 다음에 따라 시설하여야 한다.
- 바닥, 천장(지붕), 벽면 재료는 불연재료로 할 것. 단, 단열재는 준불연재료 또는 이와 동등 이상의 것을 사용할 수 있다.
- 바닥면을 기준으로 높이 22[m] 이내로 하고 해당 장소의 출구가 있는 바닥면을 기준으로 깊이 9[m] 이내로 하여야 한다.
- 주변 시설(도로, 건물, 가연물질 등)로부터 1.5[m] 이상 이격하고 다른 건물의 출입구나 피난계단 등 이와 유사한 장소로부터는 3[m] 이상 이격하여야 한다.

답 ④

## 234

풍력터빈의 피뢰설비 시설기준에 대한 설명으로 틀린 것은?

① 풍력터빈에 설치한 피뢰설비(리셉터, 인하도선 등)의 기능저하로 인해 다른 기능에 영향을 미치지 않을 것

② 풍력터빈 내부의 계측 센서용 케이블은 금속관 또는 차폐케이블 등을 사용하여 뇌유도과전압으로부터 보호할 것

③ 풍력터빈에 설치하는 인하도선은 쉽게 부식되지 않는 금속선으로서 뇌격전류를 안전하게 흘릴 수 있는 충분한 굵기여야 하며, 가능한 직선으로 시설할 것

④ 수뢰부를 풍력터빈 중앙부분에 배치하되 뇌격전류에 의한 발열에 용손(溶損)되지 않도록 재질, 크기, 두께 및 형상 등을 고려할 것

**풍력터빈의 피뢰설비**
- 수뢰부를 풍력터빈 선단부분 및 가장자리에 배치하되 뇌격전류에 의한 발열에 용손되지 않도록 재질, 크기, 두께 및 형상 등을 고려할 것
- 풍력터빈을 설치하는 인하도선은 쉽게 부식되지 않는 금속선으로서 뇌격전류를 안전하게 흘릴 수 있는 충분한 굵기여야 하며, 가능한 직선으로 시설할 것
- 풍력터빈의 내부의 계측 센서용 케이블은 금속관 또는 차폐 케이블 등을 사용하여 뇌유도과전압으로부터 보호할 것
- 풍력터빈에 설치한 피뢰설비(리셉터, 인하도선 등)의 기능저하로 인해 다른 기능에 영향을 미치지 않을 것

답 ④

## 235

주택의 전기저장장치의 축전지에 접속하는 부하 측 옥내배선을 사람이 접촉할 우려가 없도록 케이블배선에 의하여 시설하고 전선에 적당한 방호장치를 시설한 경우 주택의 옥내전로의 대지전압은 직류 몇 [$V$] 까지 적용할 수 있는가? (단, 전로에 지락이 생겼을 때 자동적으로 전로를 차단하는 장치를 시설한 경우이다.)

① 150        ② 300

③ 400        ④ 600

**옥내전로의 대지전압 제한**
- 백열 전등 또는 방전등에 전기를 공급하는 옥내전로의 대지전압은 300[$V$] 이하이다.
- 주택의 전기저장장치의 축전지에 접속하는 부하 측 옥내배선을 다음에 따라 시설하는 경우에 주택의 옥내전로의 대지전압은 직류 600[$V$]까지 적용할 수 있다.

답 ④

## 236

분산형전원설비 사업자의 한 사업장의 설비 용량 합계가 몇 [$kVA$]이상일 경우에는 송·배전계통과 연계지점의 연결 상태를 감시 또는 유효전력, 무효전력 및 전압을 측정할 수 있는 장치를 시설하여야 하는가?

① 100        ② 150

③ 200        ④ 250

**분산형 전원계통 연계설비의 시설기준**
분산형 전원설비 사업자의 한 사업장 내 설비 용량 합계가 250[$kVA$] 이상일 경우에는 송·배전계통과 연계지점의 연결 상태를 감시 또는 유효전력, 무효전력 및 전압을 측정할 수 있는 장치를 시설할 것

답 ④

MEMO

## 2025 기사킬러
# 전기기사 필기 한권합격 이론서 + 문제집

**발행일**  2025년 5월 20일
**발행처**  인성재단(종이향기)
**발행인**  조순자
**편저자**  강민지
**디자인**  홍현애

**정  가**  38,000원
**ISBN**  979 - 11 - 94539 - 81 - 0